Fehr

Dienstleistungsmanagement in der Wohnungswirtschaft

Schriftenreihe des

Instituts für Kredit- und Finanzwirtschaft

Herausgeber: Prof. Dr. Joachim Süchting
Ruhr-Universität Bochum
Fakultät für Wirtschaftswissenschaft

Band 26

Peter Fehr

Dienstleistungsmanagement in der Wohnungswirtschaft

Wohnbegleitende Dienstleistungen
für Mieter und Eigentümer

SPRINGER FACHMEDIEN WIESBADEN GMBH

Die Deutsche Bibliothek – CIP-Einheitsaufnahme

1. Auflage September 2000

Alle Rechte vorbehalten

© Springer Fachmedien Wiesbaden 2000
Ursprünglich erschienen bei Betriebswirtschaftlicher Verlag Dr. Th. Gabler GmbH, Wiesbaden, 2000

Lektorat: Jutta Hauser-Fahr / Ute Roßmann

www.gabler.de

ISBN 978-3-409-11675-6   ISBN 978-3-663-09795-2 (eBook)
DOI 10.1007/978-3-663-09795-2

Geleitwort

Das Immobilienvermögen der privaten Haushalte in Deutschland hat Ende 1999 einen Wert von ca. 7 Bill. DM erreicht und übertrifft damit deutlich das Geldvermögen im Werte von ca. 5 Bill. DM. Vor diesem Hintergrund hat die Kreditwirtschaft die Immobilie neu entdeckt. Über die traditionelle Finanzierung von Immobilien hinaus – sie beträgt heute das 4-fache der Konsumfinanzierung – haben neue Dienstleistungen wie die Immobilienvermittlung und die Geldanlage in Immobilien im Rahmen der Vermögensverwaltung zunehmend Bedeutung erlangt.

Vor allem aber ist es die Wohnungswirtschaft, die sich seit Aufhebung der Gemeinnützigkeit zunehmend mit der Frage beschäftigt, ob über Vermietung und Verkauf von Wohnungen hinaus weitere wohnbegleitenden Dienstleistungen abgesetzt werden sollten; damit will man sich im Qualitätswettbewerb statt im Preiswettbewerb profilieren, eine stärkere Kundenbindung erreichen und Zusatzerträge erzielen. – Zu dieser Frage gibt es eine Anzahl von Veröffentlichungen, meines Wissens aber keine, die in so umfassender und fundierter Form Antworten auf die gestellte Frage gibt wie die vorliegende Marketing-Untersuchung von Fehr.

Diese beginnt der Verfasser auf der Nachfrageseite mit einer Überprüfung von ökonomischen, vor allem aber psychologisch-soziologischen Theorien des Käuferverhaltens, die in eine Reihe von Thesen mündet. Sie dienen als Grundlage für eine standardisierte Befragung von Kunden des größten deutschen Immobilienkonzerns, die für unterschiedliche Marktsegmente zu einer Fülle interessanter Ergebnisse einschließlich der Zahlungsbereitschaft für die unterschiedlichen wohnbegleitenden Dienstleistungen führt. Ergebnis dieses Marktforschungsteils ist eine Typologie der Sekundärleistungskonsumenten.

Damit wird das Angebot wohnbegleitender Dienstleistungen konfrontiert – zielorientiert, strategiebezogen und nach den einzelnen Marketingmix-Instrumenten gegliedert. Auch auf der Angebotsseite gewinnen die Ausführungen ganz wesentlich dadurch, daß mit der Auswertung von Experteninterviews in 34 Wohnungsunternehmen eine empirische Fundierung und Veranschaulichung der Ergebnisse erfolgt. – Bei der Auswahl der strategischen Optionen werden Erfahrungen des Verfassers aus der US-amerikanischen Wohnungswirtschaft herangezogen; sie sind sicherlich nicht einfach übertragbar, vermögen jedoch eine Reihe von Denkanstößen für deutsche Wohnungsunternehmen zu geben. Darüber hinaus beeindruckt, wie differenziert der Verfasser vorgeht, indem er z.B. bei der Trägerschaft von Dienstleistungsangeboten im Hinblick auf die Kooperationsmöglichkeiten eine Mehrzahl von Positionen zwischen Eigenerstellung und Fremdbezug diskutiert.

Die Arbeit – eine Ende 1999 von der wirtschaftswissenschaftlichen Fakultät der Ruhr-Universität Bochum angenommene Dissertation – stellt sich als ungemein sorgfältig und fundiert, im Marketing-Bereich von Wohnungsunternehmen angesiedelte Untersuchung dar, die betriebswirtschaftliche und verhaltenswissenschaftliche Kenntnisse auf beachtlichem Niveau ausweist. Ihr Innovationsgehalt liegt weniger im Auffüllen einer bisher von der Forschung nicht bearbeitenden Lücke, sondern vielmehr in der Erstellung eines umfassenden Marketing-Gebäudes für wohnbegleitende Dienstleistungen von Wohnungsunternehmen. Ohne daß der Verfasser die Wohnungswirtschaft in einen Sekundärleistungsmarkt „hineinzureden" beabsichtigt: Die Arbeit geht m. E. jedes Wohnungsunternehmen an, das sich im zunehmenden Wettbewerb behaupten will. In diesem Sinne wünsche ich ihr in der Praxis sowie der anwendungsbezogenen Forschung eine gute Aufnahme.

Joachim Süchting

Vorwort

Jedes in einer Konkurrenzsituation befindliche Unternehmen muß sein Angebot kontinuierlich daraufhin überprüfen, ob es den aktuellen Anforderungen der Nachfragerseite gerecht wird. Aus Sicht der deutschen Wohnungswirtschaft war die Wettbewerbsintensität lange Zeit gering. Zudem ließ das enge Korsett der Gemeinnützigkeit für die betreffenden Wohnungsunternehmen nur wenig produktpolitische Gestaltungsmöglichkeiten. Hiervon ist die Branche inzwischen befreit und sieht sich auf bestimmten Teilmärkten einer Nachfrage gegenüber, die zum Engpaß geworden ist. Überlegungen zu Kundenzufriedenheit und -bindung, die Frage nach der Differenzierung gegenüber der Konkurrenz erhalten einen neuen Stellenwert.

Es zählt zu den Besonderheiten des Leistungsbündels Wohnen, als Unternehmen mit seinem Produkt besonders nah am Kunden zu sein. Die vielfältigen Aktivitäten, die der Mensch in seinem Wohnraum vollzieht, bieten zahlreiche Anknüpfungspunkte für eine Erweiterung des Leistungsspektrums um wohnbegleitende Dienstleistungen. Vor diesem Hintergrund empfand ich es als eine sehr reizvolle Aufgabe zu untersuchen, ob und gegebenenfalls auf welchen Feldern sich ein „value added" für den Kunden erzielen läßt, welche Widerstände hierbei auftreten können und welche Maßnahmen sinnvoll sind, um ein geplantes Serviceprogramm erfolgreich umzusetzen. Dabei galt es auch, das bisher in der Theorie erst ansatzweise erschlossene Gebiet des Dienstleistungskonsums privater Haushalte aufzuarbeiten.

Die vorliegende Arbeit entstand während und im Anschluß an meine Tätigkeit als Assistent am Lehrstuhl für Angewandte Betriebswirtschaftslehre II (Finanzierung und Kreditwirtschaft) an der Ruhr-Universität Bochum. Dem damaligen Lehrstuhlinhaber, meinem geschätzten akademischen Lehrer und Doktorvater, Herrn Prof. Dr. Dr. h.c. Joachim Süchting, bin ich für die Betreuung der Dissertation sehr verbunden. Ich freue mich, daß die Arbeit Aufnahme in die Schriftenreihe des Instituts für Kredit- und Finanzwirtschaft gefunden hat, obwohl ihr hier mit Blick auf den Branchenschwerpunkt eher eine Exotenrolle zukommt. Danken möchte ich Professor Süchting auch für die wertvollen Erfahrungen, die ich während meines Engagements am Lehrstuhl sammeln konnte. Herrn Prof. Dr. Rolf G. Heinze gilt mein Dank für die Übernahme des Korreferats.

Für jeden, der eine betriebswirtschaftliche Studie mit ausgeprägtem Anwendungsbezug bearbeitet, ist die Kooperation mit Unternehmen, Verbänden und sonstigen Institutionen der Praxis sehr bedeutsam. In diesem Sinne danke ich vor allem dem Hause Veba Immobilien AG, nunmehr Viterra AG, für die Unterstützung bei der empirischen Analyse der Dienstleistungsnachfrage und den fruchtbaren Dialog auf unterschiedlichen Ebenen. Zudem eröffnete mir das Veba Immobilien-Stipendium besondere Möglichkeiten, ohne daß die neutrale Bearbeitung meines Dissertationsprojekts in irgendeiner Form beeinträchtigt worden wäre. Mein besonderer Dank gilt Herrn Volker Nordalm, Generalbevollmächtigter der Viterra AG, für die Anregung des Themas und seine häufige Diskussionsbereitschaft. Herrn Gebhard Schulten, Viterra Wohnen AG, danke ich für die „technische" Unterstützung bei der Kundenbefragung.

Einen reichen Fundus an Informationen zur Realisierung wohnbegleitender Angebote konnte ich der Interviewreihe mit Experten aus der deutschen Wohnungswirtschaft entnehmen. Ein Forschungsaufenthalt in den USA bildete einen weiteren wichtigen Baustein im Rahmen meiner Untersuchungen. Allen Gesprächspartnern (vgl. S. 404ff.) sowie gegebenenfalls ihren Vermittlern sei herzlich gedankt. Darüber hinaus danke ich dem InWIS Institut für Wohnungswesen, Immobilienwirtschaft, Stadt- und Regionalentwicklung, das sich an den Kosten der Forschungsreise beteiligte.

In vielfältiger Weise habe ich von meinen ehemaligen Lehrstuhlkollegen Unterstützung erfahren, für die ich ihnen sehr verbunden bin. Hervorheben möchte ich an dieser Stelle Herrn Prof. Dr. Stephan Paul als einen vertrauensvollen Ratgeber sowie die Herren Dr. Joachim Bonn und Dr. Jörg Richard, deren Engagement über das Fachliche hinaus von hoher Bedeutung für mich war. Des weiteren danke ich den Diskussionspartnern von anderen Lehrstühlen bzw. Instituten.

Schließlich wäre das Promotionsvorhaben ohne den positiven Einfluß meines nächsten Umfelds wohl kaum realisierbar gewesen. Meine Eltern haben mir überhaupt erst ermöglicht, einen solchen Weg zu beschreiten. Von tiefstem Herzen danke ich meiner Mutter, die den Abschluß dieser Phase leider nicht mehr miterleben kann, und meinem Vater für ihre liebevolle Begleitung und Förderung. In Helmut und Klaus hatte ich zwei weitere Familienmitglieder, die mir stets zur Seite standen.

Meinen Freunden danke ich für die Zerstreuung und ihr backup in jeglicher Hinsicht. Herr Arne Dessaul war mir ein besonders enger Gefährte im halb privaten, halb universitären Raum.

Nicht zuletzt danke ich ganz herzlich meiner Freundin Alexandra für ihre unschätzbare Unterstützung. Sie hat mich mit großem persönlichen Einsatz durch Höhen und Tiefen des Doktorandenlebens begleitet. Daß zeitweilige Infektionen mit dem „Promovirus" keine ernsthaften Ausmaße annahmen, war vor allem ihr Verdienst.

Peter Fehr

INHALTSÜBERSICHT

INHALTSVERZEICHNIS

ABBILDUNGSVERZEICHNIS

TABELLENVERZEICHNIS

ABKÜRZUNGSVERZEICHNIS

Abb.	Abbildung
ABM	Arbeitsbeschaffungsmaßnahme
Abs.	Absatz
AG	Aktiengesellschaft
Alleinst.	Alleinstehend(er)
Ang.	Angestellte(r)
Anm.	Anmerkung
Aufl.	Auflage
AVL	Available
Bd.	Band
Beam.	Beamte(r)
BGB	Bürgerliches Gesetzbuch
BGBl.	Bundesgesetzblatt
bspw.	beispielsweise
BWL	Betriebswirtschaftslehre
bzw.	beziehungsweise
CA	California
ca.	circa
CD	Compact Disc
CIM	Computer Integrated Manufacturing
Conn.	Connecticut
d.	des
DC	District of Columbia
d.h.	das heißt
DDR	Deutsche Demokratische Republik
DIN	Deutsche Industrie-Norm(en)
Diss.	Dissertation
DL	Dienstleistung(en)
DM	Deutsche Mark
E.	Eigentümer
e.V.	eingetragener Verein
ed.	editor/edition
eds.	editors

EDV	elektronische Datenverarbeitung
eG, e.G.	eingetragene Genossenschaft
E-Mail	Electronic-Mail
et al.	und andere
etc.	et cetera
f.	folgende (Seite)
f.d.	für den
FAN	Freie Alten- und Nachbarschaftshilfe
ff.	fortfolgende (Seiten)
FH	Familienhäuser
FWI	Führungsakademie der Wohnungs- und Immobilienwirtschaft
GdW	Bundesverband deutscher Wohnungsunternehmen
GenG	Gesetz betreffend die Erwerbs- und Wirtschaftsgenossenschaften
GewStG	Gewerbesteuergesetz
GGAB	Gemeinnützige Gesellschaft für Alten- und Behindertenbetreuung mbH
ggf.	gegebenenfalls
GmbH	Gesellschaft mit beschränkter Haftung
GWG	Gemeinnützige Wohnungsgenossenschaft/-gesellschaft
Hrsg.	Herausgeber
hrsg.	herausgegeben
i.d.R.	in der Regel
IKF	Institut für Kredit- und Finanzwirtschaft
Inc.	Incorporated
inkl.	inklusive
Ill.	Illinois
InWIS	Institut für Wohnungswesen, Immobilienwirtschaft, Stadt- und Regionalentwicklung an der Ruhr-Universität Bochum
IREM	Institute for Real Estate Management
ISW	Institut für Strukturpolitik und Wirtschaftsförderung Halle-Leipzig
J.	Jahre
Jg.	Jahrgang
Kap.	Kapitel
Kfz	Kraftfahrzeug
KISS	Kunden-Informations- und Service-System

KMO-Kriterium	Kaiser-Meyer-Olkin-Kriterium
KStG	Körperschaftsteuergesetz
KWG	Gesetz über das Kreditwesen
LBS	Landesbausparkasse
LKW	Lastkraftwagen
ltd.	leitend(e/r)
m	Meter
M.	Mieter
Mass.	Massachusetts
MFH	Mehrfamilienhaus
Mich.	Michigan
Mio.	Million(en)
mj.	minderjährig(e)
Mrd.	Milliarde(n)
n	Anzahl der Fälle
NJ	New Jersey
No.	Number
NORCs	Naturally Occuring Retirement Communities
Nr.	Nummer
NRW	Nordrhein-Westfalem
o.J.	ohne Jahresangabe
o.Jg.	ohne Jahrgangsangabe
o.O.	ohne Ortsangabe
o.S.	ohne Seitenangabe
o.V.	ohne Verfasserangabe
öffentl.	öffentlich(en)
p.a.	pro anno
p.M.	pro Monat
PC	Personal Computer
PKW	Personenkraftwagen
PR	Public Relations
P_{Umax}	Umsatzmaximaler Preis
r	Korrelationskoeffizient
R	Bestimmtheitsmaß
RGBL.	Reichsgesetzblatt
S.	Seite(n)

SAGA	Siedlungs-Aktiengesellschaft Hamburg
Selbst.	Selbständige
sog.	sogenannt(en)
Sonst.	Sonstige
Sp.	Spalte
SPSS	Superior Performing Software Systems
St.	Sankt
Stud.	Studenten
Tab.	Tabelle
TN	Teilnehmer
TV	Television
Univ.	Universität/University
URL	Uniform Resource Locator
u.	und
U_{max}	Umsatzmaximum
US (U.S.)	United States
US-$	US-Dollar
USA	United States of America
usw.	und so weiter
v.	von
vdw	Verband der Wohnungswirtschaft in Niedersachsen und Bremen
VdW Bayern	Verband Bayerischer Wohnungsunternehmen
Verf.	Verfasser(s)
vgl.	vergleiche
VI	Veba Immobilien
VNW	Verband Norddeutscher Wohnungsunternehmen
Vol.	Volume
vs.	versus
WGG	Gesetz über die Gemeinnützigkeit im Wohnungswesen
WGGDV	Verordnung zur Durchführung des Wohnungsgemeinnützigkeitsgesetzes
X_{Umax}	Umsatzmaximale Menge
z.B.	zum Beispiel
z.T.	zum Teil
z.Zt.	zur Zeit
zzgl.	zuzüglich

1 GEGENSTAND UND GANG DER UNTERSUCHUNG

1.1 Einführung in die Problemstellung

Mit der Aufhebung des Wohnungsgemeinnützigkeitsgesetzes[1] (WGG) zum 1.1.1990 vollzog sich eine *„Zeitenwende"*[2] in der westdeutschen Wohnungswirtschaft. War das Tätigkeitsspektrum der seinerzeit gemeinnützigen Wohnungsunternehmen im wesentlichen auf den Kleinwohnungsbau und die -vermietung begrenzt, gewannen sie nun - um den Preis der Steuerprivilegien - eine *unbeschränkte Dispositionsfreiheit* hinsichtlich ihrer Geschäftsfelder.

Im gleichen Jahr erfolgte der *Umbruch* in der ostdeutschen Wohnungswirtschaft. Für die sich nach Bundesrecht formierenden Genossenschaften und Kapitalgesellschaften resultierten daraus ebenfalls *Handlungsspielräume*, welche ihre Vorgängerunternehmen nicht kannten. Denn bis dahin waren die volkseigenen Wohnungswirtschaftsbetriebe sowie die Wohnungsbaugenossenschaften der DDR auf die Vermietung spezialisiert und erfüllten angesichts einer strikten Aufgabentrennung innerhalb des Wirtschaftsapparats grundsätzlich keine weitergehenden Funktionen.

Vor dem Hintergrund deregulativ gewonnener Freiräume hat sich eine intensive Diskussion über die Chancen und Risiken der Erschließung alternativer Geschäftsfelder für Wohnungsunternehmen entwickelt.[3] *Neue Dienstleistungen* stellen „wahrscheinlich ... *das* zentrale Thema des nächsten Jahrzehnts für die Wohnungswirtschaft"[4] dar. Unter diesem Thema lassen sich verschiedenartige geschäftspolitische Ansätze subsumieren, welche zum einen auf Kommunen und gewerbliche Immobilienkunden als neue Märkte abzielen, zum anderen eine Ausdehnung des Angebotsspektrums „rund um das Wohnen" für den traditionellen Kundenkreis vorsehen. Letzterem Bereich, den *wohnbegleitenden Dienstleistungen*, kommt in den Planungen der ehemals gemeinnützigen und der ostdeutschen Wohnungsunternehmen die höchste Wertigkeit zu.[5]

Der zentrale Impuls für eine strategische Erweiterung des an die Mieter bzw. Mitglieder gerichteten Dienstleistungsangebots geht vom *Wohnungsmarkt* aus. Ähnlich wie bereits Mitte der 80er Jahre sind hier auch zum Jahrhundertwechsel zunehmend Entspannungstendenzen

---

[1] Gesetz über die Gemeinnützigkeit im Wohnungswesen (Wohnungsgemeinnützigkeitsgesetz - WGG) vom 29.2.1940.

[2] NORDALM (Gewerbe, 1996), S. 82; Hervorhebung nicht im Original.

[3] Vgl. GROßE-WILDE (Binnenmarkt, 1990), S. 100ff.; STEINERT (Herausforderung, 1992), S. 278ff.; HOMBACH/ STAENDER (Perspektiven, 1994), S. 547ff.; KÜHNE (Aufgaben, 1994), S. 472ff.; HEINZE (Dienstleistungsangebote, 1996), S. 17ff.; BUCKSTEEG/EICHENER (Wohnungsmanagement, 1995), S. 60ff.; GALONSKA (Aufgaben, 1995), S. 9ff.; O.V. (Entscheidung, 1999), S. 3.

[4] MEYER (Dienstleistungen, 1996), S. 5.

[5] Vgl. hierzu die Befragungs- bzw. Diskussionsergebnisse bei ERPENBACH/HAUSHERR (Status quo, 1996), S. 103; EICHENER (Diskussion, 1996), S. 39ff.; FEHR ET AL. (Geschäftsfelder, 1998), S. 63ff.

festzustellen.[1] Der Wohnungsmarkt hat sich in einer wachsenden Zahl von Teilsegmenten vom „Vermieter-" zum „Mietermarkt" gewandelt.[2] Im Einklang hiermit sind nicht nur die Ansprüche der Wohnungssuchenden, sondern auch die der aktuellen Kunden gestiegen.[3] Es bedarf immer größerer Anstrengungen, attraktive Neukunden zu gewinnen[4] und zuverlässige Altmieter zu halten. Dies findet seinen Ausdruck darin, daß vielerorts die Mieterfluktuation und Wohnungsleerstände zugenommen haben,[5] wobei die entsprechenden Quoten je nach Region und Wohnungstyp differieren.

Wenn man sich im Bemühen um einen kontinuierlichen Absatz auf einen *Preiswettbewerb* nicht einlassen will,[6] kommt der *Leistungsqualität* eine zentrale Rolle zu. „Qualität" umschreibt die Eignung aller Leistungsmerkmale, den Kundenanforderungen gerecht zu werden.[7] Da Modernisierungsvorhaben als zentraler Hebel zur Beeinflussung der Wohnungsqualität üblicherweise einer langfristigen Planung unterliegen, sind hierfür kurzfristig in der Regel kaum zusätzliche Mittel zu mobilisieren, und außerdem beschränkt sich der positive Effekt von Modernisierungen stets auf einen mehr oder weniger engen Teilbestand.

Neben aus Kundensicht spürbaren Verbesserungen in der Grundbetreuung (z.B. Beschwerdemanagement, Reparaturabwicklung) kann daher insbesondere das Angebot von wohnbegleitenden Dienstleistungen, die über das Kernangebot hinaus einen *zusätzlichen Nutzen* vermitteln, zur *Differenzierung gegenüber Konkurrenten* und zur Steigerung der *Kundenbindung* beitragen. Die tendenzielle Verlagerung des Wettbewerbs vom Grundnutzen der *Primärleistung* zum Zusatznutzen, welchen die *Sekundärleistung* verkörpert, stellt dabei keine

---

[1]   Vgl. MITROPOULOS/SIEGEL (Perspektiven, 1999), S. 47ff.; HÜBL/MÖLLER (Deutschland, 1997), S. 48.

[2]   Vgl. O.V. (Wohnungsunternehmen, 1997), S. 404; SEEBALD (Wohnungsverteiler, 1998), S. 22; HELLERFORTH (Marketing, 1998), S. 50.

[3]   Vgl. VNW VERBAND NORDDEUTSCHER WOHNUNGSUNTERNEHMEN E.V. (Mieter-Service, 1997), S. 4.

[4]   Vgl. beispielhaft die Ausführungen zu den aktuellen Bemühungen von Berliner Wohnungsunternehmen bei SCHÖNE (Shareholder, 1999), S. 1.

[5]   Vgl. POHL (Vorträge, 1995), S. 5; VNW VERBAND NORDDEUTSCHER WOHNUNGSUNTERNEHMEN E.V. (Qualitätsmanagement, 1998), S. 1. Allgemein steigende Leerstände lassen sich der amtlichen Statistik entnehmen. Während bei der 1%-Gebäude- und Wohnungsstichprobe von 1993 ein Leerstand von 1,46 Mio. auf einen Gesamtbestand von 34,50 Mio. Wohneinheiten ermittelt wurde, ergibt sich aus der Mikrozensus-Zusatzerhebung von April 1998 ein Leerstand von 2,8 Mio. auf einen Gesamtbestand von 37,3 Mio. Wohneinheiten. Nach internen Schätzungen des STATISTISCHEN BUNDESAMTES ist diese Leerstandsziffer um 0,2 Mio. für enthaltene Ferienwohnungen zu bereinigen, die in den Daten von 1993 ausgenommen waren. Somit ergibt sich ein bereinigter Leerstand für April 1998 von 2,6 Mio. Auch wenn Hochrechnungen aus den 1%-Stichproben mit Vorsicht zu betrachten sind, so ist eine deutliche Zunahme des Leerstands nicht von der Hand zu weisen. Zu den Basisdaten vgl. STATISTISCHES BUNDESAMT (Wohneinheiten, 1999); STATISTISCHES BUNDESAMT (Eigentum, 1995).

[6]   Zur Problematik der Preispolitik angesichts mietrechtlicher Schranken vgl. MEISSNER (Marketing, 1987), S. 87; EICHENER (Entwicklung, 1996), S. 22.

[7]   Vgl. SCHMITZ (Qualitätsmanagement, 1996), S. 38; BRUHN (Dienstleistungsqualität, 1997), S. 418.

branchenspezifische Eigenheit dar, sondern einen auf verschiedenen Märkten zu beobachtenden Prozeß.[1]

Neben dieser grundsätzlichen Bedeutung des Angebots wohnbegleitender Dienstleistungen lassen sich je nach Unternehmenstyp besondere Akzentuierungen erkennen. Traditionell zeigen die *Wohnungsgenossenschaften* ein vergleichsweise starkes Engagement jenseits der reinen Wohnungsüberlassung, und aus aktueller Sicht erscheinen Serviceleistungen für sie als geeignetes Instrument, um Mitgliedernähe zu dokumentieren und ihr Profil als „besondere" Vermieter zu schärfen.[2] Die Geschäftspolitik der *öffentlichen*, insbesondere *kommunalen Wohnungsunternehmen* wird seit jeher durch wohnungs- und sozialpolitische Vorgaben ihrer Trägerkörperschaften beeinflußt. Wohnbegleitende Dienstleistungen spielen im Rahmen des „Sozialen Managements"[3] eine zentrale Rolle und können auch zur Legitimation der öffentlichen Wohnungsunternehmen[4] in einer Zeit beitragen, in der sie zunehmend unter „Privatisierungsdruck" geraten.

Schließlich sind neue Dienstleistungsangebote aus Sicht der *industrieverbundenen Wohnungsunternehmen*, die sich steigenden Rentabilitätsanforderungen ihrer Muttergesellschaften ausgesetzt sehen,[5] nicht zuletzt unter dem Aspekt eines direkt gewinnerhöhenden Beitrags von Interesse. Grundsätzlich scheinen die Chancen hierfür nicht schlecht zu stehen, wird doch für diverse konsumtive Dienstleistungen, etwa in den Bereichen Freizeit, Sicherheit, Haushalt, Multimedia oder soziale Dienstleistungen, ein unerfüllter bzw. wachsender Bedarf gesehen.[6]

Ein Angebot wohnbegleitender Dienstleistungen kommt nicht nur für Mieter in Betracht, sondern kann sich ebenfalls auf *Eigentümer* erstrecken.[7] Dies liegt besonders nahe im Fall der Bauträger-Wohnungsgenossenschaften und bei solchen Genossenschaften,[8] welche sowohl Mieter als auch Eigentümer zu ihren Mitgliedern zählen. Ebenso bietet sich bei anderen Unternehmen, die durch Verkaufsvorgänge oder qua Wohnungseigentumsverwaltung in einer Geschäftsbeziehung zu Eigentümern stehen, ein Einsatz differenzierender Serviceleistungen

---

[1] Diskutiert wird diese Entwicklung z.B. für Finanzdienstleistungen, EDV-Produkte sowie für industrielle Anlagegüter. Vgl. REMMERBACH (Marketing, 1990), S. 56; LAAKMANN (Vertriebsförderung, 1993), S. 12; GRASSY (Dienstleistungen, 1993), S. 175; LÄBE/STOLPMANN (Kundenbindung, 1994), S. 96f.; VANDERMERWE (Services, 1994), S. 36; TÖPFER/MEHDORN (Differenzierung, 1996), S. 2f.; GUSHURST (Serviceleistungen, 1997), S. 35; BÜHLER (Vertriebsförderung, 1999), S. 29f.

[2] Vgl. PELZL (Strategien, 1990), S. 49ff.; SCHNEIDERS (Resumé, 1996), S. 113.

[3] HOPPENSTEDT (Dienstleistungen, 1996), S. 60.

[4] Vgl. GDW BUNDESVERBAND DEUTSCHER WOHNUNGSUNTERNEHMEN E.V. (Bündnis, 1996), S. 23, 43.

[5] Vgl. NORDALM (Gewerbe, 1996), S. 82.

[6] Vgl. EUROPÄISCHE KOMMISSION (Weißbuch, 1994), S. 22f.; HOMBACH/STAENDER (Perspektiven, 1994), S. 548; FELS (Wirtschaftsstandort, 1997), S. 48; BRETTREICH-TEICHMANN ET AL. (Wachstumsbereiche, 1998), S. 35ff.

[7] Vgl. die Überlegungen zur altersgerechten Anpassung von Eigenheimsiedlungen bei GROßHANS (Wohnen, 1994), S. 19ff., sowie das Beispiel von REAGAN (Homeowner, 1993), S. 10.

[8] Zu den Genossenschaftstypen vgl. MÄNDLE (Wohnungsgenossenschaften, 1997), S. 977.

an. Werden neben Mietern auch Eigentümerkunden in ein Angebotskonzept einbezogen, besteht angesichts der erweiterten Absatzmöglichkeiten die Chance auf stärkere Fixkostendegressionen und eine bessere Risikoverteilung im Sekundärleistungsgeschäft.

Ungeachtet der intensiven Diskussion wohnbegleitender Dienstleistungen kann von einem allgemeinen „Durchbruch" (noch) keine Rede sein. Nur wenige Wohnungsunternehmen bieten bisher über das Kerngeschäft hinausgehende „neue" Dienstleistungen an,[1] umfassende Konzepte für ein auf breitere Mieterschichten bezogenes Angebot sind eher eine Seltenheit. Plausibel erscheint, daß die bisherige *Zurückhaltung auf unternehmerischer Seite* insbesondere auf die vergleichsweise hohen *Unwägbarkeiten* im Sekundärleistungsgeschäft zurückzuführen ist. Die mangelnde Einschätzbarkeit der Handlungsfolgen erstreckt sich zum einen auf die *Effektivität,* zum anderen auf die *Effizienz* des Dienstleistungsangebots.

Eine Effektivität differenzierender Dienstleistungen liegt dann vor, wenn die „richtigen" Serviceleistungen in einer *attraktiven Form* offeriert werden, so daß sich das eigene Angebot nachhaltig und in einem für den Kunden spürbaren Ausmaß von jenem der Konkurrenz abhebt.[2] Auch wenn die primären Ziele anders formuliert sein mögen, sei es zum Beispiel die Steigerung der Wohnzufriedenheit oder die Herstellung einer Versorgungssicherheit für ältere Bewohner, bleibt das Problem im Kern unverändert: Das Wohnungsunternehmen muß zunächst eine adäquate *Auswahl* anzubietender Dienstleistungen treffen und im Anschluß eine *Vermarktung* des Dienstleistungsprogramms betreiben, welche die erwünschte Akzeptanz bei den Kunden erzielt.

In der Praxis erweist es sich als Problem, daß das Spektrum der potentiell nützlichen Serviceleistungen außerordentlich vielfältig ist. Von der Kinderbetreuung bis zur Altenpflege, von handwerklichen Hilfestellungen bis zur Telekommunikation, von der Sauna bis zur Pauschalreise, von der Schuldnerberatung bis zur Lebensversicherung; die Möglichkeiten scheinen nahezu unbegrenzt und eine Selektion nicht einfach.[3] Wenn bekannt wäre, welche inhärenten *Leistungsmerkmale* die Erfolgschancen generell beeinflussen, und wäre darüber hinaus bekannt, welche *Kundenmerkmale* bei gegebenen Leistungen auf eine höhere oder niedrigere Akzeptanz schließen lassen, würde eine Auswahl unter Berücksichtigung der individuellen Kundenstruktur eines Wohnungsunternehmens leichter fallen. Das Wissen hierüber ist bis dato aber begrenzt.

---

[1] Vgl. MEYER (Zukunft, 1996), S. 589.

[2] Zu Effektivität und Effizienz differenzierender Dienstleistungen vgl. ENGELHARDT/PAUL (Dienstleistungen, 1998), S. 1335ff.

[3] Für einen Überblick vgl. HEINZE/EICHENER (Geschäftsfeld, 1995), S. 33ff.

Die Bedeutung der Vermarktung resultiert daraus, daß sich im Prinzip bedürfnisgerechte Leistungen bei einer unangemessenen Realisierung durchaus als Fehlschlag erweisen können. Diesbezüglich ergeben sich sowohl im *strategischen* als auch im *operativen Bereich hohe Anforderungen* an das Management der vielgestaltigen, zum Teil komplexen und wenig Gemeinsamkeiten mit dem Kerngeschäft aufweisenden Dienstleistungsangebote. Für die meisten Wohnungsunternehmen bedeutet die Vermarktung von über das Vermietungs- und Baugeschäft hinausgehenden Angeboten Neuland, so daß auch aus dieser Perspektive beträchtliche Unwägbarkeiten bestehen.

Die Vermarktung wohnbegleitender Dienstleistungen beeinflußt neben der Effektivität auch die *Effizienz* des Angebots. Zur Beurteilung der Effizienz sind die zusätzlichen Erlöse den durch das Serviceangebot verursachten Kosten gegenüberzustellen.[1] Soll eine Gewinnreduktion oder gar ein Verlust des Wohnungsunternehmens vermieden werden, ist zumindest eine Kostendeckung beim Dienstleistungsangebot erforderlich. Daher sind de facto alle Sekundärleistungen angemessen zu entgelten, gleich ob direkt oder indirekt.[2]

Unter diesem Aspekt bereitet neben der Kostenprognose auch die *Abschätzbarkeit der Erlöse* Schwierigkeiten. Im vorhinein ermittelte Bedarfe für neue Angebote und die tatsächliche Nachfrage können erheblich voneinander abweichen, so daß zuverlässige Vorhersagen der *direkten Entgelte* schwer fallen. Wenn für möglicherweise zentrale Elemente des Dienstleistungsprogramms - wie der sozialen Betreuung und Beratung - ohnehin eine geringe oder keine Zahlungsbereitschaft zu erwarten ist, kommt der *indirekten Kompensation* eine hohe Bedeutung zu. Die Vorhersage von Erlöszuwächsen oder Kosteneinsparungen, die an anderer Stelle des Wohnungsunternehmens durch Dienstleistungsofferten zu bewirken sind, erscheint allerdings noch diffiziler als die Prognose der direkten Erlöse. Somit ist die Gefahr nicht gering, angesichts relativ ungewisser Erlöse und den bei Dienstleistungen typischerweise hohen Fixkostenblöcken ein ineffizientes Sekundärleistungs-Programm aufzubauen.

Zusammenfassend betrachtet stellt das Angebot wohnbegleitender Dienstleistungen eine Thematik von hoher Aktualität und strategischer Bedeutung für das wohnungswirtschaftliche Management dar. Aber erst wenn es gelingt, die mit der Definition und Umsetzung des Dienstleistungsprogramms verbundenen Risiken stärker einzugrenzen, dürften wohnbegleitende Dienstleistungen für einen ansehnlichen Teil der Branche zu einem akzeptablen Instrument werden, um die Marktposition zu sichern und auszubauen.

[1] Vgl. ENGELHARDT/RECKENFELDERBÄUMER (System, 1995), S. 177.
[2] Vgl. HAMMANN (Sekundärleistungspolitik, 1974), S. 139f.

1.2 Zielsetzung und Aufbau der Arbeit

Um die komplexen Informationsdefizite mit Blick auf wohnbegleitende Dienstleistungsangebote substantiell verringern zu können, bedarf es offensichtlich einer umfassenden Untersuchung der Thematik, welche sich inhaltlich dem Forschungsgebiet des Marketing zurechnen läßt. Dies wird deutlich, wenn man es als Aufgabe des Marketing begreift, „Leistungsangebote zu finden, welche für einzelne Marktsegmente besser oder billiger als Konkurrenzangebote sind (Leistungsfindung) und den Nachfragern dieser Marktsegmente die Überlegenheit der Angebote glaubhaft zu vermitteln (Leistungsbegründung)."[1]

Im vorliegenden Fall bietet es sich an, die Problemstellung aus zwei Richtungen anzugehen. Zum einen ist die *Nachfrageseite* zu analysieren, um die für die Kundenakzeptanz ausschlaggebenden Leistungsmerkmale sowie Faktoren zu identifizieren, welche das zwischen den Kunden abweichende Kauf- bzw. Nutzungsverhalten erklären. Zum zweiten ist eine Betrachtung der *Angebotsseite* erforderlich, um die relevanten Strategien und Instrumente zu erfassen und hinsichtlich ihres Beitrags zu einer effektiven sowie effizienten Umsetzung des Dienstleistungsangebots bewerten zu können. Damit sind die Kernbestandteile dieser Arbeit umrissen, deren primäres Anliegen darin besteht, die *Einflußfaktoren auf die Sekundärleistungsnachfrage* zu ergründen und *Handlungsempfehlungen* für eine zielgerichtete Realisierung zu geben.

Als Ausgangsbasis für die Durchdringung des Betrachtungsobjekts sollen Erkenntnisse aus der dienstleistungs- und sekundärleistungstheoretischen Forschung dienen. Sie ermöglichen es, den grundlegenden Zusammenhang zwischen primärer Wohnleistung und sekundärer Dienstleistung zu analysieren, die Funktionsweise der Zusatzangebote und ihre inhärenten Erfolgspotentiale zu beleuchten.

In der Identifikation von Leistungsbereichen, welche aus Sicht der Wohnungswirtschaft hinsichtlich Wirksamkeit und Wirtschaftlichkeit vielversprechend sind, liegt ein weiterer Aspekt der Untersuchung. Es geht darum herauszufinden, welche Leistungen eher vom Kunden honoriert werden oder tendenziell ungeeignet sind, einen Zusatznutzen zu schaffen. Da die Erfolgswahrscheinlichkeit einer Dienstleistungsofferte in dem Maße zunimmt, wie eine Befriedigung der spezifischen Bedürfnisse einzelner Kundengruppen eines Wohnungsunternehmens gelingt, sollen darüber hinaus Ansätze für eine segmentierte Marktbearbeitung aufgezeigt werden.

Um zu einer möglichst weitreichenden Erklärung des Nachfragerverhaltens zu gelangen, wurde aus methodischer Sicht ein *interdisziplinärer Ansatz* gewählt, der neben ökonomischen Modellen auch Forschungsergebnisse psychologischer und soziologischer bzw. sozialpsychologischer Herkunft einbezieht.

---

[1]   KAAS (Marketing, 1995), S. 22.

Zur *empirischen Fundierung* dienen die Ergebnisse einer zweiteiligen Erhebung bei einem industrieverbundenen Wohnungsunternehmen, der Veba Immobilien Wohnpartner GmbH, welche nach einer Neustrukturierung inzwischen als Viterra Wohnpartner AG firmiert. Durch die Kombination zweier Instrumente - explorative Gruppendiskussionsreihe und standardisierte Hauptbefragung - ist es gelungen, insbesondere die Einflüsse psychischer Antriebskräfte und Hemmfaktoren sowie die Wirkungsweise von geschäftsbeziehungsspezifischen Variablen zu erkennen und sie zu messen. In den wenigen zum Thema verfügbaren empirischen Arbeiten haben diese Faktoren bisher keine Rolle gespielt.[1]

Schließlich besteht ein zentrales Ziel darin, die Gestaltungsoptionen einer Umsetzung aufzuzeigen und die Vorteilhaftigkeit der einzelnen Alternative zu erörtern. Zur Untermauerung der umsetzungsrelevanten Ausführungen, welche primär auf den Forschungserkenntnissen des Dienstleistungsmarketing fußen, werden die Ergebnisse von Leitfadeninterviews mit Vertretern von 34 ehemals gemeinnützigen oder ostdeutschen Wohnungsunternehmen einbezogen.

Die vorliegende Arbeit ist in fünf Hauptkapitel gegliedert. Im Anschluß an diese Einführung werden im zweiten Hauptkapitel *Basisüberlegungen zu wohnbegleitenden Dienstleistungsangeboten* vorgenommen. Die Heranführung an den Betrachtungsgegenstand beginnt mit einer Diskussion absatzrelevanter Spezifika und definitorischer Aspekte der Dienstleistung (Kap. 2.1), gefolgt von einer Analyse des hier im Mittelpunkt stehenden Wirtschaftszweigs, der unternehmerischen Wohnungswirtschaft, und seiner Primärleistungen (Kap. 2.2). Nach der Abgrenzung und Systematisierung wohnbegleitender Dienstleistungen (Kap. 2.3) schließt das Kapitel mit einer grundlegenden Betrachtung der Sekundärleistungspolitik (Kap. 2.4), welche den konzeptionellen Rahmen für das Dienstleistungsangebot darstellt.

Das dritte und für die Arbeit zentrale Kapitel befaßt sich mit einer ausführlichen *theoretischen und empirischen Analyse der Nachfrage* nach wohnbegleitenden Dienstleistungen. Im Anschluß an eine Betrachtung des aktuellen Forschungsstands (Kap. 3.1) erfolgt eine Untersuchung der Dienstleistungsnachfrage aus der Sicht kaufverhaltensrelevanter Theorien (Kap. 3.2). Die Befunde der explorativen empirischen Vorstudie, die insbesondere zur Bildung von im Rahmen der Hauptstudie zu prüfenden Hypothesen dient, werden bereits an dieser Stelle einbezogen. Nach einer Darstellung der konzeptionellen Grundlagen dieses Untersuchungsabschnitts (Kap. 3.2.1) wird zum einen diskutiert, welche Leistungscharakteristika die Akzeptanz der Offerten beeinflussen (Kap. 3.2.2), zum anderen steht die Frage im Mittelpunkt, welche kundenseitigen Merkmale die Nachfrageintensität determinieren können (Kap. 3.2.3).

---

[1] Vgl. Kap. 3.1.

Vor dem Hintergrund der in der theoretischen Analyse erarbeiteten Erkenntnisse erfolgt eine *Auswertung* der empirischen Resultate, welche im Rahmen der *standardisierten Kundenbefragung* gewonnen wurden (Kap. 3.3). Angeführt von einer Kennzeichnung der methodischen Vorgehensweise (Kap. 3.3.1) widmet sich die Ergebnisanalyse (Kap. 3.3.2) ausführlich dem Nachfragepotential und seinen Bestimmungsfaktoren, gefolgt von der Entwicklung einer dienstleistungsbezogenen Kundentypologie. Ein Fazit der empirischen Analyse (Kap. 3.3.3) rundet diesen Untersuchungsteil ab.

Mit dem *Management wohnbegleitender Dienstleistungen im Rahmen der Sekundärleistungspolitik* befaßt sich das vierte Hauptkapitel. Angelehnt an die Entscheidungsstufen, welche von einem Wohnungsunternehmen bei der Konzipierung des Dienstleistungsangebots zu bestreiten sind, bildet die Wahl der Marktbearbeitungsstrategie (Kap. 4.1) den Ausgangspunkt der Betrachtung. Nach einer Generierung und ersten Bewertung von Leistungsideen für die anvisierten Marktsegmente (Kap. 4.2) ist die Trägerschaft des Dienstleistungsangebots (Kap. 4.3) festzulegen, womit eine zentrale Weichenstellung für die praktische Umsetzung erfolgt.

Auf der operativen Ebene stellt die Bestimmung des absatzpolitischen Instrumentariums, d.h. die Gestaltung des Marketing-Mix für wohnbegleitende Dienstleistungen eine besondere Herausforderung dar (Kap. 4.4). Da ohne eine Planung und Überprüfung der Effizienz des Angebots weiterreichende negative Konsequenzen nicht auszuschließen sind, andererseits die Erfassung von Kosten und Erlösen beträchtliche Probleme bereitet, erscheint schließlich eine Auseinandersetzung mit der Wirtschaftlichkeitsanalyse für wohnbegleitende Dienstleistungen (Kap. 4.5) angezeigt.

Zum Abschluß der Arbeit werden im fünften Kapitel die zentralen Ergebnisse der Untersuchung zusammengefaßt und dieses *Fazit* mit einem *Ausblick* auf zukünftige Entwicklungen, welche das Erkenntnisobjekt betreffen, verknüpft.

2 BASISÜBERLEGUNGEN ZU WOHNBEGLEITENDEN DIENST-LEISTUNGSANGEBOTEN

2.1 Absatzrelevante Charakteristika und definitorische Aspekte der Dienstleistung

In der Wirtschaftswissenschaft spielten Dienstleistungen als eigenständiges Phänomen lange Zeit eine untergeordnete Rolle. Führende Nationalökonomen vertraten bis zum späten 19. Jahrhundert die Auffassung, daß Dienstleistungen keinen produktiven Nutzen zur Steigerung des Volkseinkommens implizieren, und schlossen sie aus ihren Analysen aus. SAY ist die Erkenntnis zu verdanken, daß Produktivität nicht an Stofflichkeit gekoppelt ist. Er sprach der Dienstleistung den Rang eines spezifischen, *immateriellen Wirtschaftsgutes* zu.[1] Doch erst nach der Entwicklung der Drei-Sektoren-Hypothese und FOURASTIÉS Vision von der „*tertiäre[n] Zivilisation*"[2] wurde die Aufmerksamkeit eines breiten Fachpublikums auf das Untersuchungsobjekt „Dienstleistung" gelenkt. In den 60er Jahren setzte schließlich ein *Umdenkprozeß* seitens der betriebswirtschaftlichen Forschung ein, welcher sich einerseits in einer Aufwertung der Dienstleistung innerhalb der Standardliteratur, andererseits in ersten dienstleistungsspezifischen Publikationen niederschlug.[3]

Seit den späten 70er Jahren haben sich insbesondere Marketingwissenschaftler der Problematik angenommen, so daß bezüglich des Dienstleistungsmarketing inzwischen auf eine beachtliche Literaturbasis zurückgegriffen werden kann.[4] Ungeachtet dessen läßt sich auch heute noch eine *Dominanz des sachgüterorientierten Denkens* in der deutschen Betriebswirtschaftslehre konstatieren.[5]

Als nicht unwesentlich für die eher zögerliche Behandlung von Dienstleistungen in der Wirtschaftswissenschaft darf angenommen werden, daß bereits die *Definition* des Untersuchungsgegenstands - insbesondere angesichts seiner vielfältigen Erscheinungsformen in der Realität - *gravierende Probleme* bereitet. Um die Bedeutung der verschiedenen in der Literatur diskutierten Dienstleistungscharakteristika vor Augen zu führen, erscheint es sinnvoll, zunächst eine Zerlegung des komplexen Konstrukts der Gesamtleistung in verschiedene *Teildimensionen* vorzunehmen. Dabei bietet sich die in Abb. 1 dargestellte Dreiteilung in Potential-,

---

[1] Vgl. MALERI (Dienstleistungsproduktion, 1997), S. 9f.

[2] Vgl. FOURASTIÉ (Hoffnung, 1954), S. 310.

[3] Für einen Überblick über unterschiedliche wirtschaftswissenschaftliche Interpretationen der Dienstleistung vgl. MEYER (Dienstleistungs-Marketing, 1994), S. 5-13. Zu den ersten deutschsprachigen betriebswirtschaftlichen Abhandlungen zählen BEREKOVEN (Begriff, 1966), S. 314ff.; SCHEUCH/HASENAUER (Leistung, 1969), S. 125ff.; MALERI (Dienstleistungsproduktion, 1973); BEREKOVEN (Dienstleistungsbetrieb, 1974).

[4] Vgl. die zitierten Werke bei MEFFERT/BRUHN (Dienstleistungsmarketing, 1997), S. 3; MEYER (Grundlagen, 1998), S. 19f.

[5] Vgl. ENGELHARDT (Marketing, 1997), S. 78.

Prozeß- und Ergebnisdimension an, welche sich als Analyseinstrument in der Dienstleistungstheorie etabliert hat.[1]

Unter der *Potentialdimension* bzw. Bereitstellungsleistung sind sämtliche sachlichen, personellen und organisatorischen Leistungsvoraussetzungen des Anbieters zu verstehen. Auf dieser Ebene werden durch die Auswahl, Beschaffung und Kombination interner Potential- (wie
Mitarbeiter, Gebäude, Maschinen) und Verbrauchsfaktoren (etwa Energie, Werkstoffe) die
Grundlagen für eine Erstellung bestimmter Absatzobjekte geschaffen.[2] Ein Leistungspotential
ist effektiv allerdings nur dann gegeben, wenn der Anbieter nicht nur die *Fähigkeit* besitzt,
sondern auch die *Bereitschaft* zeigt, die erforderlichen Aufgaben in einer bedürfnisgerechten
Form auszuüben.[3]

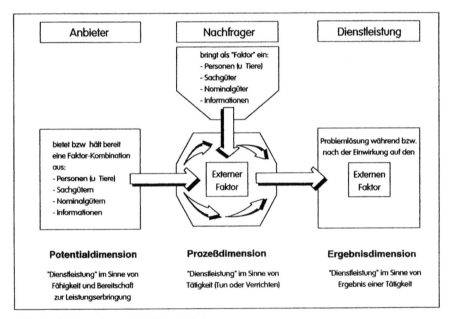

Abb. 1: Dimensionen der Dienstleistung
Quelle: in Anlehnung an HILKE (Grundprobleme, 1989), S. 15.

Während die Potentialdimension die „relativ stabilen Charakteristika"[4] des Angebots umfaßt,
kommt in der *Prozeßdimension* die eigentliche Leistungsdynamik zum Ausdruck. Die Prozeß-

---

[1]   Vgl. SCHMITZ (Qualitätsmanagement, 1996), S. 36ff.; TREIS/OPPERMANN (Dienstleistungsgestaltung, 1998),
     S. 785ff.

[2]   Vgl. RECKENFELDERBÄUMER (Leistungsmerkmale, 1995), S. 8; STAUSS/HENTSCHEL (Dienstleistungsqualität,
     1991), S. 239; ENGELHARDT (Herausforderung, 1989), S. 279.

[3]   Vgl. HILKE (Grundprobleme, 1989), S. 11.

[4]   MEYER/MATTMÜLLER (Qualität, 1987), S. 190.

dimension beinhaltet alle Aktivitäten, die im Rahmen des tatsächlichen Leistungserstellungsprozesses anfallen.[1] Auslöser und Bestandteil dieses (abschließenden) Produktionsprozesses[2] ist ein *externer Faktor*, der aus dem Einflußbereich des Nachfragers stammt und zeitlich befristet mit den internen Faktoren des Anbieters zusammengeführt wird, um eine Bedarfsdeckung zu erzielen.[3] Als externer Faktor kommen der oder die Kunden selbst, aber auch andere Lebewesen (Tiere, Pflanzen), Gegenstände, Nominalgüter (Geld, Wertpapiere) oder Informationen in Betracht.[4]

Schließlich verkörpert die *Ergebnisdimension* das - zumindest nach traditioneller Auffassung[5] - statische Resultat des Leistungserstellungsprozesses, die *Problemlösung*, aus welcher der Nutzen für den Nachfrager hervorgeht. Hierbei ist es bedeutsam, zwischen *zeitpunkt-* und *zeitraumbezogenen Leistungen* zu differenzieren. Anders als im Fall einer zeitpunktbezogenen Leistung, etwa einer Kfz-Reparatur, ist bei zeitraumbezogenen Leistungen wie etwa einem Girokonto oftmals kein konkretes (Gesamt-)Ergebnis festzustellen. Vielmehr handelt es sich um eine Aneinanderreihung von Teilergebnissen einzelner *Dienstleistungsepisoden*, die insgesamt die Problemlösung für den Nachfrager ausmachen.[6] Die Bestimmung des Dienstleistungsergebnisses fällt des weiteren schwer, wenn - wie bei einem eingeräumten, aber noch nicht in Anspruch genommenen Dispositionskredit oder der „Mobilitätsgarantie" durch einen Automobilhersteller - schon aus der Möglichkeit der Inanspruchnahme ein Nutzen resultiert. Im Unterschied zu Verrichtungen, bei denen die Leistungsfähigkeiten des Anbieters vor allem *aktiv* geforderd wird, dominiert hier der Charakter einer *passiven* Bereitstellung von Leistungsfähigkeiten.

Im Mittelpunkt des beschriebenen Leistungsmodells steht der externe Faktor, der in den Leistungsprozeß eingebracht wird. Auch wenn im Rahmen der Bereitstellungsleistung bereits Teilprozesse erfolgt sind, so wird argumentiert, kann eine Vollendung der Dienstleistung erst vorgenommen werden,[7] sobald der Nachfrager sich selbst oder seinen „*Fremd-Faktor*"[8] für eine aktive oder passive Mitwirkung zur Verfügung gestellt hat. Grundsätzlich kommt es nicht

---

[1] Vgl. MEYER/WESTERBARKEY (Kundenbeteiligung, 1995), S. 86.

[2] SÜCHTING/PAUL sprechen von einem „Leistungserstellungs- und -verkaufsprozeß" und verdeutlichen hiermit, daß der (bzw. die) externe(n) Faktor(en) sowohl bei der Dienstleistungsproduktion (z.B. Kfz im Fall einer Autoreparatur) als auch beim Dienstleistungsabsatz (z.B. Erteilung des Reparaturauftrags durch den Kunden) integriert werden bzw. daß beide Bereich ineinander übergehen können (z.B. bei einer Wertpapierberatung). Vgl. SÜCHTING/PAUL (Bankmanagement, 1998), S. 622.

[3] Vgl. ENGELHARDT/KLEINALTENKAMP/RECKENFELDERBÄUMER (Leistungsbündel, 1993), S. 398.

[4] Vgl. CARP (Transformationsprozeß, 1974), S. 74; HILKE (Grundprobleme, 1989), S. 12.

[5] Vgl. RECKENFELDERBÄUMER (Sichtweise, 1995), S. 60.

[6] Vgl. PAUL/PAUL (Illoyalität, 1997), S. 879; STAUSS/SEIDEL (Zufriedenheitsermittlung, 1998), S. 208.

[7] Vgl. CORSTEN (Dienstleistungsmanagement, 1997), S. 136f., der diesbezüglich von einer „Endkombination" in Abgrenzung zur „Vorkombination" im Rahmen der Bereitstellungsleistung spricht.

[8] HILKE (Grundprobleme, 1989), S. 12.

darauf an, ob sich der externe Faktor im Eigentum des Kunden befindet. Vielmehr muß er im weiteren Sinne seinem Einfluß unterliegen und für den Dienstleister außerhalb der eigenen Disponierbarkeit stehen.[1]

Die Integration eines externen Faktors in den Leistungserstellungsprozeß wird mitunter als einzige unabhängige und allen Dienstleistungen gemeinsame Eigenschaft,[2] als *„conditio sine qua non"*[3] bzw. als *„konstitutives Element"*[4] der Dienstleistungsproduktion betrachtet. Sie läßt eine Definition der Dienstleistung über ihren Erstellungsprozeß möglich erscheinen. Demnach wären solche Absatzobjekte als Dienstleistungen einzuordnen, bei denen die *Integration eines externen Faktors* erfolgt. Sachleistungen würden hingegen *autonom* produziert, und der Leistungserstellungsprozeß würde hier nur eine Kombination interner Faktoren beinhalten. Bei Zugrundelegung dieser Auffassung erfolgt im Fall der Dienstleistung eine Einigung über den Kauf bereits *vor*, bei der Sachleistung erst *nach* der Erstellung.[5]

Diese auch in Abb. 1 angedeutete chronologische Abfolge stellt allerdings eine vereinfachende Betrachtung dar. In der Realität bilden die Dimensionen Teileelemente eines komplexen Systems, deren Grenzen verwischen können und die in keiner eindeutigen zeitlichen Ordnung zueinander stehen. So mag ein Leistungserstellungsprozeß zu einem Zwischenergebnis (z.B. Haarschnitt) führen, das in einem erneuten Prozeß verändert wird (etwa Nachkorrektur bei Unzufriedenheit mit der Frisur), bei dem möglicherweise ein angepaßtes Leistungspotential (z.B. zusätzliches Wissen über den Geschmack des Kunden) zum Einsatz kommt.[6] Des weiteren ist zu beachten, daß eine ausschließliche Interpretation von Dienstleistungen als Verrichtung bzw. Tätigkeit eine zu enge Auslegung darstellt.

Aus der Integrativität ergeben sich wichtige Konsequenzen sowohl für den Nachfrager als auch für den Anbieter. Aus Nachfragersicht bereitet die Messung und Bewertung von Qualität und Nutzen einer Dienstleistung oftmals Probleme. Da man sich lediglich auf ein Leistungsversprechen einigt, ergibt sich eine vergleichsweise hohe *Kaufunsicherheit*.[7] Die Unwägbarkeiten resultieren insbesondere aus der oftmals hohen Bedeutung des *„menschliche[n] Ele-*

---

[1] Vgl. GARHAMMER (Dienstleistungsproduktion, 1988), S. 73. Dies träfe z.B. aus Sicht eines unabhängigen Lieferbetriebes auf Waren eines Kunden zu, die jener bei einem Supermarkt geordert, aber noch nicht bezahlt hat.

[2] Vgl. ROSADA (Kundendienststrategien, 1990), S. 23ff.; MEFFERT (Dienstleistungsunternehmen, 1994), S. 521.

[3] RÜCK (Definitionsansatz, 1995), S. 15.

[4] CORSTEN (Dienstleistungsmarketing, 1989), S. 24.

[5] Vgl. ZEITHAML/PARASURAMAN/BERRY (Problems, 1985), S. 33.

[6] Vor diesem Hintergrund wird in der jüngeren Literatur der statische Charakter von Bereitstellungsleistung und Leistungsergebnis bestritten. Vgl. RECKENFELDERBÄUMER (Sichtweise, 1995), S. 56ff., sowie SCHNITTKA/STAUDER (Ablauf, 1995), S. 73.

[7] Vgl. MEYER/MATTMULLER (Qualität, 1987), S. 189.

ment[s]",[1] welches sich als Zusammenspiel von Mitarbeitern des Anbieters und Personen als externen Faktoren darstellt. Zudem spielt die *begrenzte Reversibilität* der Dienstleistung eine Rolle. Umtausch und Rückgabe sind nicht möglich, Nachbesserungen nur bedingt.[2] Schließlich folgt aus den Bewertungsproblemen und der Tatsache, daß gleichartige Dienstleistungen konkurrierender Anbieter nur selten in einem Sortiment zu finden sind,[3] eine üblicherweise geringe Markttransparenz in qualitativer und preislicher Hinsicht.

Aus Anbietersicht führt die Simultaneität von Produktion und Konsumtion, auch „uno-acto-Prinzip"[4] genannt, dazu, daß strenggenommen ein *Zwischenhandel von Dienstleistungen ausgeschlossen* und eine *Vorratsproduktion nicht möglich* ist.[5] Gleichwohl können „Leistungsversprechen" (z.B. Fahrkarte, Versicherungspolice) gehandelt und „veredelte" Dienstleistungen auf Speichermedien (z.B. CDs, Bücher) gebannt werden.[6] Sieht man von diesen Ausnahmen ab, schlagen mögliche Absatzschwankungen in vollem Umfang auf den „Produktionsbereich" des Anbieters durch. Dimensioniert man das Leistungspotential an den Nachfragespitzen, drohen hohe Leerkosten, während eine Überauslastung zu unbefriedigter Nachfrage führt, die sich in Warteschlangen äußert und zu Unzufriedenheit oder gar Abwanderung von Kunden führen mag.[7]

Ungeachtet der hohen Marketingrelevanz der Integrativität ist sie als Abgrenzungsmerkmal zwischen Sach- und Dienstleistung nicht vollkommen trennscharf. Zumindest in Form von *Informationen*, die als eigenständiger externer Faktor oder auch faktorimmanent, d.h. in Kombination mit anderen Faktorarten auftreten können,[8] liegt bei jeder Leistung ein externer Faktor vor, den es zu integrieren gilt. Auch wenn sich die Information im Einzelfall darauf beschränken mag, welches Gut ein Kunde beanspruchen will, käme doch ohne sie kein Austausch zustande. Ein „Kontaktzwang"[9] ist auch schon beim Kauf einer Zahnbürste im Supermarkt gegeben, die man deshalb kaum als Dienstleistung bezeichnen wird. Daraus haben einzelne Autoren gefolgert, daß Sachleistungen niemals allein, sondern nur in Verbindung mit Dienstleistungen zu vermarkten seien: „Almost all purchases of goods involve the purchase

---

[1] SÜCHTING/BOENING (Bankleistungen, 1971), S. 365.

[2] Vgl. GROTH (factors, 1995), S. 32; MEYER (Dienstleistungs-Marketing, 1991), S. 200.

[3] Vgl. MEYER (Dienstleistungs-Marketing, 1994), S. 25.

[4] GARHAMMER (Dienstleistungsproduktion, 1988), S. 72.

[5] Vgl. HILKE (Grundprobleme, 1989), S. 13.

[6] Vgl. BEREKOVEN (Dienstleistungsmarkt, 1983), S. 21; SCHEUCH (Dienstleistungsmarketing, 1982), S. 166; MEYER (Automatisierung, 1987), S. 36ff.

[7] Vgl. SÜCHTING/PAUL (Bankmanagement, 1998), S. 260; CORSTEN/STUHLMANN (Kapazitätsmanagement, 1998), S. 500f.; ROSENSTIEL/NEUMANN (Grundlagen, 1998), S. 44f.

[8] Vgl. KLEINALTENKAMP (Beschaffung, 1993), S. 107.

[9] GARHAMMER (Dienstleistungsproduktion, 1988), S. 73.

of services."[1] Dienstleistungen würden sich hingegen isoliert absetzen lassen.[2] Auch wenn man diesem Gedankengang folgt, ist das Abgrenzungsproblem damit nicht behoben, eher verwässert.

Noch häufiger als die Integration des externen Faktors ist die *Immaterialität* als wesensbestimmendes Merkmal von Dienstleistungen beleuchtet worden. Legt man das oben beschriebene Leistungsmodell zugrunde, wird die Immaterialität insbesondere mit der Potential- und der Ergebnisdimension in Verbindung gebracht. Einerseits soll das Dienstleistungs-Potential, die Leistungsfähigkeit, stets immaterieller Natur, also *„un*körperlich, nicht greifbar"[3] sein. Andererseits kommt in der Auffassung der Dienstleistung als „substanzloses Gut"[4] die Immaterialität auf der Ergebnisebene zum Ausdruck.

Diese Ansätze führen nicht zu einer befriedigenden Abgrenzung zwischen Sach- und Dienstleistung. Auch wenn Sachgüter nicht für den anonymen Markt, sondern *auftragsorientiert* hergestellt werden (z.B. Maßanzug), mangelt es vor der Leistungserstellung an einem gegenständlichen Produkt.[5] Mit Blick auf die ergebnisbezogene Betrachtung läßt sich festhalten, daß „typische" Dienstleistungsanbieter - man denke an Zahnärzte oder Gebäudereiniger - durchaus *materielle Ergebnisse* hervorbringen.[6] Zwar wird man eher materiell geprägte von immateriell geprägten Leistungen unterscheiden können. Gleichwohl ist eine klare Differenzierung in dem Sinne, daß Sachleistungen sicht- und fühlbar wären, während es Dienstleistungen an der sinnlichen Wahrnehmbarkeit fehlen würde, nicht möglich.

Ungeachtet der mangelnden Trennschärfe ist auch die Immaterialität für das Marketing von Bedeutung, wobei sich in vielerlei Hinsicht ähnliche Konsequenzen ergeben wie aus der Integration des externen Faktors.[7] Im Vordergrund steht dabei eine prinzipiell erhöhte *Unsicherheit* sowohl für den Nachfrager, der immaterielle Ergebniskomponenten vergleichsweise schlecht beurteilen kann, als auch für den Anbieter, der sich spiegelbildlich besonderen Problemen etwa bei der Qualitätskontrolle oder bei der Präsentation der Leistungsergebnisse ausgesetzt sieht.[8]

---

[1] SASSER/OLSEN/WYCKOFF (Service Operations, 1978), S. 9.

[2] Vgl. HILKE (Grundprobleme, 1989), S. 8.

[3] HILKE (Grundprobleme, 1989), S. 11.

[4] MALERI (Dienstleistungsproduktion, 1973), S. 34.

[5] Vgl. RÜCK (Definitionsansatz, 1995), S. 10.

[6] Vgl. BEREKOVEN (Dienstleistungsmarkt, 1983), S. 17. Physikalisch nachweisbar ist sowohl die „Korrektur" von Materie (z.B. Fensterreinigung) als auch die Schaffung neuer Materie (z.B. Zahnfüllung) als (Teil-)Ergebnis von Dienstleistungen.

[7] So lassen sich etwa die mangelnde Lagerfähigkeit von Dienstleistungen oder die Standortgebundenheit auch als Folgen der Immaterialität interpretieren. Vgl. CORSTEN (Dienstleistungsbesonderheiten, 1986), S. 19ff.

[8] Zu den Konsequenzen der Immaterialität vgl. RUSHTON/CARSON (Intangibles, 1985), S. 29ff.; FREILING/PAUL (Immaterialität, 1995), S. 27ff.

Die 1980 von FALK geäußerte Feststellung, daß eine allgemein akzeptierte Definition und Klassifikation der Dienstleistung nicht existiert, besitzt ungeachtet der Fortschritte der Dienstleistungstheorie insofern heute noch Gültigkeit.[1] ENGELHARDT/KLEINALTENKAMP/RECKENFELDERBÄUMER haben vor diesem Hintergrund gefordert, den „immer wieder erfolglose[n] Versuch der Trennung in Sachleistungen und Dienstleistungen bzw. Sachleistungs- und Dienstleistungsmarketing"[2] aufzugeben. Eine derartige Trennung sei offensichtlich weder möglich noch erforderlich. Denn faktisch werden nicht separate Leistungen, sondern mehr oder weniger komplexe *Leistungsbündel* vermarktet. Diese können - so die Verfasser - ausschließlich immaterielle oder immaterielle in Verbindung mit materiellen Ergebnisbestandteilen aufweisen. Zudem umfassen Leistungsbündel nicht nur *den einen* Leistungserstellungsprozeß, sondern eine Vielzahl betrieblicher Prozesse, die teils integrativer Natur sind, also eine Integration des externen Faktors beinhalten, teils autonomer Art (wie etwa beim Aufbau eines Ladenlokals). Für die Vermarktung und Leistungserstellung komme es zwar auf die unterschiedlichen Ausprägungen von Integrativität und Immaterialität an, nicht aber darauf, ob und gegebenenfalls wo eine Trennlinie zwischen Sach- und Dienstleistung gezogen werden könne.[3]

Als Alternative wird die in Abb. 2 auf der folgenden Seite dargestellte *Leistungstypologie* vorgeschlagen, in der Leistungsbündel danach angeordnet werden, welchen Grad an Integrativität und Immaterialität sie aufweisen. Es erfolgt demnach keine diskrete Trennung im Sinne von autonom oder integrativ bzw. materiell oder immateriell. Statt dessen werden die beiden Merkmale als *Kontinuen* aufgefaßt. Allerdings können sich bei der konkreten Einordnung von Leistungsbündeln durchaus Probleme ergeben, wie die Verfasser selbst eingestehen.[4] Insbesondere sind Integrativität und Immaterialität bislang nicht hinreichend operationalisiert, so daß nach FASSOTT das alte Zuordnungsproblem lediglich durch ein neues ersetzt wird.[5] Zudem ist fraglich, ab wann ein bestimmter Ausprägungsgrad der diskutierten Merkmale marketingrelevant ist. Schließlich erscheint das Unterfangen, ein Produkt als Gesamtheit zuordnen zu wollen, problematisch, da z.B. auch geringe immaterielle Anteile an einem ansonsten materiellen Gut spezifische Probleme beinhalten, die eine differenzierte Betrachtung im Rahmen des Marketing erfordern.

---

[1] Vgl. FALK (Bedeutung, 1980), S. 11; MITTERMÜLLER (Übertragung, 1995), S. 4.

[2] ENGELHARDT/KLEINALTENKAMP/RECKENFELDERBÄUMER (Leistungsbündel, 1993), S. 423.

[3] Vgl. ENGELHARDT/KLEINALTENKAMP/RECKENFELDERBÄUMER (Absatzobjekt, 1992), S. 34ff.

[4] Vgl. ENGELHARDT/KLEINALTENKAMP/RECKENFELDERBÄUMER (Leistungsbündel, 1993), S. 417.

[5] Vgl. hier und im folgenden FASSOTT (Dienstleistungspolitik, 1995), S. 19. Zwar schlagen ENGELHARDT/ FREILING (Integrativität, 1995), S. 40f., mit Eingriffstiefe, -intensität, -dauer und -zeitpunkt(e) verschiedene Eingriffsdimensionen vor, die als Anhaltspunkte für den Grad der Integrativität dienen können. Allerdings stellt sich dann die Frage, ab wann genau z.B. die Eingriffsdauer als „lang" oder der Eingriffszeitpunkt als „früh" zu betrachten wäre. Vgl. MITTERMÜLLER (Übertragung, 1995), S. 22ff., der die Positionierungsproblematik am Beispiel von Bankleistungen untersucht.

16

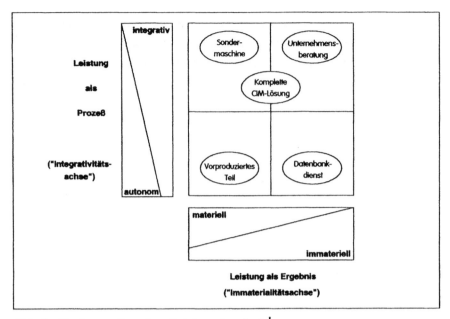

Abb. 2: Neukonzeption einer Leistungstypologie[1]
Quelle: ENGELHARDT/KLEINALTENKAMP/RECKENFELDERBÄUMER (Leistungsbündel, 1993), S. 417.

Auch wenn diese Leistungstypologie in Fachkreisen auf ein breites Echo gestoßen ist, überrascht es angesichts der ihr innewohnenden Probleme nicht, daß der Begriff der Dienstleistung weiterhin allgemeine Verwendung findet. MEFFERT räumt zwar ein, daß die Komplexität von Leistungsbündeln über das traditionelle Begriffspaar Sachleistung versus Dienstleistung „terminologisch und konzeptionell"[2] nicht zu bewältigen sei, betrachtet eine vollständige Loslösung von diesen Termini aber als zu weitgehend. Das in Wissenschaft und Wirtschaftspraxis eingeführte Begriffspaar sollte zumindest als *Orientierungsrahmen* bestehen bleiben, wobei die Begriffe dann als Pole von Kontinuen (Dienstleistungen als integrative-immaterielle, Sachleistungen als autonome-materielle Absatzobjekte) zu verstehen wären. Ein sprachlicher Kompromiß ist darin zu sehen, wenn von „Dienstleistungsanteilen" bzw. „Sach-" und „Dienstleistungskomponenten" als Elementen von Leistungsbündeln gesprochen wird.[3]

---

[1] Unter einer „Sondermaschine" wäre etwa eine Walzstraße zu verstehen, die ein Maschinenbauunternehmen nach den spezifischen Vorgaben des Kunden (Stahlhütte) als Maßanfertigung erstellt. Ein „vorproduziertes Teil" würde z.B. eine Schraube darstellen, die ein Schraubenproduzent als Zulieferer millionenfach in standardisierter Form verschiedenen Autoherstellern zur Verfügung stellt.

[2] MEFFERT (Entgegnung, 1995), S. 681.

[3] Vgl. ENGELHARDT/PAUL (Dienstleistungen, 1998), S. 1325f.

Für die vorliegende Untersuchung erscheint von Bedeutung, daß ein Verzicht auf den Begriff der Dienstleistung nicht nur Kommunikationshürden zur wohnungswirtschaftlichen Praxis aufbauen würde,[1] sondern auch zu den Wissenschaftszweigen jenseits der Ökonomie, die sich mit der Thematik des Wohnens auseinandersetzen. Insoweit soll abschließend aus pragmatischer Sicht eine *Definition* gegeben werden, welche für die vorliegende Arbeit nützlich ist, ohne einen Anspruch auf absolute Trennschärfe oder Allgemeingültigkeit zu erheben:

Dienstleistungen sind selbständige Absatzobjekte oder Komponenten innerhalb von Leistungsbündeln, welche mit der „passiven" Bereitstellung von und/oder einer „aktiven" Verrichtung durch Leistungsfähigkeiten des Anbieters verbunden sind, wobei ein externer Faktor in den Erstellungsprozeß integriert wird.[2]

Nachdem das Wesen der Dienstleistung und die Bedeutung ihrer besonderen Merkmale für die Vermarktung herausgestellt wurden, ist im nächsten Abschnitt eine Charakterisierung der unternehmerischen Wohnungswirtschaft, der Anbieterin von wohnbegleitenden Dienstleistungen, vorzunehmen. Neben einer funktionalen Abgrenzung von Wohnungsunternehmen und einem kurzen geschichtlichen Überblick zur Wohnungsgemeinnützigkeit erfolgt dabei insbesondere eine Analyse der verschiedenen Unternehmenstypen. Dies ist geboten, weil die intendierte Wirkung der Sekundärleistungen nicht zuletzt von der Art des Anbieters abhängt. Zudem werden die Eigenschaften und die Struktur der primären Wohnleistungen als Kern umfassender Leistungsbündel diskutiert.

2.2 Wesensmerkmale der Wohnungswirtschaft und ihrer primären Leistungen

2.2.1 BEGRIFF, FUNKTIONEN UND STRUKTUR DER UNTERNEHMERISCHEN WOHNUNGSWIRTSCHAFT

Unter Wohnungswirtschaft kann die Gesamtheit von Institutionen und Verfahren verstanden werden, „mit denen unter Beachtung des ökonomischen Prinzips öffentliche und private Leistungen zur Befriedigung der Wohnungsnachfrage erbracht werden."[3] Während diese Definition auch Privathaushalte als Anbieter von - primär zu Zwecken der Kapitalanlage und Alterssicherung gehaltenen[4] - Mietwohnungen einschließt, lassen sich als *Wohnungswirtschaft im engeren Sinne* „jene marktlichen Anbieter von Wohnmöglichkeiten [bezeichnen], die

---

[1] Vgl. hierzu allgemein FASSOTT (Dienstleistungspolitik, 1995), S. 19, und in einem ähnlichen Sinne FRIEGE (Leistungsverbunde, 1995), S. 34.

[2] Eine gewisse Anlehnung besteht an die Definition von MEFFERT/BRUHN (Dienstleistungsmarketing, 1997), S. 27.

[3] HÄMMERLEIN (Wohnungswirtschaft, 1988), S. 49

[4] Vgl. HEUER/NORDALM (Wohnungsmärkte, 1996), S. 28.

Unternehmungen sind (unternehmerische Wohnungswirtschaft)."[1] Eine weitere Eingrenzung ist ratsam, weil aus dieser Perspektive ebenfalls Kreditinstitute und Versicherungsgesellschaften, welche über Wohnungsbestände verfügen, zur unternehmerischen Wohnungswirtschaft zählen. Als *Wohnungsunternehmen* oder *unternehmerische Wohnungswirtschaft im engeren Sinne* sollen daher allein solche Unternehmen verstanden werden, deren Zweck ausschließlich oder überwiegend auf eine oder mehrere der wohnungswirtschaftlichen Kernfunktionen gerichtet ist.[2] Letztere zerfallen in die drei Bereiche Wohnungserstellung, Wohnungsbewirtschaftung und wohnungswirtschaftliche Betreuung.[3]

Zur Aufgabe der *Wohnungserstellung* gehört es zunächst, Grundstücke auszuwählen sowie die rechtlichen und wirtschaftlichen Vorbereitungen für den Wohnungsbau zu treffen. Eine eigene Bautätigkeit ist mit der Wohnungserstellung im Sinne eines Funktionsbereichs von Wohnungsunternehmen nicht verbunden, oder das Bauen bildet lediglich eine Nebentätigkeit zu der Vermarktung der selbsterstellten Objekte.[4] Vielmehr übernimmt das Wohnungsunternehmen die Bauplanung, tätigt als Bauherr Ausschreibungen, vergibt Aufträge an das Baugewerbe und überwacht deren Durchführung. Neben diesen technischen Teilaufgaben zählt zur Funktion der Wohnungserstellung die Beschaffung des erforderlichen Fremdkapitals zur Finanzierung der Grundstückskäufe und Bauvorhaben. Im Rahmen des Bauträgergeschäfts werden im eigenen Namen Wohnungen erstellt, die zum Verkauf bestimmt sind. Entweder produziert man hierbei im Vorratsbau für den anonymen Markt (für eigene Rechnung) oder im Bestellbau für im voraus bekannte Erwerber (für fremde Rechnung).

Verbleiben die selbsterstellten Wohnungen im eigenen Bestand oder werden fremde hinzugekauft, resultiert daraus die Funktion der *Wohnungsbewirtschaftung*. Aus *kaufmännischer Sicht* steht der Aspekt der Einkommenserzielung aus der Wohnimmobilie im Mittelpunkt der Wohnungsbewirtschaftung.[5] Aus *bautechnischer Perspektive* liegt der Fokus darauf, den Wohnungsbestand sowie seine Ertragsfähigkeit durch Instandhaltungsmaßnahmen zu sichern. Da „die Bereithaltung des Nutzungsgutes auf viele Jahrzehnte dauernd den örtlichen und kulturellen Veränderungen in der wechselnden Konsumentenschaft angeglichen"[6] werden muß, sind in mehr oder weniger großen Abständen Modernisierungen vorzunehmen, die eine Verbesserung des Wohnstandards bewirken. Ein weiterer Aspekt der Wohnungsbewirtschaftung ist die *juristische Komponente*, welche in der Überlassung der Nutzungsrechte zum Ausdruck

---

[1] OETTLE (Wohnungswirtschaft, 1996), S. 6.

[2] Vgl. O.V. (Stellung, 1997), S. 1010. Im folgenden werden „Wohnungsunternehmen" und „unternehmerische Wohnungswirtschaft" synonym verwandt.

[3] Vgl. SCHMIDT (Betrieb, 1958), S. 24.

[4] Ansonsten müßte man von einem Bauunternehmen sprechen. Vgl. LÜTGE (Wohnungswirtschaft, 1949), S. 31.

[5] Hiermit sind im einzelnen verschiedene ökonomische Zielsetzungen verbunden, die - wie nachfolgend beschrieben - je nach Unternehmenstyp variieren.

[6] BRECHT (Betriebsleistungen, 1950), S. 86.

kommt. Was die Wohnungsbewirtschaftung insbesondere von der Bewirtschaftung gewerblicher Räume unterscheidet, ist die *zwischenmenschlich-soziale Komponente*. Ein harmonisches Zusammenleben der Mieter sowie eine partnerschaftliche Beziehung zwischen Bewohner und Vermieter tragen zur Wohnqualität bei und reduzieren für letzteren den Verwaltungsaufwand.[1]

Die dritte wohnungswirtschaftliche Kernfunktion besteht in der *Betreuung*.[2] Bei einer Betreuung werden vom Wohnungsunternehmen bestimmte Aufgaben im fremden Namen und für fremde Rechnung übernommen. Handelt es sich hierbei um Aufgaben der Wohnungserstellung, spricht man von *Wohnbaubetreuung*. Unter *(Wohn-)Objektbetreuung* wird hingegen die Erledigung der Wohnungsbewirtschaftung für Dritte verstanden, wobei diesbezüglich zwischen der *Miethausverwaltung* und *Wohnungseigentumsverwaltung* zu differenzieren ist.[3] - Neben den drei skizzierten Hauptfunktionen eines Wohnungsunternehmens können weitere Aufgabengebiete hinzutreten, so etwa im Bereich der Baulanderschließung oder der städtebaulichen Sanierung und Entwicklung.

Die deutschen Wohnungsunternehmen bilden keine homogene Gruppe, sondern weisen mit Blick auf ihre geschäftlichen Schwerpunkte und Verhaltensweisen, insbesondere aber hinsichtlich der anvisierten Ziele, eine erhebliche Variationsbreite auf. Traditionell wurde zwischen den „freien" und den gemeinnützigen Wohnungsunternehmen differenziert. Auch wenn seit der Aufhebung des WGG formell nur noch in kleinen Teilbereichen Unterschiede bestehen, ist die Zuordnung zum Kreis der freien oder jener der ehemals gemeinnützigen Wohnungsunternehmen auch heute noch üblich und sinnvoll, um die besonderen Ausprägungen der Unternehmenstypen vor ihrem historischen Hintergrund zu verstehen.

Der grundlegende Unterschied bestand darin, daß die *freien Wohnungsunternehmen* nach dem *erwerbswirtschaftlichen Prinzip* die Gewinnerzielung zum Zweck ihrer wirtschaftlichen Betätigung erhoben, während die gemeinnützigen eine Orientierung am *Gemeinwohl* verfolgten. Ordnungspolitisch war die gemeinnützige Wohnungswirtschaft somit der Gemeinwirtschaft als Sektor zwischen Markt und Staat zuzuordnen.[4] In der Interpretation von FLENDER kommt das Selbstverständnis der gemeinnützigen Wohnungsunternehmen treffend zum Ausdruck: „Es zeigt sich in der Entwicklung dieses Unternehmenstyps, daß das Wohl der Allgemeinheit nicht ausschließlich durch behördliche Organe gefördert werden muß und im Bereich der

---

[1] Zu den aufgeführten Aspekten der Objektbewirtschaftung vgl. MURFELD (Betriebswirtschaftslehre, 1997), S. 20, 469f., der zusätzlich von einer architektonisch gestalterischen Komponente spricht. Strenggenommen wird man auch bei von mehreren Parteien genutzten gewerblichen Objekten feststellen, daß eine Harmonie unter den Pächtern bzw. Eigentümern nicht unerheblich ist. Allerdings dürfte die Bedeutung hier weitaus geringer anzusetzen sein als im Wohnsektor.

[2] Vgl. SCHAUENBURG (Wohnungsunternehmen, 1963), S. 44.

[3] Vgl. MURFELD (Betriebswirtschaftslehre, 1997), S. 465-489, hier S. 470.

[4] Vgl. EEKHOFF (Bodenmarkt, 1987), S. 139.

Wohnungsversorgung auch nicht dem privatwirtschaftlichen Erwerbsstreben allein überlassen werden kann."[1]

Als erstes gemeinnütziges Wohnungsunternehmen entstand 1847 die „Berliner gemeinnützige Baugesellschaft" in der Rechtsform der AG unter dem Protektorat des damaligen preußischen Prinzen und späteren deutschen Kaisers Wilhelm I. Die Anregung zu dieser humanitär und wohltätig motivierten Grundüng stammte von dem Sozialreformer HUBER. Dieser beschäftigte sich zunächst mit den Wohnproblemen sowie deren Lösungsansätzen in England und wurde schließlich Initiator der *genossenschaftlichen Bewegung* im deutschen Wohnungsbau, die in den 1860er Jahren zu ersten Genossenschaftsgründungen führte.[2]

Die Gemeinnützigkeitsverordnung[3] vom 1.12.1930 bot erstmals eine zentrale rechtliche Basis für diesen Zweig der Wohnungswirtschaft und fungierte als Grundlage für das am 29.2.1940 verkündete WGG. In nahezu unveränderter Fassung blieb es, später ergänzt um eine Durchführungsverordnung,[4] bis zu seiner Aufhebung knapp 50 Jahre danach bestehen. Eine juristische Fixierung erfolgte somit erst spät, das „Prinzip der Wohnungsgemeinnützigkeit und das mit ihr verknüpfte unternehmerische Verhalten sind sehr viel älter als die staatliche Förderung und das Wohnungsgemeinnützigkeitsrecht."[5]

Von Anfang an bestanden vier Grundprinzipien der Gemeinnützigkeit im Wohnungswesen, die gleichzeitig im Gesetz ihren Niederschlag fanden: *Kostendeckungs- statt Gewinnorientierung*, Vermietung der zu bauenden Wohnungen an *Minderbemittelte* oder *sozial Schwache*, *Dividendenbegrenzung* auf 4% oder 5% sowie *Erstarrung der eingezahlten Kapitaleinlagen* auf ihren Nominalbetrag.[6] Im Gegenzug kamen die anerkannten Wohnungsunternehmen in den Genuß von Steuer- und Gebührenbefreiungen (z.B. Körperschaftsteuer, Gewerbesteuer, Grundsteuer, Gerichtsgebühren), Sonderrechtsbefreiungen (z.B. von den Beschränkungen für bankähnliche Geschäfte nach dem Kreditwesengesetz) sowie geldwerten Vorteilen (etwa Preisvergünstigungen beim Grundstückserwerb von Gemeinden).[7] Ausschlaggebend für die Aufhebung des WGG waren letztlich insbesondere wettbewerbspolitische, aber auch fiskalische Argumente.[8]

---

[1] FLENDER (Wohnungsunternehmen, 1963), S. 13.

[2] Vgl. LUTGE (Wohnungswirtschaft, 1949), S. 261-264, THIES (Wohnungsgemeinnützigkeit, 1986), S. 4f.

[3] Gemeinnützigkeitsverordnung (Gem-VO) vom 1.12.1930.

[4] Verordnung zur Durchführung des Wohnungsgemeinnützigkeitsgesetzes (WGGDV) vom 24.11.1969.

[5] STEINERT (Marktwirtschaft, 1987), S. 269.

[6] Vgl. JENKIS (Ursprung, 1994), S. 309, und für eine detaillierte Darstellung der Voraussetzungen der Anerkennung als gemeinnütziges Unternehmen THIES (Wohnungsgemeinnützigkeit, 1986), S. 27ff.

[7] Zu den einzelnen Privilegien und ihren Wettbewerbswirkungen vgl. HÄMMERLEIN (Wohnungswirtschaft, 1988), S. 94ff.

[8] Zu der damaligen Diskussion vgl. JENKIS (Steuerbefreiung, 1987), SIEVERT/NAUST/HÄRING (Reformbedarf, 1990) und - rückblickend - SELLE (Orientierung, 1994), S. 127ff.

Auch wenn die Wohnungsgemeinnützigkeit heute nicht mehr existiert, haben sich viele der ehemals hiervon betroffenen Unternehmen dazu entschieden, eine *gemeinnützige Orientierung beizubehalten.*[1] Für sie stellt die Phase der gesetzlichen Regulierung somit lediglich eine Zwischenperiode dar. Anders als zuvor können die Zielsetzungen und auferlegten Bindungen qua Satzung nun allerdings wieder selbst bestimmt werden, wobei insbesondere die Begrenzung der Gewinnausschüttung weiterhin von Bedeutung ist.

Bis heute findet die Trennung zwischen ehemals gemeinnütziger und freier Wohnungswirtschaft ihren Ausdruck in unterschiedlichen Verbandsorganisationen. Die aus DDR-Betrieben hervorgegangenen Wohnungsunternehmen sowie die ehemals gemeinnützigen in den alten Bundesländern gehören zum größten Teil dem *„ GdW Bundesverband deutscher Wohnungsunternehmen e.V."* (GdW) an. Das Dienstleistungsangebot dieser Unternehmensgruppe, die mit 7 Mio. Einheiten rund 31% der insgesamt etwa 22,6 Mio. deutschen Mietwohnungen verwaltet,[2] steht im Mittelpunkt dieser Untersuchung.

Das Pendant bildet der *„ Bundesverband Freier Wohnungsunternehmen e.V.",* dessen Mitglieder über einen Anteil von ca. 15% am Mietwohnungsbestand verfügen (3,4 Mio. Einheiten). Darüber hinaus existiert mit der „Bundesvereinigung der Landesentwicklungsgesellschaften und Heimstätten e.V." für diese quantitativ weit weniger bedeutende Gruppe (0,3 Mio. Einheiten) eine separate Spitzenorganisation. Tab. 1 auf der folgenden Seite vermittelt einen Überblick über den verwalteten Wohnungsbestand und die Struktur der in Verbänden organisierten Wohnungsunternehmen.[3]

Eine Addition der einzelnen Verbandswerte zu einem Gesamtwert für die unternehmerische Wohnungswirtschaft ist nicht zulässig, da eine unbekannte Zahl von Wohnungsunternehmen mehreren Verbänden angehört. Zusammenfassend kann man jedoch die Aussage treffen, daß im Bundesdurchschnitt *mehr als jeder dritte Mieter Kunde eines Wohnungsunternehmens* ist.[4]

---

[1] Vgl. O.V. (Herausforderungen, 1996), S. 5.

[2] Nach der Mikrozensus-Zusatzerhebung vom April 1998 belief sich die Summe der genutzten Mietwohnungen auf 20,5 Mio., jene der Eigentümer-Wohnungen auf 14,0 Mio. Daraus errechnet sich eine Wohnungseigentümerquote von 40,5%. Vgl. STATISTISCHES BUNDESAMT (Eigentümer-Wohnungen, 1999). Um die Gesamtzahl an Mietwohnungen zu schätzen, über die keine aktuellen genauen Informationen vorliegen, wurde die Summe der leerstehenden Wohnungen von 2,6 Mio. im Verhältnis auf 80:20 auf Miet- und Eigentümer-Wohnungen aufgeteilt. Damit wird der Tatsache Rechnung getragen, daß überwiegend Mietwohnungen von Leerständen betroffen sind. Unter dieser Annahme resultiert ein leerstehender Mietwohnungsbestand von rund 2,1 Mio., und in der Summe erhält man 22,6 Mio. Mietwohnungen. Der Begriff „Wohnung" wird hier im umfassenden Sinn als „Wohneinheit" ausgelegt. Vgl. KÜHNE-BÜNING/HEUER (Grundlagen, 1994), S. 5. Zur Ermittlung des Leerstands siehe Fußnote 5, S. 2, und zu den Quellen der Verbandsdaten Tab. 1.

[3] Über die nicht durch Verbände repräsentierten Wohnungsunternehmen liegen keine gesicherten Daten vor. Vgl. KÜHNE-BÜNING (Gliederung, 1994), S. 84.

[4] Nach der im Jahr 1993 durchgeführten 1%-Gebäude- und Wohnungsstichprobe verfügten die Kommunalen Wohnungsunternehmen bzw. Gemeinden, die Wohnungsbaugenossenschaften sowie die (anderen) Wohnungsunternehmen insgesamt über das Eigentum an 7,2 Mio. bewohnten Wohnungen. Bei einer damaligen Gesamtzahl von 20,2 Mio. bewohnten Mietwohnungen betrug allein der Eigentumsanteil dieser Gruppe folg-

	Anzahl Unternehmen		Wohnungs- bestand in Mio.	
GdW Bundesverband deutscher Wohnungsunternehmen e.V.	**3.142**		**7**	
		in % der GdW- Unternehmen		in % der GdW- Unternehmen
Struktur nach Rechtsform				
Genossenschaften	1.995	63%	2,3	33%
Kapitalgesellschaften (AGs/GmbHs)	1.119	36%	4,6	66%
Sonstige (Vereine, Stiftungen, Körperschaften d. öffentl. Rechts)	28	1%	0,1	1%
Struktur nach Unternehmenstyp				
Genossenschaften	1.995	63%	2,3	33%
Kommunale Wohnungsunternehmen	755	24%	3,1	44%
Sonstige öffentliche Wohnungsunternehmen (Bund/Länder)	61	2%	0,5	7%
Industrieverbundene Wohnungsunternehmen	63	2%	0,5	7%
Kirchliche Wohnungsunternehmen	23	1%	0,1	1%
Sonstige	245	8%	0,5	7%
Bundesverband Freier Wohnungsunternehmen e.V.	**1.840**		**3,4**	
Bundesvereinigung der Landesentwicklungs- gesellschaften und Heimstätten e.V.	**15**		**0,3**	

Tab. 1: **Wohnungsbestand der in Verbänden organisierten Wohnungsunternehmen**

Quelle: Angaben des GdW Bundesverband deutscher Wohnungsunternehmen e.V. [Erhebungsstand: Dezember 1997] sowie des Bundesverbands Freier Wohnungsunternehmen e.V. [Erhebungsstand: Mitte 1998];[1] BUNDESVEREINIGUNG DER LANDESENTWICKLUNGSGESELLSCHAFTEN UND HEIMSTÄTTEN E.V. (Mitglieder, 1999).

Die Beschreibung der aktuellen Struktur der deutschen Wohnungswirtschaft soll in Abhängigkeit der von den Unternehmenstypen primär verfolgten Grundziele erfolgen. Hierbei ist nach MÄNDLE zwischen folgenden drei Grundzielen von Wohnungsunternehmen zu unterscheiden: *Gewinn- bzw. Rentabilitätsmaximierung*, individuelle *Mitgliederförderung* und *Gemeinwirtschaftlichkeit* im Sinne von Nutzenstiftung für die Allgemeinheit.[2]

---

lich rund 36%. Eigene Berechung auf Basis von STATISTISCHES BUNDESAMT (Eigentum, 1995); STATISTISCHES BUNDESAMT (Eigentümer-Wohnungen, 1999). Darüber hinaus ist das z.T. umfangreiche Engagement in der Miethausverwaltung für Dritte zu berücksichtigen. Ein aktueller Anteil der unternehmerischen Wohnungswirtschaft am Mietwohnungsmarkt bezogen auf die Mieterhaushalte von 35-40% erscheint daher selbst dann realistisch, wenn man die zwischenzeitlich erfolgten Wohnungsprivatisierungen in Betracht zieht und wenn man annimmt, daß die Wohnungsunternehmen im Vergleich zu anderen Vermietergruppen überproportional von Leerstand betroffen sind.

[1] Grundsätzlich ist die Ermittlung der Bestandszahlen bei dieser mittelständisch geprägten Gruppe problematisch, weil sich der größere Teil des Mietwohnungsportfolios im Privateigentum der Gesellschafter befindet. Vgl. TINDLER-NOWAK (Größe, 1993), S. 7, 18.

[2] Vgl. MÄNDLE (Grundziele, 1992), S. 126ff. Er nennt als viertes Grundziel die direkte Deckung eines kollektiven Versorgungsdarfs im Wohnbereich, welches er bei Gebietskörperschaften gegeben sieht, die ihre wohnungswirtschaftlichen Aktivitäten direkt in den öffentlichen Haushalt integriert haben. Solche Regie- und Eigenbetriebe der Körperschaften sind zwar den öffentlichen Wohnungsunternehmen im weiteren Sinne zuzu-

Für die *erwerbswirtschaftlichen Unternehmen* bildet regelmäßig die Gewinn- bzw. Rentabilitätsmaximierung das Oberziel. Während die Gewinnmaximierung auf einen möglichst hohen absoluten Differenzbetrag zwischen Erträgen und Aufwendungen bzw. Erlösen und Kosten einer Periode abstellt, erfährt dieses Residuum im Rahmen der Betrachtung der Eigenkapitalrentabilität durch das In-Beziehung-Setzen zum Eigenkapital eine Relativierung, womit die Effizienz des Kapitaleinsatzes in den Vordergrund rückt.

Traditionell ist die Gewinnorientierung bei den *freien Wohnungsunternehmen* anzutreffen. Im Vergleich zu den ehemals gemeinnützigen waren sie im Bereich öffentlich geförderter Wohnungen lange Zeit unterrepräsentiert und haben sich dagegen eher auf den Bau von komfortablen Wohnungen für „besser verdienende" Marktsegmente konzentriert. Zudem stellt bei ihnen der geschäftliche Schwerpunkt auch heute noch weniger die Wohnungsproduktion für den Eigenbestand als die Erstellung und der Verkauf an Dritte dar.[1]

Unter den ehemals gemeinnützigen sind die *industrieverbundenen Wohnungsunternehmen* am ehesten als erwerbswirtschaftliche Unternehmen zu bezeichnen. Zwar entfallen auf diese Gruppe aktuell nur 7% des Bestands der GdW-Unternehmen, aber einige ihrer Vertreter zählen zu den größten deutschen Wohnungsunternehmen überhaupt und haben somit ein erhebliches Gewicht in der Branche.

Die industrieverbundenen Wohnungsunternehmen sind insbesondere aus dem *Werkswohnungsbau* hervorgegangen,[2] bei dem gewerbliche Arbeitgeber aus dem betrieblichen Vermögen heraus Wohnungen bereitstellten, die grundsätzlich nur an Mitarbeiter vermietet wurden. Der mit dem starken Wachstum der Großindustrie im 19. Jahrhundert aufblühende Werkswohnungsbau erfolgte dabei nicht nur aufgrund von humanitären Erwägungen, sondern diente vor allem zur Heranführung und Bindung des benötigten Arbeitskräftepotentials.[3] Anfang des 20. Jahrhunderts wurden seitens der Industrie für diese Zwecke verstärkt rechtlich selbständige Wohnungsunternehmen gegründet. Eine alternative Form der sozialen Wohnungsfürsorge, welche auch heute noch praktiziert wird, besteht darin, Eigen- oder zinsverbilligtes Fremdkapital für Drittunternehmen bereitzustellen, um im Gegenzug Belegungsrechte für Wohnungen mit günstigen Mietkonditionen zu erhalten.

---

ordnen. Allerdings sollen hier nur die öffentlichen Wohnungsunternehmen im engeren Sinne, die regelmäßig durch eine selbständige Rechtsform, eigenständige Unternehmensorgane sowie ein relativ selbständiges Finanzierungsgebaren gekennzeichnet sind, weitere Berücksichtigung finden. Denn die „Geschäftspolitik" der Gebietskörperschaften ist zu wenig mit jener der Wohnungsunternehmen vergleichbar. Zur Differenzierung innerhalb der öffentlichen Wohnungsunternehmen vgl. MÄNDLE (Wohnungsunternehmen, 1997), S. 626f.

[1] Vgl. KIVELIP (Wohnungsunternehmen, 1994), S. 90ff.

[2] Vgl. GALONSKA/KÜHNE-BÜNING (Wohnungsunternehmen, 1994), S. 89.

[3] Vgl. KLOBERG (Grundzüge, 1952), S. 56.

Traditionell weisen Werkswohnungen den Charakter einer Sozialleistung und nicht den eines Investitionsobjekts auf, doch sind in den letzten Jahren betriebswirtschaftliche Notwendigkeiten in den Vordergrund gerückt.[1] Insbesondere die großen industrieverbundenen Wohnungsunternehmen verhalten sich aktuell nur noch in Teilbereichen wie „'reine' Werkswohnungsunternehmen".[2] Ihre Zielsetzungen leiten sich aus denen der Muttergesellschaften ab. Das Grundziel zumindest für einzelne industrieverbundene Wohnungsunternehmen, deren Mütter (international) börsennotierte Aktiengesellschaften sind, kann in der Maximierung des „Shareholder Value", d.h. in einem möglichst hohen Kurswertvermögen der Aktionäre gesehen werden.[3] Konkret folgt daraus, daß sich die Unternehmensleitung bei der Beurteilung von Geschäften an deren Kapitalwert als die Summe der abdiskontierten Cash-flows orientieren muß. Im Vergleich zur traditionellen Betrachtung steigen oftmals die Rentabilitätsanforderungen: „Im internationalen Kontext reicht es nicht aus, daß die Eigenkapitalverzinsung einen positiven Wert annimmt, sie muß die Höhe der Kapitalkosten (= Renditeerwartungen der Kapitalgeber) erreichen."[4] Auch ein Engagement in wohnbegleitende Dienstleistungen muß sich im Fall einer Shareholder Value-Orientierung grundsätzlich an seinem Wertsteigerungspotential messen lassen.

Eine abweichende Auslegung kennzeichnet die Geschäftspolitik der Genossenschaften, welche mit Blick auf die Unternehmenszahl die größte Gruppe innerhalb des GdW bilden. Sie repräsentieren 63% der Verbandsmitglieder. Das Grundziel stellt bei ihnen die individuelle Mitgliederförderung dar, welche im §1 des Genossenschaftsgesetzes verankert ist.[5] Seine Konkretisierung erfährt dieses Förderprinzip insbesondere in der Bereitstellung von Genossenschaftswohnungen per Dauernutzungsvertrag, in Form der Betreuung von Mitgliedern beim Bau oder in der Errichtung schlüsselfertiger Eigenheime und Eigentumswohnungen zum Verkauf an Mitglieder.[6]

Wohnungsgenossenschaften wurden aus dem Gedanken der gemeinschaftlichen Selbsthilfe heraus geboren und stellen nicht nur „Wirtschaftsgebilde" dar, die sich wie andere Wohnungsunternehmen am Markt behaupten müssen, sondern können zugleich als „Sozialgebilde"

---

[1] Vgl. GRIESINGER (Wohnungsunternehmen, 1997), S. 463.

[2] RICHTER (Industrie, 1991), S. 111.

[3] Einführend zum Shareholder Value-Ansatz vgl. SÜCHTING (Unternehmenssteuerung, 1996), S. 409ff.; GOMEZ (Shareholder, 1995), Sp. 1723ff.; BÜHNER (Strategen, 1996), S. 36ff.; BUCHNER (Shareholder-Value-Ansatz), S. 513ff. für eine umfassende Darstellung siehe COPELAND/COLLER/MURRIN (Unternehmenswert, 1998); RAPPAPORT (Value, 1998).

[4] SÜCHTING/PAUL (Bankmanagement, 1998), S. 203.

[5] Bei Genossenschaften handelt es sich nach dem Wortlaut des Gesetzes um „Gesellschaften von nicht geschlossener Mitgliederzahl, welche die Förderung des Erwerbes oder der Wirtschaft ihrer Mitglieder mittels gemeinschaftlichen Geschäftsbetriebes bezwecken". § 1 Abs. 1 Gesetz betreffend die Erwerbs- und Wirtschaftsgenossenschaften (Genossenschaftsgesetz - GenG) vom 19.8.1994.

[6] Vgl. GDW (Wohneigentum, 1992), S. 33.

interpretiert werden.[1] Bemerkenswert ist darüber hinaus, daß in der Genossenschaft eine *Identität von Kunden und Kapitalgebern* besteht. Dies erscheint insbesondere für Mitglieder mit Dauernutzungsvertrag von Bedeutung. Denn unter Berücksichtigung ihres Stimmrechts, das von der Höhe der Kapitalbeteiligung unabhängig ist, wird ihnen ein *Mitwirkungs- bzw. Einflußpotential* zuteil, über welches ein „üblicher" Mieter nicht verfügt.[2]

Eine weitere Besonderheit resultiert daraus, daß nach der Aufhebung des WGG den Genossenschaften exklusiv[3] die Möglichkeit eingeräumt wurde, weiterhin Steuerfreiheit zu genießen. Dazu mußten sie sich für den Status einer „*Vermietungsgenossenschaft*" entscheiden, der vorsieht, daß der Geschäftskreis im wesentlichen auf die Überlassung des Wohnungsbestands an die eigenen Mitglieder beschränkt ist. Der Umfang anderer, „nicht begünstigter" Geschäfte darf maximal 10% der Gesamteinnahmen betragen. Solche Vermietungsgenossenschaften sind - abgesehen von den Einnahmen aus nicht begünstigten Geschäften, die gleichsam einer abgetrennten Betriebseinheit zugeordnet werden - von der Körperschaft- und Gewerbesteuerpflicht befreit.[4] Dem liegt die Auffassung zugrunde, daß die selbstgenutzte Wohnung eines genossenschaftlichen Mitglieds keine steuerliche Berücksichtigung finden sollte (Privatgutlösung). Auch wenn die Optierung als Vermietungsgenossenschaft grundsätzlich zu einer Einengung des unternehmerischen Gestaltungsspielraums führt, lassen sich über eine Verlagerung nicht begünstigter Geschäfte auf Tochtergesellschaften gegebenenfalls Konstruktionen herbeiführen, die Steuer- und Betätigungsfreiheit im Interesse des Mitglieds weitgehend in Einklang bringen.[5]

Mit Blick auf das Dienstleistungsangebot ist schließlich die innerhalb der Wohnungswirtschaft ausschließlich den Genossenschaften offenstehende Möglichkeit hervorzuheben, eine eigene *Spareinrichtung* zu gründen. Positive Effekte resultieren aus der Hereinnahme von Einlagen der Mitglieder zum einen für das Unternehmen, weil die Fremdkapitalkosten z.B. gegenüber einer Bankenfinanzierung deutlich gesenkt werden können. Zum anderen profitieren die Mitglieder von etwa 0,5-1% über dem Marktniveau liegenden Zinssätzen.[6] Bei Füh-

---

[1] Vgl. JENKIS (Wohnungsbaugenossenschaften, 1993), S. 452. Zu den Grundprinzipien der Wohnungsgenossenschaften vgl. JÄGER (Anpassungsprozeß, 1991), S. 77ff.; SCHMITT (Förderauftrag, 1996), S. 330ff.; HEINZE/BERENDT (Wohnungsgenossenschaften, 1997), S. 978f.; MALCOMESS (Aufgaben, 1994), S. 3, sowie - populär für Mitglieder formuliert - GDW (Genossenschaften, 1995), S. 5ff.

[2] Für eine kritische Betrachtung des Entscheidungsprozesses bzw. der Eigner-Manager-Konflikte in Genossenschaften vgl. ENGELS (Verfügungsrechte, 1997), S. 330ff.; MÜLLER/SOHN (Unternehmensziele, 1997), S. 849.

[3] Mit Ausnahme der quantitativ wenig bedeutsamen Gruppe der Wohnungsvereine, die ebenfalls eine der Vermietungsgenossenschaft ähnliche Konstruktion wählen können.

[4] Siehe § 5 Abs. 1 Nr. 10 Körperschaftsteuergesetz (KStG) in der Fassung der Bekanntmachung vom 22.2.1996, § 3 Nr. 15 Gewerbesteuergesetz (GewStG) in der Fassung der Bekanntmachung vom 21.3.1991 und vgl. SCHNAPP (Besteuerung, 1994), S. 630ff., 694f.

[5] Vgl. SCHARLAU (Unternehmensgliederung, 1996), S. 11ff.

[6] Vgl. ARNOLD (Spareinrichtung, 1997), S. 750f.; GREVE (Konzernstrukturen, 1998), S. 21f.

rung eines Sparbetriebs gelten Genossenschaften als Kreditinstitut im Sinne des Kreditwesengesetzes und unterliegen somit dessen Vorschriften sowie der Bankenaufsicht.[1]

Im Unterschied zu den Genossenschaften ist die angestrebte Nutzenstiftung bei den *gemeinwirtschaftlichen Wohnungsunternehmen* als dritte große Gruppe unter den ehemals Gemeinnützigen nicht auf Mitglieder beschränkt. Ziel ist vielmehr „eine Nutzenstiftung für die gesamte Bevölkerung eines Staates, also die Förderung des Gemeinwohls"[2], welche vor allem in Form einer günstigen Wohnungsversorgung breiter Schichten ihren Ausdruck finden soll. Wie bei den industrieverbundenen Wohnungsunternehmen dominieren auch hier die Rechtsformen der GmbH und AG. In Abhängigkeit von ihren Trägern läßt sich des weiteren zwischen den Hauptgruppen der *öffentlichen* und *kirchlichen Wohnungsunternehmen* differenzieren. Darüber hinaus treten auch Gewerkschaften als Anteilseigner gemeinwirtschaftlicher Wohnungsunternehmen auf.

Öffentliche Wohnungsunternehmen befinden sich üblicherweise im Eigentum von Gebietskörperschaften, wobei den Kommunen die zentrale Rolle zukommt. Mit einem Anteil von 44% an der Summe der GdW-Wohnungen stellt das *kommunale Wohnungsunternehmen* den bestandsmäßig stärksten Typus innerhalb des Verbands dar. „Seine Existenzberechtigung und sein Existenzziel liegen darin, als *Instrument der Stadt* sich den Aufgaben des Wohnungsmarktes zu stellen, wann immer sie anfallen und dabei zeitweilige Fragen der Rentabilität hintanzustellen."[3] In diesem Rahmen bildet die Wohnungsversorgung und Integration von „Problemgruppen" wie kinderreichen Familien, Ausländern oder sozial Schwachen, welche ansonsten kaum oder gar keinen Zugang zum Wohnungsmarkt finden, eine zentrale Aufgabe.[4] Dabei beschränken sich die Aktivitäten nicht auf den Bau von Mietwohnungen. Vielmehr gilt die Philosophie: „(Soziale) Mietwohnungen soviel als nötig, (erschwingliches) Eigentum soviel als möglich."[5] Weitere wichtige Vertreter in der Gruppe der öffentlichen Wohnungsunternehmen stellen die 15 *Landesentwicklungsgesellschaften* dar. Mit ihrer Geschäftstätigkeit, deren Schwerpunkte auf der Wohnbaubetreuung, Stadt- und Infrastrukturentwicklung liegen, unterstützen und fördern sie die staatliche Wohnungspolitik.[6]

---

[1] Vgl. ARNOLD (Kreditwesengesetz, 1997), S. 512f. Es gilt das Gesetz über das Kreditwesen (Kreditwesengesetz - KWG) vom 10. Juli 1961 in der Neufassung vom 9. September 1998.

[2] MÄNDLE (Grundziele, 1992) S. 128. Eine Diskussion von „Gemeinwohl" im wohnungswirtschaftlichen Kontext findet sich bei ENGELHARDT (Gemeinwohlkonzeptionen, 1997), S. 348f. Zum Begriff der Gemeinwirtschaft siehe auch VORMBROCK (Quartier, 1988), S. 188ff.

[3] KNICKENBERG (Binnenmarkt, 1990), S. 58.

[4] Vgl. GDW (Bündnis, 1996), S. 21; WEGE (Wohnungsunternehmen, 1997), S. 537.

[5] WENZLER (Wohnungsunternehmen, 1997), S. 1009.

[6] Vgl. BLUMBERG (Landesentwicklungsgesellschaften, 1997), S. 521ff.; WANGENHEIM (Heimstättenwesen, 1997), S. 428ff.

Das Wirken der *kirchlichen Wohnungsunternehmen* basiert auf der christlichen Soziallehre und entspringt dem Gedanken, daß die Kirchen einen Beitrag zur Überwindung der Wohnungsnot leisten sollten.[1] Neben Kapitalgesellschaften weisen sie z.T. auch die Rechtsformen der privatrechtlichen Stiftung oder der Genossenschaft auf.[2] Traditionell haben sie den Bau von Familienheimen fokussiert. Heutzutage möchten sich die kirchlichen Wohnungsunternehmen auch als Impulsgeber verstanden wissen, indem sie beispielhafte Projekte etwa im Bereich Wohnen im Alter, Wohnen für Alleinerziehende oder Mehr-Generationen-Wohnen verwirklichen.[3]

Wie aus der Betrachtung der Unternehmenstypen in der Wohnungswirtschaft hervorgeht, handelt es sich um eine äußerst heterogene Gruppe, die trotz ihrer gemeinsamen Vergangenheit heute einem sehr differenzierten Zielkatalog nachgeht. Nur vor diesem Hintergrund ist zu verstehen, daß die Funktionen und Ziele wohnbegleitender Dienstleistungsangebote erheblich variieren und sich darüber hinaus bezüglich der Umsetzung je nach Unternehmenstyp divergierende Problemschwerpunkte ergeben können.

2.2.2 BESONDERHEITEN DES GUTES WOHNUNG UND DER WOHNLEISTUNG

Die Verschiedenartigkeit der Wohnungsanbieter sowie die hohe Bedeutung sozialer Erwägungen bei einzelnen Unternehmenstypen lassen bereits erahnen, daß die Wohnung keinen üblichen Marktgegenstand darstellt. Vielmehr wird das Gut Wohnung als ein Gut *„sui generis"* betrachtet.[4] Seine außergewöhnlichen Eigenschaften führen dazu, daß auch der Wohnungsmarkt besonderen Gesetzen gehorcht, woraus politische Akteure Rechtfertigungen für Eingriffe in das Marktgeschehen ableiten. Für eine genaue Analyse der Besonderheiten des Wohnens ist dabei zu differenzieren zwischen der *Wohnung*, die als physischer Rahmen gleichsam eine Bestandsgröße darstellt, und der *Wohnleistung*, die den im Wohnprozeß aus dem Baukörper hervorgehenden Nutzenstrom verkörpert. Die Wohnleistung ist es, die für den Konsumenten im Mittelpunkt des Interesses steht, weniger die Wohnung selbst.[5]

„Wohnen" zählt zu den *existentiellen Bedürfnissen* des Menschen und umfaßt als „elementare Erscheinungs- und Ausdrucksform des menschlichen Seins"[6] sämtliche Handlungen und Verhaltensweisen, die üblicherweise am Wohnort respektive innerhalb einer Wohnung vollzogen werden. Eine Wohnung dient nicht nur dem physischen Schutz vor externen Gefahren, son-

---

[1]   Vgl. LEHMKUHL (Sozialauftrag, 1990), S. 34f., 40ff.

[2]   Die in Tab. 1 angegebene Zahl von 23 kirchlichen Wohnungsunternehmen umfaßt ausschließlich jene, die nicht als Genossenschaft organisiert sind.

[3]   Vgl. SCHNEIDER (Wohnungsunternehmen, 1997), S. 1007f.

[4]   Vgl. KORNEMANN (Fehlsubventionierungen, 1973), S. 14; KIVELIP (Versorgung, 1990), S. 63.

[5]   Vgl. KÜHNE-BÜNING (Besonderheiten, 1994), S. 6.

[6]   SPIEGEL (Wohnen, 1996), S. 42.

dern bildet zudem die zentrale Plattform für die Befriedigung von Grundbedürfnissen wie Ernährung oder Körperpflege, aber auch weitergehender sozialer, kultureller und ästhetischer Ansprüche des Menschen.[1] Über die Bedeutung für das Individuum hinaus kommen der Wohnung als Keimzelle des familiären Lebens und als zentraler Ort der Sozialisation wichtige gesellschaftliche Funktionen zu.[2] Eine mangelnde Wohnungsversorgung, die einen Verlust an räumlicher Geborgenheit impliziert, läßt unerwünschte Verhaltensweisen des Einzelnen wahrscheinlicher werden. „Soziale Kosten" entstehen im Fall einer allgemeinen Wohnungsnot allerdings nicht nur aufgrund erhöhter Kriminalitätsraten, sondern auch durch Gesundheitsgefährdung und sinkende Produktivität sowie mangelnde Mobilität der Arbeitskräfte.[3]

Allgemein läßt sich die Wohnung „als *physischer Rahmen* zur Befriedigung des menschlichen Grundbedürfnisses nach räumlicher Geborgenheit"[4] auffassen. Aus eher technischer Perspektive handelt es sich um zusammenhängende Räumlichkeiten, die nach außen abgeschlossen sind, in dauerhaften Gebäuden liegen und die Führung eines Haushalts ermöglichen sowie eine Küche oder Kochnische umfassen.[5]

Aus *Sicht der Wohnungsnachfrager* läßt sich zunächst die *fehlende Substituierbarkeit*[6] als ein besonderes, zugleich kritisches Merkmal der Wohnleistung auffassen. Aufgrund der hohen Bedeutung für das physische und psychische Wohlbefinden des Menschen ist ein dauerhafter Verzicht auf Wohnraumkonsum nicht vorstellbar. Zwar kann der Nachfrager in Abhängigkeit von seiner ökonomischen Situation zwischen verschiedenen Wohnformen wählen, aber auch Mittellose bedürfen einer Wohnung. Ein Ersatz für die Wohnleistung existiert damit nicht.[7] Insbesondere aufgrund dieser Überlegungen wird die Nutzung der Wohnung als Sozialgut charakterisiert, während man die Wohnung selbst als Wirtschaftsgut betrachtet.[8]

Als ein weiteres Merkmal hat die *Immobilität* bzw. *Bodengebundenheit*[9] der Wohnung zur Folge, daß sich die Wohnungssuche für einen Haushalt stets auf eine gewisse Region beschränkt, innerhalb derer die Wegezeiten insbesondere zum Arbeitsort als akzeptabel betrachtet werden. Ergeben sich Verlagerungen im räumlichen Lebensschwerpunkt, kann die

---

[1] Zu den Bedürfniskategorien mit Blick auf das Wohnen vgl. OETTLE (Wohnung, 1987), S. 244ff.

[2] Vgl. LOWINSKI (Grundlagen, 1964), S. 61ff.

[3] Vgl. SEEGER (Wahlzyklus, 1995), S. 17.

[4] HEUER ET AL. (Wohnungswirtschaft, 1979), S. 24; Hervorhebung nicht im Original.

[5] Zur statistischen Definition vgl. LIEBE (Wohnung, 1997), S. 943f.

[6] Vgl. JENKE (Theorie, 1985), S. 21.

[7] Vgl. SCHLICH (Wohnung, 1994), S. 197.

[8] Vgl. JENKIS (Sozialgut, 1996) S. 250. Mißverständlich erscheint, eine „Nutzung" als Gut zu bezeichnen, weil somit Konsum und Konsumobjekt gleichgesetzt werden. Daher wird hier die Bezeichnung „Wohnleistung", verstanden als die Abgabe abstrakter Nutzungseinheiten, bevorzugt.

[9] Vgl. LÜTGE (Wohnungswirtschaft, 1949), S. 34.

Wohnung nicht transportiert werden. Statt dessen ist ab einer gewissen Toleranzschwelle ein - üblicherweise mit hohen Kosten verbundener[1] - Wohnungswechsel unvermeidbar.

Aus den im Vergleich zu anderen Gebrauchsgütern *hohen Produktionskosten* - der Preis einer Neubauwohnung beträgt ein Mehrfaches des Jahreseinkommens eines „Durchschnittsverdieners" -[2] resultieren für den Nachfrager *hohe Nutzungskosten.* Die Ausgaben für das Wohnen stellen den größten Einzelposten unter den Ausgaben der Privathaushalte dar.[3] Viele Nachfrager sind - unabhängig von den jeweiligen Präferenzen - aufgrund der hohen Produktionskosten nicht in der Lage, das Gut Wohnung zu kaufen, sondern können es nur mieten. Auch die Finanzierungsrisiken beim Eigentumserwerb spielen hierbei eine Rolle, denn in der Regel muß für den Wohnungskauf langfristiges Fremdkapital in einer beträchtlichen Größenordnung aufgenommen werden.

Zur Bewertung von Wohnungen können eine Vielzahl objektiver Maßstäbe wie Größe, Alter oder Raumaufteilung und subjektiver Merkmale wie das Sozialprestige der Wohngegend herangezogen werden. Da strenggenommen jedes Stück Erdoberfläche einmalig ist, können zwei Häuser nicht einen vollkommen identischen Standort aufweisen. Insofern erscheint es gerechtfertigt, die *Heterogenität* von Wohnleistungen als eine besondere Gutseigenschaft aufzuführen.[4] Für den Nachfrager fällt es schwer, einen Marktüberblick zu bekommen, zumal er nur im Bedarfsfall und räumlich begrenzt die Mühen einer Angebotssichtung in Kauf nimmt. Inwieweit eine Wohnung tatsächlich seine Qualitätsansprüche erfüllt, wird der Konsument mit Gewißheit zudem erst auf mittlere Sicht feststellen können. Denn gewisse Baumängel, Lärmbelästigungen zu verschiedenen Tageszeiten und Wochentagen oder auch die Harmonie mit den Nachbarn[5] lassen sich erst im Zeitablauf zutreffend einschätzen, können gleichwohl aber eine bedeutsame Rolle mit Blick auf das Wohlbefinden spielen. Für den Markt der Wohnleistungen ist damit eine *geringe Transparenz* in preislicher und qualitativer Hinsicht zu konstatieren.

Faßt man diese Überlegungen zusammen, so zeichnet sich der Konsum von Wohnleistungen durch eine *Position der Abhängigkeit* gegenüber der Anbieterseite (Vermieter bzw. indirekt Kapitalgeber) aus, wie sie bei anderen Gütern nicht gegeben ist. Ursächlich hierfür sind die

---

[1] Vgl. EEKHOFF (Bodenmarkt, 1987), S. 3, und die Ausführungen zur Kundenbindung in Kap. 3.2.3.1.1.2.2.2.

[2] Vgl. GDW (Wohneigentum, 1992), S. 37.

[3] Dies geht aus der laufenden Wirtschaftsrechnung privater Haushalte hervor. Vgl. STATISTISCHES BUNDESAMT (Jahrbuch, 1998), S. 550-553. Der höchste Ausgabenanteil für Wohnungsmieten (einschließlich Mietwerte der Eigentümerwohnungen) und Energie war 1997 bei westdeutschen Zwei-Personen-Rentnerhaushalten mit geringem Einkommen festzustellen. Er betrug 32,8% des Haushaltsnettoeinkommens.

[4] Vgl. KÜHNE-BÜNING (Besonderheiten, 1994), S. 10.

[5] Grundsätzlich ist die Wohnungsnutzung mit externen Effekten verbunden, „d.h. daß die Nutzung des Gutes durch einen Nachfrager Einflüsse auf die Nutzung des Gutes für andere Nachfrager hat, die nicht über den Markt vermittelt werden." EICHENER (Arbeitnehmerfamilien, 1985), S. 171.

fehlende Substitutionsmöglichkeit sowie die hohen Nutzungskosten (ggf. einschließlich Kapitalkosten). Selbst geringe prozentuale Preisanpassungen können absolut eine spürbare Beschränkung des disponiblen Einkommens zur Folge haben. Dabei muß allerdings berücksichtigt werden, daß die Abhängigkeit eines Wohneigentümers von einem bestimmten (Darlehens-)Anbieter angesichts der Bankenkonkurrenz und den relativ geringen Wechselkosten in der Regel weniger stark ausgeprägt ist als die Abhängigkeit des Mieters vom Vermieter. Des weiteren nimmt die Empfindlichkeit gegenüber Änderungen der Finanzierungskonditionen mit zunehmendem Tilgungsfortschritt ab.

Auf der anderen Seite resultiert aus den hohen Wechselkosten und der geringen Markttransparenz, verbunden mit der Langlebigkeit des physischen Wohnkörpers, eine geringe Mobilität und damit eine im Durchschnitt *lange Konsumperiode*, die sich im Extremfall auch auf die ganze Lebensspanne erstrecken kann. Mehr als bei den meisten anderen Geschäftsbeziehungen handelt es sich beim Verhältnis Mieter-Vermieter also um eine *zeitraumbezogene Absatzbeziehung*.[1]

Aus den diskutierten Besonderheiten des Gutes Wohnung ergeben sich ebenfalls *Konsequenzen für den Anbieter bzw. für den Wohnungsmarkt* insgesamt. Üblicherweise unterstellt man eine Nutzungsphase von mindestens 100 Jahren. Weil die durchschnittliche Lebens- bzw. Wohndauer eines Bewohners weit übertroffen wird, gelangt eine Wohnung in der Regel mehrfach an den Markt. Der Wohnungsmarkt ist daher von einer quantitativen *Dominanz des Bestandsmarkts* gegenüber dem Markt an Gütern zur Erstnutzung geprägt.[2]

Aus der Langlebigkeit des Gutes und den hohen Produktionskosten folgt ein *niedriger Kapitalumschlag*.[3] Die Berechnung eines Kapitalwerts ist stets mit hohen Unwägbarkeiten behaftet, wobei eine Antizipation von Änderungen relevanter rechtlicher und steuerlicher Rahmenbedingungen auf lange Sicht gänzlich unmöglich erscheint. Jeder Bauherr oder Erwerber von Wohnobjekten sieht sich einem beträchtlichem Kapitalbedarf ausgesetzt, welcher in der Regel nicht mit Eigenmitteln zu decken ist. Angesichts der hohen Bedeutung der Fremdfinanzierung ergibt sich eine *enge Verbindung* zwischen den Entwicklungen am *Wohnungs- und Kapitalmarkt*. Über die Produktion bzw. den Erwerb hinaus gestalten sich auch die Instandhaltung von Wohnungen und deren Anpassung an die sich im Zeitablauf wandelnden Wohnansprüche kostenintensiv.

---

[1] Vgl. zur Unterscheidung zwischen „Zeitpunkt-" und „Zeitraumleistung" PAUL/PAUL (Illoyalität, 1997), S. 878f.

[2] Vgl. SEEGER (Wahlzyklus, 1995), S. 18.

[3] Vgl. HEUER/NORDALM (Wohnungsmärkte, 1996), S. 25.

Die Bestimmung einer geeigneten Lage für Neubauinvestitionen stellt aufgrund der Immobilität für Wohnungsanbieter ein zentrales Problem dar, da sich diese Entscheidung nicht mehr umkehren läßt. Weil die Wohnung bodengebunden und ihre Erstellung von dem Vorhandensein entsprechenden Baulandes abhängig ist, weist das *Gut Boden* einen *komplementären Charakter* zum Gut Wohnung auf.[1] Angebotslücken auf dem Bodenmarkt führen zu Beschränkungen des Wohnungsneubaus und schlagen mittelbar auch auf die Preise für die Wohnraumnutzung durch.

Aufgrund der zwischen der Investitionsentscheidung und der Fertigstellung von Wohnraum vergehenden Zeitdauer von durchschnittlich zwei Jahren - generell sind Immobilien durch eine *lange Produktionsdauer* gekennzeichnet -,[2] erfolgen Reaktionen auf Nachfrageschwankungen nur langsam bzw. mit gewissen time-lags.[3] Ohnehin kann durch den Neubau in der jährlichen Betrachtung nur begrenzt eine quantitative oder qualitative Veränderung des Gesamtbestands erzielt werden. Von daher ist der Wohnungsmarkt durch *zyklische Entwicklungen* gekennzeichnet, innerhalb derer sich periodische Nachfrageüberhänge mit Angebotsüberhängen abwechseln.[4]

Unter Berücksichtigung der Gutsbesonderheiten ist der Wohnungsmarkt als gedankliche Zusammenfassung von Angebot und Nachfrage in bezug auf die Wohnraumnutzung lediglich ein Abstraktum.[5] Aus der konkreten Perspektive muß vielmehr zwischen verschiedenen *Teilmärkten* unterschieden werden. So führt die Standortgebundenheit von Wohnungen dazu, daß sich Angebot und Nachfrage auf einzelnen regionalen Teilmärkten vergleichsweise unabhängig voneinander entwickeln können; gleiches gilt für die in sachlicher Hinsicht (etwa nach Miete/Eigentum, Größe, Ausstattung) zu differenzierenden Teilmärkte.

Die bisherigen Ausführungen haben einen Überblick über die in der Literatur traditionell diskutierten Besonderheiten von Wohnungen bzw. Wohnleistungen vermittelt. Leistungstheoretische Erkenntnisse, wie sie in Kap. 2.1 besprochen wurden, fanden in der immobilienwissenschaftlichen Literatur bislang keinen Niederschlag, obwohl ihre Anwendung reizvoll erscheint, um tiefere Einblicke in die komplexe Natur des Absatzobjekts „Wohnen" zu erhalten. So ist die Frage, ob es sich bei Wohnleistungen um Sach- oder Dienstleistungen handelt, bisher nur wenig durchdrungen worden. Diese Problemstellung soll im folgenden aufgegriffen werden und zu einer Strukturierung der Wohnleistung führen, welche eine verbesserte Transparenz hinsichtlich des Zusammenhangs von primären und sekundären Leistungsbestandteilen vermittelt.

---

[1] Vgl. EEKHOFF/THIEMER (Wohnungsmarkt, 1997), S. 991.

[2] Vgl. KORNEMANN (Fehlsubventionierungen, 1973), S. 17.

[3] Vgl. KÜHNE-BÜNING (Besonderheiten, 1994), S. 7.

[4] Vgl. die Ausführungen zum Cobweb-Theorem bei WOLL (Volkswirtschaftslehre, 1996), S. 100ff.

[5] Vgl. HEUER/NORDALM (Wohnungsmärkte, 1996), S. 26ff.

2.2.3 DAS WOHNEN - EINE SACH- ODER DIENSTLEISTUNG?

Zur Strukturierung der Wohnleistung ist es zweckmäßig, zwischen Potential-, Prozeß- und Ergebnisdimension zu unterscheiden. Die Potentialdimension beim Wohnen zur Miete, der Mietwohnleistung, konkretisiert sich insbesondere in Form der offerierten Wohnungen, der zugeordneten Gemeinschaftsflächen, -einrichtungen und Versorgungsanschlüsse. Daneben zählen ebenfalls die Verwaltungs- und sonstigen Betriebsgebäude, deren Ausstattung und insbesondere die Mitarbeiter des Wohnungsunternehmens mit und ohne Kundenkontakt zur Bereitstellungsleistung, ohne die Wohnleistungen nicht erbracht werden könnten.

Hinsichtlich der Prozeßdimension muß zwischen unterschiedlichen Teilprozessen unterschieden werden, welche die Komplexität der Wohnleistung ausmachen. Im eigentlichen *Wohnprozeß* findet eine sehr intensive Integration statt, bringt sich doch der Nachfrager mit seinem gesamten Hausstand und gegebenenfalls seiner Familie in den Nutzungsprozeß, in die Ausfüllung des physischen Rahmens Wohnung ein.[1] Die hohe Integrativität bezieht sich allerdings nur auf die *Nutzung* des materiellen Körpers Wohnung, nicht auf die Interaktion zwischen Kunde und Anbieter. Bei zufriedenen und „unkomplizierten" Mietern kann es durchaus vorkommen, daß sie über Jahre in keinerlei direkten Kontakt zum Unternehmen treten. Insofern kann der Wohnprozeß auch als autonomer Vorgang auf der Nachfragerseite betrachtet werden.[2]

Integrativer Natur sind demgegenüber der *Vertriebsprozeß*, d.h. die Beratung vor der Anmietung, sowie der *Betreuungsprozeß*, also sämtliche Aufgaben, die im direkten Kontakt mit dem Kunden während oder zum Abschluß der Vertragslaufzeit erfolgen (z.B. Wohnungsbegehung, Beschwerdebearbeitung, Organisation von Mieterfesten). Schließlich existieren auch autonome Vorgänge der Wohnleistung auf der Anbieterseite wie etwa die Mietbuchhaltung und Betriebskostenabrechnung, die man unter dem Begriff *Verwaltungsprozeß* zusammenfassen kann. Vertriebs-, Verwaltungs- und Betreuungsprozeß lassen sich insgesamt als Bewirtschaftungsprozeß auffassen. Der Prozeß der *Wohnungserstellung*[3] ist bei einer Produktion für den anonymen Markt ebenfalls autonomer Natur. Den Zusammenhang der verschiedenen Teilprozesse im Zeitablauf verdeutlicht Abb. 3 auf der folgenden Seite.

Wie bei den meisten zeitraumbezogenen Diensten so ist auch hier die Ergebnisdimension schwer zu definieren. Es liegt *kein konkretes (Gesamt-)Ergebnis* der Mietwohnleistung vor. Vielmehr bildet im abstrakten Sinne die vertraglich gesicherte Abgabe von Nutzungseinheiten, der Wohnprozeß selbst das Resultat. Bestimmen lassen sich „handfeste" Ergebnisse aller-

---

[1] Vgl. BEREKOVEN (Dienstleistungsmarkt, 1983), S. 28.

[2] Vgl. zu den verschiedenen Prozeßformen SCHNITTKA/STAUDER (Ablauf, 1995), S. 77.

[3] Vgl. hierzu Kap. 2.2.1. Die Ausführung der Bautätigkeit gehört demnach nicht zur Wohnungserstellung als Aufgabenbereich eines Wohnungsunternehmens, der hier gemeint ist.

dings für Teilprozesse des Wohnens, wenn man zum Beispiel an einen reparierten Wasserhahn als Resultat einer Instandhaltungsleistung denkt.

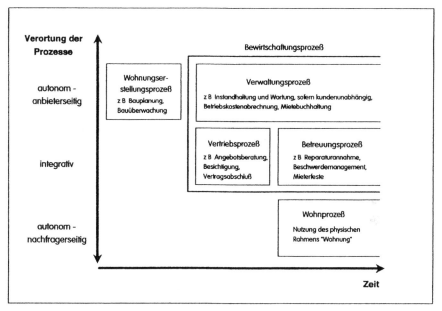

Abb. 3: Prozessuale Sicht der Mietwohnleistung

Vor dem Hintergrund der Analyse der verschiedenen Leistungsdimensionen lassen sich verschiedene Anhaltspunkte für eine Einordnung der Mietwohnleistung als Sach- oder Dienstleistung feststellen:

Für eine *Einordnung als Dienstleistung* spricht, daß ein synchroner Kontakt zwischen Kunde und Anbieter, die *Einbringung eines externen Faktors,* erforderlich ist. Die Wohnung selbst stellt noch keine Leistung dar. Erst durch die Einbeziehung des Kunden kommt es zu einem Absatzakt, der für den Anbieter zu einem Entgelt führt, ansonsten herrscht Leerstand. „Der wirtschaftliche Charakter wird also gegeben durch die *Nutzung,* nicht durch die Produktionstatsache."[1] Wohnleistungen sind *nicht speicherbar* und können auch nicht zurückgegeben werden. Des weiteren spielt - wie bei Dienstleistungen generell - der Mensch als externer Faktor eine vergleichsweise wichtige Rolle in bezug auf die Leistungsqualität, man denke nur an die *Interaktion* in der Hausgemeinschaft. Zudem hat der Nutzer die Chance, selbst Einfluß auf die Leistungsqualität zu nehmen, z.B. durch eigene Renovierungsarbeiten. Schließlich treffen die für Dienstleistungen typische *geringe Markttransparenz* sowie die hohe *Bedeutung der Standortfrage* in besonderem Maße auf Wohnleistungen zu.

---

[1] LÜTGE (Wohnungswirtschaft, 1949), S. 35.

Im Gegenzug lassen sich einige Argumente für die *Klassifizierung als Sachleistung* anbringen. Zum einen handelt es sich bei der Wohnung als ein wesentliches Element der Wohnleistung um ein äußerst *materielles Gut*, welches man im vorhinein inspizieren und beurteilen kann. Zum zweiten ist der aus Anbietersicht aufwendigste Prozeß, die Wohnungserstellung, in den meisten Fällen bereits abgeschlossen, wenn der Nachfrager in Erscheinung tritt. Wie stark das *Involviertsein des Vermieters* während der Vertragsdauer ausfällt, ist *unbestimmt*. BEREKOVEN vertritt hierzu folgende Ansicht: „Beschränkt sich [..] die Vermietertätigkeit auf das Reklamieren bei nicht pünktlichem Eintreffen der Miete auf dem Konto und tritt er sonst im gemeinsamen Prozeß in keiner Weise mehr aktiv auf, besteht also seine Leistung in einer reinen 'Gewährleistung' ohne jede weitere Leistung, so kann man ihn nicht mehr als Dienstleister bezeichnen."[1]

Aus der hier vertretenen Definition der Dienstleistung geht indes hervor, daß auch ein eher passives Bereitstellen von Leistungsfähigkeiten als Dienstleistung interpretiert werden kann, wenn zugleich die Integration eines externen Faktors erfolgt. Weil diese Wesensmerkmale auf die Mietwohnleistung zutreffen, kann demnach die von OETTLE vorgenommene *Einordnung als Dienstleistung* bestätigt werden.[2] Beim Verkauf von Familienheimen und Eigentumswohnungen beschränken sich die Prozesse, die den eigentlichen Dienstleistungscharakter ausmachen, in der Regel auf den Vertriebsprozeß. Die Bereitstellung von internen Faktoren erfolgt zeitpunktbezogen und ist im Verhältnis zur Gesamtnutzungsdauer kurz. *Eigentumswohnleistungen* lassen sich daher als *Sachleistungen* auffassen.

Allerdings kommt es auch hier zu Grenzfällen. Übernimmt ein Wohnungsunternehmen als Bauträger-Verwalter[3] im Anschluß an den Bau und Verkauf von Eigentumswohnungen die Verwaltung des Gemeinschaftseigentums - eine Festlegung ist für maximal fünf Jahre möglich -, so werden zusätzlich Bewirtschaftungsfunktionen erfüllt. Damit wird die Struktur des Gesamtangebots komplexer und nähert sich dem der Mietwohnleistung an. Statt einer Unterscheidung von Wohnleistungen in Sach- und Dienstleistungen ist vor diesem Hintergrund eine integrierte Sichtweise als Leistungsbündel sinnvoller. Der Verkauf und die Vermietung von Wohnungen sind dann nicht als grundsätzlich verschiedene Leistungen aufzufassen, sondern als *alternative Ausprägungsformen eines Leistungsbündels Wohnen, bei welchem der physische Körper Wohnung stets den Leistungskern bildet.*

---

[1]   BEREKOVEN (Dienstleistungsmarkt, 1983), S. 28.

[2]   Vgl. OETTLE (Wohnung, 1987), S. 249.

[3]   Vgl. GDW (Wohneigentum, 1992), S. 66.

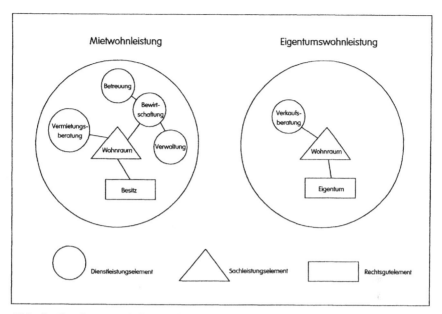

Abb. 4: Struktur von Miet- und Eigentumswohnleistung

Quelle: Darstellungsform in Anlehnung an ENGELHARDT/KLEINALTENKAMP/
RECKENFELDERBÄUMER (Absatzobjekt, 1992), S. 25.

Neben Sach- und Dienstleistungsanteilen können auch Rechtsgüter als Elemente von Leistungsbündeln aufgefaßt werden.[1] Legt man diese drei Gutskategorien zugrunde, läßt sich mit Hilfe eines *Molekularmodells*[2] die Struktur der Wohnleistung aufzeigen. In Abb. 4 erfolgt dies anhand der Beispiele Vermietung und „reiner" Verkauf einer Wohnung.

Der Gedanke des Leistungsbündels kommt treffend in der allgemeinen Definition der Immobilie von WURTZEBACH/MILES/CANNON zum Ausdruck. Sie sprechen von „space-over-time with certain associated services"[3]. Überträgt man diesen Gedanken auf die Wohnimmobilie, so lassen sich Wohnleistungen als *periodenbezogene Bereitstellung von Wohnraum in Verbindung mit bestimmten Dienstleistungen* zusammenfassen. Sieht man von den baulichen Unterschieden ab, unterscheiden sich die Wohnformen dann insbesondere unter dem Aspekt der *Periodenlänge* und der *Dienstleistungsintensität*. So bietet etwa ein Hotel tageweise Wohnraum an, ein Boarding-Haus monatsweise, ein regulärer Vermieter für Perioden von in der Regel mehreren Jahren bis zu Jahrzehnten. Offeriert etwa eine Kirchengemeinde ein Erbbaurecht für ein Grundstück mit Wohnhaus, beträgt der Zeitraum der Nutzungsüberlassung

---

[1] Vgl. ROSADA (Kundendienststrategien, 1990), S. 30ff.

[2] Vgl. SHOSTACK (Breaking free, 1977), S. 76; MEYER/BLÜMELHUBER (Dienstleistungsdesign, 1998), S 928f.

[3] WURTZEBACH/MILES/CANNON (Real Estate, 1995), S. 20.

z.B. 100 Jahre. Für den Wohnungs- bzw. Wohnhauseigentümer ist der Zeitraum indessen un-
befristet.

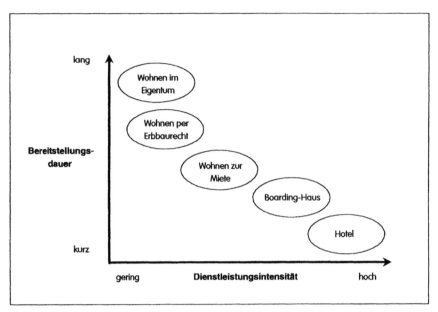

**Abb. 5: Wohnformen im Lichte von Bereitstellungsdauer und Dienstleistungs-
intensität**

Wie Abb. 5 verdeutlicht, *nimmt die Dienstleistungsintensität mit zunehmender Bereitstellungsdauer üblicherweise ab.* So werden seitens eines Hotels neben dem Raumangebot mit
Möblierung Beköstigungen, ein Reinigungsdienst, Betreuung durch einen Concierge und
manchmal auch „Umzugshilfen" in Form von Pagen, Freizeit- und Fitnessarrangements angeboten. Während beim Boarding-Haus regelmäßig noch Reinigungs- oder Wäschedienste Teil
des Leistungsbündels sind,[1] entfällt dies bei der auf Dauer angelegten Vermietung üblicherweise ebenso wie die Möblierung. Der Vermieter erfüllt immerhin noch zentrale Verwaltungs-
und Betreuungsfunktionen, die beim Eigentümer grundsätzlich selbst übernommen werden
müssen.[2] Das Wohnen per Erbbaurecht entspricht bezüglich der Dienstleistungsintensität
nahezu dem Wohnen im Eigentum, außer daß bei ersterem regelmäßige Zahlungsvorgänge
erfolgen.

---

[1] Zum Serviceangebot in Boarding-Häusern vgl. O.V. (Wohnungen, 1998), S. V3; PEDERSEN (Hause, 1998), S.
200f.

[2] Die Tatsache, daß Wohnungseigentümergemeinschaften die Verwaltung oftmals auf Dritte übertragen, ändert
nichts daran, daß sie im Prinzip selbst hierfür verantwortlich sind.

Analog zu diesen allgemeinen „Wohnformen" lassen sich im Bereich der *altersspezifischen Einrichtungen* gewisse Typen in Abhängigkeit von Dienstleistungsintensität und Bereitstellungsdauer unterscheiden. So sind im normalen Wohnhausbestand eingefügte barrierefreie Wohnungen[1] im Prinzip über die ganze Lebensdauer und nicht nur im Alter nutzbar, obwohl sie diesem Bereich zugeordnet werden. Sie implizieren also eine lange Bereitstellungsdauer bei fehlendem oder minimalem Dienstleistungsangebot. Unter „Service-Wohnen" oder „Betreutem Wohnen" versteht man altersgerechte Wohnungen, die mit einer obligatorisch zu entgeltenden Grundversorgung und einer bedarfsweise abrufbaren Zusatzversorgung an Dienstleistungen verbunden sind.[2] Die Grundpauschale wird nur der akzeptieren, für den das Angebot zumindest potentiell nützlich ist, also zumeist ältere Menschen. Somit ergibt sich auch hier eine erhöhte Dienstleistungsintensität bei tendenziell geringerer Wohndauer.

In weiteren Schritten trifft dies zudem auf die Stufen Altenheim, Pflegeheim bis hin zum Hospiz zu. Wie das Beispiel der Seniorenresidenzen und Wohnstifte zeigt, die auch schon im frühen Seniorenalter bezogen werden, aber eine Vollverpflegung anbieten, ist das positive Korrelieren der Dienstleistungsintensität und der Wohndauer nicht zwangsläufig. Wenn Segmente mit entsprechenden Bedürfnissen vorhanden sind, lassen sich die Merkmale Bereitstellungsdauer und Dienstleistungsintensität aus Sicht des Anbieters insofern auch in unüblicher Weise kombinieren. Denkbar wäre z.B. das Eigenheim für Singles mit umfassendem Dienstleistungspaket. Im folgenden ist zu diskutieren, wie sich innerhalb des Leistungsbündels Wohnen, zu welchem zwangsläufig Dienstleistungskomponenten gehören, jene Elemente abgrenzen lassen, die als wohnbegleitende Dienstleistungen zu betrachten sind.

2.3 Wohnbegleitende Dienstleistungen als Elemente des Leistungsbündels Wohnen

2.3.1 DEFINITION WOHNBEGLEITENDER DIENSTLEISTUNGEN

In der wohnungswirtschaftlichen Literatur und Praxis treten hinsichtlich der hier betrachteten Leistungsform unterschiedliche Termini auf, die sich als Synonyme verstehen lassen. Neben der in dieser Arbeit aufgrund ihrer Prägnanz bevorzugten Bezeichnung als wohnbegleitende

---

[1] Barrierefreie Wohnungen sind aufgrund bestimmter baulicher Modifikationen auch für Personen mit erheblichen Beeinträchtigungen der Gehfähigkeit und Beweglichkeit geeignet. Die entsprechenden Ausstattungsmerkmale sind in DIN 18025, Teil II, definiert. Einerseits gehen die in dieser Norm festgelegten Standards über die Minimalanforderungen an altersgerechte Wohnungen hinaus, andererseits sind die Maßnahmen nicht so weitgehend wie bei den behindertengerechten altersgerechten Wohnungen (Regelung in DIN 18025, Teil I). Vgl. HEINZE ET AL. (Alter, 1997), S. 56ff.

[2] Vgl. HÖBEL/SCHNEIDERS (Seniorenimmobilien, 1997), S. 640; KRINGS-HECKEMEIER/PFEIFFER (Senioren, 1997), S. 149; SCHÖNBERGER ET AL. (Alter, 1997), S. 26. Für einen Überblick über den Markt für Seniorenimmobilien in Deutschland vgl. EICHENER/SCHNEIDERS (Seniorenimmobilien, 1998), S. 17ff.

Dienstleistungen[1] wird auch von „Dienstleistungen rund um die Mietwohnung und rund um das Wohneigentum",[2] von „Serviceleistungen"[3] oder „Service rund ums Wohnen"[4] gesprochen. All diesen Bezeichnungen ist gemeinsam, daß sich hinter ihnen „ein Dienstleistungsangebot [verbirgt], das weit über das Bereitstellen von Wohnraum hinausgeht".[5] Es handelt sich also um „*zusätzliche* Dienstleistungen".[6]

In der Marketingliteratur hat sich für Angebotselemente mit Zusatzcharakter der bereits in dieser Arbeit verwandte Begriff der „*Sekundärleistungen*"[7] etabliert. Er trat zunächst im Zusammenhang mit Abgrenzungs- und Gestaltungsproblemen des Kundendienstes von Handels- oder Industrieunternehmen in Erscheinung.[8] In jüngerer Zeit sind es vor allem dem Investitionsgütermarketing zuzuordnende Publikationen, die den Sekundärleistungsbegriff verwenden. Die Erkenntnis, daß der (technische) Kundendienst als After-Sales-Service nur eine der möglichen Dienstleistungsformen im Industriebetrieb darstellt, denen im Wettbewerb eine wachsende Bedeutung beigemessen wird, hat auf diesem Forschungsgebiet zu einer breiteren Betrachtung der Problematik unter dem Stichwort „*industrielle Dienstleistungen*"[9] geführt.[10] Eine gewisse Analogie zur Wohnungswirtschaft ist nicht zu verkennen, wird doch - hier das Gebrauchsgut Wohnung, dort das Gebrauchsgut Maschine im weitesten Sinne - in beiden Fällen ein materielles Kernprodukt[11], die Primärleistung, mit Dienstleistungsangeboten angereichert. Vor diesem Hintergrund finden für wohnbegleitende Dienstleistungen auch die Bezeichnungen „wohnorientierte Sekundärleistungen"[12] oder „Wohnsekundärleistungen"[13] Verwendung.

Eine weitere Präzision der Begrifflichkeiten ergibt sich bei einer Unterscheidung der Sekundärleistungen nach ihrer Güterart. Wie das Molekularmodell zur Miet- und Eigentumswohn-

---

[1]   Diese Bezeichnung erscheint am verbreitetsten, was auch darin zum Ausdruck kommt, daß sie in das Standardwerk „Wohnungs- und Immobilien-Lexikon" Eingang gefunden hat. Vgl. EICHENER (Dienstleistungen, 1997), S. 922.

[2]   GALONSKA (Aufgaben, 1995), S. 11.

[3]   PELZL (Strategien, 1990), S. 48.

[4]   GROßE-WILDE (Herausforderung, 1988), S. 134.

[5]   GALONSKA (Wohnungsversorgung, 1987), S. 5.

[6]   MEISSNER (Marketing, 1987), S. 76; Hervorhebung nicht im Original.

[7]   HAMMANN (Sekundärleistungspolitik, 1974), S. 141; Hervorhebung nicht im Original.

[8]   Vgl. den grundlegenden Aufsatz von HAMMANN (Sekundärleistungspolitik, 1974), S. 135ff., sowie GERSTUNG (Servicepolitik, 1978), S. 28; HAMMANN (Kundendienst, 1982), S. 150f.; WILLERDING (Kundendienst, 1987), S. 46; ROSADA (Kundendienststrategien, 1990), S. 27, 39ff.

[9]   BUTTLER/STEGER (Dienstleistungen, 1990), S. 934; Hervorhebung nicht im Original.

[10]   Vgl. ENGELHARDT/PAUL (Dienstleistungen, 1998), S. 1324.

[11]   Vgl. GRASSY (Zusatzleistung, 1996), S. 58.

[12]   FEHR (Sekundärleistungen, 1996), S. 19.

[13]   So lautete der Titel eines Workshops des VDW BAYERN VERBAND BAYERISCHER WOHNUNGSUNTERNEHMEN e.V. in Bamberg am 7.7.1998.

leistung demonstrierte, bilden Dienstleistungs-, Sachleistungs- und Rechtsgutkomponenten die Gesamtstruktur. Sie können sowohl auf der primären als auch auf der sekundären Ebene in Erscheinung treten. Mit Blick auf Zusatzangebote läßt sich dementsprechend zwischen *Sekundärdienstleistungen, Sekundärsachleistungen* bzw. *Sekundärrechtsgütern* unterscheiden.[1] Beispiele für Sekundärdienstleistungen wurden eingangs schon genannt; Sekundärsachleistungen sind etwa Spielgeräte im Wohnumfeld oder Garagenplätze, ein Sekundärrechtsgut wäre etwa die Pacht eines Mietergartens.

Um beurteilen zu können, ob eine Leistung primärer oder sekundärer Natur ist, muß der *Grad der Eigenständigkeit* berücksichtigt werden. Eine Primärleistung bildet „gleichsam die Grundvoraussetzung für den Aufbau einer Geschäftsbeziehung zum Kunden"[2], ist von anderen Absatzleistungen unabhängig und stellt den eigentlichen Mittelpunkt im Kaufentscheidungsprozeß dar.[3] Demgegenüber sind als Sekundärleistungen unselbständige Leistungen zu betrachten, die nur in Verbindung mit der Hauptleistung angeboten werden. Überträgt man dies auf die Wohnleistung, so bildet regelmäßig die Miet- oder Eigentumswohnung den eigentlichen Anknüpfungspunkt für die Kontaktaufnahme mit dem Wohnungsunternehmen. Auch wenn letztlich kaufentscheidend sein kann, welche Serviceangebote im Verlauf der Geschäftsbeziehung erbracht und wie diese ausgeführt werden, sind solche Fragen für den Kunden zunächst nachgelagert.[4] Wohnungen können mit oder ohne umfangreiche Dienstleistungen angeboten werden, wohnbegleitende Dienstleistungen allerdings nicht ohne Wohnungsangebot. Demnach stellt der Zusatzcharakter ein erstes Abgrenzungsmerkmal dar.

Die Einordnung einer Dienstleistung als zusätzliche, als Sekundärdienstleistung, ist zwar notwendig, aber noch nicht hinreichend, um in dem hier verstandenen Sinne als wohnbegleitende Dienstleistung zu gelten. § 536 BGB besagt: „Der Vermieter hat die vermietete Sache dem Mieter in einem zu dem vertragsgemäßen Gebrauche geeigneten Zustande zu überlassen und sie während der Mietzeit in diesem Zustande zu erhalten."[5] Bereits aufgrund dieser Regelung ergeben sich eine Reihe von Diensten, die der Vermieter verpflichtend zu erbringen hat: Instandhaltung und Instandsetzung, Einschreiten bei Störungen, die über das übliche Maß hinausgehen (etwa Lärmstörungen durch Nachbarn) oder auch die Regelung der Verkehrssicherung (z.B. Schneeräumen, wobei diesbezüglich die Möglichkeit zur Übertragung auf den Mieter besteht).[6] Es gibt also Dienstleistungen im Rahmen des Leistungsbündels Wohnen, die

---

[1] Vgl. ROSADA (Kundendienststrategien, 1990), S. 39, und in diesem Sinne MEYER/BLÜMELHUBER (Kundenbindung, 1998), S. 197.

[2] ROSADA (Kundendienststrategien, 1990), S. 39.

[3] Vgl. JUGEL/ZERR (Technologie-Marketing, 1989), S. 164.

[4] Eine Ausnahme mag der Bereich des Service-Wohnens sein, bei welchem aus Nachfragersicht der Dienstleistungspalette eine der Wohnung gleichrangige Bedeutung zukommen kann.

[5] Bürgerliches Gesetzbuch (BGB) vom 18.8.1896 in der Fassung vom 14.3.1990.

[6] Vgl. MURFELD (Betriebswirtschaftslehre, 1997), S. 201f.

nur zur Erfüllung der vertraglichen Grundpflichten erbracht werden.[1] Neben solchen rechtlich bedingten Pflichtleistungen treten weitere Dienstleistungselemente, ohne die das Wohnobjekt aus organisatorischer oder absatztechnischer Sicht nicht zu vermarkten wäre (wie etwa Angebotsberatung oder Wohnungsübergabe). Ist dies der Fall, handelt es sich um einen zwanghaften Verbund von Wohnung als Kernleistung und sekundärer Dienstleistung, der keinen unternehmerischen Freiraum läßt.

Vor diesem Hintergrund erscheint es sinnvoll, zwischen *obligatorischen* und *fakultativen* Sekundärdienstleistungen zu unterscheiden.[2] Letztere zählen nicht zum erforderlichen Minimalangebot, sondern werden „freiwillig" vom Wohnungsunternehmen erbracht. Statt obligatorischer Leistungen verwendet die Marketing-Literatur synonym auch den Begriff „Muß-Leistungen", während hinsichtlich der freiwilligen Zusatzangebote weitergehend zwischen „Soll-Leistungen" und „Kann-Leistungen" differenziert wird.[3] Als Soll-Leistungen gelten jene, die zwar nicht unvermeidbar, aber doch regelmäßig im Leistungsprogramm der Wettbewerber zu finden sind, so daß ihr Angebot vom Markt erwartet wird. Ein Beispiel hierfür ist der Hauswart als typische Berlinerische Institution, der als Angebot des Wohnungsunternehmens nicht verpflichtend ist, jedoch - regional bezogen - zum üblichen Leistungsstandard gehört. Kann-Leistungen werden demgegenüber nicht vom Wohnungsunternehmen erwartet und regelmäßig nur von einzelnen Kunden(gruppen) in Anspruch genommen. Man denke etwa an die Vermittlung von Pflegediensten.

Hier sollen nur solche Angebote als wohnbegleitende Dienstleistungen aufgefaßt werden, die freiwillig vom Wohnungsanbieter erbracht werden, wie es aus Abb. 6 auf der nächsten Seite hervorgeht. Denn allein aus den fakultativen Sekundärdienstleistungen kann ein Zusatznutzen für den Kunden hervorgehen,[4] welcher für die Erreichung wichtiger Angebotsziele, insbesondere zur Differenzierung und Profilierung, maßgeblich ist. Dabei gilt es zu berücksichtigen, daß fakultative Sekundärdienstleistungen nicht zwangsläufig einen Zusatznutzen implizieren. Ob es sich im Einzelfall um einen „Value-added service" handelt, ist vielmehr eine Frage der Nutzenwahrnehmung des Individuums bzw. des Marktsegments.[5]

---

[1] Vgl. VNW VERBAND NORDDEUTSCHER WOHNUNGSUNTERNEHMEN E.V. (Mieter-Service, 1997), S. 5, 9f. Hier werden obligatorische Sekundärleistungen als „originäre wohnungswirtschaftliche Dienstleistungen" bezeichnet.

[2] Vgl. HAMMANN (Kundendienst, 1982), S. 150f.; HOMBURG/GARBE (Dienstleistungen, 1996), S. 262; MEYER/DULLINGER (Leistungsprogramm, 1998), S. 728, und ähnlich schon GIST (Retailing, 1968), S. 439f.

[3] Vgl. MEFFERT (Kundendienst, 1982), S. 17; SCHÖNROCK (Leistungsmix, 1982), S. 85; FORSCHNER (Investitionsgüter-Marketing, 1988), S. 141ff.

[4] Vgl. DEPPE (Servicepolitik, 1982), S. 305f.; FRIEGE (Leistungsverbunde, 1995), S. 42f.

[5] Vgl. die Definition bei LAAKMANN (Profilierungsinstrument, 1995), S. 22, und darüber hinaus zum Begriff des „Value-added Service" MEFFERT/BURMANN (Bankbereich, 1996), S. 26; SCHMIDT (Services, 1997), S. 54; BÜHLER (Qualitätsdifferenzierung, 1999), S. 26.

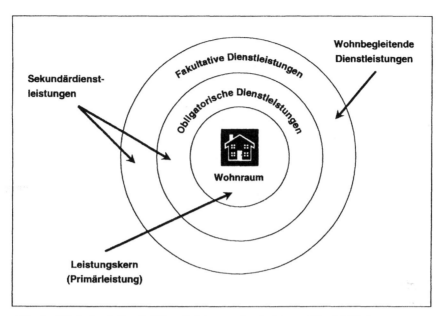

Abb. 6: Wohnbegleitende Dienstleistungen im Leistungsbündel Wohnen

Manche Wohnungsunternehmen bemühen sich, etwa den Reparaturdienst als 24-Stunden-Noruf oder die Zählerablesung als Datenfernerfassung besonders kundenfreundlich zu gestalten. Solche Maßnahmen erhöhen zwar die Leistungsqualität und sind insoweit bedeutsam, eine akquisitorische Wirkung wird hiervon aber kaum ausgehen, handelt es sich doch lediglich um Aufgaben, die in ihrer Grundform ohnehin erfüllt werden müßten, also um obligatorische Sekundärdienstleistungen. Modernisierungsmaßnahmen, die im Regelfall über eine Erhöhung der Grundmiete entgolten werden, sind nach der hier vertretenen Auffassung keine sekundären Elemente des Leistungsbündels Wohnen, sondern stellen Veränderungen der Kernleistung dar.

Mitunter werden wohnbegleitende Dienstleistungen unter dem Aspekt des Konsumortes definiert. So spricht EICHENER von wohnbegleitenden Dienstleistungen als „Dienstleistungen, die in der Wohnung in Anspruch genommen werden und die vom Wohnungsunternehmen angeboten oder zumindest vermittelt werden können."[1] Bei einer Beschränkung auf die Wohnung als Konsumort müßte indessen ein Teil der Leistungen ausgeschlossen werden, die man üblicherweise den wohnbegleitenden Diensten zuordnet. Gerade Freizeitdienstleistungen (z.B. Fitness-Studio, Mieter-Café) werden oftmals in separaten Räumen in Anspruch genommen, die sich gleichwohl üblicherweise im Wohnumfeld befinden dürften. Insofern wäre dann eher

---

[1] EICHENER (Dienstleistungen, 1997), S. 922.

von „wohnungsnahen Dienstleistungen"[1] zu sprechen. Allerdings läßt sich bei abstrakten Diensten wie etwa Sparprodukten einer Wohnungsgenossenschaft oder Versicherungsleistungen kaum von einem Konsumort sprechen. Insofern soll dieses Merkmal hier nicht zur grundsätzlichen Begriffsbestimmung dienen.

Unter Berücksichtigung der zuvor gewählten Dienstleistungsdefinition gelangen wir zu folgender Abgrenzung:

Wohnbegleitende Dienstleistungen sind unselbständige Komponenten innerhalb des Leistungsbündels Wohnen, welche mit der „passiven" Bereitstellung von und/oder einer „aktiven" Verrichtung durch Leistungsfähigkeiten des Wohnungsunternehmens einhergehen. Dabei wird der Bewohner und/oder ein anderer externer Faktor in den Erstellungsprozeß integriert. Das Angebot erfolgt fakultativ und mit dem Ziel, bei nachfragenden Kunden(gruppen) einen Zusatznutzen zu bewirken.

Folgt man dieser Abgrenzung der wohnbegleitenden Dienstleistung, so ist festzustellen, daß einige ehemals gemeinnützige Wohnungsunternehmen, und hier insbesondere die Genossenschaften, traditionell auf diesem Gebiet tätig sind. „Seit jeher waren die Wohnungsunternehmen bestrebt, den Bewohnern ihrer [...] Wohnungen ergänzende Einrichtungen zur Verbesserung der Wohnungsnutzung zu verschaffen",[2] erläuterte BRECHT bereits 1950 und führte dabei Beispiele wie Kindergärten und -tagesstätten, Versammlungsräume und Bibliotheken an. Neu ist also nicht das Angebot wohnbegleitender Dienste als solches, sondern dessen geschäftspolitischer Stellenwert, Umfang und Systematik.[3]

In enger Verwandtschaft zu dem hier vertretenen Verständnis von wohnbegleitenden Dienstleistungen steht der Begriff des „Service", der sowohl in der betriebswirtschaftlichen als auch in der alltäglichen Sprache weit verbreitet ist. Ungeachtet dessen wird dieser Terminus nur selten genau definiert und darüber hinaus mit einer recht unterschiedlichen Semantik verwandt. Die Ursache hierfür ist darin zu sehen, daß bereits im Englischen als Herkunftssprache eine Vielzahl von Interpretationsmöglichkeiten existieren.[4]

---

[1] Vgl. HOMBACH/STAENDER (Perspektiven, 1994), S. 547; BERENDT (Dienstleistungen, 1996), S. 90. ERPENBACH/HAUSHERR (Status quo, 1996), S. 100, verwenden in einem ähnlichem Sinne den Begriff „wohnungs- und quartierbezogene Dienstleistungen".

[2] BRECHT (Betriebsleistungen, 1950), S. 117.

[3] So prognostiziert KOWALSKI für die Wohnungsgenossenschaften, daß sich bis zum Jahr 2010 bedeutende Umsatzanteile von der Vermietung bzw. Bewirtschaftung auf das Geschäft mit (wohnbegleitenden) Dienstleistungen verlagern werden. Vgl. KOWALSKI (Zukunft, 2000), S. 7.

[4] So wird in einem englischen Wirtschaftswörterbuch zwischen neun verschiedenen Begriffsinhalten für „service" unterschieden. Vgl. ADAM (Dictionary, 1989), S. 458. Zur sprachlichen Verwirrung um den Servicebegriff vgl. insbesondere DEPPE (Servicepolitik, 1992), S. 308ff.

Eine erste Verwendung besteht darin, Service mit *Dienstleistung* gleichzusetzen.[1] Insofern ist *ein* Service als ein eigenständiges Absatzobjekt im Leistungsprogramm eines Unternehmens zu verstehen. Entsprechend wird in der angloamerikanischen Literatur etwa der tertiäre Sektor als „service economy" bezeichnet, Dienstleistungsunternehmen als „service firms" oder Dienstleistungsmarketing als „services marketing".

In der deutschen Umgangssprache scheint hingegen die ebenfalls in der Literatur verbreitete Interpretation im Sinne von *Kundenorientierung* zu dominieren. *Der* Service umfaßt dann den Dienst am Kunden bzw. die Art des Umgangs eines Unternehmens mit seinen Abnehmern. Er ist eher ein Qualitätsbegriff und repräsentiert nicht konkrete Bestandteile des Sortiments.[2] Gleichwohl steht in enger Verbindung hierzu eine kundenorientierte Unternehmens-Philosophie, welche konsequent auf die Erfüllung der Kundenbedürfnisse mittels geeigneter Leistungen ausgerichtet ist.[3]

Schließlich findet der Service-Begriff auch als Synonym zu „Sekundärleistung" Verwendung.[4] Faßt man die erste Interpretation als Dienstleistung und jene als Sekundärleistung zusammen, stellt ein Service eine Sekundärdienstleistung dar. „Service", „Sekundärdienstleistung" sowie „Serviceleistung" werden im folgenden dementsprechend als inhaltsgleich aufgefaßt. Darüber hinaus wird - sofern nicht anders hervorgehoben - der Begriff der Sekundärleistung grundsätzlich als Kurzform für „Sekundärdienstleistung" verwandt.

2.3.2 ERSCHEINUNGSFORMEN WOHNBEGLEITENDER DIENSTLEISTUNGEN

Die Erscheinungsformen wohnbegleitender Dienstleistungen zeichnen sich durch eine große Heterogenität aus. Vergleicht man etwa Aufgaben der Altenbetreuung mit Finanzdienstleistungen, so wird deutlich, daß mit den einzelnen Leistungsarten stark divergierende Anforderungen an das jeweils anbietende Wohnungsunternehmen verbunden sind. Angesichts der daraus resultierenden Komplexität von Leistungserstellung und Vermarktung ist es geboten, eine Systematisierung der wohnbegleitenden Dienstleistungen vorzunehmen, welche einen Überblick verschafft und es erlaubt, Gesetzmäßigkeiten aufzudecken sowie gegebenenfalls spezifische Problemlösungen für bestimmte Kategorien zu entwickeln. Systematisierungen können als Typologie oder als Klassifikation ausgestaltet sein. Eine Typologie liegt vor, wenn zumindest eines der Ordnungsmerkmale (im Sinne von „mehr oder weniger") abgestufter

---

[1] Vgl. MEFFERT/BRUHN (Dienstleistungsmarketing, 1997), S. 27.

[2] Vgl. die Begriffsverwendung bei SÜCHTING (Theorie, 1998), S. 19; LEHMANN (Service, 1992), S. 20ff.; SCHLESINGER/HESKETT (Service, 1991), S. 73.

[3] Zur Bedeutung der Kundenorientierung für Wohnungsunternehmen vgl. GROßE-WILDE (Herausforderung, 1988), S. 144; ERPENBACH/HAUSHERR (Status quo, 1996), S. 93f., und allgemein DORNACH (Kundenorientierung, 1998), S. 456ff.; KOTLER/BLIEMEL (Marketing-Management, 1999), S. 27ff.

[4] Vgl. GERSTUNG (Servicepolitik, 1978), S. 27f.

Natur ist. Führen alle Kriterien zu einer eindeutigen Zuordnung (im Sinne von „ja oder nein"), handelt es sich um eine Klassifikation.[1]

In der Literatur und Praxis hat sich bisher keine einheitliche Gliederung der wohnbegleitenden Dienstleistungen durchgesetzt. In der Mehrzahl erfolgt eine Systematisierung nach bestimmten *Themenbereichen*. Faßt man die vorhandenen Ansätze zusammen,[2] können acht zentrale Dienstleistungsfelder identifiziert werden:

⇒ *Soziale Dienstleistungen* verkörpern eine Betreuung, Pflege oder praktische Unterstützung von Kindern, Jugendlichen, Senioren oder bestimmten Bewohnergruppen mit besonderen Problemen (beispielsweise Alleinerziehende, Behinderte);

⇒ *Freizeitdienstleistungen* dienen der Erholung bzw. Vergnügung der Kunden (z.B. Sauna, touristische Leistungen);

⇒ *Objektdienstleistungen* umfassen Reinigungs- und Pflegeaufgaben am Wohngebäude und im Umfeld (wie etwa Winterdienst, Gartenpflege);

⇒ *Handwerkliche Dienstleistungen* beziehen sich auf Installations- und Reparaturaufgaben innerhalb der Wohnung, die nicht im Verantwortungsbereich der Vermieters liegen (z.B. Schönheitsreparaturen, Montage von Lampen);

⇒ *Hauswirtschaftliche Dienstleistungen* beinhalten die Übernahme von Aufgaben, welche die Beschaffung, Säuberung, Zubereitung oder Entsorgung von Gegenständen im bzw. für den privaten Haushalt betreffen (beispielsweise Fensterputzen, Kochen);

⇒ *Informations- und Kommunikationsdienstleistungen* unterstützen die Wissensbeschaffung bzw. den Kontakt mit Dritten (z.B. Internet-Provider-Dienst, elektronische Mieterzeitung über Videotext);

⇒ *Sicherheitsdienstleistungen* vermitteln einen besonderen Schutz in Wohnung, Haus oder Quartier (etwa ein Wachdienst, eine zentral angeschlossene Alarmanlage);

⇒ *Finanzdienstleistungen* beinhalten insbesondere Möglichkeiten zur Anlage oder Beschaffung von Liquidität sowie die Gewährung von Versicherungsschutz (beispielsweise Bausparen, Haftpflichtversicherung).

---

[1] Vgl. CHMIELEWICZ (Forschungskonzeptionen, 1994), S. 72ff.; SCHIERENBECK (Betriebswirtschaftslehre, 1998), S. 27. Nicht die Natur des Ordnungsmerkmals, sondern die simultane Verwendung mindestens zweier Kriterien betrachten andere Autoren als Kennzeichen der Typologie. Vgl. KNOBLICH (Methode, 1972), S. 142ff.; CORSTEN (Dienstleistungsmanagement, 1997), S. 31.

[2] Vgl. BERENDT (Dienstleistungen, 1997), S. 100; EICHENER (Entwicklung, 1996), S. 26f.; HEINZE/ EICHENER (Geschäftsfeld, 1995), S. 33, 36f.; ERPENBACH/HAUSHERR (Status quo, 1996), S. 100f.; HOMBACH/ STAENDER (Perspektiven, 1994), S. 548.

Eine derartige Gliederung von wohnbegleitenden Dienstleistungen führt zwar zu leicht verständlichen Bezeichnungen, ist bei genauer Betrachtung allerdings problematisch, weil sich verschiedene Bereiche überlappen.[1] So könnte etwa ein vom Wohnungsunternehmen initiierter Seniorentreff den sozialen Leistungen oder den Freizeitleistungen zugeordnet werden. Ein Hausnotruf-Service ließe sich unter sozialen oder Sicherheitsdienstleistungen subsumieren. Die mangelnde Überschneidungsfreiheit beruht darauf, daß unterschiedliche Gliederungmerkmale auf einer Ebene zum Einsatz gelangen (z.B. Zielgruppe der Dienstleistung, Art des externen Faktors - Menschen oder Gegenstände, Funktion aus Nachfragersicht). Die Problematik kann insofern nicht überraschen, als es bisher mit Blick auf Dienstleistungen allgemein an einer aussagekräftigen, umfassenden und zugleich übersichtlichen Systematisierung fehlt.[2]

Grundlegender Charakter	Affinität zum Wohnen		Komplementäre Dienstleistung	Periphere Dienstleistung
Aktive Dienstleistung ("Verrichten")	Externer Faktor	**Personenbezogene Dienstleistung**	z.B. Wohnberatung, Mietschulden-Beratung	z.B. Altenpflege, Reisen
		Sachbezogene Dienstleistung	z.B. Umzugsdienst, Treppenhausreinigung	z.B. Wäscheservice, Einkaufsdienst
Passive Dienstleistung ("Überlassen")			z. B. Partyraum, Alarmsystem	z.B. Telefonie, Kundenkarte zum Rabattkauf

Abb. 7: **Typologie wohnbegleitender Dienstleistungen**

Die in Abb. 7 verdeutlichte Typologie wohnbegleitender Dienstleistungen nimmt eine schrittweise Einordnung nach drei Kriterien vor und ist daher besser als die obige Systematik geeignet, Implikationen für das Marketing aufzuzeigen. Wenn man Dienstleistungen allgemein so begreift, daß es sich um Absatzobjekte handelt, „die mit der Bereitstellung (zum Beispiel Versicherungsleistungen) und/oder dem Einsatz von Leistungsfähigkeiten (zum Beispiel Friseurleistung) verbunden sind",[3] liegt es nahe, sie zunächst danach zu systematisieren, welcher dieser beiden Aspekte dominiert.

---

[1] Zum Problem der mangelnden Überschneidungsfreiheit vgl. PHILIPP (Dienstleistungen, 1996), S. 66; SCHNEIDERS (Resumé, 1996), S. 111.

[2] Vgl. z.B. die Diskussion bei BENKENSTEIN/GÜTHOFF (Typologisierung, 1996), S. 1493; SATZGER (Komplexität, 1997), S. 781ff.

[3] MEFFERT/BRUHN (Dienstleistungsmarketing, 1997), S. 27.

Steht im Mittelpunkt der Leistung, daß die Potentiale des Anbieters (Mitarbeiter, Maschinen) eine Verrichtung an dem externen Faktor vornehmen, soll von einer *aktiven Dienstleistung* gesprochen werden. Bietet ein Wohnungsunternehmen z.B. einen Renovierungsservice an, bei welchem die regelmäßig fälligen Schönheitsreparaturen übernommen werden, so nehmen die Handwerker hier eine aktive Einwirkung an der Wohnung vor. Ohne eine direkte Bearbeitung ist eine Ausführung nicht möglich. Anders wäre die Situation, wenn das Wohnungsunternehmen Werkzeuge verleiht, mit denen sich der Mieter selbst helfen kann. Bei einer solchen *passiven Dienstleistung* fällt es schwer, einen externen Faktor genau festzulegen. Zwar muß eine Übergabe an den Kunden erfolgen, diese kann jedoch auch unpersönlich sein. Die Einwirkung am Objekt nimmt der Mieter selbst vor. Generell handelt es sich bei passiven Dienstleistungen nicht um Tätigkeiten, sondern um eine Verfügbarmachung von räumlichen (z.B. Freizeittreff), technischen (etwa Kabelanschluß) oder abstrakten (bspw. verbilligte Einkaufsmöglichkeiten durch eine Kundenkarte) Potentialen.

Diese Unterscheidung nach dem *grundlegendem Charakter* in aktive und passive Dienstleistungen ist insofern von Bedeutung, als Bereitstellungen prinzipiell weniger personalintensiv sind als Verrichtungen. Nach einer einmaligen „Überlassung" oder „Einrichtung" liegt die Nutzung in den Händen des Kunden; diese kann sich zum Teil über Jahre erstrecken. Ob bzw. wann sich ein weiterer Kontakt ergibt, ist häufig ungewiß, z.B. bei einer Alarmanlage mit Kopplung an eine Meldezentrale nur im Einbruchsfall. Damit ähneln passive Dienstleistungen in ihrer Grundnatur der Mietwohnleistung.[1]

Als nächstes Kriterium dient zur Feingliederung innerhalb der aktiven Dienstleistungen die *Art des externen Faktors*, des Leistungsobjektes, an dem die Dienstleistung ausgeführt wird.[2] Wie bereits an anderer Stelle hervorgehoben wurde, ergeben sich hieraus wichtige Konsequenzen für die Erstellung und Vermarktung.[3] Der Typ der *personenbezogenen Dienstleistung*[4] zeichnet sich dadurch aus, daß eine Person der Leistungsnehmerseite unmittelbar in den Produktionsprozeß einbezogen wird. Dies kann der Mieter selbst sein, welcher sich z.B. über das Thema „Fehlbelegerabgabe" beraten läßt, oder aber ein Familienangehöriger (wie etwa im Fall der Kinderbetreuung) bzw. Mitbewohner. Demgegenüber ist das Wesensmerkmal der *sachbezogenen Dienstleistungen* darin zu sehen, daß materielle Gegenstände des Kunden einer Einwirkung unterzogen werden.

---

[1] Ähnlich dem hier gewähltem Verständnis der passiven Dienstleistung ist die Abgrenzung der „facility-driven services" bei TURLEY/FUGATE (Facilities, 1992), S. 38, welche als Beispiele u.a. Hotels, Lagerhäuser, Sonnenstudios und Waschsalons mit Münzautomaten aufführen. Die Autoren beschränken sich hierbei allerdings auf die konkreten, an einem Ort gebundenen Bereitstellungspotentiale.

[2] Für eine Systematisierung wohnbegleitender Dienstleistungen nach dem externen Faktor vgl. auch FEHR (Sekundärleistungen, 1996), S. 31f.

[3] Vgl. Kap. 2.1.

[4] Zur Unterscheidung zwischen personenbezogenen und sachbezogenen Dienstleistungen vgl. ENGELHARDT/ RECKENFELDERBÄUMER (Trägerschaft, 1993), S. 268; KARG (Wirtschaftlichkeit, 1997), S. 46.

Die Feststellung, daß industrielle Dienstleistungen „stets einen mehr oder weniger engen Bezug"[1] zu den primären Absatzobjekten aufweisen, kann auf wohnbegleitende Dienstleistungen übertragen werden. In dem Kriterium der *Affinität zum Wohnen* erfährt der spezifische, für das Marketing relevante Zusatzcharakter eine Würdigung. Affinität läßt sich allgemein als „die subjektiv [vom Kunden] wahrgenommene Übereinstimmung sachhaltiger Leistungsmerkmale"[2] definieren. Solche wohnbegleitenden Dienstleistungen, die in einem engen Bezug zur Primärleistung stehen und eine unmittelbare Ergänzung derselben bewirken, sollen im folgenden als *„komplementäre Dienstleistungen"*[3] bezeichnet werden. Auf der anderen Seite wird für jene Absatzobjekte, die mit den originären „Aufgaben der Unternehmung nur in peripherer Beziehung stehen"[4], der Begriff *„periphere Dienstleistungen"* verwandt. Überträgt man die Erfahrungen aus anderen Branchen, so ist zu vermuten, daß der Grad der Affinität zum einen die Kundenakzeptanz und zum anderen die Profilierungswirkung von Sekundärleistungen beeinflußt.[5]

Als Resultat der Systematisierung nach den drei Kriterien ergeben sich sechs Felder in der Typologie wohnbegleitender Dienstleistungen, wobei die einzelnen Typen bzw. ihre Implikationen im weiteren Verlauf der Arbeit näher diskutiert werden. Für sämtliche der verwandten Kriterien gilt, daß es sich um stetige Merkmale handelt. Daher ist für eine Zuordnung das Dominanzprinzip anzuwenden.[6] Wenn zum Beispiel bei einer Verrichtung sowohl Sachen als auch Personen einbezogen werden (wie etwa im Fall von Reiseangeboten Kunde und Gepäck), ist ausschlaggebend, welche Komponente von höherer Bedeutung für das Gesamtergebnis ist.

---

[1] ENGELHARDT/RECKENFELDERBÄUMER (Trägerschaft, 1993), S. 265.

[2] LAAKMANN (Profilierungsinstrument, 1995), S. 18.

[3] FRIEGE (Leistungsverbunde, 1995), S. 41. FRIEGE benutzt den Begriff allerdings umfassend im Sinne der hier vertretenen Auffassung von „Sekundärleistung".

[4] HAMMANN (Sekundärleistungspolitik, 1974), S. 137. HAMMANN selbst wählt für derartige Angebote den Terminus „Sonderleistung" und sieht sie neben Primär- und Sekundärleistungen als drittes Element des Leistungspotentials einer Unternehmung. Eine annähernde inhaltliche Deckungsgleichheit zu dem hier verwandten Begriffspaar „komplementäre" versus „periphere" Dienstleistungen findet sich bei MEYER/DULLINGER (Leistungsprogramm, 1998), S. 728, die zwischen „unmittelbare[n] fakultativ ergänzende[n] Dienstleistungen" und „mittelbare[n] fakultativ ergänzende[n] Dienstleistungen" unterscheiden, bei DEPPE (Servicepolitik, 1992), S. 301, der zwischen „indirekt produktbezogene[n]" und „produktunabhängige[n] Serviceleistungen" differenziert, sowie bei DROEGE/BACKHAUS/WEIBER (Perspektiven, 1993), S. 78ff. Letztere verwenden das Begriffspaar „produktnahe" bzw. „produktferne Dienstleistungen".

[5] Vgl. SIMON (Wettbewerbsstrategie, 1993), S. 13; SIMON/SEBASTIAN (Service, 1995), S. 17; MEFFERT/BURMANN (Bankbereich, 1996), S. 27; MEYER/BLÜMELHUBER (Kundenbindung, 1998), S. 200.

[6] In bezug auf die Abgrenzung zwischen Sach- und Dienstleistungen findet sich die Anwendung des Dominanzprinzips bei SHOSTACK (marketing, 1977), S. 74.

2.4 Grundlagen der Sekundärleistungspolitik als Gestaltungsrahmen für das Angebot wohnbegleitender Dienstleistungen

Um eine zielgerichtete Planung und Umsetzung des Serviceangebots zu ermöglichen, ist es sinnvoll, die relevanten Entscheidungen in einen konzeptionellen Rahmen einzubetten. Dieser Rahmen sei als *Sekundärleistungspolitik* bezeichnet. Die Sekundärleistungspolitik stellt die Gesamtheit der Entscheidungen bezüglich des Angebots wohnbegleitender Dienstleistungen dar. Im folgenden soll zunächst die grundlegende Frage diskutiert werden, wie sich die Sekundärleistungspolitik gedanklich in das Marketing-Management von Wohnungsunternehmen einfügen läßt. Im zweiten Schritt erfolgt eine differenzierte Analyse der möglichen Funktionen und Ziele der Sekundärleistungspolitik, vor deren Hintergrund die sich im nächsten Hauptkapitel anschließende Analyse der Nachfrage zu sehen ist.

2.4.1 INTEGRATION DER SEKUNDÄRLEISTUNGSPOLITIK IN DAS MARKETING-MANAGEMENT VON WOHNUNGSUNTERNEHMEN

Als etwa ab Mitte der 60er Jahre auf vielen Konsumgütermärkten ein Wandel vom Verkäufer- zum Käufermarkt erfolgte, wandte sich eine wachsende Zahl von Unternehmen einem kundenorientierten Marketingkonzept zu. In der unternehmerischen Wohnungswirtschaft setzte eine tiefergehende und umfassende Beschäftigung mit dem Marketing gegen Ende der 70er Jahre an.[1] Spätestens als sich seit 1982 bundesweit die wichtigsten Wohnungsteilmärkte erstmals in der Nachkriegsgeschichte nachhaltig entspannten, war aus Sicht vieler Unternehmen die Phase der „*Verwaltung des Mangels*"[2] abgeschlossen. Angesichts steigender Fluktuation und Leerstände als Kennzeichen des Mietermarktes erhielten Überlegungen zur Gewinnung neuer und Bindung vorhandener Mieter - und mit diesen das Marketing - einen neuen Stellenwert.[3] Während sich das Blatt zu Beginn der 90er Jahre zwischenzeitlich wendete und zumindest der westdeutschen Wohnungswirtschaft eine eher komfortable Position bescherte, ist derzeit erneut eine wachsende Dominanz der Nachfragerseite und eine verstärkte Beschäftigung mit Marketingfragen[4] zu konstatieren.

Eine umfassende *Konzeption* für das Marketing gemeinnütziger Wohnungsunternehmen legte MEISSNER im Jahre 1987 vor.[5] Eine schlüssige Konzeption sollte stets die Grundlage für das

---

[1] Grundlegende Veröffentlichungen, welche in diese Zeit fallen, sind die Aufsätze von HEUER (Chancen, 1977), S. 31ff., sowie BURDA (Marketing, 1977), S. 57ff.

[2] EMMERICH (Wohnungsmarketing, 1984), S. 232; Hervorhebung nicht im Original.

[3] Vgl. BAUER (Marketing, 1984), MEISSNER (Marketingkonzepte, 1984), KORNEMANN (Mietwohnungsbau, 1986), STANCKE (Denkansätze, 1986), O.V. (Strategieentwicklung, 1986), ZIERCKE (Mietwohnungen, 1987).

[4] Dies äußert sich etwa in der Diskussionsreihe zu Marketing-Themen in dem GDW-Organ „Die Wohnungswirtschaft". Vgl. HELLERFORTH (Marketing, 1998), S. 50ff.; HELLERFORTH (Distributionspolitik, 1998), S. 40f.; HELLERFORTH (Kommunikationspolitik, 1999), S. 54ff.; HELLERFORTH (Servicepolitik, 1999), S. 50f.

[5] Vgl. MEISSNER (Marketing, 1987), S. 14ff.

Marketing-Management bilden und ist Ausdruck der Planungstätigkeit der Unternehmensleitung. Ohne eine Festlegung dessen, was angestrebt werden soll, und einer Entscheidung darüber, welche grundsätzlichen Handlungsbahnen hierfür in Frage kommen, erscheint der Einsatz des absatzpolitischen Instrumentariums (*Marketing-Mix*) angesichts der Komplexität heutiger Marktkonstellationen wenig erfolgversprechend und droht in Aktionismus zu münden. Daher umfaßt eine Marketing-Konzeption vorgelagert zu der Maßnahmenbestimmung die Definition der *Marketingziele* sowie darauf abgestimmter *Strategien*.[1]

Für das absatzpolitische Instrumentarium wird oftmals eine vierteilige Gliederung gewählt,[2] wobei eine Kennzeichnung der Teilbereiche als Produkt-, Preis-, Distributions- und Kommunikationspolitik üblich ist. Anstelle von „Produktpolitik" wird im folgenden der Terminus „Leistungspolitik"[3] bevorzugt, der neutraler in bezug auf die Güterart erscheint und keine einseitigen Assoziationen zur Sachleistung hervorruft. Mit Blick auf die Stellung der Sekundärleistungspolitik zum klassischen Marketing-Mix werden zwei Varianten diskutiert: entweder eine Hinzufügung als eigenständiger fünfter Aktionsparameter oder die Integration in das vorhandene System. Befürworter der ersten Variante betonen die zunehmende Bedeutung von Serviceleistungen in der Praxis und weisen darauf hin, daß es sich um z.T. weitgehend vom Kernprodukt unabhängige Zusatzdienste handelt.[4]

Plausibler erscheint es jedoch, die Sekundärleistungspolitik als einen *integralen Bestandteil der Leistungspolitik* aufzufassen. Denn „diese hat die Aufgabe, die Zusammensetzung des Absatzobjektes sowie die Ausgestaltung der einzelnen Leistungskomponenten zu planen und umzusetzen und umfaßt daher ebenfalls die Sekundärdienstleistungen."[5] Somit ist im Rahmen der Leistungspolitik beispielweise festzulegen, welches „Sortiment", welches Programm von Primär- und Sekundärleistungen insgesamt angeboten werden soll. Darauf aufbauend lassen sich dann leistungs-, preis-, distributions- und kommunikationspolitische Fragen spezifisch für wohnbegleitende Dienstleistungen behandeln. Vor diesem Hintergrund ist es sinnvoll, in doppelter Weise eine Einordnung in den Marketing-Mix eines Wohnungsunternehmens vorzunehmen.[6]

Abb. 8 auf der folgenden Seite verdeutlicht, daß aus einer leistungsbezogenen Betrachtung heraus die Sekundärdienstleistungspolitik neben die Primärleistungs-, die Sekundärsachleistungs- und Sekundärrechtspolitik tritt, während sie selbst aus instrumentaler Sicht in die vier

---

[1] Vgl. BECKER (Konzeption, 1998), S. 3-5.

[2] Vgl. z.B. NIESCHLAG/DICHTL/HÖRSCHGEN (Marketing, 1997), S. 21; SCHEUCH (Marketing, 1996), S. 258ff.; BÄNSCH (Einführung, 1998), S. 73ff.

[3] Diese Bezeichnung präferieren auch MEISSNER (Marketing, 1987), S. 47; MEFFERT/BRUHN (Dienstleistungsmarketing, 1997), S. 290.

[4] Vgl. GERSTUNG (Servicepolitik, 1978), S. 61; DEPPE (Servicepolitik, 1992), S. 299f.

[5] ROSADA (Kundendienststrategien, 1990), S. 42.

[6] Vgl. MEFFERT (Kundendienst, 1982), S. 14ff.

traditionellen absatzpolitischen Bereiche zerfällt. Darüber hinaus lassen sich ihr - dies wurde aus Gründen der Übersichtlichkeit nicht in die Darstellung aufgenommen - eine Zielebene und eine strategische Ebene zuordnen, wie es dem Aufbau der übergreifenden Marketing-Konzeption entspricht. Während in diesem grundlegenden Kapitel nachfolgend auf die Funktionen und Ziele der Sekundärdienstleistungspolitik - vereinfacht als Sekundärleistungspolitik bezeichnet - eingegangen wird, erfolgt eine Diskussion strategischer Aspekte sowie des Marketing-Mix im vierten Hauptkapitel.

Leistungs-sicht / Instrumentalsicht	Primär-leistung	Sekundärleistung		
		Sekundär-sachleistung	Sekundär-dienstleistung	Sekundär-rechte
Leistungspolitik				
Preispolitik			Sekundär-dienstleistungs-politik	
Distributionspolitik				
Kommunikationspolitik				

Abb. 8: Integration der Sekundärleistungspolitik in das Marketing-Mix
Quelle: in Anlehnung an ROSADA (Kundendienststrategien, 1990), S. 43.

2.4.2 FUNKTIONEN UND ZIELE DER SEKUNDÄRLEISTUNGSPOLITIK

Wohnbegleitende Dienstleistungsangebote können der Erfüllung verschiedenartiger Funktionen und Ziele dienen. *Funktionen* bzw. Aufgaben umschreiben die allgemeinen, übergreifenden Einsatz- und Wirkungsbereiche der Sekundärleistungspolitik. *Ziele* lassen sich hingegen als die konkreten Richtgrößen auffassen, welche das Management unternehmensspezifisch festlegen und operationalisieren muß, um schließlich den Erfolg der Sekundärleistungspolitik beurteilen zu können.[1]

---

[1] Vgl. ROSADA (Kundendienststrategien, 1990), S. 52. Zur Definition bzw. Operationalisierung von Zielen vgl. BECKER (Konzeption, 1998), S. 23-27; HEINEN (Entscheidungen, 1976), S. 115ff.; MAG (Entscheidungstheorie, 1990), S. 28ff.

In Anlehnung an EICHENER kann zwischen drei *Funktionen* des Angebots wohnbegleitender Dienstleistungen differenziert werden: der Unterstützung bzw. Abrundung des Kerngeschäfts, dem Angebot als soziale Leistungen und der eigenständigen Gewinnerzielung.[1] Dementsprechend soll hier zwischen der *Unterstützungsfunktion,* der *sozialen Funktion* und der *Gewinnfunktion* wohnbegleitender Dienstleistungen unterschieden werden. In der Unterstützungsfunktion kommt die hauptsächliche Aufgabe der Sekundärleistungspolitik darin zum Ausdruck, den Gewinn im Primärleistungsgeschäft zu erhöhen oder zu stabilisieren. Ob und gegebenenfalls mit welcher Intensität darüber hinaus soziale Erwägungen und/oder die Interpretation von Zusatzdiensten als eigenständige Leistungsträger[2] eine Rolle spielen, wird insbesondere von der Formulierung der jeweiligen Unternehmensphilosophie bzw. von den hieraus abgeleiteten Leitsätzen im Unternehmensleitbild abhängen. Als Ausgestaltung lassen sich den Funktionen jeweils bestimmte Ziele zuordnen, die in Abb. 9 dargestellt und im folgenden zu diskutieren sind.

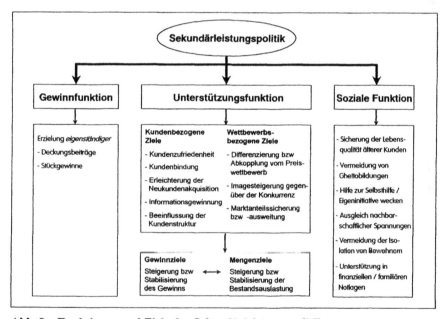

Abb. 9: Funktionen und Ziele der Sekundärleistungspolitik

---

[1] Vgl. EICHENER (Entwicklung, 1996), S. 23. Für eine ähnliche Einteilung der Funktionen vgl. GALONSKA (Aufgaben, 1995), S. 12.

[2] Vgl. MEFFERT (Kundendienst, 1982), S. 3; DEPPE (Servicepolitik, 1982), S. 305.

2.4.2.1 Serviceangebote als eigenständige Leistungsträger im Sinne der Gewinn-funktion

Bei Verfolgung der Gewinnfunktion beabsichtigt das Wohnungsunternehmen einen Verkauf der Dienstleistungen zu Preisen, welche die jeweils zugerechneten Kosten überkompensieren. Eine Kostenermittlung kann grundsätzlich im Wege einer Vollkosten- oder einer Teilkosten-rechnung erfolgen.[1] Bei der *Vollkostenrechnung* besteht die Fragestellung darin, in welchem Maße der Preis zur Deckung aller im Unternehmen anfallenden Kosten beitragen kann.[2] Um die Stückkosten pro Dienstleistung im Sinne der Vollkostenrechnung zu ermitteln, müssen neben den unmittelbar durch die Erstellung verursachten Einzelkosten auch die nicht direkt zurechenbaren Gemeinkosten des Unternehmens (z.B. Personalkosten für Stabsstellen und das Management, Gebäudekosten) berücksichtigt werden. Hierzu sind die Gemeinkosten mög-lichst verursachungsgerecht auf die einzelnen Leistungen aufzuteilen.

Bei der *Teilkostenrechnung* im Sinne einer Deckungsbeitragsrechnung auf Basis von Einzel-kosten erfolgt lediglich eine Zuordnung jener Kostenpositionen, die unmittelbar durch die Ausführung der einzelnen Leistung bedingt sind. Als Deckungsbeitrag läßt sich allgemein „jeder Überschuß der Erlöse über die (direkt erfaßbaren) Einzelkosten einer Bezugsgröße .. verstehen, ein Überschuß über Teilkosten also, der zur Deckung der Gemeinkosten und des Plangewinns herangezogen werden kann."[3]

Dienstleistungsangebote, die im Sinne der Gewinnfunktion angeboten werden, müssen einen Erlös erzielen, welcher den Stückkosten plus Gewinnaufschlag (Stückgewinn) bzw. den Ein-zelkosten plus erwartetem (Soll-)Deckungsbeitrag entspricht. Gelingt dies, so erzielt man mit der Leistung ein *positives Ergebnis*, welches bezogen auf das Unternehmen eine Gewinn-steigerung bewirkt. Neben Entgelten der Kunden kommen dabei grundsätzlich auch Pro-visions- oder sonstige Zahlungen von Kooperationspartnern (z.B. Franchisegebühren) als Er-löspositionen in Frage.

2.4.2.2 Verbundeffekte bei der Verfolgung der Unterstützungsfunktion

Im Gegensatz zu Dienstleistungsangeboten, die von vornherein ein eigenständiges positives Ergebnis liefern sollen, wird bei Offerten im Sinne der Unterstützungsfunktion isoliert be-trachtet nicht unbedingt ein positives Ergebnis verlangt. Vielmehr geht es darum, *im Verbund von Primär- und Sekundärleistung insgesamt zu einer Verbesserung der Gewinnsituation zu gelangen.*[4] Ist eine Dienstleistung als solche defizitär, sind die hierbei erlittenen Verluste aber

---

[1] Weitergehend zur Problematik der Voll- und Teilkostenrechnung vgl. Kap. 4.4.2.1.1.

[2] Vgl. NIESCHLAG/DICHTL/HÖRSCHGEN (Marketing, 1997), S. 368.

[3] SÜCHTING/PAUL (Bankmanagement, 1998), S. 395.

[4] Vgl. MEISSNER (Marketing, 1987), S. 97.

geringer als der Gewinnzuwachs bei der Primärleistung, wäre das Angebot trotzdem effizient. Es kommt also maßgeblich auf ein positiv gerichtetes Zusammenwirken, auf *Synergien* zwischen Wohnungs- und Dienstleistungsangebot an. Synergetische bzw. *Verbundeffekte* werden auch als *„Economies of Scope"* bezeichnet.[1] Economies of Scope liegen allgemein dann vor, wenn bei einem gemeinsamen Angebot (zumindest zweier) *verschiedenartiger Leistungen* der sich insgesamt ergebende Gewinn höher ist als die Summe der Einzelgewinne bei einer getrennten Offerte.[2] Sie sind nicht zu verwechseln mit den Größeneffekten oder Economies of Scale, welche darauf beruhen, daß bei der Erstellung *einer* Leistung die durchschnittlichen Stückkosten mit wachsender Ausbringungsmenge sinken.[3]

Generell können Verbundeffekte einerseits durch Einsparungen auf der *Kostenseite* und andererseits durch Zuwächse auf der *Erlösseite* bedingt sein.[4] Bei wohnbegleitenden Dienstleistungen müßten demzufolge entweder die Kosten in der Vermietung, in der Wohnungseigentumsverwaltung bzw. dem Verkauf reduziert und/oder die dort erzielten Erlöse gesteigert werden. In der Summe sollte der resultierende Gewinn aus Primär- und Sekundärgeschäft höher liegen als der isolierte Primärleistungsgewinn.

Die *Höhe* des Unternehmensgewinns ist nur ein Ansatzpunkt für Synergien, auch seine *Schwankungen* lassen sich durch das Serviceangebot möglicherweise positiv beeinflussen, was einer *Senkung des existenziellen Risikos*[5] für das Wohnungsunternehmen gleichkommt. Hierbei sind gedanklich zwei Fälle zu unterscheiden. Einerseits mag es zutreffen, daß ein im Sekundärleistungsgeschäft erzielter Gewinn nicht demselben Verlauf folgt wie der Gewinn im Kerngeschäft. Insgesamt kommt es dann zu einer Gewinnstabilisierung, weil sich positive und negative Gewinnentwicklungen beider Bereiche zumindest teilweise ausgleichen. Dieser *Diversifikationseffekt* träte also ein, wenn die Gewinne im Wohnungs- und Dienstleistungsgeschäft nicht vollständig korreliert sind, d.h. ihr Korrelationskoeffizient weniger als r = 1 beträgt.[6]

---

[1] Vgl. ARNOLD (Verbundproduktion, 1985), S. 269; NIESCHLAG/DICHTL/HÖRSCHGEN (Marketing, 1997), S. 140, 1078.

[2] Vgl. FRIEGE (Leistungsverbunde, 1995), S. 124.

[3] Vgl. SANDLER (Synergie, 1991), S. 28ff., 67ff.; CHANDLER (Scale, 1990), S. 17, sowie PAUL (Verbriefung, 1994), S. 18, der zwischen globalen und produktspezifischen Skaleneffekten unterscheidet.

[4] Vgl. FRIEGE (Entscheidungsgrundlage, 1995), S. 746ff.

[5] Vgl. SÜCHTING (Finanzmanagement, 1995), S. 445.

[6] Grundsätzlich kann der Diversifikationseffekt auch mit Angeboten im Sinne der Gewinn- oder sozialen Funktion erzielt werden kann. Zum Diversifikationseffekt vgl. allgemein SÜCHTING (Finanzmanagement, 1995), S. 360ff.; GARZ/GÜNTHER/MORIABADI (Portfolio-Management, 1998), S. 34ff.

Andererseits könnte eine Verminderung der Schwankungen des Unternehmensgewinns theoretisch selbst dann erzielt werden, wenn Sekundärleistungs- und Primärleistungsergebnis vollständig korreliert sind, aber durch das Dienstleistungsangebot eine *unmittelbare Stabilisierung im Kerngeschäft* eintritt. Man denke etwa an eine Nivellierung der Mietausfallquoten durch eine Mietschuldnerberatung. - Überlegungen zur Risikosenkung sind keinesfalls rein theoretischer Natur, sondern spielen in den Erwägungen der Praxis durchaus eine Rolle:[1]

> „Nach Fortfall des WGG sind wir in der Lage, unser Angebotsspektrum zu erweitern, das vorhandene Know-how zu vermarkten und weitere Felder des Immobilienmarktes in die unternehmerische Aktivität einzubeziehen. Verfolgt werden längerfristig orientierte Ertragsziele mit dem Ziel [..] der *Ertragsstabilisierung und -ausweitung durch Diversifikation*. Erhofft werden hiervon auch *Synergieeffekte*, die wiederum zu neuen Formen des Immobilienangebots führen (etwa Wohnen kombiniert mit *wohnbegleitenden Dienstleistungen*, Komplettangebote für Gewerbeimmobilien)."[2]

Eine hohe Bedeutung kommt der Risikoproblematik insbesondere aus Sicht der *Kapitalgeber* zu. Für einen Aktionär oder eine kreditgebende Bank ist es nicht gleichgültig, ob ein Fünf-Jahres-Gewinn von z.B. 50 Mio. DM mit jährlich gleichmäßigen Beträgen erzielt wird oder ob nur in zwei Jahren ein Gewinn von jeweils 25 Mio. DM anfällt, während es in den übrigen drei Perioden lediglich zur Kostendeckung reicht. Dieses Beispiel ist mit Blick auf die Wohnungswirtschaft nicht realitätsnah, verdeutlicht indes die grundsätzliche Bedeutung der Gewinnstabilisierung: Im ersten Fall würden die Kapitalgeber eine höhere Sicherheit verspüren und daher eine niedrigere Risikoprämie fordern.[3] Dies wiederum führt zu niedrigeren *Kapitalkosten*, so daß bei einem reduzierten Risiko ceteris paribus auch ein höherer Gewinn erzielt werden kann. Besonders deutlich kommen derartige Überlegungen beim Shareholder Value-Ansatz zum Ausdruck, wo die Renditevorgaben für einzelne Unternehmensbereiche von dem bereichsspezifischen Geschäftsrisiko abhängig gemacht werden.[4]

Oftmals wird in der Diskussion um Dienstleistungsangebote ihr potentieller Nutzen mit Blick auf die *Auslastung des Wohnungsbestands* bzw. die Vermeidung von Leerständen hervorgehoben.[5] Dies spricht dafür, daß die Kapazitätsauslastung eine wichtige Zielgröße im woh-

---

[1] Siehe hierzu auch KÜHNE (Aufgaben, 1994), S. 473.

[2] GROßE-WILDE (Binnenmarkt, 1990), S. 46; Hervorhebungen nicht im Original.

[3] Darüber hinaus ist die zeitliche Gewinnverteilung auch insofern von Belang, als früh erzielte Überschüsse wegen der Zusatzerlöse aus einer Wiederanlage höher zu bewerten sind als später realisierte.

[4] Vgl. ARBEITSKREIS „FINANZIERUNG" DER SCHMALENBACH-GESELLSCHAFT DEUTSCHE GESELLSCHAFT FÜR BETRIEBSWIRTSCHAFT E.V. (Unternehmenssteuerung, 1996), S. 550ff., und konkret für das Beispiel der VEBA AG O.V. (Kurs-Pfleger, 1995), S. 226.

[5] Vgl. O.V. (Herausforderungen, 1996), S. 5, und mit Blick auf soziale Dienstleistungen bzw. „Soziales Management" RIEBEL (Management, 1995), S. 686; HOPPENSTEDT (Verpflichtung, 1998), S. 12.

nungswirtschaftlichen Management darstellt. Zwar dient eine Festigung oder Erhöhung der Bestandsauslastung letztlich der Gewinnstabilisierung bzw. -steigerung, der Fokus liegt aber zunächst auf einer Mengen-, nicht auf einer monetären Komponente. Wie Abb. 9 verdeutlicht, sollen daher *Gewinn-* und *Mengenziele* als finale Zielgrößen im Rahmen der Unterstützungsfunktion theoretisch separiert werden. In einer Zweck-Mittel-Beziehung hierzu stehen die auf der primären Ebene angeordneten Ziele, wobei sich zwischen *kundenbezogenen* und *wettbewerbsbezogenen Zielen* unterscheiden läßt. Setzen die kundenbezogenen Ziele gedanklich bei den betreuten Mietern bzw. Eigentümern an, stellen die wettbewerbsbezogenen Ziele auf bestimmte Vorteile gegenüber der Konkurrenz vor Ort ab. Gleichwohl gehen beide Bereiche Hand in Hand, und zwischen den Zielen bestehen zum Teil enge Interdependenzen. Somit ist die Trennung eher theoretischer Natur, vermag aber eine gewisse Übersicht zu schaffen.

Unter den kundenbezogenen Zielen läßt sich zunächst die Erzeugung von *Kunden- bzw. Wohnzufriedenheit* anführen. Wohnbegleitende Dienstleistungen können dazu dienen, das vom Kunden erwartete bzw. als angemessen betrachtete Qualitätsniveau des Leistungsbündels Wohnen zu erreichen oder zu übertreffen, um somit eine hohe Zufriedenheit sicherzustellen.[1] Als Konsequenz aus einer hohen Zufriedenheit ist insbesondere eine steigende *Kundenbindung* von Interesse. Kundenbindung läßt sich im engeren Sinne als die „Bereitschaft von Kunden zu Folgekäufen bei einem bestimmten Anbieter"[2] definieren. Zufriedene Mieter werden tendenziell länger als unzufriedene ihre Wohnung behalten und sich im Fall extern bedingter Umzüge (z.B. Arbeitsplatzwechsel in der Stadt, Familienzuwachs) mit höherer Wahrscheinlichkeit wiederum an den vertrauten Vermieter wenden. Bietet ein Wohnungsunternehmen neben Mietobjekten Eigenheime und Eigentumswohnungen an, so besteht die Chance, einen Mieter auch beim Übergang in den Eigentumsmarkt zu begleiten und ihn somit über den Lebenszyklus betrachtet zu binden.

Ein zentrales Argument für das Bemühen um eine hohe Kundenbindung ist die Ersparnis von Kosten für die Akquisition neuer Kunden, welche oftmals die Kosten von Kundenbindungsmaßnahmen im Rahmen des „*Beziehungsmarketing*" übertreffen.[3] LÄBE/STOLPMANN sprechen ohne konkreten Branchenbezug davon, daß es *fünf- bis siebenmal teurer sei, neue Kunden zu gewinnen, als vorhandene zu halten.*[4] MCKENNA-HARMON/HARMON nennen für das Vermietungsgeschäft der amerikanischen Wohnungswirtschaft ebenfalls eine Größenordnung von

---

[1] Vgl. allgemein MEYER/BLÜMELHUBER (Kundenbindung, 1998), S. 199; IACOBUCCI/GRAYSON/OSTROM (Satisfaction, 1994), S. 95; KUHLMANN (Besonderheiten, 1998), S. 180.

[2] DILLER (Kundenbindung, 1996), S. 83.

[3] Zu Begriff und Aufgaben des Beziehungsmarketing vgl. BRUHN/BUNGE (Neuorientierung, 1994), 47ff.; DILLER (Beziehungs-Marketing, 1995), S. 442ff.; SÜCHTING (Marketingansatz, 1996), S. 263f.; ECKEL (Beziehungsmarketing, 1997), S. 43ff.

[4] Vgl. LÄBE/STOLPMANN (Kundenbindung, 1994), S. 113.

5 zu 1.[1] Auch wenn solche pauschalen Angaben mit Skepsis zu betrachten sind, so ist nicht zu bestreiten, daß die mit dem Auszug eines Mieters und der erforderlichen Akquisition eines Nachfolgers verbundenen anteiligen Personal-, sonstigen Verwaltungs- und gegebenenfalls Instandhaltungskosten ein erhebliches Ausmaß annehmen können.[2] Gewisse Investitionen in die Beziehungspflege lassen sich daher durchaus rechtfertigen, wenn sie die Mieterfluktuation zu senken vermögen.[3]

Als weitere mögliche positive Folgen einer hohen Kundenbindung bzw. Kundenzufriedenheit lassen sich eine verstärkte *Weiterempfehlungsaktivität* - eine kostenlose, aber wirkungsvolle Kommunikation im Sinne des Wohnungsunternehmens - sowie ein erhöhtes *Cross-Buying* auch solcher Dienstleistungsangebote anführen, die unmittelbar positive Deckungsbeiträge erbringen.[4] REICHHELD/SASSER haben in einer branchenübergreifenden Studie ermittelt, daß unter Berücksichtigung aller relevanten Effekte eine Gewinnsteigerung um fast 100% möglich ist, wenn es gelingt, 5% mehr Kunden zu halten.[5]

Neben Kundenzufriedenheit und -bindung kommen als kundenbezogene Ziele eine *erleichterte Akquisition von Neukunden* (z.B. durch das Angebot von Umzugshilfen), die *Gewinnung von* für das Primärleistungsgeschäft relevanten *Informationen* (etwa im Fall der Seniorenberatung bezüglich Optimierungsmöglichkeiten im altersgerechten Wohnungsbau) sowie die *Beeinflussung der Kundenstruktur* in Betracht. Unter letzterem Aspekt wäre die Absicht zu verstehen, mittels spezifischer Dienstleistungsangebote die Belegung von Beständen durch bestimmte Zielgruppen zu forcieren.[6] So könnte etwa ein Wohnungsunternehmen mit hoher Seniorenquote, welches den Verlust eines großen Teil des Kundenstamms binnen einer relativ kurzen Frist (durch Ableben) befürchtet, mittels gezielter Dienstleistungsangebote für Familien (z.B. Kindertagesstätten, Jugendfreizeiteinrichtungen) die junge Klientel umwerben. Alternativ mag gerade die langfristige Bindung oder Akquisition älterer Mieter beabsichtigt werden, weil diese in der Regel als unproblematische und solvente Mieter gelten.

Unter den wettbewerbsbezogenen Zielsetzungen nimmt die *Differenzierung* eine zentrale Position ein. Verfolgt das Wohnungsunternehmen eine Differenzierungsstrategie, besteht die Absicht darin, sich durch ein *außergewöhnliches Angebot* von den Konkurrenten am Markt abzuheben. KOTLER/BLIEMEL beschreiben die Bedeutung differenzierender Dienstleistungen folgendermaßen: „Wenn das materielle Produkt nicht genügend Differenzierungspotential

---

[1] Vgl. MCKENNA-HARMON/HARMON (Apartment, 1993), S. 201.

[2] Vgl. Kap 4.5.1.

[3] Vgl. BASILE (Residents, 1989), S. 64.

[4] Vgl. allgemein HOMBURG/BRUHN (Kundenbindungsmanagement, 1998), S. 9f.; MEYER/DORNACH (Kundenbarometer, 1998), S. 183ff.

[5] Vgl. REICHHELD/SASSER (Defections, 1990), S. 105.

[6] Vgl. CYMROT/GOLDWASSER (Investing, 1988), S. 135.

bietet, liegt der Schlüssel zum Erfolg im Wettbewerb oft bei der Qualität und beim Umfang der Serviceleistungen."[1] Wie GROßE-WILDE Ende der 80er Jahre hervorhob, ist der Differenzierungsgedanke auch in Zeiten eines Vermietermarktes von Bedeutung: „Es beginnt jetzt unter den Unternehmen die Konkurrenz um den relativ besten Mieter, von dem man erwartet, daß er resident ist, also ein dauerhafter Partner wird."[2]

Zwar sind Wohnungen im Grundsatz heterogene Güter, je mehr sich der Wohnungsmarkt entspannt, desto größer ist indes die Wahrscheinlichkeit, auch bei einer Beschränkung des Wohnungssuchenden auf eine bestimmte Lage, Größe und Ausstattungsqualität mehrere vergleichbare Angebote innerhalb der definierten Klasse vorzufinden. In dieser Situation mag Sekundärleistungen eine ausschlaggebende Bedeutung zukommen: „Amenities ... are the little, unexpected touches that attract tenants to a property and help set it apart from its competition."[3] Eine Differenzierung kann zum einen auf Konkurrenzunternehmen vor Ort abstellen, zum anderen auf die privaten „Amateurvermieter". Gerade gegenüber dieser Gruppe erscheint das Differenzierungspotential erheblich, denn Dienstleistungen werden sie grundsätzlich nicht in einer Vielfalt oder Güte wie ein Wohnungsunternehmen erbringen können.

Neben dem Aspekt, die Aufmerksamkeit potentieller Neukunden gewinnen zu können, ist mit der Differenzierung der Gedanke einer *Abkopplung vom Preiswettbewerb* und vom *direkten Preisvergleich* verbunden.[4] Gelingt es, durch Dienstleistungen besondere Präferenzen oder - nach GUTENBERG - ein „*akquisitorisches Potential*"[5] für das eigene Angebot beim (potentiellen) Kunden zu erzeugen, resultiert daraus eine geringere Preissensibilität des Nachfragers. Innerhalb bestimmter Grenzen besteht dann gleichsam die Möglichkeit zu einer monopolistischen Preispolitik.[6] Bei der Neuvermietung kann dies im nicht preisgebundenen Bestand zu einer höheren realisierbaren Wohnungsmiete führen als ohne Serviceangebot.[7] Mit Blick auf den vorhandenen Kundenstamm ist von Bedeutung, daß erforderliche Mieterhöhungen leichter durchzusetzen sind[8] und hiermit in Verbindung stehende Kundenabwanderungen gemindert werden.

---

[1]   KOTLER/BLIEMEL (Marketing-Management, 1999), S. 488.

[2]   GROßE-WILDE (Herausforderung, 1988), S. 143.

[3]   SMITH/KROLL (Analysis, 1987), S. 14. „Amenities" bedeutet wörtlich „Annehmlichkeiten" und wird in der US-amerikanischen Fachliteratur im Sinne von Sekundärleistungen verwandt.

[4]   Vgl. MEYER (Produktdifferenzierung, 1985), S. 102.

[5]   GUTENBERG (Betriebswirtschaftslehre, 1979), S. 243.

[6]   Vgl. BUSSE VON COLBE/HAMMANN/LAßMANN (Absatztheorie, 1992), S. 320ff.

[7]   Vgl. SMITH/JOHNSON/HILL (Amenities, 1991), S. 10; O.V. (Resident, 1991), S. 12

[8]   Vgl. EICHENER (Entwicklung, 1996), S. 23.

Weitere wettbewerbsbezogene Ziele des Dienstleistungsangebots können die *Verbesserung des Image* im Vergleich zu Konkurrenten oder die *Sicherung* bzw. der *Ausbau von Markt-anteilen* sein. Das Image eines Unternehmens läßt sich allgemein definieren als die „Gesamtheit der bewußten und unbewußten Vorstellungen, welche bei den Kunden und dar-über hinaus in der Öffentlichkeit"[1] über ein Unternehmen vorherrschen. Ein positives Image dient dazu, die Identifikation von relevanten Interessengruppen mit dem Wohnungsunter-nehmen zu steigern, eventuelle Spannungssituationen abzufedern und Handlungsspielräume für die Unternehmenspolitik zu stabilisieren.[2] Unter dem Aspekt der Imageförderung erscheint insbesondere ein Engagement im sozialen Dienstleistungsbereich von Interesse, wobei eine angemessene Kommunikation nach dem Motto „Tue Gutes und verkünde es lauthals"[3] sicherstellen sollte, daß die Aktivitäten bei den Zielgruppen wahrgenommen werden. Schließ-lich können Dienstleistungsangebote, die am Markt auf ein positives Echo stoßen und den Wohnungsabsatz fördern, auch dazu beitragen, den Marktanteil eines Wohnungsunterneh-mens zu sichern oder zu erweitern.

2.4.2.3 Dienstleistungsangebote mit sozialer Funktion als Hilfestellung für spezifi-sche Bewohnergruppen

Allgemein bedeutet die soziale Funktion im Rahmen des Angebots wohnbegleitender Dienst-leistungen *die Förderung und Unterstützung von Bewohnern oder Bewohnergruppen*, die auf-grund ihrer ökonomischen oder familiären Situation, ihres Alters oder Gesundheitszustands, ihrer gesellschaftlichen oder kulturellen Herkunft *besonderen Problemen ausgesetzt sind.* Schwerpunktmäßig kommt eine Ausrichtung des Dienstleistungsprogramms im Sinne der sozialen Funktion einerseits für *gemeinwirtschaftliche Wohnungsunternehmen* und anderer-seits für *Wohnungsgenossenschaften* in Frage, die ihren Förderauftrag auf die allgemeine Le-benssituation ihrer Mitglieder beziehen. Slogans wie „Wir schaffen Nestwärme" oder „Sicher wohnen ein Leben lang" bringen dies zum Ausdruck.[4] Zwar lassen sich auch mit sozial moti-vierten Angeboten positive Verbundeffekte erzielen.[5] In Abgrenzung zu Offerten mit Unter-stützungsfunktion soll von einer sozialen Ausrichtung hier allerdings nur dann gesprochen werden, wenn eine direkte oder indirekte Gewinnsteigerung nicht als erforderlich betrachtet wird. Dies bedeutet nicht, daß auf eine Kompensation der Kosten langfristig zu verzichten wäre.

---

[1] SÜCHTING/PAUL (Bankmanagement, 1998), S. 720, im Original hervorgehoben.

[2] Vgl. HAEDRICH/JESCHKE (Management, 1994), S. 213ff.; STEIN (Beziehungsmanagement, 1997), S. 105, und mit Blick auf die Preispolitik HEIDEMANN (Konsumentenverhalten, 1969), S. 109ff.

[3] BLÖCKER (Förderverein, 1998), S. 19.

[4] Diese Slogans verwenden die BAUGENOSSENSCHAFT DENNERSTRASSE-SELBSTHILFE EG, Hamburg, bzw. die BAUGENOSSENSCHAFT FREIE SCHOLLE EG, Bielefeld.

[5] Vgl. KUHNERT (Sanierung, 1998), S. 49; o.V. (Dienst, 1998), S. 35.

Die Implementierung von Dienstleistungsangeboten im Sinne der sozialen Funktion steht in einem engen Zusammenhang mit dem Begriff des *„Sozialen Managements"*.[1] Während sich nach der traditionellen Sichtweise die wohnungswirtschaftliche Unternehmensführung auf das kaufmännische und technische Management beschränkt, wird in jüngerer Zeit angesichts für die Wohnungswirtschaft relevanter gesellschaftlicher Veränderungsprozesse verstärkt die Bedeutung eines Sozialen Managements als „Querschnittsaufgabe"[2] diskutiert.

Das Soziale Management beruht auf bestimmten *Steuerungselementen,* zu denen nach BUCKSTEEG/EICHENER „neben dem Unternehmensleitbild und -konzept schwerpunktmäßig ein 'soziales Marketing' (Zielgruppenanalyse, segmentspezifische Orientierung der Leistungs- und Preispolitik, unternehmerische Kommunikationspolitik etc.), innerbetriebliche Kommunikation und neue Formen der Personalführung und Mieterbeteiligung"[3] gehören.[4] RIEBEL hebt hervor: „Social Marketing beziehungsweise Soziales Management [ist] für die unternehmerische Wohnungswirtschaft eine bedeutende Zukunftsaufgabe - dies um so mehr, als sich der überwiegende Teil der Wohnungsunternehmen nach wie vor zu seiner gemeinnützigen Vergangenheit bekennt und satzungsgemäß weiterhin auch soziale Zielsetzungen verfolgt."[5] Die Einzelziele bei Verfolgung der sozialen Funktion können sehr individuell formuliert sein (vgl. Abb. 9). In der Diskussion um sozial motivierte Dienstleistungsangebote stehen aktuell insbesondere zwei Aspekte im Vordergrund: das Wohnen im Alter und der Umgang mit „Problemgebieten".

Den älteren Mietern möglichst langfristig eine eigenständige Lebensführung zu sichern, wird von Wohnungsunternehmen jeder Couleur als ein relevantes Ziel betrachtet.[6] Rund 93% der Personen ab 65 Jahren leben in normalen Wohnungen.[7] Mit steigendem Alter gestaltet sich der Verbleib in einer angestammten, nicht altersgerechten Wohnung allerdings zunehmend schwieriger, zumal Betreuungsangebote oft unzureichend sind.[8] Andererseits erhöht sich mit wachsender Wohndauer die emotionale Qualität der Wohnung; sie widerspiegelt die Biographie, und liebgewonnene Einrichtungsgegenstände vermitteln Geborgenheit. Hierauf und auf das an den Wohnstandort gebundene soziale Netz müßte bei einem Umzug verzichtet wer-

---

[1] Für einen Überblick über das Spektrum des Sozialen Managements in der Praxis vgl. VDW VERBAND DER WOHNUNGSWIRTSCHAFT IN NIEDERSACHSEN UND BREMEN E.V. (Management, 1998), S. 2ff.

[2] HEINZE/BUCKSTEEG (Wohnungswirtschaft, 1997), S. 739.

[3] BUCKSTEEG/EICHENER (Wohnungsmanagement, 1995), S. 5.

[4] Zur Interpretation des „Social Marketing" vgl. BRUHN/TILMES (Marketing, 1994), S. 21ff.; KOTLER/ROBERTO (Strategies, 1989), S. 3ff.; RAFFEÉ/FRITZ/WIEDMANN (Marketing, 1994), S. 39f.

[5] RIEBEL (Management, 1995), S. 684.

[6] Vgl. GROßE-WILDE (Wohnungsunternehmen, 1990), S. 101; LEHMKUHL (Sozialauftrag, 1990), S. 44; PFITZENREUTHER (Dienstleistungen, 1996), S. 43.

[7] Vgl. BUNDESMINISTERIUM FÜR FAMILIE, SENIOREN, FRAUEN UND JUGEND (Altenbericht, 1998), S. 94.

[8] Vgl. HELMSTAEDTER (Barrieren, 1997), S. 731; KRINGS-HECKEMEIER (Aufgabe, 1998), S. 4.

den.[1] Wohnungsunternehmen sehen sich hier in der Pflicht, übernehmen kleinere technische Anpassungsmaßnahmen im bewohnten Bestand bis hin zu Neubauten von Altenwohnungen und entwickeln zugleich Konzepte für eine angemessene Pflege- und Betreuungsumgebung. Dabei ist zu berücksichtigen, daß nicht wenige der ehemals gemeinnützigen Wohnungsunternehmen aufgrund der Belegungsgeschichte einen im Vergleich zum Bevölkerungsdurchschnitt überproportional hohen Anteil von Senioren zu verzeichnen haben.[2]

Zum anderen wird die Linderung von Mißständen in „Problemgebieten" bzw. die Vermeidung von Ghettobildungen als Aufgabe von Wohnungsunternehmen intensiv diskutiert.[3] Wohnungsunternehmen, die im sozialen Wohnungsbau errichtete Großsiedlungen der 60er bis 80er Jahre zu ihrem Bestand zählen, stellen dort vielfach eine Verschärfung bzw. Kumulation von sozialen Problemen fest. „Viele Verdienende ziehen aus - häufig durch die Fehlbelegungsabgabe regelrecht 'vertrieben' ... Übrig bleiben überproportional viele Arbeitslose, Aussiedler und Ausländer."[4] Mit Maßnahmen zur Begrenzung von Nachbarschaftskonflikten, Vandalismus und Kriminalität - etwa in Form von unternehmerischer Sozialarbeit oder von Freizeit- und Betreuungsangeboten - trägt man nicht zuletzt zur Sicherung des sozialen Friedens und gegebenenfalls auch des Wohnungsbestands in den Stadtteilen bei.

Nachdem die Grundüberlegungen dargestellt wurden, welche mit dem Angebot wohnbegleitender Dienstleistungen von seiten der Wohnungswirtschaft verbunden sind, wenden wir unsere Betrachtung nun ausführlich der Nachfragerseite zu.

---

[1] Vgl. HÖPFLINGER (Abhängigkeit, 1993), S. 257.

[2] Vgl. mit Blick auf Wohnungsgenossenschaften EICHENER (Zukunft, 1997), S. 142.

[3] Vgl. WEGE (Wohnungsunternehmen, 1997), S. 537; HOPPENSTEDT (Verpflichtung, 1998), S. 11f.; O.V. (Verfall, 1999), S. 1.

[4] MEYER (Management, 1998), S. 2.

3 THEORETISCHE UND EMPIRISCHE ANALYSE DER NACHFRAGE NACH WOHNBEGLEITENDEN DIENSTLEISTUNGEN

In ihrem traditionellen Geschäft der Wohnungsvermietung können Wohnungsunternehmen zumeist auf jahrzehntelange Erfahrungen zurückgreifen. Auch wenn zu Zeiten des Wohnungsgemeinnützigkeitsgesetzes bisweilen regulative Hürden einem marktorientierten Handeln im Wege standen, resultiert aus den praktischen Erfahrungen grundsätzlich ein umfassendes Know-how mit Blick auf die Frage, wodurch der Absatzerfolg von Wohnleistungen bestimmt ist. Mit dem Angebot wohnbegleitender Dienstleistungen betreten die meisten Unternehmen hingegen unbekanntes Terrain. Es herrscht generell eine große *Ungewißheit über die Prozesse und Determinanten*, welche auf der Nachfrageseite darüber entscheiden, ob eine Dienstleistung akzeptiert oder bei potentiellen Kunden auf Ablehnung trifft. Verschärfend kommt hinzu, daß für einen Teil der diskutierten Leistungen - man denke z.B. an multimediale Dienste - ein Markt sich noch in der Entstehung befindet oder erst geschaffen werden müßte, so daß - anders als etwa beim Pflegedienst - wenig von den Erfahrungen Dritter profitiert werden kann.

Ohne ein Mindestmaß an Kenntnissen über das Konsumentenverhalten gleicht der Einstieg in das Dienstleistungsgeschäft einem *trial and error-Prozeß*, der einerseits ein hohes Risiko von Fehlinvestitionen in sich birgt. So läßt sich auf Basis empirischer Untersuchungen schätzen, daß 30-50% der neu entwickelten Produkte und Dienstleistungen als „Flop" enden.[1] Andererseits bleiben Chancen möglicherweise unerkannt, oder es erfolgt ein vorschneller Abbruch prinzipiell aussichtsreicher Projekte, weil erste, mitunter negative Erfahrungen nicht zutreffend interpretiert werden.

Wenn bekannt ist, welche Determinanten die Nachfragebereitschaft beeinflussen, lassen sich unter Zugrundelegung der Entwicklung dieser Faktoren *Rückschlüsse für die zukünftige Dienstleistungsnachfrage* ziehen. Weist das aktuelle bzw. zu erwartende Kundenverhalten in eine zu den Angebotsabsichten des Wohnungsunternehmens passende Richtung, läßt sich mit Hilfe des Marketing-Mix eine Stabilisierung des Verhaltens verfolgen (z.B. Aufrechterhaltung des Kaufinteresses durch kommunikationspolitische Maßnahmen). Im anderen Fall kann darüber nachgedacht werden, ob und gegebenenfalls wie eine Variation des Kundenverhaltens erzielt werden soll.[2]

Wenn sich die Kunden in ihren Dienstleistungswünschen und -erwartungen unterscheiden, können mit einer mehrschichtigen, an den spezifischen Bedürfnissen einzelner Abnehmergruppen ausgerichteten Marktbearbeitung die Ziele der Sekundärleistungspolitik möglicherweise besser verwirklicht werden als mit einem Einheitskonzept. Hierzu bedarf es einer

---

[1] Vgl. SCHNEIDER (Innovation, 1999), S. 1; TRUMLER (Erfolgsfaktoren, 1996), S. 253.
[2] Vgl. BÄNSCH (Käuferverhalten, 1996), S. 2.

Marktsegmentierung. Marktsegmentierung bedeutet die Einteilung der potentiellen bzw. tatsächlichen Abnehmer in Teilmärkte, die in sich möglichst homogen und untereinander möglichst heterogen sein sollen; diese erfahren einen differenzierten Einsatz des absatzpolitischen Instrumentariums, um einen höheren Zielerreichungsgrad zu bewirken als bei einem undifferenzierten Marketing.[1] Voraussetzung dafür ist aber, daß man Segmentierungskriterien und somit Einflußvariablen findet, die einen Indikator für die Kundenreaktionen darstellen und zudem Anhaltspunkte dafür liefern, wie sekundärleistungspolitische Maßnahmen segmentspezifisch zu gestalten sind.[2] Auch vor diesem Hintergrund ist es also wichtig, sich mit den *Determinanten der Dienstleistungsnachfrage* auseinanderzusetzen.

3.1 Stand der empirischen Forschung und Ableitung des Untersuchungsbedarfs

Die empirische Forschung auf dem Gebiet wohnbegleitender Dienstleistungen ist bisher sehr begrenzt. Zwar haben einzelne Wohnungsunternehmen bereits die Präferenzen ihrer Kunden im Sekundärleistungsbereich erhoben, die Ergebnisse wurden aber oftmals nicht veröffentlicht und umfassen unseres Wissens keine weiterreichende Analyse der Nachfragedeterminanten.[3]

Vergleichsweise umfangreich ist die Auswertung der von BERENDT durchgeführten Kundenbefragung des InWIS-Instituts bei der Wohnungsgenossenschaft Essen-Nord eG.[4] Im Rahmen dieser Untersuchung wurde neben Wohnzufriedenheitsaspekten erhoben, welches Interesse an einem Bezug von 20 zur Wahl gestellten Dienstleistungsangeboten besteht bzw. ob hierfür eine Zahlungsbereitschaft vorhanden ist. In dem Bericht erfolgt nach einer Verdichtung zu einzelnen Leistungsgruppen eine Aufschlüsselung der Bedarfsäußerungen nach Haushaltsformen und Altersgruppen. Wohnbegleitende Dienstleistungen waren ebenfalls das Thema einer Erhebung des ISW-Instituts Halle-Leipzig bei der Halleschen Wohnungsgesellschaft mbH.[5] Innerhalb der Dokumentation werden die Akzeptanz verschiedener Leistungsgruppen, die Zahlungsbereitschaft für einzelne Angebote sowie - mit sehr groben Betragsspannen - die maximale monatliche Zahlungsbereitschaft für Dienstleistungen insgesamt dargestellt, eine differenzierte Auswertung erfolgt für die letztgenannte Größe nach dem Alter.

---

[1] Vgl. MÜLLER (Marktsegmentierung, 1994), S. 5; BÖHLER (Marktsegmentierung, 1977), S. 12; STEGMÜLLER/ HEMPEL (Segmentpopulationen, 1996), S. 25; BAUER (Markt-Segmentierung, 1976), S. 60f.

[2] Zu den Anforderungen an Segmentierungsvariablen vgl. FRETER (Marktsegmentierung, 1983), S. 43f.; MEFFERT/BRUHN (Dienstleistungs-Marketing, 1997), S. 100ff.; KREILEDER (Zielgruppenforschung, 1997), S. 28f.

[3] Einzelne der vom Verfasser im Rahmen der Expertenbefragung kontaktierten GdW-Wohnungsunternehmen hatten bereits eine Erhebung der Kundenwünsche in bezug auf wohnbegleitende Dienstleistungen durchgeführt, wobei sich die zweidimensionale Auswertung stets auf einige soziodemographische Variablen beschränkte.

[4] Vgl. BERENDT (Dienstleistungen, 1997), S. 90ff.

[5] Vgl. SCHÄDLICH/KUNZE/BOCK (Betreuungsleistungen, 1997), S. 65ff.

Beide *deskriptiv* angelegten Untersuchungen beschränken sich also auf *wenige Einflußfaktoren* der individuellen Nachfragebereitschaft; psychographische Merkmale wie Einstellungen und Motive, die in jüngerer Zeit bei der Marktsegmentierung an Bedeutung gewinnen,[1] werden nicht diskutiert bzw. erhoben.

Auch der nordamerikanischen Literatur sind einzelne Beiträge zu entnehmen, die sich mit der Nachfrage nach wohnbegleitenden Dienstleistungen befassen. Abgesehen davon, daß sich die Ergebnisse etwa zur Erwünschtheit von Swimming-Pools - schon rein klimatisch bedingt - schwerlich auf deutsche Verhältnisse übertragen lassen, wird den Nachfragedeterminanten nur teilweise Beachtung geschenkt; dabei handelt es sich dann ausschließlich um soziodemographische Merkmale.[2] Unter soziodemographischen Merkmalen faßt man generell demographische (z.B. Alter, Geschlecht) und sozioökonomische Variablen (etwa Einkommen, Bildungsgrad) zusammen.[3]

Eine allgemeine Untersuchung zum *Dienstleistungsbedarf älterer und alter Menschen* haben HEINZE ET AL. vorgelegt.[4] Im Rahmen einer bundesweiten Repräsentativbefragung im Auftrag der Schader-Stiftung wurden unter anderem die Präferenzen hinsichtlich alternativer Wohnkonzepte für das Alter sowie für unterschiedliche Dienstleistungsangebote und die diesbezügliche Zahlungsbereitschaft ermittelt. Hierbei stellte sich heraus, daß der *Wunsch nach einer Nutzung wohnungsnaher Dienstleistungen die tatsächliche Inanspruchnahme um etwa das Zehnfache übertrifft.* „Die Nachfrage nach hauswirtschaftlichen und pflegerischen Hilfen ist nicht ausgeschöpft"[5], wobei Putz- und Einkaufsdienste an erster Stelle rangieren. Über die Hälfte der 55-75jährigen Befragten zeigte sich grundsätzlich bereit, für Dienstleistungsangebote Geld auszugeben. Als Durchschnittsbeträge wurde für diese Gruppe 271 DM (alte Bundesländer) bzw. 199 DM (neue Bundesländer) ermittelt. Neben der Einkommenshöhe, dem Wohnstatus - Eigentümer zeigen sich ausgabefreudiger - erwies sich zudem die Art der Hilfsbedürftigkeit (wöchentlicher Hilfsbedarf) als unabhängiger Einflußfaktor auf die Zahlungsbereitschaft.

---

[1] Vgl. MACHAUER/MORGNER (Segmentierung, 1999), S. 10; WÜNSCHE/SWOBODA (Zielgruppen, 1994), S. 276f.

[2] Vgl. SMITH/JOHNSON/HILL (Service Amenities, 1991), S. 10ff.; SMITH/KROLL (Analysis, 1987), S. 14ff.; AHLUWALIA/CROWE/CORLETTA (Renters, 1992), S. 40ff.; LANGE (Demand, 1969), S. 2ff., sowie mit Blick auf Senioren BAKER/PRINCE (Preferences, 1990), S. 11ff. Zu wohnbegleitenden Dienstleistungsangeboten in den USA vgl. Kap. 4.2.2.

[3] Vgl. STEGMÜLLER/HEMPEL (Marktsegmentierungsansätze, 1996), S. 26, die diesbezüglich von demographischen Merkmalen im weiteren Sinne sprechen.

[4] Vgl. HEINZE ET AL. (Alter, 1997), insbesondere S. 63ff.

[5] HEINZE ET AL. (Alter, 1997), S. 5.

Was die Untersuchung der Nachfrage nach haushaltsbezogenen Dienstleistungen losgelöst von der besonderen Problematik Älterer betrifft, befindet sich die empirische Forschung noch in einem *Anfangsstadium*. MEYER ET AL. sprechen insbesondere mit Blick auf innovative Angebote davon, „daß die Bedürfnisse der Privathaushalte viel zu wenig bekannt sind."[1]

Vor dem Hintergrund des aktuellen Forschungsstands war es angezeigt, eine *umfassende eigene empirische Erhebung* durchzuführen, welche die Sekundärleistungsnachfrage gestützt auf ein *theoretisches Fundament, systematisch, ohne Eingrenzung nach dem Alter oder dem Wohnstatus (Miete/Eigentum)* und *mit konkretem Bezug zu einem Wohnungsunternehmen* untersucht. Dabei soll vor allem den folgenden Fragestellungen nachgegangen werden:

⇒ Wie ausgeprägt sind die *Präferenzen* für alternative wohnbegleitende Dienstleistungen? Welche *Leistungsmerkmale* beeinflussen das Niveau der aggregierten Kundennachfrage?

⇒ Welche *Kundenmerkmale* beeinflussen den individuellen *Bedarf* bzw. die *Zahlungsbereitschaft* hinsichtlich bestimmter Angebote und die *globale Ausgabebereitschaft*[2] für Dienstleistungen?

⇒ Existieren *Nachfrageverbunde*, die als Grundlage eines gebündelten Angebots fungieren könnten?

⇒ Welche *Kriterien* eignen sich zur Marktsegmentierung für das Sekundärleistungsgeschäft und welche *Kundentypen* lassen sich auf dieser Grundlage identifizieren?

Die Resultate dieser Analyse sollen einen Beitrag dazu leisten, eine den Kundenbedürfnissen entsprechende Angebotsgestaltung zu erleichtern und die aus Unternehmenssicht vorhandenen Unwägbarkeiten abzumildern. Die vorliegende Nachfrageuntersuchung besteht aus zwei größeren Abschnitten. Im ersten Teil steht die *theoretische Analyse* des Konsumentenverhaltens im Mittelpunkt. Die Fragestellung wird hierbei in einem breiten Kontext behandelt, denn die Bestimmungsgründe für die Nachfrage nach Serviceleistungen des Wohnungsunternehmens sind letztlich nur zu verstehen, wenn man berücksichtigt, welche Faktoren die Dienstlei-

---

[1] MEYER ET AL. (Anforderungen, 1999), S. 225. Mittelfristig ist allerdings mit einer Besserung der Datenlage zu rechnen. Einerseits werden unmittelbar von öffentlicher Hand entsprechende Forschungsprojekte gefördert, so z.B. das Projekt „Innovative Dienstleistungen für den Privathaushalt" des BIS Berlin-Brandenburg Institut für Sozialforschung im Auftrag des Bundesministeriums für Bildung, Wissenschaft, Forschung und Technologie. Für ein anderes Projekt zum Dienstleistungsbedarf privater Haushalte, das MEYER ET AL. (Anforderungen, 1999), S. 225, indes für „wenig ergiebig" halten, vgl. MINISTERIUM FÜR WIRTSCHAFT UND MITTELSTAND, TECHNOLOGIE UND VERKEHR DES LANDES NRW (Dienstleistungen, 1997). Andererseits trägt auch die wissenschaftliche Begleitung einiger in jüngster Zeit teils mit Subventionen gegründeter „Dienstleistungspools" oder „Dienstleistungsagenturen" dazu bei, die Bedürfnisse der Privathaushalte zu erforschen. Zu Dienstleistungspools vgl. WEINKOPF (Dienstleistungen, 1997), S. 143ff.; ZUKUNFT IM ZENTRUM SERVICE-GESELLSCHAFT FÜR BESCHÄFTIGUNGS- UND QUALIFIZIERUNGSBERATUNG (Hausarbeit, 1997), S. 59ff.; FRAKTION BÜNDNIS 90/DIE GRÜNEN IM LANDTAG NRW (Dienstleistungspools, 1997), S. 3ff.

[2] Zum Begriff der globalen Zahlungsbereitschaft vgl. HONSEL (Kaufverhalten, 1984), S. 102f.

stungsnachfrage der privaten Haushalte im allgemeinen determinieren. Im zweiten Teil werden die Ergebnisse der darauf *aufbauenden standardisierten empirischen Erhebung* dargestellt.

MEYER/BLÜMELHUBER betrachten Kundenbefragungen als „Königsweg", um Gestaltungshinweise für das Serviceangebot insgesamt sowie für einzelne Leistungen zu erhalten und treffen in diesem Zusammenhang folgende Empfehlung: „Entscheidend ist, daß Marktforschungsergebnisse, wenn sie als Entscheidungshilfe genutzt werden sollen, sorgfältig und über mehrere Erhebungsstufen (z.B. qualitative Vorstudien, Einbeziehung von Kunden und Mitarbeitern in Kriterienerweiterung, quantitative Studien) und mit Hilfe unterschiedlicher Methoden generiert werden."[1]

Zur Unterstützung der Problemstrukturierung und Hypothesengewinnung im theoretischen Teil wurde hier eine *explorative empirische Vorstudie* in Form von Gruppendiskussionen durchgeführt. Befragungspersonen bzw. Teilnehmer der Gruppendiskussionen waren wie auch bei der späteren Haupterhebung Kunden der Veba Immobilien Wohnpartner GmbH. Die Vorstudie und die theoretische Analyse standen gleichsam in einem Wechselspiel: Aufbauend auf einem theoretischen Grundgerüst wurden die Themen für die Gruppendiskussionen festgelegt; die Ergebnisse dienten wiederum zur Verfeinerung und zum Ausbau des theoretischen Konzepts. Aufgrund dessen fließen die Ergebnisse der Gruppendiskussion bereits in die theoretische Betrachtung ein.

3.2 Nachfrageanalyse aus der Perspektive kaufverhaltensrelevanter Theorien und unter Berücksichtigung der Befunde einer explorativen empirischen Vorstudie

3.2.1 GRUNDLAGEN DES UNTERSUCHUNGSABSCHNITTS

Das Kaufverhalten läßt sich grundsätzlich aus zwei Blickwinkeln betrachten. Zum einen kann man die zeitliche Dimension in den Vordergrund stellen und die unterschiedlichen Phasen des Kaufverhaltens analysieren. Diese Vorgehensweise kommt in den sogenannten *Prozeßmodellen* zum Ausdruck, welche insbesondere die Informationsverarbeitungsprozesse vor und nach dem Kauf berücksichtigen. Zum anderen existieren zahlreiche theoretische Ansätze, welche die Betrachtung auf die eigentliche Kaufentscheidung als einen geschlossenen Wahlakt verengen und zeitpunktbezogen die kausalen Beziehungen zwischen relevanten Variablen untersuchen. Dabei handelt es sich einerseits um die *Strukturmodelle* psychologischer und soziologi-

---

[1] MEYER/BLÜMELHUBER (Kundenbindung, 1998), S. 201.

scher Herkunft,[1] andererseits um *ökonomische Theorien des Konsumentenverhaltens*. In diesem einführenden Abschnitt werden zunächst die Besonderheiten von alternativen Prozeßmodellen sowie von Strukturmodellen und ökonomischen Ansätzen unter Berücksichtigung ihrer Anwendung auf den gegebenen Untersuchungsgegenstand diskutiert. In einem zweiten Schritt erfolgt eine Beschreibung des Untersuchungsdesigns der empirischen Vorstudie.

Wenn im folgenden von „Kauf" gesprochen wird, so ist der Begriff in einem weiten Sinne zu verstehen. Eine im Rahmen der sozialen Funktion angebotene Beratung „kauft" der Kunde nicht im klassischen Sinne. Doch auch die Inanspruchnahme nichtkommerzieller Dienstleistungen ist mit vor- und nachgelagerten Prozessen beim Kunden verbunden, deren Kenntnis die Grundlage für ein erfolgreiches soziales Marketing bildet. Aus dieser Perspektive betrachtet besteht nur ein gradueller Unterschied zwischen kommerziellem und sozialem Marketing, in beiden Fällen strebt man eine Anpassung an den Kundenbedarf und dessen Beeinflussung an.[2]

3.2.1.1 *Überblick über die relevanten Ansätze der Konsumentenforschung*

3.2.1.1.1 Prozeßmodelle

Beim Kauf von Dienstleistungen lassen sich nach einem grundlegendem *Prozeßmodell* vier Phasen unterscheiden,[3] wie Abb. 10 verdeutlicht. Ihre Abfolge sei am Beispiel des Entscheidungsvorgangs, welcher beim Bezug eines Notrufsystems für ältere oder kranke Menschen durchschritten wird, beispielhaft erläutert:

1) Den Ausgangspunkt bildet die Phase der **Problemerkennung**, die aus Sicht des Konsumenten durch ein Spannungsverhältnis gekennzeichnet ist, welches aus einer Abweichung zwischen einem gewünschten und dem tatsächlichen Zustand resultiert.[4] Erreicht diese Diskrepanz einen gewissen Schwellenwert, wird sie vom Konsumenten als ein Problem bzw. als Bedürfnis wahrgenommen. Als Auslöser für die Problemerkennung kommen sowohl *interne Reize* (z.B. Angst vor Hilflosigkeit in Notsituation) als auch *externe Reize* (z.B. Werbeprospekt für ein Hausnotruf-System) in Frage. Von zentraler Bedeutung für die Ingangsetzung des Kaufprozesses ist das Vorhandensein einer *Bedarfsevidenz*, also die Einsicht des Nachfragers dahingehend, daß er eine konkrete Dienstleistung zur Bewälti-

---

[1] Zur Unterscheidung von Prozeß- und Strukturmodellen vgl. MEFFERT (Marketingforschung, 1992), S. 96ff., und zu den Strukturmodellen im besonderen BÄNSCH (Käuferverhalten, 1996), S. 4ff.; MAZANEC (Strukturmodelle, 1978), S. 27ff.

[2] Vgl. TROMMSDORFF (Konsumentenverhalten, 1998), S. 22.

[3] Vgl. GABBOTT/HOGG (services, 1998), S. 14ff.; LOUDON/DELLA BITTA (concepts, 1993), S. 481ff. Alternativ wird in der Literatur auch eine fünfstufige oder sechsstufige Einteilung diskutiert, vgl. PETER/OLSON (Marketing, 1996), S. 196; ENGEL/BLACKWELL/MINIARD (Behavior, 1995), S. 135ff.

[4] Vgl. HAWKINS/BEST/CONEY (implications, 1995), S. 427.

gung seiner Probleme benötigt.[1] Diese Voraussetzung ist keineswegs immer erfüllt. So besteht die Möglichkeit, daß ein älterer Mensch trotz objektiven Bedarfs die Benutzung eines Notrufsystem ablehnt, weil er subjektiv seine Gefährdung nicht wahrnimmt. Andere Senioren erkennen vielleicht ihr Problem, wissen aber nicht, daß ihnen eine Dienstleistung helfen könnte, oder es ist unklar, welche spezifische Leistung eine angemessene Problemlösung darstellt.

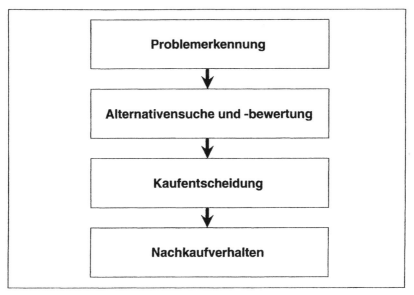

Abb. 10: Prozeßmodell des Dienstleistungskaufs
Quellen: in Anlehnung an GABBOTT/HOGG (services, 1998), S. 15;
LOUDON/DELLA BITTA (concepts, 1993), S. 481.

2) Wenn eine Bedarfsevidenz vorliegt, kann der Konsument in die Phase der *Alternativensuche und -bewertung* eintreten. Der Wunsch nach Wissen, das eine Fundierung der Kaufentscheidung ermöglicht, führt zur Heranziehung verschiedener *Informationsquellen*. Der Senior wird möglicherweise das persönliche Umfeld befragen, relevante Zeitungsartikel lesen oder eine unabhängige Beratung in Anspruch nehmen, um sich zunächst über die Preise und Qualitäten von Notrufsystemen gemeinnütziger und kommerzieller Anbieter zu informieren. Auf der Grundlage der vorhandenen Informationen erfolgt eine Bewertung der Alternativen,[2] die in einer bestimmten *Präferenzrangfolge* mündet.

---

[1]   Vgl. ERNENPUTSCH (Beschaffungsprozeß, 1986), S. 50. ENGELHARDT/SCHWAB (Beschaffung, 1982), S. 506.

[2]   Vgl. SCHIFFMAN/KANUK (Behavior, 1994), S. 571-577.

3) Möglicherweise entschließt sich der Interessent nun zum Bezug des Notrufsystems bei dem präferierten Anbieter, d.h. er faßt eine *Kaufabsicht*, was allerdings noch nicht bedeutet, daß es zur tatsächlichen **Kaufentscheidung** kommt. Denn einerseits können *Dritte* intervenieren. So mögen die Familienmitglieder des Senioren vom einem Kauf abraten, da sie meinen, daß ihre „Kontrollbesuche" genügend Sicherheit bieten. Andererseits können *unvorhergesehene situative Faktoren* ein Abrücken von der ursprünglichen Absicht zur Folge haben, z.B. die Einweisung in ein Krankenhaus oder plötzliche Änderungen in der finanziellen Ausstattung, welche ein Überdenken veranlassen. Insofern können weder durch Präferenzangaben noch durch konkrete Absichtserklärungen Kaufentscheidungen vollkommen zutreffend vorhergesagt werden,[1] was ein grundsätzliches Problem für die Marktforschung darstellt.

4) Die vierte Phase bildet das **Nachkaufverhalten**. Der Kunde beurteilt nun die Qualität der erhaltenen Leistung, prüft etwa probehalber, ob die angekoppelte Notrufzentrale jederzeit gut erreichbar ist und ob er mit der Technik zurechtkommt. Werden seine *Erwartungen* erfüllt, nimmt er die Leistung über eine Mindestlaufzeit hinaus in Anspruch. Andernfalls beschwert er sich, kündigt bei fortdauernder Unzufriedenheit voraussichtlich den Vertrag, verzichtet ganz auf ein Notrufsystem oder wählt einen anderen Anbieter. Die gesammelten *Erfahrungen* verbreitern sein Wissen und kommen ihm bei gleichartigen zukünftigen Kaufentscheidungen zugute.[2]

Das beschriebene Prozeßmodell eignet sich als ein gedankliches Grundgerüst für die Analyse des Kaufvorgangs bei wohnbegleitenden Dienstleistungen und verdeutlicht, daß nicht nur die Entscheidung selbst, sondern auch die *Abläufe vor und nach dem Kauf* aus Sicht des Wohnungsunternehmens Relevanz besitzen. Allerdings ist zu berücksichtigen, daß abweichend von dem Grundmodell die Ausprägung der Phasen erheblich variieren kann, weil sich das Individuum je nach Leistung und persönlichem Hintergrund in einem unterschiedlichen Maße gedanklich engagiert.[3]

Eine besonderes Kaufprozeßmodell wurde für den Fall formuliert, daß Konsumenten auf für sie unbekannte Leistungen treffen. Solche Käufe beinhalten für den Nachfrager ein relativ hohes Risiko, weshalb er mit besonderer Vorsicht agieren wird. Auf der anderen Seite besteht für den Dienstleistungsanbieter die besondere Herausforderung, der Leistung erst einmal den Weg in den Markt zu ebnen.[4] Den Vorgang der individuellen Annahme einer Neuerung (Innovation) bezeichnet man als *Adoptionsprozeß*.[5] Der Adoptionsprozeß umfaßt fünf Phasen:

---

[1] Vgl. KOTLER/BLIEMEL (Marketing-Management, 1999), S. 344f.

[2] Vgl. LOUDON/DELLA BITTA (concepts, 1993), S. 578ff.

[3] Vgl. die Ausführungen zur Habitualisierung in Kap. 3.2.3.1.1.1.

[4] Vgl. ROSENSTIEL/EWALD (Marktpsychologie, 1979), S. 114f.

[5] Vgl. SCHULZ (Kaufentscheidungsprozesse, 1972), S. 43ff.; KAAS (Diffusion, 1973), S. 14f.

Kenntnis (Wahrnehmung der Neuerung, angemessenes Anwendungs- und Hintergrundwissen), *Interesse* (emotionale Bewertung, Anregung zur weiteren Informationsbeschaffung), *Entscheidung* (Adoption, d.h. vollständige Nutzung oder Ablehnung), *Implementation* (Beschaffung und praktischer Gebrauch) und - schließlich - *Konfirmation* (Suche nach Bestätigung oder Aufgabe der Innovation).[1] Die Annahme ist hierbei kein zwingendes Ergebnis, denn in jeder Phase kann der Prozeß abgebrochen werden und zu einer Ablehnung führen.

Verlagert man den Fokus darauf, wie viele Nachfrager insgesamt eine Neuerung im Zeitablauf adoptieren, so rückt der *Diffusionsprozeß* in den Mittelpunkt der Betrachtung. Unter Diffusion versteht man in der Ökonomie die Ausbreitung einer neuen Sach- oder Dienstleistung vom Zeitpunkt der Markteinführung bis zu dessen Annahme durch die letzten Benutzer.[2] Die Diffusionsforschung interpretiert die temporale Entwicklung der Marktnachfrage als ein Ergebnis von Interaktions- und Kommunikationsprozessen;[3] somit stellt die Diffusion ein soziales Phänomen dar.

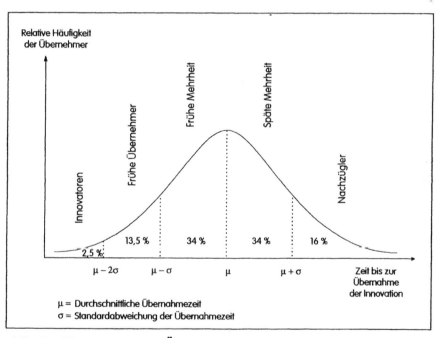

Abb. 11: Klassifizierung der Übernehmer einer Innovation bei einem typischen Diffusionsverlauf

Quelle: in Anlehnung an ROSENSTIEL/EWALD (Marktpsychologie, 1979), S. 121.

---

[1]   Vgl. ROGERS (Diffusion, 1995), S. 161-186.

[2]   Vgl. KROEBER-RIEL/WEINBERG (Konsumentenverhalten, 1996), S. 639.

[3]   Vgl. GATIGNON/ROBERTSON (diffusion, 1991), S. 461ff.

Den idealtypischen Verlauf der Diffusion einer Neuheit verdeutlicht Abb. 11 auf der vorherigen Seite. Die Kurve bringt zum Ausdruck, wie sich die Zahl der Personen, die im Fortgang der Diffusion irgendwann die Neuerung übernehmen, auf verschiedene Zeitpunkte rund um eine durchschnittliche Adoptionszeit gesehen verteilt. Nachdem die Markteinführung einer Leistung erfolgt ist, finden sich zunächst nur wenige Konsumenten bereit, hiervon Gebrauch zu machen. Diese Gruppe der wagemutigen „*Innovatoren*" umfaßt in diesem Modell 2,5% der Gesamtzahl an Adoptierern. Den „*Frühen Übernehmern*", die sich mit dem Kauf der neuartigen Leistung oftmals Respekt in ihrem persönlichen Umfeld verschaffen wollen, rechnet man jene 13,5% zu, welche den Innovatoren folgen. Allmählich erreicht die Diffusionskurve ihren Gipfel, um sich schließlich wieder zu neigen, weil nur noch wenige Personen - am Ende lediglich die traditionsorientierten Nachzügler - für eine Adoption in Frage kommen.[1]

Wie die Betrachtung des Adoptions- bzw. Diffusionsprozesses verdeutlicht, bedarf es bei innovativen Angeboten einer gewissen Geduld seitens des Anbieters. Wohnungsunternehmen, die *für den Kunden neuartige* Angebote einführen, müssen sich auf besondere Akzeptanzprobleme einstellen. Die Diffusionsforschung hat Erkenntnisse zutage gefördert, welche sich auf die Problemstellung der Markteinführung wohnbegleitender Dienste übertragen lassen und bei dem Bemühen des Wohnungsunternehmens, eine möglichst schnelle Diffusion zu erreichen, hilfreich sein können. Dies betrifft insbesondere die Rolle der sogenannten „Meinungsführer", auf welche an späterer Stelle noch eingegangen wird.[2]

3.2.1.1.2 Strukturmodelle und ökonomische Ansätze

Neben den dargestellten Prozeßmodellen kommt den *Strukturmodellen*, die sich mit der Kaufentscheidung im engeren Sinne befassen, eine hohe Bedeutung in der Konsumentenforschung zu. Bevor aufgezeigt wird, welche Ansätze zur Erklärung der Nachfrage nach wohnbegleitenden Dienstleistungen konkret zum Einsatz kommen, soll zunächst ein Überblick über die grundlegenden Modellvarianten gegeben werden.

Strukturansätze interpretieren das Kaufverhalten als eine Wirkungskette, innerhalb derer bestimmte Inputgrößen vom Menschen verarbeitet werden und zu einem Output führen. Beobachtbare Inputvariablen bzw. *Stimuli* für die Kaufentscheidung sind neben den vom Unternehmen gesteuerten absatzpolitischen Maßnahmen (Produkt, Preis, Distribution, Kommunikation) soziodemographische Merkmale des Konsumenten und sein soziales Umfeld. Diese Stimuli treffen auf die Person (*Organismus*) und setzen den nicht beobachtbaren, „eigentlichen" Entscheidungsvorgang auf der psychischen Ebene in Bewegung. Hieraus resultiert schließlich eine sichtbare *Reaktion*, etwa Kauf oder Nichtkauf.

---

[1] Vgl. KOTLER/BLIEMEL (Marketing-Management, 1999), S. 556ff.; TROMMSDORFF (Konsumentenverhalten, 1998), S. 230f.

[2] Vgl. Kap. 4.4.3.2.4.

Die Berücksichtigung der internen Vorgänge im Organismus stellt das zentrale Wesensmerkmal der Strukturmodelle dar. Die synonyme Bezeichnung als *S-O-R-Modelle* verdeutlicht den Unterschied zu einer weiteren, weniger bedeutsamen Modellgruppe, den *S-R-Modellen*. Letztere betrachten den Menschen als eine nicht einsehbare *„black box"* und beschränken sich auf die Betrachtung der beobachtbaren Stimuli und Reaktionen.[1] Als Problem der reinen S-R-Betrachtung erweist sich, daß beim menschlichen Verhalten *keine stabile Funktion zwischen Stimulus und Reaktion* vorliegt. Zwei Personen können in gleichen Situationen, also bei identischen Reizen, unterschiedlich reagieren oder auf divergierende Stimuli mit einem identischen Verhalten antworten.[2]

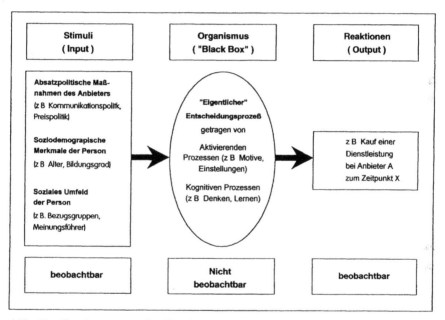

Abb. 12: Strukturansatz des Kaufverhaltens
Quelle: in Anlehnung an BÄNSCH (Käuferverhalten, 1996), S. 4.

Strukturmodelle versuchen hingegen, einen Einblick in das „Wie" der Reizverarbeitung und das „Warum" der Reaktionen zu erhalten.[3] Anhand von Abb. 12 läßt sich nachvollziehen, daß beim S-O-R-Ansatz Reiz und Reaktion nicht unmittelbar aufeinanderfolgen, sondern be-

[1]   Vgl. MAZANEC (Strukturmodelle, 1978), S. 37f.; KROEBER-RIEL/WEINBERG (Konsumentenverhalten, 1996), S. 29f.

[2]   Vgl. STAEHLE (Management, 1999), S. 162.

[3]   Vgl. BÄNSCH (Käuferverhalten, 1996), S. 4f.

stimmte „*intervenierende Variablen*" bzw. Prozesse, wie z.B. Motive oder das Lernen, dazwischen geschaltet sind. Sie können Stimuli blockieren, speichern und/oder modifizieren.[1]

Innerhalb der Strukturmodelle läßt sich nach der Komplexität der Ansätze differenzieren zwischen Total- und Partialmodellen. *Totalmodelle* versuchen das Konsumentenverhalten für jede mögliche Situation unter Berücksichtigung sämtlicher relevanter Variablen zu erklären.[2] Der Umfang der hiermit verbundenen Aussagesysteme verhindert allerdings weitestgehend eine empirische Überprüfung, und es lassen sich kaum gezielte Schlußfolgerungen für das Marketing ableiten.[3] Die psychologischen und soziologischen *Partialmodelle* strukturieren zwar jeweils nur einen Ausschnitt aus der „black box", wegen ihrer größeren Erklärungstiefe und empirischen Relevanz können auf ihrer Grundlage aber konkretere Handlungsempfehlungen abgeleitet werden.

Gegenstand der *psychologisch ausgerichteten Partialmodelle* sind die *aktivierenden* (in Gang setzenden) und *kognitiven* (gedanklichen, erkenntnismäßigen) *Prozesse* im Menschen, welche in der Realität zu komplexen Vorgängen verschmelzen. Aktivierende Prozesse beschreiben innere Erregungszustände, die den Organismus mit Energie versorgen und seine Leistungsbereitschaft und -fähigkeit beeinflussen.[4] Sie bewirken einen Grad an Aufmerksamkeit und Zweckorientierung, der für die Ausführung der kognitiven Prozesse, d.h. für die Informationsverarbeitung im weiteren Sinne, erforderlich ist. „Während die Aktivierung dafür sorgt, daß Verhalten überhaupt stattfindet, wird bei der kognitiven Steuerung der Frage nachgegangen, welches Verhalten stattfinden soll."[5]

Den *soziologisch ausgerichteten Erklärungsmodellen* der Konsumentenforschung liegt die Auffassung zugrunde, daß der Mensch ein Gemeinschaftswesen darstellt und durch das gesellschaftliche Umfeld in seinen Kaufentscheidungen konditioniert wird. Selbst wenn er als Einzelkäufer in Erscheinung tritt, wird sein Verhalten nur selten unabhängig von Einflüssen Dritter sein. Allerdings kann die Person nicht als ein passives Produkt ihrer sozialen Umgebung verstanden werden, sondern trägt interaktiv durch ihr eigenes Handeln zur Gestaltung des sozialen Gebildes bzw. dessen Normen bei.[6] Das soziale Umfeld des Konsumenten läßt sich mehr oder weniger gut beobachten und ist insofern nicht Bestandteil der black box.

---

[1] Vgl. BEHRENS (Konsumentenverhalten, 1991) S. 18; ROSENSTIEL/NEUMANN (Grundlagen, 1998), S. 38f.

[2] Die bekanntesten Modelle stammen von NICOSIA (Consumer, 1966); ENGEL/BLACKWELL/MINIARD (Behavior, 1995); HOWARD/SHETH (Theory, 1969).

[3] Für eine kritische Würdigung vgl. TOPRITZHOFER (Modelle, 1974), S. 16-25; ROSENSTIEL/EWALD (Marktpsychologie, 1979), S. 64-81; MEFFERT (Marketingforschung, 1992), S. 28.

[4] Vgl. TROMMSDORFF (Konsumentenverhalten, 1998), S. 43f.; DRÖGE (Werthaltungen, 1997), S. 75; ROHRBACH (Einkaufen, 1997), S. 117. Für einen detaillierten Überblick über die verschiedenen Konstrukte der Aktivierung und Kognition vgl. BEHRENS (Konsumentenverhalten, 1991) S. 88-208, 246-287; BÄNSCH (Käuferverhalten, 1996), S. 18-95; LOUDON/DELLA BITTA (concepts, 1993), S. 321-445.

[5] MEFFERT (Marketingforschung, 1992), S. 60.

[6] Vgl. ANGER (Einstellungen, 1970), S. 131.

„Andererseits hat man davon auszugehen, daß psychologische und soziologische Komponenten des Kaufverhaltens de facto unauflöslich zusammenwirken und in ihren Grenzen untrennbar verschwimmen."[1] Dies rechtfertigt eine Einordnung soziologisch ausgerichteter Ansätze zu den Strukturmodellen.

Abb. 13 verdeutlicht, welche theoretischen Ansätze in dieser Arbeit zur Erklärung der Nachfrage nach wohnbegleitenden Dienstleistungen herangezogen werden. Von zentraler Bedeutung für die Betrachtung der individuellen Nachfrageintensität sind die Erkenntnisse der *Motivtheorie* und der *Einstellungsforschung* als psychologisch orientierte, dem Bereich der Aktivierung zuzuordnenden Ansätze.[2]

Abb. 13: Ausgewählte Ansätze zur Erklärung des Konsumentenverhaltens

Mit Blick auf die Kognition werden die *Wahrnehmungsforschung*, die *Denkforschung* sowie die *Lerntheorie* diskutiert. Deren Inhalte dienen dabei weniger zur Ableitung konkreterHypothesen als zur Erläuterung von grundlegenden Zusammenhängen, welche für das Verständnis der aktivierungstheoretischen Ausführungen von Bedeutung sind. Aus dem Bereich der soziologisch orientierten Konzepte erfolgt einerseits ein Rückgriff auf Erkenntnisse der *Gruppenforschung* als Bezugsrahmen für die Analyse relevanter Einflußgruppen, andererseits auf die *Theorie der sozialen Schichtung*, um die individuelle Nachfrage nach wohnbegleitenden Dienstleistungen zu erklären.

---

[1] BÄNSCH (Käuferverhalten, 1996), S. 5.

[2] Zu den aktivierenden Komponenten werden üblicherweise auch die Emotionen gezählt, welche hier aber keine explizite Betrachtung erfahren, da sie implizit in den Konstrukten „Motiv" und „Einstellung" enthalten sind und ihre eigenständige Diskussion hier keine weitergehenden Erkenntnisse verspricht.

Neben den verhaltenswissenschaftlichen Konzepten werden mit der *Neuen Haushaltsökonomik* und der *Transaktionskostentheorie* auch zwei *wirtschaftswissenschaftliche Ansätze* ausführlicher behandelt. Der Beitrag, den ökonomischen Theorien - insbesondere die neoklassische mikroökonomische Haushaltstheorie - zur Erklärung des realen Kaufverhaltens zu leisten vermag, wird von verhaltenswissenschaftlich orientierten Forschern als gering eingeschätzt oder sogar negiert.[1] Den zentralen Prämissen des neoklassischen Modells - wie perfekte Rationalität der Nachfrager (homo oeconomicus), vollständige Markttransparenz und ein konstantes Präferenzensystem - fehle es ebenso wie den unter diesen Prämissen zustandekommenden Ergebnissen an einem Realitätsbezug.[2] Ökonomische Theorien erlauben „zwar keine Verhaltensprognosen im einzelnen, zeichnen sich aber dadurch aus, daß sie die Marktgegebenheiten im Gesamtzusammenhang analysieren."[3] Um ein umfassendes Bild des Konsumentenverhaltens zu zeichnen, erscheint es sinnvoll, verhaltenswissenschaftliche Ansätze, die wirtschaftliche Implikationen des Verhaltens ausblenden, mit ökonomischen Konzepten zu kombinieren.[4]

Die Erkenntnisse der „Neuen Haushaltsökonomik"[5] sowie der Transaktionskostentheorie finden hier Anwendung bei der Frage, warum bestimmte wohnbegleitende Dienstleistungen für private Haushalte prinzipiell attraktiver sind als andere. Unter der Neuen Haushaltsökonomik (new home economics) lassen sich bestimmte mikroökonomische Nachfragemodelle subsumieren, die seit Mitte der 60er Jahre entstanden sind. Aus Sicht dieser Ansätze erwächst der Nutzen des Haushalts nicht unmittelbar aus Marktgütern, sondern aus jenen Aktivitäten und Objekten, die er selbst erstellt. Der Haushalt avanciert zum Produzenten,[6] und Vorgänge im Haushalt bleiben nicht länger ausgeklammert, sondern werden in Optimierungsüberlegungen einbezogen.

Mit Blick auf den Vergleich zwischen Eigenproduktion und Fremdbezug von (Dienst-)Leistungen durch den privaten Haushalt erlaubt die Transaktionskostentheorie vertiefte Einblicke, da eine Erweiterung um die hier wie dort entstehenden „Reibungswiderstände" erfolgt.[7] Diese Problematik bleibt in der Modellwelt der neoklassischen Mikroökonomie, aber auch in der Neuen Haushaltsökonomik unberücksichtigt. Dort wird der Markt als Medium betrachtet,

---

[1] Vgl. BEBIÉ (Käuferverhalten, 1978), S. 69ff.; WISWEDE (Motivation, 1973), S. 42ff.; BÄNSCH (Käuferverhalten, 1996), S. 3; ROSENSTIEL/NEUMANN (Grundlagen, 1998), S. 37. Zur Einführung in die neoklassische mikroökonomische Haushaltstheorie vgl. MORITZ (Theorie, 1993); SEEL (Ökonomik, 1991), S. 104ff.

[2] Vgl. PEPELS (Käuferverhalten, 1995), S. 21f.; POLAN (Bankloyalität, 1995), S. 54; ROSENSTIEL/EWALD (Marktpsychologie, 1979), S. 25ff.

[3] LOHMANN (Loyalität, 1997), S. 35.

[4] Vgl. in diesem Sinne insbesondere mit Blick auf die Institutionenökonomik MÜLLER (Marketing, 1995), S. 197; KAAS (Ansätze, 1994), S. 247.

[5] GALLER/OTT (Institution, 1993), S. 112.

[6] Vgl. LUCKENBACH (Konsumtheorie, 1978), S. 211f.; OTT (Beruf, 1997), S. 44.

[7] Vgl. BONUS (Wirtschaft, 1998), S. 101ff.; SEEL (Haushaltsarbeit, 1994), S. 151f.

welches einen Austausch ohne zusätzliche Kosten ermöglicht. Relevant für die „Make or Buy"-Entscheidung sind dabei allein die technisch bedingten Produktionskosten. Hingegen fordert die Transaktionskostentheorie, welche sich mit den für Austauschprozesse relevanten Beherrschungs- und Überwachungssystemen (z.B. Märkte, Unternehmen, andere Organisationsformen, Vertragsarten, Normen) beschäftigt und diese unter Effizienzgesichtspunkten vergleicht, eine Berücksichtigung sowohl der Produktions- als auch der Transaktionskosten.[1]

3.2.1.2 Die Veba Immobilien Wohnpartner GmbH als Gegenstand einer Fallstudie

Eine Beschränkung der empirischen Untersuchung auf den Kundenkreis eines Wohnungsunternehmens war einerseits aus erhebungstechnischen Gründen sinnvoll. Andererseits sollten Merkmale konstant gehalten werden, welche zwischen verschiedenen Wohnungsunternehmen erheblich divergieren können (z.B. Image aus Kundensicht) und insofern möglicherweise Ergebnisverzerrungen bewirkt hätten.

Sowohl die Gruppendiskussionen als auch die spätere standardisierte Befragung wurden in Zusammenarbeit mit der *Veba Immobilien Wohnpartner GmbH* durchgeführt, welche heute unter dem Namen *„Viterra Wohnpartner AG"* firmiert. Die Muttergesellschaft Viterra AG repräsentiert seit Mitte 1999 den Teilkonzern der VEBA AG für das Geschäft rund um die Immobilie. Die Viterra AG ist aus der Verschmelzung von Raab Karcher und Veba Immobilien entstanden und gilt als „[g]rößter deutscher Immobilienkonzern".[2] Allein das von der Viterra Wohnpartner AG betreute Portfolio umfaßt rund 126.000 bewirtschaftete Mietwohnungen. Hinzu kommen Beteiligungen an weiteren Wohnungsunternehmen wie etwa der Deutschbau Holding GmbH mit ca. 37.000 Einheiten im Bundesgebiet.[3] Der Geschäftsbereich „Services Wohnen" der Viterra AG umfaßt die auf das Wohnen bezogenen Dienstleistungstöchter, wozu neben den operativen Bewirtschaftungsgesellschaften im Energie- und Sicherheitsgeschäft tätige Unternehmen zählen.[4] Im folgenden wird das Unternehmen Viterra bzw. sein Vorgänger Veba Immobilien mit „VI" abgekürzt.

VI zählte bis zur Aufhebung des Wohnungsgemeinnützigkeitsgesetzes zum Kreis der *gemeinnützigen Wohnungsunternehmen*. Es ist aus einer Kette von Verschmelzungen mehrerer, insbesondere im Ruhrgebiet ansässiger Wohnungsunternehmen hervorgegangen, die primär dem *Werkswohnungsbau der Kohle- und Stahlindustrie* entstammen. Auch heute noch ist die

---

[1] Vgl. WILLIAMSON (Institutionen, 1990), S. 69, und Kap. 3.2.2.2.

[2] O.V. (Marktführerschaft, 1999), S. 60.

[3] Vgl. RAAB KARCHER AG - VEBA IMMOBILIEN MANAGEMENT (Geschäftsbericht, 1999), S. 14.

[4] Vgl. O.V. (Immobilienkonzern, 1999), S. 17; O.V. (Zukunft, 1999), S. 6.

Werksbelegung von großer Bedeutung; sie betrifft 56% des bewirtschafteten Gesamtbestands. Rund 40% aller verwalteten Wohneinheiten sind Sozialwohnungen.[1]

Bestands- und Bewirtschaftungsentscheidungen erfolgen auf zwei Ebenen: Zum einen existiert ein *zentrales Portfoliomanagement*, zum anderen ein mit weiten Kompetenzen ausgestattetes *dezentrales Management* auf der Ebene der Niederlassungen vor Ort. Die Shareholder Value-Orientierung der Konzern-Mutter[2] äußert sich für die bundesweit elf Niederlassungen darin, daß der Kapitalwert des jeweiligen Bestands als primäre Steuerungsgröße fungiert.

Jede Niederlassung umfaßt mehrere Kundencenter, die weitergehend in die drei Bereiche Kundenbetreuung, Mietbuchhaltung/-anpassung/Betriebskostenabrechnung sowie Bauleitung/Service strukturiert sind. Der Kundenbetreuer ist zentraler Ansprechpartner in allen kaufmännischen Fragen, während für technische Angelegenheiten die Bauleiter oder Mitarbeiter des Reparaturservice zuständig sind. Regelmäßig einmal wöchentlich ist jeder Kundenbetreuer für mehrere Stunden in lokalen Kundendienst- bzw. Sprechstellen persönlich zu erreichen. Hausmeister bzw. Hauswarte sind ausschließlich in Großwohnsiedlungen und Altenwohnanlagen tätig.

Ein vergleichsweise junges Geschäftsfeld ist die *Wohnungseigentumsverwaltung*. Dieser Bereich umfaßte zum Untersuchungszeitpunkt ca. 600 Einheiten von Kapitalanlegern und Selbstnutzern bundesweit. Der Aufbau des Kundenstamms erfolgte insbesondere durch die Übernahme der Verwaltung bei Wohneigentumsobjekten, welche von der für das „Development Wohnen" zuständigen Schwestergesellschaft im Teilkonzern errichtet wurden.[3] Da der Neubau von Eigentumswohnungen und Eigenheimen im Rahmen der Markenstrategie *„Wohnwert-Konzept"* forciert wird, ist bezüglich der Eigentumsverwaltung mit einer weiteren Expansion in den nächsten Jahren zu rechnen. Die Tatsache, daß sowohl zu Wohnungs- als auch zu Einfamilienhauseigentümern Geschäftsbeziehungen bestehen, ermöglichte es, neben Mietern auch Angehörige dieser Kundensegmente für eine der Gruppendiskussionen zu gewinnen.

Das Angebot wohnbegleitender Dienstleistungen erfolgt bei VI einerseits unter dem Gesichtspunkt der *Kundenbindung*, andererseits mit der Absicht, *neue Ertragsquellen* zu erschließen. So werden zum Beispiel mit Blick auf die Zielgruppe der Älteren zwei Stoßrichtungen verfolgt. Bei der Einrichtung von bislang drei Seniorenberatungsstellen an einzelnen Standorten im Ruhrgebiet, deren Betrieb in der Hand von Wohlfahrtsverbänden liegt, handelt es sich um

---

[1] Diese Angaben entstammen einer Auskunft von G. Schulten, Viterra Wohnen AG, seinerzeit Veba Immobilien Wohnpartner GmbH, Abteilung Koordination und Consulting, am 19.5.1999 und beziehen sich auf den Stand Januar 1999.

[2] Vgl. HARTMANN (Shareholder-value, 1994), S. 19.

[3] Die Angaben über die Aktivitäten in der Wohneigentumsverwaltung entstammen einem Gespräch mit R.U. Jost, Viterra Wohnpartner AG, seinerzeit Veba Immobilien Wohnpartner GmbH, Bereich Verwaltung von Wohneigentum, vom 27.5.1998.

Maßnahmen im Sinne der Unterstützungsfunktion. An anderen Orten testet man hingegen eine Kooperation mit einem privaten Pflegedienstanbieter mit der Überlegung, eventuell eigenständige Deckungsbeiträge aus diesem Bereich zu erzielen. Grundsätzlich wird die Grünflächenpflege bei Mehrfamilienhäusern von kooperierenden Firmen durchgeführt, weitere Objektdienstleistungen wie Treppenhaus- und Außenanlagenreinigung liegen abgesehen von Alten- und Großwohnanlagen in Mieterhand. Darüber hinausgehende wohnbegleitende Dienstleistungsangebote sind bislang begrenzt, betreffen etwa Versicherungsleistungen sowie die Vermittlung von Veranstaltungskarten.[1]

Mitte 1997 geriet VI in die Schlagzeilen der Tages- und Wirtschaftspresse, als gegen mehrere aktuelle und ehemalige Führungskräfte Ermittlungen wegen Betrugs und Untreue eingeleitet wurden.[2] Im November 1998 gelangten neue Vorwürfe an die Öffentlichkeit, welche sich auf die Abrechnungspraxis bei den Mietnebenkosten bezogen.[3] Sämtliche für die vorliegende Arbeit durchgeführten Erhebungen waren vor letzterem Zeitpunkt abgeschlossen. Sie waren somit nicht beeinträchtigt von der öffentlichen Diskussion, die von VI mit folgenden Maßnahmen beantwortet wurde: ein offener Brief an die Mieter, die Einrichtung einer „Schiedsstelle Betriebskosten" und die Erstattung von „bestimmte[n] abgerechnete[n] Verwaltungskosten, die durch die Beauftragung von Tochterunternehmen entstanden sind,"[4] in Höhe von insgesamt 4,85 Mio. DM.

3.2.1.3 Methodik und Ablauf der Gruppendiskussionen

Die Gruppendiskussion gilt als das am weitesten verbreitete Instrument der *qualitativen Marktforschung*.[5] Besondere Vorteile dieser Methode liegen in der gegenseitigen Stimulation der Teilnehmer, dem im Gegensatz zu Einzelgesprächen breiteren Spektrum an offenbarten Aspekten und in der Möglichkeit, vertiefend auf interessante Problembereiche einzugehen, die sich im Gesprächsverlauf herauskristallisieren.[6] Vor allem die Leistungsfähigkeit der Gruppendiskussion bei der Exploration und Strukturierung wenig erforschter Problemfelder, bei

---

[1] Über das Dienstleistungskonzept Auskunft gaben V. Nordalm, Viterra AG, Generalbevollmächtigter, seinerzeit Veba Immobilien AG, Mitglied des Vorstands, in einem Gespräch am 29.7.1997 und I. Meyerwisch, Viterra Wohnpartner AG, seinerzeit Veba Immobilien Wohnpartner GmbH, Bereich Akquisition, am 13.11.1997 sowie in späteren Gesprächen.

[2] Vgl. o.V. (Untreue, 1997), S. 17; EGLAU (Hunde, 1998), S. 34; WILDHAGEN (Behäbigkeit, 1998), S. 46; GRANZOW/SCHNEIDER (Bosse, 1999), S. 16.

[3] Vgl. die Berichterstattung in der Westdeutschen Allgemeinen Zeitung, welche sich als auflagenstärkste Zeitung im Ruhrgebiet, dem geographischen Schwerpunkt des VEBA-Wohnungsbestands, der Thematik besonders angenommen hat. Siehe o.V. (Mieter, 1998); WOLF/BOMMERSHEIM (Stichprobe, 1998); WOLF (Ruhrgebiet, 1998); SCHUTE (Vertrauen, 1998); HENKEL (Schiedsstelle, 1999).

[4] O.V. (Betriebskosten, 1999), S. 18.

[5] Vgl. KEPPER (Marktforschung, 1996), S. 63.

[6] Vgl. KROMREY (Gruppendiskussionen, 1986), S. 110f.; BEREKOVEN/ECKERT/ELLENRIEDER (Marktforschung, 1999), S. 96; GREENBAUM (Research, 1998), S. 9-13.

der Neuproduktentwicklung sowie der Ermittlung von Forschungshypothesen ließen sie hier als geeignete Methode erscheinen, um den Untersuchungsprozeß zu unterstützen.[1]

Angesichts der Vielzahl möglicher wohnbegleitender Dienste bestand eine wichtige Aufgabe zunächst darin, den *Kreis der potentiellen Angebote auf jene für die Kunden primär interessanten zu verengen.* Hiermit sollte vermieden werden, daß redundante Vorschläge in der späteren standardisierten Befragung Berücksichtigung finden, andererseits galt es sicherzustellen, daß keine für einen größeren Kundenkreis interessanten Problemlösungen ausgespart bleiben.

Weitere Schwerpunkte der Diskussionsrunden betrafen

⇒ die Identifikation individueller Hemmfaktoren und Antriebskräfte des Dienstleistungskonsums;

⇒ die Ermittlung von Beurteilungskriterien für die aktuelle Servicequalität des Wohnungsunternehmens;

⇒ das Erkennen von Anforderungen, die an das Wohnungsunternehmen als Dienstleistungsproduzenten gestellt werden.

Vor dem Hintergrund der Annahme, daß der Wohnstatus, die Haushaltsform und das Alter der Kunden einen Einfluß auf ihre Sekundärleistungsnachfrage haben, und in dem Bemühen, gruppenspezifische Tendenzen erkennen und gezielter hierauf eingehen zu können, wurden *vier getrennte Diskussionsrunden* durchgeführt: mit Haus- und Wohnungseigentümern (Eigentümer-Gruppe), Mietern aus Familien mit Kindern (Familien-Gruppe), Mietern aus kinderlosen Haushalten bis 60 Jahre (Single-Gruppe) und Mietern ab 60 Jahren (Senioren-Gruppe). Die Bildung relativ homogener Gesprächsgruppen spiegelte nicht nur das Prinzip einer möglichen Marktsegmentierung wider. Sie begrenzte auch die Gefahr eines Mangels an gemeinsamen Bezugspunkten, welcher dazu führen kann, daß „fruchtlos aneinander vorbeigeredet wird."[2]

Die Gruppendiskussionen fanden im November 1997 und im Februar 1998 abends bzw. - bei den Senioren - nachmittags in einem Veranstaltungsraum der Hauptverwaltung von VI in Bochum statt und dauerten jeweils etwa zwei Stunden. Insgesamt wirkten 37 Kunden mit, wobei in jeder Gruppe mindestens sechs Personen vertreten waren.[3] Die Akquisition der Teilnehmer erfolgte postalisch oder telefonisch.

Um eine umfassende Behandlung der wichtigen Aspekte zu gewährleisten, wurde eine strukturierte Diskussion unter Verwendung der *Metaplan-Methode* bevorzugt.[4] Als ein zentrales

---

[1]   Vgl. KEPPER (Marktforschung, 1996), S. 77; KOPP (Absatzforschung, 1972), S. 172.

[2]   DREHER/DREHER (Gruppendiskussion, 1994), S. 150.

[3]   Als ideal gelten Gruppen mit sechs bis zehn Teilnehmern. Vgl. BEREKOVEN/ECKERT/ELLENRIEDER (Marktforschung, 1999), S. 96.

[4]   Vgl. MEHRMANN (Metaplan-Technik, 1994), S. 9ff.

Merkmal der Metaplan-Methode gilt die Visualisierung, d.h. die Diskussion wird durch opti-sche Mittel unterstützt, und alle wesentlichen Beiträge sind schriftlich sowie für die Gruppe sichtbar festzuhalten. Als Protokoll einer Metaplan-Sitzung dient daher regelmäßig die Zu-sammenstellung der im Diskussionsverlauf beschrifteten Packpapierwände. Ein weiterer Grundsatz besteht darin, daß der Moderator eine neutrale Position einnimmt und somit die Formulierungen der Teilnehmer nicht beeinflußt.[1] Tab. 2 verdeutlicht das für alle Diskussi-onsrunden im wesentlichen einheitliche Ablaufschema.[2] Die relevanten Ergebnisse werden jeweils an geeigneter Stelle im Zusammenhang mit der theoretischen Analyse oder der stan-dardisierten Hauptbefragung präsentiert.

Frage/Thema		Metaplan-Instrument	Zeit (Min.)
A.	Vorstellung der Teilnehmer	Gruppenspiegel	
B.	Begrüßung/Einstimmung in das Thema	Einstimmungs-Collage/Titelbild	5
C1.	Wie beurteilen Sie aufgrund Ihrer persönlichen Erfahrungen den Service von Veba Immobilien für Mieter?	Ein-Punkt-Frage (Skala)	15
C2.	Welche Geschäfte, Beratungsstellen oder andere Einrichtungen vermissen Sie in Ihrer Nachbarschaft oder der näheren Umgebung?	Zuruf-Frage	10
C3.	Welche alltägliche oder außergewöhnliche, schwer fallende oder einfach zeitraubende Tätigkeiten würden Sie gern jemandem übertragen?	Karten-Frage	25
C4.	Aus welchem der Servicebereiche würden Sie am wahrscheinlichsten Lei-stungen in Anspruch nehmen, wenn sie im Angebot von Veba Immobilien wären?	Mehr-Punkt-Frage	20
C5	Was spräche dafür oder dagegen, Dienstleistungen gerade über Veba Immobilien zu beziehen?	Zuruf-Frage	10
C6	Was spricht für oder gegen eine Erbringung bzw. Nutzung von Leistungen über Nachbarschaftshilfe?	Zuruf-Frage	15
C7.	Wieviel DM pro Monat würden Sie höchstens für zusätzliche Dienstleistun-gen ausgeben?	Ein-Punkt-Frage (Skala)	10
D	Wie hat Ihnen die heutige Diskussion gefallen?/Verabschiedung	Ein-Punkt-Frage (Skala)	10
Summe			120

Tab. 2: Ablaufplan der Gruppendiskussionen

---

[1] Zur Neutralität des Diskussionsleiters vgl. NIEßEN (Gruppendiskussion, 1977), S. 104ff.

[2] Je nach Problemstellung können unterschiedliche Frage- bzw. Diskussionselemente innerhalb einer Metaplan-Sitzung kombiniert werden. Für einen ausführlichen Überblick vgl. MEHRMANN (Metaplan-Technik, 1994), S. 37-51; KLEBERT/SCHRADER/STRAUB (KurzModeration, 1987), S. 125-141. Hier kamen insbesondere fol-gende Instrumente zum Einsatz: *Ein-Punkt-Frage*: Jeder Teilnehmer wird gebeten, durch das Anbringen eines Klebepunktes entlang einer Skala (z.B. Schulnotenskala), die sich auf dem vorbereitetem Plakat befindet, sei-ne Haltung zu einem Objekt zu offenbaren. *Zuruf-Frage*: Im Sinne eines Brainstorming werden sämtliche Aussagen festgehalten, die aus der Gruppe zugerufen werden. *Karten-Frage*: Die Teilnehmer schreiben jede ihrer Antworten auf eine einzelne Karte. Anschließend wird gemeinsam an der Tafel eine Klumpenbildung für die gesammelten Karten (hier Bildung von Leistungsbündeln) vorgenommen. *Mehr-Punkt-Frage*: Durch die individuelle Vergabe mehrerer Klebepunkte für unterschiedliche Bewertungsobjekte können individuelle Präferenzen (hier für die Nutzung eines Leistungsbündels) zum Ausdruck gebracht werden.

3.2.2 ERKLÄRUNGSANSÄTZE FÜR DIE RELATIVE ATTRAKTIVITÄT ALTERNATIVER DIENSTLEISTUNGSARTEN AUS SICHT DER PRIVATEN HAUSHALTE

Um Aussagen darüber treffen zu können, für welche Arten von wohnbegleitenden Dienstleistungen prinzipiell mit einer eher höheren oder niedrigeren *Nachfragebereitschaft* zu rechnen ist, erscheint es sinnvoll, die Fragestellung in einem breiteren Kontext zu untersuchen. Da viele der diskutierten wohnbegleitenden Dienstleistungen grundsätzlich auch selbst erstellt werden können, handelt es sich bei der Entscheidung des privaten Haushalts über den Dienstleistungsbezug zumeist um die Problematik des *„Make or Buy"*. Das in diesem Zusammenhang für den Unternehmenssektor viel diskutierte Transaktionskostenmodell liefert auch für die haushaltsbezogene Analyse fruchtbare Erkenntnisse. Als grundlegender Bezugsrahmen bietet sich aber zunächst der Ansatz der Neuen Haushaltsökonomik an, welcher ein allgemeines Verständnis für die Ressourcenverwendung in privaten Haushalten vermittelt.[1]

3.2.2.1 Die Bedeutung leistungsabhängiger Produktivitätsvorteile des Haushalts vor dem Hintergrund der Neuen Haushaltsökonomik

Während in der traditionellen mikroökonomischen Nachfragetheorie der Haushalt als eine reine Konsumtionseinheit aufgefaßt wurde, betonen Vertreter der *Neuen Haushaltsökonomik* den Charakter des Haushalts als *„small factory"*[2], in der Güter und Dienstleistungen für eigene Konsumzwecke hergestellt werden.[3] Als Input dienen über den Markt bezogene Verbrauchs- und Gebrauchsgüter, Dienstleistungen sowie die Hausarbeitszeit der Haushaltsmitglieder. Im Gegensatz zu den Freizeitaktivitäten ist die Hausarbeit dadurch gekennzeichnet, daß sie grundsätzlich auch von fremden Dritten gegen Entgelt auszuführen wäre. Solche Tätigkeiten, die der Mensch nur selbst ausüben kann (z.B. Essen, Lernen, Sport, partnerschaftliches Beisammensein), zählen damit nicht zur Hausarbeit.[4] Neben *freier* und *Hausarbeitszeit* bildet die *Erwerbsarbeitszeit*, innerhalb derer die Arbeitskraft gegen Entlohnung am Markt zur Verfügung gestellt wird, die dritte Komponente im Zeitbudget des Haushalts.

Eine bemerkenswerte Innovation in der *Theorie der Zeitallokation* des Nobelpreisträgers BECKER, die ein zentrales Erklärungsmodell im Rahmen der Neuen Haushaltsökonomik bildet, ist gegenüber der neoklassischen Haushaltstheorie darin zu sehen, daß Zeit nunmehr als

---

[1] Für eine Einführung vgl. SEEL (Ökonomik, 1991), S. 146ff.; HESSE (Privathaushalte, 1991), S. 18ff.

[2] BECKER (Time, 1965), S. 496, im Original nicht hervorgehoben.

[3] Eine Unterscheidung verschiedener Güterarten ist bei BECKER selbst nicht zu finden, vielmehr spricht er von „basic commodities" im Sinne von elementaren Gütern, die materieller oder immaterieller Natur sein können. Vgl. BECKER (Time, 1965), S. 495; OTT (Beruf, 1997), S. 44.

[4] Vgl. SCHWARZ (Haushaltsproduktion, 1997), S. 23; OTT (Eigenproduktion, 1997), S. 28; HERZOG-APPEL/ KÖSTERS/VAN DER VELDEN (Haushaltsproduktion, 1993), S. 176.

eine knappe Ressource der privaten Haushalte betrachtet wird.[1] Aus der Theorie der Zeitallokation und weiterführenden Arbeiten lassen sich Aussagen darüber ableiten, wie ein Haushalt, der seine individuelle Wohlfahrt maximieren will, den vorhandenen Zeitvorrat am besten auf die möglichen Aktivitäten aufteilt.[2]

Erwerbsarbeit einerseits und Hausarbeit andererseits stiften einen Nutzen über die Güter (Sachgüter und Dienstleistungen), welche mit dem Erwerbseinkommen gekauft werden können bzw. direkt aus der Haushaltätigkeit resultieren. Zeitanteile, die nicht zu Arbeitszwecken eingesetzt werden, „kosten" den entgangenen Nutzen aus diesen Gütern, sind also mit *Opportunitätskosten* verbunden.[3] Sie verkörpern als Freizeit aber auch einen eigenen Nutzen. Das erste Teilproblem besteht also darin, daß der Haushalt zwischen Gütern und Freizeit abwägen muß. Die zweite Fragestellung beinhaltet, auf welche Weise die Güter- bzw. Dienstleistungsversorgung erfolgen soll: indirekt über Erwerbsarbeit oder unmittelbar durch Hausarbeit. Hierbei geht es also um die optimale Erwerbsarbeits-/Hausarbeitskombination. Opportunitätskosten spielen auch hierbei eine Rolle, weil die für Haushaltstätigkeiten aufgewandte Zeit nicht zur Erzielung von Geldeinkommen zur Verfügung steht. Da sich aus beiden Teilentscheidungen heraus Rückwirkungen füreinander ergeben können, sind beide Optimierungsprobleme simultan zu lösen.[4]

Eine unter Effizienzgesichtspunkten optimale Zeitallokation liegt dann vor, wenn der Zeitvorrat der Haushaltsmitglieder so ausgeschöpft ist, daß bei Veränderung der Aufteilung keine weitere Nutzensteigerung erreicht werden kann.[5] Aus dem unter Zugrundelegung der traditionellen neoklassischen Prämissen zur Nutzenfunktion ermittelten Optimierungskalkül lassen sich folgende Ergebnisse ableiten:[6]

⇒ Je teurer die Güter sind, d.h. je mehr Arbeitszeit für ihren Erwerb oder die Eigenerstellung eingesetzt werden muß, desto lohnender ist es, statt dessen in unmittelbar nutzenstiftende Freizeit zu investieren.

⇒ Je teurer gemessen am Zeiteinsatz die Hausarbeit ist, desto mehr Ressourcen werden in die Erwerbsarbeit verlagert. Dies ist offensichtlich dann der Fall, wenn am Markt pro Zeit-

---

[1] Vgl. BECKER (Time, 1965), S. 496, und zur Erläuterung LUCKENBACH (Konsumtheorie, 1978), S. 218ff.; LUCKENBACH (Zeitallokation, 1978), S. 21ff.; KRÜSSELBERG (Ökonomik, 1987), S. 174ff.

[2] BECKER selbst unterscheidet nicht zwischen Hausarbeitszeit und Freizeit, diese Modifikation geht zurück auf GRONAU (Leisure, 1977), S. 1099ff.

[3] Unter Opportunitätskosten versteht man allgemein den bei Durchführung einer bestimmten Maßnahme entgehenden Nutzen, der bei der besten aller anderen Handlungsmöglichkeiten erzielt worden wäre, hätte man auf die gewählte Maßnahme verzichtet. Vgl. HUMMEL/MÄNNEL (Kostenrechung, 1995), S. 119.

[4] Vgl. OTT (Eigenproduktion, 1997), S. 29f.

[5] Vgl. SEEL (Haushaltsarbeit, 1994), S. 148.

[6] Vgl. für eine formale Lösung SEEL (Ökonomik, 1991), 209ff., und für eine verbale Darstellung OTT (Eigenproduktion, 1997), S. 30; BRYANT (household, 1990), S. 137ff.

einheit ein hohes Einkommen erzielt wird, mit dem mehr oder wertvollere Güter beschafft als in gleicher Zeit selbst erstellt werden können.

Wie OTT verdeutlicht, lassen sich mit Hilfe dieses Erklärungsansatzes einige reale Entwicklungen in der Haushaltsproduktion erklären.[1] Was die Abwägung zwischen Gütern auf der einen und Freizeit auf der anderen Seite betrifft, sind im Zuge des technischen Fortschritts sowie der zunehmenden Arbeitsteilung in der Wirtschaft die Einkommen gestiegen und Güter bzw. Dienstleistungen insgesamt im Vergleich zur Freizeit billiger geworden. Diese relative Vergünstigung kommt darin zum Ausdruck, daß zur Produktion einer bestimmten Leistungsmenge zunehmend weniger menschliche Arbeitszeit erforderlich ist. Der Produktivitätsfortschritt hat dabei nicht nur in der marktmäßigen, sondern auch in der Haushaltsproduktion Einzug gehalten, man spricht von der *„Industrialisierung des Zuhauses"*.[2] Wenn innerhalb einer bestimmten Zeiteinheit immer mehr bzw. hochwertigere Leistungen „erarbeitet" werden können, wird die für sich selbst genutzte Zeit vergleichsweise teurer, was tendenziell zu einem Rückgang der Freizeitnachfrage zugunsten der Nachfrage nach konsumierbaren Leistungen führt.[3] „Schlagworte wie 'Konsumgesellschaft' oder 'Gesellschaft des Zeitmangels' kennzeichnen diese Entwicklung treffend".[4]

Hinsichtlich des Entscheidungsproblems Erwerbsarbeit versus Hausarbeit ist zu konstatieren, daß aufgrund des größeren Produktivitätsfortschritts in den Unternehmen die Erwerbsarbeit vergleichsweise günstiger geworden ist. Der private Haushalt fertigt lediglich für einen kleinen Markt, in der Regel für seine Mitglieder oder Personen im Netzwerk des Haushalts. Da das Ausmaß der Arbeitsteilung durch die Größe des Marktes begrenzt ist,[5] kommt in dieser Hinsicht den Unternehmen, die lokale bis hin zu globalen Märkten beliefern, ein entscheidender Vorteil zu. Sie können in einem mehr oder weniger hohen Maße von der Spezialisierung ihrer Mitarbeiter und Produktionsmittel sowie von Economies of Scale profitieren, die dem privaten Haushalt weitgehend verwehrt sind.[6] Da sich in der langfristigen Entwicklung die

---

[1] Vgl. OTT (Eigenproduktion, 1997), S. 30.

[2] Vgl. MEYER (Selbstbedienungsökonomie, 1997), S. 192, Hervorhebung nicht im Original.

[3] Bei steigenden Reallöhnen kommt es zu einer Substitution von Hausarbeits- durch Erwerbsarbeitszeit und von Freizeit durch Arbeitszeit. Hinzu tritt aber der Einkommenseffekt: Aufgrund des gewachsenen Einkommens steigt das Nachfrageniveau insgesamt, also auch die Nachfrage nach Freizeit, so daß im Gegensatz zu den Substitutionseffekten die Wirkung in einer Reduktion der Marktarbeitszeit und einem Zuwachs an Freizeit besteht. Vor diesem Hintergrund kann es je nach Stärke der gegenläufigen Effekte bei steigendem Markteinkommen summa summarum auch zu einer Ausdehnung der Freizeit kommen. Vgl. BRYANT (household, 1990), S. 139f.; GRONAU (Leisure, 1977), S. 1107f. Als weitere Erklärung für eine Ausdehnung der Freizeit trotz relativer Verteuerung gegenüber der Güterproduktion kommen Präferenzänderungen in Betracht, wobei die Zeitallokationstheorie allerdings eine konstante Präferenzstruktur unterstellt. Vgl. hierzu HESSE (Privathaushalte, 1991), S. 21; HAARLAND/NIESSEN/SCHRÖDER (Erwerbsarbeit, 1990), S. 30.

[4] OTT (Eigenproduktion, 1997), S. 30.

[5] Vgl. SMITH (Wohlstand, 1988), S. 19.

[6] Vgl. POLLAK (Households, 1985), S. 588; WILLIAMSON (Transaktionskostenökonomik, 1996), S. 52.

Produktivitätsschere zwischen Haus- und Erwerbsarbeit mit Blick auf standardisierbare Leistungen vergrößert hat, resultiert diesbezüglich in der Tendenz eine zunehmende Substitution der Haushaltsproduktion durch Marktgüter.

Im Alltag kann diese Entwicklung beispielsweise an der zunehmenden Bedeutung von Tiefkühlkost und Fertiggerichten nachvollzogen werden.[1] In diesen Vorprodukten ist gleichsam schon ein Teil der Zubereitungsarbeit gespeichert. Theoretisch resultiert daraus die Möglichkeit einer Ausdehnung der Freizeit oder der Erwerbsarbeitszeit, wobei der Lohnzuwachs in der Regel höher liegen sollte als der Mehrpreis der veredelten gegenüber der üblichen Kost.

Implikationen für die Dienstleistungsnachfrage ergeben sich aus diesem Erklärungsansatz, wenn man bei den Gütern betont zwischen Sachgütern und Diensten differenziert. Dies erscheint angebracht, da sich der technische Fortschritt zumindest in Teilen des tertiären Sektors - insbesondere bei personenbezogenen Diensten, handwerklichen oder Haushaltsleistungen -[2] weniger stark auswirkt und dementsprechend geringere Produktivitätszuwächse als in der industriellen Güterproduktion zu verzeichnen sind.[3] Infolgedessen hat sich im Zeitablauf das relative Preisgefüge zwischen industriell gefertigten Sachgütern und auf dem Markt angebotenen Dienstleistungen verändert.

Jahr	Preisindex Lebenshaltung insgesamt	Preisindex Langlebige, hochwertige Gebrauchsgüter	Preisindex Sonstige Dienstleistungen
1965	100	100	100
1995	285	228	400

Tab. 3: **Preisindizes der Lebenshaltung für alle privaten Haushalte** (Basis 1991, 1965=100)
Quelle: HESSE (Dienstleistungen, 1997), S. 31.

Die Preise für Sonstige Dienstleistungen, die in der amtlichen Statistik sämtliche Leistungen umfassen, welche nicht den Verbrauchs-, Gebrauchsgütern oder der Vermietung zugeordnet werden können (z.B. medizinische, Bildungs-, Haushalts-, Freizeitdienstleistungen), betrugen 1995 das Vierfache des Wertes von 1965, wie aus Tab. 3 zu entnehmen ist. Demgegenüber haben sich die Preise für die Lebenshaltung insgesamt nur um das 2,8fache, für Gebrauchsgüter des Haushalts um das 2,3fache erhöht. Relativ betrachtet sind Dienstleistungen somit

---

[1] Vgl. MEYER (Hausarbeit, 1997), S. 16.

[2] Vgl. HUBER (Nachfrage, 1992), S. 142f.; MORITZ (Theorie, 1993), S. 313.

[3] Zur These der allgemeinen Produktivitätsschwäche von Dienstleistungen vgl. OCHEL/WEGNER (Verbraucherdienstleistungen, 1987), S. 18; BEREKOVEN (Dienstleistungsmarkt, 1983), S. 65ff., und hinsichtlich der Forderung nach einer differenzierten Betrachtung CORSTEN (Rationalisierungsmanagement, 1998), S. 611.

teurer geworden. Dies wird auch deutlich, wenn man auf die Kaufkraft der Lohnminute, also darauf abstellt, wie lange ein „Durchschnittsverdiener" (auf Nettolohnbasis) arbeiten muß, um sich bestimmte Leistungen beschaffen zu können.

Jahr	*Für den Kauf erforderliche Arbeitszeit in Stunden:Minuten*			
	Waschmaschine	Kühlschrank	Tageszeitung für einen Monat	Haare waschen und legen für Damen
1960	224:30	156:30	1:41	1:28
1985	69:54	37:52	1:16	1:05
1998	52:45	31:23	1:26	1:13

Tab. 4: Kaufkraft der Lohnminute am Beispiel ausgewählter Leistungen[1]
Quelle: INSTITUT DER DEUTSCHEN WIRTSCHAFT (Zahlen, 1999), S. 56.

Wie Tab. 4 verdeutlicht, benötigte der typische Arbeitnehmer 1998 nur noch rund ein Viertel bzw. ein Fünftel des Arbeitseinsatzes von 1960, um eine Waschmaschine oder einen Kühlschrank kaufen zu können. Dagegen haben sich die Tageszeitung (als „veredelte" Dienstleistung) oder Friseurdienste als Beispiele aus dem tertiären Sektor innerhalb dieses Zeitraums nur wenig verbilligt. Als eine Erklärung hierfür läßt sich der hohe Anteil der Personalkosten an den Gesamtkosten bei den letztgenannten Leistungen anführen. Sofern die Lohnentwicklung in diesen Branchen mit der allgemeinen Entwicklung Schritt hält und der Produktivitätsfortschritt gering ist, kann die Ersparnis im Zeitablauf - gemessen an dem erforderlichen Arbeitseinsatz des „Durchschnittsverdieners" - zwangsläufig nur gering ausfallen.[2]

Die steigende Belastung des Faktors Arbeit durch Steuern und Sozialabgaben dürfte indessen der wesentliche Grund dafür sein, daß - wie an den beiden Beispielen ersichtlich - zwischen 1985 und 1998 sogar ein Kaufkraftverlust mit Blick auf Dienstleistungen eingetreten ist. Damit haben sich marktmäßige Dienstleistungen tendenziell auch im Verhältnis zur Freizeit sowie zu den Gütern und Diensten aus der Haushaltsproduktion verteuert. Die Tatsache, daß die Eigenerstellung keinen Steuern und Abgaben unterliegt, der Brutto- und Nettoertrag hierbei also identisch ist, verzerrt den Preisvergleich ohnehin zugunsten der Haushaltsproduktion.[3]

---

[1] Die Daten beziehen sich auf die alten Bundesländer. Berechnungsbasis ist die Nettolohn- und -gehaltssumme pro geleisteter Arbeitsstunde; 1960 = 2,49 DM, 1985 = 14,79 DM, 1998 = 22,38 DM. Vgl. INSTITUT DER DEUTSCHEN WIRTSCHAFT (Zahlen, 1999), S. 56.

[2] Vgl. WOLFF (Bedeutung, 1998), S. 63.

[3] Neben der im Vergleich etwa zu den USA hohen Steuer- und Abgabenbelastung der Arbeit in Deutschland läßt sich auch die vergleichsweise geringe Lohndifferenzierung hierzulande als ein Grund dafür ansehen, daß sich ein breites Angebot im formellen Sektor für Dienste mit geringer Arbeitsproduktivität (z.B. Haushaltsarbeit, Kinderbetreuung) bisher nicht entwickelt hat. Des weiteren bilden staatlich beeinflußte Tatbestände

Als Konsequenz aus der relativen Verteuerung marktmäßiger Dienstleistungen sind verschiedene Anpassungsreaktionen denkbar. Neben dem Verzicht auf die Inanspruchnahme und dem - sofern möglich - Ersatz durch Waren oder Eigenarbeit stellt auch eine Verlagerung der Dienstleistungsnachfrage in den informellen Sektor ein realistisches Szenario dar.[1] Solange bei legaler Beschäftigung die effektiven Kosten des Nutzers höher sind als der Nettolohn der ausführenden Kraft, besteht für beide Seiten ein Anreiz zur Schwarzarbeit.[2] Der Nachfrager kann eine höhere Vergütung zahlen und spart dabei gleichwohl noch an effektiven Kosten.[3]

Auf der Verschiebung der relativen Preise beruht auch die These von der „Selbstbedienungswirtschaft"[4] im Sinne einer Do-it-yourself-Gesellschaft, die GERSHUNY formuliert hat. Er betrachtet es als einen anhaltenden Trend, daß bezahlte Dienstleistungen durch Marktgüter - insbesondere langlebige Haushaltsgüter - ersetzt und in den privaten Bereich rückverlagert werden.[5] In der langfristigen Betrachtung resultierten hieraus für die Dienstleistungen sinkende Anteile am privaten Verbrauch, während die Ausgabenanteile für langlebige Gebrauchsgüter stiegen. Allerdings ist diese These nicht unumstritten. So sehen GALLER/OTT keine Rückverlagerung, sondern vielmehr eine zunehmende Individualisierung der Leistungserstellung.[6] GLATZER hält die These von der Selbstbedienungsgesellschaft für überzogen und weist darauf hin, daß „die moderne Eigenarbeit wegen ihrer Abhängigkeit vom Markt und auch von öffentlichen Einrichtungen einen ganz anderen Charakter als die vorindustrielle Selbstversorgung hat. Anders als vorindustrielle Haushalte können die modernen Haushalte ihre produktiven Aufgaben nur in einer Verflechtung mit marktlichen und staatlichen Leistungssystemen bewältigen."[7]

---

wie das Ehegattensplitting, Erziehungsgeld und Elternurlaub Anreize dafür, das Erwerbsarbeitsangebot von Familienmitgliedern zugunsten der Arbeit im eigenen Haushalt einzuschränken. Vgl. MEYER (Hausarbeit, 1997), S. 20f.; SCHARPF (Strukturen, 1986), S. 9ff.

[1] Vgl. HESSE (Dienstleistungen, 1997), S. 32.

[2] Seit 1997 besteht für den Arbeitgeber die Möglichkeit, bei Beschäftigung einer sozialversicherungspflichtigen Haushaltshilfe einen Betrag von bis zu 18.000 DM als Sonderausgabe vom steuerpflichtigen Einkommen abzusetzen. Des weiteren wurde vom Gesetzgeber ein sogenannter „Haushaltsscheck" eingeführt, der eine vereinfachte Abrechnung der Sozialversicherungsbeiträge erlaubt. Die Ziele dieser Maßnahmen, die Schaffung neuer Arbeitsplätze sowie die Legalisierung von Schwarzarbeit, dürften so aber kaum verwirklicht werden, da die resultierenden Anreizwirkungen schwach sind. Vgl. OTT (Eigenproduktion, 1997), S. 33-37.

[3] Hierbei wird vorausgesetzt, daß für den Schwarzarbeiter bereits ein Sozialversicherungsschutz besteht, z.B. als Student, in der Familienversicherung oder im Hauptberuf mit der Schwarzarbeit als Nebentätigkeit. Nach PETRI/FRANCK (Unfreiheit, 1995), S. 52, liegt die Preisdifferenz zwischen formeller und informeller Arbeit pro Stunde bei 24-40 DM. Gemäß einer Berechnung des INSTITUTS DER DEUTSCHEN WIRTSCHAFT betrug der durchschnittliche Stundenlohn 1997 26,36 DM und die darauf entfallenden Personalzusatzkosten 21,56 DM. Vgl. WODOK (Gewinne, 1998), S. 13.

[4] Vgl. GERSHUNY (Gesellschaft, 1981), S. 86, und ergänzend LEHMANN (Selbst-Service, 1995), S. 441.

[5] Vgl. auch GARHAMMER (Dienstleistungsproduktion, 1988), S. 84, 90; AFHELDT (Wohlstand, 1988), S. 26.

[6] Vgl. GALLER/OTT (Haushaltsforschung, 1993), S. 114.

[7] GLATZER (Technisierung, 1993), S. 293.

Empirische Daten für Deutschland zeigen zwar, daß die Ausgabenanteile für Dienstleistungen am Privaten Verbrauch im Zeitablauf nicht sinken, gleichwohl gemessen an dem, was FOURASTIÉ mit seiner Prognose vom „Hunger nach Tertiärem"[1] zum Ausdruck brachte, nur geringfügig wachsen. So ist der Ausgabenanteil der sonstigen Dienstleistungen zwischen 1962/63 und 1993 von 10,1% auf 15,2% gestiegen. Im gleichen Zeitraum ergab sich aber auch ein Zuwachs bei den langlebigen, hochwertigen Gebrauchsgütern von 8,4% auf 13,5%.[2]

In diesem Zusammenhang erscheint es sinnvoll, zwischen solchen Diensten zu differenzieren, die sich gar nicht oder kaum substituieren lassen (z.B. ärztliche Behandlung, komplexe Reparaturen) und solchen, die von den meisten Personen auch selbst zu erledigen sind (z.B. Putzen, kleinere Handwerksarbeiten). Es schließt sich nicht aus, daß die Dienstleistungsausgaben aufgrund der Nachfrage nach relativ teuren, schwer substituierbaren Diensten insgesamt steigen, gleichzeitig aber die leichten bis mittelschweren Aufgaben zunehmend internalisiert werden.[3]

Überträgt man die bisherigen allgemein gehaltenen Überlegungen auf die Nachfrage nach wohnbegleitenden Dienstleistungen, so erscheint es plausibel, daß die Kunden der Wohnungsunternehmen die Inanspruchnahme von Diensten sorgfältig abwägen werden. Viele der diskutierten Angebote stellen aktive Dienstleistungen dar, die sich selbst ausführen lassen. Sie scheinen damit „anfällig" für ein Do-it-yourself und sollten auf eine eher geringe Nachfrage stoßen. Andererseits dürften Verrichtungen, die eine außergewöhnliche Kompetenz oder technische Ausrüstung erfordern, tendenziell stärker in Anspruch genommen werden. Des weiteren sollte sich eine prinzipiell höhere Akzeptanz für die weniger personalintensiven, passiven Dienste zeigen, bei denen die Bereitstellung von technischen, räumlichen oder abstrakten Potentialen im Mittelpunkt steht.

3.2.2.2 Der Einfluß leistungsspezifisch variierender Transaktionskosten

Die Transaktionskostentheorie läßt sich den Ansätzen der Neuen Institutionenökonomik zurechnen, welche sich sämtlich mit Institutionen befassen, die unsicherheitsreduzierend und verhaltenssteuernd wirken.[4] Der Grundgedanke der Transaktionskostentheorie besteht darin, daß die vielfältigen Austauschhandlungen in einem arbeitsteilig organisiertem Wirtschaftssystem nicht friktionslos ablaufen, sondern Widerstände und Konflikte auftreten können. Dies gilt sowohl für Austauschvorgänge, die auf dem Markt stattfinden, als auch für Prozesse innerhalb von Organisationen.[5] Nach WILLIAMSON liegt eine Transaktion vor, wenn ein Gut

---

[1] FOURASTIÉ (Hoffnung, 1954), S. 275.

[2] Vgl. HESSE (Dienstleistungen, 1997), S. 30.

[3] Vgl. HESSE (Dienstleistungen, 1997), S. 32ff.

[4] Vgl. KAAS (Ansätze, 1994), S. 247.

[5] Nach OUCHI (Clans, 1980), S. 140, läßt sich unter Organisation „any stable pattern of transactions between individuals or aggregations of individuals" verstehen.

bzw. eine Dienstleistung „über eine technisch separierbare Schnittstelle transferiert wird",[1] wenn es also zu einer Übertragung zwischen Leistungsgeber und Leistungsnehmer kommt. Unter Transaktionskosten sind gleichsam die an den Schnittstellen auftretenden Reibungsverluste zu verstehen. Sie umfassen alle Kosten in Form von Zeit und anderen Ressourcen, die bei der Zusammenführung, Abstimmung und Überwachung von Vertragspartnern entstehen.[2]

Anders als die neoklassische Mikroökonomik unterstellt die Transaktionskostentheorie keinen vollkommenen Markt mit tadellos handelnden Akteuren, sondern trifft realistischere Verhaltensannahmen. Die erste Prämisse besteht darin, daß der Mensch zwar beabsichtigt, rational zu handeln, ihm dies aber nur begrenzt gelingt. Die Welt ist zu komplex, um intellektuell vollständig erfaßt zu werden, und notwendige Informationen sind nicht in jedem Fall verfügbar. Daher ist es insbesondere bei längerfristigen Transaktionen nicht möglich, im Vorfeld alle Eventualitäten zu berücksichtigen, es kommt zu Unsicherheit. Eine zusätzliche Erschwernis für Leistungsbeziehungen resultiert aus der zweiten zentralen Annahme, nach welcher Wirtschaftssubjekte opportunistisch handeln.[3] „Im Gegensatz zum neoklassischen Egoisten, der sich stets im Rahmen der gesetzlichen Rahmenbedingungen und der geschlossenen Vereinbarungen bewegt, wendet der Opportunist auch illegitime und illegale Methoden an."[4]

POLLAK wendet den Transaktionskostenansatz auf den privaten Haushalt bzw. die Familie an: „Applied to the family, the transaction cost approach generalizes the new home economics by recognizing that internal structure and organization matter. It treats the family as a governance structure".[5] Der Haushalt repräsentiert demnach ein Beherrschungs- und Überwachungssystem, welches mit anderen Koordinationsformen unter dem Aspekt der Transaktionskosteneffizienz verglichen werden kann. Insofern handelt es sich um eine Bereicherung des mikroökonomischen Konzepts der Haushaltsproduktion, denn auch dort bleiben Transaktionskosten unberücksichtigt.

Nach WILLIAMSON lassen sich die Extrempole der möglichen Beherrschungs- und Überwachungssysteme für Austauschvorgänge als „Markt" und „Hierarchie" betrachten.[6] Das Idealmodell Markt beruht auf einer ausschließlichen Steuerung durch Preismechanismen und findet seine konkrete rechtliche Ausprägung in dem kurzfristigen Kauf- oder Werkvertrag. In Abhängigkeit davon, in welchem Umfang Preissignale durch Anordnungen[7] ersetzt werden, nä-

---

[1] Vgl. WILLIAMSON (Transaktionskostenökonomik, 1996), S. 12.

[2] Vgl. LEHMER (Theorie, 1993), S. 105; STEIN (Beziehungsmanagement, 1997), S. 79.

[3] Vgl. KAAS (Ansätze, 1994), S. 245f.

[4] BONUS (Transaktionskostenökonomik, 1997), S. 3805.

[5] POLLAK (Households, 1985), S. 584. In bezug auf die Analyse der Produktion hält er eine Gleichsetzung der Termini „Haushalt" und „Familie" für akzeptabel, mit Blick z.B. auf den Versicherungscharakter fordert er hingegen eine begriffliche Trennung. Vgl. POLLAK (Households, 1985), S. 589.

[6] Vgl. WILLIAMSON (Markets, 1975).

[7] Vgl. COASE (Nature, 1937), S. 404, der von „direction" als Mechanismus spricht.

hert man sich der Hierarchie an. Die zentralistische Bürokratie stellt die stärkste Erscheinungsform einer Hierarchie dar,[1] aber auch in der Unternehmung (z.B. als Kapitalgesellschaft) dominiert die Anordnung. Der private Haushalt läßt sich als eine Mischform zwischen Markt und Unternehmung begreifen.[2] Er weist zwar hierarchische Züge auf, allerdings in einem geringeren Maße als die Unternehmung. Vielmehr entspricht der Haushalt dem, was OUCHI als Koordinationsform „Clan" beschreibt, für dessen Steuerung gemeinsame Werte und Traditionen der Mitglieder von zentraler Bedeutung sind.[3] „Im Clan wird die 'invisible hand' des Marktes und die 'visible hand' der Unternehmensführung durch ein 'invisible handshaking' ersetzt."[4]

Bei der Untersuchung der Fragestellung, ob der private Haushalt als Koordinationsform mit Blick auf die Dienstleistungserstellung prinzipielle Vor- oder Nachteile aufweist, ist es sinnvoll, systematisch nach den verschiedenen Transaktionskostenarten vorzugehen. Hierzu eignet sich das allgemeine Raster von PICOT,[5] der zwischen Informations-, Vereinbarungs-, Abwicklungs-, Kontroll- und Anpassungskosten unterscheidet.

Informationskosten entstehen dem Haushalt bei der Suche nach einem geeigneten Anbieter. Angaben über die Preise und Leistungsfähigkeit potentieller Geschäftspartner müssen zusammengetragen und ausgewertet werden. Bei der Suche nach einer Haushaltshilfe wären beispielsweise der Bekanntenkreis, Zeitungen oder das Arbeitsamt mögliche Informationsquellen. Es liegt auf der Hand, daß innerhalb des Haushalts die Suche reibungsloser vonstatten geht. Monetäre Vergütungen sind in der Regel nicht zu zahlen und die Arbeitsqualitäten bekannt, so daß primär die aktuelle Leistungsbereitschaft zu erfragen ist. Die interne Rekrutierung ergibt allerdings nur dann einen Sinn, wenn überhaupt Personen mit den geforderten Begabungen verfügbar sind.[6]

Viele Produktionsprozesse im Haushalt erfordern eine umfassende Berücksichtigung der individuellen Bedürfnisse des Konsumenten. Neben den personenbezogenen betrifft dies zum Teil auch sachbezogene Dienstleistungen. So weichen selbst bei Reinigungsaufgaben die Ansprüche der Konsumenten mitunter erheblich voneinander ab. Daher sind detaillierte Absprachen notwendig, um spätere Mißverständnisse zu vermeiden.[7] In manchen Fällen können die An-

---

[1] Vgl. PICOT/DIETL (Transaktionskostentheorie, 1990), S. 273.

[2] Vgl. LEHMER (Theorie, 1993), S. 117.

[3] Vgl. OUCHI (Clans, 1980), S. 137ff.; CIBORRA (Approach, 1987), S. 26.

[4] LEHMER (Theorie, 1993), S. 121f.

[5] Vgl. PICOT (Leistungstiefe, 1991), S. 344.

[6] Nach POLLAK (Households, 1985), S. 588, ergeben sich Produktionsprobleme weniger daraus, daß es an Übung oder Fachwissen bei den Haushaltsmitgliedern fehlt, sondern an Begabungen, die man nicht erlernen kann.

[7] So benutzt etwa die Bochumer Dienstleistungsagentur „Agil" einen Katalog zur Festlegung des Leistungsumfangs einer Reinigungskraft, der ca. 30 Einzeltatbestände umfaßt. Als erster Schritt nach Kontaktaufnahme des Kunden erfolgt ein allgemeines Gespräch mit einer Beraterin, das bis zu einer Stunde dauern kann. Zur

forderungen derart schlecht verbalisiert werden, daß learning-by-doing des Produzenten die einzige Möglichkeit darstellt, um eine optimale Effizienz und Konsumentenzufriedenheit zu erreichen; man denke etwa an einen Ehemann, der sich über Jahre bemüht, seine Kochkünste dem „Gusto" der Partnerin anzupassen, und somit hohe spezifische Humankapitalinvestitionen tätigt.[1]

Probleme bei der Leistungsdefinition sowie die Erfordernis spezifischer Investitionen führen tendenziell zu hohen *Vereinbarungskosten*. Wenn eine Leistung sehr individuell zuzuschneiden und emotional behaftet ist (z.B. Kindererziehung, Kranken- und Altenpflege, Leistungen der täglichen Regeneration), lassen sich die Transaktionskosten insbesondere dadurch senken, daß auf der persönlichen Ebene zwischen Leistungsnehmer und -geber Kontinuität besteht. Denn im Zeitablauf werden auch schwer zu beschreibende Anforderungen erfahrbar, es entsteht Vertrauen, und erst vor dem Hintergrund einer langfristigen Zusammenarbeit lohnt es sich, intensiv in eine Erforschung der Bedürfnisstruktur des Gegenübers sowie in eine dementsprechende Ausrichtung der eigenen Kompetenz zu investieren. „[O]ne can speak of specialization through identity, meaning that individuals deal only with the same person or with small groups."[2] Derartige Spezialisierungsvorteile lassen sich offensichtlich besonders gut im Austausch zwischen den Haushaltsmitgliedern erzielen,[3] da hier eine längere Kooperation erwartet werden kann als bei den meisten Geschäftsbeziehungen.

Hinsichtlich der *Abwicklung* von Dienstleistungen fallen insbesondere die Kosten der zeitlichen Synchronisation von Angebot und Nachfrage sowie die Kosten der räumlichen Koordination ins Gewicht.[4] Insbesondere bei der Behandlung, Pflege, Betreuung und Erziehung als personenbezogene Dienstleistungen ist ein zeitlich und örtlich synchroner Kontakt unabdingbar. Teilweise zählen hierzu Arbeiten, die zwar immer wiederkehren, aber dennoch unregelmäßig anfallen und nicht aufgeschoben werden können. Weil die Trennung von Arbeit und übrigem Leben im Haushalt aufgehoben ist, können und müssen die Ressourcen erst dann aktiviert werden, wenn der Bedarf vorliegt.[5] Professionelle, ambulante Anbieter z.B. von Pflegediensten weisen eine erheblich geringere Anpassungsflexibilität an die Nachfrage auf:

---

genauen Vertragsfestlegung erfolgt dann u.U. noch ein weiteres Beratungsgespräch. So äußerte sich in einem Gespräch B. DRAEGER, agil - Service rundum Dienstleistungsagentur, am 4.8.98. Allgemein zu diesem Modellprojekt des Landes Nordrhein-Westfalen vgl. BITTNER/WEINKOPF (Informationen, 1998), S. 1ff.

[1] Vgl. OTT (Beruf, 1997), S. 52f.

[2] BEN-PORATH, (Families, 1980), S. 9.

[3] Vgl. KRÜSSELBERG (Ökonomik, 1987), S. 185.

[4] Vor diesem Hintergrund wurden bereits verfeinerte Ansätze der Theorie der Zeitallokation entworfen, die z.B. Fahrzeiten und Wartezeiten einbeziehen. Vgl. LUCKENBACH (Konsumtheorie, 1978), S. 222; LEHMER (Theorie, 1993), S. 60f.

[5] Vgl. GARHAMMER (Dienstleistungsproduktion, 1988), S. 80.

„Simply getting to all clients as frequently and as quickly as necessary is a serious problem".[1] Sie können im wesentlichen nur solche Aufgaben übernehmen, die sich einer regelmäßigen Rhythmik unterwerfen lassen.

Wartezeiten und Terminabstimmungen entfallen bei personenbezogenen und sachbezogenen Leistungen, wenn Konsument und Produzent identisch sind. Für die relative Transaktionseffizienz der privaten Haushalte spricht zudem, daß grundsätzlich keine Wegekosten entstehen. Dies ist immer dann von Bedeutung, wenn Verrichtungen an immobilen Objekten (wie Haus, Wohnung, Garten), an schwer transportablen Haushaltskapitalgütern oder an Personen ausgeführt werden müssen, die den Haushalt nicht verlassen können. Insbesondere bei kurzzeitigen Arbeitsaufträgen führen Fahrtkosten zu einer erheblichen Verteuerung der Leistung externer Anbieter.[2]

Kontrollkosten äußern sich beispielsweise in der Zeit, die für die Beaufsichtigung von im Haushalt tätigen Fremden, für die Überprüfung der Arbeitsergebnisse oder in bezug auf die Kontrolle von Rechnungen anfällt. Für die Koordinationsform Haushalt spricht diesbezüglich, daß die familiäre Atmosphäre opportunistisches Verhalten relativ unwahrscheinlich werden läßt. Altruismus und Loyalität prägen das Geschehen, und das Bewußtsein einer lebenslangen Mitgliedschaft verhindert kurzfristiges Gewinnstreben, welches sich zu Lasten des langfristigen Nutzens auswirken könnte.[3] Normenwidriges Verhalten würde zudem schnell auffallen, da die Mitglieder durch ihren sozialen Kontakt einer intensiven gegenseitigen Überwachung unterliegen.

Zwischen Leistung und Gegenleistung im Familienleben liegen manchmal Jahre oder Jahrzehnte. Bei der marktlichen Koordination würden die Kontrollkosten ein hohes Ausmaß annehmen, da ein Anreiz bei dem zunächst begünstigten Partner besteht, seiner späteren Verpflichtung nicht nachzukommen. Im privaten Haushalt herrscht indessen eine andere „Aufrechnungslogik", die derartige Kontrollkosten weitgehend vermeidet: „[T]here is no running quid pro quo. Instead, large outstanding balances are tolerated; because of the unspecified nature of the contract, when and how these balances are liquidated remains open."[4] Die Vermengungslage von ökonomischen und emotionalen Beziehungen in der Familie führt somit zu Vorteilen, wenn Transaktionen vertrauensempfindlich sind bzw. wenn ein großer Spielraum für opportunistische Verhaltensweisen besteht. Sie kann sich aber auch zum Nach-

---

[1] BROWDIE/TURWOSKI (Problems, 1986), S. 32. Zur zeitlichen Problematik der Pflegedienstleistung vgl. auch EVERS (Geldleistungen, 1997), S. 149.

[2] Vgl. RAWERT (Dienstleistungen, 1997), S. 6.

[3] Vgl. POLLAK (Households, 1985), S. 585ff., BECKER (Familie, 1996), S. 106.

[4] BEN-PORATH, (Families, 1980), S. 3. Im Sinne von WILLIAMSON könnte man den Familienkontrakt als die Vertragsform „Versprechen" bezeichnen, welche in einer Welt ohne opportunistisches Verhalten eine angemessene Regelung darstellt. Vgl. WILLIAMSON (Institutionen, 1990), S. 34ff.

teil auswirken. Denn realiter ist Harmonie nicht immer vorhanden, und Konflikte aus anderen Bereichen können auch auf die Haushaltsproduktion übergreifen.[1]

Schließlich sind *Anpassungskosten* zu berücksichtigen, welche durch Abweichungen von der vereinbarten bzw. erwarteten Leistung hervorgerufen werden. Privatpersonen greifen nicht nur deshalb zum Do-it-yourself, weil die Produktionskosten gesenkt werden können, sondern auch deshalb, weil sie der Meinung sind, daß die eigene Arbeit den individuellen Ansprüchen besser genügt.[2] Bevor man nacharbeiten muß, erscheint es manchen Personen einfacher, gleich selbst Hand anzulegen und somit Anpassungskosten zu sparen. Allerdings können Abweichungen von den Vereinbarungen auch innerhalb des Haushalts auftreten. Gerade hier nimmt man zur Vermeidung von Spannungen häufig auch ineffizientes Handeln (wie Drückebergerei, Bummeln) in Kauf, sofern gewisse Toleranzgrenzen nicht überschritten werden.[3] Die resultierende Mehrarbeit der anderen Mitglieder bedeutet für diese Anpassungskosten.

Zusammenfassend läßt sich aufgrund der allgemeinen Effizienzanalyse des Haushalts als Beherrschungs- und Überwachungssystem folgern, daß ein Fremdbezug bei solchen Leistungen eher wahrscheinlich ist,

⇒ deren Erstellung örtlich nicht an den Haushalt gebunden ist;

⇒ für die ein Bedarf entweder nur selten oder aber häufig und dann zu regelmäßigen Zeiten entsteht;

⇒ die sich leicht spezifizieren und gut standardisieren lassen;

⇒ die wenig emotional behaftet oder vertrauensempfindlich sind.

Diese allgemeinen Tendenzaussagen lassen sich auch als Hypothesen über die relative Erfolgswahrscheinlichkeit alternativer wohnbegleitender Angebote verstehen. Mit Blick auf die Wohnungswirtschaft erscheint aber auch von Bedeutung, ob sich für den Kunden je nach Leistungsart besondere Einsparungspotentiale ergeben, die speziell für einen Bezug beim Wohnungsunternehmen sprechen. Ein Ansatzpunkt für derartige Ersparnisse ist gegeben, wenn der Transfer eines (guten) Unternehmensimage auf die zusätzlichen Serviceleistungen gelingt.

---

[1] Vgl. WILLIAMSON (Transaktionskostenökonomik, 1996), S. 52.

[2] Vgl. SCHULZ-BORCK/CECORA (Tätigkeit, 1985), S. 136ff.; GALLER/OTT, (Haushaltsforschung, 1993), S. 114. Nach einer Studie des INSTITUTS FÜR FREIZEITWIRTSCHAFT sind folgende die wichtigsten Motive für das eigene Ausführen handwerklicher Arbeiten: Möglichkeit zu sparen (80%), der Stolz auf die eigene Leistung (58%), die Freude an derartigen Arbeiten (41%) sowie die Unzufriedenheit mit Handwerkern (keine Zahlenangabe, alle Daten jeweils für Westdeutschland). INSTITUT FUR FREIZEITWIRTSCHAFT (Heimwerker, 1997), S. 397.

[3] Vgl. LEHMER (Theorie, 1993), S. 123.

Im Sinne eines guten Image läßt sich der Begriff „Reputation"[1] interpretieren, welcher vor allem in der Informationsökonomie Verwendung findet. Unter Reputation faßt man den „guten Ruf"[2] eines Unternehmens, der entsteht, wenn sich unter aktuellen und potentiellen Kunden die „bei früheren Gelegenheiten gezeigte Sorgfalt und Berechenbarkeit des [Leistungs-]Ergebnisses ... herumspricht."[3] Ein gutes Image bzw. eine hohe Reputation sind für Dienstleistungsanbieter von besonderer Bedeutung, da die Nachfrager angesichts der Bewertungsprobleme beim Dienstleistungskauf insbesondere auch auf solche Global- bzw. Surrogatinformationen zurückgreifen.[4]

Vorausgesetzt, ein Wohnungsunternehmen genießt ein positives Image und strebt einen hohen Absatz an Sekundärleistungen an, so kann es davon profitieren, wenn die Kunden das positive Bild auf die zusätzlichen Serviceleistungen übertragen. Findet ein Imagetransfer bezüglich einer Leistung statt, so erhält das Angebot gleichsam ein Gütesiegel. Die Unsicherheit des Kunden, eine unangemessene Leistungsqualität zu beziehen oder im Rahmen längerfristiger Transaktionen opportunistischen Verhaltensweisen ausgesetzt zu sein, wird reduziert.[5] Auf diesem Wege sinken insbesondere die Informationskosten, weil entscheidendes Wissen über den Anbieter schon vorhanden ist und Alternativen möglicherweise nur noch begrenzt in Erwägung gezogen werden. Andererseits können in dem Bewußtsein, daß der gewählte Transaktionspartner verläßlich ist, auch die Prüfaktivitäten und somit die Kontrollkosten verringert werden.

Allerdings erfolgt die Übertragung des Unternehmensimage auf eine bestimmte Sekundärleistung nicht zwangsläufig. STEIN sieht die Möglichkeit zu einem Reputationstransfer dann als gegeben, wenn „eine Verbindung zu den relevanten Austauschakten wahrgenommen oder der betreffenden Interaktionspartei eine allgemeine Kompetenz zugebilligt wird."[6]

An dieser Stelle sei ein erster Blick auf die Ergebnisse der Gruppendiskussionen geworfen. In der Eigentümer-Diskussionsrunde wurde z.B. eine geringe Präferenz der Teilnehmer für „sozial-medizinische Dienste" damit begründet, daß VI als Wohnungsunternehmen diesbezüglich unerfahren sei. Offensichtlich wurde hier keine Verbindung zur Primärleistung gesehen. Umgekehrt läßt sich daraus folgern, daß ein Imagetransfer demnach nur für solche Ange-

[1] Vgl. KLEINALTENKAMP (Begründung, 1994), S. 23; SHAPIRO (Premiums, 1983), S. 659ff.
[2] SÜCHTING/PAUL (Bankmanagement, 1998), S. 21.
[3] SPREMANN (Reputation, 1988), S. 620.
[4] Vgl. KUHLMANN, (Besonderheiten, 1998) S. 172; BRUHN/MEFFERT (Dienstleistungs-Marketing, 1997), S. 351.
[5] Vgl. ALBACH (Vertrauen, 1980), S. 4f.
[6] STEIN (Beziehungsmanagement, 1997), S. 104.

bote wahrscheinlich ist, bei denen die Kunden ein gewisses Mindestmaß an Affinität zum Wohnen empfinden.[1]

In Tab. 5 sind für die einzelnen Diskussionsgruppen die Leistungsbündel mit Blick auf aktive Dienste aufgeführt, welche die jeweiligen Teilnehmer formuliert haben. Zusätzlich enthält die Tabelle die absoluten und die pro Teilnehmer vergebenen Punkte pro Bündel. Hierbei ist die Bezeichnung „Bündel" nur teilweise zutreffend, da es sich auch um Einzelleistungen handelt.

Gruppe	Leistungsbündel	Punkte	Punkte pro Teilnehmer
Haushalte mit Kindern (Familien-Gruppe)	„Hauspflege"	17	2,1
	„Kinderbetreuung"	7	0,875
	„Instandhaltung"	6	0,75
	„Haushalt"	4	0,5
Kinderlose Haushalte unter 60 Jahre (Single-Gruppe)	„Reinigungsservice" (für Gemeinschaftsflächen)	12	2
	„Winterdienst"	7	1,2
	„Renovierungsarbeit"	4	0,7
	„Umzugsservice"	2	0,3
	„Einkaufsdienst"	2	0,3
Eigenheimerwerber und Wohnungseigentümer (Eigentümer-Gruppe)	„Haushaltshilfen"	12	2
	„Objektschutz und -service"	8	1,3
	„Wartungs- und Reparaturdienst"	5	0,8
	„Einkaufen"	2	0,3
	„Dienst-/Botengänge"	1	0,2
	„Pädagogische Betreuung"	1	0,2
	„Sozial-medizinische Dienste"	1	0,2
Haushalte ab 60 Jahre (Senioren-Gruppe)	„Winterdienst"	11	0,6
	„Außenreinigung"	6	0,3
	„Boden-/Keller-/Treppenhausreinigung"	2	0,1

Tab. 5: Präferenz-Rangfolge der einzelnen Diskussionsgruppen mit Blick auf die von ihnen gebildeten Bündel von aktiven Dienstleistungen

Im Ergebnis zeigt sich, daß bei allen Mietergruppen Objektdienstleistungen, die sich auf die Gemeinschaftsflächen und das Wohnumfeld beziehen, die Rangfolge anführen. Bei den Eigentümern rangierten die Bündel „Objektschutz und -service" (Gartenpflege, Reinigungsdienste, Wachdienst durch Personen) sowie „Wartungs- und Reparaturdienst" (Hausmeister, Reparaturservice) auf dem zweiten und dritten Platz. Gleichzeitig fällt auf, daß etwa soziale oder Freizeitdienstleistungen keine Rolle spielen. Somit legen auch die zusammengefaßten Ergeb-

---

[1] Vgl. allgemein LAAKMANN (Profilierungsinstrument, 1995), S. 18; MEFFERT/HEINEMANN (Operationalisierung), S. 6; SCHWEIGER (Imagetransfer, 1982), S. 322; HÄTTY (Markentransfer, 1989), S. 202ff.

nisse der Gruppendiskussionen nahe, daß Serviceleistungen, die in einer engen Verbindung zum Wohnen stehen und insofern eine besondere Kompetenz des Wohnungsunternehmens vermuten lassen, als vergleichsweise vielversprechend mit Blick auf ihre Akzeptanz bei den Kunden gelten können.

Wie die Betrachtung in diesem Abschnitt zeigte, lassen sich auf Basis der Transaktions-kostentheorie einige Dienstleistungsmerkmale herausarbeiten, deren Ausprägungsgrad die Akzeptanz alternativer wohnbegleitender Angebote beeinflussen kann. In bestimmten Berei-chen erscheint die Koordinationsform Haushalt tendenziell transaktionskosteneffizienter als die Beschaffung über den Markt bzw. beim Wohnungsunternehmen. Sofern allerdings die betreffenden Sekundärleistungen einen starken Bezug zur Primärleistung Wohnen aufweisen und der Kunde daraus einen hohen Sachverstand des Wohnungsunternehmens ableitet, erge-ben sich für ihn besondere Informations- und Kontrollkostenersparnisse, die eine Inanspruch-nahme dieser Leistungen beim Wohnungsunternehmen überdurchschnittlich wahrscheinlich werden lassen. In diese Richtung wiesen auch die Ergebnisse der Gruppendiskussionsreihe. Allerdings ist - wie bei allen Resultaten der Gruppendiskussionen - zu berücksichtigen, daß angesichts des kleinen Samples auf dieser Basis lediglich erste Tendenzaussagen zu treffen sind.

Im folgenden wechselt die Betrachtungsebene von den Leistungen zu den Individuen. Aus diesem Blickwinkel werden nun die Merkmale der Dienstleistung als Marketing-Stimuli ge-danklich konstant gehalten und die Auswirkungen hinterfragt, welche sich aus unterschiedli-chen individuellen Merkmalen von Kunden für die Sekundärleistungsnachfrage ergeben.

3.2.3 BESTIMMUNGSGRÖßEN DER INTERINDIVIDUELL DIVERGIERENDEN SEKUNDÄRLEISTUNGSNACHFRAGE

In Anlehnung an KOPP kann innerhalb jener Einflußfaktoren des Käuferverhaltens, die mit dem einzelnen Menschen verbunden sind, zwischen *personenendogenen Determinanten* einerseits und personenbezogenen Variablen der Situation andererseits unterschieden werden.[1] Letztere sollen hier als *personenexogene Determinanten* bezeichnet werden. Einen Überblick hierüber vermittelt Abb. 14.

Zunächst widmet sich die weitere Untersuchung mit den *psychischen* und *physischen* Merkmalen den personenendogenen Einflußgrößen, die in dem Individuum selbst begründet liegen. In einem zweiten Teilabschnitt erfolgt die Analyse der relevanten situativen Variablen, zu denen die sozialen und ökonomischen Rahmenbedingungen sowie die Wohnsituation zählen.

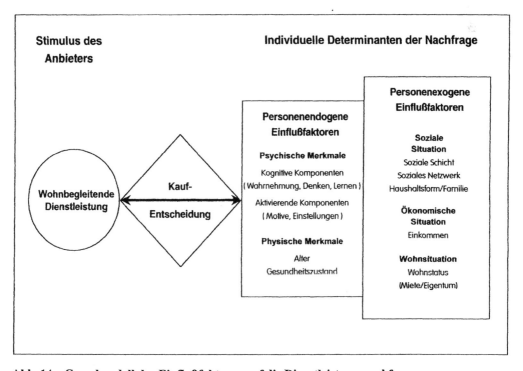

Abb. 14: Grundmodell der Einflußfaktoren auf die Dienstleistungsnachfrage

---

[1]   Vgl. KOPP (Absatzforschung, 1972), S. 97ff.

3.2.3.1 Psychische und physische Merkmale als personenendogene Determinanten

3.2.3.1.1 Psychische Einflußfaktoren

3.2.3.1.1.1 Kognitive Komponenten als Ausdruck der gedanklichen Vorgänge beim Dienstleistungskauf

Ein erster gedanklicher Prozeß, der zur Erklärung des Käuferverhaltens herangezogen wird, ist die *Wahrnehmung* (Perzeption), verstanden als „the process by which an individual selects, organizes, and interprets stimuli into a meaningful and coherent picture of the world."[1] Das Resultat der Perzeption besteht in Empfindungen sowie Vorstellungen über die Umwelt und die eigene Person,[2] die als Grundlage für ein aktuelles oder späteres Handeln herangezogen werden können. Eine unterschiedliche Wahrnehmung von Stimuli (z.B. das Auftreten eines Verkäufers) kann etwa der Grund dafür sein, daß zwei Menschen mit gleicher Motivation in identischen Situationen zu divergierenden Handlungen schreiten.

Die Wahrnehmung ist in hohem Maße *subjektiv*, nicht nur aufgrund unterschiedlicher Leistungsfähigkeiten der menschlichen Sinnesorgane, sondern auch wegen individueller Erfahrungs- und Erwartungshintergründe. Liegt etwa eine positive Einstellung bezüglich eines Unternehmens vor, kann dies eine positive Perzeption neuer Angebote desselben Anbieters beflügeln. Der bereits diskutierte Imagetransfer ist also eine Frage der Wahrnehmung. Der Eindruck vom Unternehmen im allgemeinen verzerrt bzw. überlagert die spezifische Wahrnehmung von einzelnen Leistungen, eine Erscheinung, die mit dem Begriff „*Halo-Effekt*" belegt wird.[3] Ein weiteres Merkmal der Wahrnehmung ist die *Selektivität*, d.h. von der Vielzahl vorhandener Informationsanreize gelangt nur ein geringer Bruchteil durch die bestehenden Filtermechanismen in das Bewußtsein. Darüber hinaus ist die Wahrnehmung durch *Kontextabhängigkeit* gekennzeichnet, womit umschrieben wird, daß der jeweilige Aktivierungszustand und das situative Umfeld das Ergebnis der Wahrnehmung beeinflussen.[4]

Informationsaufnahme und -verarbeitung des Menschen stehen in einem engen Zusammenhang, so daß eine eindeutige Grenzziehung nicht möglich ist.[5] Da Wahrnehmung in der Psychologie mit beiden Teilprozessen in Verbindung gebracht wird, weist ein Konstrukt *Denken* als Informationsverarbeitung zwangsläufig Überschneidungen zur Wahrnehmung auf. Ein Unterschied besteht indes darin, daß Wahrnehmung sich stets auf reale Objekte bezieht, die

---

[1] SCHIFFMAN/KANUK (Behavior, 1994), S. 162. Zur Einführung in die Wahrnehmungspsychologie vgl. KEBECK (Wahrnehmung, 1994), S. 19ff.; WITTLING (Wahrnehmung, 1976), S. 11ff.

[2] Vgl. BEHRENS (Konsumentenverhalten, 1991) S. 130.

[3] Vgl. BECKWITH/LEHMANN (Importance, 1975), S. 265; MEYER (Kommunikationspolitik, 1998), S. 1072.

[4] Vgl. ASSAEL (marketing, 1995), S. 196-208; ONKVISIT/SHAW (Strategy, 1994), S. 167ff.

[5] Vgl. TROMMSDORFF (Konsumentenverhalten, 1998), S. 261.

sich in Sinneseindrücken subjektiv widerspiegeln, während Denken auch - oder sogar besser - „ohne jegliche Außenanreize im dunklen, stillen Kämmerlein stattfinden"[1] kann. Denken ist einerseits ein Erkenntnisprozeß, der das Ordnen, Strukturieren und Abstrahieren umfaßt, andererseits ein Problemlösungsprozeß, mit dem konkrete und abstrakte Hindernisse überwunden werden sollen, um ein bestimmtes Ziel zu erreichen.[2]

Aus Sicht der Konsumentenforschung stellt die Bewertung bzw. Auswahl von Alternativen *den* zentralen Denkvorgang innerhalb des Kaufentscheidungsprozesses dar. Zur Beschreibung dieses rationalen Problemlösungsvorgangs wurden in Anlehnung an die Entscheidungstheorie verschiedene Modelle entwickelt.[3] In bezug auf die Bewertung wohnbegleitender Dienstleistungen, die einen Zusatznutzen stiften sollen, erscheint das Konzept der *„Kosten-Nutzen-Algebra"*[4] besonders fruchtbar. Berücksichtigt man außerdem die Erkenntnisse der *Theorie des wahrgenommenen Risikos*, läßt sich mit diesen beiden Ansätzen aus den Bereichen Denken und Wahrnehmung ein wesentlicher Teil der kognitiven Seite des Kaufentscheidungsprozesses gut abbilden.

Mit der Kosten-Nutzen-Algebra wird gleichsam die zu erwartende „Rendite" eines Kaufaktes ermittelt, während in der Risikobetrachtung abgeschätzt wird, welche möglichen Abweichungen von dieser erwarteten Größe auftreten können. Nach der Kosten-Nutzen-Algebra wählt der Nachfrager in einer gegebenen Kaufsituation jene Alternative, die ihm den höchsten *„Nettonutzen"* verspricht. Der Nettonutzen - auch „Wertempfindung" oder „Entscheidungswert" genannt - ist definiert als die Differenz zwischen Nutzensumme und Kostensumme einer Leistung für den Kunden (vgl. Abb. 15).[5] Die Nutzensumme ergibt sich aus dem *funktionalen Nutzen* und dem *psycho-sozialen Nutzen*.[6] Der funktionale Nutzen einer wohnbegleitenden Dienstleistung steht für ihren zentralen Problemlösungsgehalt, z.B. Sauberkeit in der Wohnung als Ergebnis eines Reinigungsservice. Der psycho-soziale Nutzen kann vielfältiger Natur sein und sich bei der Inanspruchnahme eines Putzdienstes durch einen älteren Menschen etwa darauf erstrecken, daß ihm der Besuch der Reinigungskraft Abwechslung im Alltag, einen willkommenen zwischenmenschlichen Kontakt, Unabhängigkeit von Verwandten oder zeitliche Flexibilität verschafft.

---

[1] BÄNSCH (Käuferverhalten, 1996), S. 78.

[2] Vgl. BEHRENS (Konsumentenverhalten, 1991) S. 158.

[3] Vgl. KUB (Käuferverhalten, 1991) S. 58ff.; LOUDON/DELLA BITTA (concepts, 1993), S. 521ff.; PETER/OLSON (Marketing, 1996), S. 205ff.

[4] KROEBER-RIEL/WEINBERG (Konsumentenverhalten, 1996), S. 376.

[5] Vgl. KOTLER/BLIEMEL (Marketing-Management, 1999), S. 49ff.; SEBASTIAN/LAUSZUS (Kundenwert, 1994), S. 27; DREW/BOLTON (Value, 1987), S. 50; MAZUMDAR (Orientation, 1993), S. 28.

[6] Vgl. BOTSCHEN/MÜHLBACHER (Zielgruppenprogramm, 1998), S. 686f. Zur Unterscheidung zwischen Nutzenarten siehe auch BEBIÉ (Käuferverhalten, 1978), S. 397; LAAKMANN (Vertriebsförderung, 1993), S. 13; FRICK (Kundennutzen, 1989), S. 47; KOCH (Power, 1995), S. 39; HOLBROOK (Value, 1994), S. 44ff.

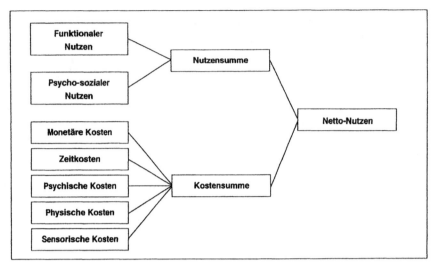

Abb. 15: Angebotsbewertung durch den Kunden

Der Summe der Nutzenelemente sind gedanklich die Kosten gegenüberzustellen. Auf der Kostenseite spielt der Preis als monetäres Element eine zwar wichtige, bei weitem aber nicht die einzige Rolle, wie schon in der Transaktionskostenbetrachtung zum Ausdruck kam. Hier sei die Unterscheidung der Kostenarten nach LOVELOCK zugrunde gelegt, der zwischen monetären, zeitlichen, physischen, psychischen und sensorischen Kosten differenziert.[1] Zeitkosten entstehen grundsätzlich im Rahmen der Beschaffung und Nutzung von (personenbezogenen) Dienstleistungen. Psychische Kosten äußern sich in Gefühlen des Unwohlseins, z.B. fremde Hilfe in Anspruch nehmen zu müssen, oder in mentalem Aufwand, etwa bei einem Vergleich komplexer Angebotskonditionen verschiedener Anbieter. Physische Kosten sind dort gegeben, wo der Konsum mit körperlichem Einsatz verbunden ist; man denke etwa an die Mühen einer gehbehinderten Person, zu einem Seniorentreff im Wohnquartier zu gelangen. Schließlich sind sensorische Kosten unerwünschte, körperlich wahrnehmbare Zustände wie Lärm oder Hitze, die über den eigenen physischen Einsatz hinausgehen oder davon unabhängig sind.

Die einzelnen Ausprägungen der Nutzen- und Kostenkategorien werden nach dem aufgezeigten Modell mit der Bedeutung der Kategorie gewichtet und zu einer Teilsumme verdichtet; dann erfolgt die Aufrechnung der Teilsummen. Der Nettonutzen der wohnbegleitenden Dienstleistung ist der *Value-added*, welcher in bezug auf die Primärleistung entsteht. Damit sich ein Kunde für die Dienstleistung eines bestimmten Anbieters entscheidet, reicht ein positiver Nettonutzen allein nicht aus. Vielmehr muß der Nettonutzen aller bekannten Konkurrenzobjekte übertroffen werden, also ein Wettbewerbsvorteil bestehen.[2] Wie die obige Be-

---

[1]   Vgl. LOVELOCK (Product Plus, 1994), S. 59ff.

[2]   PLINKE spricht diesbezüglich von „Kundenvorteil"; vgl. PLINKE (Ausprägungen, 1992), S. 835f.

trachtung verdeutlicht, existieren mit Kosten und Nutzen zwei Ansatzpunkte, um den Wert eines Angebots für den Kunden optimal zu gestalten.

Ausgangspunkt der *Theorie des wahrgenommenen Risikos* ist die Überlegung, daß jede Kaufentscheidung zu einem gewissen Grad mit Konsequenzen verbunden ist, die der Konsument bei dem gegebenen Wissensstand nicht mit Sicherheit abschätzen kann.[1] Das wahrgenommene Kaufrisiko (R) läßt sich als Funktion zweier Komponenten betrachten: die subjektiv bemessene Wahrscheinlichkeit (W) dafür, daß infolge der Kaufentscheidung negative Konsequenzen eintreten, und der wahrgenommene Umfang der negativen Konsequenzen (K):[2]

$$R = f(W, K).$$

Ist die Komponente W stark ausgeprägt, beruht das perzipierte Risiko vor allem auf einem Informationsmangel. Dominiert hingegen K im Einfluß, spricht dies dafür, daß ein Kauf der zur Auswahl stehenden Leistungen als besonders folgenschwer eingestuft wird.

Wie empirische Studien zeigen, ist das „Verlustpotential" K und damit das erlebte Risiko um so höher, je höher der Preis in Relation zum Einkommen steht und je langfristiger die Konsequenzen aus einem Kauf bzw. Vertragsabschluß sind. Zudem ist mit einer stärkeren Risikoempfindung zu rechnen, wenn ein Kaufentschluß nicht umkehrbar ist.[3] Grundsätzlich ist zu berücksichtigen, daß das wahrgenommene Risiko keine eindimensionale Größe darstellt. Vielmehr können die möglichen Handlungsfolgen sehr unterschiedlicher Natur sein. So läßt sich differenzieren zwischen dem funktionalen Kaufrisiko (mangelnde Qualität), dem finanziellen Risiko (Wahl eines zu teuren Anbieters, Folgekosten), dem psychischen Risiko (Frustrationen, Dissonanzen), dem sozialen Risiko (Mißfallen des persönlichen Umfelds bezüglich der Leistungsnutzung) und physischen Risiko (z.B. Körperschäden beim Freizeitsport).[4]

---

[1] Vgl. BAUER (Risikoverhalten, 1976), S. 208.

[2] Vgl. KUHLMANN (Besonderheiten, 1998), S. 173; KOELEMEIJER/VRIENS (Consumer, 1998), S. 168. Aus theoretischer Sicht erscheint plausibel, daß das Ausmaß des empfundenen Risikos die mit der Eintrittswahrscheinlichkeit (W) gewichtete „Folgenschwere" (K) darstellt. Neben einer solchen multiplikativen Verknüpfung diskutiert man in der Fachliteratur darüber hinaus eine additive Verbindung zwischen beiden Variablen. Dies hieße jedoch, daß eine Risikowahrnehmung z.B. auch dann vorliegt, wenn die Konsequenzen als erheblich, aber die Eintrittswahrscheinlichkeit gleich null eingestuft wird. Welche Verknüpfungsannahme die Realität besser abbildet, ist noch Gegenstand der Forschung.

[3] Vgl. WISWEDE (Wirtschaftspsychologie, 1991), S. 333.

[4] Vgl. KAPLAN/SZYBILLO/JACOBY (Components, 1974), S. 287ff.; KUHLMANN (Risiko, 1978) S. 102ff., und - feiner unterteilt - MOWEN/MINOR (behavior, 1998), S. 177. Will man einen Bezug zu den Kostenkategorien in Abb. 15 herstellen, so läßt sich das soziale Risiko mit psychischen Kosten in Verbindung bringen. Droht z.B. angesichts der Benutzung eines nicht „standesgemäßen" PKW eine Mißachtung durch die Nachbarschaft, stellen unangenehme Isolationsgefühle eine mögliche Form der psychischen Kosten dar, wenn das soziale Risiko schlagend wird.

Um die Informationsprobleme in Kaufprozessen zu analysieren, welche über die Größe W das empfundene Risikoausmaß determinieren, hat sich das informationsökonomische Konzept der *Such-, Erfahrungs- und Vertrauenseigenschaften* von Leistungen bewährt. Sucheigenschaften sind solche Leistungsmerkmale, deren Existenz bzw. Ausmaß vor dem Kauf eindeutig beurteilt werden kann.[1] Dies trifft etwa auf die Lage und Ausstattung eines Dienstleistungsbetriebs (z.B. Kindertagesstätte) oder den Preis einer Dienstleistung (z.B. Betreuungsentgelt pro Kind pro Tag) zu, die vor Vertragsabschluß zu inspizieren sind und als Indikator für die Qualität von Dienstleistungsprozeß und -ergebnis herangezogen werden können. Erfahrungseigenschaften lassen sich hingegen erst nach dem Kauf oder der Nutzung ermitteln. So sind der Geschmack der Speisen bei einem „Essen auf Rädern"-Dienst oder die genaue Jahresrendite einer Kapitallebensversicherung erst zu beurteilen, nachdem man diese Leistungen bereits in Anspruch genommen hat.

Schließlich werden unter Vertrauenseigenschaften solche Leistungsattribute verstanden, die sich weder vor noch nach dem Kauf gänzlich bewerten lassen.[2] Ursächlich hierfür sind entweder ein fehlendes Beurteilungsvermögen beim Nachfrager oder die Tatsache, daß eine Überprüfung mit prohibitiv hohen Kosten verbunden wäre.[3] Beispielsweise lassen sich die Güte einer gerontopsychiatrischen Betreuung oder die Effizienz eines Immobilienmaklers auch im nachhinein nur teilweise erfassen; man weiß nicht, ob unter den gegebenen Umständen ein alternativer Anbieter bessere Ergebnisse erzielt hätte.[4]

Grundsätzlich ist davon auszugehen, daß mit jedem Kaufgegenstand Such-, Erfahrungs- und Vertrauenseigenschaften verbunden sind. In Abhängigkeit davon, welcher Eigenschaftstyp bei einem Leistungsbündel aus der subjektiven Sicht das Nachfragers dominiert, kann man jedoch zwischen Such-, Erfahrungs- und Vertrauenskäufen unterscheiden.[5] In der dienstleistungstheoretischen Literatur wird davon ausgegangen, daß Sachgüter insbesondere Such- und z.T. Erfahrungseigenschaften, Dienstleistungen z.T. Erfahrungs-, aber insbesondere auch Vertrauenseigenschaften aufweisen.[6] KAAS/BUSCH sind der Ansicht, daß die Qualität einer Dienstleistung immer und in einem objektiven Sinne eine Erfahrungseigenschaft darstellt.[7]

Aus Sicht der Theorie des wahrgenommenen Risikos führen die vergleichsweise hohen Informationsprobleme bei Dienstleistungen zu einer überdurchschnittlichen Wahrscheinlichkeit, daß ein Kauf mit negativen Konsequenzen verbunden ist, und somit zu einer tendenziell höhe-

---

[1]   Vgl. NELSON (Information, 1970), S. 312.

[2]   Vgl. DARBY/KARNI (Competition, 1973), S. 68f.; ROSENSTIEL/NEUMANN (Grundlagen, 1998), S. 40.

[3]   Vgl. WEIBER/ADLER (Typologisierung, 1995), S. 54.

[4]   Zu der besonderen Mißbrauchs- und Kontrollproblematik personenbezogener Dienste vgl. BAUMGARTNER (Dienen, 1998), S. 31.

[5]   Vgl. WEIBER/ADLER (Positionierung, 1995), S. 99ff.

[6]   Vgl. ZEITHAML (Evaluation, 1991), S. 40; FRIEDMAN/SMITH (Processes, 1993), S. 48ff.

[7]   Vgl. KAAS/BUSCH (Vertrauenseigenschaften, 1996), S. 244.

ren Risikoempfindung als bei Sachleistungen, insbesondere hinsichtlich der funktionalen Qualität.[1] Die Risikoempfindung des Verbrauchers bewirkt, daß „Handlungsfolgen und Möglichkeiten der Risikoherabsetzung durchdacht werden. Dadurch wird voreiliges Handeln verhindert, und negative Handlungsfolgen werden möglicherweise vermieden"[2]. Sie beinhaltet also eine Warnfunktion und motiviert zu Maßnahmen, das Risiko abzubauen.

Welchen Weg der Konsument nun zur Minderung eines empfundenen Risikos einschlägt, ist nicht eindeutig festgelegt. Grundsätzlich kommt der Beschaffung und Verarbeitung zusätzlicher Informationen eine zentrale Bedeutung zu. Bei einem hohen Ausmaß an Risiko werden die Informationsaktivitäten tendenziell intensiviert, während umgekehrt bei einem niedrigen Risiko nur wenig Bemühungen erfolgen, die vorhandene Wissensbasis zu verbessern. Der potentielle Dienstleistungskäufer kann in diesem Rahmen allerdings nicht auf „intrinsische" Qualitätssignale, d.h. objektive, physische Eigenschaften zurückgreifen, sondern muß ersatzweise „extrinsische" Informationen zu Rate ziehen.[3]

Neben der bereits angesprochenen Höhe des Preises und der wahrnehmbaren Potentialqualität fällt hierunter vor allem das *Image* des Dienstleistungsanbieters.[4] Eine zweite zentrale Strategie zur Senkung des wahrgenommenen Risikos bildet die *Treue* zu einem bereits bekanntem Anbieter. Aufgrund der besonderen dienstleistungsimmanenten Risiken ist die Wahl dieser Strategie bei Dienstleistungen wahrscheinlicher als bei Sachleistungen.[5] Schließlich verbleibt angesichts eines hohen Risikos auch die Möglichkeit, ganz *auf einen Kauf zu verzichten*. Eine solche Vorgehensweise ist gerade bei Innovationen zu beobachten, denn für den Kunden gelten neue Leistungen prinzipiell als vergleichsweise risikobehaftet.[6]

Im Rahmen einer der durchgeführten Kundendiskussionen wurde zum Beispiel die „Bekanntheit" der Leistungen bzw. Leistungsbündel Winterdienst und Reinigungsservice hoch eingeschätzt, jene des Einkaufsdienstes und des Komplett-Umzugsservice (inklusive Erledigung handwerklicher Nebenaufgaben, Formalitäten etc.) niedrig. Dies betrachteten die Teilnehmer als eine Ursache dafür, daß bei der Gruppe die beiden letztgenannten Dienste auf ein relativ geringes Interesse stießen.

Eine inhaltliche Verbindung besteht zwischen der Theorie des wahrgenommenen Risikos und dem **Lernen** als drittes kognitives Konstrukt, welches z.T. Informationsverarbeitungs-, insbesondere aber Informationsspeicherungsprozesse umschreibt. Lernen ist die „systematische

---

[1]   Vgl. MURRAY (Information, 1991), S. 10.

[2]   BEHRENS (Konsumentenverhalten, 1991) S. 126f.

[3]   Vgl. ZEITHAML (Perceptions, 1988), S. 6, LEBLANC/NGUYEN (image, 1995), S. 45.

[4]   Vgl. KUHLMANN (Besonderheiten, 1998), S. 172.

[5]   Vgl. GABOTT/HOGG (Services, 1998) S. 124.

[6]   Vgl. BEBIÉ (Käuferverhalten, 1978), S. 186; ROSENSTIEL/EWALD (Marktpsychologie, 1979), S. 99.

Änderung des Verhaltens aufgrund von Erfahrungen."[1] Da maßgebliche Einflußgrößen des Kaufverhaltens nicht als angeboren, sondern als erlernt zu betrachten sind (z.B. Motive, Einstellungen, Werte), werden die zahlreichen von der Psychologie hervorgebrachten lerntheoretischen Ansätze auch im Rahmen der Kaufverhaltensforschung diskutiert.

Im vorliegenden Zusammenhang von besonderem Interesse ist die *Theorie der operanten Konditionierung*.[2] Sie zählt zur Gruppe der Reiz-Reaktions-Theorien, die allesamt auf der Annahme beruhen, daß Lernen aus einem Zusammenspiel von Stimuli und Reaktionen resultiert. Man könnte auch von Lernen durch Wiederholung sprechen.[3] Die Wahrscheinlichkeit eines bestimmten Verhaltens hängt nach der Theorie der operanten Konditionierung davon ab, welche Konsequenzen diese Verhaltensweise für das Individuum hat. Erwartet man eine Belohnung als Handlungsfolge, die in der Präsentation eines positiven Reizes (z.B. Anerkennung, Geld) oder im Entzug eines negativen Reizes (z.B. Abbau von wahrgenommenen Risiken) liegt, wird man in diesem Verhalten bestärkt und es demzufolge häufiger zeigen. Die entsprechenden Reize werden auch als positive bzw. negative „Verstärker" bezeichnet. Eine Bestrafung durch Entzug eines positiven Verstärkers oder Darbietung eines negativen Verstärkers verringert indes die Wahrscheinlichkeit einer derartigen Reaktion.[4]

Dieser Erklärungsansatz vermag eine anschauliche Erklärung dafür zu liefern, warum Konsumenten Treueerscheinungen zeigen und gewohnheitsmäßige Kaufmuster entwickeln. Positive Erfahrungen mit einem Anbieter, einem Produkt, einer Marke oder mit bestimmten Mitarbeitern wirken als Verstärker und stimulieren eine Wiederholung des Kaufverhaltens, da die Aussicht auf weitere angenehme Erlebnisse besteht.[5] Den Prozeß des Erlernens von Kaufverhaltensmustern, der zu einer *Vereinfachung von Konsumentscheidungen* führt, bezeichnet man als Habitualisierung.[6] Indem eine bestimmte Vorgehensweise zur Routine wird, lassen sich die Beschaffung entscheidungsrelevanter Informationen sowie der diesbezügliche gedankliche Aufwand mehr oder weniger stark einschränken. In Anlehnung an HOWARD kann typischerweise zwischen drei Lernstadien differenziert werden.[7] Dies sei am Beispiel des Kaufs von Schönheitsreparatur-Leistungen verdeutlicht:

---

[1] MEFFERT (Marketingforschung, 1992), S. 62

[2] Vgl. SKINNER (Wissenschaft, 1973), S. 64ff.

[3] Vgl. HILL (Theorien, 1972), S. 69.

[4] Vgl. BREDENKAMP/WIPPICH (Gedächtnispsychologie, 1977), S. 50ff.; LEGEWIE/EHLERS (Psychologie, 1994), S. 257ff.

[5] Vgl. SUCHTING (Bankloyalität, 1972), S. 276f.; SHETH/PARVATIYAR (Consequences, 1995), S. 257; BÄNSCH (Käuferverhalten, 1996), S. 89.

[6] Vgl. TROMMSDORFF (Konsumentenverhalten, 1998), S. 255f.; WEINBERG (Kaufentscheidungen, 1979), S. 564; KUB (Käuferverhalten, 1991), S. 81ff.

[7] Vgl. HOWARD (Consumer, 1977), S. 9.

1) Ein Mieter, der die vertraglich geforderten Anstrich- und Tapezierarbeiten bisher in regelmäßigen Abständen selbst durchgeführt hat und nun erstmalig überlegt, Handwerker hierfür in Anspruch zu nehmen, wird sich eindringlich mit mehreren Fragen beschäftigen: Ist der Fremdbezug überhaupt sinnvoll? Welche Kriterien gilt es bei der Handwerkerwahl zu beachten? Welche Anbieter kommen in Frage, und welcher von ihnen soll präferiert werden? Aufgrund des umfangreichen Informationsbedarfs und seiner hohen Komplexität nimmt der Entscheidungsprozeß relativ viel Zeit in Anspruch *(extensive Kaufentscheidung)*.

2) Konnte der Mieter beim ersten Mal erfahren, daß ihm die Inanspruchnahme von Handwerkern viele Mühen erspart und zudem ein deutlich besseres Resultat als die Eigenleistung verspricht, wird er beim nächsten anstehenden Termin den Fremdbezug grundsätzlich nicht mehr in Frage stellen. Maßstäbe zur Alternativenbewertung sind aufgrund der eigenen Kauferfahrungen bereits vorhanden. Auch kommen dem Konsumenten sogleich bestimmte wohnortnahe Malerbetriebe in den Sinn. Er verfügt also über ein „evoked set",[1] so daß der Entscheidungsprozeß vereinfacht ablaufen kann, da es nur noch um die Wahl eines einzelnen Anbieters geht *(limitierte Kaufentscheidung)*.

3) Wurden über Jahre hinweg mit einem Handwerksbetrieb kontinuierlich gute Erfahrungen gesammelt, läuft dessen Inanspruchnahme schließlich routinemäßig ab. Bei den ersten Gelegenheiten noch vorgenommene Preisvergleiche haben möglicherweise ergeben, daß die gewählte Alternative immer zum günstigsten unter den potentiellen Geschäftspartnern gehörte. Diese Erkenntnis reicht aus, um auf eine aufwendige Einholung von Angeboten zu verzichten. Man nimmt eben das Bewährte und setzt sich so keinem besonderem Risiko aus. Der Entscheidungsvorgang ist stark vereinfacht, die kognitive Entlastung hoch *(habituelle Kaufentscheidung)*.

Bei der Interpretation des Phasenkonzepts gilt es zu berücksichtigen, daß die Entwicklung vom extensiven zum habituellen Kaufverhalten keine Gesetzmäßigkeit darstellt, sondern eher eine Tendenz beschreibt. Es sind sowohl Auslassungen von Stadien, Unterbrechungen als auch Rückschritte innerhalb der Habitualisierung möglich.[2] Ob es zu einer gewohnheitsmäßigen Entwicklung kommt, ist zudem auch eine Frage des persönlichen Engagements im Kaufprozeß, des *Involvement*.[3] Dienstleistungskäufe, die aufgrund ihrer emotionalen Qualität oder wegen des mit ihnen verbundenen Risikos einen eher hohen Grad an Ich-Beteiligung aufweisen (z.B. Urlaubsreisen, Krankenhausaufenthalte), kommen für eine Habitualisierung weniger in Frage als alltägliche Verrichtungen (z.B. Autowaschanlage, Geld-Überweisungen).

---

[1]   NIESCHLAG/DICHTL/HÖRSCHGEN, (Marketing, 1997), S. 209.

[2]   Vgl. ASSAEL (marketing, 1995), S. 126.

[3]   Zum Zusammenhang zwischen Habitualisierung und Involvement vgl. POLAN (Bankloyalität, 1995), S. 67f.; DIETERICH (Gewohnheit, 1986), S. 141ff.

Wendet man das Habitualisierungskonzept auf die Dienstleistungsnachfrage an, so könnte es sein, daß Kunden von Wohnungsunternehmen, die bereits über eigene Erfahrungen im Konsum von Diensten verfügen, welche den hier diskutierten Problemlösungen entsprechen, eine höhere Nachfragebereitschaft zeigen als solche ohne Erfahrungen. Dies ließe sich damit begründen, daß die grundsätzliche Frage einer Inanspruchnahme fremder Dienste bereits geklärt ist und der Entscheidungsprozeß tendenziell vereinfacht abläuft. Insofern würde es weniger an „emotionale[r] Schubkraft"[1] bedürfen, um sich den Angeboten des Wohnungsunternehmens gegenüber zu öffnen.

3.2.3.1.1.2 *Aktivierende Komponenten als Impulsgeber des Kaufverhaltens*

3.2.3.1.1.2.1 Motive der Dienstleistungsnutzung

Mit der Untersuchung von Motiven wird in der Konsumentenforschung beabsichtigt, die grundlegenden Antriebskräfte menschlicher Verhaltensweisen zu erkunden. In diesem Zusammenhang erfolgt oftmals eine Differenzierung zwischen den Begriffen „*Motivation*" und „*Motiv*". Unter Motivationen versteht man die aktuellen Beweggründe des Verhaltens, während Motive tiefer liegende, überdauernde Handlungsausrichtungen kennzeichnen.[2] Grundsätzlich läßt sich unterscheiden zwischen primären, angeborenen Motiven (z.B. Durst, Schlaf, Schmerzvermeidung), die auf eine biologische Selbsterhaltung gerichtet sind, und sekundären, gelernten Motiven (z.B. Furcht, Streben nach Macht, Geltung).[3]

Motive umfassen sowohl eine emotionale als auch eine gedankliche (kognitive) Komponente.[4] Auf der gefühlsmäßigen Seite steht die Empfindung eines Mangelzustandes, welche die Basis für die Auslösung einer bestimmten Handlung darstellt. Die kognitive Komponente beinhaltet die gedankliche Verarbeitung dieser Empfindung und führt zu einer grundsätzlichen Zielorientierung des Verhaltens, ohne daß hierbei schon ein konkretes Objekt der Befriedigung anvisiert würde.[5] Es bedarf also einer Aktivierung (z.B. Mangel an Wohnraum), damit sich die in einem Motiv (z.B. Ökologiemotiv) zum Ausdruck kommende latente Bereitschaft zu einem bestimmten Verhalten auf das tatsächliche Vorgehen auswirkt und eine Motivation (z.B. zum Kauf eines umweltverträglich konzipierten Eigenheims) hervorrufen kann. Der Terminus des „*Bedürfnisses*" wird in der Literatur uneinheitlich gebraucht, in der Regel aber als Synonym zum Motivbegriff aufgefaßt.[6]

---

[1] KROEBER-RIEL/WEINBERG (Konsumentenverhalten, 1996), S. 372

[2] Vgl. DRÖGE (Werthaltungen, 1997), 81.

[3] Vgl. HERKNER (Psychologie, 1992), S. 194ff.; STAEHLE (Management, 1999), S. 162.

[4] Vgl. TROMMSDORFF (Konsumentenverhalten, 1998), S. 108.

[5] Vgl. NIESCHLAG/DICHTL/HOERSCHGEN, (Marketing, 1997), S. 208.

[6] Vgl. MÜLLER-HAGEDORN (Konsumentenverhalten, 1986), S. 134; HOWARD/SHETH (Theory, 1969), S. 99; SCHIFFMAN/KANUK (Behavior, 1994), S. 95.

Zur Erklärung der Bestimmungsgründe des menschlichen Verhaltens haben sich in der Psychologie verschiedenartige *Motivtheorien* herausgebildet. Während *monothematische* Ansätze jeweils nur ein einzelnes Bedürfnis in den Mittelpunkt stellen, versuchen *polythematische* Theorien, das Verhalten mit Hilfe einer Mehrzahl von Motivkategorien zu erklären, die als abschließend betrachtet werden.[1] Eine in den Wirtschaftswissenschaften viel zitierte Theorie letzterer Art stammt von MASLOW, nach dessen Vorstellung eine begrenzte Anzahl von Motiven existiert, die sich in fünf Klassen einteilen lassen.[2] Des weiteren geht er von einer hierarchischen Ordnung in dem Sinne aus, daß ein jeweils übergeordnetes Bedürfnis erst dann verhaltenswirksam wird, wenn die Motive der darunter liegenden Stufen befriedigt sind. Graphisch läßt sich dies wie in Abb. 16 in Form einer Bedürfnispyramide veranschaulichen.

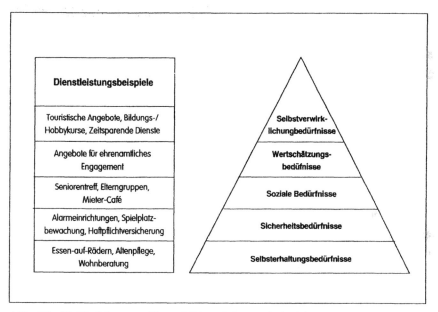

Abb. 16: Bedürfnispyramide und Dienstleistungsbeispiele

Wohnbegleitende Dienstleistungen können auf unterschiedliche Bedürfniskategorien Bezug nehmen. Angebote wie die Altenpflege oder Essen-auf-Rädern dienen zur Befriedigung grundlegender *physiologischer Motive* wie Erhaltung der Gesundheit oder Hunger. *Sicherheitsdürfnissen* kann etwa durch Versicherungsangebote oder die Installation von Alarmeinrichtungen entsprochen werden. Einige Wohnungsunternehmen versuchen auch, durch Gemeinschaftseinrichtungen oder Veranstaltungen die Kommunikation unter ihren Mietern anzuregen und adressieren damit *soziale Bedürfnisse*. Für die Erfüllung von *Wertschätzungs-*

---

[1] Vgl. LERSCH (Spezifizierung, 1976), S. 170ff.

[2] Vgl. MASLOW (Motivation, 1954), S. 80ff.

bedürfnissen kommen etwa Angebote für eine aktive Mitarbeit in der Nachbarschaftshilfe in Betracht, wenn solche Ehrenämter Anerkennung von Dritten verschaffen können. Schließlich lassen sich etwa Sport- und Freizeiträume im Wohnquartier sowie zeitsparende Dienste (z.B. Wohnungsreinigung, Einkaufsservice) als Angebote auffassen, die direkt zur *Selbstverwirklichung* beitragen können oder indirekt Freiräume zur Entfaltung von Persönlichkeit und Kreativität verschaffen.

Eine zentrale Aussage der Motivtheorie MASLOWS in bezug auf das Konsumentenverhalten besteht darin, daß *mit steigendem Wohlstand Antriebskräfte der niedrigeren Stufen* zugunsten von Motiven der oberen Hierarchiestufen tendenziell *an Bedeutung verlieren.*[1] Wenn dies zutrifft, würden Wohnungsunternehmen mit einer finanzschwachen Klientel mit Dienstleistungsangeboten der unteren Ebenen eher erfolgreich sein, während unter „besser verdienenden" Kunden gerade auch Offerten, die Selbstverwirklichungsmotive ansprechen, zur Profilierung im Wettbewerb beitragen sollten.[2]

Kritiker der polythematischen Motivtheorien haben darauf hingewiesen, daß das menschliche Verhalten zu komplex ist, um es in einem abschließenden und universell gültigen Motivkatalog zu erfassen. Zudem erscheint die Annahme einer dauerhaften, stabilen Motivhierarchie fragwürdig.[3] Vor diesem Hintergrund ist die Entwicklung eines dritten Zweiges der Motivtheorien, der *athematischen Theorien*, zu sehen, nach denen keine allgemeine thematische Festlegung von Motivkategorien erfolgt. Für die Konsumentenforschung folgt daraus, daß Kaufmotive im Einzelfall abhängig vom spezifischen Kundenkreis und jeweiligen Zeitpunkt zu ermitteln sind.[4] Hierbei kann allerdings auf einige „Kristallisationsformen"[5] von Motiven rekurriert werden, die allen Menschen oder bestimmten Gruppen gemeinsam sind.

Im Rahmen der Gruppendiskussionen ließen sich verschiedenartige Motive für die Inanspruchnahme wohnbegleitender Dienste isolieren, die teils auf solche Kristallisationsformen zurückzuführen sind, teils aber einen sehr problemspezifischen Charakter aufweisen. Die Hypothese zu den im folgenden beschriebenen Motiven lautet, daß die Bereitschaft zur Inanspruchnahme wohnbegleitender Dienste um so höher ausfällt, je stärker diese Motive bei einem Bewohner ausgeprägt sind.

---

[1] Vgl. WISWEDE (Wirtschaftspsychologie, 1991), S. 68.

[2] Erfüllen die auf einem Markt konkurrierenden Anbieter sämtlich die Motive einer bestimmten Kategorie, verlagert sich das Verbraucherinteresse und damit auch das Wettbewerbsgeschehen auf eine höhere Stufe. Vgl. BÖSENBERG (Wertewandel, 1987), S. 63ff.

[3] Vgl. HILLMANN (Bestimmungsgründe, 1971), S. 35f.

[4] Vgl. HOEPFNER (Beeinflussung, 1975), S. 73.

[5] WISWEDE (Motivation, 1973), S. 72.

⇒ *Bequemlichkeitsmotiv*: „Nahezu jeder Konsument hat Tätigkeiten zu erledigen, die ihm lästig sind, von denen er folglich gern völlig oder zumindest teilweise ... entlastet wäre."[1] Dafür, daß dieser Wunsch auch bei der Nutzung wohnbegleitender Dienste eine relevante Antriebskraft darstellt, sprachen Äußerungen von Teilnehmern, die Reinigungs-, Pflege- oder Räumarbeiten im Dienste der Hausgemeinschaft als unbeliebt bezeichneten. Zwar be- stünde auch die Möglichkeit, gemeinsam mit den Nachbarn entsprechende Hilfskräfte ein- zustellen. Allerdings müßte in diesem Fall einer der Bewohner die Organisation und Ab- rechnung hierfür übernehmen, was ebenfalls als lästig betrachtet wurde.

⇒ *Motiv der Vermeidung körperlicher Anstrengungen*: Das Bedürfnis, körperliche Beanspru- chungen zu umgehen, beinhaltet neben dem Bequemlichkeitsaspekt („Nicht-Wollen") auch den Aspekt des „Nicht-Könnens". Wie einzelne Teilnehmer der Seniorengruppe erläuter- ten, fehle ihnen die Kraft insbesondere für Arbeiten außerhalb des Hauses. Zudem besteht die Befürchtung, sich bei einem Sturz gerade im Fall des Winterdiensts zu verletzen.

⇒ *Ordnungsmotiv*: Aufgaben, die auf das Kollektiv der Hausgemeinschaft übertragen werden, bergen darüber hinaus ein erhebliches Konfliktpotential. Die Sauberkeit im Treppenhaus ist gleichsam ein öffentliches Gut, welches jedem Bewohner zugute kommt. Auf der anderen Seite sind ernsthafte Sanktionen kaum zu erwarten, wenn der einzelne Hausangehörige den eigenen Beitrag hierzu nicht in der erforderlichen Güte leistet; es fällt leicht, eine „free ri- der"-Position zu beziehen. Auch wenn im Einzelfall kein böser Wille vorhanden ist, kann es aufgrund eines divergierenden Ordnungsverständnisses zu Zerwürfnissen kommen. Be- sonders bei großen Altersunterschieden innerhalb der Bewohner ist die Wahrscheinlichkeit hierfür hoch. Denn Senioren legen im Gegensatz zu den jungen Bevölkerungsgruppen oft- mals einen besonderen Wert auf Ordnung und Sauberkeit.[2] Mit der Nutzung externer Dienstleistungen wird offensichtlich auch die Hoffnung verbunden, derartigen Konflikten aus dem Weg zu gehen.

⇒ *Motiv der Beanspruchung fremder Fachkompetenz*: Viele der diskutierten Verrichtungen zeichnen sich dadurch aus, daß es sich um Tätigkeiten handelt, die von einer gesunden Per- son prinzipiell selbst erledigt werden können. In bezug auf Reparatur-, Wartungs- und Re- novierungsarbeiten wurde zum Teil aber auf ein fehlendes eigenes Know-how und eine mangelnde Ausstattung (Werkzeug) verwiesen. Von daher kommt als ein Motiv für die Dienstleistungsnutzung auch die Notwendigkeit eines Rückgriffs auf fremde Fachkompe- tenz bei nicht oder nur schwer substituierbaren Leistungen in Betracht.

---

[1] BÄNSCH (Käuferverhalten, 1996), S. 24.

[2] Vgl. die Darstellung bei KÖLZER (Senioren, 1995), S. 174; VORMBROCK (Quartier, 1988), S. 75.

⇒ *Zeitersparnismotiv*: Auch der Zeitersparnisaspekt wurde in den Diskussionsrunden ange-sprochen. Von einem Dienstleistungsbezug erhofft man sich einerseits einen Gewinn an Freizeit.[1] Diesbezüglich nannte die Eigentümer-Gruppe beispielhaft die Haushaltsdienste, wobei sie den Einkaufsdienst ausklammerten, da Besorgungen auch „nebenbei" erledigt werden könnten. Andererseits wären bestimmte Aufgaben wie etwa ein Wachdienst aus Gründen der Zeitknappheit gar nicht selbst durchzuführen. Diesbezüglich wurde es in der Eigentümerrunde als Problem bezeichnet, daß in der Hausgemeinschaft ausschließlich voll berufstätige Singles und kinderlose Paare lebten; Einbrüche fänden vor allem tagsüber statt, weil die Eindringlinge keine Störungen zu erwarten hätten. Als maßgeblich für den individuellen Wunsch nach Zeitersparnis ist grundsätzlich weniger die objektive als die subjektive Zeitknappheit zu betrachten.[2] Differenzen zwischen beiden Größen lassen sich unter anderem darauf zurückführen, daß „man in der sog. Leistungsgesellschaft Zeitknapp-heit generell mit 'bedeutungsvolle Persönlichkeit' assoziiert: Wer etwas auf sich hält, hat keine Zeit, oder er tut zumindest so, als habe er keine Zeit!"[3]

Nach diesem Überblick über die verschiedenen Motive, deren tatsächliche Bedeutsamkeit für die Dienstleistungsnachfrage im Rahmen der empirischen Hauptuntersuchung zu prüfen ist, werden im folgenden Einstellungen als eine weitere den aktivierenden Größen zuzuordnenden Einflußvariablen untersucht.

3.2.3.1.1.2.2 Einstellungen

Eine *Einstellung* läßt sich definieren als die „erlernte, latente Bereitschaft von relativer zeitli-cher Beständigkeit, auf ein bestimmtes Objekt in einer bestimmten Weise zu reagieren".[4] Ein-stellungen in Form von Meinungen, Überzeugungen oder Vorurteilen entstehen durch direkte oder indirekte Erfahrungen mit einem Objekt (Sache, Person oder Thema) und erleichtern Entscheidungssituationen, weil nicht bei jeder Begegnung mit dem Gegenstand eine Neube-wertung vorgenommen werden muß.[5] Gemäß der Drei-Komponenten-Theorie sind Einstel-lungen durch drei miteinander verwobene Aspekte gekennzeichnet: Zum ersten enthält die Einstellung emotionale Bestandteile (das ablehnende oder zustimmende Gefühl gegenüber dem Objekt), zum zweiten kognitive Elemente (Wissen, Gedanken zum Objekt) und schließ-

---

[1] Zur Interpretation von Dienstleistungen als Zeitsparangebote und Zeitverwendungsangebote vgl. STAUSS (Dimension, 1994), S. 447.

[2] Vgl. PETRI/FRANCK (Unfreiheit, 1995), S. 46.

[3] BÄNSCH (Käuferverhalten, 1996), S. 24. Zum „Wertverhältnis" von Zeit und Geld vgl. allgemein HEINZE/ OFFE (Requalifizierung, 1987), S. 151ff.

[4] MÜLLER-HAGEDORN (Konsumentenverhalten, 1986), S. 79.

[5] Vgl. TRIANDIS (Einstellungen, 1975), S. 6f.; FREY (Einstellungsforschung, 1979), S. 42.

lich intentionale Wesenszüge, z.B. die Absicht, ein bestimmtes Objekt zu erwerben.[1] Sofern die Kaufentscheidung nicht völlig habitualisiert oder spontan, sondern zu einem gewissen Grad bewußt erfolgt, wird man folgenden Zusammenhang behaupten können: Je stärker eine positive (negative) Einstellung zu einer Sach- oder Dienstleistung ausgeprägt ist, desto höher (geringer) ist die Wahrscheinlichkeit eines Kaufs.[2]

Einstellungen schließen Motive mit ein, die ihrerseits aber keine konkrete Objektbeurteilung enthalten. So kann etwa eine positive Einstellung zu Niedrigenergiehäusern auf dem Motiv basieren, Umweltfreundlichkeit im Konsum zu verwirklichen, verknüpft mit der gespeicherten Beurteilung, daß Niedrigenergiehäuser umweltverträglich konzipiert sind. Kurzum geben Motive eine Zielrichtung für das Kaufverhalten vor, während Einstellungen das subjektive Urteil darüber enthalten, inwiefern bestimmte Leistungen, Leistungskategorien oder Anbieter zur Befriedigung des jeweiligen Motivs geeignet sind.

In einem engen Zusammenhang zum Konstrukt der Einstellung steht auch der Begriff des *Image* sowie der *Werte*. Für TROMMSDORF bedeutet Image eine „mehrdimensionale und ganzheitliche Grundlage der Einstellung einer Zielgruppe zum Gegenstand".[3] Ein Image umfaßt aus dieser Sicht also stets mehrere Beurteilungsdimensionen - dies klang auch schon in der bisher verwandten Definition an -,[4] während eine Einstellung eindimensional ausgelegt sein kann.[5] Unter Werten versteht man „elementare, individuelle Vorstellungen vom Wünschenswerten".[6] Sie sind Ausdruck der persönlichen Lebensphilosophie und bilden subjektive Verhaltensleitlinien von relativ großer zeitlicher Stabilität.[7] Als eine Art globale, übergeordnete Einstellung prägen Werte die einzelnen objektbezogenen Einstellungen entscheidend mit.[8]

Hinsichtlich der Nachfrage nach wohnbegleitenden Angeboten erscheint einerseits relevant, welche Einstellungen zu Dienstleistungen im allgemeinen vorliegen. Werden aus Kundensicht Dienstleistungen als gewöhnliche Marktgüter betrachtet, oder bestehen etwa angesichts der Integrativität besondere Grundhaltungen, die als gedankliche bzw. gefühlsmäßige Hemmfaktoren einem Dienstleistungskonsum im Wege stehen? Hierbei geht es also um *dienstleistungsbezogene Einstellungen*. Andererseits ist zu beachten, daß mit Blick auf Leistungsver-

---

[1] Vgl. TRIANDIS (Einstellungen, 1975), S. 10ff.; BALDERJAHN (Einstellungen, 1995), Sp. 543f., STAEHLE (Management, 1999), S. 176.

[2] Vgl. KROEBER-RIEL/WEINBERG (Konsumentenverhalten, 1996), S. 172ff.

[3] TROMMSDORFF (Konsumentenverhalten, 1998), S. 152.

[4] Vgl. Kap. 2.4.2.2.

[5] So mag etwa die Einstellung zu einer bestimmten Automobilmarke bei einem Konsumenten lediglich von der Beurteilungsdimension „Sportlichkeit" abhängen, während ein anderer zusätzlich den Aspekt „Wirtschaftlichkeit" berücksichtigt.

[6] SILBERER (Werteforschung, 1991), S. 3, im Original hervorgehoben.

[7] Vgl. MÜLLER-HAGEDORN (Weg, 1989), S. 222; BEBIÉ (Konsumentenverhalten, 1978), S. 283.

[8] Vgl. KMIECIAK (Wertstrukturen, 1976), S. 152f., SCHÜRMANN (Werte, 1988), S. 27.

mögen und -bereitschaft des Wohnungsunternehmens - anders als es bei den meisten alternativen Anbietern, welche für die diskutierten Problemlösungen in Frage kommen, der Fall wäre - umfangreiche eigene Erfahrungen beim Kunden (Mieter) vorliegen. Auf dieser Grundlage entstandene *geschäftsbeziehungsspezifische Einstellungen* werden möglicherweise zur Entscheidung über die Abnahme zusätzlicher Serviceleistungen herangezogen. Daher ist auch dieser Einstellungstyp in der weiteren Analyse zu berücksichtigen.

3.2.3.1.1.2.2.1 Dienstleistungsbezogene Einstellungen

Hinweise darauf, welche Einstellungen mit Blick auf die Nachfrage nach wohnbegleitenden Dienstleistungen Relevanz besitzen, ergaben sich sowohl innerhalb der Gruppendiskussionen als auch in den mit der Praxis geführten Gesprächen.[1] Hieraus war abzuleiten, daß die Nutzung zumindest eines Teils der diskutierten Angebote zu Konflikten mit übergreifenden Wertvorstellungen der Kunden führen kann. Derartige Zwiespälte schlagen sich dann in einer eher ablehnenden Haltung zum Dienstleistungsbezug nieder.[2] Folgende möglicherweise tangierte Werte kristallisierten sich heraus:[3]

⇒ *Selbständigkeit/Selbstachtung*: Die Inanspruchnahme von alltäglichen Dienstleistungen weckt möglicherweise die Befürchtung, an Selbständigkeit zu verlieren. Interpretiert man die Servicenutzung als Eingeständnis eigener Machtlosigkeit, als „persönliche[s] Leistungsversagen"[4], folgt daraus zwangsläufig ein Verlust an Selbstachtung. Hinzu kommt das soziale Risiko, vom sozialen Umfeld als hilfsbedürftig abgestempelt zu werden. Akzeptanzprobleme, die auf Befürchtungen eigener Autoritäts- oder Kompetenzeinbußen beruhen, können insbesondere, aber nicht nur bei älteren Menschen entstehen: „Im Hinblick auf die Einführung kommerzieller .. Dienstleistungen für die privaten Haushalte ist auch zu fragen, ob es denn mit dem Rollenverständnis und dem Selbstbild vieler (Haus-)Frauen vereinbar ist, daß Haushaltsarbeiten nunmehr kommerziell geleistet werden sollen und somit nicht mehr Ausdruck ihrer persönlichen Fürsorge und Zuwendung wären."[5]

---

[1]   In dieser Hinsicht gilt den folgenden Gesprächspartnern besonderer Dank: A. SCHMIDT/J. PETERSEN, BDS Baubetreuungs-Gesellschaft mbH, Tochterunternehmen der Baugenossenschaft Dennerstraße-Selbsthilfe eG (11.11.1997); H. KOWALSKI, Altonaer Spar- und Bauverein eG (10.11.97); B. DRAEGER, agil - Service rund um Dienstleistungsagentur (4.8.98).

[2]   Einstellungen werden hier ausschließlich als Hemmfaktoren beschrieben, wobei zu beachten ist, daß die niedrige Ausprägung bei einer ablehnend formulierten Einstellung (z.B. geringe Zustimmung zu „Ich würde Familienmitglieder ungern durch Fremde betreuen lassen") auch als eine den Dienstleistungsbezug fördernde Einstellung interpretiert werden kann (z.B. „Offenheit gegenüber fremdem Dienstleistungspersonal").

[3]   Eine grundlegende Kategorisierung globaler Werte stammt von ROKEACH (Values, 1973), 27ff.; vgl. auch HARTMANN (Werthaltungen, 1984), S. 11ff., HILDEBRANDT (Analysen, 1983), S. 223ff.

[4]   Vgl. RAWERT (Dienstleistungen, 1997), S. 6.

[5]   LITTIG (Nutzen, 1997), S. 182.

⇒ *Sparsamkeit/Bescheidenheit*: Daß Sparsamkeit bzw. Bescheidenheit ein Wert an sich darstellen kann, sieht man etwa daran, daß finanzielle Rücklagen nicht nur aus Überlegungen der Vorsorge und des Ansparens für kostspielige Konsumobjekte heraus gebildet werden, sondern teils auch nur zum Selbstzweck oder aus der psychischen Unfähigkeit heraus, sein Geld ausgeben bzw. verschenken zu können.[1] Traditionell wird den Senioren eine besondere Sparsamkeit attestiert, Konsumverzicht nach dem Motto „Das lohnt sich für mich doch nicht mehr"[2] erscheint für diese Gruppe nicht außergewöhnlich. Aus einem gewissen puritanischen Ethos[3] heraus läßt sich auch die emotionale Ablehnung gegenüber dem Sich-Bedienen-Lassen generell erklären. „Wer sich bedienen läßt, gilt als Ausbeuter - oder, genauso schlimm, als Verschwender. Selfservice und Do-it-yourself sind .. zur Bürgerpflicht geworden."[4] Angesichts der bei alltagsbezogenen Dienstleistungen vorhandenen Möglichkeit der Eigenerstellung erhält deren Nutzung tendenziell den Beigeschmack des Luxuriösen, was abschreckend wirken kann.[5]

⇒ *Familiensinn/Sicherheit der Familie*: Eine eigene Problematik beinhalten personenbezogene Dienstleistungen, bei denen es um die Betreuung von Familienmitgliedern geht. Berufsmäßige Betreuer sind zwar grundsätzlich in der Lage, Aufgaben im Bereich der Kinderpflege und -erziehung sowie der Altenpflege aus fachlicher Hinsicht angemessen zu erfüllen und dem betroffenen Menschen ein Grundmaß an Achtung und persönlicher Aufmerksamkeit entgegenzubringen. Anders als die Familie vermögen es professionelle Kräfte aber nicht, weitergehende Bedürfnisse nach individueller Zuwendung, Zärtlichkeit oder Liebe zu befriedigen.[6] Im Bewußtsein dieses Defizits können auf seiten jener Personen, die über eine Externalisierung der Betreuung von Familienmitgliedern zu entscheiden haben, gerade bei einem ausgeprägtem Familiensinn emotionale Konflikte auftreten. Eine Vergabe an Dritte widerspricht auch dem Pflichtgefühl, welches - insbesondere, wenn man an die Pflege der Eltern denkt - aus dem Gedanken der Reziprozität familialer Leistungen entspringt.[7]

---

[1] Vgl. WISWEDE (Wirtschaftspsychologie, 1991), S. 180; FOOKEN (Dynamik, 1998), S. 159.

[2] KÖLZER (Senioren, 1995), S. 150.

[3] Vgl. WISWEDE (Konsument, 1990), S. 25ff.

[4] SCHUMACHER (dekadent, 1996), S. 96.

[5] Vgl. RAWERT (Dienstleistungen, 1997), S. 6; HAVETTE/OKBA (Proximité, 1997), S. 12.

[6] Vgl. BAUMGARTNER (Dienen, 1998) S. 29f.; MEYER (Hausarbeit, 1997), S. 18.

[7] Zur Bedeutung des Pflichtgefühls bei der Altenpflege vgl. EVERS (Geldleistungen, 1997), S. 146, 154.

⇒ *Privatheit/Anonymität*: Dienstleistungen, die wie Haushalts- oder ambulante Pflegedienste innerhalb der Wohnung verrichtet werden, berühren die Privatsphäre des Nachfragers. Ausführende Kräfte erhalten einen Einblick in seine intimen Lebensverhältnisse.[1] Aus Kundensicht besteht die Gefahr, daß Erkenntnisse hierüber nach außen dringen oder persönliche Wertgegenstände beschädigt bzw. entwendet werden. Daher wird Mitarbeitern des Anbieters oftmals nur bei eigener Anwesenheit Zutritt in die Wohnung gewährt, was aus Nachfragersicht allerdings das zusätzliche Problem der Bindung zeitlicher Ressourcen beinhaltet. Wie innerhalb der Diskussionsrunde der Eigentümer zum Ausdruck kam, erwarten die Kunden vor diesem Hintergrund flexible Service-Nutzungszeiten. Darüber hinaus werden hohe Ansprüche an Diskretion und Ehrlichkeit etwa von Reinigungskräften formuliert.

Bei der Beurteilung der Relevanz einzelner Werte für den Dienstleistungskonsum ist zu berücksichtigen, daß Werte zwar relativ stabile Grundhaltungen, aber keineswegs unverrückbarer Natur sind. Dies findet in den verschiedenen Modellen vom *Wertewandel* seinen Ausdruck.[2] So sieht etwa INGLEHART eine langfristige Strömung in westlichen Gesellschaften fort von materialistischen Werten (z.B. Wohlstand, Ordnung, Sicherheit) hin zu postmaterialistischen Werten (z.B. Ästhetik, Humanität, Mitsprache).[3] KLAGES kommt zu dem Ergebnis, daß sich der Wertewandel am besten in der Formel „Von Pflicht- und Akzeptanz- zu Selbstentfaltungswerten"[4] zusammenfassen läßt. Unter der ersten Gruppe werden etwa Disziplin, Treue und Enthaltsamkeit subsumiert. Innerhalb der Selbstentfaltungswerte läßt sich zwischen den Kategorien hedonistischer (z.B. Genuß, Abenteuer, Emotionen), individualistischer (wie Eigenständigkeit, Selbstverwirklichung) und solcher Werte unterscheiden, die auf eine idealistische Gesellschaftskritik hinauslaufen (etwa Emanzipation von Autoritäten, Mitwirkung, Gleichbehandlung).

Weitgehende Übereinstimmung besteht darüber, daß der Wertewandel vor allem jüngere Bevölkerungsschichten erfaßt hat. Für die ältere Generation, die in den Kriegs- bzw. Nachkriegsjahren unter von Schicksalhaftigkeit und Unterversorgung geprägten Lebensbedingungen aufgewachsen ist,[5] lassen sich die beschriebenen Tendenzen nur in einem schwächeren Maße nachzeichnen.[6] Für die Zukunft wird prognostiziert, daß Hedonismus zugunsten von Materialismus weiter an Bedeutung gewinnt, wobei sich neben einer ausgeprägten Ich-Orientierung - scheinbar paradox - zugleich eine wachsende Sozialorientierung (mit anderen

---

[1] Vgl. GARHAMMER (Dienstleistungsproduktion, 1988), S. 86; RAWERT (Dienstleistungen, 1997), S. 6; LEHMANN (Dienstleistungsservice, 1997), S. 64; BORCHERS (Sandwich-Generation, 1997), S. 183.

[2] Für einen Überblick vgl. SILBERER (Werteforschung, 1991), S. 128ff.; WISWEDE (Konsument, 1990), S. 19ff.

[3] Vgl. INGLEHART (Umbruch, 1989), S. 101ff.

[4] KLAGES (Indikatoren, 1987), S. 1.

[5] Vgl. VETTER (Lebensführung, 1991), S. 30.

[6] Vgl. KLAGES (Indikatoren, 1987), S. 3.

Kontakt haben; anderen helfen) der Menschen ausmachen läßt. „Die Deutschen möchten gern in einer ausgeglichenen Balance zwischen Genuß- und Sozialorientierung leben."[1]

Insgesamt betrachtet deutet die skizzierte Entwicklung darauf hin, daß die oben beschriebenen Werte „Familiensinn/Sicherheit der Familie" und „Bescheidenheit/Sparsamkeit" als eher traditionelle Werthaltungen in Zukunft an Bedeutung verlieren werden. So wird etwa auch für den Fall, daß das allgemeine Wohlstandsniveau in Zukunft sinken sollte, nicht mit einer Veränderung der konsumbezogenen Werthaltungen gerechnet. Eher ist mit einer Entwicklung von Anpassungsstrategien (z.B. stärkere Preissensibilität, Ausbau des Do-it-yourself, Aufschiebung von Anschaffungen) zu rechnen, welche eine qualitative Beibehaltung des Konsumniveaus unter engeren Restriktionen gestatten.[2] Dessen ungeachtet können diese Werte bzw. die daraus abzuleitenden Einstellungen angesichts der heutigen Kundenstruktur der Wohnungsunternehmen möglicherweise einen Beitrag zur Erklärung der Nachfrage nach zusätzlichen Serviceleistungen leisten. Je stärker die beschriebenen Hemmfaktoren beim einzelnen Kunden ausgeprägt sind, desto geringer dürfte seine Nachfragebereitschaft ausfallen.

3.2.3.1.1.2.2.2 Geschäftsbeziehungsspezifische Einstellungen

Wie in Kap. 2.4.2.2 erläutert, bestehen mögliche Zielsetzungen des Angebots wohnbegleitender Dienstleistungen darin, das Niveau der Kundenzufriedenheit und Kundenbindung zu erhöhen, indem man die von den Kunden wahrgenommene Gesamtqualität der bereitgestellten Problemlösung steigert. Andererseits läßt sich ein *inverser Zusammenhang* dergestalt annehmen, daß die Bereitschaft zur Abnahme zusätzlicher Leistungen, das Erfolgspotential für ein Cross-Selling, gerade auch davon abhängt, wie zufrieden ein Kunde mit dem bisherigen Angebot ist, welche Loyalität er gegenüber dem Wohnungsunternehmen empfindet und - darüber hinaus - welches Vertrauen er diesem entgegenbringt.[3]

Insbesondere wenn eine Nutzung nur gegen zusätzliches Entgelt möglich ist und das Angebot einen innovativen Charakter trägt, liegt es nahe, daß dem Konsum wohnbegleitender Dienstleistungen ein vergleichsweise intensiver Entscheidungs- bzw. Bewertungsprozeß vorausgeht. Hierbei läßt sich der dienstleistungsimmanente Mangel an Suchqualitäten zumindest teilweise durch das Heranziehen eigener *geschäftsbeziehungsspezifischer Erfahrungswerte* kompensieren. Im folgenden sollen als mögliche Einflußgrößen auf die Sekundärleistungsnachfrage, die Ausdruck der Einstellung zum Wohnungsunternehmen sind und auf den Erfahrungen des

---

[1] OPASCHOWSKI (Deutschen, 1997), S. 42.

[2] Vgl. WISWEDE (Lean-Consumption, 1997), S. 87.

[3] In diesem Sinne vgl. MEYER/DORNACH (Kundenbarometer, 1998), S. 185; LEHMANN (Top Service, 1992), S. 22; KRICSFALUSSY (Geschäftsbeziehung, 1996), S. 243; WEHRLI (Beziehungsmarketing, 1994), S. 197; SÜCHTING (Attraktivität, 1988), S. 25; NITSCHKE (Beziehungsmanagement, 1991), S. 33.

Kunden beruhen, Zufriedenheit, Kundenbindung und Vertrauen intensiver beleuchtet sowie hinsichtlich ihrer Entstehung und Wirkungsweise charakterisiert werden.

(1) Kundenzufriedenheit

Zufriedenheit umschreibt die Wahrnehmung und Bewertung von Leistungsbündeln aus Nach-fragersicht und bildet somit den wohl wichtigsten Gradmesser für die von einem Unter-nehmen gelieferte Leistungsqualität. Obwohl Zufriedenheit schon lange als eine bedeutende Determinante des Kaufverhaltens in der Marketingtheorie diskutiert wird, existiert bislang kein einheitliches Begriffsverständnis. Manche Autoren betrachten Zufriedenheit als eine Emotion,[1] andere ordnen sie den *Einstellungen* zu.[2]

Die Beziehungszufriedenheit, verstanden als die allgemeine, transaktionsübergreifende Zu-friedenheit mit der Geschäftsbeziehung zu einem Dienstleistungsanbieter, stellt eine ver-gleichsweise stabile Größe dar. Einzelne negative Konsumerlebnisse werden innerhalb einer gewissen Bandbreite toleriert. Die relative Stabilität zumindest der Beziehungszufriedenheit spricht eher für eine Interpretation als Einstellung, ebenso wie der mit der Zufriedenheits-bildung verbundene, für eine Einstellung typische Bewertungsvorgang. Ein weitgehender Konsens besteht darüber, daß Kundenzufriedenheit ein *Nachkaufphänomen* darstellt, in dem sich die auf eigener Erfahrung beruhende Beurteilung von Sach- oder Dienstleistungen durch ein Individuum widerspiegelt.[3]

Aus theoretischer Sicht ist zunächst die Frage der *Entstehung von Kundenzufriedenheit* be-deutsam. Zur Modellierung des Beurteilungsvorgangs werden unterschiedliche Konzepte her-angezogen. Am häufigsten Verwendung findet das *Confirmation/Disconfirmation-Paradigma*, nach dem der Kunde die erlebte Leistung (Ist-Leistung) einem gewissen Vergleichsstandard (Soll-Leistung) gegenüberstellt. Stimmen Soll und Ist überein, erfährt der Nachfrager eine Bestätigung (Konfirmation), die bei ihm Zufriedenheit hervorruft. Liegt eine positive Abwei-chung des tatsächlichen Leistungsniveaus vom Vergleichsstandard vor (positive Diskonfirma-tion), führt dies ebenfalls zu Zufriedenheit, im umgekehrten Fall zu Unzufriedenheit (negative Diskonfirmation).[4]

Oftmals wird angenommen, daß sich der Vergleichsstandard aus den vor der Inanspruchnah-me gebildeten *Erwartungen* des Kunden ableitet. Diese Auffassung erscheint allerdings pro-blematisch, wenn man davon ausgeht, daß Unzufriedenheit auch mit Blick auf Leistungs-merkmale entstehen kann, über die sich der Kunde zuvor nicht bewußt war. Ob zudem, wie

---

[1] Vgl. HOMBURG/RUDOLPH (Perspektiven, 1998), S. 44.

[2] Vgl. STAUSS (Kundenzufriedenheit, 1999), S. 12.

[3] Vgl. STAUSS/SEIDEL (Zufriedenheitsermittlung, 1998), S. 204.

[4] Vgl. WALKER (encounter, 1995), S. 38; CHURCHILL/SURPRENANT (Satisfaction, 1982), S. 491ff.; OLI-VER/DESARBO (Satisfaction, 1988), S. 495f.; CADOTTE/WOODRUFF/JENKINS (Expectations, 1987), S. 305.

das Modell der Erwartungen als Vergleichsstandard impliziert, Zufriedenheit auch dann eintritt, wenn sich negative Erwartungen bestätigen, ist ebenfalls fraglich. Als alternativer Vergleichsstandard sind bestimmte „Erfahrungsnormen" denkbar, welche auf dem gesamten Erfahrungsspektrum des Kunden basieren und nicht beschreiben, *was der Nachfrager antizipiert, sondern was er für angemessen hält.*[1]

Einen Beitrag für das Verständnis des Vergleichsprozesses vermag auch die *Theorie der kognitiven Dissonanz* von FESTINGER[2] zu liefern, die im Rahmen der Zufriedenheitsforschung eine breite Beachtung gefunden. Unter Dissonanz versteht man ein unangenehmes, aktivierendes Gefühl, welches durch die Widersprüchlichkeit von Wissen(seinheiten) entsteht.[3] Das Individuum versucht - so die allgemeine Hypothese - die hiermit verbundenen Spannungen abzubauen, indem entweder ein gedanklicher Ausgleich vorgenommen wird oder von vornherein dissonanzfördernde Situationen bzw. Informationen vermieden werden.

Aus Sicht des Marketing ist die *Nachkaufdissonanz* von besonderem Interesse, welche sich oftmals im Anschluß an eine Kaufentscheidung einstellt. Wie bei jeder Entscheidungssituation gibt es auch beim Kauf mehrere Handlungsoptionen (zumindest Kauf oder Nichtkauf), und da nahezu jede Alternative gewisse Vor- und Nachteile beinhaltet, stellt sich in der Retrospektive die Frage, ob man die richtige Wahl getroffen hat. Dissonanz entsteht in dieser Situation aus dem Wissen heraus, nicht von den Vorteilen der vernachlässigten Alternative(n) profitieren zu können, aber die Nachteile der gewählten Leistung „in Kauf" nehmen zu müssen. Je bedeutsamer die Kaufentscheidung, je geringer die ex ante vermuteten Qualitätsunterschiede zwischen beiden Alternativen, desto größer wird ex post die Dissonanz ausfallen.[4]

Mit Blick auf den Vergleichsprozeß, welcher der Zufriedenheit bzw. Unzufriedenheit zugrunde liegt, kann sich eine Nachkaufdissonanz dahingehend auswirken, daß die Beurteilung des gekauften Produktes im nachhinein dem Vergleichsstandard angepaßt oder das Vergleichsniveau herabgeschraubt wird.[5] Diese *nachträglichen Änderungen des Einstellungssystems* bauen Inkonsistenzen im gespeicherten Wissen ab und verhindern gegebenenfalls, sich einen Fehler eingestehen zu müssen. Als weitere Reaktion auf das Unbehagen nach dem Kauf kommt eine *selektive Informationsaufnahme* in Betracht. Dies bedeutet, daß der Verbraucher bevorzugt nach Quellen sucht, die ihm Bestätigung bieten (z.B. andere zufriedene Benutzer,

---

[1] Vgl. HOMBURG/RUDOLPH (Perspektiven, 1998), S. 40; LATOUR/PEAT (Satisfaction, 1979), S. 431ff.

[2] Vgl. FESTINGER (Dissonanz, 1978).

[3] Vgl. TROMMSDORFF (Konsumentenverhalten, 1998), S. 127, WISWEDE (Wirtschaftspsychologie, 1991), S. 86. Hier zeigt sich eine Parallele zum wahrgenommenen Risiko, das ebenfalls als kognitiver Konflikt interpretiert werden kann, der das Individuum zu „ausgleichenden" Maßnahmen motiviert. Vgl. ROSENSTIEL/ EWALD (Marktpsychologie, 1979), S. 93.

[4] Vgl. KROEBER-RIEL/WEINBERG (Konsumentenverhalten, 1996), S. 184.

[5] Vgl. HOMBURG/RUDOLPH (Perspektiven, 1998), S. 45.

Werbung des Anbieters), und solche abwehrt, welche seine Zweifel erhöhen würden (etwa Werbung der Konkurrenten, kritische Bekannte).[1]

Mit Blick auf die These, daß ein positiver Zusammenhang zwischen der Kundenzufriedenheit und dem Kauf weiterer Elemente des Leistungssortiments eines Anbieters besteht, leistet die Dissonanztheorie ebenfalls einen Erklärungsbeitrag. Aus dissonanztheoretischer Sicht werden von Käufern solche Leistungen und Anbieter präferiert, bei denen keine oder kaum Dissonanzen zu erwarten sind.[2] Wenn also die Inanspruchnahme der Wohnleistung bisher nur unwesentliche Dissonanzen verursacht hat, ist es plausibel, daß der Kunde eine gewünschte weitere Dienstleistung beim Wohnungsunternehmen und nicht bei alternativen Anbietern bezieht, deren Dissonanzträchtigkeit nicht oder vergleichsweise schlecht beurteilt werden kann.

Sind mit dem Erwerb einer Dienstleistung aus Käufersicht spürbare Risiken verbunden, so läßt sich auch aus *risikotheoretischer Sicht* ein Rückgriff auf das Wohnungsunternehmen begründen, weil hierin eine mögliche Strategie zur Vermeidung des Unzufriedenheitsrisikos zu sehen ist. Zufriedenheit kann zudem im Sinne der *Lerntheorie* als Belohnung interpretiert werden, so daß der Kunde darin bestärkt wird, auch bezüglich neuer Leistungen auf den bekannten Anbieter zurückzugreifen.[3]

Der *Messung der Kundenzufriedenheit* wird in der Wohnungswirtschaft wie auch in anderen Branchen ein wachsender Stellenwert eingeräumt.[4] Besonders bewährt haben sich in der Marktforschungspraxis die sogenannten *merkmalsorientierten Verfahren*, bei denen die Zufriedenheitsmessung über eine Mehrzahl von Leistungsattributen erfaßt wird. Hierbei unterscheidet man *implizite* und *explizite Methoden*. Zwar können bei Anwendung impliziter Techniken wie der Beschwerdeanalyse oder der Befragung des Kundenbetreuungspersonals wichtige Hinweise bezüglich möglicher Leistungsdefizite gewonnen werden, allerdings ist die Zufriedenheitserfassung eher unsystematisch und ungerichtet. Breiteren Raum nehmen daher explizite Methoden ein, bei denen die Kundenzufriedenheit direkt über Zufriedenheitsskalen erhoben wird.[5]

Durch Zufriedenheitsanalysen können Stärken und Schwächen im Leistungsangebot eines Wohnungsunternehmens aufgedeckt werden, um im Rahmen des *Qualitätsmanagements* Maßnahmen zu ergreifen, die für den Erhalt oder die Verbesserung der Wettbewerbsposition von zentraler Bedeutung sind. Für das *Controlling* liefern Zufriedenheitsanalysen Basisdaten,

---

[1] Vgl. GABOTT/HOGG (Services, 1998), S. 17, sowie - kritisch - LOUDON/DELLA BITTA (concepts, 1993), S. 584ff.

[2] Vgl. BÄNSCH (Käuferverhalten, 1996), S. 66.

[3] Vgl. HOMBURG/GIERING/HENTSCHEL (Kundenbindung, 1998), S. 90ff.

[4] Vgl. allgemein HOMBURG/WERNER (Meßsystem, 1996), S. 92; STAUSS/SEIDEL (Zufriedenheitsermittlung, 1998), S. 203, und mit Blick auf die Wohnungswirtschaft z.B. SCHAUERTE ET AL. (Erkenntnisse, 1996), S. 208; MENGE (Marketing, 1996), S. 30ff.; PIEPER/ROSENKRANZ/BUBA (Wohnzufriedenheit, 1996), S. 170.

[5] Vgl. WERNER (Verfahren, 1998), S. 147ff.; HOMBURG/WERNER (Meßsystem, 1996), S. 92ff.

welche eine Lenkung von Ressourcen in solche Bereiche erlauben, die für die Kunden besonders relevant sind. So könnte z.B. die Schlußfolgerung aus einer Wohnzufriedenheitsstudie lauten, daß in Zukunft mehr in den Ausbau von Kundenbetreuungs-Teams investiert wird, während man das Modernisierungsvolumen eher reduzieren kann. Ein weiterer Nutzen mag darin gesehen werden, daß regelmäßig erhobene Kundenzufriedenheits-Kennziffern auch als ergänzender *Leistungsmaßstab* für im Marktbereich tätige Führungskräfte bzw. Mitarbeiter brauchbar sind. Folgt man der These, daß sich eine hohe Kundenzufriedenheit positiv auf den Marktanteil und die Rentabilität eines Unternehmens auswirkt, so können entsprechende Daten als *Frühindikator* eine wichtige Informationsfunktion erfüllen, die insbesondere auch für Eigen- und Fremdkapitalgeber von Interesse sein dürften.[1]

Im Mittelpunkt von Kundenbefragungen in der Wohnungswirtschaft steht oftmals die Wohnzufriedenheit, welche sich allgemein - im Sinne einer Globalzufriedenheit mit der Wohnleistung - oder differenziert nach einzelnen Aspekten erheben läßt.[2] Mit Blick auf die Erklärung der Nachfrage nach wohnbegleitenden Dienstleistungen stellt sich die Frage, ob die allgemeine Wohnzufriedenheit hierfür den am besten geeigneten Indikator verkörpert. Zweifelsohne wird die Wohnzufriedenheit durch eine Vielzahl von Faktoren (wie z.B. Lage, Wohnungsausstattung, Grundriß oder soziales Umfeld) determiniert, welche entweder der Kunde durch seine Wohnungswahl gleichsam selbst zu verantworten hat,[3] die vom Wohnungsunternehmen nicht bzw. kaum zu korrigieren sind oder die als eher materielle Komponenten des Wohnens wenig über die Dienstleistungsqualität aussagen.

Die Qualität des Grundservice, verstanden als die Gesamtheit der obligatorischen Sekundärleistungen, liegt nicht nur in der eindeutigen Verantwortung des Wohnungsunternehmens,[4] sondern kann darüber hinaus als besonders aussagekräftig mit Blick auf die zu erwartende Güte fakultativer Sekundärleistungen gelten, weil hier die Dienstleistungsanteile innerhalb des Leistungsbündels Wohnen betroffen sind. Vor diesem Hintergrund erscheint plausibel, daß die individuelle Nachfrage nach wohnbegleitenden Dienstleistungen um so höher ausfällt, je größer die Zufriedenheit eines Kunden mit dem bisherigen Grundservice (Servicezufriedenheit)

---

[1] Vgl. MEYER/DORNACH (Kundenbarometer, 1998), S. 198ff.

[2] Vgl. EICHENER (Mieterbefragungen, 1995), S. 15, und allgemein zur Bedeutung der Wohnzufriedenheit HÄPKE (Aspekte, 1994), S. 184ff.

[3] So sind dem Kunden die Lage und der Wohnungszuschnitt als nicht bzw. kaum veränderbare Merkmale auch schon zum Zeitpunkt der Wohnungsauswahl bekannt. Von einer Verantwortlichkeit des Kunden läßt sich strenggenommen aber auch nur dann sprechen, wenn er zum Bezugszeitpunkt eine freie Wahl auf dem Wohnungsmarkt hatte.

[4] Kunden wissen offensichtlich zu unterscheiden, wer für ein positives bzw. negatives Erlebnis im Rahmen der Geschäftsbeziehung verantwortlich ist, und machen ihre Reaktion darüber hinaus auch von der Kontrollierbarkeit der Situation durch den Anbieter abhängig. „Mißerfolge, die aber vom Hersteller kontrolliert werden könnten, [führen] zur Verärgerung des Kunden, während Mißerfolge, die nicht vom Hersteller zu kontrolieren sind, nicht unbedingt Verärgerung und damit auch Unzufriedenheit bedingen müssen." HOMBURG/ RUDOLPH (Perspektiven, 1998), S. 38.

ist. Ein gleichgerichteter Zusammenhang wird auch für die Wohnzufriedenheit vermutet. Da das Dienstleistungselement nur eine unter mehreren Komponenten der Wohnzufriedenheit darstellt, dürfte dieser Zusammenhang indes schwächer ausfallen. Schließlich wird angenommen, daß auch die Beziehung zwischen Servicezufriedenheit und Kundenbindung stärker ausgeprägt ist als jene der Wohnzufriedenheit zu der Loyalität.

Im Rahmen der Diskussionensrunden wurde dem Thema „Servicezufriedenheit" breitem Raum gewährt. Hierbei wurden verschiedene Kriterien ermittelt, von denen die Mieter und Eigentümer ihr Urteil über den Grundservice von VI offensichtlich abhängig machen. Als eine erste Bestätigung dafür, daß ein direkter Zusammenhang zwischen Servicezufriedenheit und beabsichtigter Sekundärleistungsnachfrage besteht, konnte die Äußerung aus dem Teilnehmerkreis gewertet werden, nach der eine Nutzung zusätzlicher Dienste erst in Frage käme, wenn gewisse Defizite im Grundservice behoben wären. Weitere zufriedenheitsbezogene Erkenntnisse aus den Diskussionsrunden betrafen die Anforderungen, die allgemein einer Bewertung von Dienstleistungsunternehmen zugrunde gelegt werden und auf die im Rahmen der Ergebnisauswertung der standardisierten Befragung näher eingegangen wird.

(2) Kundenbindung

Eine zweite Variante geschäftsbeziehungsspezifischer Einstellungen, die als Einflußfaktoren auf die Sekundärleistungsnachfrage in Betracht kommen, ist die Kundenbindung. Aus der Perspektive des Nachfragers läßt sich Kundenbindung - hier gleichbedeutend zu „Kundenloyalität" oder „Kundentreue" verwandt[1] - als die Einstellung eines Kunden zur Geschäftsbeziehung mit einem Anbieter definieren, welche sich in der Bereitwilligkeit manifestiert, weitere Transaktionen mit diesem Partner durchzuführen.[2] Wie für Einstellungsvariablen typisch umfaßt Kundenbindung sowohl emotionale (z.B. „Wir-Gefühl"), kognitive (wie das Wissen um die Leistungsfähigkeit des Anbieters) als auch intentionale Komponenten (etwa Absicht zum Wiederkauf).[3]

Oftmals läßt sich das Treueverhalten eines Nachfragers nicht monokausal erklären, sondern es liegen diverse Gründe dafür vor, warum sich ein Kunde an ein Unternehmen bindet. Nach MEYER/OEVERMANN können mit situativen, vertraglichen, ökonomischen, technischfunktionalen und psychischen Bindungsursachen fünf Kategorien unterschieden werden.[4] Im folgenden sollen die alternativen Bindungsursachen am Beispiel der Wohnleistung erläutert und in diesem Rahmen der Bezug zu den relevanten ökonomischen und verhaltenswissen-

[1] Vgl. LOHMANN (Bankloyalität, 1997), S. 9f.

[2] Vgl. DILLER (Kundenbindung, 1996), S. 83.

[3] Vgl. WEINBERG (Aspekte, 1998), S. 44f.; DICK/BASU (Loyalty, 1994), S. 100ff.

[4] Vgl. MEYER/OEVERMANN (Kundenbindung, 1995), Sp. 1342, und zur theoretischen Fundierung der Kundenbindung PETER (Kundenbindung, 1997), S. 82ff.

schaftlichen Theorien verdeutlicht werden, die einen Beitrag zur Erklärung des Phänomens Kundenbindung leisten.

Situative Bindungsursachen ergeben sich aus bestimmten äußeren Umständen. Ein situativer Bindungsfaktor könnte etwa darin bestehen, daß die vorhandene Wohnung einen günstigen Standort aufweist, von dem aus man bequem den aktuellen Arbeitsplatz erreichen kann. Eine angespannte Lage auf dem Wohnungsmarkt, die - wie Anfang der 90er Jahre - dem Mieter kaum Wahlmöglichkeiten hinsichtlich einer Veränderung läßt, könnte ebenfalls ein situativer Grund sein, an der bisherigen Wohnung festzuhalten.

Vertragliche Bindungsursachen, die einen Anbieterwechsel erschweren oder für eine gewisse Zeit rechtlich unmöglich machen, kommen auf dem Mietwohnungsmarkt etwa in Form von Zeitmietverträgen bzw. Kündigungsfristen vor. Die Mietkaution verstärkt die Bindung insoweit, als bei einem plötzlichen Verlassen der Wohnung entgegen den Vereinbarungen mit einem Kautionsverlust zu rechnen wäre.

Als dritte Kategorie werden die *ökonomischen Bindungsursachen* auch mit dem Begriff der „*Wechselkosten*" belegt. Sie umfassen „nicht nur die Zahlungen, sondern alle Anstrengungen, Aufwendungen, Inanspruchnahmen, Verzichte und Zeitverbräuche, die der Kunde als durch den Wechsel [der Geschäftsbeziehung] ausgelöst ansieht."[1] Die Relevanz der Wechselkosten läßt sich zum einen aus dem Transaktionskostenansatz ableiten. Manche Transaktionen setzen voraus, daß die Nachfrager und/oder Anbieter bereit sind, gewisse spezifische Investitionen zu tätigen. So ist zum Beispiel mit dem Eintritt eines Kunden in ein Mietverhältnis zwangsläufig ein Umzug verbunden, der in der Regel hohe Kosten bedingt. Die in den Umzug investierten Mittel erlauben keine Alternativverwendung, sondern „verlieren ihren Wert bei einem Beziehungswechsel und begründen damit Wechselkostenpotentiale".[2] Denn eine Amortisation dieses Input ist nur möglich, wenn der Mieter mehr oder weniger langfristig seinem Wohnstandort und so auch dem Vermieter treu bleibt.

Mit Blick auf die Wechselkosten läßt sich zwischen direkten Kosten, Sunk Costs und Opportunitätskosten unterscheiden.[3] *Direkte Kosten* des Vermieterwechsels entstehen bei der Suche nach einer neuen Wohnung (z.B. Zeit und Fahrtkosten für Besichtigungen), beim darauf folgenden Vertragsabschluß (z.B. Beitrittsgeld für eine Wohnungsgenossenschaft, Maklergebühr) sowie beim eigentlichen Umzug (etwa Transportkosten, Renovierungskosten).

---

[1] Vgl. PLINKE/SÖLLNER (Abhängigkeitsbeziehungen, 1998), S. 73.

[2] STEIN (Beziehungsmanagement, 1997), S. 81.

[3] Vgl. PLINKE/SÖLLNER (Abhängigkeitsbeziehungen, 1998), S. 73f.

Sunk Costs stellen indes „versunkene Kosten" dar, d.h. bereits verausgabte Beträge, die als Input in die bisherige Wohnung bei einem Wechsel unwiderruflich verloren gehen. Hierunter lassen sich zum Beispiel der nicht durch Abstandszahlungen ausgeglichene Wert spezieller Einbauten oder Bepflanzungen, aber auch - wie bereits dargelegt - die für die aktuelle Wohnung beim Einzug angefallenen Investitionen verstehen. Eine Einbauküche, welche sich mangels „Kompatibilität" nicht in einer anderen Wohnung nutzen läßt, könnte indes auch als eine *technisch-funktionale Bindungsursache* interpretiert werden. Schließlich entstehen *Opportunitätskosten* dadurch, daß besondere Vorteile aus der bisherigen Geschäftsbeziehung bei einem Wechsel entfallen. Ein Beispiel hierfür wäre der ökonomische Vorteil eines alteingesessenen Mieters, der aktuell eine weit unter dem Mietspiegel liegende Miete bezahlt, nach einem Umzug jedoch das Marktniveau akzeptieren müßte.

Die genannten Wechselkosten tragen vor allem zur Wohnungsbindung und somit nur indirekt zur Vermieterbindung bei. Unmittelbar im Sinne der Anbietertreue sollte es sich jedoch auswirken, wenn im Fall eines (z.B. wegen Familienzuwachs) ohnehin geplanten Umzugs die Wechselkosten bei der Entscheidung für ein alternatives Wohnungsangebot des bisherigen Vermieters niedriger ausfallen als bei einem neuen Vermieter. Maßnahmen eines Wohnungsunternehmens, die dem Kunden solche relativen Wechselkostenersparnisse ermöglichen, könnten etwa auf eine Verminderung bürokratischer Erfordernisse bei Vertragsabschluß (z.B. Verzicht auf Einkommensnachweis, Verzicht auf oder Senkung der Kaution) oder auf eine Reduzierung der Suchkosten des Kunden (z.B. durch eine Wohnungstauschbörse oder eine gezielte Angebotsunterbreitung durch den vertrauten Kundenbetreuer) abzielen.

Offensichtlich liegt es in der Natur der Wohnleistung, daß zahlreiche ökonomische Bindungskräfte wirksam werden. Insbesondere aufgrund der üblicherweise beträchtlichen direkten Kosten und der zum Teil beachtlichen Sunk Costs beinhaltet das Wohnen eine große Beharrungstendenz. Generell läßt sich bei Dienstleistungen beobachten, daß Konsumenten eine höhere Anbietertreue zeigen als bei Sachleistungen. Hierfür wird die relative Stärke sowohl der Wechselkosten als auch des Wechselrisikos, d.h. der Gefahr, von einem anderen Anbieter (noch) schlechtere Leistungen zu erhalten, verantwortlich gemacht.[1]

Als letzte Kategorie spielen *psychologische Bindungsursachen* ebenfalls bei der Wohnleistung eine wichtige Rolle. Im Sinne einer Anbieterbindung mag es beim Kunden wirken, daß persönliche, manchmal langjährige Beziehungen zum Personal des Wohnungsunternehmens oder die bisher erlebte Zufriedenheit bei einem Wechsel auf dem Spiel stehen. In Richtung einer Wohnungsbindung wirkt die Gewöhnung und innere Beziehung zum Wohnort, zur „Heimat", zur Wohnung oder zur Nachbarschaft, also zu anderen Kunden des Anbieters, die durch ihre gegenseitige Interaktion das Wohnerlebnis entscheidend beeinflussen können. „People deve-

---

[1] Vgl. KUHLMANN (Besonderheiten, 1998), S. 187f.; ZEITHAML (Evaluation, 1991), S. 44f.; FRIEDMAN/SMITH (Processes, 1993), S. 50ff.

lop strong attachments to what, for them, constitutes home, and most of them truly do not want to change this aspect of their lives."[1]

Sowohl die Lerntheorie, die Theorie des wahrgenommen Risikos als auch die Dissonanztheorie können zur Erklärung der Kundenbindung aus psychischer Sicht herangezogen werden, wenn man positive Erfahrungen bzw. Zufriedenheit des Kunden mit dem Anbieter unterstellt.[2] BLIEMEL/EGGERT bezeichnen jene Form der Kundenbindung, die auf Zufriedenheit basiert und bei der ein Kunde die Geschäftsbeziehung nicht wechseln will, obwohl er die Freiheit hierzu hätte, als *„Verbundenheit".*[3] Kundenbindung ist mangels besserer Alternativen auf dem Markt oder angesichts anderer Bindungskräfte (wie etwa hohen Wechselkosten) aber auch bei Unzufriedenheit möglich, dann besteht eine Art *„Fesselung".*[4] Fühlt sich der in einer solchen Abhängigkeitsposition befindliche Kunde ausgebeutet, können für den Anbieter schädliche Reaktionen wie die Initiierung von negativer Mund-zu-Mund-Propaganda oder extrem schlechter Presse, eine Mißachtung der Hausordnung oder ein rüder Umgang mit dem Mietgegenstand auftreten. In diesem Fall erweist sich die Kundenbindung als „Bumerang".[5]

In bezug auf den Sekundärleistungskonsum ist die getroffene Unterscheidung zwischen den verschiedenen Varianten der Kundenbindung insofern bedeutsam, als von einem positiven Einfluß auf die Nachfrage nach zusätzlichen Leistungen wohl insbesondere ausgegangen werden kann, wenn eine freiwillige Bindung vorliegt. Während als Indikator für die Kundenbindung allgemein die *Länge der Geschäftsbeziehung* herangezogen werden kann, ist die *Wiederwahlabsicht* in besonderem Maße dazu geeignet, die freiwillige Bindung zu dokumentieren.[6] Es wird daher als weitere Hypothese angenommen, daß die Nachfrage nach wohnbegleitenden Dienstleistungen um so höher ist, je stärker die Absicht eines Kunden ausgeprägt ist, bei einem Wohnungswechsel erneut das bekannte Unternehmen als Anbieter zu wählen.

(3) Vertrauen

In einem engem Zusammenhang zu Kundenzufriedenheit und -bindung steht das Konstrukt „Vertrauen". „Kundenvertrauen ist eine weitende Haltung gegenüber dem Anbieter bzw. seinem Angebot an Waren und Dienstleistungen und resultiert aus der Erwartung der Kunden, von ihrem Anbieter in Zukunft vorteilhaft behandelt zu werden."[7] Die emotionale Kompo-

---

[1] HARMON/MCKENNA-HARMON (Retention, 1994), S. 74.

[2] Vgl. SHETH/PARVARTIYAR (Consequences, 1995), S. 257ff.; HOMBURG/BRUHN (Kundenbindungsmanagement, 1998), S. 14f., HOMBURG/GIERING/HENTSCHEL (Kundenbindung, 1998), S. 90ff; HENTSCHEL (Beziehungsmarketing, 1991), S. 25f.

[3] BLIEMEL/EGGERT (Kundenbindung, 1998), S. 39, Hervorhebung nicht im Original.

[4] DILLER (Kundenbindung, 1996), S. 88, Hervorhebung nicht im Original.

[5] Vgl. PLINKE/SÖLLNER (Abhängigkeitsbeziehungen, 1998), S. 74f.

[6] Vgl. die Überlegungen von PETER (Kundenbindung, 1997), S. 28ff., die den Zeithorizont und die Bindungsabsicht als zwei getrennte Charakterisierungsmerkmale von Geschäftsbeziehungen aufführt.

[7] BLIEMEL/EGGERT (Kundenbindung, 1998), S. 40.

nente dieser Einstellungsvariable kann in Gefühlen der Ruhe und Geborgenheit liegen, die kognitive Komponente etwa in der Wahrnehmung von Kompetenz, während auf der intentionalen Seite der Verzicht auf Kontrolle oder die Übertragung von Verantwortung für wichtige Eigeninteressen als zentrale Elemente gesehen werden können. Zusammengefaßt ergibt sich eine Atmosphäre des gegenseitigen Respekts und der Nähe.[1]

Vertrauen wird in der Literatur teils gemeinsam mit der Zufriedenheit als eine Voraussetzung der Kundenbindung betrachtet, teils als eine Alternative zur Zufriedenheit interpretiert, um Kundenbindung zu erzielen, oder als Konsequenz aus der Kundenbindung gesehen.[2] Kundenbindung ist auch ohne Vertrauen denkbar, wenn sich eine Kunde lediglich „auf Vorbehalt"[3] an ein Unternehmen bindet oder „gefesselt" ist; und das Vertrauen kann hoch sein, obwohl keine Bindung besteht. Eine vertrauensbasierte Kundenbindung ist als überlegen zu betrachten, da sie von dem selbstverstärkendem „Echo-Effekt" des Vertrauens profitieren kann: Vertrauen bewirkt Harmonie und Stabilität, die ihrerseits wiederum Vertrauen erzeugen.[4] In Geschäftsbeziehungen, die wie ein Mietverhältnis oder die Bank-Kunde-Beziehung von vornherein langfristig angelegt sind, kann sich Vertrauen tendenziell besser entfalten als in Beziehungen mit kurzem Zeithorizont. Denn Vertrauen entwickelt sich über das Wechselspiel von Aktion und Reaktion, für die genügend Gelegenheit gegeben sein muß.[5]

Ein besonderer Stellenwert kommt Vertrauen im Rahmen des Transaktionskostenansatzes angesichts der dort getroffenen Prämisse von beschränkter Rationalität und extremer Eigennutzmaximierung zu. Wenn Informationen zwischen den Marktparteien ungleich verteilt sind, kann der Anreiz entstehen, Wissensvorsprünge opportunistisch auszunutzen und damit den eigenen Vorteil aus der Transaktion zu steigern.[6] Ein Beispiel hierfür wäre ein Vermieter, welcher bewußt überhöhte Nebenkosten in Rechnung stellt, deren Unrechtmäßigkeit für einen Mieter mit üblichem Kenntnisstand nur schwer nachvollziehbar ist. Im Rahmen von dauerhaften Beziehungen können Unsicherheiten über den Geschäftspartner abgebaut werden, und bei positiven Erfahrungen vertraut man darauf, daß sich der Anbieter nicht opportunistisch verhalten wird. Angesichts dessen erscheinen Überprüfungen des Anbieters obsolet oder können zumindest eingeschränkt werden. Vertrauen führt also zu einer Reduktion der Transaktionskosten insbesondere in Form von Kontrollkosten.[7]

---

[1] Vgl. ESCHENBACH (Kundentreue, 1997), S. 595; FALTZ (Vertrauensbildung, 1990), S. 18; GABOTT/HOGG (Services, 1998), S. 125.

[2] Vgl. GANESAN (1994), S. 5; WEINBERG (Aspekte, 1998), S. 48.

[3] Vgl. DILLER (Kundenbindung, 1996), S. 89.

[4] Vgl. WEINBERG (Aspekte, 1998), S. 48.

[5] Vgl. WILKIE (Behavior, 1994), S. 611; DILLER/KUSTERER (Beziehungsmanagement, 1988), S. 218.

[6] Vgl. WEIßENBERGER (Vertrauensstrategien, 1998), S. 610.

[7] Vgl. GANESAN (1994), S. 3.

Überlegungen zur Einsparung von Informationskosten infolge eines wachsenden Vertrauens finden sich bereits in dem grundlegenden Aufsatz zur Theorie der Bankloyalität von SÜCHTING: „Indem der Kunde einen Bankangestellten *kennenlernt*, gewinnt er die Erfahrung und das *Vertrauen*, um Marktleistungen der Bank wirtschaftlicher, d.h. in einem Entscheidungsprozeß, der zunehmend weniger Aufwand an Überlegung und Informationssuche erfordert, abzunehmen."[1] Deutlich wird hier der Bezug zur Lerntheorie. Aus der Perspektive der Lerntheorie kann Vertrauen bzw. Mißtrauen als gelerntes Verhalten interpretiert wird, welches auf eigenen oder fremden Erfahrungen basiert.[2] Wichtig ist in diesem Zusammenhang festzuhalten, daß bei einem Vertrauensmißbrauch der Kostenvorteil jedoch unmittelbar in einen Kostennachteil umschlagen kann.[3]

Wie bereits erläutert, kommt dem Vertrauen zum Anbieter aufgrund der Integrativitätsproblematik bei Dienstleistungen ein besonderer Stellenwert zu. In besonderem Maße betrifft dies solche Problemlösungen, die ein hohes Maß an Vertrauenseigenschaften beinhalten. Vor diesem Hintergrund erscheint es plausibel, daß mit wachsendem Vertrauen zum Wohnungsunternehmen, welches ein Kunde als Mieter, als Erwerber von Wohneigentum bzw. als Nutzer von Verwaltungsleistungen im Zeitablauf erworben hat, seine Bereitschaft zur Abnahme insbesondere vertrauensempfindlicher wohnbegleitender Dienstleistungen steigt. - Nach der umfassenden Darstellung der psychischen Einflußfaktoren auf die Dienstleistungsnachfrage wechselt die Betrachtung nun zu den Merkmalen der physischen Konstitution, welche ebenfalls den personenendogenen Determinanten zuzuordnen sind.

3.2.3.1.2 Lebensalter und Gesundheitszustand als Merkmale der physischen Konstitution

Zu den personenendogenen Variablen, die das Konsumverhalten eines Menschen determinieren können, zählen neben den psychischen Faktoren auch das Alter und die gesundheitliche Verfassung als Ausdruck der aktuellen physischen Konstitution. Während sich der Gesundheitszustand eher spezifisch etwa auf die Kaufbereitschaft bei Nahrungsmitteln, medizinischen und pflegerischen Problemlösungen auswirkt, wird dem Lebensalter ein breit gefächerter Einfluß auf die Nachfrageintensität bei zahlreichen Produkt- bzw. Dienstleistungsgattungen attestiert.[4] Als Marktsegmentierungskriterium findet das Alter dementsprechend häufig Anwendung.

---

[1] SÜCHTING (Bankloyalität, 1972), S. 276f.; Hervorhebungen nicht im Original.

[2] Vgl. ROTTER (trust, 1967), S. 653.

[3] Vgl. LOHMANN (Bankloyalität, 1997), S. 77.

[4] Vgl. HAWKINS/BEST/CONEY (implications, 1995), S. 83; SCHIFFMAN/KANUK (Behavior, 1994), S. 55, KOTLER/BLIEMEL (Marketing-Management, 1999), S. 317.

In jüngerer Zeit forcieren zahlreiche Branchen ihre Marketingbemühungen um die Zielgruppe der Senioren. Insbesondere das Gesundheitswesen, der Tourismussektor und die Finanzwirtschaft,[1] nicht zuletzt aber die Wohnungsunternehmen schenken den Bedürfnissen der „'60 plus'-Generation"[2] eine wachsende Aufmerksamkeit. Eine zentrale Ursache hierfür liegt im *demographischen Wandel*, welcher die Senioren bereits rein quantitativ zu einer nicht mehr übersehbaren Konsumentengruppe aufsteigen läßt. Der demographische Wandel innerhalb der deutschen Bevölkerung beruht im wesentlichen auf der Koinzidenz von steigender Lebenserwartung und sinkender Geburtenhäufigkeit.[3] Auch beträchtliche Zuwanderungen nach Deutschland werden in Zukunft den Alterungsprozeß der Bevölkerung nicht aufhalten, sondern höchstens verlangsamen können.[4]

Eine aussagekräftige Kennzahl für das „demographische Gleichgewicht" ist der Altenquotient, das Verhältnis der Bevölkerung im Rentenalter zur Bevölkerung im Erwerbsalter. Setzt man das Alter für den Rentenzugang, wie es dem aktuellen Durchschnitt entspricht, mit 60 Jahren[5] an und betrachtet man die Gruppe der 20 bis unter 60jährigen als die Personen im Erwerbsalter, zeichnet sich eine Erhöhung von derzeit 36% auf mehr als das Doppelte (76%) im Jahr 2040 ab. Ein ausgeprägter Alterungsschub wird dabei zwischen 2020 und 2030 stattfinden.[6] Abb. 17 vermittelt ein differenziertes Bild über die vom Statistischen Bundesamt prognostizierte Entwicklung der einzelnen Altersklassen.

Während der Bevölkerungsanteil der jungen Senioren unter 70 Jahren langfristig stabil bleiben wird, steigt die Quote der 70-79jährigen vor allem nach 2020 erheblich an und erreicht 2040 mit über 15% das Doppelte des Wertes von 40 Jahren zuvor. Die Zunahme der Hochbetagten ab 80 Jahren verläuft eher kontinuierlich, wobei ihr Anteil in 2040 rund das 2,5fache des Niveaus für das Jahr 2000 erreichen dürfte. Als eine unmittelbare Folge für den Dienstleistungssektor wird aus dem demographischen Wandel abgeleitet, daß der Bereich der Altenpflege und -versorgung zum „Wachstumsmarkt" avanciert.[7] Diesbezüglich ist gerade die

---

[1] Vgl. hierzu O.V. (Alter, 1997), S. 17; OTT/SPERRHACKE (Betreuungsansätze, 1995), S. 67ff.; FELLERER (Milliardenmarkt, 1998), S. 301ff.; DROSTE/LÖRPER (Entwicklungstendenzen, 1997), S. 97ff.; KRUMMHEUER (Wohlbefinden, 1998), S. 8; KOLF (Urlaub, 1998), S. 8.

[2] GRÜHSEM/MORITZ (Rentner, 1998), S. 6.

[3] Vgl. HÖHN ET AL. (Alten, 1997), S. 5ff.

[4] Vgl. STATISTISCHES BUNDESAMT (Bevölkerung, 1998), S. 26. Für alternative Prognosen siehe VANHEIDEN (Vergleich, 1997), S. 978ff.

[5] Vgl. STATISTISCHES BUNDESAMT (Bevölkerung, 1998), S. 24.

[6] Vgl. STATISTISCHES BUNDESAMT (Bevölkerung, 1998), S. 25f. Der Altenquotient von 76% in 2040 beruht auf der Modellrechnung IA, die von einer eher geringeren Zuwanderung ausgeht, während sich bei Zugrundelegung einer stärkerer Zuwanderung eine Relation von 73% ergibt (Modell IB).

[7] Vgl. SCHARFENORTH (Dienstleistungsgesellschaft, 1996), S. 5f.; TEWS/NAEGELE (Konsum, 1990), S. 275.

Strukturverschiebung in Richtung der Hochbetagten von großer Bedeutung, weil die Pflege-bedarfswahrscheinlichkeit mit zunehmendem Alter exponentiell ansteigt.[1]

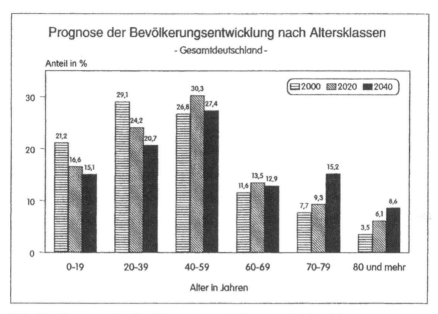

Abb. 17: **Prognose der Bevölkerungsentwicklung nach Altersklassen**
Quelle: Eigene Berechnung, STATISTISCHES BUNDESAMT (Deutschland, 1995).

Unter dem Aspekt der Entwicklung der Dienstleistungsnachfrage sind jedoch nicht nur die eigentlich *Pflegebedürftigen* von Interesse, welche definitionsgemäß öfter als einmal wö-chentlich Unterstützung bei der Ausführung von körperbezogenen alltäglichen Verrichtungen benötigen. Auch die *Hilfsbedürftigen*, die (noch) keinen Pflegebedarf aufweisen, aber im Be-reich hauswirtschaftlicher oder sozialkommunikativer Verrichtungen eingeschränkt sind, ver-körpern ein besonderes Nachfragerpotential.[2]

Wie Abb. 18 auf der folgenden Seite verdeutlicht, liegt die Wahrscheinlichkeit eines haus-wirtschaftlichen Hilfebedarfs bei den jüngeren Senioren weit über der Pflegebedarfswahr-scheinlichkeit, gleicht sich bei den Hochbetagten jedoch an. Insgesamt sind unter den 65-69jährigen 7,7% in der selbständigen Lebensführung eingeschränkt, während dies bei den ab 85jährigen auf mehr als jede zweite Person in einem privaten Haushalt zutrifft (54,5%).

---

[1] Vgl. SCHMÄHL (Pflegebedürftigkeit, 1998), S. 10; SCHNEEKLOTH ET AL. (Pflegebedürftige, 1996), S. 109ff.

[2] Vgl. HEINZE/BUCKSTEEG (Modernisierung, 1995), S. 209.

Detaillierte Prognosen über die zukünftige Entwicklung beider Personengruppen enthält der Forschungsbericht „Die Alten der Zukunft":[1] Die Zahl der Pflegebedürftigen in Privathaushalten nimmt von 1,12 Mio. im Jahr 1991 auf 1,56 Mio. in 2030 zu, bei den Hilfsbedürftigen ergibt sich im gleichen Zeitraum eine Steigerung von 2,1 Mio. auf 2,7 Mio. Unter dem Strich ergibt sich ein Wachstum für die Gruppe der Hilfe- und Pflegebedürftigen um 32%, was angesichts des langen Betrachtungszeitraums aber keinesfalls eine „dramatische" Entwicklung darstellt. Vielmehr erscheint das *Wachstum moderat*. Eine besondere Herausforderung wird in Zukunft darin liegen, „das Leistungsangebot weg von einer hauptsächlichen Ausrichtung auf funktionale Pflegeleistungen hin zu einer breiten Unterstützung und Hilfevermittlung bis hinein in den psychosozialen Sektor"[2] auszubauen.

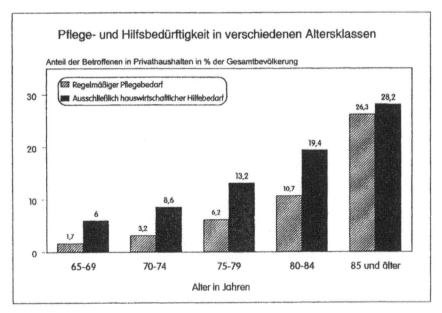

Abb. 18: Pflege- und Hilfsbedürftigkeit in verschiedenen Alterklassen
Quelle der Daten: SCHNEEKLOTH ET AL. (Pflegebedürftige, 1996), S. 109ff.

Ein weiterer Faktor, der neben dem demographischen Wandel die Senioren als Konsumentengruppe verstärkt in den Blickpunkt rücken läßt, stellt ihre *wachsende Kaufkraft* dar.[3] Wurde in früheren Zeiten Alter oftmals mit Armut assoziiert, deuten aktuelle Statistiken darauf hin, daß die Einkommenssituation der Rentner heute etwa jener des Bevölkerungsdurchschnitts entspricht. In 1996 betrug das Einkommen pro Haushaltsmitglied bei den Rentnerhaushalten

---

[1] Vgl. HÖHN ET AL. (Alten, 1997), S. 106ff.

[2] HÖHN ET AL. (Alten, 1997), S. 113.

[3] Vgl. BÜLLINGEN (Entwicklung, 1996), S. 26; O.V. (Senioren-Kaufkraft, 1996), S. 8.

26.400 DM gegenüber 27.700 DM im Mittel der deutschen Privathaushalte. Die Pensionärshaushalte sind mit 42.000 DM schon jetzt deutlich besser gestellt.[1] Da die heutigen „Vor"-Senioren zwischen 50 und 60 Jahren stärker als die Kohorten zuvor von *besonderen Einkünften* wie Erbschaften oder Auszahlungen von Lebensversicherungen und Bausparverträgen profitieren, ist für die Zukunft eine noch bessere finanzielle Ausstattung der Alten zu erwarten.[2] Gegenüber früheren Seniorengenerationen ergibt sich eine substantielle Verbesserung zudem durch die Einführung der *Pflegeversicherung*. Bei der Beurteilung der Kaufkraft ist des weiteren zu berücksichtigen, daß in der Durchschnittsbetrachtung die laufenden Kosten des Lebensunterhalts, insbesondere die Wohnkosten, bei den Älteren geringer ausfallen, so daß sie über relativ *hohe frei disponible Einkommensanteile* verfügen.[3]

Allerdings erscheint eine undifferenzierte Betrachtung in diesem Fall fragwürdig. Bei bestimmten Teilen der Seniorenschaft ist mit einer *Kumulation von begünstigenden ökonomischen Effekten* zu rechnen, während andere Subgruppen hieran überhaupt nicht partizipieren. So profitieren von Erbschaften insbesondere solche Personen, die aktuell schon ein deutlich überdurchschnittliches Einkommen beziehen.[4] Daß es gerade auch die heute „Besserverdienenden" sind, welche morgen hohe Einnahmen aus Kapitalanlagen oder verminderte Ausgaben aufgrund entschuldeten Wohneigentums verzeichnen können, liegt auf der Hand. Das andere Extrem bilden ältere Frauen mit kurzer bzw. unterbrochener Erwerbsbiographie, die bei Ableben des Partners aufgrund der geringen eigenen Rentenansprüche oftmals erhebliche finanzielle Einbußen hinnehmen müssen, sowie Langzeitarbeitslose und z.T. Vorruheständler, die ebenfalls ein eher geringes Alterseinkommen beziehen.[5]

Ein dritter Grund für das allgemein wachsende Interesse am Seniorenmarkt liegt in einer *geänderten Anschauung des Alters*. Traditionell ist das Altern mit der Vorstellung verbunden, daß die körperliche und geistige Leistungsfähigkeit nachläßt. In der gerontologischen Forschung schlug sich diese Auffassung in dem sogenannten „Defizitmodell" nieder.[6]

---

[1] Vgl. STATISTISCHES BUNDESAMT (Einkommen, 1998), S. 7. Das deutlich höhere Einkommen der Pensionäre ist zum Teil darauf zurückzuführen, daß hierin Beihilfen und Erstattungen privater Krankenkassen enthalten sind, denen andererseits auch im Vergleich zu den Rentnern höhere Ausgaben im Gesundheitsbereich gegenüberstehen. Bereinigt man diesen Effekt, ist das verfügbare Einkommen der Pensionärshaushalte um durchschnittlich 9% niedriger. Vgl. STATISTISCHES BUNDESAMT (Menschen, 1992), S. 98f.

[2] Vgl. SCHARFENORTH (Dienstleistungsgesellschaft, 1996), S. 8; BÜLLINGEN (Entwicklung, 1996), S. 27.

[3] Vgl. PETER/OLSON (Marketing, 1996), S. 425; TROMMSDORFF (Konsumentenverhalten, 1998), S. 203; O.V. (Future, 1995), S. 234.

[4] Vgl. DEISENBERG (Erben, 1996), S. 321.

[5] Vgl. NOLTE, (Senioren, 1996), S. 2f.; WOLL-SCHUMACHER (Alter, 1994), S. 228; SCHMITZ-SCHERZER ET AL. (Ressourcen, 1994), S. 58.

[6] Vgl. THOMAE (Kompetenz, 1987), S. 21ff.

Mit Blick auf das Sozialverhalten findet sich eine Entsprechung in der *Disengagement-Theorie*. Sie geht davon aus, daß sich der Mensch mit wachsendem Alter aus seinem sozialen Umfeld zurückzieht, was aber durchaus gewollt sei und zur persönlichen Zufriedenheit beitrage.[1] Der ohnehin durch den Ausstieg aus dem Berufsleben und durch das Ableben von Bezugspersonen verursachte Verlust an sozialen Kontakten wird hierbei verstärkt durch die biologisch bedingt abnehmende eigene Aktivität. Es tritt eine Art selbstverstärkender Prozeß in Kraft, bei dem die Reduktion der zwischenmenschlichen Interaktion zu einem weiteren Abbau körperlicher und sozialer Fähigkeiten führt, mit dem Ergebnis, daß sich das soziale Umfeld noch weiter reduziert.[2] Das Bild eines zunehmend passiven, isolierten und kranken Seniors läßt offenbar kein Konsumverhalten erwarten, welches dieser Gruppe aus Marketingsicht eine besondere Attraktivität verleihen könnte. So wurde traditionell angenommen, daß die allgemeine Verbrauchsintensität und die Konsuminteressen im Alter nachlassen.[3]

In jüngerer Zeit wandeln sich jedoch die Vorstellungen über die Konsequenzen des Alterns und das spezifische Verhalten der Senioren. Angesichts der Tatsache, daß sich aufgrund des Wohlstands und des medizinischen Fortschritts der Gesundheitszustand der Senioren zunehmend verbessert hat, ist das Defizitmodell zumindest für die Gruppe der bis zu 70jährigen in Frage zu stellen.[4] Auch führt der Ruhestand nicht zwangsläufig zu Teilnahmslosigkeit und Untätigkeit; gleichfalls gibt es Senioren, welche die hinzugewonnene Freizeit aktiv ausfüllen. Diese Beobachtung entspricht der Argumentationslinie der *Aktivitätstheorie*.[5] In diesem Sinne würde das Ausscheiden aus dem Berufsleben und die daraus resultierende Unzufriedenheit durch eine Intensivierung der sozialen Beziehungen, der „Freizeit"-Beschäftigungen und Konsumaktivitäten kompensiert.[6]

Seit den 80er Jahren kursiert das Schlagwort von den „*Neuen Alten*",[7] welche die Aufmerksamkeit der Konsumentenforschung auf sich gezogen haben, weil diese Gruppe „im Schnitt gesünder, wohlhabender, gebildeter, aktiver, genuß- und konsumorientierter"[8] als ihre Vorgänger-Kohorten sein soll. Gegenpositionen in der Literatur warnen allerdings vor einer zu euphorischen Betrachtung des Seniorenmarktes. „Viele Betagte kaufen nur das, was nötig ist

[1] Vgl. CUMMING/HENRY (Old, 1979), S. 14ff.; LEHR (Psychologie, 1996), S. 243ff.; TEWS (Soziologie, 1979), S. 108ff.

[2] Vgl. COOPER (Satisfaction, 1987), S. 282.

[3] NAEGELE (Ungleichheit, 1978), S. 219ff.

[4] Vgl. KÖLZER (Senioren, 1995), S. 98

[5] Vgl. LEHR (Psychologie, 1996), S. 241; COOPER (Satisfaction, 1987), S. 282.

[6] Vgl. die Ergebnisse von BURNETT (Behavior, 1990), S. 591.

[7] Vgl. HOMMA (Produkterwartungen, 1990), S. 39; BULLINGEN (Entwicklung, 1996), S. 4.

[8] LITZENROTH (Verbraucher, 1997), S. 243.

und was sie sich leisten können ... Bezüglich der Sparneigung ist festzustellen, daß diese ... nach wie vor ein typisches Merkmal des älteren Verbrauchers ist."[1]

Die Ergebnisse der Diskussionsrunde mit den Senioren wiesen eindeutig in die zweite Richtung. Obwohl die Teilnehmerzahl deutlich höher war als bei den übrigen Diskussionsgruppen, ergaben sich aus einem Brainstorming heraus mit der „Außenreinigung", dem „Winterdienst" und der „Boden-/Keller-/Treppenhausreinigung" lediglich drei konkrete Leistungsvorschläge. Zudem resultierte aus der Bepunktung, daß das durchschnittliche Interesse an diesen potentiellen Angeboten insgesamt vergleichsweise gering ist.[2] Als Hauptargument gegen den Dienstleistungsbezug wurde die Kostenträchtigkeit genannt. Vor diesem Hintergrund kann angenommen werden, daß die individuelle Nachfrage nach wohnbegleitenden Dienstleistungen mit steigendem Alter tendenziell nachläßt.[3] Plausibel wäre jedoch, daß innerhalb der Senioren bei jenen mit Hilfebedarf ein überdurchschnittliches Interesse an Dienstleistungsangeboten besteht.

3.2.3.2 *Merkmale der persönlichen Situation als personenexogene Determinanten*

Standen bisher psychische und physische Merkmale als personenendogene Einflußfaktoren auf die Nachfrage nach wohnbegleitenden Dienstleistungen im Mittelpunkt, verlagert sich die Betrachtung nun auf die Rahmensituation, in welcher sich das Individuum bewegt. WISWEDE beschreibt die Bedeutung der Rahmenbedingungen folgendermaßen: „Wie sämtliche Marktteilnehmer, so kann auch der Konsument seine Intentionen nur innerhalb bestimmter Rahmenbedingungen realisieren. Diese strukturieren einmal im ökologischen, ökonomisch-technischen und sozial-strukturellen Bereich das Verhalten als Ausdruck spezifischer Ressourcen vor und geben zum anderen als kultureller Bezugsrahmen mehr oder weniger allgemeinverbindliche Grundmuster 'richtigen' oder wertbezogenen Verhaltens ab."[4] Im folgenden soll zwischen der sozialen Situation, der ökonomischen Situation sowie der Wohnsituation unterschieden[5] und die Implikationen dieser Sphären für die Sekundärleistungsnachfrage analysiert werden.

---

[1]   BRÜNNER (Senioren, 1998), S. 33, im Original z.T. hervorgehoben. Vgl. auch OPASCHOWSKI (Alten, 1998), S. 166.

[2]   Vgl. Tab. 5, S. 93.

[3]   Auch die Ergebnisse von SCHÄDLICH/KUNZE/BOCK (Betreuungsleistungen, 1997), S. 72f., sowie von BERENDT (Dienstleistungen, 1997), S. 95f., deuten auf eine unterproportionale Dienstleistungsnachfrage bei den Senioren hin.

[4]   WISWEDE (Wirtschaftspsychologie, 1991), S. 341.

[5]   Vgl. KOPP (Absatzforschung, 1972), S. 113ff.

3.2.3.2.1 Die Bedeutung der sozialen Umwelt

Hinsichtlich der Einteilung der sozialen Umwelt bzw. der Untersuchung der sozialen Situation von Konsumenten ist zwischen den Begriffen der *„Gruppe"* und der *„Kategorie"* zu unterscheiden. Eine soziale Kategorie stellt eine Mehrheit von Menschen dar, die ähnliche Merkmale aufweisen. Sie werden gedanklich und auf formal-statistischer Basis zusammengefaßt, ohne daß eine persönliche Interaktion zwischen den Angehörigen der Kategorie vorliegen müßte.[1] Beispiele für eine Kategorie sind „die" Mieter, Studierenden, Ausländer oder eine bestimmte soziale Schicht.

Unter einer Gruppe versteht man hingegen eine Mehrheit von Personen, die wiederholt und nicht nur zufällig in Beziehungen zueinander stehen.[2] Gruppen sind durch ein „Wir-Gefühl" der Gruppenzugehörigkeit, eine soziale Ordnung, generelle Verhaltensnormen sowie durch gemeinsame Werte und Ziele gekennzeichnet.[3] Innerhalb der Gruppen ist zu unterscheiden zwischen den *Primär-* und den *Sekundärgruppen*. Primärgruppen wie z.B. die Familie, Nachbarschaft oder der Freundeskreis sind vom Umfang her klein, und ihre Mitglieder stehen in einem „face-to-face"-Kontakt.[4] Sekundärgruppen wie große Vereine, politische Verbände oder die Bürger einer Stadt lassen sich oft nicht mehr für das Individuum überschauen, und die Interaktion zwischen Gruppenangehörigen ist unregelmäßig und unpersönlich.

Ein Ansatz der Gruppenforschung, der in der Konsumentenforschung eine hohe Beachtung erfahren hat, stellt das *Bezugsgruppenmodell* dar. Unter der Bezugsgruppe versteht man eine Gruppe, deren Werte, Normen, Einstellungen oder Anschauungen als Richtschnur für das Verhalten des einzelnen dienen.[5] Nicht alle Gruppen, denen der Mensch angehört, sind für ihn Bezugsgruppen. Andererseits können auch fremde Gruppen, mit denen man sich identifiziert (z.B. der „Jet-Set"), eine solche Stellung einnehmen.

Der Einfluß der Bezugsgruppe kann dreifacher Natur sein:[6] Erstens besteht die Möglichkeit, daß ihre Mitglieder als *Informationsquelle oder Ratgeber* für den einzelnen dienen. Zweitens bietet die Bezugsgruppe einen *Vergleichsmaßstab*, an dem der Konsument seine eigene Entscheidungen messen und somit Selbstbestätigung erfahren kann. Drittens kann ein *normativer Einfluß* von der Bezugsgruppe ausgehen. Man bemüht sich um Konformität mit den Gruppenmitgliedern, indem man weder durch ausgesprochene Sparsamkeit noch durch Neid erregenden Konsum auffällt, um somit Zustimmung zu ernten.[7] Generell kann ein relativ hoher

---

[1] Vgl. SCHNEIDER (Kleingruppenforschung, 1985), S. 29.

[2] Vgl. HOMANS (Gruppe, 1978), S. 29.

[3] Vgl. SCHÄFERS (Sozialgebilde, 1999), S. 21; SCHNEIDER (Kleingruppenforschung, 1985), S. 22ff.

[4] Vgl. BAHRDT (Soziologie, 1997), S. 98.

[5] Vgl. MOWEN/MINOR (behavior, 1998), S. 485; GUKENBIEHL (Bezugsgruppen, 1999), S. 125.

[6] Vgl. ASSAEL (marketing, 1995), S. 534ff.; PETER/OLSON (Marketing, 1996), S. 448ff.

[7] Vgl. HILLMANN (Bestimmungsgründe, 1971), S. 91.

Bezugsgruppeneinfluß angenommen werden, wenn der Konsum nach außen sichtbar wird, wenn es sich um luxuriöse oder um solche Güter handelt, bei denen eine hohe Qualitätsunsicherheit besteht.[1]

Bei der Analyse der Bedeutung der verschiedenen Einheiten der sozialen Umwelt für die Nachfrage nach wohnbegleitenden Dienstleistungen wird mit der sozialen Schicht als umfassendste Betrachtungseinheit begonnen. Als nächstes werden das soziale Netzwerk als eine größere Primärgruppe und schließlich der Haushalt bzw. die Familie als kleinste, aber wohl wichtigste soziale Einheit mit Blick auf das Konsumverhalten untersucht.

3.2.3.2.1.1 Soziale Schicht

Das Konzept der sozialen Schicht beruht auf dem Grundgedanken, daß innerhalb einer Gesellschaft keine Gleichheit herrscht, sondern vielfältige Unterschiede hinsichtlich der Lebensbedingungen und der hiermit verbundenen Lebenschancen der Menschen bestehen.[2] Die individuelle Ausstattung mit Besitz, Bildung, Beruf und Macht divergiert erheblich, wobei solche Merkmale den Mitgliedern der Gesellschaft als Grundlage dafür dienen, anderen Menschen eine mehr oder weniger hohe Stellung einzuräumen. Als „soziale Schicht" bezeichnet man *Personenmehrheiten mit identischem sozialen Status*, also Gruppen von Individuen, denen innerhalb eines sozialen Systems die gleiche - höhere oder niedrigere - Wertschätzung entgegengebracht wird.[3] Die hieraus resultierende *Rangordnung* im Sinne einer vertikalen Gliederung der Gesellschaft heißt „soziale Schichtung".[4] Weil es im Laufe des Lebens zu einem sozialen Aufstieg oder Abstieg kommen kann (soziale Mobilität), stellt die Schichtzugehörigkeit für den einzelnen allerdings kein unveränderliches Merkmal dar.

Grundsätzlich unterscheidet man zwischen Unter-, Mittel- und Oberschicht, wobei oftmals innerhalb dieser Klassen weitere Abstufungen erfolgen. Zur *Messung der sozialen Schicht* eines Individuums liegen zahlreiche Konzepte vor.[5] Zunächst kann zwischen direkten Methoden, bei denen die Einstufung unmittelbar durch Befragungspersonen geschieht, und indirekten Verfahren differenziert werden. Im Fall der indirekten Methoden wird mit Hilfe von Indikatoren des Probanden auf seine soziale Schicht geschlossen. Innerhalb der indirekten Ansätze läßt sich weitergehend eine Unterscheidung danach treffen, wie viele und welche Arten von Indikatoren Verwendung finden. In Deutschland hat die Indexmethode von SCHEUCH/DAHEIM

---

[1] Vgl. KUß (Käuferverhalten, 1991), S. 121ff.

[2] Vgl. GEIßLER (Einführung, 1994), S. 1; LEVEN (Konstrukt, 1979), S. 19; WILKIE (Behavior, 1994), S. 344.

[3] Vgl. SCHÄFERS (Sozialstruktur, 1981), S. 54.

[4] Vgl. KRÄMER (Schichtung, 1983), S. 5ff.; BERELSON/STEINER (Behavior, 1964), S. 453.

[5] Vgl. TROMMSDORFF (Konsumentenverhalten, 1998), S. 233f.; KRÄMER (Schichtung, 1983), S. 97ff.; SCHIFFMAN/KANUK (Behavior, 1994), S. 380ff.

als ein indirekter Ansatz die weiteste Verbreitung gefunden.[1] Hierbei werden je nach Ausprägung Punktwerte für die drei Indikatoren *Beruf des Haupternährers, Einkommen des Haupternährers* und *Schulbildung des Befragten* vergeben, die man anschließend addiert. Da für jede Schicht eine bestimmte Punktespanne definiert ist, kann der Proband anhand seiner Gesamtpunktzahl einer Schicht zugeordnet werden.

„[M]embers of the same social class tend to associate with each other and not to any large extent with members from another social class because they share similar educational backgrounds, occupations, income levels, or lifestyles."[2] Vor diesem Hintergrund ist zu erwarten, daß das Individuum oftmals das Verhalten von Mitgliedern der gleichen Schicht als Orientierungsgröße und Bewertungsmaßstab für das eigene Verhalten heranzieht, obwohl in manchen Fällen höhere Schichten als Bezugsgruppe dienen, denen man sich zugehörig fühlen will.[3] MEINIG vertritt die These, „daß die Inanspruchnahme von Diensten nur vor dem Hintergrund einer Übereinstimmung mit den ethischen und kulturellen Normen der sozialen Schichtung erfolgen kann".[4]

Folgt man der These, daß die Schichtzugehörigkeit das Verhalten im allgemeinen beeinflußt, so ist auch von Konsequenzen für das Konsumverhalten auszugehen. Nach WISWEDE liegen relativ sichere empirische Hinweise dafür vor, daß diesbezüglich untere Schichten eher gegenwartsbezogen als zukunftsbezogen, eher risikoavers als risikofreudig, eher passiv als wählerisch handeln. Darüber hinaus sind der Informationsstand und der Grad an Rationalität oftmals geringer als bei höheren Schichten.[5]

BEBIÉ verweist darauf, daß die *Oberschicht* zu den *primären Konsumenten von Dienstleistungen* zählt.[6] Dies ist aus mehreren Gründen plausibel: Angehörige der Oberschicht verfügen nicht nur über einen größeren finanziellen Spielraum, sondern sind auch beruflich im allgemeinen stärker beansprucht als Personen von niedrigerem Status, weshalb aus ihrer Sicht zeitsparenden Diensten eine besondere Bedeutung zukommen dürfte.

Zudem ist der überdurchschnittliche Bildungsgrad der Oberschicht zu berücksichtigen. „Höhergebildete zeichnen sich durch eine außenorientierte, im kognitiven, sensorischen und motorischen Sinne anspruchsvollere Zeitnutzung aus."[7] Dies äußert sich einerseits in einem

---

[1] Vgl. SCHEUCH/DAHEIM (Schichtung, 1974), S. 102f.

[2] LOUDON/DELLA BITTA (concepts, 1993), S. 171f.

[3] Vgl. SCHIFFMAN/KANUK (Behavior, 1994), S. 378; MEFFERT (Marketingforschung, 1992), S. 84.

[4] MEINIG (Produktdifferenzierung, 1984), S. 137

[5] Vgl. WISWEDE (Wirtschaftspsychologie, 1991), S. 344; WISWEDE (Soziologie, 1972), S. 147ff.

[6] Vgl. BEBIÉ (Käuferverhalten, 1978), S. 331. LOUDON/DELLA BITTA (concepts, 1993), S. 186, berichten davon, daß die „Upper-Upper Class" mehr Dienstleistungen als Sachgüter konsumiert, was möglicherweise auf die von Generation zu Generation transferierten Vermögensgegenstände zurückzuführen sei.

[7] HUBER (Nachfrage, 1992), S. 94.

Freizeitkonsum, innerhalb dessen kulturell bzw. intellektuell geprägten Aktivitäten (z.B. Theaterbesuch, Musizieren, Bücher lesen, Sprachkurse) eine vergleichsweise hohe Bedeutung zukommt.[1] Andererseits läßt sich vermuten, daß weniger anspruchsvolle, insbesondere im Haushalt anfallende Tätigkeiten bei Höhergebildeten eher unbeliebt sind und daher in verstärktem Maße eine Auslagerung erfahren. Mit Blick auf die Nachfrage nach wohnbegleitenden Dienstleistungen kann vor dem Hintergrund dieser Überlegungen die Annahme formuliert werden, daß zusätzliche *Serviceleistungen bei höheren sozialen Schichten tendenziell auf eine größere Akzeptanz stoßen als bei niedrigeren.* Ob ein Konstrukt aus mehreren Einzelvariablen oder Bildung, Beruf oder Einkommen separat eine höhere Erklärungskraft haben, ist empirisch festzustellen.

Seit jeher wird das Konzept der sozialen Schichtung von kritischen Diskussionen begleitet. Die sogenannte *„Nivellierungsthese"* geht davon aus, daß der allgemeine Anstieg von Einkommen und Bildung in den modernen Industriegesellschaften die sozialen Klassenunterschiede zunehmend verwischt.[2] Nicht wenige Personen sind statusinkonsistent, d.h. ihre Schichtzuordnung fällt schwer, weil etwa eine hohe Bildung mit niedrigem Einkommen oder ein geringes Berufsprestige mit hohem Einkommen zusammenfallen. Zudem wird argumentiert, daß sich im Zuge des sozialen Wandels die Ungleichheit der Menschen weniger in vertikaler als in horizontaler Hinsicht manifestiert.[3] So zeichnet BECK das Bild einer modernen Gesellschaft „jenseits von Klasse und Schicht"[4], die sich in einem Prozeß der kollektiven „Individualisierung" befindet.[5]

Die These von der *Individualisierung* besagt, daß die Werte, die Einstellungen und der Lebenswandel der Menschen zunehmend Gegenstand ihrer autonomen Entscheidung werden.[6] Man löst sich von den Vorgaben gesellschaftlicher Traditionen, Institutionen und Großgruppen, die bisher weitgehend die Biographie bestimmt haben, und lebt „sein eigenes" Leben. „Wann ein junger Erwachsener in den Beruf eintritt, wann er heiratet, wann das erste Kind geboren wird oder auch wo der Mensch wohnt, wird immer weniger durch das Geschlecht,

---

[1]   Die vom INSTITUT FÜR DEMOSKOPIE ALLENSBACH jährlich durchgeführte Allensbacher Marktanalyse vermittelt einen relativ detaillierten Überblick über die Kaufpräferenzen bei Sachgütern und über das Freizeitverhalten der Bundesbürger (Stichprobenumfang 1997: 19.967 Personen). Gefragt danach, ob eine bestimmte Freizeitaktivität für die Untersuchungsperson zutrifft, äußerten sich Menschen mit Abitur/Hochschulreife/ Studium im Vergleich zu denen mit Volks-/Hauptschulabschluß ohne Lehre: gelegentlich in Theater, Oper oder Schauspielhaus gehen 61%/25%, Musikinstrument spielen 25%/8%, gelegentlicher Besuch von Sprachkursen 19%/4%, Bücher lesen täglich oder mehrmals pro Woche 58%/28%, Stricken/Sticken/Häkeln häufig oder ab und zu 23%/39%, Kochen/Backen regelmäßig 38%/51%, Fernsehen vier und mehr Stunden am Tag 10%/35%. Vgl. INSTITUT FÜR DEMOSKOPIE ALLENSBACH (Marktstrukturen, 1997), S. 74-87.

[2]   Vgl. LEVEN (Konstrukt, 1979), S. 20; HÖRNING (Schichtdifferenzierung), S. 123ff.

[3]   Vgl. EICHENER/HEINZE/BUCKSTEEG (Anforderungen, 1994), S. 16f.; GEISSLER (Schicht, 1994), S. 542ff.

[4]   BECK (Risikogesellschaft, 1986), S. 121.

[5]   Vgl. LÜDERS (Schichten, 1997), S. 302.

[6]   Vgl. JAGODZINSKI/KLEIN (Individualisierungskonzepte, 1998), S. 13.

das Alter und die regionale und soziale Herkunft vorbestimmt."[1] Die in der Gesellschaft zu beobachtenden Lebensstile als „typische, durch objektive und subjektive Faktoren bestimmte Verhaltensweisen von Individuen"[2] gewinnen infolgedessen an Vielfalt, und das Auseinanderdriften der Lebensstile schlägt sich auf der Makroebene als *„Pluralisierung"* der Lebensformen nieder. In diesem Zusammenhang verliert die Schichtzugehörigkeit an Bedeutung, es bilden sich neue „Milieus", deren Mitglieder weniger durch einen einheitlichen Status als durch übereinstimmende Mentalitäten und Lebensstile von anderen Gruppen abzugrenzen sind.[3]

Vor diesem Hintergrund haben auch in der Konsumentenforschung Lebensstilkonzepte verstärkte Beachtung erfahren. Ein populäres Beispiel ist der „Lebenswelt"-Ansatz des Sinus-Instituts, der neben Wertorientierungen und dem „Alltagsbewußtsein" auch die soziale Stellung als Abgrenzungsmerkmal von Gruppen wie dem „Alternativen Milieu" oder dem „Hedonistischen Milieu" einbezieht.[4] Offensichtlich wird also der vertikalen Gliederung nach wie vor eine Bedeutung beigemessen. GEIßLER nennt als Begründung, daß durch Merkmale wie Beruf und Bildung die Handlungsalternativen des Menschen zwar nicht fixiert sind, aber hierdurch gleichwohl seine Chancen beeinflußt werden, einen bestimmten Lebensstil zu realisieren. *„Die Schichtstruktur verändert sich, aber sie löst sich keineswegs auf; die moderne Gesellschaft hat sich nicht von den Klassen und Schichten verabschiedet, sondern eine dynamische, pluralisierte Schichtstruktur herausgebildet."*[5] Ein Rückgriff auf das Konzept der sozialen Schicht zur Erklärung der Dienstleistungsnachfrage ist vor diesem Hintergrund durchaus vielversprechend. Da es bislang weitgehend an verbindlichen Kriterien fehlt, die eine verifizierbare Bestimmung von Lebensstilen und Milieus zulassen,[6] werden diese Konstrukte hier allerdings keine weitere Beachtung erfahren.[7]

---

[1]   BUCKSTEEG/EICHENER (Wohnungsmanagement, 1995), S. 15.

[2]   Vgl. LÜDERS (Schichten, 1997), S. 307.

[3]   Vgl. HEINZE (Dienstleistungsangebote, 1996), S. 12; SPELLERBERG (Lebensstil, 1997), S. 25, und kritisch zum Zusammenhang zwischen Individualisierung und Pluralisierung HUININK/WAGNER (Pluralisierung, 1998), S: 103f.

[4]   Zum Ansatz des Sinus-Instituts vgl. MÜLLER/WEIHRICH (Lebensstil, 1991), S. 115ff.; NOWAK/PLÖGER (Lebensweltforschung, 1997), S. 32ff.; JASNY (Seniorenmarkt, 1997), S. 112ff., und für einen Überblick über verschiedene Lebensstil-Typologien ADAM (Konsequenzen, 1993), S. 83ff.

[5]   GEIßLER (Schichtstruktur, 1994), S. 31.

[6]   Vgl. BÖGENHOLD (Dienstleistungsjahrhundert, 1996), S. 149.

[7]   Bedenken gegenüber der Tauglichkeit des Lebensstilansatzes finden sich auch bei KROEBER-RIEL/WEINBERG (Konsumentenverhalten, 1996), S. 550. WISWEDE wirft die grundsätzliche Frage auf, „inwieweit .. das Konzept des Lebensstils zur Erklärung spezifischer Konsummuster beitragen soll, wenn das Konsumverhalten bzw. der Konsumstil selbst als mehr oder weniger zentraler Bereich eben dieses Lebensstils gelten muß." WISWEDE (Wirtschaftspsychologie, 1991), S. 342. COLEMAN geht davon aus, daß Lebensstilkonzepte ihre Berechtigung im Marketing haben, aber die Analyse der Konsumgewohnheiten sozialer Schichten nicht ersetzen sollten. Vgl. COLEMAN (Significance, 1983), S. 269.

3.2.3.2.1.2 Soziales Netzwerk

Zu einem sozialen Netzwerk zählen jene Menschen, mit denen das Individuum Kontakt- und Unterstützungsbeziehungen unterhält.[1] Dazu gehören einerseits die Mitglieder des eigenen Haushalts. In diesem Abschnitt sind aber insbesondere jene Netzwerkangehörigen von Interesse, die darüber hinaus das nähere soziale Umfeld des Einzelnen repräsentieren.

Eine hohe Bedeutung kommt aus Sicht vieler Menschen ihrer „Netzwerkfamilie"[2] zu, deren Mitglieder über mehrere Haushalte verteilt sind, in einem verwandtschaftlichen Verhältnis zueinander stehen und sich familiär gebunden fühlen. Auch ein vorhandener Freundeskreis, die Nachbarschaft oder Arbeitskollegen bilden üblicherweise Bestandteile des Netzwerks. Soziale Netze sind gekennzeichnet durch interne Kommunikations- und Informationsprozesse, den Austausch von Gütern und Dienstleistungen sowie durch gegenseitige Erwartungen, die mit Normen, Werten und Verhaltensweisen einhergehen.[3] Der soziale Status der Netzwerkmitglieder ist weitgehend homogen.[4]

Im Gegensatz zu institutionalisierten Hilfen kommt informellen Beziehungen auch eine eigene „kognitiv-emotionale Funktion"[5] zu, die sie zumindest in gefühlsmäßig behafteten Aufgabenbereichen überlegen erscheinen lassen. Insofern unterscheidet man zwischen informellen sozialen Netzen, bei denen der Austausch unter persönlich verbundenen Menschen erfolgt, und formellen sozialen Netzen, deren Bestand zum Beispiel rein auf Arbeitsverträgen oder der Inanspruchnahme öffentlicher Leistungen (z.B. Elterngruppe eines Kindergartens) beruht.

Zwar sind Senioren eine Kategorie, welche in einem besonderem Maße der Unterstützung aus Netzwerken bedarf und diese erhält, allerdings beziehen auch Jüngere mehr oder weniger große Hilfen aus dem sozialen Umfeld.[6] So springt etwa die „ambulante Großmutter"[7] bei der Kinderbetreuung ein, wenn Mütter berufstätig sind; Freunde helfen sich gegenseitig beim Umzug, bei Computer-Problemen oder der Kfz-Reparatur; Nachbarn bewähren sich als „Homesitter" im Urlaubsfall oder leisten Gefälligkeiten bei der Gartenarbeit.

Mit Blick auf die zukünftige Entwicklung sozialer Netze zeichnen sich zwei zentrale Tendenzen ab. Zum einen läßt sich beobachten, daß Freunde als selbst gewählte soziale Austauschpartner innerhalb des Netzwerks an Bedeutung gewinnen.[8] Zum anderen scheinen ange-

---

[1] Vgl. GLATZER (Haushaltstechnisierung, 1991), S. 166; GALLER/OTT (Haushaltsforschung, 1993), S. 85.

[2] Vgl. KROEBER-RIEL/WEINBERG (Konsumentenverhalten, 1996), S. 436.

[3] Vgl. GEIßLER (Netzwerke, 1997), S. 165.

[4] Vgl. BOHLER/GLATZER (Renaissance, 1998), S. 113.

[5] GALLER/OTT (Haushaltsforschung, 1993), S. 68.

[6] Vgl. SCHUBERT (Hilfenetze, 1990), S. 14ff.; HÖPFLINGER (Abhängigkeit, 1993), S. 258; SCHULZ-BORCK/ CECORA (Tätigkeit, 1985), S. 135; HAINES (Stellenwert, 1997), S. 341.

[7] HABERMANN (Familie, 1999), S. 15.

[8] Vgl. DIEWALD (Beziehungen, 1991), S. 249; HEINZE/BUCKSTEEG (Modernisierung, 1995), S. 213.

sichts des Bedeutungsverlusts traditioneller Bindungen, der „Erosion" der Normalfamilie sowie zunehmender Erwerbstätigkeit der Frauen verwandtschaftliche Hilfepotentiale zunehmend an Schlagkraft zu verlieren: „Wenn heute ein großer Teil der Kinder keine Geschwister mehr und z.T. nur ein Elternteil hat, fehlen in der Zukunft Onkel und Tanten, die bei der Kindererziehung helfen könnten, und es fehlen Kinder, die sich die Pflege ihrer Eltern teilen."[1]

EVERS warnt allerdings vor „zu mechanischen Aussagen im Sinne einer demographisch bedingten Zunahme von Vereinsamung im Alter, die gewissermaßen einen natürlichen Zwang zu wachsender Nutzung von Diensten erzeugt".[2] Er begründet dies mit einem voraussichtlich wachsenden Anteil jener, die im hohen Alter noch auf mindestens ein erwachsenes Kind zurückgreifen können oder auf einen Partner, der gemeinsam mit ihnen wohnt.[3]

Hinsichtlich der Nachfrage nach wohnbegleitenden Diensten erscheint es plausibel, daß Personen mit einer vergleichsweise starken Einbindung in informelle Netzwerke tendenziell ein geringeres Interesse an Angeboten des Wohnungsunternehmens entfalten. Informelle Netzwerke sind aus Sicht der Wohnungswirtschaft aber nicht nur insoweit von Interesse, als ihre Leistungen eine mögliche „Konkurrenz" zu eigenen kommerziellen Offerten darstellen, vielmehr lassen sie sich möglicherweise auch in ein umfassendes Angebotskonzept integrieren. Der Grundgedanke bei der Einbindung von informellen Netzen in die Sekundärleistungspolitik besteht darin, daß das Wohnungsunternehmen als Initiator und Motivator der Selbsthilfe unter den Kunden auftritt, um somit indirekt zu einer Deckung von Dienstleistungsbedarfen beizutragen.[4]

Ein Organisationsmodell, das als Maßnahme zur Reaktivierung und Sicherung von Nachbarschaftsbeziehungen in diesem Zusammenhang diskutiert wird, stellt der „Kooperationsring" dar.[5] Der Kooperations- bzw. Tauschring beruht auf dem Prinzip der indirekten Gegenseitigkeit: Für Leistungen, die man selbst im Rahmen des Systems erbringt, erhält man eine gewisse Punktzahl oder Gutscheine, welche man später gegen die Dienste eines anderen Teilnehmers eintauschen kann.[6] Ein Beispiel: Eine Mutter erklärt sich bereit, Einkäufe für Dritte zu über-

---

[1] BUCKSTEEG/EICHENER (Wohnungsmanagement, 1995), S. 18.

[2] EVERS (Geldleistungen, 1997), S. 146.

[3] Eine ähnliche Argumentation findet sich bei BUNDESMINISTERIUM FÜR FAMILIE, SENIOREN, FRAUEN UND JUGEND (Altenbericht, 1998), S. 197. Zum Status quo und den Entwicklungstendenzen der familiären Hilfepotentiale bei der Altenpflege vgl. auch OLK/HEINZE/WOHLFAHRT (Produktion, 1991), S. 155ff.; HÖPFLINGER (Abhängigkeit, 1993), S. 269ff.; GEIßLER (Investitionen, 1994), S. 183ff.; WILBERS (Pflegeversicherung, 1996), S. 374; PÖHLMANN/HOFER (Pflegebedarf, 1997), S. 384ff.

[4] Zur Rolle von Wohnungsunternehmen bei der Erbringung sozialer Dienstleistungen vgl. HEINZE/BUCKSTEEG (Modernisierung, 1995), S. 216, sowie zur Förderung von Nachbarschaftshilfe-Modellen allgemein SCHMITZ-SCHERZER ET AL. (Ressourcen, 1994), S. 56; SCHUBERT (Hilfenetze, 1990), S. 20.

[5] Vgl. HEINZE/EICHENER (Geschäftsfeld, 1995), S. 36; EICHENER (Entwicklung, 1996), S. 37ff.

[6] Vgl. OFFE/HEINZE (Eigenarbeit, 1990), S. 314ff.; CAHN (Credits, 1990), S. 125ff.; PETERSSON (Nebenwährung, 1990), S. 147ff., sowie die Ausführungen unter dem Stichwort „Zeitbörse" von PETRI/FRANCK (Unfreiheit, 1995), S. 42f.

nehmen. Das Wohnungsunternehmen vermittelt ihr daraufhin eine ältere Dame im gleichen Stadtteil, die im Gegenzug für die Einkaufsleistung einige Zeit die Kinder beaufsichtigt.

Aus ökonomischer Sicht liegt der Reiz eines solchen Modells für den Teilnehmer darin, daß sich der Fremdbezug in der Regel erheblich verbilligt. Denn die Vergütung von Dritten erfolgt gleichsam - wie bei der Eigenproduktion - auf Nettolohnbasis. Steuern, Sozialabgaben, Bezahlung für Ausfallzeiten, Gemeinkosten- und Gewinnzuschlag, welche beim kommerziellen Angebot in den Stundenlohn einkalkuliert werden müssen, entfallen.[1] Ob sich die individuelle Teilnahme lohnt, hängt aber nicht zuletzt von den Opportunitätskosten der selbst zu leistenden Arbeit ab. - Ungeachtet ihrer in jüngerer Zeit zunehmenden Verbreitung[2] sind „Tauschringe bislang in der Bundesrepublik ein Nischenphänomen geblieben".[3]

Um eine allgemeine Einschätzung eines solchen Modells der organisierten Selbsthilfe aus Kundensicht zu erhalten, wurde die Idee des Kooperationsrings auch mit den Teilnehmern der Mieter-Diskussionsrunden diskutiert. Hierbei wurde eingangs das Grundprinzip erläutert und anschließend um eine Stellungnahme dazu gebeten, ob ein vom Wohnungsunternehmen initiierter Kooperationsring realisierbar und wünschenswert erscheint. Als positive Aspekte wurden zunächst die Aussicht, grundsätzlich keinen Preis zahlen zu müssen, sowie eine zu erwartende Verringerung der Anonymität im Wohnviertel hervorgehoben. Auch der Grundgedanke der Nachbarschaftshilfe, die in der Hausgemeinschaft ohnehin selbstverständlich sei, fand Gefallen.

Die Erfolgschancen eines von zentraler Seite organisierten Leistungstausch-Modells wurden jedoch sehr skeptisch gesehen. Als problematisch dürften sich nach Ansicht der Mieter insbesondere die Bestimmung eines Leistungswerts bzw. die Identifikation von „Tauschpartnern" mit adäquater Gegenleistung erweisen. Vermutlich müsse man daher neben Eigen- auch Geldleistungen gestatten. Ob ein auf Gegenseitigkeit basierendes System z.B. mit Blick auf eine Siedlung funktioniere, sei nicht nur von der Mentalität der Bewohner abhängig (die „Ruhrgebietsmentalität" wurde diesbezüglich eher als ungeeignet betrachtet), sondern auch von der Abgeschlossenheit bzw. Struktur des Wohngebiets. Neben ungeklärten Haftungsfragen wurde zudem bemängelt, daß die jeweilige Leistungsqualität bei Erbringung durch unbekannte Privatpersonen einer sehr großen Unsicherheit unterliege. Aufgrund der insgesamt

---

[1] In einer Modellrechnung verdeutlicht SCHWARZ (Haushaltsproduktion, 1997), S. 25, daß sich ausgehend von einem Nettolohn in Höhe von 11,70 DM pro Stunde (Stand 1992) die Lohnkosten einer Hauswirtschafterin auf 25 DM pro Stunde erhöhen, wenn man Steuern, Sozialabgaben und die Bezahlung für Ausfallzeiten (Urlaubs-, Krankheits- und Feiertage) berücksichtigt. Noch nicht enthalten sind dabei Gemeinkosten- oder Gewinnzuschläge.

[2] Es existieren in Deutschland heute ca. 300 Tauschringe sowie rund 80 Senioren- und Nachbarschaftshilfen, vgl. KLEFFMANN (Dienstleistungsagenturen, 1998), S. 30.

[3] HEINZE (Tauschringe, 1998), S. 22.

kritischen Haltung bei den Kunden von VI zum Kooperationsring wurde auf eine Einbeziehung der Thematik in die standardisierte Hauptbefragung verzichtet.[1]

3.2.3.2.1.3 Haushalt und Familie

Mit dem Haushalt bzw. der Familie stehen nun die Primärgruppen im Vordergrund, welche aufgrund der persönlichen Nähe oftmals den größten sozialen Einfluß auf das Konsumverhalten des Menschen ausüben. Der „Haushalt" stellt eine organisatorische Einheit dar, die aus einem oder mehreren Konsumenten besteht, zur individuellen Bedürfnisbefriedigung seiner Mitglieder dient und durch eine eigene Wirtschaftsführung gekennzeichnet ist.[2] Die Kernfamilie (Eltern und eine geringe Anzahl an Kindern) bildet auch heute noch oftmals einen gemeinsamen Haushalt. Allerdings ist diese Kongruenz angesichts wachsender Scheidungsraten und einer zunehmenden Zahl von Alleinerziehenden nicht mehr selbstverständlich. Auf der anderen Seite gewinnen im Zuge der Pluralisierung Haushaltstypen, die Einzelpersonen oder nicht-familiär gebundene Mitglieder umfassen, sowie kinderlose Ehepaare quantitativ an Bedeutung.

Die Relevanz des Haushalts bzw. der Familie für das Marketing erwächst daraus, daß der Konsum, aber auch der Kaufprozeß bei zahlreichen Gütern und Dienstleistungen gemeinsam erlebt wird. Im Zuge des Bedeutungszuwachses der nicht-traditionellen Familien sowie der nicht-familiären Lebensgemeinschaften rückte der Haushalt als Analyseeinheit für die Konsumentenforschung zunehmend in den Mittelpunkt.

Ein zentrales Instrument zur Marktsegmentierung bei Konsumgütern und konsumtiven Dienstleistungen stellt das *Lebenszyklus-Konzept* dar. Statt einer separaten Betrachtung von Variablen wie Alter, Familienstand und dem Alter von Kindern erfolgt bei (Familien-)Lebenszyklus-Modellen die Zusammenfassung zu einem Konstrukt,[3] dessen einzelne Ausprägungen *Lebensphasen* genannt werden. Abb. 19 auf der folgenden Seite verdeutlicht das in dieser Untersuchung präferierte Konzept, welches zwischen acht Lebensphasen unterscheidet.[4] Die zahlreichen Querverbindungen zwischen den Lebensphasen bringen zum Ausdruck, daß der Lebenszyklus heute keine „Einbahnstraße" mehr darstellt, wie es die herkömmlichen Modelle

---

[1] Zu den möglichen Schwierigkeiten insbesondere in der Konstitutionsphase eines Kooperationsrings vgl. HEINZE/OFFE (Requalifizierung, 1987), S. 160. Für eine weitere Diskussion des Modells siehe Kap. 4.3.2.3.

[2] Vgl. RAFFÉE (Konsumenteninformation, 1969), S. 18ff. Für alternative Definitionen siehe NEUBAUER (Idealtypus, 1993), S. 195ff.; GALLER/OTT (Haushaltsforschung, 1993), S. 15ff.; BLOSSER-REISEN (Haushaltsführung, 1980), S. 11.

[3] Vgl. BÖHLER (Marktsegmentierung, 1977), S. 73; FRETER (Marktsegmentierung, 1983), S. 54.

[4] Zur Orientierung dienten die Definitionen der Lebensphasen bei LÖWENBEIN (Einkaufsmuster, 1994), S. 120; HAWKINS/BEST/CONEY (implications, 1995), S. 190ff. Zum Familienzyklus- bzw. Lebensphasenkonzept siehe auch GALLER/OTT (Haushaltsforschung, 1993), S. 134ff.; MÜLLER-HAGEDORN (Konsumentenverhalten, 1986), S. 175ff.

- vom Leitbild der vollständigen Familie ausgehend - suggeriert haben.[1] Vielmehr sind Wechsel zwischen Formen des partnerschaftlichen und des Alleinlebens mit und ohne Kinder keine Seltenheit. Des weiteren bleiben manche Singles ihr Leben lang allein, und kinderlose Paare entwickeln sich nicht mehr automatisch zum „Vollen Nest", wie die Familie mit Kindern gern bezeichnet wird.

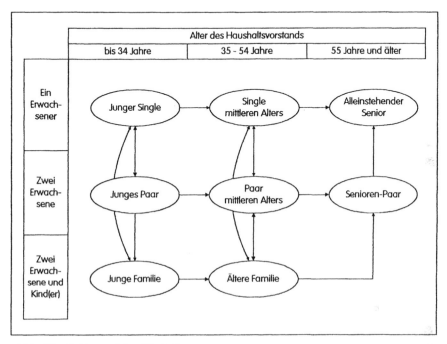

Abb. 19: Lebenszyklus-Modell

Mit Blick auf Dienstleistungsangebote werden insbesondere die Singles als eine bevorzugte Zielgruppe diskutiert, ferner die berufstätigen kinderlosen Paare und die Alleinerziehenden.[2] Im folgenden sollen zunächst die mit Singles, kinderlosen Paaren und Alleinerziehenden[3] in Verbindung stehenden Entwicklungen beleuchtet werden, um in einem zweiten Schritt auf die Argumente für die hervorgehobene Bedeutung dieser Gruppen einzugehen.

---

[1] Die traditionelle Phaseneinteilung sieht folgende Stufen vor: *Phase 1*: unverheiratet, jung; *Phase 2*: verheiratet, mit jungen Kindern; *Phase 3*: verheiratet, mit älteren Kindern; *Phase 4*: verheiratet, ohne Kinder. Vgl. KROEBER-RIEL/WEINBERG (Konsumentenverhalten, 1996), S. 439.

[2] Vgl. PETRI/FRANCK (Unfreiheit, 1995), S. 48; RAWERT (Dienstleistungen, 1997), S. 5; SOMMER (Dienstleistungen, 1997), S. 9; HUBER (Nachfrage, 1992), S. 96f.

[3] Die Alleinerziehenden werden in der standardisierten Untersuchung zwar explizit betrachtet, aufgrund ihrer geringen quantitativen Bedeutung allerdings nicht altersmäßig differenziert. Vor diesem Hintergrund wurde für die Alleinerziehenden - auch aus Gründen der Übersichtlichkeit - auf eine Aufnahme in das Lebenszyklus-Modell verzichtet. Für komplexere Lebenszyklus-Modelle unter Berücksichtigung der Alleinerziehenden vgl. WILKES (Stages, 1995), S. 28f.

Der Trend zum Single-Haushalt stellt die wohl am meisten diskutierte Entwicklung mit Blick auf die neuen Haushaltsstrukturen dar. Von 1975 bis 1998 stieg der Anteil der Einpersonenhaushalte an der Gesamtzahl westdeutscher Haushalte von 27,6% auf 36,2%. Für Gesamtdeutschland betrug die Quote im Jahr 1998 35,4%, womit der Single-Haushalt den am meisten verbreiteten Haushaltstyp darstellt.[1] Schwerpunktmäßig hat sich dieser Trend vor allem in den urbanen Zentren vollzogen. So liegt der Anteil der Einpersonenhaushalte in München und Frankfurt/Main heute bereits bei über 50%.[2]

Betrachtet man die Entwicklung differenziert nach dem Alter, zeigt sich, daß der bisherige Zuwachs insbesondere auf die Altersgruppe der 25-45jährigen Singles zurückzuführen ist.[3] BERTRAM spricht diesbezüglich - in Abgrenzung zu den alleinstehenden Senioren - von einer *„neue[n] Lebensform"* [4]. Das Single-Dasein ist dabei nicht mit „Alleinsein" gleichzusetzen. Die Ledigen, die mal mit, mal ohne Partner leben, bilden vor den Geschiedenen bzw. Getrenntlebenden die größte Subgruppe unter den Singles mittleren Alters.[5] In Zukunft gewinnen innerhalb der Einpersonen-Haushalte aber insbesondere die alleinstehenden Senioren an Bedeutung. Für das Jahr 2030 rechnet man für jene Personen, die 60 Jahre oder älter sind und in Privathaushalten leben, mit einer Single-Quote von 41% gegenüber 35% in 1991. Der Trend zur „'Singularisierung' des Alters"[6] betrifft dabei vor allem die betagten Frauen. Die absolute Zahl der Senioren in Einpersonen-Privathaushalten wird in diesem Zeitraum voraussichtlich um 67% steigen.[7]

Für die Zunahme der Single-Haushalte insgesamt ist ein ganzes Bündel von Einflüssen auszumachen. Neben sozioökonomischen Veränderungen wie die wachsenden Mobilitätsansprüche der Wirtschaft an das Personal oder den gestiegenen Einkommen, welche das relativ teure Alleinwohnen ermöglichen, spielen der Wertewandel sowie demographische Faktoren eine entscheidende Rolle.[8] Aus demographischer Sicht sind jene Entwicklungen von Bedeutung, die allgemein zu einem Wachstum kleiner und kleinster Haushalte führen: fallende Geburtenraten, sinkende Relation Neugeborener zu Gestorbenen, steigende Lebenserwartung und ein

---

[1] Zu den Daten vgl. VOIT (Privathaushalte, 1996), S. 92, sowie STATISTISCHES BUNDESAMT (Zweipersonenhaushalte, 1999). Die Begriffe „Single-Haushalt" und „Einpersonen-Haushalt" werden hier dem üblichen Sprachgebrauch folgend synonym verwandt. Für alternative Abgrenzungen vgl. GRÄBE (Lebensform, 1994), S. 8f.

[2] In München betrug der Anteil der Einpersonenhaushalte 1997 50,7%, in Frankfurt/Main 1996 51,2%. Vgl. STATISTISCHES AMT DER STADT NÜRNBERG (Einpersonenhaushalte, 1998).

[3] Vgl. GALLER/OTT (Haushaltsforschung, 1993), S. 59f.

[4] BERTRAM (Differenzierung, 1994), S. 60, Hervorhebung im Original.

[5] Darüber hinaus existiert eine Single-Kategorie, deren Angehörige bereits ein langfristiges Zusammenleben mit einem Partner in nicht-ehelicher Beziehung abgeschlossen haben. Vgl. BACHMANN (Alleinleben, 1994), S. 82.

[6] HEINZE (Dienstleistungsangebote, 1996), S. 10.

[7] Eigene Berechnung auf der Basis von HÖHN ET AL. (Alten, 1997), S. 83.

[8] Vgl. GRÄBE (Lebensform, 1994), S. 15.

längerer Abschnitt des Witwertums, steigendes Heiratsalter und wachsende Scheidungsziffern.[1] Wie Abb. 20 verdeutlicht, wird bis zum Jahr 2015 der Anteil der Ein- und Zweipersonenhaushalte zu Lasten der größeren Haushalt weiter ansteigen; die durchschnittliche Personenzahl je Haushalt beträgt dann nur noch 2,14 gegenüber 2,19 in 1998.[2]

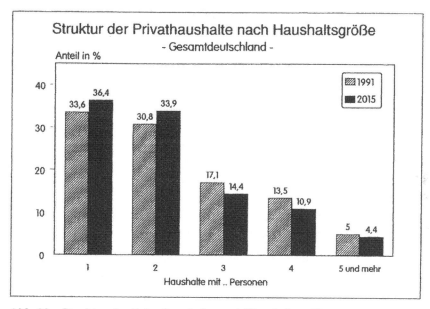

Abb. 20: Struktur der Privathaushalte nach Haushaltsgröße
Quelle der Daten: VOIT (Privathaushalte, 1996), S. 95.

Eine zweite Gruppe, die im Zusammenhang mit den „neuen" Haushalts- und Familienformen[3] verstärkte Beachtung findet, sind die Alleinerziehenden. Alleinerziehende Elternschaft ist zwar oftmals die Folge von Scheidung oder Trennung und wird als Schicksal empfunden, daneben gibt es jedoch auch Alleinerziehende, die - ähnlich wie bei den Singles - diese Lebensform bewußt gewählt haben.[4] Rund jede fünfte deutsche Familie mit Kindern stellt heute ein Alleinerziehenden-Haushalt dar.[5]

---

[1] Vgl. BRETZ/NIEMEYER (Haushalte, 1992), S. 74ff.

[2] Vgl. VOIT (Privathaushalte, 1996), S. 95; STATISTISCHES BUNDESAMT (Zweipersonenhaushalte, 1999).

[3] Das Spektrum der diskutierten „neuen", „postmodernen" oder „nichtkonventionellen" Haushalts- und Familienformen ist außerordentlich vielfältig. Vgl. im einzelnen PIORKOWSKY (Bevölkerung, 1994), S. 30ff.; RICHARZ (Lebensbedingungen, 1997), S. 119f.; SCHNEIDER/ROSENKRANZ/LIMMER (Lebensformen, 1998), S. 29ff.

[4] Vgl. PIORKOWSKY (Bevölkerung, 1994), S. 36f.

[5] Vgl. STATISTISCHES BUNDESAMT (Familien, 1998).

Die Zunahme der kinderlosen Paare im mittleren Alter läßt sich zum einen damit erklären, daß die emotionale, lebenssinnstiftende Qualität der Kinder von den heutigen Erwachsenen geringer empfunden wird als von früheren Generationen. Zum anderen spielen ökonomische Faktoren eine Rolle: Je höher das Einkommen der Frau, desto höher sind die Opportunitätskosten der Kindererziehung. Erwerbstätige Frauen haben daher tendenziell weniger Kinder.[1] Betrachtet man die bisherige Entwicklung im Nachkriegsdeutschland, läßt sich ein starker Zuwachs der Erwerbsbeteiligung der Frauen feststellen, so daß die sinkende Geburtenhäufigkeit nicht überraschen kann.[2]

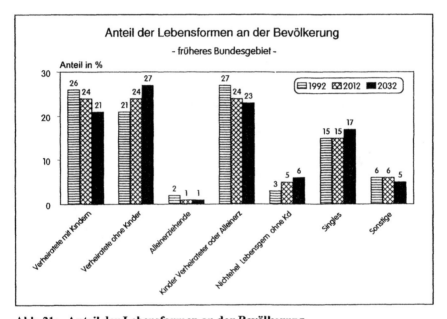

Abb. 21: Anteil der Lebensformen an der Bevölkerung

Quelle der Daten: DORBRITZ/HULLEN/SCHIENER (Prognose, 1997), S. 40.

Abb. 21 beinhaltet das Ergebnis einer Prognose des Bundesinstituts für Bevölkerungsforschung, die aufzeigt, wie sich die Bevölkerung einschließlich der Kinder auf die verschiedenen Lebensformen aufteilen wird. Betrachtungsebene sind hier also nicht die Haushalte, sondern die Personen. In der langfristigen Sicht werden neben den Singles primär die Lebensfor-

---

[1] Vgl. GALLER/OTT (Haushaltsforschung, 1993), S. 66.

[2] Vgl. GALLER (Opportunitätskosten, 1991, S. 144f.; KRÜSSELBERG (Familienhaushalt, 1993), S. 94. Von 1957 bis 1990 erhöhte sich die Erwerbsquote der 30-35jährigen Frauen im früheren Bundesgebiet von 43% auf 68%. Für Gesamtdeutschland stiegen die Erwerbsquoten der weiblichen Altersklassen zwischen 25 bis unter 50 Jahren bis 1996 durchgängig auf etwa 75%, wobei die vergleichsweise hohe Erwerbsbeteiligung der ostdeutschen Frauen eine bedeutende Rolle spielt. Vgl. STATISTISCHES BUNDESAMT (Arbeiten, 1998), S. 50; STATISTISCHES BUNDESAMT (Frauen, 1998), S. 56ff.

men der kinderlosen Ehe sowie der nichtehelichen Lebensgemeinschaften ohne Kinder an Bedeutung gewinnen, während - überraschenderweise[1] - der Anteil der Alleinerziehenden in Zukunft eher abnimmt. Erklären läßt sich die letztgenannte Tendenz zum einen mit der allgemein sinkenden Zahl an Haushalten mit Kindern. Zum anderen öffnen sich Alleinerziehende verstärkt wieder neuen Partnerschaften und bilden „Fortsetzungsfamilien", die Kinder aus verschiedenen Ehen oder Partnerschaften umfassen. Festzuhalten bleibt, daß mit den kinderlosen Paaren und Singles langfristig zwei Lebensformen und damit Haushaltstypen an Bedeutung gewinnen, denen allgemein ein vergleichsweise hohes Interesse an Dienstleistungen unterstellt wird.

Ein erster Grund für die überdurchschnittliche Dienstleistungsakzeptanz dieser Gruppen kann darin gesehen werden, daß kleine Haushalte deutlich benachteiligt sind, was die Effizienz des hauswirtschaftlichen Betriebs betrifft: sie leiden an „diseconomies of small scale".[2] Personenbedingte Größen- und Verbundeffekte fallen vergleichsweise niedrig aus bzw. sind - im Single-Haushalt - überhaupt nicht zu realisieren.[3] So benötigt der Alleinlebende eine ähnliche Grundausstattung an dauerhaften Gebrauchsgütern wie eine vierköpfige Familie. Der Kühlschrank, die Wasch- oder Spülmaschine für den Familienbedarf sind oftmals kaum teurer als jene für den Bedarf eines Menschen, manchmal sogar günstiger. Pro Person betrachtet ist der erforderlich Kapitaleinsatz in der großen Familie somit deutlich geringer.

Produktivitätsvorteile ergeben sich auch mit Blick auf die laufenden „Personal-" und „Materialkosten". Man denke etwa an die Zubereitung eines Menüs, welches bei der Ausrichtung für mehrere Personen oftmals nur unwesentlich mehr Zeiteinsatz erfordert, sowie an schnell verderbliche Waren, die manchmal so portioniert sind, daß sie eine Einzelperson gar nicht vollständig konsumieren kann. Ein Beispiel für einen Verbundvorteil wäre darin zu sehen, daß dauerhafte Güter für mehrere Zwecke von verschiedenen Personen genutzt werden. So wird ein Computer in der Familie besser ausgelastet, wenn z.B. der Vater in Internet-Chatforen kommuniziert, die Mutter damit die Steuererklärung erledigt und der Sohn dem Computerspielen frönt. Auch eine Spezialisierung von Haushaltsmitgliedern auf bestimmte Aktivitäten ist im Single-Haushalt nicht möglich. Dies führt insgesamt dazu, daß der Pro-Kopf-Output der Haushaltsproduktion in Mehrpersonenhaushalten regelmäßig einen höheren Wert annimmt als in Einpersonenhaushalten.[4] Analog hierzu sind vollständige, große Familien unter Effizienzgesichtspunkten tendenziell besser gestellt als kleinere bzw. unvollständige Familien oder kinderlose Paare.

---

[1] Die Enquete-Kommission „Demographischer Wandel" geht angesichts der zunehmenden Individualisierung und wachsenden Scheidungszahlen demgegenüber von einer kontinuierlich steigenden Zahl der Alleinerziehenden aus. Vgl. DEUTSCHER BUNDESTAG (Wandel, 1994), S. 70.

[2] HEINZE/OFFE (Requalifizierung, 1987), S. 157.

[3] Vgl. OTT (Beruf, 1997), S. 49.

[4] Vgl. SEEL (Haushaltsarbeit, 1994), S. 147f.

Ein weiterer Vorteil, der mit einer größeren Anzahl an Haushaltsmitgliedern einhergeht, ist die erhöhte Anpassungsflexibilität.[1] Dies betrifft nicht nur außergewöhnliche Situationen (z.B. ernsthafte Erkrankung), in denen notwendige Aufgaben neu aufgeteilt werden können. Hier erweist sich die Familie als eine Art Versicherungsgemeinschaft.[2] Es betrifft auch normale Erledigungen im Alltag. Termine, die tagsüber anfallen (Anlieferungen, Handwerkertermine, Arztbesuche, Behördengänge etc.), oder an Ladenöffnungszeiten gebundene Einkäufe lassen sich in größeren Haushalten relativ gut organisieren. Berufstätigen Singles und „Dual-Career-Paaren",[3] bei denen beide Partner voll erwerbstätig sind, können derartige Aufgaben Schwierigkeiten bereiten. Generell ist bei diesen Lebensformen von einer relativ großen Zeitknappheit auszugehen,[4] und angesichts einer zum Teil hohen Belastung im Arbeitsverhältnis hat man abends oftmals kein Interesse, sich noch um den Haushalt zu kümmern.

Die eher geringe Produktivität der eigenen Hausarbeit, welche einen Fremdbezug vergleichsweise günstiger erscheinen lassen, sowie die geringe zeitliche Flexibilität sind mithin wesentliche Aspekte, die für eine relativ hohe Dienstleistungsnachfrage von berufstätigen Alleinlebenden und kinderlosen Paaren sprechen. Als weiteres Argument läßt sich anführen, daß die Kinderlosen in der Regel über höhere disponible Mittel verfügen. So führt OPHEM an, daß Familien mit einem Kind 61%, mit zwei 50% und mit drei Kindern nur 42% des Pro-Kopf-Einkommens der kinderlosen Paare erzielen.[5] „Jedes nicht erwerbstätige Mitglied einer Familie - sei es die Familienhausfrau oder seien es die Kinder - belastet somit in der Regel die Einkommenslage der Familie."[6] Offensichtlich führt dies aber nicht zu einer Minderausstattung mit technischen Gebrauchsgütern, sondern schlägt sich vor allem auf den Dienstleistungskonsum nieder: Während kinderlose Paare eher teure Reisen unternehmen oder bestimmte Dienstleistungen fremdbeziehen, wird die wachsende finanzielle Anspannung in größeren Haushalten primär dadurch kompensiert, daß man den Kauf teurer Dienstleistungen durch häusliche Eigenarbeit ersetzt.[7]

Bei berufstätigen Alleinerziehenden und Doppelverdiener-Familien mit zwei außerhäuslich arbeitenden Elternteilen entsteht angesichts der Kindererziehung eine noch höhere Alltagsbelastung. Innerhalb der Paarhaushalte unterliegt insbesondere die Frau einer starken Beanspruchung.[8] In Haushalten mit berufstätigen Frauen erfahren zeitsparende Konsumgüter (z.B. Ce-

---

[1] Vgl. in diesem Sinne GARHAMMER (Dienstleistungsproduktion, 1988), S. 79.

[2] Vgl. BEN-PORATH (Families, 1980), S. 8; POLLAK (Households, 1985), S. 588ff.

[3] MEYER ET AL. (Anforderungen, 1999), S. 230.

[4] Vgl. HAWKINS/BEST/CONEY (implications, 1995), S. 194; COATES & JARRATT, INC. (FUTURE, 1995), S. 48.

[5] Vgl. OPHEM (Risiken, 1998), S. 142. Die Daten wurden für Baden-Württemberg ermittelt und beziehen sich auf das Jahr 1990.

[6] KRÜSSELBERG (Familienhaushalt, 1993), S. 96.

[7] Vgl. WISWEDE (Soziologie, 1972), S. 175.

[8] Vgl. O.V. (Haushalt, 1999), S. 15.

realien, Einweg-Windeln), gelieferte Mahlzeiten und das Essen außer Haus (Fast Food) sowie andere Dienstleistungen, mit denen man sich gleichsam Zeit „erkauft" (insbesondere Kinderbetreuung), eine hohe Bedeutung.[1] Andererseits steht vor allem bei den Alleinerziehenden die oftmals angespannte Finanzsituation einer umfangreicheren Nutzung fremder Dienste entgegen.[2]

Zusammenfassend läßt sich aufgrund der Betrachtung von Haushalt und Familie annehmen, daß sowohl die Haushaltsform als auch die Lebensphase einen Einfluß auf die Art und den Umfang nachgefragter wohnbegleitender Dienstleistungen haben. Ein vergleichsweise hohes Interesse ist generell für die Singles, die Alleinerziehenden und die kinderlosen Paare anzunehmen. Innerhalb der Singles und der kinderlosen Paare sollten angesichts der Berufstätigkeit insbesondere die jungen und in der mittleren Lebensphasen befindlichen Haushalte eine relativ ausgeprägte Dienstleistungsakzeptanz zeigen.

Im Rahmen der von uns durchgeführten Diskussionen wurden die Teilnehmer aufgefordert, die von ihnen gebildeten Leistungsbündel zu bepunkten, je nachdem, wie wahrscheinlich ihnen eine eigene Inanspruchnahme bei VI erschien.[3] Im Vergleich zwischen der Familien-Gruppe und der Single-Gruppe unter den Mietern zeigte sich hier kein wesentlicher Unterschied hinsichtlich der Breite des Spektrums der genannten Leistungsbündel. Deutlich kommt bei den Familien das Interesse an der Kinderbetreuung zum Ausdruck, die nach den Objektdienstleistungen, welche in allen Mietergruppen die höchste Präferenz zugesprochen bekamen, an Position 2 rangiert. Für eine vergleichsweise hohe Dienstleistungspräferenz auf seiten kleinerer Haushalte spricht, daß die maximale monatliche Ausgabebereitschaft für wohnbegleitende Dienstleistungen bei der Single-Gruppe mit einem Median von 45 DM deutlich über jenem der Familien mit 25 DM lag.[4] In der Diskussionsrunde mit den Wohnungs- und Hauseigentümern, die zur Hälfte aus kinderlosen Haushalten und solchen mit Kindern bestand, zeigte sich ein hohes Interesse an zeitsparenden Haushalts-, Hol- und Bringdiensten.

---

[1] Vgl. MERKLE/ZIMMERMANN (Kinderbetreuung, 1993), S. 353; NICKOLS/FOX (Strategies, 1983), S.203ff.

[2] Vgl. HAWKINS/BEST/CONEY (implications, 1995), S. 193f., und zur finanziellen Situation der Alleinerziehenden STATISTISCHES BUNDESAMT (Familien, 1995), S. 77ff.

[3] Vgl. Tab. 5, S. 93.

[4] Angesichts der kleinen Probandenzahl erscheint der Median hier aussagekräftiger als das auf Ausreißer empfindlich reagierende arithmetische Mittel, hinsichtlich dessen beide Gruppen näher zusammenlagen (kinderlose Haushalte: 40 DM, Familien: 38 DM).

3.2.3.2.2 Das Einkommen als Indikator der ökonomischen Lage

Bereits in den bisherigen Ausführungen ist zum Ausdruck gekommen, daß dem Einkommen eine Relevanz für die individuelle Dienstleistungsnachfrage beigemessen wird. Eine explizite Betrachtung erfolgt vor dem Hintergrund, daß das Einkommen separat möglicherweise eine höhere Erklärungskraft beinhaltet als innerhalb des Konstrukts der sozialen Schicht. Empirische Untersuchungen deuten darauf hin, daß je nach Leistungsart einmal die Aussagekraft des Einkommens allein, ein andermal jene der sozialen Schicht größer ist.[1]

Neben dem Aspekt, daß die Opportunitätskosten der Eigenproduktion mit dem Markteinkommen steigen, ist von Bedeutung, daß ein gewisses Einkommen den Konsumenten überhaupt erst in die Lage versetzt, manche Güter und Dienstleistungen zu erwerben. HESSE geht davon aus, daß der Dienstleistungskonsum der unteren Einkommensklassen überwiegend auf nicht selbsterstellbare Leistungen beschränkt ist. In den mittleren Kategorien würden sich die Dienstleistungskäufe leicht erhöhen, um dann in den oberen Einkommensklassen überproportional anzusteigen.[2] NICKOLS/FOX stellen eine mit wachsendem Einkommen steigende Nutzung an Haushaltsdiensten fest.[3]

Uneinigkeit herrscht in der Literatur darüber, ob „das Einkommen die Einkommensträger lediglich in einen motivationsneutralen Zustand der Nachfragefähigkeit erhebt"[4] oder ob das Einkommen bzw. die verfügbare Kaufkraft bereits die Entstehung der Motivation beeinflußt. WISWEDE ist der Auffassung, daß „die zur Verfügung stehende Kaufkraft ... die Konkretisation von Bedürfnissen entscheidend mitbestimmt und allzu hoch gespannte Bedürfnisse gar nicht erst aufkommen läßt."[5] Als Beispiele hierfür nennt er, daß ein Kleinverdiener nie auf die Idee kommen würde, im Theater in der ersten Reihe zu sitzen oder - noch extremer - sich ein Privatflugzeug zu kaufen. Analog hierzu mag bei vielen Personen mit niedrigem Einkommen das Bedürfnis etwa nach einer Haushaltshilfe von vornherein unterbunden werden.

Im Rahmen der standardisierten Befragung wird zu prüfen sein, ob das Pro-Kopf-Nettoeinkommen des Haushalts gegenüber dem ungewichteten Nettoeinkommen von überlegener Aussagekraft ist. Das Pro-Kopf-Einkommen trägt tendenziell der Tatsache Rechnung, daß mit zunehmender Personenzahl die Ausgaben für den Grundbedarf steigen, so daß unter sonst gleichen Bedingungen weniger Mittel für den (substituierbaren) Dienstleistungskonsum bereitstehen.

---

[1]   Vgl. PETER/OLSON (Marketing, 1996), S. 437; SCHANINGER (Class, 1981), S. 196ff.; HISRICH/PETERS (Segmentation, 1974), S. 60ff.; COLEMAN (Significance, 1983), S. 274f.

[2]   Vgl. HESSE (Dienstleistungen, 1997), S. 33f.

[3]   Vgl. NICKOLS/FOX (Strategies, 1983), S. 205.

[4]   Vgl. BEBIÉ (Käuferverhalten, 1978), S. 396

[5]   WISWEDE (Motivation, 1973), S. 113.

3.2.3.2.3 Merkmale der Wohnsituation

Ein erstes Merkmal der Wohnsituation, das als Determinante der Dienstleistungsnachfrage in Betracht kommt, ist der Wohnort. Zum einen ist von einem direkten Einfluß insoweit auszugehen, als die Attraktivität bestimmter Angebote des Wohnungsunternehmens aus Kundensicht auch von den vor Ort vorhandenen Infrastrukturen abhängt. So dürfte etwa in einer Großwohnsiedlung mit eigenem Geschäftszentrum der Nutzen eines Einkaufsservice prinzipiell niedriger sein als in einer ländlichen Gemeinde mit langen Anfahrtswegen zum nächsten Supermarkt. Ist zum Beispiel in einem Wohnquartier die Sozialstation eines frei-gemeinnützigen Trägers schon seit langem etabliert, so wird das Wohnungsunternehmen hier grundsätzlich auf weniger Nachfrage nach sozialen Dienstleistungen stoßen als in einem Gebiet, das bisher unzureichend versorgt war.[1]

Zum zweiten ist mit einem indirekten Einfluß des Wohnorts als bedingende Variable auf die Ausprägung anderer Kaufverhaltensdeterminanten zu rechnen. Oftmals gruppieren sich in Wohngebieten Menschen mit bestimmten Mentalitäten, Konsumstilen, aus bestimmten Schichten oder Altersgruppen. Die mikrogeographische Marktsegmentierung macht sich diese Erkenntnis zu Nutze, indem sie Daten zum Kaufverhalten zum Teil bis auf die Ebene von Straßenzügen „herunterbricht" und daraus Erkenntnisse für die Gestaltung der Absatzpolitik ableitet.[2] - Der Wohnortthematik wird in der nachfolgenden Untersuchung kein besonderer Stellenwert eingeräumt, da die unternehmensbezogen erhältlichen Ergebnisse zwangsläufig nur von regionaler Gültigkeit sind.

Im Mittelpunkt steht hinsichtlich der Wohnsituation indessen die Frage, wie sich der Wohnstatus - Miete oder Eigentum - auswirkt. Einerseits dürfte die Dienstleistungsnachfrage zwischen Mietern und Eigentümern schon deshalb divergieren, weil letztere finanziell regelmäßig besser gestellt sind. In den alten Bundesländern war im Jahre 1993 das durchschnittliche Nettoeinkommen der Eigentümer- um 47% höher als jenes der Mieterhaushalte.[3] Zudem existieren Abweichungen hinsichtlich der Haushalts- und Familienstruktur.[4] Andererseits sprechen unterschiedliche Rechte und Pflichten sowie hiermit verbundene psychische Faktoren dafür, daß auch ein unmittelbarer Zusammenhang zur Dienstleistungsnachfrage bestehen könnte.

---

[1] So wird etwa von der Baugenossenschaft Freie Scholle eG Bielefeld im Bereich der Altenberatung und -betreuung siedlungsbezogen zunächst die Kooperation mit den dort aktiven Trägern der freien Wohlfahrtspflege gesucht. Eine Eröffnung eigener Einrichtungen ist primär dann angezeigt, wenn die vorhandene soziale Infrastruktur vor Ort unzureichend ist. In diesem Sinne äußerte sich T. MÖLLER, Referent des Vorstands, Baugenossenschaft Freie Scholle eG Bielefeld, in einem Gespräch am 5.6.97.

[2] Vgl. MEYER (Marktsegmentierung, 1989), S. 343ff.; MARTIN (Marktsegmentierung, 1993), S. 164ff.

[3] Vgl. ULBRICH (Schwellenhaushalte, 1997), S. 57.

[4] So wohnen in 69% der Eigentümerhaushalte Ehepaare, aber nur in 41% der Mieterhaushalte. Zudem sind Eigentümerhaushalte im Durchschnitt größer und kinderreicher. Vgl. ULBRICH (Schwellenhaushalte, 1997), S. 55.

Zum einen ergeben sich unmittelbar abweichende Dienstleistungsbedarfe, weil sich Eigentümer um Fragen der Instandhaltung, Wartung und Modernisierung mehr oder (bei Fremdverwaltung) weniger selbst kümmern müssen, die dem Mieter regelmäßig abgenommen werden. Zum anderen könnten Unterschiede im Nachfrageverhalten schließlich auch in einer abweichenden Einstellung zum Wohnobjekt begründet liegen.

Es ist eine „Binsenweisheit", daß Eigentümer sorgfältiger mit Haus und Wohnung umgehen als Mieter.[1] Bezogen auf Dienstleistungen mag dies zu einem erhöhten Interesse an Verrichtungen führen, mit denen eine professionelle Reinigung und Pflege des Objekts sichergestellt wird. Plausibel erscheint indes auch ein gegenteiliger Effekt des Eigentums hin zu einer verstärkten Verlagerung von Tätigkeiten in die Haushaltsproduktion, darauf beruhend, daß durch Wohneigentum allgemein die Eigeninitiative und Selbstverantwortung gestärkt wird.[2] „Die Mentalität des Selbermachens findet ... hier ihr wichtigstes Betätigungsfeld, weil im eigenen Heim Wünsche an einen individuellen Lebensstil von Haushalten ohne soziale Rücksichten auf Vermieter und Ablauf der Mietfrist sich subjektiv verwirklichen lassen."[3] Somit ist der Einfluß der Eigentumsposition als solche ambivalent. Vor dem Hintergrund, daß in der Diskussionsgruppe der Eigentümer die maximale monatliche Ausgabebereitschaft für wohnbegleitende Dienste mit einem Median von 150 DM den höchsten Wert aus den Mietergruppen um mehr als das Dreifache übertraf, wird jedoch von einem per Saldo positiven Einfluß des Wohnstatus „Eigentümer" auf die Dienstleistungsnachfrage ausgegangen.

Nachdem der Überblick über mögliche Einflußfaktoren aus theoretischer Sicht unter Berücksichtigung der explorativen Vorstudie hiermit abgeschlossen ist, werden nun die Ergebnisse diskutiert, welche in der standardisierten Hauptbefragung gemessen wurden.

---

[1] MEYER begründet das Phänomen, daß Hausbewohner ihre Wohnung pfleglicher behandeln als die mit anderen gemeinsam genutzten Grünanlagen, Flure, Kellerräume usw., aus Sicht der Property-Rights-Theorie: „Aufwand für die Instandhaltung dieser [gleichsam öffentlichen, Anmerkung des Verfassers] Güter wird nur insoweit betrieben, als der Wert der Früchte dieses Aufwandes, die dem Anwender zugute kommen, von denen *er* also etwas hat, dem Wert des Aufwandes mindestens entspricht". MEYER (Eigentumsrechte, 1987), S. 103.

[2] Vgl. GDW GESAMTVERBAND DER WOHNUNGSWIRTSCHAFT (Wohneigentum, 1992), S. 20.

[3] GARHAMMER (Dienstleistungsproduktion, 1988), S. 85.

3.3 Die Ergebnisse der standardisierten Befragung von Kunden der Veba Immobilien Wohnpartner GmbH

Das Anliegen der standardisierten Befragung bestand darin, die *Bedarfsstruktur* und die *Kaufabsichten* von Mietern und Wohnungseigentümern auf der Basis einer repräsentativen Kundenstichprobe zu messen und die getroffenen Annahmen zum Konsumentenverhalten zu überprüfen.

Im Anschluß an die methodischen Vorbemerkungen und eine Charakterisierung der soziodemographischen Struktur der Stichprobe wird zunächst die Ausgangssituation für die Sekundärleistungsnachfrage der Kunden von VI analysiert. Hierzu soll die Wahrnehmung der Geschäftsbeziehung aus Kundensicht sowie die Motive, Einstellungen und der bisherige Umfang der Nutzung von Dienstleistungen und Hilfen beleuchtet werden. In diesem Rahmen gilt es auch zu untersuchen, ob losgelöst von der Wohnzufriedenheit das Konstrukt *Servicezufriedenheit* eine eigene Betrachtung verdient, gegebenenfalls welche Determinanten der Servicezufriedenheit vorliegen und welcher Zusammenhang zur Kundenbindung besteht. Diese Aspekte stehen in einem engen Konnex zur Grundfragestellung. Denn wenn die Wohnungswirtschaft das Sekundärleistungsangebot insbesondere als Instrument zur Förderung von Kundenzufriedenheit und Kundenbindung interpretiert, erscheint es für sie ebenfalls bedeutsam, auf welche Weise im primären Geschäft ein Beitrag zu diesen Zielen geleistet werden kann. Zum anderen lassen sich aus den Gewichten, die einzelnen Merkmale des Grundservice beigemessen werden, Implikationen auch für das Qualitätsmanagement im Sekundärleistungsbereich ableiten.

In einem nächsten Schritt erfolgt eine Untersuchung der Nutzungsabsichten und der Preisakzeptanz bezüglich alternativer Serviceangebote, wobei auch auf die globale Zahlungsbereitschaft für Dienstleistungen und auf die Existenz von Nachfrageverbunden eingegangen wird. Dann wird ausführlich analysiert, welche individuellen Kundenmerkmale das Interesse an und die Zahlungsbereitschaft für wohnbegleitende Dienstleistungen determinieren, um abschließend eine Kundentypologie hinsichtlich der Servicenachfrage zu entwickeln.

3.3.1 METHODISCHE VORBEMERKUNGEN

3.3.1.1 *Konzeption der Datenerhebung und Abgrenzung der Stichprobe*

Die Datenerhebung erfolgte in Form einer *postalischen* (schriftlichen) *Befragung* mittels Fragebogen, welche sich in der Marktforschungspraxis von Dienstleistungsunternehmen als „sehr erfolgreich"[1] erwiesen hat. Bei der Wahl der Befragungsmethode galt es, sowohl inhaltliche als auch administrative Aspekte zu berücksichtigen. Aus inhaltlicher bzw. methodischer Sicht

---

[1] MEYER/ERTL (Marktforschung, 1998), S. 210.

sprechen für die postalische Befragung eine Vermeidung von Interviewerfehlern, eine geringe Verzerrungswahrscheinlichkeit aufgrund von „sozial erwünschten" Antworten, eine vergleichsweise hohe Glaubwürdigkeit des Erhebenden hinsichtlich der Zusicherung der Anonymität sowie die zeitliche Flexibilität für den Probanden hinsichtlich Dauer und Zeitpunkt der Beantwortung.[1] Letzterem Gesichtspunkt kam insofern eine besondere Bedeutung zu, als der hier verwandte Fragebogen ca. 30-40 Minuten Bearbeitungszeit beanspruchte.

Andererseits bestehen bei der postalischen Variante Nachteile in Gestalt einer mangelnden Kontrolle der Erhebungssituation und einer üblicherweise hohen Ausfallquote aufgrund nicht erfolgtem Rückversands. Eine prinzipielle Unterlegenheit der schriftlichen Erhebungsform läßt sich daraus jedoch nicht ableiten, vielmehr sollte das Bemühen darin liegen, einen möglichst *hohen Rücklauf* zu erzielen.[2] Aus administrativer Sicht sprachen schließlich für diese Methode der im Vergleich zu einer telefonischen oder Face-to-face-Befragung geringere zeitliche und monetäre Aufwand, dies insbesondere angesichts einer angestrebten auswertbaren Stichprobengröße von rund 600 Probanden.

Im Sinne der „Total Design Method"[3] von DILLMAN läßt sich die Partizipation an einer postalischen Befragung als Kosten-Nutzen-Kalkül betrachten, wobei dem Probanden zur Maximierung der Antwortbereitschaft einerseits der Nutzen seiner Teilnahme zu vermitteln ist, andererseits seine Kosten (z.B. in Form von mentalen Engagement) möglichst gering gehalten werden sollten. Zur Verdeutlichung des Nutzens diente ein persönlich adressiertes *Begleitschreiben*, in dem auf die Relevanz der Befragung für die Optimierung des Kundenservice sowie auf die spätere Publikation der Ergebnisse in der Kundenzeitschrift hingewiesen wurde.[4] Um den Stellenwert der Untersuchung zusätzlich zum Ausdruck zu bringen, erfolgte der Druck des Begleitschreibens auf dem Briefbogen eines Vorstandsmitglieds von VI. Darüber hinaus wurde auf die Zusammenarbeit mit der Ruhr-Universität Bochum als neutraler Institution verwiesen, an die auch der beigefügte *portofreie Rückumschlag* gerichtet war, so daß hinsichtlich der Anonymität der Auswertung keine Zweifel aufkommen konnten. Als zusätzlicher Stimulus diente ein Monatslos der „Aktion Sorgenkind Lotterie", welches als *Gratifikation* mit den Erhebungsunterlagen versandt wurde. Dies geschah vor dem Hintergrund, daß schon im vorhinein gewährte und seitens des Befragten als freundliche Geste interpretierte Beigaben den Rücklauf spürbar erhöhen können.[5]

---

[1] Vgl. SCHNELL/HILL/ESSER (Sozialforschung, 1999), S. 336; DILLMAN (Surveys, 1978), S. 74f.; NIESCHLAG/ DICHTL/HÖRSCHGEN (Marketing, 1997), S. 743ff.

[2] Vgl. BEREKOVEN/ECKERT/ELLENRIEDER (Marktforschung, 1999), S. 113f.

[3] Vgl. DILLMAN (Surveys, 1978), S. 12ff.

[4] Vgl. Anlage 1 im Anhang.

[5] Vgl. HAFERMALZ (Befragung, 1976), S. 141ff.

Zur Überprüfung der Tauglichkeit des Erhebungsinstruments sowie zur Abschätzung des zu erwartenden Rücklaufs erfolgte im Vorfeld der Hauptuntersuchung ein *Pretest* mit 50 zufällig ausgesuchten Mietern. Bei der Konstruktion des Fragebogens[1] stand eine möglichst verständliche, interessante und optisch ansprechende Gestaltung im Vordergrund, die im Anschluß an den Pretest nochmals eine Modifizierung erfuhr. Schließlich wurde zur Rücklaufoptimierung drei Wochen nach dem Hauptversand eine *Nachfaßaktion* per Postkarte durchgeführt. Sie richtete sich an jeden Probanden und beinhaltete zum einen den Dank für die Teilnahme, zum anderen - für die Nachzügler - die Erinnerung an eine baldige Rücksendung mit Terminvorgabe.[2]

Zur Operationalisierung der im theoretischen Teil behandelten Konstrukte wurden sowohl umfangreichere komplexe Fragebündel als auch Einzelfragen eingesetzt. Dabei handelte es sich mit Ausnahme der Abschlußfrage, in welcher Platz für freie Kommentare zum Thema eingeräumt wurde, um *geschlossene Fragen*, die im Vergleich zu offenen Fragen durch eine bessere Vergleich- und Auswertbarkeit gekennzeichnet sind. Neben Ja/Nein- und Alternativfragen wurden zur Beantwortung schwerpunktmäßig *Rating-Skalen* eingesetzt, bei welchen die alternativen Antwortkategorien den Grad der Zustimmung bzw. Ablehnung eines Probanden zum jeweiligen Befragungspunkt zum Ausdruck bringen.[3] Die Bestimmung des Skalenumfangs erfolgte in Abhängigkeit von der jeweiligen Fragestellung, wobei in der Regel sechs oder vier Stufen präferiert wurden, um der Tendenz zum Ausweichen auf Mittelpositionen entgegenzuwirken und eine richtungsmäßige Festlegung der Probanden zu erzwingen.[4] Die Formulierung der Fragen bzw. Items erfolgte primär auf der Grundlage der Ergebnisse in den Diskussionsrunden; teilweise dienten bewährte Erhebungsinstrumente sozialwissenschaftlicher Forschungsinstitute als Orientierungshilfe.[5]

---

[1] Anlage 2 im Anhang umfaßt den Abdruck des kompletten Fragebogens für die Mieter, während in Anlage 3 für die Wohnungseigentümer nur solche Seiten abgebildet wurden, die von dem Mieter-Exemplar abweichen.

[2] Vgl. Anlage 4 im Anhang. Zur Technik der Nachfaßaktion vgl. WIEKEN (Befragung, 1974), S. 152f.; HABER-MEHL (Sozialforschung, 1992), S. 131ff.

[3] Zu den Skalierungsverfahren vgl. UNGER (Marktforschung, 1997), S. 63ff.; GREEN/TULL (Marketingforschung, 1982), S. 162ff. Da die semantischen Abstände zwischen den einzelnen Ausprägungen bei Rating-Skalen annahmegemäß entweder identisch sind oder in diesem Sinne subjektiv interpretiert werden können, lassen sich die Bewertungsskalen als Intervallskalen behandeln. Vgl. HAMMANN/ERICHSON (Marktforschung, 1994), S. 274.

[4] Zur Nivellierungstendenz und anderen Verzerrungseffekten bei der Formulierung von Fragen vgl. EICHENER (Mieterbefragungen, 1995), S. 23f.

[5] Zur Verfügung standen u.a. Fragebögen (bzw. Auszüge daraus) des InWIS (Bochum), des SOFOS (Bamberg) sowie von EMNID (Bielefeld). Zu den entsprechenden Untersuchungen vgl. BERENDT (Dienstleistungen, 1996); PIEPER/ROSENKRANZ/BUBA (Wohnzufriedenheit, 1996); S. 170ff.; MINISTERIUM FÜR WIRTSCHAFT UND MITTELSTAND, TECHNOLOGIE UND VERKEHR DES LANDES NRW (Dienstleistungen, 1997) bzw. EMNID-INSTITUT GMBH & CO. (Tabellenband, o.J.). Die Fragekonstruktion zu den Wohnformen für Senioren orientiert sich an HEINZE (Alter, 1997), S. 68.

Eine prinzipielle Entscheidung vor Befragungsbeginn stellte die Bestimmung des *Untersuchungsgebiets* dar. Folgt man der Hypothese, daß regional unterschiedliche Infrastrukturen und sozioökonomische Verhältnisse Einfluß auf die bei dieser Untersuchung im Vordergrund stehende Nachfrage nach wohnbegleitenden Dienstleistungen ausüben, hätte eine räumlich breit gestreute Befragung nur wenig Aussagekraft in bezug auf die konkrete Nachfragesituation an bestimmten Standorten erbracht. Entsprechend der „sozialräumlichen Philosophie"[1] von VI, nach der das Dienstleistungsangebot den spezifischen Bedürfnissen der Bewohner vor Ort angepaßt werden soll, erschien es daher sinnvoller, sich bei der Befragung auf wenige Städte zu konzentrieren, für welche dann aber das Nachfragepotential mit einer angemessenen Genauigkeit charakterisiert werden kann.

Für die Wahl der Orte *Bochum*, *Gladbeck* und *Herten*[2] sprach zum einen, daß VI dort traditionell im großen Stil als Vermieter engagiert ist. Zum anderen war dort auch eine vergleichsweise hohe Konzentration an selbstnutzenden Wohnungseigentümern vorzufinden. Im vorliegenden Fall war dabei zu berücksichtigen, daß es sich bei der Betreuung von Eigentümergemeinschaften um ein vergleichsweise junges Geschäftsfeld des Hauses handelte und sich zum Untersuchungsbeginn bundesweit insgesamt nur ca. 600 Wohneinheiten von Kapitalanlegern und Selbstnutzern in der Verwaltung befanden.

Als *Grundgesamtheit* der Untersuchung wurden alle privaten Haushalte innerhalb der Städte Bochum, Gladbeck und Herten betrachtet, die als *Wohnkunden* in einer Geschäftsbeziehung zu VI bzw. zu der relevanten Tochtergesellschaft innerhalb des Immobilien-Konzerns stehen. Unter Wohnkunden sind dabei einerseits *Mieter* einer im Eigentum von VI befindlichen oder von ihr für Dritte betreuten Wohnung, andererseits selbstnutzende *Wohnungseigentümer* zu verstehen, bei denen das Gemeinschaftseigentum der Verwaltung von VI unterliegt.

Unter die gewählte Definition der Wohnkunden fielen - Stand August 1998 - insgesamt 26.615 Haushalte in den drei Städten, darunter befanden sich 104 Haushalte in Eigentumswohnungen.[3] Angesichts der Größe der Grundgesamtheit kam ausschließlich eine Teilerhe-

---

[1] Diesen Terminus verwandte I. Meyerwisch, Viterra Wohnpartner AG, seinerzeit Veba Immobilien Wohnpartner GmbH, Bereich Akquisition, in einem Interview am 13.11.1997.

[2] Die Städte Gladbeck (80.000 Einwohner) und Herten (68.000 Einwohner) liegen im Kreis Recklinghausen am Nordrand des Ruhrgebiets. Im Vergleich zur Universitätsstadt Bochum (400.000 Einwohner) im zentralen Ruhrgebiet sind sie noch in erhöhtem Maße von den Begleiterscheinungen des Strukturwandels bzw. des Abbaus der Montanindustrie betroffen. Die Arbeitslosenquoten betrugen im August 1998 in Bochum 13,4%, in Gladbeck 15% und in Herten 14,6%.

Zum Mietwohnungsbestand von VI: Die Quote der mit öffentlicher Förderung errichteten Wohneinheiten lag zum Untersuchungszeitpunkt in Bochum etwa bei 36%, in Gladbeck bei 31% und in Herten bei 46%. Rund zwei Drittel des Bestands in diesen Städten unterliegen fremden Belegungsrechten (z.B. zugunsten des VEBA-Konzerns oder der Ruhrkohle AG). Zur Quelle vgl. Fußnote 1, S. 76.

[3] Auf eine Einbeziehung von Einfamilienhauserwerbern wurde hier verzichtet, da die Zahl der zu befragenden Haushalte angesichts der Neuartigkeit des Geschäftsfelds noch unter denen der Wohnungseigentümer gelegen hätte und die Vergleichbarkeit zu den Mietern bzw. deren Bedürfnisse geringer ist.

bung in Betracht, deren Ergebnisse indes einen möglichst genauen und sicheren Schluß auf die Verhältnisse der Grundgesamtheit erlauben sollten. Als Auswahlverfahren für die Elemente der Stichprobe wurde daher die *disproportional geschichtete Zufallsauswahl* präferiert.[1] Nach dieser Methode erfolgte zunächst eine Aufspaltung der Grundgesamtheit in die zwei Schichten Mieter und Wohnungseigentümer. Während bei den Eigentümern aufgrund ihrer geringen Anzahl sämtliche der 104 Haushalte Aufnahme fanden (Vollerhebung), wurde unter Berücksichtigung der angestrebten Fallzahl und der geschätzten Rücklaufquote aus der Schicht der Mieter jeder 19. der 26.511 Haushalte für die Stichprobe „gezogen".[2] Grundlage für die „Ziehung" der zu befragenden Mieter stellte eine zuerst nach Postleitzahl und auf der zweiten Stufe nach dem Datum des Vertragsbeginns sortierte Liste dar. Insgesamt ergab sich eine Stichprobengröße von 1.493 Kunden.

3.3.1.2 Datenaufbereitung und -analyse

Der Fragebogenversand erfolgte ab Mitte August 1998. Bis Anfang Oktober 1998 trafen 619 Antworten ein, was einer *Rücklaufquote* von brutto 41,5% entspricht. Nach Abzug der überwiegend lückenhaft oder gar nicht beantworteten Fragebögen verblieben netto 39,3%, d.h. insgesamt 587 Exemplare zur Auswertung. Davon entfielen 527 auf die Schicht der Mieter (37,9% der versandten Exemplare) und 60 auf die Gruppe der Eigentümer (57,7%). Der Rücklauf hinsichtlich der Eigentümer kann somit als außerordentlich, bei den Mietern als noch gut betrachtet werden, legt man die üblichen Quoten bei postalischen Kundenbefragungen zugrunde.[3]

Um eine *geographisch differenzierte Auswertung* zu ermöglichen, erfolgte eine Segmentierung nach sechs Erhebungsgebieten. Die Zuordnung geschah mit Hilfe des erhobenen Merkmals Postleitzahl, wobei die Einteilung der Erhebungsgebiete so gewählt wurde, daß zum einen eine hinreichend große Zahl an Probanden pro Region vorlag (zwischen 53 und 130). Zum anderen erfolgte eine weitestgehende Orientierung an den Betreuungsbereichen der Kun-

---

[1] Vgl. BEREKOVEN/ECKERT/ELLENRIEDER (Marktforschung, 1999), S. 53.

[2] Aufgrund der im Ergebnis extremen Unterschiede in der soziodemographischen Zusammensetzung zwischen den befragten Mietern und Wohnungseigentümern werden nachfolgend beide Gruppen jeweils getrennt betrachtet. Würde die Argumentation auf einen Gesamtwert für die Kunden abstellen, müßte bei dessen Ermittlung berücksichtigt werden, daß von den Mietern nur jeder 19., aber jeder der Eigentümer in die Stichprobe einbezogen wurde. Auf den Ausweis eines dementsprechend gewichteten Wertes wird auch im Anhang verzichtet, denn der zusätzliche Informationsgehalt ist angesichts der annähernden Identität mit dem Einzelwert der Mieter gering. Statt dessen wird in Form des Wertes „Summe Wohnkunden" eine einfache Addition vorgenommen.

[3] MEFFERT (Marketingforschung, 1992), S. 202, nennt eine übliche Spanne von 5-30%. GREEN/TULL (Marketingforschung, 1982), S. 139, halten 20-40% für realistisch. Bei einer thematisch dieser Untersuchung ähnlich gelagerten Befragung der Mieter der Halleschen Wohnungsgesellschaft mbH wurde ein Rücklauf von 15% erzielt, vgl. ISW INSTITUT FÜR STRUKTURPOLITIK UND WIRTSCHAFTSFÖRDERUNG HALLE-LEIPZIG (Dienst- und Betreuungsleistungen, 1997), S. 64. Eine ein Jahr zuvor von VI durchgeführte postalische Erhebung zum Wohnen im Alter führte zu einem Rücklauf von 20%.

dendienststellen, die nach Niederlassungen und Kundencentern die kleinste Hierarchiestufe in der Organisationsstruktur von VI repräsentieren. Somit konnten siedlungsbezogene Zusammenhänge berücksichtigt und den internen Strukturen folgende Bestandsdaten für Zwecke der Auswertung genutzt werden.[1]

Ob eine Stichprobe tatsächlich repräsentativ ist, ließe sich mit Sicherheit nur beantworten, wenn anschließend die Befragung bei den übrigen Elementen der Grundgesamtheit fortgesetzt würde. Dies würde indes den Sinn der Teilerhebung entstellen, und in der Praxis wird man sich nur in Einzelfällen zu einer solchen Vorgehensweise entschließen. Allerdings existieren Verfahren zur *„Repräsentanzprüfung"*, die Anhaltspunkte für eine mögliche Ergebnisverzerrung durch Non-Respondents geben können und hier angesichts das geringeren Rücklaufs bei den Mietern für diese Gruppe in Erwägung zu ziehen waren.[2] Eine erste Möglichkeit besteht darin, demographische Merkmale der Grundgesamtheit mit jenen der Antwortenden zu vergleichen. Da über die demographische Struktur der Mieter jedoch keine systematischen Informationen vorlagen, schied dieses Vorgehen hier aus.

Als Alternative wird in Teilen der Literatur befürwortet, Aussagen über Ergebnisverzerrungen durch eine Auswertung der Fragebögen nach ihrem zeitlichem Rücklauf zu gewinnen. Falls sich zwischen den verschiedenen Rücklaufwellen ein signifikanter Trend hinsichtlich eines Merkmals ergeben würde, könte man auf eine Über- oder Unterrepräsentierung bestimmter Ausprägungen in der Stichprobe schließen. Dabei sei - so die *Extrapolationshypothese* - der Spätrücklauf in seiner Merkmalsstruktur den Nicht-Antwortenden ähnlicher ist als der Frührücklauf.[3]

Im vorliegenden Fall wurden die Mieter abhängig vom Eintreffen ihres Fragebogens in drei gleich große Gruppen eingeteilt. Anhand eines für die Untersuchung *zentralen Merkmals*, der Höhe der monatlichen Zahlungsbereitschaft für wohnbegleitende Dienstleistungen, wurde dann geprüft, ob sich Hinweise auf eine mögliche Verzerrung ergeben. Zwar zeigten die Spätantworter mit durchschnittlich 19,14 DM die geringste Ausgabenfreude, allerdings lag der Wert für die zweite Gruppe mit 29,44 DM noch über dem der Frühantworter (27,93 DM). Aufgrund dieser Betrachtung kann mithin nicht von einer deutlichen Tendenz gesprochen werden, die eine Überrepräsentiertheit der eher Zahlungskräftigen oder besonders am Thema interessierten Kunden nahelegen würde.[4]

---

[1] Zur Struktur der Erhebungsgebiete und zu den jeweiligen Rückläufen vgl. Anlage 5 im Anhang.

[2] Vgl. zur Problematik der Repräsentativität SCHNELL/HILL/ESSER (Sozialforschung, 1999), S. 284ff; KROMREY (Sozialforschung, 1998), S. 378ff.

[3] Vgl. HAFERMALZ (Befragung, 1976), S. 172ff. sowie die dort angegebene Literatur. Zu dieser Problematik vgl. auch das Beispiel von SCHWAIGER (Stichprobenverfahren, 1995), S. 259.

[4] Ohnehin ist die Eignung dieser „Extrapolationshypothese" als Basis für eine Charakterisierung von Stichprobenausfällen aufgrund sowohl theoretischer Überlegungen als auch praktischer Erfahrungen kritisch zu beurteilen. Vgl. HAFERMALZ (Befragung, 1976), S. 178.

Die Auswertung der aus den Fragebögen zu entnehmenden Daten erfolgte primär mit dem Programmpaket *SPSS für Windows 8.0*, welches als das weltweit verbreitetste Anwendersystem zur statistischen Datenanalyse betrachtet werden kann.[1] Neben univariaten Verfahren (absolute und relative Häufigkeitsauszählungen) kamen darüber hinaus - sofern ihre Anwendung sinnvoll erschien und die erforderlichen Prämissen erfüllt waren - verschiedene *bi- bzw. multivariate Methoden* der Informationsauswertung zur Anwendung, um Zusammenhänge zwischen Variablen zu beleuchten.[2] Aufgrund von Nichtbeantwortung fehlende Werte wurden grundsätzlich aus der Analyse ausgeschlossen.[3]

3.3.2 DARSTELLUNG UND INTERPRETATION DER ERGEBNISSE

3.3.2.1 *Soziodemographische Struktur der Stichprobe*

In bezug auf den *Haushaltstyp* dominiert bei den **Mietern** der Haushalt mit zwei Erwachsenen, die kinderlosen Paare,[4] auf welche 42% der Stichprobe entfallen. An zweiter Stelle rangieren die Singles mit 29%. Jeder fünfte der befragten Mieterhaushalte wird durch eine Familie mit minderjährigen Kindern gebildet.[5] Alleinerziehende mit minderjährigen Kindern erreichen lediglich eine Quote von knapp 2%, „sonstige Haushalte" einen Anteil von 8% der Probanden. Bei letzteren handelt es sich um Haushalte ohne Kinder unter 18 Jahren mit drei oder mehr Erwachsenen, so z.B. um größere jüngere Wohngemeinschaften, aber insbesondere Familien mit erwachsenen Kindern oder zu pflegendem Elternteil sowie Wohngemeinschaften älterer Verwandter. - Im Vergleich zum Bundesdurchschnitt sind in dieser Mieterstichprobe Einpersonen-Haushalte um rund 7 Prozentpunkte unter-, Zweipersonen-Haushalte um ca. 9 Prozentpunkte überrepräsentiert.[6]

In Anlehnung an das *Lebenszykluskonzept* wurde je nach Alter des Haushaltsvorstands, im Fragebogen bezeichnet als die Person mit den höchsten Einkünften, für die drei wichtigsten Haushaltstypen eine weitere Differenzierung vorgenommen. Bei den Einpersonen-Haushalten

---

[1] Vgl. den Kommentar von BUHL/ZÖFEL (SPSS, 1994), S. 17, zu einer früheren Version.

[2] Zur Vorgehensweise bei bi- und multivariaten Verfahren unter Anwendung von SPSS vgl. BROSIUS/BROSIUS, (SPSS, 1998); JANSSEN/LAATZ (Datenanalyse, 1997).

[3] Der genaue Umfang der jeweils antwortenden Kunden und die detaillierte Verteilung der Merkmalsausprägungen ist für jede Frage der tabellarischen Grundauswertung zu entnehmen, die als Anlage 13 Teil des Sonderanhangs ist.

[4] Die Bezeichnung „Paar" ist hier im weitesten Sinne zu verstehen. Da die Beziehung der Bewohner eines Haushalts untereinander nicht erhoben wurde, können hierunter etwa auch Geschwisterhaushalte sowie Zweipersonen-Wohngemeinschaften ohne „romantische" Beziehung zu finden sein. Des weiteren ist „kinderlos" so zu verstehen, daß keine minderjährigen Kinder im Haushalt wohnen.

[5] Ausschlaggebend für die Zuordnung zu den Familien war das Vorhandensein von mindestens einem minderjährigen Kind und zwei Erwachsenen.

[6] Zu den Werten für die Bundesrepublik vgl. STATISTISCHES BUNDESAMT (Bevölkerung, 1999). Für Haushalte ab drei Personen waren lediglich geringfügige Abweichungen vom Bundesdurchschnitt festzustellen.

und kinderlosen Paaren erfolgte dabei jeweils eine Einstufung entweder als jüngerer Haushalt (bis 34 Jahre), als Haushalt mittleren Alters (35-54 Jahre) oder als Senioren-Haushalt (ab 55 Jahre). Für die Familien mit minderjährigen Kindern wurde zwischen jüngerer (bis 34 Jahre) und älterer Familie unterschieden (35-54 Jahre).[1] Die sonstigen Haushalte wurden ebenso wie die Alleinerziehenden aufgrund ihrer vergleichsweise geringen Fallzahl nicht altersmäßig differenziert betrachtet.

Im Durchschnitt der befragten Mieterhaushalte dominiert das Senioren-Paar mit einem Anteil von 28%, gefolgt von den alleinstehenden Senioren mit 18% und den älteren Familien mit 12%. Die übrigen Stadien des Lebenszyklus sind relativ gleich verteilt. Hinsichtlich der Geschlechterverteilung gaben 7 von 10 der Befragten an, daß der Vorstand männlich sei. Frauen dominieren allerdings unter den jüngeren Singles (55%) und den alleinstehenden Senioren (81%) sowie unter den Alleinerziehenden (67%).

Mit Blick auf die *Altersstruktur* der Mieterschaft spiegelt sich auch in dieser Befragung das für viele ehemals gemeinnützige Wohnungsunternehmen typische Phänomen der Überalterung wider. Es ergab sich ein Durchschnittsalter des Haushaltsvorstands von 55 Jahren, während der Vergleichswert für den typischen Mieterhaushalt in der Bundesrepublik bei 48 Jahren liegt.[2] Der Anteil der Seniorenhaushalte (ab 60 Jahre) beträgt hier insgesamt 46%. Regional betrachtet zeigte sich das höchste Durchschnittsalter im Bereich Bochum-Nord/West mit 56,8 Jahren, was sich aufgrund der Belegungsgeschichte erklären läßt, da hier der vergleichsweise größte Bestand an Mehrfamilienhäusern der ersten beiden Nachkriegsdekaden vorhanden ist.

In Analogie zu dem Übergewicht der Senioren sind hinsichtlich ihrer *Stellung im Erwerbsleben* 50% der Haushaltsvorstände als Rentner bzw. Pensionäre zu klassifizieren, von denen jeder Dritte unter 65 Jahre alt ist. Der hohe Anteil der Frührentner dürfte wohl auch auf die umfangreiche Anwendung von Sozialplänen seitens der werksbelegungsberechtigten Unternehmen zurückzuführen sein. Unter den prinzipiell noch erwerbstätigen Mietern dominieren Arbeiter (11%), Facharbeiter (inkl. Vorarbeiter/Meister, 16%) sowie Angestellte/Beamte (14%) in nicht leitender Funktion. Insgesamt sind in 31% der Mieterhaushalte eine Person, in 14% zwei oder mehr erwerbstätig. Von jenen Haushalten, deren Vorstand unter 65 Jahre alt ist und sich weder in Ausbildung noch im Ruhestand befindet, gaben 12% an, daß niemand im Haushalt erwerbstätig sei, so daß diese Größe als grobe Annäherung an die Arbeitslosenquote interpretiert werden kann. Das durchschnittliche Einkommen der Mieterhaushalte nach Steuern und Sozialabgaben beträgt rund 2.480 DM.[3] Mit einer Quote von 70% kennzeichnet der Volks- bzw. Hauptschulabschluß das übliche Bildungsniveau des Haushaltsvorstands.

---

[1] Für die graphische Darstellung des hier verwandten Modells vgl. Abb. 19, S. 139.

[2] Vgl. ULBRICH (Wohneigentumsbildung, 1998), S. 33.

[3] Die Berechnung erfolgte auf Basis der Gruppenmittelwerte der erhobenen Einkommensklassen.

Zur Messung der sozialen Schichtung wurde ein Indexschema verwendet, welches sich insbesondere an das Konzept von BERENDT anlehnt und zwischen Unterschicht, Oberschicht sowie untere, mittlere und obere Mittelschicht unterscheidet.[1] Die untere Mittelschicht stellt mit einem Anteil von 60% den typischen *sozialen Status* dar, rund 16% entfallen jeweils auf die Unterschicht bzw. auf die mittlere Mittelschicht.

Die *Eigentümerhaushalte* weisen im Durchschnitt mit 2,2 Personen die gleiche Größe wie die Mieterhaushalte auf, auch dominiert der *Haushaltstyp* der Paare (38%). Allerdings rangieren die Familienhaushalte mit einer Quote von 27% noch vor den Single-Haushalten (25%). Nach den Stadien im Lebenszyklus bilden ältere Familien, jüngere Singles (je 15%) sowie die Paare mittleren Alters (13%) die wichtigsten Gruppen.

Das *Durchschnittsalter* der Haushaltsvorstände liegt bei den Wohnungseigentümern mit 41,5 Jahren deutlich unter jenem der Mieter. Dabei ist zu berücksichtigen, daß die Mehrzahl der von den Eigentümern bewohnten Objekte erst 1995 und später errichtet wurde. Weil der Ersterwerb von Wohneigentum üblicherweise im Alter von 35-40 Jahren stattfindet[2] und die von VI im sogenannten „Wohnwert-Konzept" angebotenen, kostengünstigen Eigentumswohnungen als typische „Einsteigerobjekte" betrachtet werden können, spielen die jüngeren Haushalte hier zwangsläufig eine gewichtigere Rolle.

Hinsichtlich der *Erwerbstätigkeit* ist das Doppelverdienertum mit einer Quote von 45% der Normalfall. Insbesondere können sämtliche der Paare im jungen und mittleren Alter zwei Erwerbseinkommen vorweisen. Allerdings sind auch in mehr als jeder zweiten Familie (57%) zwei Personen berufstätig. Entsprechend hoch fällt mit 4.355 DM das durchschnittliche Nettoeinkommen der Eigentümerhaushalte aus. Bei jedem dritten von ihnen liegt ein Hochschulabschluß des Haushaltsvorstands vor, weitere 11% haben das Abitur. 63% sind als Angestellte oder Beamte tätig, ein Viertel davon in leitender Position. Bezüglich des *sozialen Status* zeigt sich eine relativ gleichmäßige Verteilung ab der unteren Mittel- bis zur Oberschicht, wobei die Unterschicht überhaupt nicht vertreten ist.

Im Ergebnis präsentieren sich die Segmente Mieter und Wohnungseigentümer innerhalb des Kundenkreises von VI als sehr heterogene Gruppen. Bei den Mietern beherrschen *traditionelle Haushaltsformen* das Bild, der typische Mieter ist Rentner oder Arbeiter mit einfacher

---

[1] Vgl. hierzu das Indexschema in Anlage 6 im Anhang, das sich an BERENDT (Dienstleistungen, 1996), S. 29, sowie SCHEUCH/DAHEIM (Schichtung, 1974), S. 102f., orientiert. Da für die Rentner nicht der vormalige Beruf erhoben wurden, diente als Surrogat der gewichtete mittlere Punktwert der drei bedeutendsten aktuellen Berufsgruppen innerhalb der Mieterschaft (beide Arbeitersegmente sowie „einfache" Angestellte/Beamte). Die hierdurch eintretende, begrenzte Nivellierung mag zu einer gewissen Überzeichnung der unteren Mittelschicht führen. Andererseits entspricht die Dominanz dieser Gruppe der Einschätzung der Geschäftsführung, nach der das Gros der Mieter angesichts der Bedeutung von Werksbindung und sozialem Wohnungsbau dem unteren Einkommensdrittel zuzuordnen ist; so V. Nordalm, Viterra AG, Generalbevollmächtigter, seinerzeit Veba Immobilien AG, Mitglied des Vorstands, Interview am 29.7.1997.

[2] Vgl. BERENDT (Wohneigentumsbildung, 1998), S. 195.

Bildung und niedrigem bis mittlerem Einkommen. Auf seiten der Eigentümer finden sich dagegen eher *Dual-Career-Paare* und gut situierte Familien, deren Hauptverdiener als Angestellte bzw. Beamte tätig sind und über einen vergleichsweise hohen Bildungsgrad verfügen. Die Antworten beider Gruppen sollen im folgenden - auch in Anbetracht dieser Unterschiede - grundsätzlich getrennt analysiert werden.

3.3.2.2 *Analyse der Ausgangssituation für die Sekundärleistungsnachfrage*

3.3.2.2.1 Merkmale der Geschäftsbeziehung zum Wohnungsunternehmen

3.3.2.2.1.1 Wohn- und Servicezufriedenheit

Zur Messung der Wohnzufriedenheit sowie der Zufriedenheit mit einzelnen Servicemerkmalen wurde eine sechsstufige Skala mit Antwortalternativen von „vollkommen zufrieden" bis „vollkommen unzufrieden" eingesetzt, zur Erfassung der allgemeinen Servicezufriedenheit eine ebenfalls sechsstufige Skala mit Bewertungen von „sehr gut" bis „ungenügend" nach dem Schulnotensystem. Zur Interpretation kann einerseits zwischen *zufriedenen* Kunden, welche eine der ersten drei Kategorien markiert haben, und *unzufriedenen Kunden* unterschieden werden. Als Alternative erscheint es angesichts der typischen rechtsschiefen Verteilung von Zufriedenheitsmerkmalen ebenfalls sinnvoll, eine Dreiteilung vorzunehmen.[1] Demnach können Mieter und Eigentümer mit Bewertungen der ersten beiden Kategorien als *überzeugte Kunden* bezeichnet werden, da aus ihrer Sicht die wahrgenommene Leistung die Erwartungshaltung bzw. das als angemessen betrachtete Niveau übertrifft oder bestätigt. Ihnen wird generell ein engagiertes, positives Verhalten in bezug auf Wiederwahl eines Anbieters, Zusatzkäufe und Empfehlungen gegenüber Dritten bescheinigt.

Im mittleren Bereich von „noch zufrieden" bis „eher unzufrieden" bzw. „befriedigend" bis „ausreichend" zeigen sich bereits gewisse Dissonanzen, die allerdings noch nicht so stark ausgeprägt sind, daß dies für das Kundenverhalten negative Konsequenzen haben müßte. Vielmehr ist von einem passiven Verhalten bei diesen *kritischen Kunden* auszugehen. Anders ist dies bei den *enttäuschten Kunden,*[2] die weitgehend oder vollkommen unzufrieden sind und tendenziell eine antagonistische Haltung gegenüber dem Wohnungsunternehmen beziehen, welche sich insbesondere in negativer Mundpropaganda äußern dürfte.[3]

---

[1] Zu den Gefahren einer zu positiven Interpretation von Zufriedenheitsurteilen vgl. MULLER (Selbsttäuschung, 1995), S. 19f.; EICHENER (Arbeitnehmerfamilien, 1985), S. 165.

[2] Die Bezeichnungen „überzeugte" und „enttäuschte" Kunden stammen von MEYER/DORNACH (Kundenbarometer, 1998), S. 183ff.

[3] Vgl. HARMON/MCKENNA-HARMON (Retention, 1994), S. 69f.

Auf die allgemeine Frage nach der *Zufriedenheit mit der derzeitigen Wohnsituation* zeigte sich ein sehr positives Bild. Insgesamt 88% der **Mieter** sind nach der zweistufigen Differenzierung als zufriedene Kunden einzuordnen. Dieser hohe Wert deckt sich mit dem Ergebnis einer Studie, die 1994 vom InWIS im Auftrag von VI durchgeführt wurde. Dabei wurde als Ergebnis einer Befragung in den Städten Bottrop, Gladbeck und Gelsenkirchen eine Quote der Zufriedenen von 90% erzielt.[1] Folgt man der dreistufigen Abgrenzung, lassen sich 67% als überzeugte Mieter klassifizieren, denen als negatives Extrem lediglich 4% an Enttäuschten gegenüberstehen.

Eine Abweichung ergab sich indes in puncto allgemeine *Servicezufriedenheit*. Zwar sind auch hier noch 81% der Mieter als insgesamt zufrieden einzustufen. Allerdings liegt der Anteil der Überzeugten mit 48% hier deutlich niedriger. Eine kritische Haltung zum Service des Wohnungsunternehmens beziehen rund 43%, während 9% als enttäuscht bezeichnet werden können. Die Ergebnisse unterstreichen, daß die Zufriedenheit mit der Wohnsituation, die von vielen Faktoren beeinflußt wird, nicht automatisch Zufriedenheit mit dem bedeutet, was als kontinuierliche Leistung des Vermieters im Bewirtschaftungsprozeß zu betrachten ist.

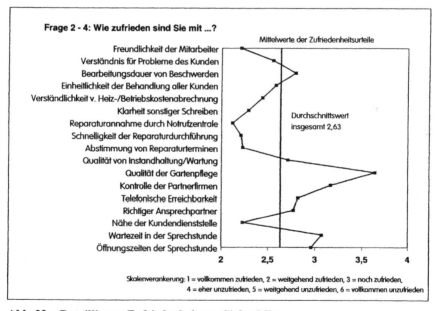

Abb. 22: Detailliertes Zufriedenheitsprofil der Mieter

---

[1] Vgl. EICHENER/SCHAUERTE, (Wohnzufriedenheit, 1994), S. 2. Die Zufriedenheitsmessung erfolgte hier auf einer vierstufigen Skala („sehr zufrieden", „im großen und ganzen zufrieden", „eher unzufrieden", „völlig unzufrieden").

Aus den Gruppendiskussionen wurden insgesamt 17 *Einzelattribute zur Servicezufriedenheit* abgeleitet, die als Grundlage für die explizite Zufriedenheitserhebung im Rahmen der Hauptstudie dienten. Abb. 22 zeigt die hier ermittelten durchschnittlichen Zufriedenheitswerte in Form eines Zufriedenheitsprofils. Hieraus lassen sich Stärken und Schwächen ablesen, wie sie aus Kundensicht wahrgenommen werden. Während bei vielen deutschen Dienstleistungsunternehmen eine fehlende Freundlichkeit der Mitarbeiter bemängelt wird,[1] ist dieser Aspekt bei VI sehr positiv ausgeprägt. Als Stärken erweisen sich zudem die Annahme und Durchführung von Reparaturaufträgen, welche hier unter Einschaltung der elektronischen „Handwerkerkopplung" erfolgt, sowie das Konzept der dezentralen Kundendienststellen. Diese sind offensichtlich so plaziert, daß sie für die Mehrzahl der Kunden bequem erreichbar sind.

Auf der anderen Seite wird aus dem Zufriedenheitsprofil heraus auch deutlich, wo Handlungsbedarf besteht. Das schlechteste Einzelurteil erhielt die Qualität der Gartenpflege, mit welcher die Mieter im Durchschnitt eher unzufrieden sind. Damit verbunden ist auch die negative Bewertung hinsichtlich der Kontrolle der Partnerfirmen zu sehen, da die Gartenpflege von externen Unternehmen durchgeführt wird. Wer das *Outsourcing von Sekundärleistungen* betreibt, ist offenbar nicht aus der Pflicht genommen, eine angemessene Qualität hierfür sicherzustellen. Der Kunde erwartet vom Wohnungsunternehmen, daß es für eine ordnungsgemäße Ausführung Sorge trägt und auf entsprechende Kritik reagiert. Andernfalls fällt durch die Minderleistung eines Partnerunternehmens ein Schatten auf den Primäranbieter.

Vergleichsweise kritisch beurteilt wurden darüber hinaus die Öffnungs- und Wartezeiten in den Sprechstunden. Im Zuge der Liberalisierung der Ladenöffnungszeiten im Handel, denen sich andere Dienstleister wie Banken, ja sogar kommunale Ämter angeschlossen haben,[2] ist die Anspruchshaltung der Kunden gestiegen. Insofern wird auch von Wohnungsunternehmen ein Entgegenkommen in dem Sinne erwartet, daß der Kunde zu Zeiten, wo es seinen eigenen Möglichkeiten entspricht, mit dem Vermieter in Kontakt treten kann, ohne hierfür unangemessen viel Zeit zu investieren.

Auf der Grundlage der beispielhaft diskutierten Einzelbewertungen können bereits wichtige geschäftspolitische Implikationen für die Gestaltung des Grundservice abgeleitet werden. Allerdings geht daraus noch nicht hervor, wie bedeutsam die einzelnen Merkmale mit Blick auf das Gesamturteil über den Service sind. Dies zu wissen, ist für das Setzen der richtigen Prioritäten unerläßlich.

---

[1] Vgl. O.V. (Ausland, 1996), S. 8; O.V. (Servicewüste, 1997), S. XII.

[2] Vgl. O.V. (Schalteröffnungszeiten, 1997), S. 5ff.; FROMME (Bürgerladen, 1995), S. 81.

Ein geeignetes Verfahren, um die Bedeutsamkeit von multiattributiv gemessenen Zufriedenheitskriterien zu überprüfen, stellt die *Regressionsanalyse* dar.[1] Ziel einer Regressionsanalyse ist es, den Einfluß von einer oder mehreren unabhängigen Variablen auf eine abhängige Variable zu untersuchen.[2] Zu den Voraussetzungen einer Regressionsanalyse zählt, daß die unabhängigen Variablen untereinander nicht zu stark korreliert sein dürfen, was aber auf die abgefragten 17 Beurteilungen teilweise zutraf. Dies spricht dafür, daß manche Kriterien nur einen geringen eigenständigen Informationsgehalt aufweisen bzw. mit anderen zusammengefaßt werden könnten.

Anstatt unmittelbar die Regressionsanalyse anzuwenden, wurde daher zunächst eine *Faktorenanalyse* durchgeführt. Die Faktorenanalyse beruht auf der Grundannahme, daß das Zusammenspiel einer Vielzahl von Variablen durch wenige, übergeordnete Faktoren bestimmt wird und auf diese reduziert werden kann. Das Verfahren ermöglicht es, die in dem Variablenverbund enthaltenen Informationen durch das Herauslösen (Extraktion) von Faktoren zu verdichten.[3] Zwar führt diese Verdichtung zu einem gewissen Informationsverlust, andererseits wird die Handhabbarkeit der Daten erheblich vereinfacht, und die extrahierten Faktoren sind voneinander unabhängig, also unkorreliert.

Im vorliegenden Fall war es das Ziel, die einzelnen Dimensionen der Servicezufriedenheit der Mieter auf eine geringe Zahl an grundlegenden *Zufriedenheitsfaktoren* zu reduzieren.[4] Unter den alternativen zur Verfügung stehenden Verfahren der Faktorextraktion wurde daher die Hauptkomponentenanalyse gewählt, welche dazu geeignet ist, Variablen unter einem Sammelbegriff (Komponenten) zusammenzufassen.[5] Als Resultat ergab sich eine Lösung mit fünf Faktoren, die sich durch formale Güte und durch eine einfache Interpretierbarkeit auszeichnete.[6]

---

[1] Vgl. STAUSS (Kundenzufriedenheit, 1999), S. 14.

[2] Vgl. HAMMANN/ERICHSON (Marktforschung, 1994), S. 237ff.; BOHLEY (Statistik, 1996), S. 651ff.; FAHRMEIR/KAUFMANN/KREDLER (Regressionsanalyse, 1996), S. 95ff.

[3] NIESCHLAG/DICHTL/HÖRSCHGEN (Marketing, 1997), S. 815.

[4] Da gemeinsame Faktoren nur für solche Variablen vorhanden sein können, die relativ stark miteinander korreliert sind, ist vor Durchführung der Faktorenanalyse die Datenstruktur auf ihre Eignung hin zu überprüfen. Als Maß für die Güte des Datenmodells hat sich das Kaiser-Meyer-Olkin-Kriterium (KMO-Kriterium) bewährt, welches von 0 bis 1 definiert ist. Im vorliegenden Fall ergab sich ein KMO-Wert von 0,92, der das von Kaiser geforderte Mindestmaß (0,8) deutlich überschreitet und eine „erstaunliche" Qualität der Ausgangsdaten im Hinblick auf die Anwendbarkeit der Faktorenanalyse indiziert. Vgl. BACKHAUS ET AL. (Analysemethoden, 1996), S. 206.

[5] Vgl. BACKHAUS ET AL. (Analysemethoden, 1996), S. 223. Ein entsprechendes Beispiel findet sich auch bei BERENDT (Wohneigentumsbildung, 1998), S. 222ff.

[6] Häufig wird das Kaiser-Kriterium, nach dem die Zahl der herauszulösenden Faktoren der Anzahl jener Faktoren entspricht, deren Eigenwert größer eins ist, zur Bestimmung der Faktorenzahl eingesetzt. Vgl. BRACHINGER/OST (Faktorenanalyse, 1996), S. 669. Demnach hätten sich hier vier Faktoren ergeben. Es wurde jedoch die Lösung mit fünf Faktoren bevorzugt, weil der fünfte Faktor mit 0,91 auch noch einen Wert nahe dieser Grenze aufwies und hierdurch die inhaltlich wenig zusammenhängenden Variablen zum Schriftverkehr

<table>
<thead>
<tr>
<th>Faktor</th>
<th>1) Betreuungs-
qualität</th>
<th>2) Technischer
Service</th>
<th>3) Rahmenbedin-
gungen für den
persönlichen
Kontakt</th>
<th>4) Schriftverkehr</th>
<th>5) Fremddienst-
leistungen</th>
</tr>
</thead>
<tbody>
<tr><td colspan="6">Extrahierte Faktoren mit Eigenwerten, Varianzerklärungsanteil und rotierten Faktorladungen der einzelnen Zufriedenheitsmerkmale (Equamax-Methode)</td></tr>
<tr><td>Eigenwert</td><td>7,878</td><td>1,201</td><td>1,147</td><td>1,018</td><td>0,901</td></tr>
<tr><td>Erklärte % der Varianz</td><td>46,3</td><td>7,1</td><td>6,7</td><td>6,0</td><td>5,3</td></tr>
<tr><td>Kumulierte erklärte % der Varianz</td><td>46,3</td><td>53,4</td><td>60,2</td><td>66,1</td><td>71,4</td></tr>
<tr><td colspan="6">Rotierte Faktorladungen</td></tr>
<tr><td>Verständnis für Probleme des Kunden</td><td>0,736</td><td>0,311</td><td>0,203</td><td>0,261</td><td>0,155</td></tr>
<tr><td>Freundlichkeit der Mitarbeiter</td><td>0,556</td><td>0,308</td><td>0,206</td><td>0,349</td><td>0,107</td></tr>
<tr><td>Richtiger Ansprechpartner</td><td>0,640</td><td>0,267</td><td>0,165</td><td>0,364</td><td>0,227</td></tr>
<tr><td>Telefonische Erreichbarkeit</td><td>0,634</td><td>0,140</td><td>0,405</td><td>0,197</td><td>0,317</td></tr>
<tr><td>Einheitlichkeit der Behandlung aller Kunden</td><td>0,632</td><td>0,104</td><td>0,360</td><td>0,130</td><td>0,271</td></tr>
<tr><td>Bearbeitungsdauer von Beschwerden</td><td>0,621</td><td>0,423</td><td>0,240</td><td>0,143</td><td>0,169</td></tr>
<tr><td>Schnelligkeit der Reparaturdurchführung</td><td>0,149</td><td>0,849</td><td>0,210</td><td>0,147</td><td>0,173</td></tr>
<tr><td>Abstimmung von Reparaturterminen</td><td>0,188</td><td>0,783</td><td>0,195</td><td>0,146</td><td>0,186</td></tr>
<tr><td>Reparaturannahme durch Notrufzentrale</td><td>0,189</td><td>0,657</td><td>0,127</td><td>0,292</td><td>0,140</td></tr>
<tr><td>Qualität von Instandhaltung/Wartung</td><td>0,444</td><td>0,514</td><td>0,163</td><td>0,155</td><td>0,348</td></tr>
<tr><td>Wartezeit in der Sprechstunde</td><td>0,156</td><td>0,202</td><td>0,829</td><td>0,578</td><td>0,192</td></tr>
<tr><td>Öffnungszeiten der Sprechstunde</td><td>0,201</td><td>0,180</td><td>0,787</td><td>0,138</td><td>0,158</td></tr>
<tr><td>Nähe der Kundendienststelle</td><td>0,123</td><td>0,917</td><td>0,612</td><td>0,315</td><td>0,117</td></tr>
<tr><td>Verständlichkeit v Heiz-/Betriebskostenabr</td><td>0,133</td><td>0,100</td><td>0,118</td><td>0,854</td><td>0,191</td></tr>
<tr><td>Klarheit sonstiger Schreiben</td><td>0,134</td><td>0,193</td><td>0,169</td><td>0,828</td><td>0,169</td></tr>
<tr><td>Qualität der Gartenpflege</td><td>0,035</td><td>0,073</td><td>0,113</td><td>0,093</td><td>0,882</td></tr>
<tr><td>Kontrolle der Partnerfirmen</td><td>0,169</td><td>0,202</td><td>0,165</td><td>0,263</td><td>0,731</td></tr>
</tbody>
</table>

Tab. 6: Ergebnisse der Faktorenanalyse zur Servicezufriedenheit der Mieter

Tab. 6 faßt die wichtigsten Ergebnisse der Faktorenanalyse zusammen und zeigt zum einen die Eigenwerte als ein Maßstab dafür, welcher Anteil an der Gesamtstreuung aller Beurteilungen durch den einzelnen Zufriedenheitsfaktor erklärt werden. Zum anderen sind die Faktorladungen als Ausdruck für die Stärke des Zusammenhangs zwischen dem einzelnen Beurtei-

und zu den Fremddienstleistungen auf die Faktoren vier und fünf verteilt werden konnten. Für die Qualität der gefundenen Lösung sprechen zum einen die Kommunalitäten der einzelnen Zufriedenheitsvariablen: Zwischen 58,8% und 83,8% der jeweiligen variablenspezifischen Streuung werden durch alle im Modell aufgenommene Faktoren erklärt. Zum anderen lassen sich durch die fünf Faktoren insgesamt 71,4% der Gesamtstreuung aller Variablen erklären. - Um die Interpretation der Faktoren zu erleichtern, wurde abschließend eine orthogonale Rotation nach der Equamax-Methode vorgenommen. Vgl. BROSIUS/BROSIUS (SPSS, 1998), S. 834, sowie allgemein zur Rotation HÜTTNER (Marketing-Entscheidungen, 1979), S. 333f.

lungsmerkmal und dem jeweiligen Zufriedenheitsfaktor aufgeführt. Mit ihrer Hilfe läßt sich erkennen, „welche Variablen gemeinsam von einem Faktor bestimmt werden, durch welche Variablen also ein Faktor am besten zu beschreiben ist."[1] Der erste Faktor, welcher offensichtlich die Zufriedenheit mit der *Betreuungsqualität* zum Ausdruck bringt, erklärt allein rund 46% der Gesamtstreuung aller Variablen. Zwischen 5% und 7% Erklärungsbeitrag kommen jeweils den Faktoren *technischer Service, Rahmenbedingungen für den persönlichen Kontakt, Schriftverkehr* und *Fremddienstleistungen* zu.

Nachdem die jeweiligen Faktorwerte für jeden betreffenden Probanden gespeichert wurden, konnte nun hierauf zurückgegriffen werden, um die Stärke des Einflusses der fünf Faktoren auf das Gesamturteil zur Servicequalität im Rahmen der Regressionsanalyse zu überprüfen. Das ermittelte, in Tab. 7 dargestellte *Regressionsmodell* weist ein (korrigiertes) Bestimmtheitsmaß von $R^2 = 0,663$ auf, d.h. die Streuung der beobachteten Globalbewertungen zur Servicequalität um ihren Mittelwert lassen sich zu 66,3% durch den angenommenen (linearen) Einfluß der fünf Faktoren erklären. R^2 erwies sich dabei als hochsignifikant von Null verschieden,[2] so daß die Regressionsgleichung als brauchbare Schätzfunktion für den wirklichen Zusammenhang in der Grundgesamtheit betrachtet werden kann.[3]

Regressionsmodell zur allgemeinen Servicezufriedenheit (abhängige Variable)					
Modellelemente	Regressions-koeffizient B	Standard-fehler	Standardisierter Regressions-koeffizient Beta	T-Wert	Signifikanz
Konstante	2,724	0,029		93,982	0,000
Betreuungsqualität	0,576	0,030	0,502	19,523	0,000
Technischer Service	0,413	0,029	0,364	14,152	0,000
Rahmenbed. f. d. persönlichen Kontakt	0,372	0,029	0,331	12,869	0,000
Schriftverkehr	0,306	0,029	0,270	10,487	0,000
Fremddienstleistungen	0,381	0,029	0,336	13,055	0,000
Bewertung des Gesamtmodells:	Korrigiertes R²	0,663		F-Statistik	201,64
	Standardfehler	0,66		Singnifikanz	0,000

Tab. 7: **Regressionsmodell zur allgemeinen Servicezufriedenheit der Mieter**

---

[1] BRACHINGER/OST (Faktorenanalyse, 1996), S. 682.

[2] Als Grenze für die Signifikanz einer Aussage gilt, daß die Irrtumswahrscheinlichkeit, mit der sie behaftet ist, höchstens 5% betragen darf ($p \leq 0,05$). Der üblichen Diktion entsprechend werden Aussagen mit $p \leq 0,01$ als hochsignifikant bezeichnet, während auf eine weitere mögliche Abgrenzung höchstsignifikanter Aussagen ($p \leq 0,001$) hier verzichtet wird. Vgl. BEREKOVEN/ECKERT/ELLENRIEDER (Marktforschung, 1999), S. 236; BÜHL/ZÖFEL (SPSS, 1994), S. 89f.

[3] Zur Prüfung der Regressionsfunktion vgl. z.B. FREES (regression models, 1996), S. 150ff.; FAHRMEIR/ KAUFMANN/KREDLER (Regressionsanalyse, 1996), S. 108ff.

Die ebenfalls hochsignifikanten Regressionskoeffizienten weisen sämtlich ein positives Vorzeichen auf, womit die theoretische Annahme, daß eine höhere Zufriedenheit hinsichtlich der einzelnen Beurteilungsdimensionen zu einer höheren globalen Servicezufriedenheit führt, gestützt wird.[1]

Zur Verdeutlichung des *absoluten Erklärungsbeitrags* der einzelnen Faktoren eignet sich besonders der Beta-Koeffizient als standardisierter Regressionskoeffizient, der die marginale Wirkung einer unabhängigen Variablen, ausgedrückt in Einheiten der Standardabweichung, repräsentiert.[2] Wie bereits anhand der Ergebnisse der Faktorenanalyse zu vermuten, kommt der Betreuungsqualität die höchste Bedeutung mit Blick auf die globale Servicezufriedenheit zu (Beta = 0,502). Die übrigen Beurteilungsdimensionen liegen hinsichtlich ihrer Erklärungskraft innerhalb einer relativ engen Bandbreite, wobei der technische Service etwas herausragt (Beta = 0,364), während die Zufriedenheit mit dem Schriftverkehr die geringste Wirkung auf das allgemeine Serviceurteil ausübt (Beta = 0,270).

Als Ergebnis dieser Analyse kann festgehalten werden, daß die persönliche Kundenbetreuung *das* entscheidende Kriterium zur Beurteilung der Servicequalität darstellt. Die Erreichbarkeit und Freundlichkeit der Betreuer, ihre Fähigkeit und Bereitschaft, Sorgen und Anliegen der Mieter ernst zu nehmen sowie bei Problemen schnell und angemessen zu reagieren, nehmen aus Kundensicht einen zentralen Stellenwert ein. Empathie ist gefragt, während sich „'beamtenhafte[s]' Denken"[3] hingegen äußerst negativ auf die Kundenzufriedenheit auswirken dürfte. An die Mitarbeiter sind hohe Anforderungen mit Blick auf Kommunikationsfähigkeit und den persönlichen Umgangsstil zu stellen. Darüber hinaus muß der organisatorische Rahmen stimmen (z.B. Regelung der Telefonannahme bei Abwesenheit), um die Kundenbetreuer bei dieser Aufgabe zu unterstützen. Wenn das Miteinander, die Interaktionsqualität, im Grundservice eine große Rolle spielt, ist auch für den Bereich weiterer Serviceleistungen davon auszugehen, daß dem persönlichem Kontakt eine hohe Bedeutung bei der Qualitätswahrnehmung zukommt.

Angesichts der Verschiedenartigkeit der Geschäftsbeziehungen wurden bei den *Eigentümern* im wesentlichen andere Zufriedenheitskriterien als bei den Mietern erhoben. Identisch war u.a. die Frage nach der Beurteilung der allgemeinen *Wohnsituation*, hinsichtlich derer 81% - und damit deutlich mehr als bei den Mietern (67%) - als überzeugte Kunden gelten können.

---

[1] Zu den weiteren Eckdaten des Modells vgl. Anlage 7 im Anhang. Für eine anschauliche Darstellung der Regressionsanalyse und den erforderlichen Prüfungsschritten vgl. BROSIUS/BROSIUS (SPSS, 1998), S. 471ff.; SCHNELL (Datenanalyse, 1994), S. 219ff.

[2] Vgl. CHATTERJEE/PRICE (Regressionsanalyse, 1995), S. 213; HAMMANN/ERICHSON (Marktforschung, 1994), S. 243. Die Vorteile der Standardisierung kommen insbesondere dann zum Tragen, wenn die unabhängigen Variablen verschiedene Meßdimensionen aufweisen oder Transformationen der Regressionsgleichung durchgeführt werden. Vgl. hierzu das Regressionsmodell in Kap. 3.3.2.4.2.1.

[3] KIERNER (Zertifikat, 1996), S. 618.

Dies entspricht dem Ergebnis anderer Studien, die darauf hindeuten, daß das Wohnen als Eigentümer generell eine höhere Zufriedenheit impliziert als das Wohnen zur Miete.[1] In puncto *Servicezufriedenheit* wurde unterschieden zwischen einer Beurteilung von VI in der Funktion als *Bauträger* einerseits und als *Hausverwalter* andererseits. Gemessen an der Quote der vom Service überzeugten Kunden - 53% bzw. 47% - ergab sich ein ähnliches Bild wie bei den Mietern. Stellt man die Durchschnittsnoten einander gegenüber, offenbaren sich die Wohnungseigentümer mit Werten von 2,84 für den Bauträger bzw. 2,9 für die Hausverwaltung als im Vergleich zu den Mietern (Durchschnittsnote: 2,63) etwas kritischer.

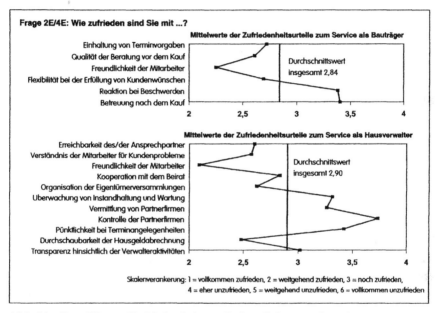

Abb. 23: Detailliertes Zufriedenheitsprofil der Wohnungseigentümer

Mit Blick auf die einzelnen Zufriedenheitskriterien[2] zeigte sich für das Bauträgergeschäft eine gewisse Enttäuschung mit dem *After-Sales-Service* (vgl. Abb. 23). Offensichtlich erwarten die Kunden gerade auch nach dem Kauf, in der für sie oft kritischen Phase, wenn es um die Durchsetzung von Gewährleistungsansprüchen geht, eine zuverlässige Betreuung. Beabsichtigt man eine langfristige Kundenbindung und zielt man darauf ab, den Kunden in späteren Jahren vielleicht auch für den Kauf eines anderen Objektes zu gewinnen, sollte dieser Aspekt nicht vernachlässigt werden.

---

[1] Vgl. JOKL/ZEHNDER (Wohneigentumsbildung, 1996), S. 403; O.V. (Wohnstandort, 1998), S. 3.

[2] Angesichts der kleineren Stichprobengröße führte die Faktorenanalyse hier nicht zu einem aussagekräftigem Ergebnis, so daß auf ein zu den Mietern analoges Vorgehen verzichtet wurde.

Hinsichtlich der Hausverwaltung erweisen sich - ähnlich wie bei den Mietern - vor allem die Punkte Vermittlung und Kontrolle von Partnerfirmen als kritisch. *Qualitätssicherung* im Fall einer Fremdvergabe und eine größtmögliche *Transparenz* dahingehend, warum welche Partner eingeschaltet werden, sollten seitens der Anbieters gewährleistet werden. Der Hausverwalter muß eindeutig die Eigentümerinteressen wahrnehmen und dies für die Kunden ersichtlich dokumentieren. Mit Abstand die besten Einzelbewertungen erhielten auch hier die Mitarbeiter beider Geschäftszweige in bezug auf ihre *Freundlichkeit*, eine wichtige Vorbedingung für die Schaffung von Kundenzufriedenheit bzw. -treue.[1]

3.3.2.2.1.2 Kundenbindung und Vertrauen zum Wohnungsunternehmen

Als Indikator der Kundenbindung eignet sich insbesondere die *Wiederwahlabsicht* eines Kunden. Demnach zeigen die **Mieter** eine relativ hohe Bindungsintensität, denn 73% stimmen der Aussage voll oder im großen und ganzen zu, daß sie im Fall eines Umzugs gern erneut auf eine Wohnung von VI zurückgreifen würden. Als Beleg für eine ausgeprägte Kundentreue kann auch die *Dauer der Geschäftsbeziehung* herangezogen werden: 57% der Mieter sind schon länger als 20 Jahre Mieter bei VI bzw. einer ihrer Vorgängergesellschaften. In freien Kommentaren verwiesen einzelne Probanden darauf, daß sie schon über 40 Jahre Kunde des Hauses sind, der (aus den Klassen ermittelte) Durchschnitt lag bei 21 Jahren.

Andererseits ist die Bindung auf seiten der **Wohnungseigentümer** hinsichtlich beider betreffenden Geschäftsbereiche eher gering: Weniger als die Hälfte können jeweils eindeutig bejahen, daß sie bei einem Wohnungswechsel bzw. Neuerwerb den bekannten Hausverwalter (45%) bzw. Bauträger (48%) präferieren würden. In Anbetracht der erst kurzen Existenz des Geschäftsbereichs ist die Länge der Geschäftsbeziehung - durchschnittliche 2,3 Jahre - bei den Wohnungseigentümern wenig aussagekräftig.

Im folgenden soll am Beispiel der Mieter die *Beziehung zwischen der Kundenbindung und Zufriedenheitsmerkmalen* beleuchtet werden. Wie sich aus Abb. 24 ablesen läßt, offenbaren mit dem Service zufriedene Mieter eine deutlich höhere Loyalität als unzufriedene: 95% derjenigen, die den Service als gut oder sehr gut einschätzten, aber nur 28% der Gruppe, die diesbezüglich mit mangelhaft oder ungenügend urteilten, würden dem aktuellen Vermieter bei einem Umzug den Vorrang einräumen. Ein kritischer Übergang findet dabei bereits zwischen den Urteilen „gut" und „befriedigend" statt, die Quote der eindeutig Loyalen sinkt hier von 94% auf 62%. In ähnlicher Weise wirkt sich auch der Grad der Wohnzufriedenheit aus, wobei dieser Zusammenhang weniger stark ausgeprägt ist. Dies läßt sich auch anhand des (Pearson'schen) Korrelationskoeffizienten zur Wiederwahlabsicht erkennen: im Fall der Servicebeurteilung beträgt er $r = 0{,}611^{**}$, während er mit Blick auf die Wohnzufriedenheit le-

---

[1] Vgl. die Grafik bei SCHNITZLER (Kunde, 1996), S. 90.

diglich eine Höhe von r = 0,431** erreicht.[1] Dies zeigt, daß - wie erwartet worden war[2] - die *Servicezufriedenheit von höherer Bedeutung für die Kundenloyalität ist als die Wohnzufriedenheit.*

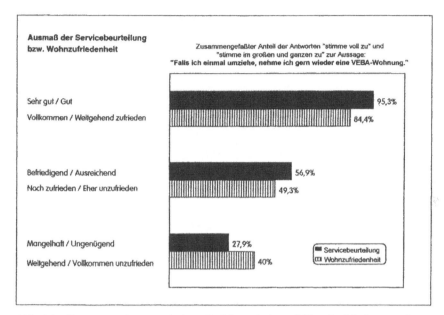

Abb. 24: Zusammenhang zwischen Zufriedenheit und Kundenbindung auf seiten der Mieter

Eine noch stärkere Beziehung zur Wiederwahlabsicht weist indes das *Vertrauen* auf, welches der Mieter in das Wohnungsunternehmen setzt (r = 0,73**). Wohnen ist „Vertrauenssache" und die Glaubwürdigkeit des Vermieters offensichtlich eine zentrale Größe bei der Frage, ob man sich erneut für ihn entscheiden würde.[3] Insgesamt 63% aller Mieter konnten der Aussage, daß sie VI vertrauen, voll oder im großen und ganzen zustimmen. Bei dem Eigentümer waren es 69%, wobei sich dort im Mittel über alle Antwortkategorien eine geringere Zustimmung feststellen ließ.[4]

---

[1] Anhand von Korrelationskoeffizienten ist es möglich, das Vorhandensein, die Richtung und Stärke eines (linearen) Zusammenhangs zwischen zwei Variablen auszudrücken. Korrelationskoeffizienten sind definiert zwischen -1 < r < +1, wobei +1 einen vollkommenen Gleichlauf, -1 eine genau entgegengesetzte Tendenz der Variablen anzeigt. Vgl. BÜCKER (Statistik, 1997), S. 98ff. Während in den Tabellen im Anhang signifikante Werte im Einfach-, hochsignifikante Werte im Fettdruck erscheinen, wird das Signifikanzniveau im Text der Arbeit entsprechend mit einem oder zwei Sternen gekennzeichnet.

[2] Vgl. Kap. 3.2.3.1.1.2.2.2.

[3] Siehe auch FALTZ (Vertrauensbildung, 1990), S. 13.

[4] Eine Beziehung dergestalt, daß Mieter oder Eigentümer, die - gemessen an der Häufigkeit ihres Kontaktes zu den Kundenbetreuern pro Jahr (Durchschnittswert p.a.: Mieter 1,4mal, Eigentümer 2,5mal) - dem Unternehmen ein insgesamt höheres Vertrauen entgegenbringen, konnte nicht ermittelt werden. Allerdings lassen sich

3.3.2.2.1.3 Image des Wohnungsunternehmens als Dienstleister

Um kundenorientierte Problemlösungen anbieten und sich hierüber im Wettbewerb optimal positionieren zu können, ist es erforderlich zu wissen, welche Anforderungen die Kunden bei der Inanspruchnahme von Dienstleistungen stellen. Auf Basis der Äußerungen in den Gruppendiskussionen ließen sich zehn Merkmale isolieren, die als Entscheidungskriterien in Frage kommen könnten. Ziel der Analyse war es, einerseits festzustellen, welches Gewicht den einzelnen Kriterien zukommt, andererseits, wie das Wohnungsunternehmen diesbezüglich im Vergleich zu anderen Dienstleistern bewertet wird. Durch Gegenüberstellung der beiden Aspekte läßt sich ein differenziertes *Imageprofil* des Wohnungsunternehmens nachzeichnen, das widerspiegelt, welche Vorstellungen über VI als Dienstleister herrschen, und das insofern ein wichtiges Element zur Charakterisierung der Ausgangssituation für die Sekundärleistungsnachfrage darstellt.

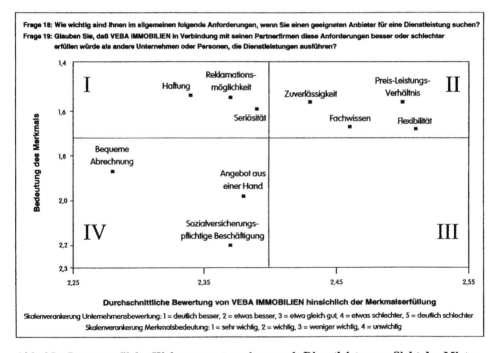

Abb. 25: Imageprofil des Wohnungsunternehmens als Dienstleister aus Sicht der Mieter

Kunden mit hoher Kontaktintensität auch nicht als die typischerweise Unzufriedenen abstempeln, denn zwischen Kontakthäufigkeit und Service- bzw. Wohnzufriedenheit waren ebenfalls keine signifikanten bzw. in ihrer Höhe bedeutsamen Korrelationen zu erkennen.

Die durchschnittlichen Einstufungen der jeweiligen Merkmalsbedeutung schwankte bei den *Mietern* zwischen 1,54 und 2,21, wobei ein Wert von eins der Einschätzung „sehr wichtig", zwei „wichtig" und drei „weniger wichtig" entspricht. Die durchschnittlichen Bewertungen der Merkmalserfüllung durch das Wohnungsunternehmen lagen zwischen 2,28 und 2,52, also sämtlich im Bereich zwischen „etwas besser" (2) und „etwa gleich gut" (3) als zentralen Wert auf der - hier - fünfstufigen Skala. Um das Image insgesamt darzustellen, sind weniger die absolute Werte als vielmehr die relativen Positionen der einzelnen Merkmale von Interesse. Zur Veranschaulichung ist das Diagramm in Abb. 25 in Quadranten aufgeteilt, wobei die vertikale Trennlinie den Mittelwert aller unternehmensbezogenen Urteile (2,4) markiert, die horizontale Achse den Durchschnitt der den Kriterien beigemessenen Bedeutung (1,72).

Im Quadranten I sind jene Merkmale zu finden, die als überdurchschnittlich wichtig eingestuft wurden und hinsichtlich dessen das Wohnungsunternehmen eine überdurchschnittliche Bewertung erhielt. Demnach liegen aus Kundensicht besondere Stärken von VI in der *Seriosität* des Unternehmens, in der ordnungsgemäßen Haftung bei Fehlleistungen sowie in den gebotenen Reklamationsmöglichkeiten. Offensichtlich verbinden die Kunden mit den Angeboten ihres Vermieters ein Gefühl der Sicherheit und Solidität.

Weitere relative Stärken bilden aus Kundensicht die zu erwartenden Bequemlichkeitsvorteile. Dies betrifft insbesondere die Abrechnung bzw. Bezahlung, da über die Mietzahlung ohnehin ein ständiger Zahlungsstrom gegeben ist, dem Dienstleistungsentgelte gegebenenfalls problemlos hinzugefügt werden könnten. Eine positive Beurteilung erfolgt auch unter dem Aspekt, verschiedenartige Leistungen aus einer Hand beziehen zu können und diesbezüglich nur einen relevanten Ansprechpartner kontaktieren zu müssen. Allerdings sind die möglichen *Bequemlichkeitsvorteile* für den typischen Mieter von relativ untergeordneter Bedeutung, was ihre Anordnung in Quadrant IV verdeutlicht. Mit Abstand am unwichtigsten beurteilt wird das Kriterium „Sozialversicherungspflichtige Beschäftigung der ausführenden Personen". Offensichtlich genießt die Frage, ob eine benötigte Leistung von Mitarbeitern in regulären Beschäftigungsverhältnissen, von „Billigkräften" in 630-DM-Jobs bzw. von Schwarzarbeitern verrichtet wird, keine hohe Beachtung.

Quadrant II enthält die aus Mieterperspektive eher wichtigen Anbieteranforderungen, hinsichtlich derer dem Wohnungsunternehmen eine vergleichsweise geringe Erfüllung bescheinigt wird. Dazu zählen insbesondere das *flexible Eingehen auf Kundenwünsche*, das *Preis-Leistungs-Verhältnis* und das *Fachwissen im Dienstleistungsbereich*. Knapp unterdurchschnittlich wird darüber hinaus die Zuverlässigkeit bewertet. - Im Vergleich zu den Urteilen der Mieter fallen die Antworten bei den *Eigentümern* differenzierter aus, decken ein größeres Spektrum der benutzten Skalen ab und offenbaren eine etwas größere Skepsis.

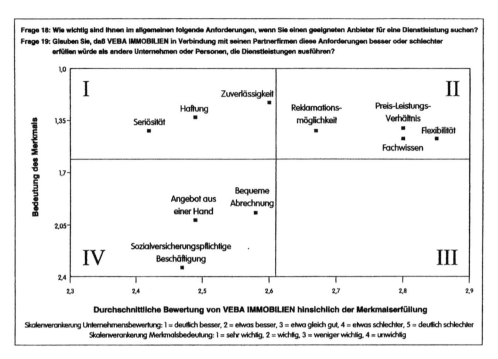

Abb. 26: Imageprofil des Wohnungsunternehmens als Dienstleister aus Sicht der Wohnungseigentümer

Wie die relativierte Betrachtung im 4-Quadranten-Schema von Abb. 26 verdeutlicht, bestehen indes gewisse Übereinstimmungen sowohl in bezug auf die Gewichtung der Merkmale als auch hinsichtlich der Positionierung von VI. Die *Ähnlichkeit der Urteile* erscheint insofern bemerkenswert, als ihnen Erfahrungen in sehr unterschiedlichen Geschäften zugrunde liegen. Lediglich die Kriterien Zuverlässigkeit und Reklamationsmöglichkeit haben die Quadranten getauscht. Berücksichtigt man die kritischen Zufriedenheitsäußerungen bezüglich der Nach-kaufbetreuung im Bauträgergeschäft, überrascht die eher negativere Einstufung des Merkmals Reklamationsmöglichkeit allerdings nicht.

Insgesamt bleibt festzuhalten, daß die Durchschnittsurteile zur unternehmensspezifischen An-forderungserfüllung in beiden Gruppen durchgängig die Stufe „etwa gleich gut" überschreiten. VI wird somit in jeder Beziehung *besser beurteilt als ein „imaginärer Durchschnitt"* sonsti-ger Personen oder Unternehmen, die Dienstleistungen anbieten. Legt man die relative Ausprä-gung der Urteile zugrunde, kommt man - überspitzt formuliert - zu folgendem Ergebnis: VI stellt in den Augen seiner Kunden ein seriöses und zuverlässiges Unternehmen dar, d.h. es genießt ein hohes Vertrauenskapital. Auch vermag ihnen VI im Vergleich zu Wettbewerbern besondere Bequemlichkeitsvorteile zu verschaffen. Andererseits gilt es als tendenziell büro-kratisch, seine Angebote als vergleichsweise teuer, wobei das „generelle" Fachwissen als Dienstleister nicht unstrittig ist.

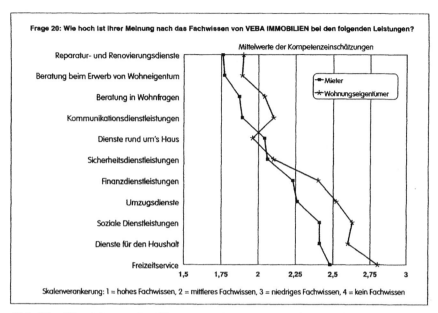

Abb. 27: Einschätzung der Kompetenz in alternativen Dienstleistungs-bereichen

Um zu ermitteln, welche Arten von Diensten aus Kundensicht mehr oder weniger in den *Kompetenzbereich des Wohnungsunternehmens* fallen, wurde eine separate Frage abgefaßt. Abb. 27 demonstriert, daß sich die Einschätzungen der beiden Untersuchungsgruppen weitge-hend parallel verhalten, wobei die Wohnungseigentümer erneut im Durchschnitt niedrigere Einstufungen vornahmen. Da sich beim Übergang zwischen Sicherheits- und Finanzdienstlei-stungen eine insgesamt deutliche Verringerung der beigemessenen Kompetenz ergibt, kann man an dieser Stelle zur Interpretation eine gedankliche Trennlinie ziehen.

Eher in den Kompetenzbereich von VI fallen demnach erstens *objekt- und wohnungsbezogene Serviceleistungen* (Reparatur- und Renovierungsdienste, Dienste an Gemeinschaftsflächen), zweitens die personenbezogene *Beratung mit einem starken thematischen Bezug zum Wohnen* (wie Erwerb von Wohneigentum, altersgerechtes Wohnen, Behördenangelegenheiten) und drittens *Informations- und Kommunikationsdienstleistungen* einschließlich *sicherheitsorien-tierter Angebote*. Während bezüglich Finanzdienstleistungen und Umzugsdienste ein mittleres Fachwissen bescheinigt wird, schätzen die Kunden den Sachverstand von VI mit Blick auf soziale, haushaltsbezogene und freizeitorientierte Dienste eher gering ein. Sofern die Annah-me richtig ist, daß ein Imagetransfer insbesondere bei Sekundärleistungen erfolgt, hinsichtlich derer das Wohnungsunternehmen als kompetent eingestuft wird, sollte sich bei den erstge-nannten Bereichen eine überdurchschnittlich hohe Akzeptanz feststellen lassen.

3.3.2.2.2 Dienstleistungsbezogene Motive und Einstellungen

Hinsichtlich der Motive erfolgte eine Beschränkung auf die fünf aus den Gruppendiskussionen abgeleitete Motive, die sich insbesondere an den aktiven Dienstleistungen orientieren. Dazu wurden die Probanden gebeten, auf einer vierstufigen Skala die Relevanz des jeweiligen Motivs für die persönliche Dienstleistungsnutzung zu deklarieren.

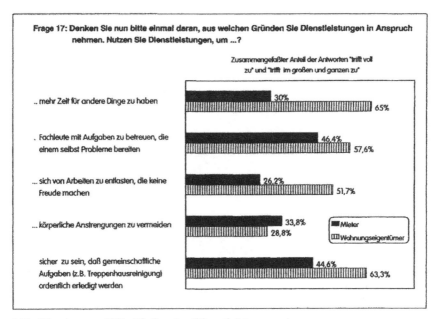

Frage 17: Denken Sie nun bitte einmal daran, aus welchen Gründen Sie Dienstleistungen in Anspruch nehmen. Nutzen Sie Dienstleistungen, um ...?

Abb. 28: Ausgewählte Motive der Dienstleistungsnutzung

Wie aus Abb. 28 ersichtlich, finden die aufgeführten Motive nicht nur insgesamt bei den Eigentümern eine höhere Zustimmung als bei den Mietern, auch die Prioritäten weichen voneinander ab. Während bei den Eigentümern die *Zeitersparnis* im Vordergrund steht, nehmen die Mieter Dienstleistungen offenbar primär in Anspruch, wenn aufgrund unzureichender eigener Fähigkeiten und Kenntnisse *Fachleute* benötigt werden. Eine Übereinstimmung ergibt sich an zweiter Stelle: Die Sicherstellung der *ordentlichen Ausführung von Gemeinschaftsaufgaben* rangiert jeweils nur knapp hinter den beiden erstgenannten Bereichen, stellt also für beide Gruppen ein wichtiges Anliegen dar. Die Relevanz dieses Motivs deutet darauf hin, daß Konflikte zwischen den Bewohnerparteien etwa bezüglich der Treppenhausreinigung oder der Säuberung der Außenanlagen häufig vorkommen und gleichsam als äußerst unangenehm empfunden werden.

Vor dem Hintergrund der stark divergierenden Altersstruktur ist zu erklären, daß die *Vermeidung von körperlichen Anstrengungen* aus Sicht der Mieter an dritter Stelle liegt, bei den Eigentümern aber das mit Abstand am wenigsten bedeutende Motiv darstellt. Es ist auch das einzige Motiv, bei dem die Mieter insgesamt eine höhere Zustimmung äußern als die Wohnungseigentümer. Dabei sind zwei Aspekte zu berücksichtigen: Der Wunsch, körperliche Belastungen zu umgehen, kann zum einen aus einer gesundheitlichen Notwendigkeit, zum anderen aus einer Bequemlichkeit heraus entstehen. Es stünde im Einklang mit dem Gesamtbild der Motivstrukturen, wenn bei den Eigentümern letzteres ausschlaggebend, unter den Mietern dieser Antriebsgrund vor allem bei den eher Gebrechlichen zu finden wäre. Schließlich ist auch der Anteil jener Probanden, welche die *Entlastung von Arbeiten, die keine Freude machen*, als zutreffendes Motiv angaben, bei den Wohnungseigentümern doppelt so hoch wie bei den Mietern.

Faßt man die Betrachtung der Motive zusammen, werden Dienstleistungen primär für Aufgaben in Anspruch genommen, die man nicht ausführen will oder nicht ausführen kann. Für die Mieter stehen dabei eher *Notwendigkeiten* bei der Dienstleistungsnutzung im Vordergrund, während auf seiten der Eigentümer verstärkt *Selbstentfaltungswünsche* zum Tragen kommen. Im Sinne MASLOWS bewegen sich letztere damit auf einer höheren Stufe in der Bedürfnishierarchie, was mit der unterschiedlichen Schichtzugehörigkeit durchaus korrespondiert.[1]

Um verschiedene Facetten der *Dienstleistungsmentalität* und auch mögliche Hinderungsgründe für den Dienstleistungserwerb zu beleuchten, wurden in einer weiteren Frage neun Einstellungsitems vorgegeben, hinsichtlich derer die Probanden den Grad ihrer Zustimmung zu erkennen geben sollten. Zunächst wurde die allgemein empfundene Nützlichkeit bzw. Wertschätzung von Dienstleistungen thematisiert. Mehr als die Hälfte der Mieter und immerhin 41% der Eigentümer stimmen voll oder im großen und ganzen zu, daß eine Mehrheit von Dienstleistungen nicht nötig ist, da die entsprechenden Aufgaben ebenso gut selbst gelöst werden könnten (vgl. Abb. 29 auf der folgenden Seite). Dieses Ergebnis impliziert zum einen, daß viele Dienste in den Augen der Probanden den Charakter eines *Luxusgutes* tragen, zum anderen läßt es sich auch als Beleg einer weit verbreiteten „*Do-it-yourself*"-Mentalität werten.[2] Dementsprechend konnten auch nur ein Drittel der Mieter sowie 40% der Wohnungseigentümer der Aussage eindeutig zustimmen, daß sie lieber Geld in nützliche Dienstleistungen investieren, als es zu sparen.

---

[1] Vgl. MASLOW (Motivation, 1954), S. 80ff.

[2] Vgl. hierzu auch das Ergebnis bei MINISTERIUM FÜR WIRTSCHAFT, MITTELSTAND, TECHNOLOGIE UND VERKEHR DES LANDES NRW (Dienstleistungen, 1997), S. 7. Die Formulierungen der Items Nr. 1 und Nr. 9 in Abb. 29 orientieren sich an zwei der dort benutzten Items.

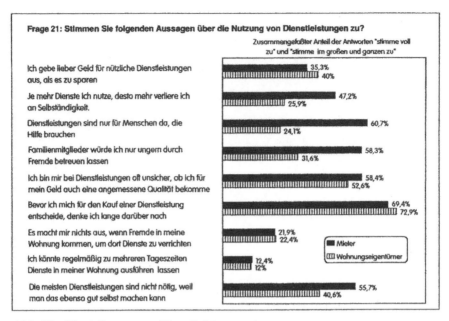

Frage 21: Stimmen Sie folgenden Aussagen über die Nutzung von Dienstleistungen zu?

Zusammengefaßter Anteil der Antworten "stimme voll zu" und "stimme im großen und ganzen zu"

Ich gebe lieber Geld für nützliche Dienstleistungen aus, als es zu sparen — 35,3% / 40%

Je mehr Dienste ich nutze, desto mehr verliere ich an Selbständigkeit. — 47,2% / 25,9%

Dienstleistungen sind nur für Menschen da, die Hilfe brauchen — 60,7% / 24,1%

Familienmitglieder würde ich nur ungern durch Fremde betreuen lassen — 58,3% / 31,6%

Ich bin mir bei Dienstleistungen oft unsicher, ob ich für mein Geld auch eine angemessene Qualität bekomme — 58,4% / 52,6%

Bevor ich mich für den Kauf einer Dienstleistung entscheide, denke ich lange darüber nach — 69,4% / 72,9%

Es macht mir nichts aus, wenn Fremde in meine Wohnung kommen, um dort Dienste zu verrichten — 21,9% / 22,4%

Ich könnte regelmäßig zu mehreren Tageszeiten Dienste in meiner Wohnung ausführen lassen — 12,4% / 12%

Die meisten Dienstleistungen sind nicht nötig, weil man das ebenso gut selbst machen kann — 55,7% / 40,6%

■ Mieter
Ⅲ Wohnungseigentümer

Abb. 29: Einstellungen zur Dienstleistungsnutzung

Insbesondere bei den Mietern kommt als eine weitere Barriere für den Dienstleistungsbezug die Befürchtung in Frage, die persönliche *Selbständigkeit zu verlieren* (47%). Offensichtlich entspricht es der Grundorientierung zahlreicher Probanden, möglichst viele Alltagsaufgaben - auch im Alter - eigenständig zu lösen. Vor diesem Hintergrund stimmen auch 61% der Mieter eindeutig zu, daß Dienstleistungen nur für Personen gedacht sind, die Hilfe brauchen. Bei den Eigentümern wird hinsichtlich beider Items etwa nur der halbe Wert erzielt, wobei hier wiederum auch der Altersunterschied zwischen den Gruppen zu berücksichtigen ist. So sind Dienstleistungen zum Beispiel unter 30-39jährigen Mietern nur zu 38%, bei den über 80jährigen hingegen zu 65% mit dem *Stigma der Hilfsbedürftigkeit* belastet.

Im Zusammenhang mit den Einstellungen wurden zwei Items erhoben, welche eher kognitive als aktivierende Vorgänge betreffen. Eine relativ große Kongruenz besteht zwischen beiden Gruppen hinsichtlich der Frage der *Qualitätsunsicherheit* bei Dienstleistungen. Das wahrgenommene Risiko, eine dem Preis unangemessene Dienstleistungsqualität zu erhalten, konnten über 50% der Probanden eindeutig bejahen. Infolgedessen ist das kognitive Involvement beim Dienstleistungskauf stark ausgeprägt: Rund 70% der Mieter und Wohnungseigentümer denken vor Erwerb einer Dienstleistung „lange" über diese Entscheidung nach.

Für eine besondere Problematik hauswirtschaftlicher Dienstleistungen spricht, daß insgesamt nur ca. 22% der Mieter und Eigentümer im wesentlichen keine Vorbehalte gegen jene Dienste äußern, die durch Fremde in der *Privatsphäre* der eigenen Wohnung ausgeführt würden. Aus Angst vor Diebstahl oder der Verletzung von Intimitäten wird daher die Mehrzahl der Kunden fremden Kräften vermutlich nur bei eigener Anwesenheit Zutritt in die Wohnung gewähren. Oftmals resultiert aus den bei vielen Nachfragern ähnlichen Terminwünschen (z.B. Freitagmorgen) eine besondere Herausforderung an das Kapazitätsmanagement von Anbietern hauswirtschaftlicher Dienste.[1] Daß dies auch hier zutreffen dürfte, zeigt das Ergebnis, nach dem nur 12% der Probanden regelmäßig zu mehreren Tageszeiten Dienste in ihrer Wohnung ausführen lassen könnten.

Schließlich wurde auch die Empfindlichkeit gegenüber einer *Personenbetreuung* durch Fremde thematisiert. Sowohl im Fall der Kinderbetreuung als auch der Pflege älterer Angehöriger ergibt sich das Problem, daß nahestehende Menschen in die Obhut Dritter gegeben werden. Der Mehrzahl der Mieter (58%) und immerhin einem Drittel der Eigentümer (32%) fällt es schwer, Familienmitglieder durch Fremde betreuen zu lassen. Dies spricht für hohe Anforderungen an mögliche Anbieter hinsichtlich Vertrauenswürdigkeit und Einfühlungsvermögen.

Vor dem Hintergrund, daß VI wie auch andere Wohnungsunternehmen den Versorgungsbedürfnissen der Senioren ein besonderes Augenmerk widmet, sollte die Einstellung der Kunden zum *Wohnen im Alter* überprüft werden, die auch als Indikator für eine zukünftige Dienstleistungsnachfrage interpretiert werden kann. Eine Bindung von mehr oder weniger hilfsbedürftigen Senioren erscheint nämlich nicht nur möglich, indem entsprechende Dienstleistungen in den vorhandenen Wohnungsbestand „getragen" werden, sondern auch durch das Angebot bedürfnisgerechter Alternativen (wie etwa separate Service-Wohnanlagen). Ein Handlungsbedarf mit Blick auf das Senioren-Segment läßt sich daraus ableiten, daß die Wohnprobleme der Älteren eine nicht unerhebliche Ursache der Fluktuation darstellen: Insgesamt 14% aller hier befragten Mieter gaben an, daß sie innerhalb des nächsten Jahres oder mit noch unbestimmtem Zeitpunkt einen Umzug planen. Jeder fünfte der Umzugswilligen bestätigte, daß der Wohnungswechsel aus Alters- oder gesundheitlichen Gründen erfolgt, innerhalb der Umzugsbereiten ab 60 Jahren betrug diese Quote 67%.

Für eine strategische Ausrichtung des Angebots für Senioren ist es unerläßlich, die Präferenzen hinsichtlich der möglichen Wohnformen abschätzen zu können. Folgt man den Ergebnissen dieser Befragung (vgl. Abb. 30 auf der nächsten Seite), existiert für viele Kunden nicht nur eine einzige Alternative für das Wohnen im Alter; insgesamt jeder zweite nutzte die Gelegenheit zur Mehrfachnennung. Die höchste Zustimmung bei den **Mietern** (38%) findet die eigene Wohnung in der Seniorenwohnanlage, flankiert von einem breitem Serviceangebot. Diese Umschreibung für das *Service-Wohnen* wurde gewählt, weil nicht davon ausgegangen werden konnte, daß ein Großteil der Befragten dem noch jungen Begriff einen eindeutigen Inhalt zuzuordnen vermag. Fast gleichauf liegt die „normale" Wohnung (37%), mit einem

---

[1] In diesem Sinne äußerten sich A. SCHMIDT/J. PETERSEN, BDS Baubetreuungs-Gesellschaft mbH, Tochterunternehmen der Baugenossenschaft Dennerstraße-Selbsthilfe eG, Hamburg, in einem Interview am 11.11.1997 sowie B. DRAEGER, Agil Dienstleistungsagentur, Bochum, am 4.8.1998.

gewissen Abstand gefolgt von der altersgerechten Wohnung in einem „normalen" Mehrfamilienhaus (MFH) mit Service sowie der „normalen" Wohnung mit Service. Die Tatsache, daß
drei der vier bei den Mietern beliebtesten Wohnformen ein Dienstleistungsangebot einschlie-
ßen, zeigt die Bedeutung, die einer adäquaten Serviceumgebung für das Wohnen im Alter
beigemessen wird.[1]

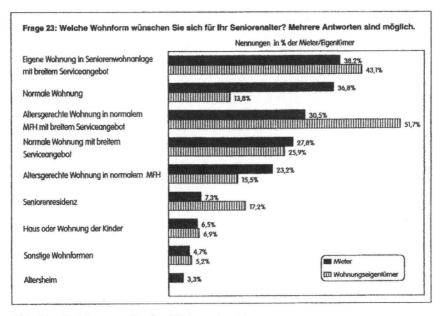

Abb. 30: Präferenzen für das Wohnen im Alter

Die „normale" Wohnung ohne Service wurde mehr als jede andere Alternative (zu 53%) als
alleinige Möglichkeit markiert. Wer diese Wohnform nicht als einzige präferierte, nannte als
Alternative vorzugsweise die altersgerechte Wohnung ohne Service. Dies läßt darauf schließen, daß die Mieter von VI hinsichtlich des Wohnens im Alter in zwei Lager zerfallen: auf der
einen Seite - überspitzt formuliert - die „*Puristen*", die jeglichen Service für überflüssig halten
und etwa ein Drittel der Mieterschaft ausmachen. Rund zwei Drittel zählen auf der anderen
Seite zur Gruppe der „*Komfortorientierten*", die eine Serviceumgebung im Alter grundsätzlich
als wünschenswert oder gar notwendig erachten. Für letzteres Segment stellt der Verbleib in
der angestammten Wohnung indes nur eine von mehreren Optionen dar.

---

[1] Vgl. hierzu auch die Befragungsergebnisse bei HEINZE ET AL. (Alter, 1997), S. 67ff.

Die *Eigentümer* zeigen eine noch ausgeprägtere Serviceorientierung hinsichtlich des Wohnens im Alter. Mit 52% stößt hier die *altersgerechte Wohnung mit Dienstleistungsangebot* auf das größte Interesse, gefolgt vom Service-Wohnen (43%) und der Normalwohnung mit zusätzlichen Diensten (26%). Die Seniorenresidenz (17%) steht in der Präferenzrangfolge auf Platz vier. Sie weist regelmäßig ein sehr umfassendes Dienstleistungsangebot auf, ist aber auch dementsprechend kostenintensiv.[1]

Betrachtet man die Präferenzen in Abhängigkeit vom jetzigen Alter der Person, zeigt sich, daß Jüngere stärker als Ältere zu den Angeboten mit breiter Dienstleistungspalette tendieren. Dies gilt insbesondere für die Gruppe der 30-39jährigen. Aber auch zwischen den 50-59jährigen Mietern, die als nächste in das Seniorenalter eintreten, und den jetzt 60-69jährigen existiert bereits eine Kluft. Während unter den „Sechzigern" 23% die altersgerechte, 26% die Normalwohnung mit Dienstleistungsangebot für wünschenswert halten, liegen die Quoten unter den „Fünfzigern" bei je 33%.

Angesichts dieser Resultate sollte ein Angebot für das Wohnen im Alter auf eine *multiple Lösung* setzen. Einerseits stellt die Errichtung von Service-Wohnungen in separaten Anlagen eine gangbare Option dar, wobei der Standort nahe den traditionellen Wohnquartieren liegen sollte, um den Bewohnern eine Aufrechterhaltung ihrer Kontakte zu ermöglichen. Andererseits sind altersgerechte Wohnungen in den Bestand einzustreuen oder in Nutzung befindliche Normalwohnungen bei Bedarf anzupassen, wobei in beiden Fällen eine adäquate Serviceumgebung zu schaffen ist. Grundsätzlich ist zu berücksichtigen, daß ungeachtet einer möglicherweise hohen empfundenen Attraktivität alternativer Wohnformen die Umzugsbereitschaft bei den Senioren prinzipiell gering ist. Ohne ein umfassendes Umzugsmanagement zur Förderung der Mobilität ist eine Umquartierung oft nicht realisierbar.[2] Vor diesem Hintergrund erscheint die Strategie einzelner Wohnungsunternehmen weitsichtig, bei jeglichen Neubauten von vornherein auf eine altersgerechte Grundkonstruktion zu achten.

3.3.2.2.3 Aktuelle Nutzung von Dienstleistungen und Hilfen

Aufgrund der Annahme, daß die individuelle Bereitschaft zur Nutzung wohnbegleitender Dienste auch dadurch determiniert wird, in welchem Maße bisher eine Inanspruchnahme professioneller Dienste oder sonstiger Hilfen erfolgte, wurden insgesamt zwölf Tätigkeiten genannt, hinsichtlich derer markiert werden sollte, ob eine regelmäßige, eine fallweise oder bisher keine Nutzung stattfindet.

---

[1] Vgl. O.V. (Preisunterschiede, 1999), S. 67.
[2] Vgl. BUCKSTEEG (Umzugswünsche, 1995), S. 8.

Schönheitsreparaturen sind jener Tätigkeitsbereich, bei dem seitens der *Mieter* am meisten auf externe Kapazitäten zurückgegriffen wird (vgl. Abb. 31). Die Nutzerquote ist zwar bei den *Eigentümern* ähnlich hoch, allerdings liegen dort die Objektdienstleistungen mit bis zu 50% z.T. weiter vorn. Lediglich 7% der Mieter und ein noch geringerer Anteil unter den Wohnungseigentümern beanspruchen fremde Hilfe bei der Kinderbetreuung und der Alten-/Krankenpflege.

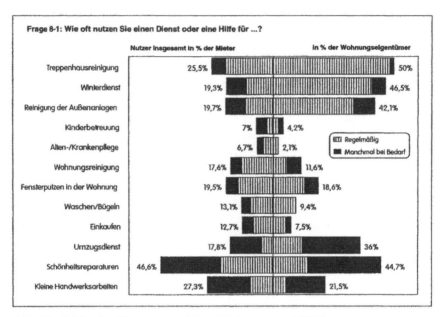

Abb. 31: Bisherige Nutzung von Dienstleistungen und Hilfen

In einem zweiten Schritt sollten die Probanden - sofern bisher eine Nutzung erfolgte - angeben, ob für die Nutzung der jeweiligen Leistungen ein Entgelt gezahlt wird. Typischerweise ohne Bezahlung werden Haushaltsdienste wie Waschen/Bügeln oder Einkaufen genutzt. Im Gegensatz dazu ist in bezug auf sämtliche Reinigungtätigkeiten, den Winterdienst und die Schönheitsreparaturen eine Dominanz der *entgeltlichen Inanspruchnahme* festzustellen. Grundsätzlich liegt dabei der jeweilige Anteil der Entgeltzahler bei den Eigentümern höher. Besonders deutlich wird die Diskrepanz am Beispiel der Objektdienstleistungen, für die jeweils über 90% der Wohnungseigentümer, aber nur zwischen 48% und 69% der Mieter ein Entgelt entrichten.

Hinsichtlich der Art der Personen oder Institutionen, die bisher in Anspruch genommen wurden, besteht ebenfalls eine deutlich Diskrepanz zwischen den Vergleichsgruppen (siehe Abb. 32). Bei den Mietern steht der *traditionelle Familienverbund* an erster Stelle, wenn Hilfe gewünscht wird. Rund zwei Drittel greifen auf Verwandte zurück, die nicht in ihrem Haushalt leben. Für etwa die Hälfte spielen Freundschafts- oder Bekanntschaftsdienste eine Rolle, immerhin 31% bemühen auch ihre Nachbarn. Gewerbliche Firmen (18%) rangieren nur knapp vor den sonstigen Personen, deren Verrichtungen wohl mehr als die jeder anderen Gruppe mit Schwarzarbeit gleichzusetzen sind. Auf seiten der Eigentümer ist hingegen die Inanspruchnahme von *kommerziellen Anbietern* (63%) der Regelfall. Die Bedeutung der extern lebenden Familienmitglieder ist erheblich geringer, die Nachbarn sind nahezu unwichtig. Freunde und Bekannte liegen allerdings ebenfalls bei dieser Gruppe auf Rang zwei (49%), und auch die Bedeutung der sonstigen Personen erreicht ein ähnliches Ausmaß wie bei den Mietern. Im Durchschnitt weitgehend unbedeutend sind die Wohlfahrtsverbände sowie (sonstige) kirchliche und kommunale Einrichtungen.

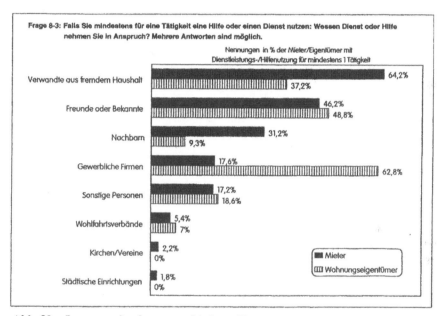

Abb. 32: Inanspruchnahme verschiedener Personengruppen und Institutionen

Offensichtlich ist die Mehrzahl der Mieter in *informelle soziale Netze* eingebunden, welche bei Bedarf benötigte Dienste zur Verfügung stellen können. Dafür spricht auch, daß 66% dieser Gruppe der - separat zur Diskussion gestellten - Aussage „Ich treffe mich in meiner Freizeit häufig mit Freunden und Bekannten" voll oder im großen und ganzen zustimmen, gar 72% bestätigen einen guten Kontakt zu den Nachbarn. Die „Konkurrenz" für das Wohnungsunternehmen beim Angebot wohnbegleitender Dienste ist somit vor allem in der privaten Sphäre der Mieter angesiedelt. Die dort existierenden persönlichen Beziehungen können als ein besonderer „Wettbewerbsvorteil" der Netzwerkangehörigen gewertet werden, zudem sprechen für sie die günstigen oder gar fehlenden Entgelte.

Die Wohnungseigentümer erscheinen im Vergleich zu den Mietern etwas weniger „gesellig", sprechen doch nur 49% unter ihnen eindeutig von häufigen Treffen im Freundes- und Bekanntenkreis und 59% von einem guten Nachbarschaftskontakt. Da sie üblicherweise Dienstleistungen über den Markt beziehen, dürfte es um so leichter fallen, mit rationalen Argumenten - Preis- oder Qualitätsvorteilen - für eine Inanspruchnahme der Leistungen des Wohnungsunternehmens zu werben.

3.3.2.3 *Volumen und Struktur des Nachfragepotentials für wohnbegleitende Dienstleistungen*

3.3.2.3.1 Nutzungspräferenzen für alternative Angebote

Um Aussagen über die Erfolgschancen möglicher Dienstleistungsangebote treffen zu können, wurde in der Kundenbefragung ein zweistufiges Vorgehen gewählt, dem auch im Rahmen dieser Dokumentation gefolgt werden soll. Zum einen war es das Ziel festzustellen, ob überhaupt die Nutzung einer Dienstleistungsart bei VI in Frage käme. Hierzu wurde den Probanden über fünf Fragen verteilt ein Katalog aktueller oder potentieller Offerten vorgelegt. Durch Markierung eines der Felder „Würde ich ganz sicher", „wahrscheinlich", „wohl nicht" oder „auf keinen Fall nutzen" sollte der Kunde zu erkennen geben, wie ausgeprägt der *Bedarf an einer bestimmten Serviceleistung* ist. Darüber hinaus wurde grundsätzlich für jeden der zur Auswahl gestellten Dienste ein Preisspektrum mit vier Klassen sowie einer eindeutigen Bezugsgröße angegeben (z.B. DM pro Arbeitsstunde). Auszufüllen waren diese Angaben von jenen Kunden, die durch eine „sichere" oder „wahrscheinliche" Nutzung einen Bedarf zu erkennen gaben. Hierdurch sollte eine weitere Annäherung an den Kreis der voraussichtlichen *Nachfrager* erfolgen, deren Bedarf durch Kaufkraft gestützt ist.[1]

Die Auswahl der präsentierten Angebote stützte sich insbesondere auf die Vorschläge, die aus dem Teilnehmerkreis der Diskussionsrunden kamen, abgerundet um einige Beratungsofferten, die in der Literatur vorrangig diskutiert werden.[2] Grundlegend wird in der Analyse unterschieden zwischen den *aktiven Dienstleistungen* und den *passiven Dienstleistungen*, wobei innerhalb der aktiven Diensten eine weitergehende Differenzierung erfolgt zwischen den *sachbezogenen* Serviceleistungen einerseits und den *personenbezogenen Dienstleistungen* andererseits. Letztere entsprachen hier der Gruppe der Beratungsdienste und werden als dritter Bereich diskutiert.

---

[1] Vgl. BALDERJAHN (Bedarf, 1995), Sp. 180f.

[2] Vgl. VNW VERBAND NORDDEUTSCHER WOHNUNGSUNTERNEHMEN E.V. (Mieter-Service, 1997), S. 11f.; HOPPENSTEDT (Dienstleistungen, 1996), S. 61f.; PFITZENREUTHER (Dienstleistungen, 1996), S. 45f.; HEINZE/ EICHENER (Geschäftsfeld, 1995), S. 37.

Zunächst erschien es bedeutsam, welche zusätzlichen Kundenschichten für *Objektdienst-leistungen* als Verrichtungen am Objekt und Umfeld erschlossen werden könnten, da VI der-zeit bereits die Treppenhausreinigung, die Reinigung der Außenanlagen und den Winterdienst insbesondere für Mieter in Alten- und Großwohnanlagen anbietet. Zwischen 5% und 14% der befragten Mieter sowie zwischen 21% und 26% der Eigentümer bestätigten die diesbezügliche Inanspruchnahme des Wohnungsunternehmens. Jeden der drei Dienste würden unter den bis-herigen Nicht-Nutzern von den Mietern insgesamt rund 30% wahrscheinlich oder ganz sicher in Anspruch nehmen, von den Eigentümern zwischen 44% und 57%. Auch ein gebündeltes Angebot, ein Komplettservice mit den drei kollektiven Objektdiensten, würde auf ein ver-gleichbares Interesse stoßen (vgl. Abb. 33).

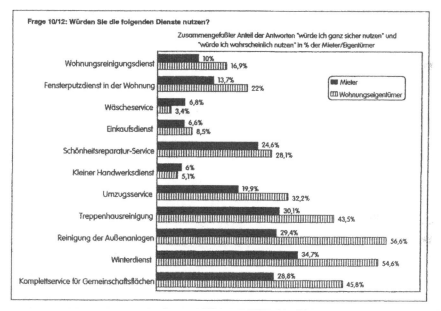

Abb. 33: Nutzerpotential für sachbezogene Dienstleistungen

Unter den übrigen sachbezogenen Diensten stieß ein *Umzugsservice*, der neben dem Möbel-transport z.B. auch Auf- und Abbau sowie Ummeldungen übernehmen würde, auf das größte Interesse, daneben ein *Schönheitsreparatur-Service*, der gegen Zahlung eines monatlichen Sparbeitrags alle fünf Jahre die erforderlichen Anstrich- und Tapezierarbeiten erledigen wür-de. Dagegen sind typische Haushaltsdienste generell wenig gefragt.

Passive Dienstleistungen erfreuen sich offensichtlich eines prinzipiell höheren Interesses (vgl. Abb. 34). Der durchschnittliche Anteil „sicherer" oder „wahrscheinlicher" Nutzer unter den Mietern beträgt hier 35% gegenüber 19% bei den aktiven Diensten; auf seiten der Eigentümer beläuft sich die Relation auf 45% zu 29%. Unter den *Raumangeboten* genießt ein Mehrzweck-raum, der etwa für Feierlichkeiten oder Kurse gebraucht werden könnte, die höchste Präferenz. Knapp jeder zweite Eigentümer und jeder dritte Mieter hält eine eigene Nutzung zumindest für wahrscheinlich. Ein nur wenig geringerer Interessentenkreis ergab sich für einen Sportkeller, in welchem z.B. Tischtennis gespielt oder Fitneßtraining betrieben werden könnte. Aufgrund der nur in einer Lebensphase bestehenden Relevanz fällt der Umfang der potentiellen Nutzer für einen Raum zur gemeinschaftliche Betreuung von Kleinkindern durch eine Elterngruppe mit 15% der Mieter und 9% der Eigentümern im Durchschnitt eher gering aus. Betrachtet man aber nur jene Kunden mit minderjährigen Kindern, liegen die Quoten mit 36% bzw. 13% demgemäß deutlich höher.

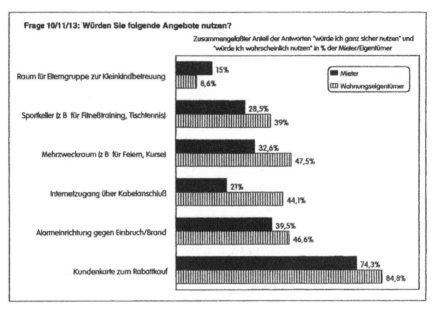

Abb. 34: Nutzerpotential für passive Dienstleistungen

Das hohe Interesse an einer *Alarmeinrichtung* zum Schutz vor Einbrüchen und unbemerkter Rauchentwicklung - knapp 40% der Mieter und nahezu 50% der Eigentümer stellten eine Nutzung in Aussicht -, zeigt die Relevanz von Sicherheitsfragen. Auch ergab sich bei den Befragten ein respektables Kundenpotential für einen schnellen *Internetzugang*. Der Unterschied zwischen Mietern (21%) und Eigentümern (44%) fällt hier besonders akzentuiert aus, was allerdings darauf zurückzuführen ist, daß bisher erst 22% der Mieterhaushaushalte, aber schon 55% der Vergleichsgruppe über einen PC verfügen. Eine mögliche Lösung in der Praxis stellt das Angebot eines Kabelmodems dar, das besonders für intensive „Surfer" geeignet ist, weil abgesehen von der Miete für das Gerät der Internetzugang frei und unbeschränkt ohne zusätzliche Telefongebühren erfolgt.[1]

---

[1] Vgl. BURKERT (Richtung, 1998), S. 106f.

Als eine Serviceleistung der besonderen Art könnte eine *Kundenkarte* des Wohnungsunternehmens eingeführt werden, mit der ein vergünstigter Einkauf von Sachgütern (z.B. im Baumarkt, Möbelgeschäft) und Dienstleistungen (etwa Autoreparatur, Urlaubsreise) bei verschiedenen Anbietern ermöglicht würde. Zwar wurde das Angebot einer Kundenkarte im Rahmen der Gruppendiskussionen nicht direkt angesprochen, die von einigen Kunden geäußerte Erwartung, daß man beim Dienstleistungsbezug über VI Preisvorteile realisieren könne, wies jedoch auf ein diesbezügliches Interesse hin. So erhielt denn auch der Vorschlag einer Kundenkarte zum Rabattkauf mit einem gesamten Nutzerpotential von 74% der Mieter bzw. 85% der Eigentümer die höchste Zustimmung überhaupt.

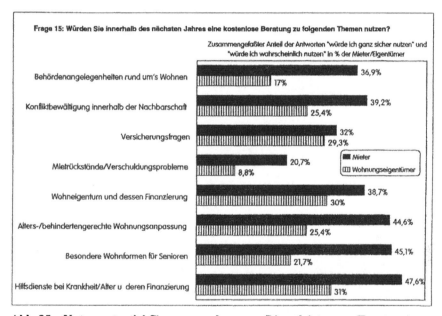

Abb. 35: Nutzerpotential für personenbezogene Dienstleistungen (Beratung)

Abschließend wurde das Interesse an acht Themenkomplexen erhoben, die als Gegenstand einer *Beratung* seitens des Wohnungsunternehmens in Frage kommen und deren Wertschätzung z.T. als Anhaltspunkt für den Bedarf an dahinter stehenden Serviceleistungen interpretiert werden kann (vgl. Abb. 35). Wie aus der Untersuchung von BERENDT,[1] aber auch aus den vom Verfasser geführten Gesprächen mit der wohnungswirtschaftlichen Praxis hervorging, sind die Chancen gering, ein direktes Entgelt für eine Beratung zu erhalten. Dieses Problem ist indes nicht branchenspezifisch, sondern wird z.B. auch unter den Kreditinstituten diskutiert.[2] Aufgrund dessen wurde in der Fragestellung zu den Beratungsthemen hier von vornherein

---

[1] Vgl. BERENDT (Dienstleistungen, 1996), S. 96ff.

[2] Vgl. KUHN (Konditionierung, 1998), S. 469ff.

darauf hingewiesen, daß die Beratung „kostenlos" erfolgen würde. Die Angabe der Nutzungspräferenz sollte sich darauf beziehen, welche Beratungen man innerhalb eines Jahres in Anspruch nehmen würde.

Generell fielen die Interessenbekundungen - im einzelnen betrug der Anteil sicherer und wahrscheinlicher Nutzer bis zu 48% - relativ hoch aus, wobei die in Aussicht gestellte Entgeltfreiheit gewiß eine Rolle spielt. Somit sollte vor allem das relative Niveau im Mittelpunkt der Betrachtung stehen. Die höchste Präferenz genießen die drei Beratungsthemen, die mit dem *Wohnen im Alter* in Verbindung gebracht werden können: Hilfsdienste bei Krankheit und Alter sowie deren Finanzierung (z.B. Pflegeversicherung), alters- bzw. behindertengerechte Wohnungsanpassung sowie besondere Wohnformen für Senioren (vgl. Abb. 30). Dabei liegen diese Gesprächsinhalte nicht nur in der Einschätzung der Mieter vorne, sondern z.T. auch bei den vergleichsweise jüngeren Eigentümerhaushalten. Nicht ausgeschlossen werden kann, daß die Beratung von diesen auch in Anspruch genommen würde, um sich etwa für die Eltern zu informieren. Das hohe Interesse mag aber auch Ausdruck einer vorausschauenden Philosophie sein, sich frühzeitig mit möglichen Erschwernissen im Alter auseinanderzusetzen.

An den darauffolgenden Positionen rangierten bei den Mietern etwa gleichauf die Themen *Wohneigentum* und dessen Finanzierung, *Konfliktbewältigung* innerhalb der Nachbarschaft sowie *Behördenangelegenheiten* rund um das Wohnen (z.B. Wohngeldantrag), offensichtlich sämtlich Themen mit direktem Bezug zur Wohnleistung. Das starke Interesse am Wohneigentum spiegelt den bei breiten Schichten vorhandenen Wunsch nach dem eigenen Haus oder der eigenen Wohnung wider, wobei angesichts der Einkommensverhältnisse nur ein geringer Teil der Mieter tatsächlich die benötigte Finanzstärke aufweisen dürfte. Auch für 30% der aktuellen Wohnungseigentümer, die sich möglicherweise (durch Kauf eines Eigenheims) noch „verbessern" wollen, ist dieses Thema von Relevanz. Vergleichsweise gering war auf seiten der Mieter das Interesse an Versicherungsfragen (z.B. Haftpflicht) sowie an einer präventiven oder begleitenden Beratung bei Mietrückständen bzw. Verschuldungsproblemen. Angesichts der im Bedarfsfall existenziellen Bedeutung einer diesbezüglichen Betreuung wäre es indes vorschnell, aus diesem Grund auf jegliche Angebote bei finanziellen Problemlagen verzichten zu wollen.

In einer separaten Frage wurde der allgemeine *Bekanntheitsgrad* der insgesamt zur Auswahl gestellten Beratungs- und sonstigen Dienste erhoben. Hierbei ergab sich, daß 36% der Mieter und 59% der Wohnungseigentümer zumindest von „den meisten" der aufgeführten Angebote „schon einmal gehört" hatten. Gänzlich unbekannt war das Leistungsspektrum lediglich für 28% bzw. 10%. Die Wohnungseigentümer sind demnach vertrauter mit Dienstleistungen, die für ein wohnbegleitendes Angebot in Frage kommen, was sich bereits bei der Analyse der aktuellen Inanspruchnahme herauskristallisierte.

3.3.2.3.2 Leistungsspezifische Zahlungsbereitschaft

Zumindest bei einzelnen, neuartigen oder selteneren Leistungen ist nicht davon auszugehen, daß bei jedem Kunden eine Vorstellung über den „marktüblichen" Preis vorhanden ist, wobei angesichts der Intransparenz auf Dienstleistungsmärkten vielfach fraglich erscheint, ob eine derartige Größe überhaupt existiert. Die Nennung von *Preiskategorien* war sinnvoll, um den Probanden eine grobe Orientierung zu geben und somit eine Überforderung zu vermeiden, andererseits um den gedanklichen Aufwand bei der Fragebogenbearbeitung nicht überzustrapazieren. Dabei begann die erste Preisstufe jeweils mit 0 DM und reichte bis zu einem Betrag, der in etwa als Untergrenze für ein kommerzielles Angebot betrachtet werden kann.[1] Hierdurch sollte ein Filter für jene Kunden geschaffen werden, die zwar eine wahrscheinliche oder ganz sichere Nutzung angaben, hierfür aber entweder keinerlei Zahlungsbereitschaft zeigen oder eine Preisvorstellung haben, zu der ein Angebot über den Markt wohl nicht realisierbar wäre.[2]

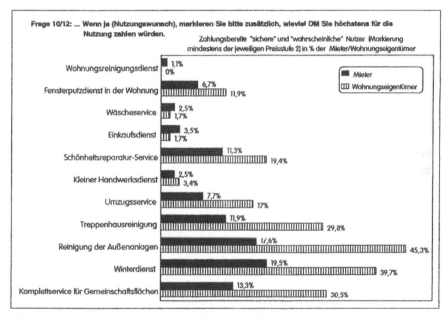

Abb. 36: Nachfragepotential für sachbezogene Dienstleistungen

---

[1] Zur Bestimmung der Grenze wurden unterschiedliche Quellen (z.B. bisherige Preise bei verschiedenen Wohnungsunternehmen, Angaben sonstiger Unternehmen sowie eines Handwerksmeisters) herangezogen. Die benutzten Werte können allerdings lediglich den Anspruch einer Approximation erheben. Vgl. zu den einzelnen Preisstufen den Abdruck des Fragebogens, Anlage 2 im Anhang.

[2] Zu den grundsätzlichen Vor- und Nachteilen von direkten Preisbefragungen vgl. DILLER (Preispolitik, 1991), S. 131ff.; SIMON (Preismanagement, 1992), S. 114-116.

Wie sich herausstellte, liegt der Umfang des „ernst zu nehmenden" Nachfragepotentials bei vielen Leistungen deutlich unter der Quote derer, die Interesse an einer Nutzung äußern (vgl. Abb. 36 und 37). Je nach Angebot entfielen zwischen 20% und 100% der prospektiven Nutzer auf die erste Preisklasse. Möglicherweise ist dieser hohe Grad an „Ausfällen" zum Teil durch opportunistisches Verhalten der Probanden bedingt, die sich durch eine niedrige Preisangabe ein später sehr günstiges Angebot erhoffen. Andererseits war ein Bereinigungseffekt durchaus erwünscht. Denn wie darüber hinaus zu erkennen war, sind zahlreiche Probanden, die Nutzungswünsche äußern, nicht bereit, überhaupt für Dienstleistungen kontinuierlich einen Entgeltbetrag zu zahlen, was sie dann zumindest für die mit einer regelmäßigen Umlage verbundenen Serviceleistungen als Nachfrager ausscheiden läßt.

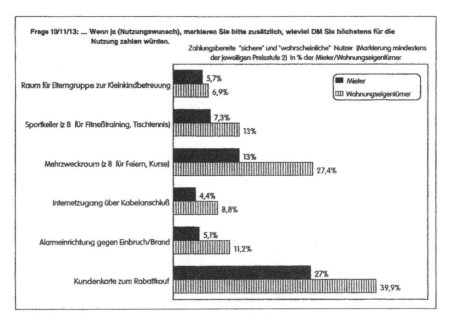

Abb. 37: Nachfragepotential für passive Dienstleistungen

Inwieweit sich im Einzelfall das Nutzerpotential reduziert, wenn man eine *realistische Entgeltangabe* fordert, sei am Extremfall der Wohnungsreinigung demonstriert. Hieran zeigten rund 10% der Mieter und 17% der Eigentümer Interesse. Schließt man jene aus, die sich für die erste Preisklasse von 0-19,99 DM pro Arbeitsstunde entschieden, verbleibt bei den Mietern noch 1%, bei den Eigentümern niemand. So erscheint es dann in den meisten Fällen auch wenig sinnvoll, einen Durchschnittspreis unter Berücksichtigung des Gruppenmittelwertes der ersten Klasse, hier 10 DM zu ermitteln. Das Ergebnis läge für die Mieter bei 11,70 DM, ein Preis, zu dem selbst ein Angebot von Wohlfahrtsverbänden oder gemeinnützigen Vereinen nur selten möglich ist. Ohne Berücksichtigung der untersten Klasse liegt der Durchschnittspreis bei 25 DM, der ebenfalls noch niedrig in bezug auf ein kommerzielles Angebot erscheint, aber gleichwohl schon als Orientierungsgröße dienen kann.

Leistungsart	Preisbezugsbasis	Mieter DM	Eigentümer DM
Wohnungsreinigungsdienst	1 Arbeitsstunde	25,00	-
Fensterputzdienst in der Wohnung	1 Komplettreinigung aller Fenster	41,00	46,43
Wäscheservice	5 kg Trockenwäsche	27,73	25,00
Einkaufsdienst	1 Anlieferung	8,83	17,50
Schönheitsreparatur-Service	1 Tapezieren/Anstreichen komplett, monatliche Ansparrate über 5 Jahre	71,59	53,18
Kleiner Handwerksdienst	1/2 Arbeitsstunde	16,11	15,00
Umzugsservice	1 Umzug komplett	2266,67	2300,00
Treppenhausreinigung	1 Monat	28,48	35,77
Reinigung der Außenanlagen	1 Monat	10,14	12,50
Winterdienst	1 Monat	8,78	9,75
Komplettservice für Gemeinschaftsflächen	1 Monat	45,55	52,50
Raum für Elterngruppe zur Kleinkindbetreuung	Mitbenutzung pro Monat	35,71	35,00
Sportkeller (z.B. für Fitneßtraining, Tischtennis)	Mitbenutzung pro Monat	32,86	40,00
Mehrzweckraum (z.B. für Feiern, Kurse)	Alleinige Nutzung pro Abend	59,80	60,67
Internetzugang über Kabelanschluß	1 Monat Nutzung	39,38	40,50
Alarmeinrichtung gegen Einbruch/Brand	1 Monat Nutzung	83,89	88,33
Kundenkarte zum Rabattkauf	1 Jahr	18,94	19,57

Tab. 8: Mittlere Preisangaben der Käuferpotentiale

Tab. 8 faßt die nach oben beschriebenem Muster ermittelten Werte für aktive und passive Leistungen zusammen. Im Vergleich zu den Mietern zeigen mehr Eigentümer eine eindeutige *Zahlungsbereitschaft*, und auch die akzeptierten *Durchschnittspreise* rangieren in der Regel höher. Für beide Gruppen gilt, daß hinsichtlich der Objektdienstleistungen die Differenz zwischen Nutzer- und eindeutig zahlungsbereitem Potential noch relativ gering ausfällt. Besonders drastisch ist der Unterschied mit Blick auf die Alarmeinrichtung, den Internetzugang sowie den Sportkeller. Etwa nur 4% der Mieter bzw. 9% der Eigentümer akzeptieren einen Preis von über 30 DM monatlich für den Internetzugang, wohingegen ein realistischer Preis für ein Kabelmodem bei 40-60 DM anzusiedeln wäre. Ebenso verbleiben hinsichtlich der Alarmeinrichtung mit 5% bzw. 11% nur wenige, die mindestens 60 DM zahlen würden, wobei auch dieser Preis noch unter den aktuellen Verhältnissen liegt.[1] Allerdings sollten bei einer breit

---

[1] Die Preisangabe zum Kabelmodem stammt von der o.tel.o communications GmbH, die bereits an ausgewählten Versuchsstandorten Nutzern des TV-Kabelnetzes von o.tel.o ein Kabelmodem anbietet. Den Hintergrund für diese Dienstleistung bildet das Multimedia-Pilotprojekt „InfoCity Nordrhein-Westfalen". Vgl. hierzu HEINE (InfoCity, 1997); GERLACH (Start, 1997). Die Preisspanne bezieht sich auf das Projekt Info-City nach Abschluß der Pilotphase. - Eine praktische Umsetzung in bezug auf die Alarmeinrichtung stellt das

angelegten Einführung durch ein Wohnungsunternehmen gerade hinsichtlich jener technischer Leistungen erhebliche Größenvorteile realisiert werden können.

Bei der Kundenkarte zum Rabattkauf begann die Preisstaffel nicht mit einer Spanne, sondern mit dem expliziten Feld „kostenlos", da gerade hierbei ein entgeltfreies Angebot unter Kundenbindungsaspekten sinnvoll sein kann.[1] Knapp zwei Drittel der nutzungswilligen Mieter und etwa die Hälfte der interessierten Eigentümer wählten diese Option. 27% der Mieter insgesamt wären bereit, eine Kundenkarte für durchschnittlich 18,94 DM p.a. zu nutzen, unter den Eigentümern 40% zu 19,57 DM.

Faßt man die Ergebnisse der Betrachtung der leistungsspezifischen Nutzungsabsichten zusammen, lassen sich folgende Erkenntnisse festhalten: Insgesamt gesehen ist die Akzeptanz unter den entgeltlichen Angeboten für passive Dienstleistungen mit Bereitstellungscharakter höher als für aktive Verrichtungen, die vergleichsweise personalintensiv und leichter einer Selbsterstellung zugänglich sind. Dies entspricht der aus der haushaltsökonomischen Analyse abgeleiteten Annahme.

Im Bereich der sachbezogenen Dienstleistungen stoßen Objektdienstleistungen auf das größte Interesse. Als Begründung läßt sich anführen, daß diese Verrichtungen vergleichsweise gut spezifizierbar sind, das Innere des Haushalts nicht berühren und - mit Ausnahme des Winterdienstes - häufig sowie regelmäßig anfallen. Objektdienstleistungen können also transaktionskosteneffizient aus dem Haushalt ausgelagert werden. Mit dem Schönheitsreparatur-Service und dem Umzugsservice folgen zwei Dienste in der Präferenzskala, die selten anfallen und - im Vergleich etwa zu Haushaltsdiensten - mehr handwerkliches Geschick, Kraft bzw. Sachverstand erfordern. Von daher sind sie schwerer substituierbar. Für eine Vergabe von Objekt- und Reparaturdienstleistungen an das Wohnungsunternehmen spricht zudem, daß es sich um komplementäre Aktivitäten zur Vermietung handelt. Das Wohnungsunternehmen gilt diesbezüglich als besonders leistungsfähig, und ein Rückgriff auf den bekannten Anbieter erspart Informations- und Kontrollkosten. Periphere, wenig komplexe Leistungen wie ein Einkaufs- oder Wäscheservice, die häufig und unregelmäßig anfallen würden, finden hingegen kaum Beachtung.

Hinsichtlich des Niveaus der Kaufbereitschaft läßt sich kein prinzipieller Unterschied zwischen den sachbezogenen und passiven Diensten ermitteln. Daß die Diskrepanz zwischen interessierten und kaufbereiten Kunden bei der Alarmeinrichtung mit Anschluß an eine Notruf-

---

Funkalarmsystem „protecco" der Raab Karcher Sicherheit Privat GmbH dar. Das Basispaket plus Rauchmelder kostet 2.522 DM inklusive Installation, hinzu kommt eine monatliche Dienstleistungspauschale von 45 DM. Alternativ kann das System auch vollständig gemietet werden, wobei sich der monatliche Betrag dann auf 126 DM beläuft (Stand: Juni 1998).

[1] Eine diesbezügliche Realisierung in der Praxis stellt die allen Wohnkunden unentgeltlich angebotene Service-Card des kirchlichen Wohnungsunternehmens Joseph-Stiftung in Bamberg dar, vgl. Kap. 4.4.3.3.

zentrale sowie dem Internetzugang über Kabelmodem besonders deutlich ausfiel, mag daran liegen, daß aufgrund der Neuartigkeit hier ein vergleichsweise starkes Kaufrisiko empfunden wird. Bezüglich der personenbezogenen Beratung rangiert mit den Hilfsdiensten bei Krankheit und Alter ein eher peripheres Thema oben in der Präferenzskala, jedoch gefolgt von *wohnungsnahen Inhalten*, die wiederum stärker gefragt sind als etwa eine Versicherungsberatung.

3.3.2.3.3 Globale Zahlungsbereitschaft

Da es sich bei den bisher diskutierten Angeboten sowohl um solche handelt, die üblicherweise nur gelegentlich oder einmalig in Anspruch genommen, als auch um regelmäßig zu beziehende Dienste, und darüber hinaus aus erhebungsstrategischen Gründen mit Preisspannen gearbeitet wurde, läßt sich hieraus kaum abschätzen, wie hoch das insgesamt im Bereich wohnbegleitender Dienstleistungen zu erwartende *Umsatzpotential* einzustufen ist. Eine Kenntnis hierüber ist indes wichtig, um die ökonomische Relevanz des Geschäfts mit Sekundärleistungen beurteilen zu können.

Neben der leistungsbezogenen Zahlungsbereitschaft war daher von Interesse, wie viele Kunden bereit sind, einen bestimmten Betrag regelmäßig für Dienstleistungen auszugeben. Erhoben wurde der monatliche Höchstbetrag, der für die gewünschten Leistungen insgesamt entrichtet würde (vgl. Abb. 38 auf der folgenden Seite). Diese *globale Zahlungsbereitschaft*, im folgenden auch als „Dienstleistungsbudget" bezeichnet, kann als eine selbstbestimmte kognitive Beschränkung des Probanden aufgefaßt werden, die den Kaufprozeß für wohnbegleitende Dienste in jeder Phase zumindest unterschwellig begleitet und in der auch die allgemeine Wertschätzung von Dienstleistungsangeboten zum Ausdruck kommt.[1]

Auch hier zeigten sich wiederum deutliche Diskrepanzen zwischen Mietern und Eigentümern, das *mittlere Dienstleistungsbudget* beträgt 25 DM versus 73 DM. 57% der Mieter und 31% der Eigentümer würden keinen Geldbetrag hierfür ausgeben. Sieht man von diesen Subgruppen ab, ergibt sich bei den Mietern ein Mittelwert von 59 DM und bei den Eigentümern von 105 DM. Am häufigsten als einzelner Wert wurden bei den Mietern 50 DM genannt, während bei den Eigentümern mit 50 DM und 100 DM zwei Modi existierten. Gelänge es, das hier insgesamt vorhandene Kaufkraftpotential abzuschöpfen, würde daraus ein jährlicher Dienstleistungsumsatz für VI mit den Wohnkunden der drei Städte von ca. 8 Mio. DM resultieren.

---

[1] Vgl. HONSEL (Kaufverhalten, 1984), S. 102f.

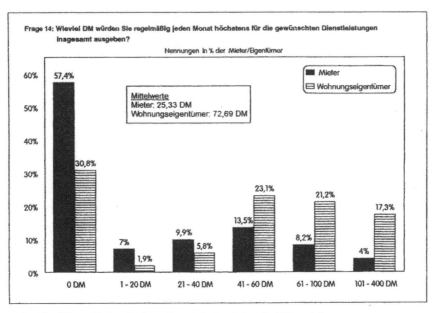

Frage 14: Wieviel DM würden Sie regelmäßig jeden Monat höchstens für die gewünschten Dienstleistungen insgesamt ausgeben?

Nennungen in % der Mieter/Eigentümer

Abb. 38: Monatliches Budget für wohnbegleitende Dienstleistungen

3.3.2.3.4 Analyse der Nachfrageverbunde

Aus Sicht eines Wohnungsunternehmens sprechen diverse Argumente für eine Zusammenfassung wohnbegleitender Einzelleistungen. Mit einer *Leistungsbündelung*, verstanden als das gemeinsame Angebot zweier oder mehrerer Leistungen als Paket zu einem Gesamtpreis,[1] lassen sich sowohl Mengen- und Gewinnziele (Förderung der Absatzmenge, Erlössteigerung, Kostenreduktion), kundenbezogene Ziele (z.B. Preis- und Bequemlichkeitsvorteile) als auch wettbewerbsbezogene Zielsetzungen (insbesondere Differenzierung gegenüber der Konkurrenz) verfolgen. Da bei den Serviceleistungen eines Wohnungsunternehmens in der Regel nicht von einer monopolartigen Situation auszugehen sein wird, erübrigt sich eine Bündelung des Angebots indes, wenn sie nicht auf zumindest annähernd äquivalenten, nachfrageseitigen Zusammenhängen beruht. Positiv formuliert heißt dies aber: „Wenn und soweit Nachfrageverbunde auftreten, kann die anbietende Unternehmung diese in ihrem Angebot antizipieren, um daraus akquisitorische Vorteile zu gewinnen."[2] Ein *Nachfrageverbund* bedeutet, daß Interesse am gleichzeitigen Gebrauch verschiedener Güter besteht, die sich in ihrer Anwendung ergänzen (Bedarfsverbund), und darüber hinaus die Absicht besteht, die betreffenden Produkte nur bei einem Anbieter zu beziehen. Erst wenn tatsächlich ein gleichzeitiger Erwerb mehrerer Leistungen in dieser Form erfolgt, spricht man von einem Kaufverbund.[3]

---

[1] Vgl. GUILTINAN (services, 1987), S. 74, sowie PRIEMER (Bundling, 1995), S. 10.

[2] ENGELHARDT (Erscheinungsformen, 1976), S. 79.

[3] Vgl. NIESCHLAG/DICHTL/HÖRSCHGEN (Marketing, 1997), S. 258.

Da die hier vorgenommene Präferenzerfassung auf ein mögliches, in der Zukunft liegendes Angebot wohnbegleitender Dienstleistungen gerichtet war, schied eine Kaufverbundanalyse aus. Aus dem Kontext des eingesetzten Fragebogens wurde deutlich, daß nicht das allgemeine Interesse an den entsprechenden Services, sondern das Interesse an einem jeweiligen Bezug bei VI erhoben wird. Insofern handelt es sich bei der folgenden Auswertung um eine Analyse der Nachfrageverbunde, deren Ziel es ist, Empfehlungen für mögliche Leistungsbündelungen abzuleiten.

Zur Aufdeckung der Nachfragezusammenhänge wurde eine *Clusteranalyse* durchgeführt. Das Ziel einer Clusteranalyse besteht allgemein darin, „Objekte so in Gruppen einzuteilen, daß jedes Objekt den anderen Objekten in seiner Gruppe ähnlicher ist als den Objekten außerhalb der Gruppe"[1]. Im vorliegenden Fall war es die Absicht, Cluster (Büschel, Haufen, Gruppen) von Leistungen zu finden, hinsichtlich derer das Nutzungsinteresse der Kunden möglichst parallel verläuft.[2] Die Bestimmung einer optimalen Clusterzahl war dabei nicht erforderlich, weil hier die hierarchische Ähnlichkeitsstruktur zwischen den Leistungen im Vordergrund stand. Da das Eigentümer-Sample für diese Art der Analyse zu klein war, wurde die Betrachtung ausschließlich für die Mieter durchgeführt.

Das resultierende *Dendrogramm*[3] in Abb. 39 auf der folgenden Seite veranschaulicht, wie eng die Beziehung zwischen dem Nutzungsinteresse an alternativen Angeboten ist. Es läßt sich wie folgt interpretieren: Zunächst wurden - ganz links auf der Skala - die Beratung über Formen des Seniorenwohnens und über Hilfsdienste bei Krankheit bzw. Alter (Nr. 23/24) sowie die Außenanlagen-Reinigung und der Winterdienst (Nr. 14/15) zu einem Cluster verschmolzen, da das Nutzungsinteresse an ihnen die höchsten Korrelationen untereinander aufwies und somit zwischen diesen Leistungen die größte „Ähnlichkeit" besteht. Auf der nächsten Ebene erfolgte die Ergänzung des oberen Clusters um die Beratung hinsichtlich der Wohnungsanpassung (Nr. 22). Dementsprechend setzt sich der Verschmelzungsprozeß fort, bis auf der höchsten Stufe - ganz rechts auf der Skala - schließlich alle Leistungen ein gemeinsames Cluster bilden.

---

[1] GREEN/TULL (Marketingforschung, 1982), S. 411.

[2] Im vorliegenden Fall handelte es sich um eine variablenorientierte Auswertung, woraus sich Implikationen für die Wahl sowohl des Proximitätsmaßes als auch des Fusionierungsverfahrens ergeben. Vgl. BACHER (Clusteranalyse, 1996), S.148ff., 198ff. Zur Messung der Proximität wurde die Phi-4-Punkt-Korrelation gewählt, da Korrelationskoeffizienten die Ähnlichkeit im Gleichlauf der Variablen zum Ausdruck bringen können. Vgl. BACKHAUS ET AL. (Analysemethoden, 1996), S. 278. Die ursprüngliche vierstufige Ordinalskala für das Nutzungsinteresse hinsichtlich der alternativen Leistungen wurde hierzu in eine binäre Form umgewandelt. Als Fusionierungsalgorithmus wurde das Complete-Linkage-Verfahren präferiert, wobei sich die gefundene Ähnlichkeitsstruktur als sehr stabil gegenüber einem Wechsel des Fusionierungsalgorithmus erwies.

[3] Die Skala eines Dendrogramms zeigt in normierter Form das sich im Fusionierungsprozeß verändernde Ausmaß der Heterogenität der Klassen an. Je höher ein Verschmelzungspunkt auf der Skala liegt, desto größer ist der hierdurch ausgelöste Heterogenitätszuwachs. Vgl. MEFFERT (Marketingforschung, 1992), S. 273.

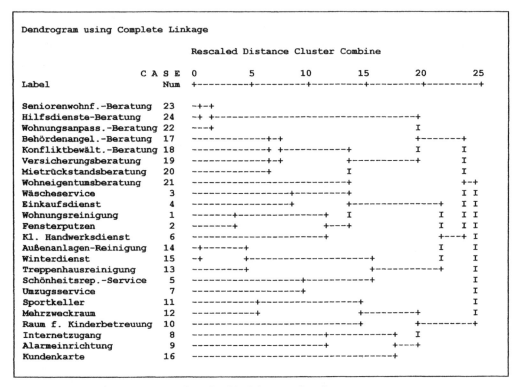

Abb. 39: Dendrogramm zur Analyse der Nachfrageverbunde

Besonders intensive Nachfrageverbunde bestehen offensichtlich zwischen den drei *Senioren-beratungsdiensten*, zwischen der *Wohnungsreinigung* und dem *Fensterputzen* (Nr. 1/2) sowie zwischen der *Reinigung der Außenanlagen* und dem *Winterdienst*. Der ebenfalls abgefragte, hier nicht einbezogene Komplettservice für Gemeinschaftsflächen, der neben den beiden letztgenannten Leistungen auch die Treppenhausreinigung (Nr. 13) umfaßt, erfährt insofern eine Bestätigung, als ebenfalls auf noch recht niedrigem Niveau eine Verschmelzung der drei Elemente erfolgt. Für die Objektdienstleistungen bietet sich daher ein integriertes Ange-botspaket an.

Des weiteren ergeben sich Folgerungen für die *organisatorische Konzeption* des Beratungsan-gebots. Legt man die hier gefundene Nachfragekonstellation zugrunde, erscheint es sinnvoll, für die (gebündelte) Seniorenberatung und die Wohneigentumsberatung (Nr. 21) jeweils Spe-zialisten einzusetzen, da hier nur geringe Bedarfsüberschneidungen zu den übrigen Beratungs-themen wie Nachbarschaftskonflikte oder Mietrückstände bestehen.[1] Letztere könnten dann von einem allgemeinen Beratungsdienst ausgeführt werden.

---

[1] Dabei können die sich hier ergebenden Bedarfsstrukturen allerdings nicht das einzige Kriterium zur Kompe-tenzbündelung unter den Mitarbeitern sein, da etwa alte Menschen oftmals auch in Behördenangelegenheiten zu beraten sind, wobei sich die Problematik für den Kunden erst im Laufe der Beratung offenbaren mag.

Schließlich kann das Resultat der Clusteranalyse auch als Beleg für die *Sinnhaftigkeit der entwickelten Typologie* wohnbegleitender Dienstleistungen gewertet werden. Von den beiden zuletzt vereinigten Bündeln enthält eines ausschließlich aktive Leistungen (Nr. 23-7), das andere setzt sich rein aus passiven Leistungen zusammen (Nr. 11-16). Darüber hinaus ergibt sich innerhalb der Verrichtungen eine klare Trennung zwischen Beratungsleistungen als personenbezogene Dienste (Nr. 23-21) und sachbezogenen Diensten (Nr. 3-7). Innerhalb der letzteren Gruppe tritt zudem eine Differenzierung zutage, die man als Abgrenzung zwischen komplementären (Nr. 14-7) und peripheren Angeboten (Nr. 3-6) betrachten kann. Somit erscheint die gewählte Typologie tragfähig und beinhaltet direkte Implikationen für die Vermarktung insoweit, als sie auf Nachfrageverbunde hindeutet.

3.3.2.4 Individuelle Bestimmungsfaktoren der Sekundärleistungsnachfrage

Eine zentrale Aufgabe der empirischen Erhebung bestand darin, zu erforschen, welche personenendogenen oder -exogenen Variablen für die Sekundärleistungsnachfrage ausschlaggebend sind. Hinsichtlich ihrer Verteilung in der Stichprobe wurden die in Frage kommenden Merkmale bereits im Rahmen der Präsentation der soziodemographischen Struktur der Stichprobe und der Analyse der Ausgangssituation dargestellt. Um Aussagen über ihren tatsächlichen Einfluß treffen zu können, gilt es jedoch, die Beziehungen zwischen den potentiellen Einflußvariablen und den Nachfrageindikatoren zu analysieren.

Aus methodischer Sicht war zu beachten, welche Nachfrageindikatoren den potentiellen Bestimmungsfaktoren jeweils gegenübergestellt werden bzw. welches *Skalenniveau* diese aufweisen. Zum einen handelt es sich bei dem leistungsspezifischen Nutzungsinteresse und der leistungsspezifischen Zahlungsbereitschaft um Variablen, die ordinalskaliert sind. Dies bedeutet, daß zwar eine Rangfolge zwischen den Antwortkategorien besteht, die Abstände zwischen den Ausprägungen aber nicht einheitlich fixiert sind.[1] Zum anderen handelt es sich bei der Höhe des monatlichen Dienstleistungsbudgets um eine metrisch skalierte Variable, da die Messung in konstanten Einheiten (DM-Beträgen) erfolgt. Nur im zweiten Fall war somit die Grundvoraussetzung für eine Regressionsanalyse erfüllt.[2]

---

[1] Hinsichtlich der leistungsspezifischen Zahlungsbereitschaft besteht das Problem darin, daß die jeweils oberste Preisklasse nach oben offen definiert ist und die Annahme der Gleichverteilung innerhalb der Klassen - mag sie auch zur Berechnung approximativer Durchschnittspreise gerechtfertigt sein (vgl. Tab. 8) - in dem hier vorliegenden Zusammenhang fragwürdig erscheint. Eine ersatzweise Betrachtung auf Basis der Klassenmittelwerte scheidet somit aus. Mit Blick auf das Nutzungsinteresse ist nicht einsehbar, daß aus Sicht sämtlicher Kunden die Abstände zwischen den Antwortkategorien identisch sein sollten. So erscheint es plausibel, daß etwa zwischen „Würde ich auf keinen Fall nutzen" und „Würde ich wohl nicht nutzen" ein deutlich geringerer Abstand gesehen wird als zwischen „Würde ich wohl nicht nutzen" und „Würde ich wahrscheinlich nutzen". Aus methodischer Perspektive ist es daher angemessener, von einer Ordinalskala auszugehen. Zu den unterschiedlichen Meßniveaus vgl. BLEYMÜLLER/GEHLERT/GÜLICHER (Statistik, 1998), S. 3f.; BEREKOVEN/ ECKERT/ELLENRIEDER (Marktforschung, 1999), S. 70ff.

[2] Vgl. FAHRMEIR/KAUFMANN/KREDLER (Regressionsanalyse, 1996), S. 94.

Als Alternative bot sich für die leistungsspezifische Betrachtung eine *Rangkorrelationsanaly-se* an. Während bei der Regressionsanalyse ein eindeutiger, nicht umkehrbarer Zusammenhang zwischen einer abhängigen und einer beliebigen Zahl unabhängiger Variablen unterstellt wird, was sie zum bevorzugten Untersuchungsinstrument von Ursache-Wirkungs-Beziehungen (*Dependenzanalyse*) werden läßt, können mit der Korrelationsanalyse aus statistischer Sicht lediglich wechselseitige Zusammenhänge zwischen je zwei Variablen nachgewiesen werden (*Interdependenzanalyse*).[1] Eine kausale Beziehung setzt zwar voraus, daß eine Korrelation besteht, andererseits können sogenannte „Scheinkorrelationen" auch auftreten, ohne daß ein inhaltlicher Zusammenhang besteht. Im Rahmen der Korrelationsanalyse ist daher zu beachten, „daß es sich bei der Berechnung um ein rein *formales* Mittel der 'Ursachenforschung' handelt, in jedem Falle also die Ergänzung bzw. Untermauerung durch eine Untersuchung des sachlichen Zusammenhangs notwendig ist."[2] Umgekehrt bedeutet dies, daß auf eine Interpretation von statistisch signifikanten Beziehungen, die einer sachlogischen Begründung entbehren, verzichtet werden kann und sollte.[3]

Als Maß für den Zusammenhang im Rahmen der Rangkorrelationsanalyse diente hier grundsätzlich der Koeffizient von Spearman, der lediglich *ordinalskalierte Daten* voraussetzt.[4] Um zu vermeiden, daß zufällige Korrelationen zur Interpretation herangezogen werden, fanden ausschließlich signifikante Werte Beachtung, die zudem grundsätzlich mindestens eine Höhe von $r = 0,2$ erreichen sollten.[5] - Über die genannten Methoden hinaus erfolgten Prüfungen von Mittelwertunterschieden sowie Unabhängigkeitstests, wo dies alternativ bzw. zusätzlich der Informationsauswertung dienlich war.

Zunächst wird in diesem Kapitel eine Rangkorrelationsanalyse der Nachfragedeterminanten auf der Leistungsebene vorgenommen. Da zu vermuten war, daß bestimmte Faktoren Nutzungsabsicht und Preisakzeptanz für ein spezifisches Angebot nicht im gleichen Maße beeinflussen, erfolgten diesbezüglich getrennte Untersuchungen. Daran schließt sich eine Betrachtung der globalen Zahlungsbereitschaft für wohnbegleitende Dienstleistungen an, die ebenfalls zweiteilig konzipiert ist: Nach einer Regressionsanalyse unter Berücksichtigung aller rele-

---

[1] Vgl. MEFFERT (Marketingforschung, 1992), S. 247-254.

[2] HUTTNER (Marketing-Entscheidungen, 1979), S. 210, Hervorhebung im Original. Zur Beziehung zwischen Korrelation und Kausalität vgl. auch BOHLEY (Statistik, 1996), S. 248f., sowie HAMMANN/ERICHSON (Marktforschung, 1994), S. 169ff.

[3] Vgl. STEIN (Beziehungsmanagement, 1997), S. 222.

[4] Als Beispiel für aktuelle Studien unter Verwendung der Rangkorrelationsanalyse vgl. WILLEKE (Risikoanalyse, 1998), S. 1146ff.; HERRMANN/VETTER (Präferenzen, 1999), S. 339f.

[5] Des weiteren wurden, sofern der Einfluß dritter Variablen auf die Beziehung zwischen den zwei betrachteten Größen offensichtlich erschien, partielle Korrelationen berechnet, die um den Einfluß der Störvariablen bereinigt sind. Zur Interpretation der Koeffizientenhöhe sowie zur Ermittlung partieller Korrelationen, im Beispiel auch mit einer rangskalierten Variablen, vgl. BÜHL/ZÖFEL (SPSS, 1994), S. 244ff. Signifikanztests erfolgten hier im Rahmen der leistungsspezifischen Analyse grundsätzlich einseitig.

vanter Variablengruppen wird in einem zweiten Teilschritt gesondert die Bedeutung ausgewählter soziodemographischer Merkmale diskutiert, weil diese in dem ganzheitlichen Erklärungsmodell zwangsläufig nur zum Teil Eingang finden, andererseits als in der Praxis relativ
leicht zu erfassende Variablen für Zwecke der Marktsegmentierung von Interesse sind.

3.3.2.4.1 Leistungsspezifische Analyse

3.3.2.4.1.1 Determinanten der Nutzungspräferenz

In Abb. 40 auf der folgenden Seite sind exemplarisch für vier Leistungen jeweils fünf Merkmale aufgeführt, die - gemessen am Betrag des Korrelationskoeffizienten - den stärksten Zusammenhang zur geäußerten Nutzungswahrscheinlichkeit aufweisen, wobei für je zwei Beispiele die Werte der Mieter bzw. der Wohnungseigentümer herangezogen wurden. Wie bereits
ein erster Überblick verdeutlicht, kommt offenbar den *Motiven* eine vorrangige Bedeutung zur
Erklärung der interindividuellen Präferenzunterschiede zu.

Für viele der diskutierten Leistungen gilt, daß die durch den Kunden markierte Wahrscheinlichkeit einer Nutzung nicht nur mit dem Ausprägungsgrad eines singulären, sondern einer
Mehrzahl von Motiven korreliert.[1] Dennoch läßt sich leistungsspezifisch auf einige *schwer-
punktmäßige Beweggründe* für die jeweilige Inanspruchnahme schließen: Wer die Objektdienstleistungen nutzen würde, wünscht sich offensichtlich vor allem, daß auf diesem Weg die
Aufgaben der Hausgemeinschaft ordentlich erledigt werden. Bei den Eigentümern betrug die
Bandbreite der Korrelationen zwischen dem Ordnungsmotiv und dem Nutzungswunsch mit
Blick auf die verschiedenen Objektdienste $0,489** < r < 0,726**$, bei den Mietern entsprechend $0,463** < r < 0,489**$.

Hinsichtlich von Wohnungsreinigung und Wäscheservice dominiert bei den Eigentümern das
Bedürfnis der Entlastung von unangenehmen Arbeiten ($0,356** < r < 0,367**$), während die
Mieter - wie auch im Fall des Schönheitsreparatur-Service - hiermit eher die Vermeidung körperlicher Anstrengungen bezwecken würden ($0,257** < r < 0,354**$). Letzteres Motiv ist für
beide Gruppen mit Blick auf die Fensterreinigung und den kleinen Handwerksdienst prävalent
(E.: $0,296* < r < 0,388**$; M.: $0,269** < r < 0,354**$). Die Hoffnung auf Zeitersparnis erscheint für die Mieter einerseits bei der Nutzung des schnellen Internetzugangs, andererseits in
bezug auf einen Kinderbetreuungs- und auf einen Mehrzweckraum von zentraler Bedeutung
($0,231** < r < 0,359**$). Beide lägen in der Nachbarschaft und wären mit geringem Zeitauf-
wand zu erreichen. Schließlich gilt für die Inanspruchnahme der Beratungsdienste, daß hier
primär die Kompetenz von Fachleuten gefragt ist (M.: $0,214** < r < 0,291**$).

---

[1] Für eine vollständige Darstellung der in Kap. 3.3.2.4.1 diskutierten Korrelationskoeffizienten vgl. die Tabellen von Anlage 12 im Sonderanhang. Die in der Grafik abgebildeten Einflußvariablen entsprechen dann nicht
den sich aus der Tabelle ergebenden „wichtigsten" Merkmalen, wenn einzelne Beziehungen wegen der fehlenden sachlichen Begründung von der Interpretation ausgeschlossen werden.

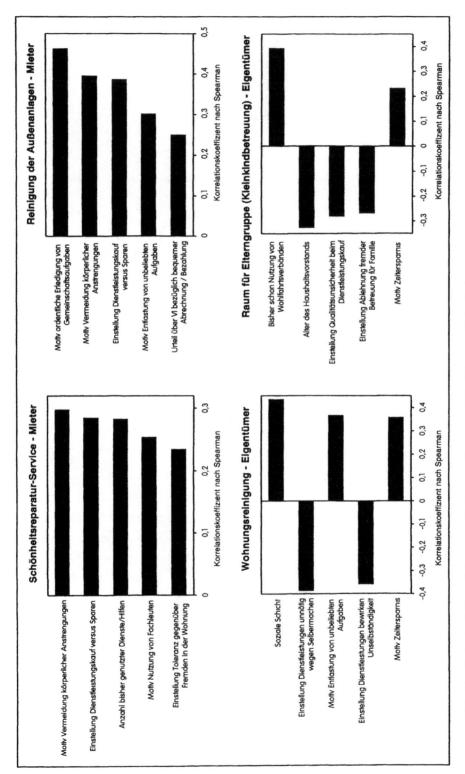

Abb. 40: Bedeutende Korrelationen zur Nutzungspräferenz am Beispiel ausgewählter Leistungen

Neben den Motiven kommt tendenziell auch den dienstleistungsbezogenen *Einstellungen* ein vergleichsweise starker Einfluß auf die Intensität der Nutzungsabsichten zu. Mieter mit relativ starkem Interesse an einzelnen Angeboten zeichnen sich gegenüber jenen mit schwächerer Nutzungspräferenz übergreifend betrachtet insbesondere durch einen geringeren Sparwillen ($0,212^{**} < r < 0,387^{**}$), durch eine größere Toleranz gegenüber Fremden in der eigenen Wohnung ($0,216^{**} < r < 0,329^{**}$) und durch eine größere zeitliche Flexibilität bei der Nutzung von Diensten aus ($0,214^{**} < r < 0,322^{**}$). Letztere Aspekte betreffen vor allem die Wohnungsreinigung und das Fensterputzen, während sich die Sparneigung primär auf die Nachfrage nach den kollektiven Objektdiensten auswirken dürfte.

Bei den Eigentümern spielt zeitliche Flexibilität ebenfalls eine wichtige Rolle, darüber hinaus aber insbesondere die Haltung zu der Frage, in welchem Maße Dienstleistungen angesichts der Möglichkeit der Eigenerstellung überhaupt erforderlich sind. Unter den vergleichsweise Nutzungswilligen ist der „Do-it-yourself"-Gedanke offensichtlich weniger ausgeprägt ($-0,225^* < r < -0,511^{**}$), wobei sich dies auch hier vor allem an jenen Leistungen festmachen läßt, welche die Gemeinschaftsflächen berühren. Zudem fallen bei den eher Interessierten generell die Ressentiments gegenüber einer persönlichen Betreuung von Familienmitgliedern schwächer aus. Nur in wenigen Fällen waren bei Mietern oder Wohnungseigentümern Korrelationen mit Blick auf das empfundene allgemeine Qualitätsrisiko bzw. auf das gedankliche Involvement beim Dienstleistungskauf festzustellen. Wo dies zutraf, bestätigte sich aber durchweg ein negativer Zusammenhang.

Unter den Variablen, in welchen die bisherigen *Erfahrungen mit dem Wohnungsunternehmen* ihren Ausdruck finden, erwiesen sich insbesondere einige jener Merkmale als für das Nutzungsinteresse relevant, die das Image von VI als Dienstleister charakterisieren. Dies betrifft primär die Wohnungseigentümer. Bei ihnen ist offensichtlich von vorrangiger Bedeutung, wie gut VI im Wettbewerbsvergleich hinsichtlich des Preis-Leistungs-Verhältnisses, der Bequemlichkeit bei der Abrechnung und Bezahlung sowie mit Blick auf die Zuverlässigkeit, einem Vertrauensmerkmal, eingeschätzt wird. Je besser die diesbezüglichen Urteile ausfallen, desto stärker sind tendenziell die Präferenzen für eine Reihe von Leistungen ausgeprägt. Vertrauen gegenüber VI spielt auf seiten der Eigentümer explizit eine Rolle dabei, ob Nutzungsinteresse an der Alarmeinrichtung ($r = 0,391^{**}$) besteht. Zudem ist die Absicht, Beratungen über Seniorenwohnformen und den Hilfsdiensten bei Krankheit und Alter sowie einen Schönheitsreparatur-Service in Anspruch zu nehmen, bei dieser Gruppe tendenziell um so höher, je größer das Bestreben ist, VI im Fall eines Wohnungswechsels erneut als Hausverwalter zu wählen ($0,233^* < r < 0,345^{**}$). Bei den Mietern kommt den geschäftsbeziehungsspezifischen Variablen nahezu keine Bedeutung für die Nutzungspräferenzen zu.

Des weiteren war von Interesse, ob sich ein Einfluß des bisherigen Dienstleistungskonsums abzeichnet. In der Tendenz ist das Mieterinteresse an Sekundärleistungen um so höher, je größer die bisherigen *Konsumerfahrungen bei Diensten und Hilfen* sind (0,2** < r < 0,283**). Daß mit der Intensität der bisherigen Nutzung einer spezifischen Leistung die Nutzungspräferenz der Mieter für eine Inanspruchnahme des gleichen Dienstes beim Wohnungsunternehmen steigt, zeigte sich z.B. hinsichtlich der Reinigung von Treppenhaus (r = 0,325**), Außenanlagen (r = 0,22**) oder der Wohnung (r = 0,252**). Auf seiten der Eigentümer fällt die Nutzungsabsicht in bezug auf eine Reihe verrichtungsorientierter Serviceleistungen bei jenen überdurchschnittlich hoch aus (0,296* < r < 0,555**), die bisher schon gewerbliche Anbieter nutzen. Die hier ausgeprägte Korrelation zwischen der bisherigen Nutzung von Wohlfahrtsverbänden und dem Interesse an einer Räumlichkeit zur Kleinkindbetreuung läßt sich dahingehend interpretieren, daß jene Familien, die schon heute etwa Kindertagesstätten der Arbeiterwohlfahrt in Anspruch nehmen, auch für eine selbstorganisierte Elterngruppe in der Wohnsiedlung offen wären.

Unter den *Merkmalen* der physischen Konstitution erwies sich das Alter des Haushaltsvorstands als eine Größe, die zur Erklärung der variierenden Nutzungspräferenzen herangezogen werden kann. Tendenziell steigt mit dem Alter eines Mieters das Nutzungsinteresse an der Wohnungsreinigung (r = 0,239**) sowie an den drei Beratungsdiensten zum Wohnen im Alter (0,23** < r < 0,322**). Signifikant positive Korrelationen zum Alter, allerdings im Betrag von weniger als r = 0,2, offenbaren sich auch bei den übrigen hauswirtschaftlichen Diensten. Schon hier sei aber betont, daß im Gegensatz zu den Nutzungsabsichten die Zahlungsbereitschaft für hauswirtschaftliche Leistungen (z.B. Fensterputzen r = -0,334**) im Alter nachläßt, so daß die Nachhaltigkeit einer diesbezüglichen Nachfrage bezweifelt werden muß. Als Angebote, die primär für jüngere Mieter in Frage kommen, lassen sich der schnelle Internetzugang, die drei nachbarschaftlichen Raumangebote, die Kundenkarte zum Rabattkauf sowie die Wohneigentumsberatung auffassen, weil bei diesen Leistungen die Nutzungsintention negativ mit dem Alter korreliert ist (-0,274** < r < -0,346**). Unter den Wohnungseigentümern war angesichts der relativ geringen Altersstreuung lediglich festzustellen, daß ältere Haushalte - wie aus Abb. 40 erkennbar (und naturgemäß) - tendenziell weniger Bedarf an einer Kinderbetreuungseinrichtung, andererseits aber ein verstärktes Interesse an den Beratungsdiensten für das Seniorenwohnen zeigen (0,258* < r < 0,372**).

Als weiteres Merkmal der physischen Konstitution wurde erhoben, ob jemand im Haushalt des Probanden aus Alters- oder gesundheitlichen Gründen dauerhaft *hilfe- oder pflegebedürftig* sei. Auf 8,5% der Mieterhaushalte und 5,1% der Eigentümerhaushalte traf dies zu. Ansatzpunkte dafür, wie diesen Haushalten am besten geholfen werden könnte, lieferte ein Vergleich des „durchschnittlichen" Nutzungsinteresses.[1] Einen signifikant höheren Bedarf gegenüber den sonstigen Mieterhaushalten haben jene mit Hilfe- oder Pflegebedürftigem einerseits bezüglich der Objektdienstleistungen (Außenanlagenreinigung, Winterdienst und Komplettservice) und andererseits bezüglich der drei Seniorenberatungsdienste. Daß zum Beispiel hauswirtschaftliche Dienste von solchen Mietern nicht verstärkt nachgefragt werden, läßt sich damit erklären, daß nur 25% dieser Haushalte auf Alleinstehende entfallen. In den anderen Fällen ist also jemand vorhanden, der prinzipiell im Haushalt helfen kann.

Schließlich erweist sich unter den personenexogenen Variablen der soziale Status als aussagekräftig in bezug auf den Dienstleistungsbedarf, allerdings nur bei den Wohnungseigentümern. Dabei lassen sich folgende Tendenzen nachzeichnen: Je höher der soziale Status, desto höher einerseits das Interesse an Haushaltsdiensten, freizeitorientierten Raumangeboten und einem schnellen Internetzugang, desto niedriger andererseits die empfundene Attraktivität von Beratungsofferten. Letzteres mag darauf zurückzuführen sein, daß die gebildeteren Schichten über einen besseren Informationszugang und einen höheren Informationsstand verfügen.[2] Beratungsangebote des Wohnungsunternehmens weisen dann für sie einen eher geringeren Nutzen auf.

Da der *Haushaltstyp* und die *Lebensphase* als Merkmale der sozialen Situation lediglich nominalskaliert sind, ließen sich Zusammenhänge zwischen ihnen und den Nutzungspräferenzen nicht mittels einer Rangkorrelationsanalyse überprüfen. Statt dessen wurde jeweils zunächst ermittelt, ob sich signifikante Unterschiede im „durchschnittlichen" Nutzungsinteresse bei den verschiedenen Haushaltstypen bzw. Lebensphasen ergeben. Wo dies der Fall war, wurde in einem zweiten Schritt für jeden Typ bzw. jede Phase geprüft, ob sich die „durchschnittliche" Nutzungsabsicht der Angehörigen dieser Gruppe von jener der übrigen abhebt.[3] Im folgenden seien zunächst die Haushaltstypen betrachtet. Tab. 9 veranschaulicht in konzentrierter Form das Ergebnis für die Mieter, wobei für jede der 13 Leistungen, bei denen nicht zufällige Divergenzen festgestellt werden konnten, abgebildet ist, welcher Haushaltstyp im Vergleich zur mittleren Nutzungspräferenz eine signifikant positive oder negative Abweichung aufweist.

---

[1] Hierzu wurde ein U-Test nach Mann-Whitney vorgenommen, bei dem über einen Vergleich der mittleren Rangplätze der Frage nachgegangen wird, ob zwei unabhängige Stichproben aus derselben Grundgesamtheit stammen. Vgl. BÜHL/ZÖFEL (SPSS, 1994), S. 226ff.

[2] Die Ausprägung des Wissensstands wird z.T. explizit als Abgrenzungsmerkmal für soziale Schichten verwandt. Vgl. INSTITUT FÜR DEMOSKOPIE ALLENSBACH (Zusatzinformationen, 1997), S. 214.

[3] Für den ersten Schritt wurde der H-Test nach Kruskal-Wallis angewandt. Hierbei wird eine gemeinsame Rangordnung für sämtliche Werte der verschiedenen Teilgruppen erstellt und im Anschluß daran die Nullhypothese getestet, daß die mittleren Rangzahlen in den jeweiligen Gruppen gleich seien. Vgl. BROSIUS/ BROSIUS (SPSS, 1998), S. 507ff., 526ff. Für den zweiten Schritt wurde jeweils ein U-Test nach Mann-Whitney ausgeführt.

Signifikante Abweichungen vom "durchschnittlichen" Nutzungsinteresse bei verschiedenen Haushaltstypen					
Testverfahren: Mann-Whitney U-Test + = signifikante positive Abweichung					
Gruppe: Mieter - = signifikante negative Abweichung					
	Single-Haushalt	Paare	Familie mit minderjährigem/n Kind(ern)	Alleinerziehende	Sonstige
Wohnungsreinigung	+		-		
Fensterputzen in der Wohnung	+				
Kleiner Handwerksdienst	+		-		
Räumlichkeit für Elterngruppe zur Kleinkindbetreuung	-	-	+	+	
Sportkeller	-	-	+	+	
Mehrzweckraum	-	-	+	+	
Schneller Internetzugang		-	+		
Kundenkarte für Rabattkauf	-		+		
Beratung zu den Themen:					
Behördenangelegenheiten rund um's Wohnen	-		+	+	
Konfliktbewältigung innerhalb der Nachbarschaft	-			+	
Abbau und Vermeidung von Mietrückständen	-			+	+
Wohneigentum und dessen Finanzierung	-		+		
Besondere Wohnformen für Senioren		+	-		

Tab. 9: Zusammenhang zwischen Haushaltstyp und leistungsspezifischem Nutzungsinteresse

Während die sonstigen Haushalte nahezu keine ausgeprägten Abweichungen vom mittleren Nutzungsinteresse zeigen, stehen die Präferenzen der Single-Haushalte und Paare einerseits sowie der Familien und Alleinerziehenden andererseits in einem *antagonistischen Verhältnis*. Besonders deutlich wird dies im Fall der nachbarschaftlichen Raumangebote, die für Haushalte mit Kindern signifikant überdurchschnittlich, für die kinderlosen unterdurchschnittlich attraktiv sind. Im Gegensatz dazu würden einzelne Haushaltsdienstleistungen, die bei den Familien in besonderem Maße auf Ablehnung stoßen, vor allem von Singles nachgefragt. An der aus ökonomischer und sozialer Sicht teils problematischen Situation der Alleinerziehenden dürfte es liegen, daß sie ein außergewöhnliches Interesse an Beratungsdiensten demonstrieren. Auf seiten der Eigentümer ließ sich lediglich ein Dienst identifizieren, dessen Nutzungswahrscheinlichkeit signifikant durch die Haushaltsform beeinflußt wird: Die Wohnungsreinigung trifft bei den Paaren auf den mit Abstand größten Anklang.

Für die drei quantitativ am stärksten vertretenen Haushaltstypen Singles, Paare und Familien mit minderjährigen Kindern wurde eine altersmäßig differenzierte Betrachtung ihrer Nutzungsabsichten im Sinne des *Lebenszykluskonzepts* vorgenommen. Bei 15 Leistungen traten signifikante Abweichungen in der mittleren Nutzungsabsicht der Mieter je nach Stadium im Lebenszyklus auf, wobei sich die in Tab. 10 dargestellten relativen Schwerpunkte ergaben. In der Tat werden dabei Unterschiede auch innerhalb einer Haushaltsform offensichtlich.

Signifikante Abweichungen vom "durchschnittlichen" Nutzungsinteresse in verschiedenen Phasen des Lebenszyklus								
Testverfahren: Mann-Whitney U-Test + = signifikante positive Abweichung Gruppe: Mieter - = signifikante negative Abweichung								
	Junger Single (bis 34 J.)	Junges Paar (bis 34 J.)	Junge Familie (bis 34 J.)	Single mittleren Alters (35-54 J.)	Kinderloses Paar (35-54 J.)	Ältere Familie (35-54 J.)	Alleinstehender Senior (ab 55 J.)	Senioren-Paar (ab 55 J.)
Wohnungsreinigung		-	-				+	
Fensterputzen in der Wohnung			-				+	
Schönheitsreparatur-Service		-	-				+	
Kleiner Handwerksdienst		-					+	
Räumlichkeit für Elterngruppe zur Kleinkindbetreuung			+			+	-	-
Sportkeller			+			+	-	-
Mehrzweckraum	+					+	-	-
Schneller Internetzugang	+					+	-	-
Kundenkarte für Rabattkauf			+		+	+	-	
Beratung zu den Themen:								
Behördenangelegenheiten rund um's Wohnen						+	-	
Konfliktbewältigung innerhalb der Nachbarschaft	-	-						
Wohneigentum und dessen Finanzierung		+	+			+	-	-
Alters-/behindertengerechte Wohnungsanpassung	-	-						+
Besondere Wohnformen für Senioren	-	-	-				+	+
Hilfsdienste bei Krankheit/Alter	-	-	-					+

Tab. 10:   **Zusammenhang zwischen Lebensphase und leistungsspezifischem Nutzungsinteresse**

Das vergleichsweise geringste Interesse an den einzelnen Leistungen ist bei den jungen Paaren festzustellen. Ein deutlich überdurchschnittliches Interesse besteht bei ihnen lediglich hinsichtlich der Beratung zum Wohneigentumserwerb, dafür ergeben sich in sieben Fällen signifikant unterdurchschnittliche Werte. Besonders aufschlußreich erscheint die altersmäßig differenzierte Betrachtung mit Blick auf die *Singles*, da innerhalb dieser Gruppe eine relativ große *Heterogenität* besteht. Eine Vorliebe für Haushaltsdienste ist lediglich bei den Älteren unter ihnen gegeben. Die jungen Singles zeigen hingegen eine Präferenz für einen Mehrzweckraum und den schnellen Internetzugang, Angebote, die von den alleinstehenden Senioren indes eher abgelehnt werden.

Bei den Einpersonenhaushalten und Paaren im mittleren Alter lassen sich weder in negativer noch in positiver Hinsicht signifikante Tendenzen erkennen. Konträre Neigungen konnten zwischen den beiden Familiengruppen nicht festgestellt werden, ihre Interessen erscheinen ähnlich gelagert. Generell üben die Beratungsthemen zum Wohnen im Alter auf die jungen Haushaltstypen einen sehr geringen, auf die alleinstehenden Senioren, besonders aber auf die Senioren-Paare einen hohen Reiz aus. Bei den Wohnungseigentümern, die nicht in der Tabelle enthalten sind, stellte sich mit dem Einkaufsdienst nur eine Leistung mit je nach Lebensphase ausgeprägten Interessenunterschieden heraus. Hier waren es die jungen Paare, die diesem Service sehr aufgeschlossen gegenüber stehen.

Die Erkenntnisse darüber, welche Faktoren den Bedarf wohnbegleitender Dienstleistungen bestimmen, lassen sich für das Marketing sinnvoll nutzen. Hinsichtlich der Motive gilt, daß das Wohnungsunternehmen seine Serviceleistungen in einer Form präsentieren sollte, die sie als nützliches Mittel zur Befriedigung der jeweils im Vordergrund stehenden Bedürfnisse erkennen lassen.[1] In der Kommunikationspolitik[2] kann ebenfalls Bezug genommen werden auf die Einstellungen, die sich als Hemmfaktor erweisen. Sollte etwa ein Wohnungsreinigungsdienst neu eingeführt werden, könnte das Wohnungsunternehmen auf die Angst vor Fremden in der Wohnung eingehen und dabei herausstellen, daß es sich bei den Mitarbeitern des Wohnungsunternehmens um besonders vertrauenswürdige Kräfte handelt. Das Wissen um die je nach Alter, Lebensphase oder Haushaltsform als unterschiedlich attraktiv empfundenen Leistungen kann dazu eingesetzt werden, spezifische Kundengruppen gezielt mit einem adäquaten Serviceangebot anzusprechen.

3.3.2.4.1.2 Einflußvariablen auf die spezifische Zahlungsbereitschaft für einzelne Leistungen

In Analogie zu dem vorherigen Abschnitt sind in Abb. 41 wiederum exemplarisch für vier Leistungen jeweils im Höchstfall fünf signifikante Merkmale aufgeführt, die - gemessen am Betrag des Korrelationskoeffizienten - den stärksten Zusammenhang zur geäußerten Preisbereitschaft aufweisen. Wurden die Nutzungspräferenzen primär durch dienstleistungsbezogene Einstellungen und Motive geprägt, so läßt sich bereits der Grafik entnehmen, daß hier vielmehr *Zufriedenheitsvariablen* und *Merkmale des bisherigen Dienstleistungskonsums* im Vordergrund stehen. Ob bzw. wieviel ein Kunde bereit ist, für die Entgeltung spezifischer fakultativer Sekundärleistungen zu zahlen, hängt offensichtlich vergleichsweise häufig davon ab, wie zufrieden er mit dem bisherigen Grundservice ist und von wem bzw. in welchem Ausmaß aktuell Dienstleistungen bezogen werden. Auf einen begünstigenden Einfluß der Zufriedenheit mit dem Primärleistungsanbieter deuten eine Mehrzahl signifikant positiver Korrelationen zwischen Zufriedenheitsmerkmalen und der Preisbereitschaft für einzelne Leistungen hin.

---

[1] Vgl. ENGEL/BLACKWELL/MINIARD (Behavior, 1995), S. 423.

[2] Vgl. Kap. 4.4.3.

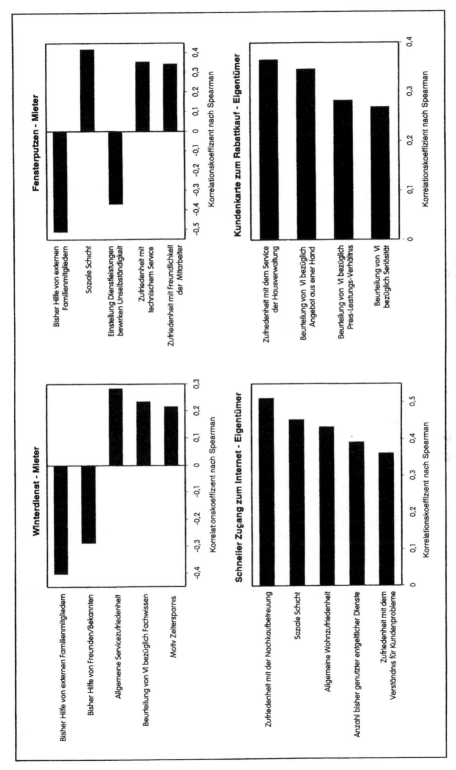

Abb. 41: Bedeutende Korrelationen zur Zahlungsbereitschaft am Beispiel ausgewählter Leistungen

Die größte Relevanz kommt bei den **Mietern** der *allgemeinen Servicezufriedenheit* zu, die in bezug auf die Höhe der von den Probanden markierten Preisstufe positive Korrelationen ($0,233^{**} < r < 0,426^*$) bei sechs einzelnen Diensten aufweist. Die Wohnzufriedenheit korreliert dagegen lediglich in drei Fällen mit der Zahlungsbereitschaft für verschiedene Dienste ($0,227^{**} < r < 0,438^{**}$). Unter den extrahierten Faktoren ist die Zufriedenheit mit dem technischen Service von der relativ größten Bedeutung ($0,204^* < r < 0,365^{**}$ bei drei Leistungen). Ein Blick auf die Koeffizienten bei den Einzelvariablen zeigt, daß vor allem Mieter, die mit der *Freundlichkeit* der Mitarbeiter ($0,222^{**} < r < 0,347^{**}$ in fünf Fällen), den *Öffnungszeiten* der Sprechstunde ($0,211^* < r < 0,323^*$), der Bearbeitungsdauer von *Beschwerden* ($0,2^* < r < 0,292^*$) und der Schnelligkeit der *Reparaturdurchführung* ($0,226^{**} < r < 0,258^{**}$, letztere drei jeweils in drei Fällen) zufrieden sind, vergleichsweise höhere Preise für einzelne Leistungen zahlen würden. Insgesamt sind bei zwölf der zur Auswahl gestellten 17 Angebote mit Entgeltangabe Korrelationen derselben mit einer oder mehreren Zufriedenheitsvariablen festzustellen.

Analysiert man die Maße für den Zusammenhang auf seiten der **Eigentümer**, zeichnet sich ein breit gefächerter Einfluß der wahrgenommenen Qualität der Hausverwaltung ab, während die Zufriedenheit mit dem Bauträger offenbar einzig hinsichtlich der Betreuung nach dem Kauf eine Rolle für die Ausgabebereitschaft spielt ($0,371^* < r < 0,638^{**}$ in drei Fällen). Offensichtlich kommt damit zeitnahen bzw. solchen Erfahrungen des Kunden ein überdurchschnittliches Gewicht zu, welche die *Qualität der Geschäftsbeziehung im Zeitablauf*, also das kontinuierliche Leistungsniveau des Wohnungsunternehmens betreffen, während transaktionsbezogene Zufriedenheitsaspekte des einmaligen Kaufvorgangs die Nachfrage nach zusätzlichen Diensten nicht oder nur kaum beeinflussen.

Unter den einzelnen Zufriedenheitsitems der Wohnungseigentümer ist der Zufriedenheit mit der Durchschaubarkeit der *Hausgeldabrechnung* angesichts signifikanter Werte bei sechs Leistungen ($0,268^* < r < 0,687^{**}$) die höchste Bedeutung beizumessen. Die Verständlichkeit von Abrechnungen dient möglicherweise als Indikator für die Glaubwürdigkeit und „Fairneß" des Wohnungsunternehmens im Umgang mit den Kunden.[1] Gelingt es, die z.T. komplexen Kostenschlüsselungen für jeden einsichtig darzustellen, und sind die Werte auch in ihrer Höhe nachvollziehbar, schafft dies offensichtlich eine *Vertrauensbasis* für den Bezug weiterer Dienste. Der sich abzeichnende, vergleichsweise starke Einfluß dieses Zufriedenheitsaspekts mag indes auch als Indiz dafür gelten, daß die Tarifierung von Dienstleistungen im allgemeinen für viele Kunden oftmals schwer nachvollziehbar ist. Zwischen den Ausprägungen der Imagevariablen und der leistungsbezogenen Preisakzeptanz ließen sich sowohl auf seiten der Mieter als auch der Eigentümer nur in wenigen Fällen Zusammenhänge beobachten. Ver-

---

[1]   Zu Kundenproblemen mit Hausverwaltern vgl. STIMPEL (Hausgeld, 1998), S. 207f.

gleichsweise stark von der individuellen Einschätzung der relativen Dienstleistungsqualität betroffen sind - bei den Eigentümern - die Zahlungsbereitschaft für eine Kundenkarte zum Rabattkauf (vgl. Abb. 41) sowie für den Umzugsservice.

Schon mit Blick auf die Nutzungspräferenzen zeichnete sich ein Einfluß des bisherigen Dienstleistungskonsums der Probanden ab, und auch auf die Entgeltakzeptanz scheint sich eine diesbezügliche *Habitualisierung* auszuwirken. So erhöht sich in einigen Fällen die leistungsspezifische Zahlungsbereitschaft, wenn bisher schon für diese Verrichtung ein Entgelt gezahlt wurde (z.B. Treppenhausreinigung r = 0,311*, Umzugsdienst r = 0,562**). Mit Blick auf die Mieter war eine hohe Bedeutung der Verwandten sowie von Freunden und Bekannten als ausführende „Dienstleister" festgestellt worden. Gerade wer diese Gruppen üblicherweise in Anspruch nimmt, steht einer Entgeltzahlung insbesondere bei Haushalts-, aber auch bei den Objektdienstleistungen eher ablehnend gegenüber (vgl. Abb. 41).[1] Somit läßt sich konstatieren, daß die vergleichsweise starke soziale Einbindung vieler Mieter und insbesondere ihr Rückgriff auf familiale Strukturen einen informellen und damit günstigen Dienstleistungsbezug erleichtern. Deshalb zeigen sie an kommerziellen Angeboten weniger Interesse als die von traditionellen Strukturen eher losgelösten Wohnungseigentümer, für die eine entgeltliche Dienstleistungsnutzung bei professionellen Anbietern eine Normalität darstellt.

Zusammenfassend läßt sich aus der Betrachtung der leistungsspezifischen Zahlungsbereitschaft ableiten, daß Sekundärleistungen nicht als ein isoliertes Angebot gelten, sondern von den Kunden im Zusammenhang mit der Geschäftsbeziehung wahrgenommen werden. Bisherige Erfahrungen transferiert man auf die Sekundärleistungen mit der Folge, daß die Preisakzeptanz steigt, wenn Zufriedenheit mit dem bisherigen Grundservice vorliegt. Vor allem Wohnungsunternehmen, die das Serviceangebot im Sinne der Gewinnfunktion verstehen, sollten daher zunächst ihre Kundenbetreuung im primären Geschäft optimieren, bevor sie mit neuen Dienstleistungen an den Markt gehen. In der Kommunikationspolitik gegenüber Eigentümern sind insbesodere die Vorzüge gegenüber alternativen professionellen Anbietern herauszustellen, während bei den Mietern eher zu betonen wäre, daß die Nutzung der wohnbegleitenden Dienste zu einer erhöhten Unabhängigkeit von Verwandten und Bekannten führt bzw. für diese Helfer eine Entlastung schafft.

---

[1] Das Merkmal „Hilfeleistung durch nicht im eigenen Haushalt lebende Verwandte" ist eigentlich dichotom im Sinne von „nein" und „ja" definiert, läßt sich allerdings auch als ordinale Variable in dem Sinne interpretieren, daß positive Antworten eine stärkere Inanspruchnahme von Verwandten bedeuten. Insofern läßt sich dann auch Spearmans Korrelationskoeffizient als Maßstab für die Stärke des Zusammenhangs zu den Preisvariablen nutzen.

3.3.2.4.2 Einflußfaktoren auf die globale Zahlungsbereitschaft für wohnbegleitende Dienste

3.3.2.4.2.1 Gesamtanalyse unter Berücksichtigung aller relevanten Variablengruppen

In Analogie zu dem bisherigen Vorgehen sollte auch bei der Ermittlung der Einflußvariablen auf die Höhe der globalen Zahlungsbereitschaft eine differenzierte Betrachtung für Mieter und Eigentümer erfolgen. Darüber hinaus erschien es angesichts der erheblichen Diskrepanz der durchschnittlichen Ausgabebereitschaft beider Gruppen hier besonders reizvoll, das breitere Informationsspektrum (z.B. die größere Streuung hinsichtlich des Einkommens) eines integrierten Samples zu nutzen, um *gruppenübergreifende, allgemeine Bestimmungsfaktoren* zu identifizieren.

Damit Aussagen getroffen werden konnten, welche auch über die sich für VI ergebende Kundenkonstellation hinaus Relevanz besitzen, galt es jedoch, die in der vorhandenen Gesamtstichprobe wirksame Verzerrung zu berücksichtigen: Während die befragten Mieter in der Mehrheit schon über 20 Jahre Kunden von VI waren, befanden sich die Eigentümer höchstens in der Kategorie von 5-9 Jahren und wiesen zudem eine stark abweichende Altersstruktur auf. Wie bereits zuvor aufgezeigt wurde, unterscheiden sich die Altersgruppen in der Art der nachgefragten Dienstleistungen erheblich. Um eine darauf beruhende Beeinflussung zu vermeiden, welche etwa zu einer unverhältnismäßigen Betonung der Motive und Einstellungen der Senioren geführt hätte, wurde ein *Subsample* gebildet. In diesem befanden sich ausschließlich Kunden, die höchstens neun Jahre in einer Geschäftsbeziehung zu VI stehen. Im Ergebnis wurde hierdurch auch eine annähernde Übereinstimmung hinsichtlich des Durchschnittsalters der beiden Untergruppen erzielt. Zudem entsprach die Relation von Mietern zu Eigentümern innerhalb der so gebildeten Teilstichprobe mit 63:37 im groben dem Verhältnis in der Gesamtbevölkerung.[1]

Bei der Betrachtung der globalen Zahlungsbereitschaft war grundsätzlich zu bedenken, daß es sich um eine Größe von hoher *Komplexität* handelt. Da nach dem maximalen monatlichen Budget für die jeweils individuell gewünschten Dienstleistungen gefragt wurde, verbergen sich hinter dieser Variable folglich recht unterschiedliche Vorstellungen der Kunden hinsichtlich Art und Anzahl der hiermit zu erwerbenden Leistungen. Insofern erschien es fraglich, ob überhaupt generelle, *hinreichend ausgeprägte Determinanten* zu identifizieren sind, um auf dieser Basis ein Regressionsmodell formulieren zu können. Neben der Einhaltung der üblichen Prämissen bei der linearen Regression wurde darüber hinaus der Anspruch erhoben, ein korrigiertes Bestimmtheitsmaß von $R^2 \geq 0,4$ und somit mindestens den nach MEFFERT bei

---

[1] Das verfügbare, schließlich in die Analyse einbezogene Subsample mit vollständigen Angaben zu allen relevanten Variablen umfaßte 71 Mieter im Durchschnittsalter von 38 Jahren und 41 Wohnungseigentümer, die im Mittel 41 Jahre alt waren. - Die Wohnungseigentümerquote betrug 1998 in Deutschland 40,5%. Vgl. STATISTISCHES BUNDESAMT (Eigentümer-Wohnungen, 1999).

Regressionsanalysen in der Marktforschungspraxis üblichen Anteil an erklärter Varianz von 40-50% zu erzielen.[1]

Zunächst erfolgte eine *Regressionsschätzung für das integrierte Sample* aus Mietern und Eigentümern. Zur Auswahl der einzubeziehenden Variablen wurde ein iteratives Vorgehen gewählt, bei dem ausgehend von den Merkmalen mit dem höchsten Erklärungsbeitrag schrittweise alternative Konstellationen geprüft wurden, um ein größtmögliches Bestimmtheitsmaß zu erzielen.[2] Im Rahmen der Analyse galt es dabei auch, dem Problem einer möglichen Nichtlinearität nachzugehen.

In der Regel werden bei Regressionsanalysen lineare, additive Beziehungen unterstellt.[3] Bei realen Daten sind diese Prämissen aber nicht immer erfüllt. „A priori liegt es sogar viel näher, einen nicht-linearen Zusammenhang zu vermuten als einen linearen, denn letzterer ist ja nur *ein* Spezialfall unter unendlich vielen möglichen Fällen."[4] So wurde etwa in einzelnen empirischen Studien belegt, daß der Zusammenhang zwischen Kundenzufriedenheit und Loyalität nicht linearer, sondern sattelförmiger oder progressiver Natur ist.[5] Auch für das vorliegende Erklärungsproblem erschien es aus theoretischer Sicht plausibel, daß etwa Veränderungen im Bereich geringer Einstellungsniveaus sich weniger auf die Zahlungsbereitschaft auswirken als der Übergang von einer hohen zu einer sehr hohen Ausprägung einer Einstellung. Darüber hinaus war anzunehmen, daß zwischen verschiedenen Einflußfaktoren Wechselwirkungen bestehen, die in einem additiven Modell nicht zum Ausdruck kommen.

Im Verlauf des Untersuchungsprozesses bestätigte sich die Vermutung, daß es sich bei der Beziehung zwischen der Höhe des Dienstleistungsbudgets und wichtigen potentiellen Einflußvariablen nicht um einen einfachen linearen Zusammenhang handelt. Als Demonstrati-

---

[1] Vgl. MEFFERT (Marketingforschung, 1992), S. 297. In seiner Kaufverhaltensstudie zum Antiquitätenmarkt sieht HONSEL (Kaufverhalten, 1984), S. 253, die Untergrenze der Interpretationsfähigkeit eines Regressionsmodells bei einem Bestimmtheitsmaß von $R^2 = 0,3$.

[2] Zu alternativen Verfahren der Variablenselektion vgl. BROSIUS/BROSIUS, (SPSS, 1998), S. 497ff.; FAHRMEIR/KAUFMANN/KREDLER (Regressionsanalyse, 1996), S. 118ff.

[3] Vgl. HÜTTNER (Marketing-Entscheidungen, 1979), S. 260; BEREKOVEN/ECKERT/ELLENRIEDER (Marktforschung, 1999), S. 209. *Linearität* bedeutet, daß Veränderungen der unabhängigen Variablen in einem konstanten Verhältnis zu Veränderungen der abhängigen Variablen beitragen. *Additivität* impliziert hingegen, daß der Gesamteinfluß der unabhängigen Variablen auf die abhängige Variable der Summe der Einzeleinflüsse entspricht.

[4] BOHLEY (Statistik, 1996), S. 217.

[5] Ein sattelförmiger Zusammenhang läßt sich dahingehend interpretieren, daß Veränderungen im Bereich mittlerer Zufriedenheitsniveaus kaum zu Änderungen der Loyalität führen. Für ein Unternehmen bedeutete dies, daß einerseits sehr hohe Anstrengungen unternommen werden müßten, um über die Kundenzufriedenheit die Kundenbindung zu steigern, andererseits nur bei einer starken Unzufriedenheit Abwanderungen befürchtet werden müßten. Ein progressiver Zusammenhang impliziert, daß der Einfluß von Veränderungen des Zufriedenheitsniveaus mit der Höhe der absoluten Zufriedenheit zunimmt, d.h. während sich etwa ein Fortschritt von großer bis zu einer geringen Unzufriedenheit kaum auf die Loyalität auswirkt, führt eine Anhebung vom Niveau einer hohen Zufriedenheit hin zu einer „Begeisterung" zu einem erheblichen Treuezuwachs. Vgl. anschaulich HOMBURG/RUDOLPH (Perspektiven, 1998), S. 52f., sowie die dort angegebene Literatur.

onsbeispiel diene das Motiv der ordentlichen Erledigung von Gemeinschaftsaufgaben als eine unabhängige Variable, die in dem Regressionsmodell schließlich auch aufgenommen wurde. Abb. 42 zeigt ein *Streudiagramm*, in dem für jede der codierten Ausprägungen der unabhängigen Variablen (von 1 = Motiv „trifft voll zu" bis 4 = „trifft gar nicht zu") angegeben ist, welchen DM-Betrag (abhängige Variable) jene Probanden monatlich für Dienstleistungen ausgeben würden, die in der betreffenden Kategorie geantwortet haben. So befinden sich z.B. unter den Kunden, für die das Ordnungsmotiv voll zutrifft, solche, die bis zu 400 DM im Monat investieren würden. Andererseits beläuft sich der Höchstbetrag bei den Befragten, für die es gar nicht zutrifft, auf maximal 50 DM.

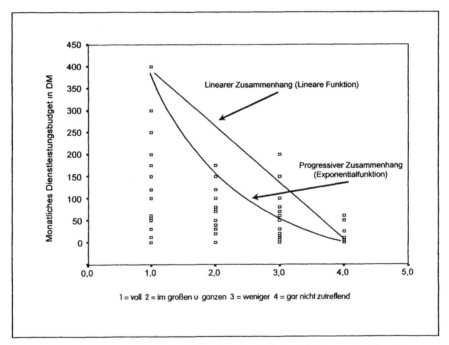

Abb. 42: Höhe des Dienstleistungsbudgets in Abhängigkeit von der Zustim- mung zum Ordnungsmotiv[1]

Versucht man, den Trend des Zusammenhangs graphisch darzustellen, so ist dies offensichtlich besser möglich, indem man eine Kurve einzeichnet, die mit wachsender Zustimmung zu dem Motiv zunehmend steiler verläuft, als durch eine Gerade, welche implizieren würde, daß die DM-Beträge gleichmäßig über die Antwortkategorien ansteigen. Eine derartige progressive Beziehung zwischen der abhängigen und der unabhängigen Variablen läßt sich zutreffend

---

[1] „Progressiv" ist der Zusammenhang insofern, als mit wachsender Zustimmung die Ausgabebeträge steigen; es ist also die negative Codierung der Merkmalsausprägungen zu beachten. Bei normaler Codierung müßte der Kurvenverlauf als degressiv bezeichnet werden.

mit Hilfe des Typs einer *Exponentialfunktion* beschreiben, der in der Ökonomie in Verbindung mit Wachstumsphänomenen gebräuchlich ist.[1]

Einen eindeutigen Beleg dafür, daß die üblichen Annahmen von Linearität bzw. Additivität hier nicht aufrechterhalten werden konnten, lieferte die Betrachtung der durch die Regression unerklärten Restgrößen der abhängigen Variable (Residuen): Sie wichen in ihrer Verteilung systematisch von der Normalverteilung ab. Vor diesem Hintergrund wurde eine komplexes, exponentielles Grundmodell mit multiplikativer Verknüpfung bevorzugt, welches sich auf dem Wege einer logarithmischen *Transformation* gleichwohl auf eine lineare Beziehung zurückführen läßt, so daß eine Betrachtung mit der üblichen Regressionsstatistik möglich ist.[2]

Mit dem abschließenden *Regressionsmodell*, dessen Koeffizienten in Tab. 11 abgebildet sind, lassen sich 53,4% der Streuung der abhängigen Variable erklären.[3] Abhängige Variable ist hier nicht der von einem Kunden angegebene, sondern der logarithmierte DM-Betrag, was bedeutet, daß nicht die absoluten, sondern die *relativen Differenzen in der Ausgabenhöhe* Gegenstand der Erklärung sind. Man kann also ausdrücken, um wieviel Prozent sich die Zahlungsbereitschaft verändert, wenn der Wert der unabhängigen Variable um eine Einheit verändert wird, was inhaltlich nicht weniger aussagekräftig ist, als würde man die Veränderung der Zahlungsbereitschaft in DM-Beträgen angeben. Die Regressionsfunktion insgesamt sowie die einzelnen Koeffizienten erwiesen sich als hochsignifikant, die theoretischen Annahmen zur Richtung des Einflusses wurden bestätigt, wobei hier die zum Teil negative Codierung der Variablen zu berücksichtigen war.

---

[1] Vgl. BLEYMÜLLER/GEHLERT/GÜLICHER (Statistik, 1998), S. 177, sowie zur graphischen Annäherung BACKHAUS ET AL. (Analysemethoden, 1996), S. 32f.

[2] Zu logarithmischen und anderen Möglichkeiten der Variablentransformation vgl. CHATTERJEE/PRICE (Regressionsanalyse, 1995), S. 32ff.; SCHLITTGEN (Statistik, 1998), S. 440ff.; HÜTTNER (Marketing-Entscheidungen, 1979), S. 176f., 260f.; KOCKLÄUNER (Regressionsanalyse, 1988), S. 88ff.

[3] Vgl. den Ausdruck des Programms EViews im Anhang, Anlage 8. Die ökonometrische Spezialanwendung EViews wurde hier herangezogen, um eine Schätzung unter Berücksichtigung von Heteroskedaszität vorzunehmen, die bei Nichtbeachtung im vorliegenden Fall zu ungenauen Werten der Prüfstatistik geführt hätte. Vgl. QUANTITATIVE MICRO SOFTWARE (EViews, 1997), S. 279, sowie WHITE (Heteroskedasticity, 1980), S. 817ff. Die standardisierten Regressionskoeffizienten β ließen sich indes mit SPSS ermitteln. Für die Bereitstellung des Programms EViews und die Diskussion des Regressionsmodells sei an dieser Stelle Herrn Prof. Dr. M. Lösch, Lehrstuhl für Quantitative Analyse (Statistik und Ökonometrie), Ruhr-Universität Bochum, herzlich gedankt.

Regressionsmodell zur Höhe des monatlichen Dienstleistungsbudgets (logarithmiert, abhängige Variable)					
Modellelemente	**Regressions-koeffizient B**	**Standard-fehler**	**Standardisierter Regressions-koeffizient Beta**	**T-Wert**	**Signifikanz**
Konstante	3,686	0,706		5,221	0,000
Unterschicht (ja/nein)	-1,532	0,426	-0,247	-3,596	0,001
Bisherige Nutzung von Diensten/Hilfen (ja/nein)	1,667	0,318	0,381	5,236	0,000
Motiv der ordentlichen Erledigung von Gemeinschaftsaufgaben *	-0,856	0,128	-0,461	-6,680	0,000
Bewertung des Fachwissens von VI hinsichtlich der Beratung beim Erwerb von Wohneigentum *	-0,437	0,140	-0,191	-3,120	0,002
Einstellung "Je mehr Dienste ich nutze, desto mehr verliere ich an Selbständigkeit." * *	0,271	0,088	0,194	3,070	0,003
Bewertung des Gesamtmodells:	Korrigiertes R²	0,534		F-Statistik	26,395
	Standardfehler	1,452		Signifikanz	0,000

* = Negative Codierung (kleine Skalenwerte entsprechen hoher Zustimmung bzw. guter Bewertung)

Tab. 11: Regressionsmodell zur Höhe des monatlichen Dienstleistungsbudgets (integriertes Sample)

Ein Blick auf die Beträge der standardisierten Regressionskoeffizienten zeigt, daß das *Ordnungsmotiv* mit Beta = -0,461 der wichtigste Einflußfaktor ist. Da hier - wie zuvor verdeutlicht - eine kleinere Codierung für eine Antwortalternative einer stärkeren Ausprägung des Motivs entsprach, bedeutet der negative Koeffizient, daß die relative Ausgabebereitschaft eines Kunden um so höher ist, je stärker er dem Motiv zustimmt. Unter den vier weiteren Einflußfaktoren befinden sich zwei Dummy-Variablen („Ja/Nein"-Variablen, „Sprung"-Variablen)[1], die ausdrücken, daß es zum einen zu einer spürbaren Erhöhung (Beta = 0,381) der relativen Ausgabebereitschaft führt, wenn bisher schon *zumindest eine Dienst- oder Hilfeleistung* von Personen bzw. Institutionen außerhalb des eigenen Haushalts *in Anspruch genommen wurde*, und zum anderen eine deutliche Verminderung eintritt (Beta = -0,247), wenn der Kunde den *sozialen Status der Unterschicht* aufweist. Darüber hinaus ist die relative Zahlungsbereitschaft um so höher, je stärker die Ablehnung zu dem *Einstellungsitem „Je mehr Dienste ich nutze, desto mehr verliere ich an Selbständigkeit"* ausfällt (Beta = 0,194). Ande-

---

[1] Vgl. HÜTTNER (Marketing-Entscheidungen, 1979), S. 261. Eine weitergehende Verfeinerung des Regressionsmodells ist möglich, wenn man anhand der Ausprägung der Sprungvariablen Unterfälle bildet (z.B. Unterschicht „ja", bisherige Nutzung „nein") und für jeden dieser vier möglichen Fälle eine separate Regressionsfunktion ermittelt. Dann läßt sich zeigen, daß die hier ermittelten Regressionskoeffizienten je nach Konstellation variieren, ein Phänomen, welches als „Strukturbruch" bezeichnet wird. Hier wurde auf eine Darstellung der separaten Regressionsfunktionen verzichtet, da einerseits im Vordergrund stand, Einflußfaktoren für die ausgewählte Stichprobe insgesamt aufzuzeigen und andererseits kein Anspruch auf eine genaue Schätzung des Dienstleistungsbudgets erhoben wird. Zur Problematik des Strukturbruchs sowie zum Einsatz von Dummy-Variablen als eine Lösungsstrategie. Vgl. BLEYMÜLLER/GEHLERT/GÜLICHER (Statistik, 1998), S. 159, 178f.

rerseits ist sie um so geringer, je negativer das Wohnungsunternehmen hinsichtlich seiner *Beratungskompetenz beim Erwerb von Wohneigentum* beurteilt wird (Beta = -0,191).

Das Regressionsmodell demonstriert, daß aus jeder der betrachteten Variablengruppen - soziodemographische (als Zusammenfassung physischer und personenexogener Variablen) und geschäftsbeziehungsspezifische Merkmale, dienstleistungsbezogene Einstellungen und Motive sowie Konsumerfahrungen - jeweils ein Einflußfaktor auf die Zahlungsbereitschaft vertreten ist. Bemerkenswert erscheint, daß die Variable der rechtlichen Form der Wohnungsnutzung, der *Wohnstatus,* in diesem Modell keinen signifikanten Erklärungsbeitrag leisten konnte. Dies bedeutet, *daß dem Merkmal, Mieter oder Eigentümer zu sein, keine ausgeprägt eigenständige Bedeutung zukommt.* Statt dessen ist das abweichende Nachfrageverhalten insbesondere auf die in beiden Gruppen unterschiedlich verteilten psychischen Faktoren wie Motive und Einstellungen sowie auf die divergierende soziodemographische Situation zurückzuführen.

Eine plastische Interpretation des Modells mit Hilfe der nicht standardisierten Koeffizienten ist möglich, wenn man die Transformation der Regressionsgleichung rückgängig macht und unterschiedliche Ausprägungen der Einflußvariablen hierin einsetzt. Die logarithmierte Schätzgleichung, welche zur Erklärung der relativen Ausgabenunterschiede dient, und die retransformierte Gleichung, welche sich auf die absoluten Differenzen der Dienstleistungsbudgets bezieht, haben folgende Gestalt:

$$\ln dm = 3,69 - 0,86x_1 + 0,27x_2 - 0,44x_3 + 1,67x_4 - 1,53x_5$$

$$dm = e^{3,69} * e^{-0,86x_1} * e^{0,27x_2} * e^{-0,44x_3} * e^{1,67x_4} * e^{-1,53x_5}$$

mit   lndm: geschätzte logarithmierte Ausgabebereitschaft;

       dm: geschätzte absolute Ausgabebereitschaft;[1]

       e: Euler'sche Zahl (ca. 2,718);

       x_1:   Ordnungsmotiv (von 1 = „trifft voll zu" bis 4 = „trifft gar nicht zu");

       x_2:   Einstellung zum Selbständigkeitsverlust bei Dienstleistungsnutzung (von 1 = „stimme voll zu" bis 6 = „lehne voll ab");

       x_3:   Bewertung des Fachwissens von VI in bezug auf die Beratung beim Wohneigentumserwerb (von 1 = „hohes Fachwissen" bis 4 = „kein Fachwissen");

       x_4:   Bisherige Nutzung von Dienst- oder Hilfeleistungen (0 = nein; 1 = ja);

       x_5:   Sozialer Status der Unterschicht (0 = nein; 1 = ja).

---

[1]   Aufgrund der Schätzgleichung wären keine Werte von 0 DM zu erzielen, was darauf zurückzuführen ist, daß die tatsächlichen DM-Beträge der Probanden vor Logarithmierung durchgängig um 1 DM erhöht wurden, weil der Logarithmus von Null nicht definiert ist. Dies könnte entsprechend berücksichtigt werden, indem man auf der linken Seite der zweiten Gleichung insgesamt 1 DM subtrahiert.

Setzt man z.B. $x_5 = 1$, d.h. ein Proband entstammt der Unterschicht, und hält die übrigen unabhängigen Variablen konstant, führt dies zur Verringerung der geschätzten Preisbereitschaft von $e^{3,69} = 40,04$ DM auf $e^{3,69-1,53} = 8,67$ DM. Ceteris paribus ist der Ausgabebetrag bei Angehörigen der Mittel- und Oberschicht im Durchschnitt also knapp fünfmal höher als bei jenen der Unterschicht.

In analoger Weise lassen sich folgende Tendenzen ermitteln, jeweils auf die durchschnittlichen Beträge bezogen: Eine bisherige Nutzung von Dienst- bzw. Hilfeleistungen erhöht die Ausgabebereitschaft um rund das 5fache. Knapp viermal so hoch liegen die geschätzten Beträge bei jenen Probanden, die VI ein hohes Fachwissen bei der Wohneigentumsberatung bescheinigen, gegenüber denen, die diesbezüglich keine Kompetenz vermuten. Des weiteren beläuft sich das monatliche Budget der Kunden, welche die Befürchtung eines Verlustes an Selbständigkeit voll ablehnen, im Vergleich zu den diesbezüglich voll Zustimmenden auf etwa das Vierfache. Um den Faktor 13 erhöhen sich gar die geschätzten Ausgaben, wenn für einen Kunden das Ordnungsmotiv voll anstatt gar nicht zutrifft. Grundsätzlich ist dabei zu beachten, daß mit diesem Regressionsmodell nicht der Anspruch einer exakten Schätzung erhoben wird, Ziel ist vielmehr der Nachweis, daß die betrachteten Einflußvariablen überhaupt bedeutsam sind und die vermuteten Wirkungsrichtungen aufweisen.

Wie sich nach eingehender Analyse ergab, konnten für Mieter und Eigentümer keine den gestellten Anforderungen genügende, separate Regressionsmodelle formuliert werden. Auf seiten der *Wohnungseigentümer* war der geringe *Umfang der Stichprobe* dafür verantwortlich, daß sich keine den Prämissen des linearen Modells entsprechende Regressionsfunktion ermitteln ließ. Hinsichtlich der *Mieter* bestand das Problem eher in einer zu *geringen Erklärungsgüte*. Aus formaler Sicht spielte dabei eine Rolle, daß die Zahlungsbereitschaft extrem anomal verteilt war, da hier knapp 60% keine Ausgaben für wohnbegleitende Dienstleistungen tätigen würden. Zudem fiel die Streuung bei mutmaßlich wichtigen psychischen Einflußfaktoren vergleichsweise gering aus. Offensichtlich gestalten sich bei dieser Kundengruppe insbesondere Motive und Einstellungen zur Dienstleistungsnutzung insgesamt weniger differenziert als bei den Eigentümern, was darauf zurückgeführt werden mag, daß letztere bereits über mehr *Erfahrungen als Dienstleistungsnutzer* verfügen. Sie haben insofern eine bessere Beurteilungsgrundlage bezüglich der relevanten Sachverhalte, womit die Thematik „Wohnen mit Service" aus ihrer Sicht eine geringere *Abstraktheit* beinhalten dürfte.

Ungeachtet dessen ließen sich unter Änderung der Methode auch für die Zahlungsbereitschaft beider Teilgruppen voneinander unabhängige Variablen ermitteln, die im Sinne von Einflußfaktoren interpretiert werden können. Hierzu wurde das Verfahren der *Kontingenzanalyse* (Abhängigkeitsanalyse) gewählt, mit der Zusammenhänge zwischen Variablen jeglichen Meßniveaus zu erforschen sind.[1] Allgemein läßt sich im Rahmen einer Kontingenzanalyse beantworten, ob Zusammenhänge auftreten und - wenn ja - ob sie nur zufällig oder systematischer Natur sind, sowie, welche Richtung und welche Stärke sie aufweisen.

Im Vergleich zur Regressionsanalyse ergibt sich ein Informationsverlust indes dadurch, daß insbesondere metrisch skalierte Merkmale mit vielen Ausprägungen - wie hier das monatliche Dienstleistungsbudget - in Abhängigkeit von der Stichprobengröße gruppiert werden müssen[2] und zudem keine exakten Angaben zur Bedeutsamkeit einer einzelnen Variablen im Zusammenspiel multipler Einflußgrößen gemacht werden können, da die Betrachtung jeweils bivariat erfolgt. Im vorliegenden Fall wurde zunächst überprüft, welche der möglichen Determinanten einen signifikanten Zusammenhang zu der Höhe des Dienstleistungsbudgets aufweisen. In einem zweiten Schritt wurde iterativ ermittelt, welche dieser Variablen ihrerseits voneinander unabhängig sind, wobei es das Ziel sein sollte, eine maximale Anzahl an - gemessen am Rangkorrelationskoeffizienten - möglichst aussagekräftigen, unabhängigen „Einflußvariablen" nennen zu können.[3]

Im Ergebnis ist bei den *Mietern* die Höhe des maximal akzeptierten monatlichen Dienstleistungsentgelts insbesondere abhängig davon, ob

⇒ für den Kunden das Motiv der Entlastung von unbeliebten Aufgaben voll bzw. im großen und ganzen zutrifft ($r = 0{,}295**$);

⇒ er der Einstellung „Es macht mir nichts aus, wenn Fremde in meine Wohnung kommen, um dort Dienste zu verrichten." voll bzw. im großen und ganzen zustimmen kann ($r = 0{,}200**$);

⇒ das Wohnungsunternehmen hinsichtlich der gebotenen Bequemlichkeit bei Abrechnung und Bezahlung „deutlich besser" eingestuft wird als alternative Dienstleister ($r = 0{,}180**$);

⇒ das Pro-Kopf-Nettoeinkommen mindestens 2.000 DM p.M. beträgt ($r = 0{,}168**$).

---

[1] Zur Signifikanzprüfung auf statistische Unabhängigkeit dient bei der Kontingenzanalyse üblicherweise der *Chi-Quadrat-Test*. Vgl. MEFFERT (Marketingforschung, 1992), S. 246; BACKHAUS ET AL. (Analysemethoden, 1996), S. 166ff.

[2] Für die Mieter wurde ein vierstufige Gruppierung der Höhe der DM-Beträge gewählt (0 DM, 1-30 DM, 31-60 DM, 61 oder mehr DM), während angesichts der geringeren Stichprobengröße hinsichtlich der Eigentümer eine kleinere, dreistufige Einteilung angezeigt war (0-29 DM, 30-59 DM, 60 oder mehr DM). Darüber hinaus erfolgte eine Dichotomisierung aller potentiellen Einflußvariablen, um die spezifischen Testanforderungen des bei der Kontingenzanalyse verwendeten Chi-Quadrat-Tests in jedem Fall erfüllen zu können. Zur Gruppierung von Ausprägungen vgl. z.B. HAMMANN/ERICHSON (Marktforschung, 1994), S. 261; LIENERT (Methoden, 1978), S. 398f.

[3] Zu den Ergebnissen der Chi-Quadrat-Tests sowie den Korrelationskoeffizienten vgl. Anlage 9 im Anhang.

In der separaten Betrachtung für die *Wohnungseigentümer* gelangt man zu dem Resultat, daß ihre globale Zahlungsbereitschaft für Serviceleistungen primär davon abhängt, ob

⇒ bisher zumindest eine Dienst- oder Hilfeleistung beansprucht wurde (r = 0,365**);

⇒ der Haushaltsvorstand über das Abitur verfügt (r = 0,363**);

⇒ das Wohnungsunternehmen hinsichtlich seiner Zuverlässigkeit als Dienstleister „besser" oder „deutlich besser" beurteilt wird (r = 0,351*);

⇒ für den Kunden das Motiv der ordentlichen Erledigung von Gemeinschaftsaufgaben voll bzw. im großen im ganzen zutrifft (r = 0,306*).

Als Fazit der Regressions- und Kontingenzanalyse kann festgehalten werden, daß es sich bei dem Budget für wohnbegleitende Dienstleistungen um eine Größe handelt, die komplexen und vielfältigen Einflüssen unterliegt. Besonders offen für entgeltpflichtige Serviceangebote des Wohnungsunternehmens sind solche Kunden, bei denen das Bedürfnis nach einem ordentlichen Umfeld sowie nach einer Befreiung von lästigen Alltagsaufgaben stark ausgeprägt ist. Kommerzielle Angebote sollten daher primär auf eine Befriedigung dieser Motive abzielen. Zur Ablehnung neigen hingegen solche Kunden, welche durch die Dienstleistungsnutzung ihre Privatsphäre und ihre Selbständigkeit tangiert sehen. Wenn das Wohnungsunternehmen etwa durch persönliche Kommunikation zu einem Abbau dieser Vorbehalte beiträgt, können somit auch neue Kundenschichten für zahlungspflichtige Angebote erschlossen werden. Weil die Käufer vor allem unter jenen Kunden zu finden sind, die bisher schon Dienste oder Hilfen nutzen, gilt es, die relativen Vorteile gegenüber anderen Anbietern hervorzuheben. Schließlich zeigt die Analyse auch, daß bei Kunden mit niedrigem sozialen Status das Potential für eine Nachfrage entgeltpflichtiger Angebote gering ist.

3.3.2.4.2.2 Spezifische Analyse der Bedeutung soziodemographischer Merkmale für die globale Zahlungsbereitschaft

Da es sich bei der Prädisposition eines Mieters zur Zahlung eines regelmäßigen Entgelts bzw. bei der Höhe des geplanten Betrags um aus Marketingsicht zentrale Größen handelt und es angesichts der eingangs getroffenen Hypothesen bzw. für die Marktsegmentierung in der Praxis besonders interessant erschien, ob sich die Zahlungsbereitschaft an *soziodemographischen Variablen* festmachen läßt, wurden über die bisherige Analyse hinaus die diesbezüglichen Zusammenhänge im einzelnen beleuchtet.

Bei den acht ausgewählten Merkmalen Altersgruppe, Einkommens- und Pro-Kopf-Einkommensklasse, Bildungsgrad, soziale Schicht, Beschäftigung, Haushaltstyp und Lebenszyklus wurden hierzu zunächst jeweils dünn besetzte Ausprägungen zusammengefaßt (z.B. Einkommen von 5.000-5.999 DM und Einkommen ab 6.000 DM). Dann wurde geprüft, ob überhaupt eine *Abhängigkeit* zwischen der Variablen und dem Vorhandensein einer globalen Zahlungsbereitschaft (0 DM/1 oder mehr DM) für wohnbegleitende Dienste besteht. Schließlich erfolgte eine Überprüfung dahingehend, ob sich signifikante *Mittelwertunterschiede* ergeben.[1] Während sich die Tests sinnvoll nur für die Mieter durchführen ließen, werden in der graphischen Darstellung und im Kommentar die Werte der Wohnungseigentümer mit berücksichtigt.

Bemerkenswert erscheint zunächst, daß zwischen der *Altersgruppe* des Haushaltsvorstands und der Frage, ob bzw. wieviel ein Mieterhaushalt für wohnbegleitende Dienstleistungen zu zahlen bereit wäre, insgesamt kein signifikanter Zusammenhang besteht (vgl. auch Abb. 43).[2] Angesichts der gegebenen Standardabweichungen (insgesamt σ = 40,27 DM) sind die Differenzen der durchschnittlichen Entgeltangaben einzelner Altersgruppen vom Mittelwert der Mieter (25,33 DM) nicht bedeutsam. Lediglich tendenziell läßt sich die Aussage treffen, daß jüngere Senioren von 60-69 Jahren, die einerseits aufgrund des Eintritts in die Rentenphase einen Einkommensverlust bei gleichzeitigem Zuwachs an Freizeit verspüren, andererseits noch eine relativ gute körperliche Verfassung aufweisen, am wenigsten bereit sind, entgeltpflichtige Dienste zu nutzen. Demgegenüber zeigen die hochbetagten Mieter ab 80 Jahren, unter denen die Quote an Haushalten mit hilfe- und/oder pflegebedürftigen Menschen ein Maximum (35%) erreicht, eine leicht überdurchschnittliche Ausgabenfreude.[3]

Nicht für die *Einkommensklasse*, wohl aber für das gruppierte *Pro-Kopf-Einkommen*[4] konnte ein signifikanter Zusammenhang zur Zahlungsbereitschaft eines Mieters ermittelt werden.[5] Haushalte mit überdurchschnittlichen Einkünften pro Person sind eher bereit, überhaupt ein Entgelt zu zahlen, wobei der Durchschnittsbetrag - wie bereits zuvor festgestellt - bei ihnen dann auch vergleichsweise hoch ausfällt.

---

[1] Zu den Ergebnissen vgl. detailliert Anlage 10 im Anhang.

[2] Auch wenn man das ungruppierte Merkmal „Alter" in Beziehung zur Höhe des Dienstleistungsbudgets setzt, lassen sich lediglich nicht signifikante, vernachlässigbar geringe Korrelationen feststellen (Pearson'sche Koeffizienten für die Mieter r = -0,05; Eigentümer r = 0,11).

[3] Für den ersten Schritt wurde jeweils ein Chi-Quadrat-Test vorgenommen, im zweiten Schritt der H-Test nach Kruskal-Wallis angewandt. - Mieterhaushalte, in denen Personen mit körperlichen bzw. geistigen Einschränkungen leben, würden mit 34,71 DM pro Monat einen leicht überdurchschnittlichen Betrag für Dienstleistungen investieren.

[4] Zur Annäherung an das Netto-Pro-Kopf-Einkommen für den Haushalt des jeweiligen Probanden wurde der jeweilige Mittelwert der angekreuzten Einkommensklasse (z.B. 2.500 DM für die Klasse 2.000 bis 2.999 DM) durch die Anzahl der Personen im Haushalt dividiert (z.B. bei 3 Haushaltsmitgliedern 2500 DM/3 = 833 DM). Im nächsten Schritt wurden fünf Gruppen bzw. Klassen gebildet und die Probanden ihren Werten entsprechend jeweils einer Gruppe zugeordnet (z.B. bei 833 DM Klasse 2 „500-999 DM"). Zur Aufteilung der Gruppen vgl. Abb. 43, Teilgrafik II.

[5] Auf seiten der Eigentümer ergaben sich weder in bezug auf das gruppierte absolute noch auf das Pro-Kopf-Einkommen signifikante Korrelationen zur Zahlungsbereitschaft.

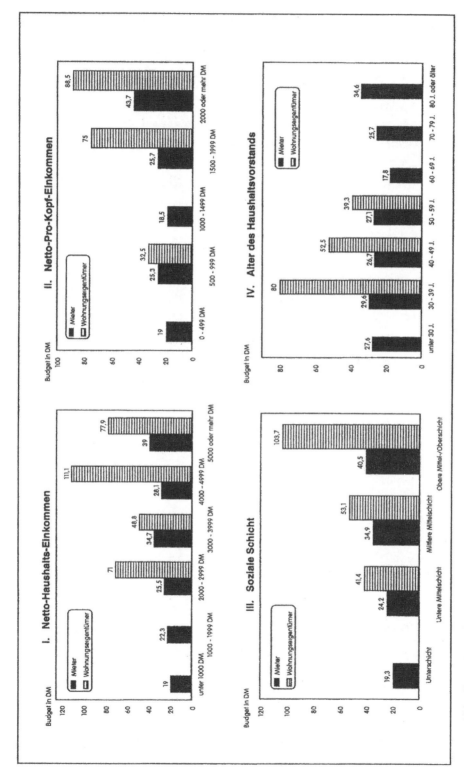

Abb. 43: **Monatliches Dienstleistungsbudget in Abhängigkeit von ausgewählten soziodemographischen Variablen – Teil 1**

Im Rahmen der vorhergehenden Analyse konnte bei den Eigentümern bereits festgestellt werden, daß das Vorliegen mindestens des Abiturs zu einem deutlich höherem Dienstleistungsbudget führt. Seitens der Mieter hat der *Bildungsgrad* zwar einen Einfluß darauf, ob überhaupt für den Dienstleistungserwerb gezahlt würde, nicht aber auf die Höhe des Betrags. Besser zur Differenzierung eignet sich hier die Art der *Beschäftigung*. Parallel sowohl bei Mietern als auch Eigentümern zeigt sich, daß Personen mit „gehobener" Beschäftigung, d.h. Führungskräfte, Selbständige und Freiberufler, eine deutlich überdurchschnittliche Zahlungsbereitschaft kennzeichnet, während Arbeiter das „Schlußlicht" bilden. Für das Konstrukt der *sozialen Schicht* ergab sich ein signifikanter und insgesamt prägnanterer Zusammenhang zur Höhe des Dienstleistungsbudgets als bei den separaten sozioökonomischen Indikatoren, erkennbar auch in Abb. 43. Die Angehörigkeit zu einer sozialen Schicht erscheint unter den sozioökonomischen Variablen insoweit besonders geeignet, um tendenzielle Aussagen zur Offenheit eines Kunden gegenüber entgeltlichen Angeboten treffen zu können.

Als überraschend mag gewertet werden, daß zwischen *Haushaltstyp* und Zahlungsbereitschaft bei den Mietern keine signifikante Abhängigkeit festzustellen ist. Eine deutliche Abweichung vom Durchschnitt ergibt sich mit einem Budget von 48,80 DM bei den Alleinerziehenden, die hier allerdings in einer so geringen Anzahl vertreten waren (n = 9), daß diese Besonderheit insgesamt nicht zu einem signifikanten Einfluß des Haushaltstyps führte. An zweiter Position liegen die Singles, wobei die Differenz zum Mittelwert der Mieterstichprobe hier nur noch 4 DM beträgt. Bei den Wohnungseigentümern findet sich eine stärkere Streuung der Mittelwerte, Singles und Paare führen hier die Rangfolge deutlich an (vgl. Abb. 44).

Tendenziell läßt sich das Ergebnis in der Form interpretieren, daß Haushaltsformen, bei denen ein Erwachsener allein den Haushalt führt, die im Vergleich höchste Kaufbereitschaft zeigen. Offensichtlich spielen hierbei zwei Faktoren eine Rolle. Die Singles verzeichneten hier unter den Mietern und Eigentümern die mit Abstand höchsten Pro-Kopf-Einkommen, so daß sie die besten finanziellen Voraussetzungen aufweisen. Bei den alleinlebenden Wohnungseigentümern kommt hinzu, daß sämtliche von ihnen erwerbstätig sind und insofern eine relative Zeitknappheit besteht.

Noch stärker ausgeprägt ist die Zeitnot aber bei den Alleinerziehenden, die zu 78% einem Beruf nachgehen und insofern mit Haushaltsführung sowie Kindererziehung einer Dreifachbelastung ausgesetzt sind. 63% stimmten voll oder im großen und ganzen der Aussage zu, daß ihnen zu wenig Zeit zur freien Verfügung bleibt. Unabhängig vom finanziellen Potential - das Pro-Kopf-Einkommen ist bei den Alleinerziehenden mit ca. 570 DM das geringste - kann ein extrem enges Zeitbudget somit auch zu einer relativ hohen Dienstleistungsakzeptanz führen.

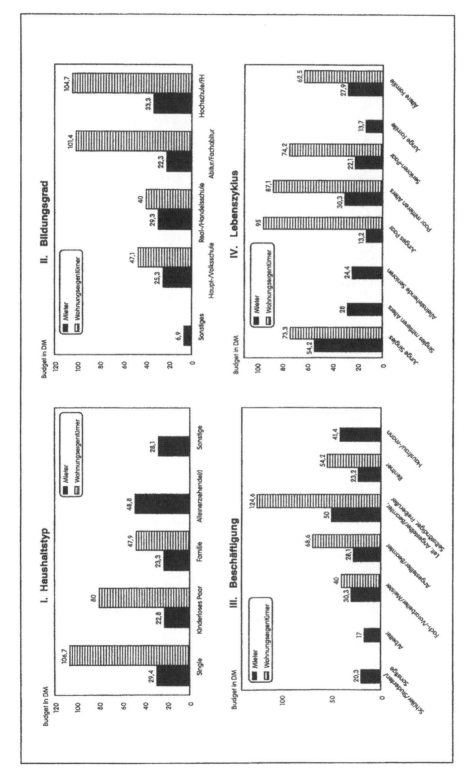

Abb. 44: Monatliches Dienstleistungsbudget in Abhängigkeit von ausgewählten soziodemographischen Variablen – Teil 2

Für das Konstrukt *Lebenszyklus* war sowohl ein signifikanter Zusammenhang zum Vorhandensein als auch zur Höhe der Zahlungsbereitschaft der Mieter festzustellen. Wie Abb. 44 verdeutlicht, ist die zuvor konstatierte, etwas überdurchschnittliche Ausgabebereitschaft der Singles unter den Mietern insbesondere auf das Verhalten der jüngsten Vertreter dieser Gruppe zurückzuführen, die durchschnittlich 54 DM investieren würden.

Andererseits tritt auch zutage, daß nicht generell von einem höheren Dienstleistungskonsum bei jungen Mieterhaushalten gesprochen werden kann, da die Familien und Paare unter 35 Jahren mit rund 13 DM einen stark unterdurchschnittlichen Mittelwert aufweisen. Bei den jüngeren Mieterfamilien dürfte eine Rolle spielen, daß sie mit rund 700 DM das zweitniedrigste Pro-Kopf-Einkommen aller Gruppen haben. Mit Blick auf die jungen Paare sind vermutlich eher psychische Faktoren ausschlaggebend. Sparen steht bei ihnen - wie eine Kreuztabellierung hier ergab - mehr als bei jeder anderen Gruppe im Vordergrund, und ebenso ist bei ihnen die Auffassung am stärksten verbreitet, daß angesichts eigener Kapazitäten auf die Inanspruchnahme von Dienstleistungen verzichtet werden kann.

Bei den Eigentümern sticht besonders die hohe Ausgabebereitschaft der Singles im mittleren und höherem Alter hervor, so daß diesbezüglich keine Entsprechung zu den Mietern besteht. Nahezu deckungsgleich ist indes die Position der jungen Familien, die auch hier ein mit Abstand unterdurchschnittliches Dienstleistungsbudget angaben.

3.3.2.5 *Entwicklung einer Typologie der Sekundärleistungskonsumenten*

Aufgrund der bisherigen Analyse läßt sich festhalten, daß die Wohnkunden der VI in bezug auf ihr zu erwartendes Nutzungs- bzw. Kaufverhalten keine homogene Gemeinschaft darstellen. Wie gezeigt werden konnte, differieren Ausmaß und Art der Konsumwünsche mit Blick auf wohnbegleitende Dienste nicht nur zwischen Mietern und Eigentümern, sondern auch innerhalb dieser Gruppen in Abhängigkeit unterschiedlicher Merkmale. Somit existieren zahlreiche Anhaltspunkte, die es sinnvoll erscheinen lassen, statt eines am Durchschnittskunden orientierten, undifferenzierten Angebots fakultativer Sekundärleistungen eine *mehrschichtige Vorgehensweise im Sinne der Marktsegmentierung* einzuschlagen.[1]

---

[1] Die Abgrenzung der Teilmärkte stellt dabei lediglich einen ersten Schritt innerhalb einer umfassend interpretierten Marktsegmentierungsstrategie dar, bedeutsam sind zudem die Auswahl der zu bedienenden Zielgruppen sowie eine segmentadäquate Positionierung des Anbieters. Vgl. PETER/OLSON (Marketing, 1996), S. 481ff.; KOTLER/BLIEMEL (Marketing-Management, 1999), S. 425ff.; BEREKOVEN/ECKERT/ELLENRIEDER (Marktforschung, 1999), S. 249ff.; ASSAEL (marketing, 1995), S. 411ff.

Um Unternehmen bei der gedanklichen Strukturierung von Konsumgüter- und Dienstleistungsmärkten zu unterstützen, sind seit Beginn der 70er Jahre insbesondere von seiten mehrerer Verlagshäuser Käufer- bzw. *Konsumententypologien* entwickelt worden.[1] Ziel dieser Typologien ist es, verschiedene Käufer- bzw. Nutzergruppen mit Blick auf bestimmte Produktbereiche anschaulich zu beschreiben und darüber hinaus aufzuzeigen, welche Medien jeweils für die Ansprache eines Typs am besten geeignet sind. Typologien haben eine primär informatorische Zielsetzung und können die Grundlage für die konkrete Segmentbildung eines Unternehmens darstellen.[2]

Auf der Basis der vorliegenden Daten soll eine eigene Typologie der Sekundärleistungsnutzer entwickelt werden, um eine plakative Charakterisierung verschiedener Kundengruppen hinsichtlich ihrer Nachfrage nach wohnbegleitenden Diensten zu ermöglichen. Als methodischer Ansatz wurde die *Clusteranalyse* gewählt, wobei im Gegensatz zu der Analyse der Nachfrageverbunde hier eine getrennte Betrachtung von Mietern und Eigentümern präferiert wurde. Die Clusteranalyse stellt das in der Praxis dominierende Verfahren zur Herleitung von Typologien dar und wird mitunter gar als Synonym zur Typologisierung aufgefaßt.[3] Als besonders vorteilhaft erweist sich die Fähigkeit des Verfahrens, eine Mehrzahl von Ordnungskriterien gleichzeitig zu berücksichtigen.

Grundlegend war darüber zu entscheiden, welche *Gruppierungsmerkmale* in der Clusteranalyse Anwendung finden. Dabei sollten die Merkmale nicht nur eine vergleichsweise hohe Relevanz für das Konsumverhalten haben, sondern auch möglichst überschneidungsfrei sein.[4] Unter den diskutierten psychischen Einflußfaktoren traf dies zunächst auf die Motive „Entlastung von unbeliebten Aufgaben" und „Ordentliche Ausführung von Gemeinschaftsaufgaben" zu. Die drei übrigen Motive wiesen eine zu geringe Unabhängigkeit auf, weshalb sie zwar als „passive" Merkmale zur Typenbeschreibung, nicht jedoch als „aktive", im Rahmen der Clusteranalyse typenbildende Merkmale eingesetzt wurden. Darüber hinaus fand die „Do-it-yourself"-Einstellung Berücksichtigung, die sich im Rahmen der leistungsspezifischen Betrachtung der Einflußvariablen als bedeutsam erwiesen hatte und - wie die Motive auch - direkte Implikationen für das Marketing enthält.[5]

---

[1] So z.B. die „Typologie der Wünsche" vom Burda-Verlag oder die „Brigitte-Frauentypologie" von Gruner + Jahr. Vgl. MÜLLER-HAGEDORN (Konsumentenverhalten, 1986), S. 229f., sowie die Beispiele bei KROEBER-RIEL/WEINBERG (Konsumentenverhalten, 1996), S. 153f. Eine anschauliche Charakterisierung der „Zielgruppen im Markt der Finanzdienstleistungen" findet sich in der Spiegel-Dokumentation: Soll und Haben 4. Vgl. SPIEGEL-VERLAG (Soll und Haben, 1996), S. 17ff.

[2] Vgl. WÜNSCHE/SWOBODA (Zielgruppen, 1994), S. 276f.

[3] Vgl. BREUER (Einstellungstypen, 1986), S. 87.

[4] Zu den Anforderungen an Segmentierungsmerkmale vgl. BREUER (Einstellungstypen, 1986), S. 89ff.; POHL (Marktsegmentierung, 1977), S. 115; FRETER (Marktsegmentierung, 1983), S. 43f.

[5] Vgl. hierzu die Überlegungen von CORSTEN (Dienstleistungsmanagement, 1997), S. 340ff. Kunden, denen das „Do-it-yourself" besondere Freude bereitet, könnten z.B. statt mehr eher weniger Dienstleistungsangebote

Als personenexogene Variablen wurden die soziale Schicht und die Phase im Lebenszyklus berücksichtigt. Schließlich sollte auch die Höhe des angegebenen monatlichen Budgets für wohnbegleitende Dienste einbezogen werden. Dieses Merkmal ist für die Differenzierung zwischen Kundentypen insofern von herausragender Bedeutung, als die Gewinnung eines Intensiv-Käufers mit Blick auf das Umsatzvolumen der Gewinnung einer Vielzahl von Wenig-Käufern entspricht.[1] Da gerade für viele Mieter keinerlei regelmäßige Zahlungsbereitschaft vorlag, galt es insbesondere aufzuzeigen, wie sich die eher Ausgabefreudigen von dieser Gruppe abheben.

Zwar setzt die Clusteranalyse im Unterschied etwa zur Regressionsanalyse kein bestimmtes Skalenniveau voraus, sollen allerdings innerhalb einer Prozedur sowohl metrische als auch nicht-metrische Eigenschaften einbezogen werden, besteht aus formaler Sicht das Problem der Nichtvergleichbarkeit der Variablen. In Anlehnung an BACHER wurde zur Lösung des Problems eine spezifische Form der *Standardisierung* der Variablen gewählt.[2] Nach dieser Transformation ließen sich alle Variablen als metrische Variablen behandeln. Als Proximitätsmaß kam die quadrierte euklidische Distanz,[3] als Fusionierungsverfahren die Average-Linkage-Between-Groups-Methode zum Einsatz. Sie neigt im Gegensatz zu anderen Verfahren weder zur Bildung sehr ungleich großer Gruppen noch zur Kreation eher gleich großer Gruppen, sondern zeigt ein relativ ausgeglichenes Fusionierungsverhalten. Dadurch bleibt Raum zur Erkennung von Marktnischen, ohne daß insgesamt zersplitterte, schlecht interpretierbare Strukturen produziert würden.[4] Die Gefahr einer Unter- oder Überschätzung des Marktpotentials einzelner Segmente ist daher deutlich geringer als bei anderen Algorithmen.

---

unterbreitet, bisherige Unternehmensaufgaben (wie z.B. Gartenpflege) auf die jeweiligen Bewohner übertragen werden, um den Kundennutzen zu steigern.

[1] Vgl. FRETER (Marktsegmentierung, 1983), S. 88; BREUER (Einstellungstypen, 1986), S. 93f.; KUHN (Marktsegmentierung, 1984), S. 230ff.

[2] Dabei werden metrisch skalierte Merkmal empirisch standardisiert, während bei ordinalen und dichotomen bzw. nominalen Variablen - hier nach Auflösung in Dummy-Variablen - eine theoretische Standardisierung erfolgt. Zudem erfolgt eine Multiplikation der Dummies mit 0,5, da ansonsten dem betreffenden nominalen Merkmal ein doppeltes Gewicht zukäme. Vgl. BACHER (Clusteranalyse, 1996), S. 175ff.; S. 186ff. Eine explizite Höhergewichtung mit dem Faktor 2 erfuhr hier das Merkmal „Höhe des Dienstleistungsbudgets", um in dieser Hinsicht besonders trennscharfe Gruppen zu erhalten. Im Fall der Mieter ging das Dienstleistungsbudget nicht metrisch, sondern ordinal skaliert in die Berechnung ein, da andernfalls aufgrund der extrem anomalen Verteilung sehr ungleich große, schlecht interpretierbare Cluster die Folge gewesen wären.

[3] Bei einer objektorientierten - Objekte sind hier die Kunden - im Gegensatz zu einer variablenorientierten Datenanalyse sind Distanzmaße besser geeignet als Korrelationsmaße. Zu alternativen Distanzmaßen vgl. KAUFMANN/PAPE (Clusteranalyse, 1996), S. 442ff.

[4] Vgl. ausführlich POHL (Marktsegmentierung, 1977), S. 144ff., der hier noch von der Group-Average-Methode spricht, während im Programmpaket SPSS die Bezeichnung Average-Linkage-Between-Groups gewählt wurde. Zur unterschiedlichen Namensgebung für verschiedene Verfahren vgl. BACHER (Clusteranalyse, 1996), S. 274. Bei den Eigentümern wurden vor Durchführung der Hauptanalyse „Ausreißer" mit Hilfe des Single-Linkage-Verfahrens identifiziert und aussortiert, da sich hier ansonsten Segmente mit nur einer Person ergeben hätten. Zu dieser Vorgehensweise vgl. POHL (Marktsegmentierung, 1977), S. 146.

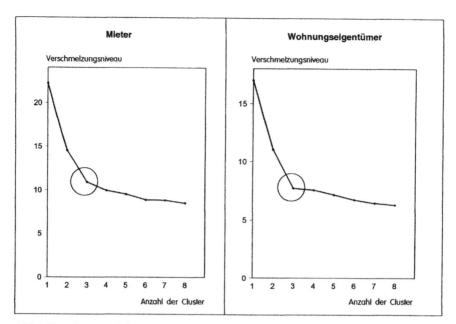

Abb. 45: „Elbow"-Diagramme zur Bestimmung der optimalen Clusteranzahl

Da die Anzahl der Cluster bei der gewählten Methode a priori nicht bestimmt ist, kann erst nach Durchführung des Berechnungsverfahrens ermittelt werden, welche Clusteranzahl eine angemessene Lösung repräsentiert. Als Hilfsmittel zur Entscheidungsfindung wird dabei üblicherweise das sogenannte *Elbow-Kriterium* herangezogen.[1] Trägt man die Clusteranzahl gegen die Höhe des Verschmelzungsniveaus ab, das einen Maßstab für die Unähnlichkeit zweier in dem betreffenden Schritt fusionierter Cluster darstellt,[2] zeichnet sich die optimale Lösung dort ab, wo ein erster deutlicher Knick („Elbow") in der Kurve entsteht. Ein auffälliger Knick bedeutet, daß mit dem Übergang zur nächst kleineren Clusteranzahl ein deutlicher Zuwachs an Streuung innerhalb der verbleibenden Cluster zu erwarten ist, die ja indes möglichst homogen sein sollen. Abb. 45 zeigt die „Elbow"-Diagramme für Mieter und Wohnungseigentümer. Demnach stellen bei den Eigentümern drei Cluster eindeutig die beste Lösung dar. Bei den Mietern gestaltet sich der Kurvenverlauf insgesamt glatter, der stärkste Knick findet sich aber auch hier bei der Drei-Cluster-Lösung.

---

[1] Vgl. BACKHAUS ET AL. (Analysemethoden, 1996), S. 207.

[2] Das Verschmelzungsniveau V_i entspricht beim Average-Linkage-Between-Groups-Verfahren der mittleren paarweisen Unähnlichkeit zwischen den zwei Clustern, die im Schritt i zusammengefaßt werden. Vgl. BACHER (Clusteranalyse, 1996), S. 271, der die Bezeichnung „Weighted-Average-Linkage" verwendet.

Im folgenden werden die einzelnen Cluster anhand der bei ihnen feststellbaren Ausprägungen der aktiven und passiven Variablen beschrieben. Synoptisch sind in Tab. 12 einige wichtige Eigenschaften aufgeführt.[1] Die einzelnen Cluster-Bezeichnungen wurden so gewählt, daß sie - wie bei Kundentypologien üblich - möglichst plakativ sind, und entstammen primär eigenen Überlegungen.[2]

	Cluster M1 "Die Desinteressierten"	Cluster M2 "Die Bodenständigen"	Cluster M3 "Die Komfortorientierten"
Anteil in % der Mieter	55,0%	32,7%	12,2%
Durchschnittliches Dienstleistungsbudget	0,00 DM	36,97 DM	121,50 DM
Relative Ausprägung der Motive und ausgewählter Einstellungen			
Zeitersparnis	-	+	o
Kompetenz von Fachleuten	-	+	o
Entlastung von ungeliebten Aufgaben	-	o	+
Vermeidung körperlicher Anstrengungen	-	o	+
Ordentliche Erledigung von Gemeinschaftsaufgaben	-	o	+
"Die meistern Dienstleistungen sind nicht nötig, weil man das ebenso gut selbst machen kann."	+	o	-
"Ich gebe lieber Geld für nützliche Dienstleistungen aus, als es zu sparen"	-	o	+
"Dienstleistungen sind nur für Menschen da, die Hilfe brauchen."	+	-	o
Relative Ausprägung bezogen auf alle Mieter-Typen: + = Stärkste Ausprägung, o = Mittlere Ausprägung, - = Schwächste Ausprägung			

Tab. 12: **Synoptische Kurzbeschreibung der Mieter-Cluster**

In der Reihenfolge ihrer quantitativen Bedeutung lassen sich bei den *Mietern* folgende Kundentypen unterscheiden:

⇒ *Die „Desinteressierten"* (Cluster M1): Mit einem Anteil von 55% stellen die Desinteressierten hier den am stärksten verbreiteten Kundentyp dar. Für sie existiert kaum ein Grund, wohnbegleitende Dienstleistungen in Anspruch zu nehmen, geschweige denn, daß sie hierfür etwas bezahlen würden. Die einstellungsmäßigen Barrieren gegenüber einem Dienstleistungsbezug sind relativ stark ausgeprägt, die Eigenfertigung genießt - wo immer möglich - Priorität. Der typische Desinteressierte ist der jüngere Rentner aus einem Zwei-Personen-Haushalt von eher unterdurchschnittlichem sozialen Status. Für das Wohnen im Alter präferiert er die normale Wohnung, ohne daß auf eine Serviceumgebung Wert gelegt würde.

---

[1] Einen kompletten Überblick über die Ausprägungen der aktiven Variablen bei den einzelnen Clustern vermittelt Anlage 11 im Anhang.

[2] Ein Segment der „Desinteressierten" findet man auch in der Spiegel-Dokumentation: Soll und Haben 4. Vgl. SPIEGEL-VERLAG (Soll und Haben, 1996), S. 17ff.

⇒ *„Die Bodenständigen"* (Cluster M2): Dem Typus der Bodenständigen lassen sich insgesamt 33% der Mieter zuordnen. Sie zeigen mit durchschnittlich 37 DM pro Monat eine respektable Zahlungsbereitschaft, wägen allerdings intensiv ab, bevor sie eine Dienstleistung nutzen. Hierbei spielen neben der ausgeprägten Risikowahrnehmung hinsichtlich der Servicequalität die hohen Ansprüche an das Preis-Leistungs-Verhältnis eine Rolle. Neben dem Ordnungsmotiv stellt aus Sicht der Bodenständigen die Inanspruchnahme von Fachleuten das zentrale Argument für den Fremdbezug dar. Mit Blick auf das Wohnen im Alter präferieren sie generell jene Wohnformen, bei denen eine Versorgung mit Dienstleistungsangeboten sichergestellt ist.

Mehr als jede andere Gruppe interessiert sich dieser Typ für eine Kundenkarte, die Sparvorteile bietet, sowie für eine Unterbreitung von (günstigen) Versicherungsangeboten. In der Präferenzskala weit oben liegen darüber hinaus Objektdienstleistungen, die Sicherheitstechnik sowie Mehrzweck- und Sporträume im Wohnviertel. Hinsichtlich ihrer soziodemographischen Struktur unterscheiden sich die Bodenständigen von den übrigen Wohnkunden insbesondere durch eine hohe Quote an Fach- und Vorarbeitern bzw. Meistern. Darüber hinaus zeigt sich ein relativ großer Anteil an Singles im mittleren Alter sowie an älteren Familien.

⇒ Die *„Komfortorientierten"* (Cluster M3): Kennzeichnend für diesen Typ, dem sich 12% der Mieter in der Stichprobe zuordnen lassen, ist die starke Betonung von Bequemlichkeitsaspekten. Die Vermeidung von körperlichen Anstrengungen und die Entlastung von unangenehmen Aufgaben steht bei ihnen neben dem Ordnungsmotiv im Mittelpunkt. Für nützliche Dienstleistungen sind sie gern bereit, Geld auszugeben, was auch in dem stattlichen Budget von 122 DM pro Monat für wohnbegleitende Dienste zum Ausdruck kommt. Mit Blick auf das Wohnen im Alter bevorzugen sie eindeutig das Service-Wohnen oder Seniorenwohnungen mit ergänzenden Dienstleistungen. Die Komfortorientierten erweisen sich bei fast allen der diskutierten Angebote als am stärksten interessierte Gruppe, sie sind also auch vergleichsweise offen für handwerkliche und hauswirtschaftliche Leistungen. Ihre Präferenzrangfolge gestaltet sich ähnlich wie jene der Bodenständigen, wobei dem schnellen Internetzugang eine ebenso hohe Priorität eingeräumt wird wie den freizeitbezogenen Raumangeboten im Wohnquartier.

In der soziodemographischen Zusammensetzung lassen sich zwei Schwerpunkte bei diesem Kundentyp erkennen. Zum einen sind die jungen Singles stark überrepräsentiert, zum anderen die sonstigen Haushalte, die mehr als zwei Erwachsene umfassen. Offensichtlich handelt es sich bei den weiteren Erwachsenen primär um aufgenommene Elternteile oder pflegende Kinder, denn die sonstigen Haushalte unter den Komfortorientierten beherbergen zu einem relativ hohen Grad (43%) hilfe- oder pflegebedürftige Personen. Auch insgesamt ist der Anteil der Haushalte mit von körperlichen Einschränkungen betroffenen Menschen innerhalb der Komfortorientierten hoch; mit rund 18% beträgt er etwa das Dreifache des

Mieterdurchschnitts. In Analogie hierzu läßt sich hinsichtlich der Altersgruppen eine vergleichsweise hohe Repräsentanz der ab 80jährigen sowie der 30-39jährigen feststellen. Mit Blick auf den beruflichen Status sind Selbständige und Freiberufler deutlich überproportional vertreten. Des weiteren zeichnet diesen Kundentypus aus, daß er das höchste Haushalts- und Pro-Kopf-Einkommen erzielt.

Im Mietermarkt lassen sich somit insgesamt drei sinnvoll zu beschreibende Segmente abgrenzen, wobei sowohl das durchschnittliche Nutzungsinteresse als auch die Zahlungsbereitschaft mit abnehmender quantitativer Bedeutung des Kundentyps steigen. Für eine differenzierte Marktbearbeitung stellt sich die Frage, wie man die verschiedenen Typen - insbesondere die Bodenständigen und Komfortorientierten - gezielt erreichen kann. Eine geographische Betrachtung zeigt, daß die Verbreitung der Kundentypen je nach *Wohngebiet* stark divergiert. Während z.B. im Bezirk Gladbeck-Nord die Desinteressierten rund 70% ausmachen, beträgt ihr Anteil in Bochum-Mitte/Ost lediglich 45%. Wenn weitere Kundendaten für eine möglichst treffsichere Ansprache der Kundengruppen fehlen, bestünde also in der Beschränkung auf Kunden in den vielversprechenden Bezirken eine Möglichkeit, Streuverluste zu minimieren.

	Cluster E1 "Die Bodenständigen"	Cluster E2 "Die Komfortorientierten"	Cluster E3 "Die Gestreßten"
Anteil in % der Eigentümer	75,6%	14,6%	9,8%
Durchschnittliches Dienstleistungsbudget	33,39 DM	103,33 DM	206,25 DM
Relative Ausprägung der Motive und ausgewählter Einstellungen			
Zeitersparnis	-	o	+
Kompetenz von Fachleuten	-	+	o
Entlastung von ungeliebten Aufgaben	-	+	o
Vermeidung körperlicher Anstrengungen	+	o	-
Ordentliche Erledigung von Gemeinschaftsaufgaben	-	o	+
"Die meistern Dienstleistungen sind nicht nötig, weil man das ebenso gut selbst machen kann "	+	-	o
"Ich gebe lieber Geld für nützliche Dienstleistungen aus, als es zu sparen "	-	o	+
"Dienstleistungen sind nur für Menschen da, die Hilfe brauchen "	+	-	o
Relative Ausprägung bezogen auf alle Eigentümer-Typen: + = Stärkste Ausprägung, o = Mittlere Ausprägung, - = Schwächste Ausprägung			

Tab. 13: Synoptische Kurzbeschreibung der Eigentümer-Cluster

Auf seiten der *Wohnungseigentümer* konnten ebenfalls drei Cluster isoliert werden, die zum Teil eine hohe Ähnlichkeit zu den Mietersegmenten aufweisen. In zwei Fällen erschien es dabei angemessen, eine identische Bezeichnung zu wählen, während für das dritte Cluster ein eigener Titel gewählt wurde (vgl. Tab. 13):

⇒ *Die „Bodenständigen"* (Cluster E1): Auf die Bodenständigen entfallen bei den Wohnungseigentümern drei Viertel der Stichprobe, ihre Ausgabebereitschaft kommt jener der entsprechenden Mieter mit durchschnittlich 33 DM sehr nahe. Da sich unter den Eigentümern eine Gruppe der Desinteressierten nicht finden läßt, sind hier die Bodenständigen jene mit dem vergleichsweise niedrigsten Interesse an und der am meisten skeptischen Haltung gegenüber Dienstleistungen. Unter den entgeltlichen Offerten kommt für sie der Kundenkarte sowie den Raumangeboten noch die höchste Bedeutung zu, zudem sind sie innerhalb der Eigentümer am stärksten an den kostenlosen Beratungsdiensten interessiert. Der typische bodenständige Eigentümer entstammt der mittleren Mittelschicht, ist Angestellter oder Beamter mit Realschulabschluß und rund 41 Jahre alt. Die Familien stellen hier die wichtigste Haushaltsform dar, es dominiert die Phase der älteren Familie.

⇒ *Die „Komfortorientierten"* (Cluster E2): Für die komfortorientierten Eigentümer sind die Befreiung von unangenehmen Aufgaben sowie die ordentliche Ausführung von Gemeinschaftsaufgaben die wichtigsten Motive. Knapp 15% der Wohnungseigentümer lassen sich dieser Kundengruppe zuordnen, und im Mittel werden 103 DM als Dienstleistungsbudget angegeben. Mehr als für jede andere Gruppe sind aus ihrer Sicht die Kundenkarte, Objektdienstleistungen und andere sachbezogene Dienste wie der Einkaufsservice, der Schönheitsreparatur-Service und der Umzugsservice von Bedeutung. Hinsichtlich ihres sozialen Status lassen sich die meisten der Komfortorientierten der Oberschicht zuordnen. Es handelt sich dabei primär um Dual-Career-Paare, deren Haushaltsvorstand in der Regel über einen Hochschulabschluß verfügt und durchschnittlich 35 Jahre alt ist.

⇒ *Die „Gestreßten"* (Cluster E3): Auf die Gestreßten als exklusiv bei den Eigentümern vorhandener Typ entfallen rund 10% dieser Gruppe. Sie würden mit durchschnittlich 206 DM ein beträchtliches Budget für wohnbegleitende Dienstleistungen aufbringen. Das wichtigste Argument bei der Serviceinanspruchnahme stellt für sie die Möglichkeit zur Zeitersparnis dar, deren Bedeutung aus einer ausgeprägten subjektiv empfundenen Zeitknappheit resultiert. Im Vergleich zu den anderen Eigentümergruppen ist das Interesse an Reinigungsdiensten für den Haushalt recht hoch. Auch wohnortnahe Räumlichkeiten für Freizeitaktivitäten, der schnelle Internetzugang sowie die Alarmeinrichtung sind Angebote, welche bei den Gestreßten verglichen mit den anderen Typen auf die größte Akzeptanz stoßen. Im Durchschnitt werden schon jetzt vier bis fünf Hilfen oder Dienste - überwiegend entgeltlich - in Anspruch genommen. Die „Gestreßten" entstammen sämtlich kinderlosen Haushalten, zumeist handelt es sich - auch hier - um Paare im Alter von 30-39 Jahren. Obere Mittelschicht und Oberschicht sind in dieser Kundengruppe zu gleichen Teilen vertreten, ebenso wie Angestellte/Beamte in leitender und nicht leitender Funktion. Das Pro-Kopf-Einkommen liegt noch über jenem der Komfortorientierten.

Für eine treffsichere Kundenansprache erscheinen *Merkmale der primären Wohnleistung* hier besonders geeignet. Eine monotone Rangfolge ergibt sich zwischen den Bodenständigen, den Komfortorientierten und den Gestreßten insbesondere hinsichtlich der Wohnungsgröße (Durchschnittsgrößen: 78 m², 85 m², 100 m²). Zudem besteht zwischen den „Gestreßten" und dem Wohnungsunternehmen der im Vergleich stärkste Kontakt: 75% von ihnen sprechen dreimal oder häufiger pro Jahr mit dem verantwortlichen Verwalter. Eine genaue Adressierung der beiden zahlungskräftigsten Gruppen sollte insofern gut möglich sein. Für ein Zielgruppenmarketing mit Blick auf das Serviceangebot erscheinen die Wohnungseigentümer insgesamt noch besser geeignet als die Mieter.

3.3.3 FAZIT DER EMPIRISCHEN HAUPTUNTERSUCHUNG

Im Mittelpunkt der Analyse standen die Kauf- bzw. Nutzungsabsichten sowie die allgemeine Zahlungsbereitschaft für wohnbegleitende Dienstleistungen bei den Kunden eines großen Wohnungsunternehmens. Grundsätzlich ist zu berücksichtigen, daß *Bereitschafts- und Absichtsäußerungen* nie in vollem Umfang mit dem tatsächlichen Konsumverhalten übereinstimmen, weil zwischen der Bildung einer Prädisposition und dem tatsächlichen Handeln des Individuums eine Vielzahl von Einflüssen intervenieren können. Dennoch lassen sich einige globale Aussagen treffen, die als Annäherung an das zu vermutende Nachfrageverhalten zu interpretieren sind.

Allgemein stoßen solche Dienstleistungsangebote auf ein vergleichsweise hohes Interesse, bei denen nicht die aktive Ausführung einer Tätigkeit, sondern der Aspekt der passiven *Bereitstellung von Nutzungspotentialen* im Vordergrund steht. Solche Leistungen sind weniger einer Eigenerstellung zugänglich und entsprechen von ihrem Grundcharakter her eher der primären Wohnleistung. Derartige Nutzungspotentiale können insbesondere eine *Funktionalitätserweiterung* des Wohnraums herbeiführen - etwa in Form zusätzlicher kommunikations- und sicherheitstechnischer Einrichtungen - oder die *Selbstentfaltungsmöglichkeiten* der Bewohner in ihrem Umfeld steigern. Zum einen sind aus dieser Perspektive Ansätze vielversprechend, bei denen Wohnungsnutzern neue multimediale Serviceleistungen (z.B. Internet, Videoüberwachung von Hauseingängen) erschlossen werden bzw. die auf ein Vergünstigung traditioneller Dienste wie Telefonieren und Fernsehen hinauslaufen.[1] Zum anderen beinhalten in der Wohnsiedlung gelegene Raumangebote, die für sportliche oder gesundheitsbezogene Zwecke, für Nachbarschaftsgruppen oder für die Bewirtung von Gästen zu nutzen sind, prinzipiell eine hohe Attraktivität. Sie lassen sich schnell erreichen und bieten erweiterte Optionen, welche die Diskrepanz gegenüber dem Wohnen im Eigenheim vermindern.[2]

---

[1] Vgl. O.V. (Telekom, 1999), S: 15; LITKE (Apartments, 1995), S. 16ff.

[2] Vgl. hierzu auch COATES & JARRATT, INC. (Apartment Industry, 1995), S. 50, sowie NATIONAL MULTI HOUSING COUNCIL (Apartment Living, 1996), S. 18.

Als eine weitere passive Dienstleistung, die grunsätzlich auf eine hohe Akzeptanz trifft, ist ein Engagement des Wohnungsunternehmens als *Preisagentur* zu sehen. Das Wohnungsunternehmen kann als Agent seiner Kunden besondere Konditionen bei Dienstleistern und Einzelhändlern aushandeln und in Form z.B. einer Servicekarte verfügbar machen. Der Erfolg einer solchen Maßnahme dürfte vor allem davon abhängen, wie ausgeprägt und transparent die jeweilige Ersparnis ist bzw. ob das vermittelte Leistungsspektrum den Bedürfnissen der Klientel entspricht.

Unter den aktiven, *sachbezogenen Dienstleistungen* genießen solche eine besondere Aufmerksamkeit, die in einer direkt komplementären Beziehung zur Wohnleistung stehen. Beispiele hierfür sind Reinigungs- und Pflegedienste für Gemeinschaftsflächen, die zu einem Paket geschnürt werden können, oder ein Schönheitsreparatur-Service. Diese Aufgabenfelder lassen sich als eine Art erweitertes „*Facility Management*" interpretieren.[1] Hinsichtlich möglicher *Beratungsangebote* als personenbezogene Dienstleistungen sprechen die Ergebnisse dafür, daß sich Wohnungsunternehmen auch hier auf Themen konzentrieren sollten, die eine *hohe Affinität zum Wohnen* aufweisen und insofern aus Kundensicht in ihren Kernkompetenzbereich fallen. Dabei kommt einerseits dem Problemkreis Erwerb von Wohneigentum, andererseits dem Wohnen im Alter einschließlich der Pflegethematik eine zentrale Rolle zu.

Insbesondere wenn mit Dienstleistungsangeboten eigenständige Gewinnbeiträge erwirtschaftet werden sollen, ist ein besonderes Augenmerk auf die *Preisakzeptanz* der Kunden zu richten. Rund 60% der Mieter und drei von zehn Wohnungseigentümern in dieser Stichprobe sind nicht bereit, Serviceleistungen gegen regelmäßige Bezahlung zu nutzen. Das durchschnittliche monatliche Dienstleistungsbudget liegt bei 25 DM bzw. 73 DM. Im Einklang mit der diesbezüglichen Sparsamkeit ist zu sehen, daß hinsichtlich zahlreicher Leistungen eine *erhebliche Lücke* klafft zwischen dem Anteil jener Kunden, die Nutzungsabsichten äußern, und der Quote solcher, für die eine Inanspruchnahme zu realistischen Preisen in Frage käme. Aus dieser Perspektive ist das Kundenpotential für hauswirtschaftliche Dienste gering, und ebenfalls darf es mit Blick auf innovative Technik und wohnortnahe Freizeiträumlichkeiten als Herausforderung für das Marketing betrachtet werden, eine diesbezügliche Zahlungsbereitschaft zu entwickeln.

Als Hemmschuh für den Dienstleistungskonsum erweisen sich insbesondere *traditionelle Werthaltungen;* auch bei jenen Kunden, die finanziell vergleichsweise gut ausgestattet sind, läßt sich im Durchschnitt *keine ausgeprägte Dienstleistungsmentalität* feststellen. Die Inanspruchnahme fremder Dienste widerstrebt dem Bemühen um eine selbstbestimmte Lebensführung, geht mit Befürchtungen eines Ansehensverlusts im persönlichen Umfeld einher und ist mit dem Stigma des Luxuriösen, eigentlich Unnötigem behaftet. Zudem genießt die Privat-

---

[1] Zu den Perspektiven des Facility-Managements bei Wohnimmobilien vgl. STAUDT/KRIEGESMANN/THOMZIK (Facility-Management, 1999), S. 117-119.

sphäre einen hohen Stellenwert, so daß Dienstleistungen Fremder innerhalb der Wohnung auf besondere Vorbehalte stoßen. Nicht etwa nur ältere Kunden, sondern auch junge (Mieter-) Paare und Familien folgen diesem Denkmuster.

Eine weitere Erkenntnis der Analyse ist darin zu sehen, daß die individuelle Nachfrage nach wohnbegleitenden Diensten in einem Zusammenhang mit den *Erfahrungen* steht, die *im Rahmen der bisherigen Geschäftsbeziehung* gesammelt wurden. Eine hohe Kundenzufriedenheit steigert die Wahrscheinlichkeit, daß ein Kunde zu adäquaten Preisen entgeltliche Leistungen in Anspruch nimmt. Zuverlässigkeit beim Grundservice schafft ein Vertrauen, das sich auf neue Angebote transferieren läßt. Von grundlegender Bedeutung ist ein Kontaktpersonal, welches Freundlichkeit ausstrahlt und dem Kunden das Gefühl vermittelt, ernst genommen zu werden. Eine zügige und qualifizierte Bearbeitung von Beschwerden sowie transparente Abrechnungen über die Nebenkosten bzw. das Hausgeld sind weitere zentrale Merkmale der Servicequalität im Primärgeschäft. Allein die Länge der Kundenbeziehung sagt hingegen noch nichts darüber aus, ob ein Kunde bereit ist, zusätzliche Dienstleistungsangebote des Wohnungsunternehmens zu nutzen.

Generell zeigen sich die *jungen Singles* sowie die *Alleinerziehenden* besonders offen für eine Inanspruchnahme von Serviceleistungen. Für kinderlose Paare, selbst wenn es sich um Doppelverdiener handelt, läßt sich dies so nicht bestätigen. Erst wenn man im wahrsten Sinne des Wortes von *„Dual-Career-Paaren"* mit zwei beruflich stark engagierten, gut bis sehr gut verdienenden Partnern sprechen kann, führt die Zeitknappheit zu einem erhöhten Outsourcing von Dienstleistungen. Des weiteren stellt das *Haushaltseinkommen* isoliert betrachtet keinen aussagekräftigen Indikator für die Nachfragebereitschaft dar, wohl aber im Zusammenhang mit dem *Bildungsgrad* und der *Beschäftigungsart*. Selbständige, Freiberufler sowie leitende Angestellte und Beamte erweisen sich als überdurchschnittlich konsumfreudig mit Blick auf wohnbegleitende Dienstleistungen. Kommunale Wohnungsunternehmen, die primär Mieter von niedrigem *sozialen Status* betreuen, dürfen im Vergleich etwa zu Wohnungsgenossenschaften, die vorrangig in der Mittelschicht ihr Klientel finden, mit einer eher geringen Akzeptanz von entgeltlichen Serviceleistungen rechnen. Die Einbindung von *Wohnungseigentümern* in ein umfassendes Dienstleistungskonzept erscheint äußerst sinnvoll, weil diese Gruppe aufgrund anderer Haushalts- und Sozialstrukturen zu einer stärkeren Dienstleistungsnachfrage tendiert.

Entgegen den Ergebnissen anderer Studien ließ sich hier nicht feststellen, daß *Senioren* eine geringere Dienstleistungsakzeptanz zeigen als andere Altersgruppen; sie sind aber auch nicht konsumfreudiger. Innerhalb der Mietergruppe ab 60 Jahren konnte ein leichtes Gefälle hinsichtlich der Ausgabebereitschaft für Serviceleistungen von den Hochbetagten hin zu den jüngeren Ruheständlern beobachtet werden. Darüber hinaus ist zu konstatieren, daß das Potential für eine Eigenfinanzierung vorpflegerischer Hilfsdienste bei der vorhandenen Klientel wesentlich skeptischer beurteilt werden muß, als auf Basis landesweit repräsentativer Angaben zu folgern wäre. Während HEINZE ET AL. einen Betrag von 271 DM ermittelten, den die 55-75jährigen Westdeutschen monatlich im Durchschnitt für wohnbegleitende Dienstleistungen ausgeben würden, sofern sie überhaupt zahlungsbereit sind,[1] belaufen sich die Werte hier bei identischer Abgrenzung der Gruppe auf nur 60 DM (Mieter) bzw. 149 DM (Eigentümer).

In der Kommunikationspolitik sollten in Abhängigkeit von der umworbenen Leistung die jeweiligen *Motivschwerpunkte* thematisiert werden. Insbesondere die Entlastung von unangenehmen Aufgaben sowie die Sicherstellung eines ordentlichen Wohnumfelds sind in den Vordergrund zu rücken, da diese Motive bei den eher zahlungsfreudigen Mietern und Wohnungseigentümern überdurchschnittlich ausgeprägt sind. Auch läßt sich im Rahmen der Kommunikationspolitik die Erkenntnis nutzen, daß die potentiellen Abnehmer wohnbegleitender Angebote bevorzugt solche Kunden darstellen, die ohnehin schon fremde Dienstleistungen oder Hilfen in Anspruch nehmen. Vor diesem Hintergrund sind insbesondere die *relativen Vorteile* gegenüber anderen - formellen wie informellen - Leistungsträgern zu betonen, z.B. eine bequeme Bezahlung, Zuverlässigkeit, Seriosität und Kompetenz, falls es sich um Angebote mit starkem Bezug zur Primärleistung handelt.

Die auf Basis einer Clusteranalyse entworfene, umfassende Kundentypologie zeigt, daß sowohl der Mieter- als auch der Eigentümermarkt bezüglich der Servicenachfrage in drei Segmente zerfällt. Die Mehrheit der Mieter befindet sich in dem Segment der *„Desinteressierten"*, die bei den Eigentümern nicht zu separieren sind. Das Primat für die Desinteressierten lautet: *„Service-Light"*.[2] Die Nebenkosten sind so gering wie möglich zu halten, und die Sekundärleistungen sollten auf den obligatorischen Bereich beschränkt bleiben. Ein moderates Interesse läßt sich bei den *„Bodenständigen"* erkennen, welche das zweitgrößte Segment bei den Mietern und das mit Abstand dominierende bei den Eigentümern darstellt. Diese Gruppe ist sehr preisbewußt, läßt sich gleichwohl für Objektdienstleistungen oder freizeitbezogene Raumofferten im Rahmen eines *„Medium-Service"* gewinnen. Ebenfalls in beiden Gruppen vertreten sind die *„Komfortorientierten"*, welche auf seiten der Wohnungseigentümer hinsichtlich ihres Dienstleistungsbedarfs und der Zahlungsbereitschaft aber noch von den *„Gestreßten"* übertroffen werden. Zeitsparende und bequemlichkeitsfördernde Dienste stehen bei diesen relativ kleinen Segmenten im Vordergrund, deren Ansprüche einen umfassenden *„Top-Service"* hier als wirkungsvolles Differenzierungsinstrument erscheinen lassen.

Unter Berücksichtigung der im Rahmen der Nachfrageanalyse gewonnenen Erkenntnisse sowie von beispielhaften Projekten aus der wohnungswirtschaftlichen Praxis sollen nun im folgenden Kapitel die Möglichkeiten einer adäquaten Angebotsgestaltung diskutiert werden.

---

[1] Vgl. HEINZE ET AL. (Alter, 1997), S. 83.

[2] MEYER/BLÜMELHUBER (Dienstleister, 1998), S. 738, Hervorhebung nicht im Original.

4 DAS MANAGEMENT WOHNBEGLEITENDER DIENSTLEISTUNGEN ALS GEGENSTAND DER SEKUNDÄRLEISTUNGSPOLITIK

Die bisherigen Ausführungen haben verdeutlicht, daß die Serviceansprüche der Wohnkunden eine erhebliche Variationsbreite aufweisen, qualitativ sehr heterogene Leistungen umfassen und von einem komplexen Bedingungsgefüge abhängen. Sofern beabsichtigt wird, dem Kunden mit Dienstleistungsangeboten tatsächlich einen zusätzlichen Nutzen zu vermitteln, ist diesen Gegebenheiten bei der Realisierung Rechnung zu tragen. Auf der anderen Seite müssen interne Vorgaben und Potentiale berücksichtigt werden; nicht zuletzt ist die Effizienz im Sekundärleistungsbereich sicherzustellen. Vor diesem Hintergrund erweist sich das Management wohnbegleitender Dienstleistungen als eine komplexe Aufgabe. Eine Umsetzung des Serviceangebots „aus dem Bauch heraus"[1] erscheint von fragwürdigem Erfolg; vielmehr ist „eine systematische, am langfristigen Kundenwert ausgerichtete Planung, Steuerung und Kontrolle von Value-Added-Services erforderlich."[2]

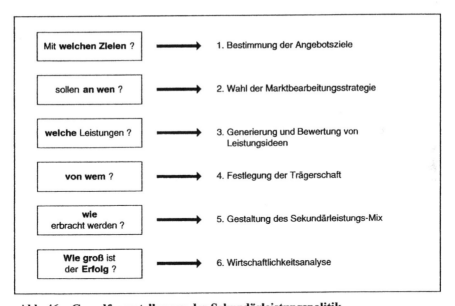

Abb. 46: **Grundfragestellungen der Sekundärleistungspolitik**
Quelle: in Anlehnung an MEFFERT/BURMANN (Bankbereich, 1996), S. 29.

Den konzeptionellen Rahmen für das Management wohnbegleitender Dienstleistungen bildet die Sekundärleistungspolitik. Abb. 46 verdeutlicht, welche Fragestellungen bei der Ausge-

---

[1]   MEYER/BLÜMELHUBER (Kundenbindung, 1998), S. 209.
[2]   MEFFERT/BURMANN (Bankbereich, 1996), S. 29.

staltung des Serviceangebots zu beantworten und welche Entscheidungstatbestände hiermit verbunden sind. Hieraus leitet sich der Aufbau des vorliegenden Kapitels ab.

Auf der *Zielebene* ist zunächst festzulegen, welche Absicht mit dem Dienstleistungsangebot verfolgt wird. Dieser Schritt stellt die Grundvoraussetzung für ein konsistentes und wirkungsvolles Vorgehen bei der Realisierung der Serviceleistungen dar. Zur Operationalisierung der Angebotsziele sollte sowohl jeweils eine Zielgröße (z.B. Steigerung der Kundenzufriedenheit), eine Zielvorschrift (z.B. Erhöhung des durchschnittlichen Zufriedenheitsurteils um eine halbe Note auf einer sechsstufigen Befragungsskala) als auch eine Zieldauer (z.B. innerhalb von 3 Jahren) bestimmt werden.[1] Insbesondere bei Verfolgung der sozialen Funktion fällt eine Zieloperationalisierung aufgrund des qualitativen Zielcharakters oftmals schwer. Dennoch ist zu versuchen, möglichst klare Vorgaben zu fassen, die schließlich einen Maßstab für eine Effektivitätsbestimmung bilden können. Da die Ziele der Sekundärleistungspolitik bereits Gegenstand der Basisüberlegungen zum Angebot wohnbegleitender Dienstleistungen waren,[2] sollen sie hier nicht weiter diskutiert werden.

Nach einer Festlegung der Ziele sind auf der *strategischen Ebene* der Sekundärleistungspolitik mittel- bis längerfristige Grundsatzregelungen für die Angebotsrealisierung zu treffen. Ausgangspunkt bildet die Wahl der Marktbearbeitungsstrategie, in deren Rahmen über die Selektion von Zielgruppen und den Differenzierungsgrad der Kundenansprache entschieden wird. Von strategischer Bedeutung ist auch die Auswahl der anzubietenden Leistungen und nicht zuletzt die Frage, wer den Dienst am Kunden unmittelbar ausführt. Der Problematik der Trägerschaft als eine Kernfrage für das anbietende Wohnungsunternehmen wird nachfolgend eine ausführliche Diskussion gewidmet.

Auf der *operativen Ebene* gilt es, mit dem Sekundärleistungs-Mix den laufenden Absatz wohnbegleitender Dienstleistungen zu steuern. Zentrale Problemfelder stellen die Regelung des Preis-Leistungs-Verhältnisses (Preispolitik) sowie die Kommunikation des Serviceangebots (Kommunikationspolitik) dar. Im Rahmen der Leistungspolitik sind insbesondere Fragen des Qualitätsmanagements und der Markierung der Sekundärleistungen zu behandeln. Schließlich ist die Gestaltung des Vertriebssystems Gegenstand der distributionspolitischen Entscheidungen. Sämtliche vier Politikbereiche werden im folgenden erörtert, wobei der Schwerpunkt auf den beiden erstgenannten Feldern liegt.

Eine *Wirtschaftlichkeitsanalyse* für wohnbegleitende Dienstleistungen sollte den Abschluß einer systematischen Vorgehensweise in der Sekundärleistungspolitik bilden. Nachdem über die Gestaltung des Angebots in seinen Grundzügen entschieden wurde, ist schließlich zu überprüfen, ob unter den gegebenen Voraussetzungen eine befriedigende Kosten-Erlös-

---

[1] Vgl. MAG (Entscheidungstheorie, 1990), S. 28-31; BECKER (Marketing-Konzeption, 1998), S. 23ff.
[2] Vgl. Kap. 2.4.2.

Relation erwartet werden kann. Fällt das diesbezügliche Urteil positiv aus, läßt sich die Realisierung des Dienstleistungsprogramms in Angriff nehmen, ansonsten ist das Konzept zu überarbeiten oder gegebenenfalls von einem Angebot abzusehen. Neben der Ex-ante-Betrachtung der Wirtschaftlichkeit ist darüber hinaus eine Ex-post-Kontrolle erforderlich. Der Wirtschaftlichkeitsanalyse für Sekundärleistungen widmet sich der letzte Abschnitt dieses Kapitels.

Die *Grundlage der folgenden Ausführungen* bilden zum einen die allgemeine sowie die dienstleistungs- und sekundärleistungsspezifische *Marketing-Literatur*. Zum anderen wird in hohem Maße auf Erkenntnisse zurückgegriffen, welche im Rahmen einer *Expertenbefragung* zum Angebot wohnbegleitender Dienstleistungen bei 34 ehemals gemeinnützigen Wohnungsunternehmen gewonnen werden konnten. Die Einbeziehung von empirischen Beispielen vermittelt nicht nur einen Eindruck von dem aktuellen Stand der Sekundärleistungspraxis, sondern ermöglicht zugleich eine Fundierung der abzuleitenden Handlungsempfehlungen.

Der Sinn dieses Kapitels besteht nicht darin, speziell den Fall VI aus der Nachfrageanalyse weiterzuführen. Zwar wird hierauf mehrfach Bezug genommen, gleichwohl sollen die Erkenntnisse und Erfahrungen verschiedener Unternehmen(stypen) eingebunden werden, um zu möglichst weitreichenden, generellen Aussagen hinsichtlich der Umsetzung von Dienstleistungsangeboten zu gelangen. Vor diesem Hintergrund ist zu sehen, daß hier beispielsweise eine übergreifende Diskussion der Gewinnung von Angebotsideen erfolgt, obwohl im Rahmen des vorherigen Kapitels die nachfrageorientierte Ideengenerierung für VI bereits dargestellt wurde.

Das *Sample* der nationalen Expertenbefragung resultierte nicht aus einer zufälligen, sondern einer bewußten Auswahl von Wohnungsunternehmen, die sich im Bereich wohnbegleitender Dienstleistungen vergleichsweise stark engagieren. Ausgangspunkt der Selektion waren einerseits die Ergebnisse von ENGEL, die in postalischer Form Anfang 1997 eine Erhebung zum Stand des Sozialen Managements bei den Mitgliedern des Verbandes rheinischer und westfälischer Wohnungsunternehmen durchführte.[1] Aus den 168 Antwortbögen ließ sich ein kleiner Kreis im Dienstleistungsbereich relativ aktiver Genossenschaften und Kapitalgesellschaften identifizieren, die - sofern sich ein Gesprächspartner zur Verfügung stellte - in die Expertenbefragung einbezogen wurden. Während auf diesem Weg etwa zwei Drittel des Samples rekrutiert werden konnte, beruhten die Kontakte zu den weiteren, außerhalb von Nordrhein-Westfalen gelegenen Wohnungsunternehmen insbesondere auf den Empfehlungen von zentralen Funktionsträgern innerhalb des GdW.[2] Zusammenfassend kann der einbezogene Kreis

---

[1] Vgl. ENGEL (Management, 1997), S. 37ff.

[2] Für die Anbahnung der Kontakte gilt den Herren Dr. J. Galonska, Geschäftsführer der FWI Führungsakademie der Wohnungs- und Immobilienwirtschaft e.V., Bochum, T. Schaefers, Leiter des Referats Genossenschaftswesen, GdW Bundesverband deutscher Wohnungsunternehmen e.V., Köln, sowie Herrn Dr. J. Wege, Direktor des Verbands norddeutscher Wohnungsunternehmen e.V. (VNW), Hamburg, der besondere Dank des Verfassers.

(vgl. S. 404ff.) - ohne Anspruch auf Vollständigkeit oder Repräsentativität - als eine Gruppe dynamischer[1] und im Sekundärleistungsgeschäft führender deutscher Wohnungsunternehmen bezeichnet werden.

Neben den Leitfadeninterviews[2] im Rahmen der Expertenbefragung bei den GdW-Unternehmen fanden zur Abrundung und Vertiefung der Erkenntnisse freie Interviews mit Vertretern wohnungswirtschaftlicher Verbände, eines freien Wohnungsunternehmens und sonstiger relevanter Institutionen statt.[3] Des weiteren erfolgten bei einer Forschungsreise in die *USA* Gespräche zum Untersuchungsthema mit Vertretern des Real Estate Research und der wohnungswirtschaftlichen Praxis, die im Rahmen einer Betrachtung des Sekundärleistungsangebots in den Vereinigten Staaten einbezogen werden.

4.1 Wahl der Marktbearbeitungsstrategie

Bei der empirischen Analyse wurde verdeutlicht, daß unterschiedliche Ansatzpunkte für eine Aufteilung von Wohnkunden in heterogene Gruppen bestehen, die intern eine relativ hohe Homogenität hinsichtlich ihrer Servicebedürfnisse aufweisen. Die Kenntnis der Existenz unterschiedlicher Segmente von Dienstleistungsnachfragern ermöglicht es dem Wohnungsunternehmen, darauf abgestimmte Angebotskonzepte zu entwickeln. Die Segmentierung stellt jedoch nicht die einzige Option zur Marktbearbeitung dar. Ob und in welcher Form spezifische Zielgruppen anvisiert werden, ist ein eigenständiges Entscheidungsproblem im Rahmen der Sekundärleistungspolitik.

Wie in Abb. 47 dargestellt, lassen sich grundsätzlich vier Strategien der Marktbearbeitung mit wohnbegleitenden Dienstleistungen unterscheiden. Sie leiten sich daraus ab, daß man zum einen zwischen einer vollständigen und einer teilweisen *Marktabdeckung* wählen kann, und zum anderen die Möglichkeit besteht, das Marketinginstrumentarium - insbesondere das Leistungsprogramm - mit unterschiedlichen *Differenzierungsgraden* einzusetzen.[4] Sämtliche dieser Strategien finden in der wohnungswirtschaftlichen Praxis bezüglich des Sekundärleistungsangebots Anwendung:

---

[1] Nach STAUDT ET AL. (Wachstum, 1996), S. 16, können Dienstleister hinsichtlich ihrer Entwicklungsrichtung in drei Gruppen eingeteilt werden: erstens dynamische Dienstleister, die in neue Strukturen eindringen bzw. diese aufbauen und neue Märkte erschließen, zweitens Unternehmen, die eine Optimierung im vorhandenen System betreiben, und drittens solche, die in vorhandenen Strukturen verharren.

[2] Zur Methodik des Leitfadeninterviews vgl. BEREKOVEN/ECKERT/ELLENRIEDER (Marktforschung, 1999), S. 96; KROMREY (Sozialforschung, 1998), S. 364.

[3] Sofern nicht anders angegeben, beruhen die Aussagen zu den einzelnen Unternehmen stets auf den Aussagen der im Anhang unter den sonstigen Quellen aufgeführten Gesprächspartner, so daß grundsätzlich auf diesbezügliche Anmerkungen im Text der Arbeit verzichtet wird.

[4] Vgl. GRÖNE (Marktsegmentierung, 1976), S. 30ff.; FRETER (Marktsegmentierung, 1983), S. 109ff.; BECKER (Marketing-Konzeption, 1998), S. 237ff.

1) *Undifferenziertes* oder *Massenmarketing*: Ein undifferenziertes Marketing, bei dem sämtliche Wohnkunden mit einem uniformen Dienstleistungsprogramm angesprochen werden, läßt sich zum Beispiel im Spargeschäft der Wohnungsgenossenschaften beobachten. Zwar befinden sich regelmäßig mehrere Sparformen mit unterschiedlichen Kündigungsfristen und Konditionen im Angebot, allerdings handelt es sich hierbei lediglich um Produktvarianten, die nicht auf die Bedürfnisse bestimmter Kundengruppen ausgerichtet sind. Eine Marktsegmentierung ist bei einem undifferenziertem Marketing nicht erforderlich.

Abdeckung des Marktes Differenzierung des Marketing-Mix	alle Primärleistungskunden (totale Abdeckung)	ausgewählte Primärleistungskunden (partiale Abdeckung)
undifferenziert	undifferenziertes Marketing (Massenmarketing)	konzentriertes Marketing (ein Segment)
differenziert	differenziertes Marketing (alle Segmente)	selektiv-differenziertes Marketing (mehrere Segmente)

Abb. 47: Grundlegende Marktbearbeitungsstrategien

Quelle: in Anlehnung an FRETER (Marktsegmentierung, 1983), S. 110; BECKER (Marketing-Konzeption, 1998), S. 237.

2) *Konzentriertes Marketing*: Bei dieser Form der Marktbearbeitung konzentriert sich das Sekundärleistungsangebot auf ein einzelnes, aus Sicht des Wohnungsunternehmens besonders bedeutsames oder erfolgversprechendes Segment der Primärleistungskunden. So widmen sich einige Unternehmen mit ihrem Programm an fakultativen Dienstleistungen überwiegend dem Senioren-Segment und streben für diese Zielgruppe eine umfassende Beratung und Betreuung an.[1]

3) *Differenziertes Marketing*: Diese Marktbearbeitungsstrategie liegt vor, wenn alle in Frage kommenden Segmente mit einem jeweils spezifischen Angebot adressiert werden. Ein entsprechendes Beispiel stellt der „Verwöhnservice" der Bast-Bau GmbH als ein freies Woh-

---

[1] Als Beispiele für „Senioren-Spezialisten" können etwa die Gemeinnützige Wohnungsgenossenschaft eG, Bonn, sowie die Schwelmer & Soziale Wohnungsgenossenschaft eG begriffen werden.

nungsunternehmen dar, der sich aus einem in (fast) allen Wohnanlagen vorhandenen Hausbetreuerservice (Objektdienstleistungen, Kontroll- und Ansprechpartnerfunktion, Wohnungsbetreuung bei Abwesenheit, Paketannahme) und einem an den individuellen Bedürfnissen der Bewohner vor Ort ausgerichteten Zusatzservice zusammensetzt.[1] Oftmals zählen hierzu die Bereitstellung von Freizeiträumlichkeiten und die Vermittlung von Reinigungskräften sowie Handwerkern. Beispiele für individuelle lokale Maßnahmen sind ein „Shuttle-Service", mit dem ältere Kunden etwa zum Einkaufen gefahren werden, oder Raumangebote zur gemeinschaftlichen Kinderbetreuung. Im Prinzip betreibt das Wohnungsunternehmen eine geographische Marktsegmentierung,[2] wobei jedes lokale Segment - also die Kunden an einem Standort - nach seinen Bedürfnisschwerpunkten bedient wird.

4) *Selektiv-differenziertes Marketing*: Beschränkt sich das Dienstleistungsangebot auf eine Mehrzahl ausgesuchter Zielgruppen, für die aber jeweils ein besonderer Marketing-Mix definiert wird, spricht man von einem selektiv-differenzierten Marketing. Dies wäre etwa der Fall, wenn ein Wohnungsunternehmen spezielle Leistungen für Senioren sowie Kinder und Jugendliche, nicht aber für die Kunden im mittleren Alter offeriert.

Eine Ausrichtung an den spezifischen Bedürfnissen einzelner Marktsegmente verspricht grundsätzlich eine bessere Ausschöpfung des Nachfragepotentials als ein Standarddienstleistungsangebot.[3] Im Fall entgeltlicher Leistungen sollten für das Wohnungsunternehmen Mehrerlöse resultieren, die zum einen auf Steigerungen der Absatzmengen, zum anderen auf höheren Stückerlösen beruhen können, weil die Preisbereitschaft bei einem besonders bedürfnisgerechten Angebot steigt.[4] Auf der anderen Seite wachsen mit der Anzahl der eigenständig bearbeiteten Segmente die Marketingkosten, da die Planung und Umsetzung des Dienstleistungsprogramms komplexer wird und es bei nachlassender Heterogenität der Segmente in zunehmendem Maße Probleme bereitet, eine signifikant differierende, d.h. überschneidungsfreie Absatzpolitik zu betreiben.[5] Prinzipiell sollten daher nur solche Segmente als Zielgruppe für spezifische Sekundärleistungsmaßnahmen ins Visier genommen werden, die über eine tragfähige Größe verfügen, gut abzugrenzen und zu erreichen sind.[6]

Ein undifferenziertes Marketing für wohnbegleitende Dienstleistungen („Schrotflinten-Konzept" oder „Gießkannen-Ansatz")[7] erscheint vor diesem Hintergrund insbesondere für sehr kleine Wohnungsunternehmen eine Option zu sein, deren Kundenstamm im primären

---

[1] Vgl. BAST-BAU GMBH (Verwöhnservice, 1998).

[2] Vgl. die Ausführungen zur mikrogeographischen Marktsegmentierung in Kap. 3.2.3.2.3.

[3] Vgl. NIESCHLAG/DICHTL/HÖRSCHGEN (Marketing, 1997), S. 82f.

[4] Vgl. SCHIFFMAN/KANUK (Behavior, 1994), S. 48.

[5] Vgl. MÜLLER (Marktsegmentierung, 1994), S. 10.

[6] Vgl. PETER/OLSON (Marketing, 1996), S. 500.

[7] Vgl. BÄNSCH (Einführung, 1998), S. 87.

Geschäft zu gering ist, als sich eine Differenzierung lohnen würde. Damit beschränkt sich das Angebot im wesentlichen auf Leistungen, die prinzipiell für jeden Kunden in Frage kommen (z.B. Objektdienstleistungen), und das Potential für eine Profilierung im Wettbewerb ist eher begrenzt. Eine segmentbezogene Marktbearbeitung („Scharfschützen-Konzept"[1]) im Sinne eines konzentrierten Marketing empfiehlt sich hingegen für kleine bis mittlere Unternehmen, bei denen einer spezifischen Kundengruppe eine besondere Priorität zukommt.

Generell läßt sich das konzentrierte Marketing auch als eine Einstiegsstrategie in das Sekundärleistungsgeschäft betrachten. Man sammelt zunächst bei einem vorrangigen Segment Erfahrungen und erreicht hier eine gute Positionierung, um sich dann im nächsten Schritt dem zweitwichtigsten Segment zu widmen und somit zum selektiv-differenzierten Marketing überzugehen. Ein solchermaßen abgestuftes Vorgehen begrenzt die Gefahr, daß ein gleichzeitiges Engagement an vielen „Fronten" in Aktionismus mündet, der letztlich für keines der anvisierten Segmente zu einem maßgeblichen Zusatznutzen führt. In der Praxis läßt sich diese Strategie bei einzelnen „Senioren-Spezialisten" beobachten, die sich nach einer starken Aufbauleistung im Dienstleistungsbereich für Ältere nun auch verstärkt den Kindern und Jugendlichen zuwenden.[2] Schließlich setzt ein differenziertes Marketing nicht nur einen großen Kreis an Primärleistungskunden, sondern auch entsprechende Ressourcen voraus, weshalb diese Strategie eher für große Wohnungsunternehmen in Frage kommt.[3]

Bisher wurde die Marktsegmentierung ausschließlich in bezug auf die Sekundärleistungen diskutiert, wobei implizit ein bestimmter Primärleistungskundenstamm als gegeben angenommen wurde. Koppelt man jedoch bestimmte Dienstleistungs- an bestimmte Wohnungsangebote, bezieht sich die Frage der Marktsegmentierung auf die integrierte Problemlösung, und der Gesamtkundenkreis ist nicht vorgegeben, sondern wird durch das Dienstleistungsangebot mit beeinflußt. Es findet gleichsam eine Selbstselektion solcher Kunden statt, für die das Servicepaket einen angemessenen Zusatznutzen verkörpert, denn ansonsten würden sie von vornherein diese Wohnalternative mit in der Regel erhöhten Nebenkosten ablehnen. So verzeichnet etwa die Bast-Bau GmbH in ihren Wohnanlagen nicht zuletzt aufgrund des „Verwöhnservice" einen überdurchschnittlichen Anteil an Singles, Doppelverdienern und an Personen, die arbeitsplatzbedingt innerhalb der Woche als Single leben („Commuter"), wobei das Kaufkraftniveau dieser Klientel als hoch im Vergleich zum Bevölkerungsmittel einzustufen ist.

---

[1] BECKER (Marketing-Konzeption, 1998), S. 248, im Original hervorgehoben.

[2] Als Beispiele hierfür lassen sich die Baugenossenschaft Freie Scholle eG Bielefeld sowie die Baugenossenschaft Dennerstraße-Selbsthilfe eG, Hamburg, betrachten.

[3] Vgl. die Überlegungen bei FRETER (Marktsegmentierung, 1983), S. 113ff.; SCHIFFMAN/KANUK (Behavior, 1994), S. 85f.

In der Nutzung dieses Selbstselektionseffekts liegt eine besondere Chance zur Realisierung einer hohen Kundenzufriedenheit, andererseits impliziert er, daß man insgesamt zu einer stärkeren Strukturierung des Wohnungsbestands mit Blick auf unterschiedliche Bedarfe gelangt. Zwar errichten Wohnungsunternehmen Miet- und Eigentumswohnungen sowie Eigenheime in vielfältigen Varianten, eine echte Zielgruppenorientierung ist dahinter aber nur selten zu erkennen, sieht man von dem Bereich des Senioren-Wohnens ab. Ein innovatives Beispiel stellt aus diesem Blickwinkel der Ansatz von Viterra dar, im Rahmen des „Wohnwert-Konzepts" Eigenheime nicht nur für Familien, sondern auch für Single- und Doppelverdienerpaare mit entsprechend geringerer Wohnfläche („Galeriehaus" mit 88 m²) anzubieten.[1] Durch eine adäquate Serviceumgebung könnte hier möglicherweise eine noch stärkere Profilierung erzielt werden.

Wie eine Ausrichtung des integrierten Wohn- und Serviceangebots auf bestimmte Marktsegmente erfolgen könnte, verdeutlicht Abb. 48, welche auf die in der empirischen Analyse ermittelten Kundentypen zurückgreift. Aus der Perspektive der „Desinteressierten", welche nur bei den Mietern zu separieren waren, sind entgeltliche wohnbegleitende Dienstleistungen grundsätzlich nicht erstrebenswert. Der „Service-Light" äußert sich darin, daß die Sekundärleistungen auf den obligatorischen Bereich beschränkt bleiben sollten. Eine Steigerung des Kundennutzens erscheint möglich, wenn bisher vom Unternehmen übernommene Dienstleistungen (z.B. Gartenpflege) auf den Kunden rückverlagert werden, der hierdurch an Nebenkosten einspart.[2] Eine solche Vorgehensweise bietet sich insbesondere in (mit Blick auf Lage und Ausstattung) einfachen Mietwohnungsbeständen an, in denen die Konzentration an „Desinteressierten" am höchsten ist.

In analoger Weise erscheint eine Kombination von Serviceangeboten mittlerer Intensität (z.B. Objektdienstleistungen, Freizeiträume) mit Mietwohnungen gehobenen Standards oder Eigentumswohnungen einfacher bis mittlerer Qualität sinnvoll. So läßt sich die Linie über die „Komfortorientierten" bis zu den „Gestreßten" weiter fortführen, die einen hohen Dienstleistungsbedarf (einschließlich z.B. Sicherheitstechnik oder hauswirtschaftlicher Leistungen) haben und für die aufgrund ihrer guten finanziellen Situation damit zu rechnen ist, daß sie primär in qualitativ gehobenen bis exklusiven Eigentumswohnungen leben. Eigenheime sind in Abb. 48 nicht explizit aufgeführt, ähnliche Überlegungen dürften jedoch auch für diesen Bereich des Wohnungsmarkts Gültigkeit besitzen.

---

[1] Vgl. o.V. (Veba-Tochter, 1998), S. 3.

[2] Vgl. allgemein CORSTEN (Dienstleistungsmanagement, 1997), S. 340ff., sowie Kap. 4.3.2.3.

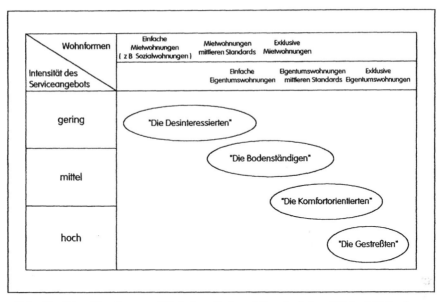

Abb. 48: Kombination von Wohnkomfort und Serviceintensität in Abhängigkeit von der angestrebten Zielgruppe

Als Fazit der Betrachtung ist zu konstatieren, daß prinzipiell *einfache Wohnformen mit einem geringen Serviceangebot, hochwertige Primärleistungen mit einem umfassenderen Dienstleistungsprogramm zu kombinieren sind.* Da - wie aus der Abbildung zu entnehmen - durchaus Überschneidungen von Kundentypen in einzelnen Bestandskategorien zu finden sind, kann es sich lediglich um eine tendenzielle Aussage handeln. Auch ist es denkbar, daß ein Wohnungsunternehmen erfolgreich Nischen abseits des aufgezeigten Pfades besetzen mag. Schließlich ist zu berücksichtigen, daß etwa die Beratung und Betreuung von Senioren losgelöst von den anderen Angeboten in jedem Marktsegment seine Berechtigung haben kann, wenn der Seniorenanteil entsprechend hoch ist.

Festzuhalten bleibt darüber hinaus, daß das Angebot wohnbegleitender Dienstleistungen keine pauschale Strategie für die Wohnungswirtschaft sein kann. Je größer beim jeweiligen Unternehmen der Anteil der Kunden ist, die sich durch eine ausgeprägte Do-it-yourself-Mentalität sowie durch geringe Serviceansprüche und eine hohe Preissensibilität auszeichnen, desto geringer ist das Potential für eine Differenzierung durch Serviceleistungen. Im Extremfall sollte eher auf ein „schlankes" Angebot zu möglichst niedrigen Preisen gesetzt werden. Wie das Beispiel „Aldi" verdeutlicht, kann auch die *Kostenführerschaft* durch eine „Konzentration auf das Wesentliche" einen positiven Wettbewerbsfaktor darstellen.[1]

---

[1]   Vgl. MEYER/BLÜMELHUBER (Kundenbindung, 1998), S. 208, sowie zur Strategie der Kostenführerschaft bei Dienstleistungsunternehmen HOMBURG/FAßNACHT (Wettbewerbsstrategien, 1998), S. 528ff.

4.2 Generierung und Bewertung von Leistungsideen

4.2.1 GRUNDSÄTZLICHE MÖGLICHKEITEN DER IDEENGEWINNUNG UND -AUSWAHL

Sind die Zielgruppen für das Serviceangebot definiert, sollten im nächsten Schritt hierfür in Frage kommende Leistungsvorschläge erzeugt bzw. gesammelt und einer ersten Bewertung unterzogen werden. In Anlehnung an LAAKMANN kann mit den Nachfragern, dem Unternehmen selbst und den Wettbewerbern zwischen drei Ausgangspunkten für die Ideengewinnung unterschieden werden.[1]

Gemäß der Marketingphilosophie, welche auf eine bewußte Steuerung des Unternehmens vom Absatzmarkt her angelegt ist und die Kundenbedürfnisse in den Mittelpunkt des unternehmerischen Handelns stellt,[2] bildet die *Erfassung von Nachfrageranforderungen und -erwartungen* das naheliegendste Verfahren zur Gewinnung von Leistungsideen. Dabei ist zwischen einer systematischen und einer unsystematischen Vorgehensweise zu differenzieren. Eine systematische Marktforschung durch Kundenbefragungen, wie sie im Rahmen dieser Untersuchung praktiziert wurde, gilt als „Königsweg"[3] zur Erlangung von Informationen, die bei der Strukturierung des Leistungsprogramms nützlich sein können. Als unsystematisch wäre die Sammlung von Einzelmeinungen aufzufassen, die etwa im alltäglichen Kontakt mit den Kundenbetreuern oder im Rahmen des Beschwerdemanagements (z.B. Nachbarschaftskonflikte bezüglich der Treppenhausreinigung als Hinweis auf eine diesbezügliche Angebotslücke) sporadisch geäußert werden.

Bei der *unternehmensbezogenen Generierung von Angebotsideen* dient das Leistungspotential des Wohnungsunternehmens, seine Mitarbeiter und seine sonstigen Produktionsfaktoren, als Ausgangspunkt der Betrachtung. Eine theoretische Fundierung bietet diesbezüglich der sogenannte „*Ressourcenansatz*", nach welchem interne, spezifische Ressourcen den Ursprung von Wettbewerbsvorteilen darstellen.[4] Das Wohnungsunternehmen würde vor diesem Hintergrund zunächst der Frage nachgehen, ob seine Ressourcen eine im Vergleich zu Konkurrenten bessere oder billigere Dienstleistungsproduktion erlauben.

Eine günstigere Produktion durch *Kostenvorteile* im Sinne von Economies of Scope ließe sich zum Beispiel dann realisieren, wenn anderweitig nicht voll beanspruchte, unteilbare Kapazitäten durch das zusätzliche Angebot besser ausgelastet werden.[5] Ein bisher ungenutzter Kel-

---

[1] Vgl. LAAKMANN (Profilierungsinstrument, 1995), S. 106ff.

[2] Vgl. KOTLER-BLIEMEL (Marketing-Management, 1999), S. 25ff.; SÜCHTING/PAUL (Bankmanagement, 1998), S. 617; KÜHNE (Aufgaben, 1994), S. 478.

[3] MEYER/BLÜMELHUBER (Kundenbindung, 1998), S. 201.

[4] Für eine Einführung in den Ressourcenansatz vgl. BAMBERGER/WRONA (Ressourcenansatz, 1996), S. 131ff.; BONGARTZ (Ressourcen, 1997), S. 22ff.; LIENEMANN/REIS (Ansatz, 1996), S. 257ff.

[5] Vgl. FRIEGE (Entscheidungsgrundlage, 1995), S. 748.

lerraum, der zu einer Sauna für die Bewohner des Viertels umgebaut wird, ein vorhandenes Breitbandkabelnetz, auf dem neue multimediale Anwendungen zu übermitteln sind, oder Mitarbeiter in der Kundenbetreuung, die zeitlichen Spielraum für eine telefonische Akquisition z.B. von Versicherungskunden haben, ermöglichen aus theoretischer Sicht gegenüber anderen Unternehmen, welche diese Kapazitäten erst aufbauen müßten, eine kostengünstigere Dienstleistungserstellung. Des weiteren können Kosten- oder auch *Qualitätsvorteile* daraus resultieren, daß gegebene immaterielle Ressourcen[1] wie ein besonderes Know-how der Mitarbeiter (z.B. hinsichtlich des Bedarfs der Kunden an sozialen Dienstleistungen)[2] oder die in einer Kundendatenbank gespeicherten Informationen für die Vermarktung weiterer Angebote genutzt werden können. Leistungen, für die solche Vorteile verfügbar zu machen sind, würden somit als Vorschlag für das Dienstleistungsprogramm aufgenommen.

Schließlich besteht die Möglichkeit, durch Marktbeobachtungen und Konkurrenzanalysen zu einer *wettbewerbsbezogenen Ideengenerierung* zu gelangen.[3] Grundlagen hierfür können schriftliche Quellen sein (z.B. Geschäftsberichte, Mieterzeitschriften, Veröffentlichungen), elektronische Quellen (wie etwa das Internet oder Datenbanken), persönliche Kontakte z.B. im Rahmen von Verbandstagungen und -seminaren oder auch Unternehmensberatungsgesellschaften.

Die drei vorgestellten Ansätze lassen sich komplementär einsetzen. Von zentraler Bedeutung ist jedoch, die *Kundenperspektive* nicht aus den Augen zu verlieren, denn letztlich werden nur solche Angebote erfolgreich sein, die dem Kunden einen höheren Zuwachs an Nettonutzen versprechen als jene der Konkurrenz.[4] Daher sollten auch bei der Vorauswahl der in das Dienstleistungsprogramm aufzunehmenden Leistungen Kundenurteile eingeholt und berücksichtigt werden.

Eine *Vorauswahl* von Leistungsideen fördert die Effizienz des weiteren Prozesses der Angebotsstrukturierung, da absehbar wenig erfolgsträchtige Problemlösungen bei den weiteren Überlegungen vernachlässigt werden können. Andererseits ist der Kreis der potentiellen Offerten noch nicht zu sehr einzuengen, denn oftmals lassen sich erst unter Berücksichtigung z.B. der Gestaltung der Trägerschaft die Konsequenzen eines Angebots genauer bewerten. Eine weitere Feinauswahl ist daher erst nach Abschluß der Planung des Marketing-Mix vorzunehmen.

---

[1] Vgl. HALL (resources, 1992), S. 136ff.; HALL (capabilities, 1993), S. 607ff.

[2] So wird die These erhoben, daß Wohnungsunternehmen mit Blick auf die Bereitstellung und Koordination von Pflege- und Hilfsdiensten „mutmaßlich näher an den Bedarfen agieren können als beispielsweise Verbände und kommunale Dienstleistungen." HEINZE/BUCKSTEEG (Modernisierung, 1995), S. 215.

[3] Vgl. LAAKMANN (Angebotsprofilierung, 1995), S. 41.

[4] Vgl. MEYER/DULLINGER (Leistungsprogramm, 1998), S. 719.

Die Kriterien für die Vor- und Endauswahl richten sich nach den eingangs festgelegten Angebotszielen. Wird zum Beispiel eine Steigerung der Kundenbindung angestrebt, müssen die Vorschläge danach bewertet werden, inwiefern sie die Kundenzufriedenheit erhöhen bzw. zum Aufbau ökonomischer oder sonstiger Wechselbarrieren geeignet sind. Stehen hingegen soziale Aspekte im Vordergrund, ist ihnen auch im Auswahlprozeß ein entsprechendes Gewicht einzuräumen. Hierzu bietet sich insbesondere der Einsatz von *Scoringmodellen* an, mit deren Hilfe eine unternehmensinterne Expertenrunde zu einer kondensierten Punktbewertung für den *Nutzen* jeder Leistung gelangen kann.[1] Diesem Nutzen sind die voraussichtlichen *Kosten* - sofern zu diesem Planungszeitpunkt bereits überschaubar - gegenüberzustellen.[2]

Im folgenden soll beispielhaft für eine Marktanalyse, die zur wettbewerbsbezogenen Leistungsgenerierung dienen kann, ein ausführlicher Überblick über das Angebot wohnbegleitender Dienstleistungen in der US-amerikanischen Wohnungswirtschaft erfolgen.

4.2.2 ERZEUGUNG VON LEISTUNGSIDEEN DURCH INTERNATIONALE WETTBEWERBSBEOBACHTUNG: BEISPIELE AUS DEN USA

Wohnbegleitende Dienstleistungen stellen kein nationales Phänomen dar, sondern werden sowohl von Wohnungsanbietern im europäischen als auch im außereuropäischen Ausland als Differenzierungsinstrument oder zu anderen Zwecken eingesetzt.[3] Wenn über den Wandel von der Industrie- zur Dienstleistungsgesellschaft diskutiert wird, zitieren Wissenschaft und Praxis oftmals die *USA* als Vorbild für Deutschland. Zum einen ist der Grad der *Tertiarisierung* in den Vereinigten Staaten als „Mutterland der Dienstleistung"[4] weiter fortgeschritten als hierzulande, zum anderen wird regelmäßig die These vorgebracht, daß die *Servicementalität* bei den nordamerikanischen Dienstleistern (und Konsumenten) stärker ausgeprägt sei und man insofern hiervon lernen könne.[5] Im folgenden werden daher die Bedeutung und die Erscheinungsformen wohnbegleitender Dienstleistungen in den USA analysiert. Den Ausgangspunkt bildet eine Darstellung des Wohnungsmarkts, der sich von jenem in Deutschland grundlegend unterscheidet, aber gerade deshalb interessante Einsichten bietet.

---

[1] Vgl. LAAKMANN (Profilierungsinstrument, 1995), S. 175.

[2] Zur Wirtschaftlichkeitsanalyse vgl. Kap. 4.5.

[3] Für einen Überblick über die Seniorenbetreuung bei europäischen Wohnungsunternehmen vgl. BOER/ROOSE (Housing, 1997), S. 5ff.

[4] CAIN (USA, 1997), S. 63.

[5] Vgl. ACHLEITNER (Modell, 1997), S. 77ff.; FELS (Wirtschaftsstandort, 1997), S. 50f., und kritisch zur These der Dienstleistungslücke gegenüber der USA STAUDT ET AL. (Wachstum, 1996), S. 1.

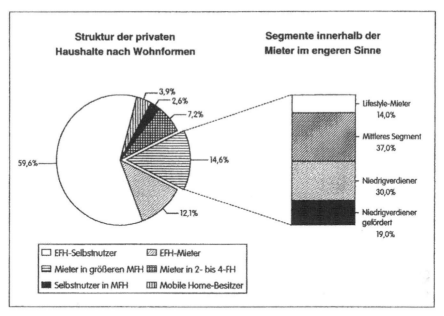

Abb. 49: Bedeutung der Wohnformen und Mietersegmente in den USA (Stand: 1997)

Quelle der Daten: GOODMANN (Demography, 1999), S. 33, 42.

In den Vereinigten Staaten als „*Country of Owners*"[1] dominiert das selbstgenutzte Einfamilienhaus (EFH) als Wohnform, knapp 60% der privaten Haushalte leben im Eigenheim (vgl. Abb. 49). Weitere 12% wohnen zur Miete im Einfamilienhaus, 4% in Mobile Homes, unter denen man überdimensionierte, zumeist längerfristig an einem Ort stationierte Wohnwagen verstehen kann. Damit entfällt weniger als ein Viertel der genutzten Wohnungen auf Mehrfamilienhäuser (MFH). Von den insgesamt 22% der US-Haushalte, die als Mieter in Mehrfamilienhäusern leben, wohnt etwa ein Drittel in 2- bis 4-Familien-Häusern, die übrigen in Objekten mit mindestens 5 Parteien, den „Multifamily Properties".[2] GOODMAN, der eine Untersuchung über die Zusammensetzung der Wohnungsnachfrager in den USA durchgeführt hat, wählt nur für letztere die Bezeichnung der „*Apartment Renters*"[3] (14,6% aller Haushalte). Mieter in kleineren Mehrfamilienhäusern sind seiner Ansicht nach mit den „klassischen" Mietern in größeren Objekten strukturell nicht zu vergleichen, da sie eher den Mietern von Einfamilienhäusern ähneln.

---

[1] KRUECKEBERG (Rent, 1999), S. 9, Hervorhebung nicht im Original.

[2] Vgl. NATIONAL MULTI HOUSING COUNCIL (Apartment, 1996), S. 34.

[3] GOODMANN (Demography, 1999), S. 32, Hervorhebung nicht im Original.

Insgesamt betrachtet dienen Mietwohnungen vor allem zur Versorgung jüngerer und berufs-bedingt mobiler US-Amerikaner.[1] Wie Abb. 49 auf ihrer rechten Hälfte zeigt, existieren aller-dings durchaus unterschiedliche Marktsegmente innerhalb der Apartment Renters. Knapp die Hälfte dieser Gruppe sind dem Segment der *Niedrigverdiener* zuzuordnen, für die das Woh-nen zur Miete aus finanziellen Gründen in der Regel die einzige Option darstellt.[2] Der größere Teil der Niedrigverdiener profitiert von staatlichem Wohngeld oder von per Objektförderung subventionierten Mieten. Am oberen Ende des Mietermarktes befinden sich die *Lifestyle-Mieter*; etablierte, kinderlose Haushalte mit überdurchschnittlichem Einkommen, die bewußt und dauerhaft das Wohnen zur Miete wählen, obwohl sie sich problemlos Eigentum leisten könnten.[3]

Als Residuum besteht der *Middle-Market* aus Haushalten, welche zu einem großen Teil eben-falls mit ausreichenden finanziellen Ressourcen für den Erwerb eines Eigenheims ausgestattet sind, die aber den Erwerb anderer Güter und Dienstleistungen oder die Ersparnisbildung (etwa für einen größeren Hauskauf zu einem späteren Zeitpunkt) vorziehen. Im Durchschnitt gese-hen sind Mieter des mittleren Marktes jünger und ziehen häufiger um als die Angehörigen anderer Gruppen.

Aus dieser Konstellation auf dem Wohnungsmarkt leiten sich besondere Zielsetzungen für das Angebot wohnbegleitender Dienstleistungen ab. So liegt der Schwerpunkt bei der Differenzie-rung neben der Profilierung gegenüber anderen Vermietern auf der *Differenzierung gegenüber dem Wohnen im Einfamilienhaus*. Weil das Eigenheim den Normalfall darstellt, bedarf es be-sonderer Gründe, um überhaupt den Mieterstatus anzunehmen. Die Wohnungswirtschaft wirbt im Rahmen der Kundengewinnung mit Vorzügen wie „affordability", „flexibility", „convenience", „sense of community", „smaller home maintenance burden", „protection from financial risks" und nicht zuletzt „services".[4] „The more amenities in an apartment building resemble those of a private home, the easier it is for you to attract ... clients."[5]

In Übereinstimmung mit den Überlegungen der deutschen Wohnungswirtschaft wird wohnbe-gleitenden Dienstleistungen darüber hinaus eine zentrale Bedeutung im Sinne der Steigerung der Kundenbindung beigemessen: „Service is the key to resident retention."[6] Angesichts der hohen Mobilität der Mieter widmet sich die Branche dort allerdings schon seit längerer Zeit

---

[1]   Vgl. LINNEMAN (Multifamily, 1989), S. 2f.

[2]   Vgl. hierzu und im folgenden GOODMANN (Demography, 1999), S. 38ff.

[3]   Vgl. OCHIPINTI ZANER (Trends, 1995), S. 27.

[4]   Vgl. NATIONAL MULTI HOUSING COUNCIL (Apartment, 1996), S. 6ff.; MICHAUX/KEMPNER (Insight, 1995), S. 26.

[5]   CYMROT/GOLDWASSER (Investing, 1988), S. 147.

[6]   HOLLAND (Management, 1995), S. 141.

und intensiver dem Thema Kundenbindung als die deutsche Wohnungswirtschaft.[1] GOODMAN berichtet davon, daß 34% aller im Jahre 1997 existenten Apartment Renters innerhalb des Jahres zuvor umgezogen ist, bei den unter 30jährigen betrug die Quote gar mehr als 50%.[2] Für die Wohnungswirtschaft[3] resultieren daraus - gemessen an deutschen Verhältnissen - exorbitante Fluktuationsquoten, die in einzelnen Anlagen bis zu 135% p.a. betragen.[4] Insbesondere auf diese Faktoren dürfte zurückzuführen sein, daß wohnbegleitende Dienstleistungen insgesamt bislang eine größere Verbreitung in den USA gefunden haben als hierzulande.

Einen Eindruck von der durchschnittlichen Bedeutung einzelner Serviceangebote vermittelt Tab. 14 auf der folgenden Seite. Die mittlere Spalte zeigt die Rangfolge verschiedener Zusatzleistungen nach der Häufigkeit, wie sie in den Vermietungsanzeigen einer Ausgabe der Zeitschrift „Apartments for Rent" für den Raum Washington, DC angegeben wurden. In der rechten Spalte ist hingegen die aus einer nationalen Mietbefragung resultierende Häufigkeitsrangfolge von Sekundärleistungen zu sehen. Übereinstimmend ist festzustellen, daß Freizeit- und Sicherheitsdienste dominieren. Dabei mag die vergleichsweise geringe Betonung von Sicherheitsaspekten in den Zeitungsannoncen darauf zurückzuführen sein, daß in Washington entsprechende Dienste ohnehin schon als „Mußleistung" zu betrachten sind oder daß beim Wohnungssuchenden nicht der Eindruck eines besonders unsicheren Umfelds entstehen soll.

Die Durchschnittsbetrachtung sollte nicht darüber hinweg täuschen, daß die Verteilung von Serviceangeboten innerhalb der Marktsegmente stark variiert. Wo die einkommensschwachen Schichten wohnen, ist das Dienstleistungsniveau gering.[5] Demgegenüber genießen Lifestyle-Mieter oftmals eine sehr weitreichende Betreuung. Insbesondere in den Hochhaus-Apartmentanlagen der Metropolen läßt sich angesichts der hohen Konzentration an (Lifestyle-)Mietern

---

[1] Als Belege für die dem Thema gewidmete Aufmerksamkeit vgl. HARMON/MCKENNA-HARMON (Retention, 1994); INSTITUTE OF REAL ESTATE MANAGEMENT (Retention, 1993).

[2] Vgl. GOODMANN (Demography, 1999), S. 51.

[3] Im Unterschied zum deutschen Mietwohnungsmarkt spielt die unternehmerische Wohnungswirtschaft in den USA eine deutlich geringere Rolle. Im Eigentum genossenschaftlicher und gemeinnütziger Wohnungsunternehmen sowie von Real Estate Corporations befinden sich lediglich 4% der Einheiten in Wohnanlagen mit weniger als 50 Wohnungen und 8% der Einheiten in Apartment Communities größerer Dimension. Rund 90% bzw. 75% entfallen insgesamt auf einzelne oder in Personengesellschaften zusammengeschlossene Kapitalanleger. Allerdings verändert sich das Bild etwas, stellt man auf die verwalteten Einheiten ab. Die 50 größten Multifamily Companies kontrollieren 11% des US-Marktes. Zwei US-Wohnungsunternehmen verwalten mehr als 100.000 Wohnungen, das kleinste innerhalb der Top 50 20.000 Einheiten. Vgl. NATIONAL MULTI HOUSING COUNCIL (Apartment, 1996), S. 27, 58f.; MUTZ (brand, 1996), S. 28. Eine Darstellung der Eigentümerstruktur gemessen am Wert der vermieteten Wohnobjekte findet sich bei ARTHUR ANDERSEN REAL ESTATE SERVICES GROUP (Future, 1991), S. 32.

[4] Diese Zahl nannte P. Linneman, Chairman of Real Estate Department, Wharton School of the University of Pennsylvania, Philadelphia, in einem Gespräch am 4.3.1996. Die durchschnittliche Mieterfluktuation bei Wohnimmobilien beträgt etwa 40% p.a. Diese Einschätzung traf D. Golden, Research Manager, IREM Institute for Real Estate Management, Chicago, in einem Gespräch am 28.2.1996.

[5] Dies bestätigte Professor E. Mills, J.L. Kellogg Graduate School of Management, Northwestern University, Evanston, Illinois in einem Gespräch am 26.2.1996.

und den damit möglichen Economies of Scale ein breites Sekundärleistungsspektrum realisieren.[1] Hier sowie in den luxuriösen Vorort-Communities entwickeln sich die Wohnungsanbieter mehr und mehr zu „total home needs provider".[2]

Relative Häufigkeit in der Stichprobe	Sekundärleistungen unter den Mietangeboten eines Washingtoner Immobilienmagazins (1995, n = 253)	Sekundärleistungen in Multifamily Properties, nationale Mieterbefragung (1991, n = 1.360)
über 50 %	Swimming Pool	---
30 - 50 %	Fitnessraum	Swimming Pool
20 - 30 %	Tennisplatz, Kinderspielplatz	Partyraum, Alarmsystem in Wohnung
10 - 20 %	Clubhaus, Sauna	Fitnessraum, Tennisplatz, 24-Stunden-Wachdienst, Geschäfte im Wohnkomplex
5 - 10 %	Überwachter Eingang, 24-Stunden-Bereitschaft, Geschäfte im Wohnkomplex, Whirlpool, Basketball, Sonnenterasse, Volleyball, Jogging-/Fahrradwege, Grillplatz	---
bis zu 5 %	Organisierte Veranstaltungen, Sonnenstudio, Concierge, Aerobic-Kurse, Wachdienst, Autowaschzonen, Kindertagesstätte, Notrufanlagen innerhalb Wohnung	Concierge Sauna/Whirlpool in Wohnung

Tab. 14: Verbreitungsgrad von Sekundärleistungen in US-Mietwohnanlagen
Quellen: COATES & JARRATT, INC. (Future, 1995), S. 57; AHLUWALIA/CROWE/CORLETTA (Renters, 1992), S. 33; 36.

Einen Überblick über die zukünftigen Entwicklungslinien wohnbegleitender Dienstleistungen für Mieter vermitteln die Tabellen 15 und 16 auf den Seiten 248f. In der ersten Spalte sind insgesamt sechs Trendthemen oder „Driving Trends" aufgeführt, wie COATES & JARRATT, INC. sie in ihrer Studie zur Zukunft der amerikanischen Wohnungswirtschaft beschrieben haben.[3] Die zweite und dritte Spalte enthalten jeweils Erläuterungen zu den Trends bzw. Servicevorschläge, die als eine mögliche Antwort auf die themenbezogenen Herausforderungen interpretiert werden. Hierbei handelt es sich um Sekundärleistungen, welche teilweise - insbesondere im Lifestyle-Segment - schon Realität sind, während andere erst noch zu entwickeln wären. Auf eine weitere Kommentierung der Tabelle soll hier verzichtet und statt dessen der

---

[1] Vgl. MANNION (cities, 1992), S. 16, 25; COHN (amenities, 1992), S. 49f. Ein ähnliches Wohnkonzept bieten die in jüngster Zeit auch in Frankfurt entstehenden „Doormen-Houses" wie das „Eurotheum". Vgl. KRAL (Wohnen, 1997), S. 40. Darüber hinaus existieren in Deutschland bisher nur wenige Beispiele von (nicht seniorenspezifischen) Wohnprojekten mit umfassendem Servicekonzept, siehe etwa BEUL (Lofts, 1997), S. 43.

[2] MICHAUX/KEMPNER (Insight, 1995), S. 26.

[3] Vgl. COATES & JARRATT, INC. (FUTURE, 1995), S. 13ff.

Blick auf spezifische Dienstleistungsangebote für Senioren und für Eigentümer gerichtet werden.

Traditionell ist die Serviceintensität bei den unterschiedlichen Formen des Seniorenwohnens im Vergleich zum allgemeinen Mietwohnungsmarkt stark ausgeprägt. Grundsätzlich läßt sich unterscheiden zwischen dem *Active Adult Housing* und dem *Service-Oriented Housing*.[1] Angebote der ersten Kategorie richten sich primär an den gesunden, jungen und wohlhabenden Ruheständler ab 55 Jahren, der sich von den unangenehmen Pflichten des Hauseigentümers (Instandhaltung, Pflege) entledigen möchte und ein ansprechendes Ambiente mit außergewöhnlichen Freizeitattraktionen (z.B. Golfplatz, Yachthafen; oft in den sonnigen, südlichen Staaten) bevorzugt.[2]

In den Bereich des *Service-Oriented Housing* fallen sämtliche Wohnformen, die zwischen den Extrempolen der Normalwohnung und dem Heim für Schwerstpflegebedürftige als Bleibe für Ältere liegen. Zielgruppen bilden hier zum einen die noch gesunden Rentner ab Mitte 60, die einen möglichen Versorgungsbedarf antizipieren, zum anderen die Hochbetagten mit geringem bis mittlerem Hilfe- und Pflegebedarf. Zwar ist das diesbezügliche Angebotsspektrum insgesamt differenzierter als in Deutschland,[3] grundlegende Unterschiede lassen sich jedoch nicht erkennen. Praktische Bestrebungen seitens der Wohnungswirtschaft, den Senioren einen Verbleib in ihren angestammten Wohnungen zu ermöglichen, sind bislang kaum zu erkennen. Gleichwohl scheint die diesbezügliche Herausforderung erkannt: „Since most elderly age in place, there are opportunities for accommodating or encouraging NORCs - naturally occurring retirement communities - by progressively adding seniors-oriented amenities and services in existing apartment communities."[4]

---

[1]   Vgl. SHASHATY (Marketing, 1991), S. 1ff.

[2]   Vgl. ELLIOTT/SCHLESS (Reality, 1992), S. 20f.

[3]   Für einen Überblick vgl. HOWELL (Seniors, 1995), S. 14ff.; HOGAN (Overview, 1992), S. 47ff.; GIMMY/ BOEHM (Housing, 1988), S. 19ff.; PORTER (Developing, 1995), S. 19.

[4]   COATES & JARRATT, INC. (Future, 1995), S. 65. Zu den Rahmenbedingungen und Konzepten für die ambulante Altenversorgung bzw. die Unterstützung des „Aging-in-place" in den USA generell vgl. BENJAMIN (Services, 1992), S. 9ff.; BOGDONOFF ET AL. (Living-at-home, 1991).

Trendthema	Ursachen / Herausforderungen	Adäquate Sekundärleistungen in der Wohnanlage bzw. für den Mieter
Sicherheit	• Steigende Wahrscheinlichkeit von Gewaltdelikten auch in „besseren" Wohngegenden, Diebstahl und Vandalismus als Hauptbedrohung • Ausrichtung von Dienstleistungen und baulicher Ausstattung auf Verbrechensverhütung	• Ausbau von Gated Communities (Umzäunung, Zugangskontrollen, Patrouillen) • Hausbezogene Sicherheitssysteme (elektronische Überwachung, Eintrittsschleusen, Pförtner) • Wohnungsbezogene Sicherheitspakete (Schlösser, Riegel, Erkennungstechnik, Alarmanlagen) • Freiwilligen-Wachdienst • Bewachte Garagen • Tragbarer Notrufsender im Haus und außer Haus
Freizeit / Gesundheit	• Bedürfnis nach positiven (sozialen) Erlebnissen • Hohe Popularität von Sport und Do-it-yourself • Wachsendes Interesse an der persönlichen Gesundheit	• Clubhäuser als Mietertreff mit Veranstaltungs-, Gesellschafts- und Spielräumen, Grillplätze • Leihbibliothek, Medienräume, Videokino, Videoverleih • Hobby-Werkstätten, Mieterrenovierung • Fitneß-Studios, Sauna, Swimming-Pool, Walking-Pfade, Maniküre, Schönheitssalon • Sportliche Wettkämpfe, kulturelle und Bildungsveranstaltungen, Fahrdienst zu Events
Zeitknappheit	• Wachsender Zeitdruck bei Arbeitnehmern aufgrund Doppelverdienertum, zwei oder mehr Jobs pro Person, steigender Weiterbildungsbedarf auch in der Freizeit • Angebot zeitsparender Dienste • Verlagerung von Einrichtungen des täglichen Bedarfs in die Wohnquartiere	• Mahlzeiten-Bringdienst, Restaurant, Café, Fast food • Hauswirtschaftliche Dienste, Annahme- und Lieferservice für Wäschereinigung • Babysitter-Station, Kindertagesstätte, „Schlüsselkinder-Betreuung", Fahrdienst für Kinder zu Kindergarten/Tagesstätte/Schule • Haustierpflege und -ausführung, Wohnungsbetreuung bei Abwesenheit • Concierge-Service mit Vermittlung z.B. von Veranstaltungstickets, Reisen und besonderen Angeboten (z.B. Geschenkverpackungsservice zu Weihnachten) • Recycling-Center (Annahme von Wertstoffen, Sonder- und Sperrmüll)
Mobilität	• Anhaltend hohe Umzugsaktivität der Mieter, oft innerhalb eines Ortes • Weiter steigende Bedeutung des privaten PKWs als Transportmittel	• Relocation-Service (weitestgehende Organisationshilfen am neuen Wohnort), Umzugsservice • Autowasch- und technischer Checkdienst, Bring- und Abholdienst bei Reparaturen in Fachwerkstatt • Do-it-yourself-Werkstatt und -Waschplätze

Tab. 15: Ableitung von zukünftigen Sekundärleistungsangeboten auf Basis von Trendthemen für die US-amerikanische Wohnungswirtschaft - Teil 1

Trendthema	Ursachen / Herausforderungen	Adäquate Sekundärleistungen in der Wohnanlage bzw. für den Mieter
Arbeit	• Wachsende Zahl von Telearbeitern und von zu Hause aus tätigen Selbständigen • Eröffnung breiter Kommunikationsmöglichkeiten • Übernahme von Bürofunktio·nen	• Heimarbeiter-Servicecenter mit Computer, Software, Drucker, Fax, Kopierer • Gesprächsannahme, Sekretärin bei Bedarf • Heimarbeitsplatz in Wohnung mit eingebautem Computertisch und Anschlüssen • Kurierdienst, Paketdienst-Annahmestelle, Postagentur • Konferenzräume, Videokonferenz-Studio
Informations-technologie	• Erschließung neuer Informations- und Kommunikationstechnologie für den Mieter • Nutzung moderner Techniken im Vertriebs- und Betreuungsprozeß	• Kabelkanäle für flexible Ausrüstung mit Glasfaser- oder anderen Kabeln, Internetzugang • Kooperation mit privaten Telefon- und Kabelgesellschaften, Next-Day-Anschlußservice • Video-on-Demand, gesteuert aus der Wohnanlage oder von einem fremden Provider • Elektronische Informationstafeln an zentralen Orten, Mieter-Info-Kanal • Virtuelle Wohnungsbesichtigung, bildhafte Erklärung von Renovierungs- und Modernisierungs-vorhaben mit virtueller Technologie • „Smart Apartments": Nutzung „intelligenter" Wohnungstechnologie zur Verbindung von Haushaltssystemen in den Bereichen Sicherheit, Energie, Beleuchtung, Kommunikation und Unterhaltung • Ferndiagnose und -reparatur bei Störungen

Tab. 16: **Ableitung von zukünftigen Sekundärleistungsangeboten auf Basis von Trendthemen für die US-amerikanische Wohnungswirtschaft - Teil 2**

Quellen für beide Teile: Für einen Überblick vgl. COATES & JARRATT, INC. (Future, 1995), S. 13ff.; NATIONAL MULTI HOUSING COUNCIL (Apartment, 1996), S. 16ff.; WHITE (Apartment, 1992), S. 14; RATEGAN (Amenities, 1991), S. 24ff.; o.V. (Amenity, 1995), S. 7f. Zum Einsatz der Informationstechnologie vgl. o.V. (Automation, 1995), S. 4f.; LANGENDOEN (Amenities, 1994), S. 32; LAVINE (Management, 1993), S. 16ff.; LITKE (Apartments, 1995), S. 16ff. Zum Thema Sicherheit vgl. BECKER (ratings, 1994), S. 47; HELLER (Communities, 1995), S. 6f. Mit Blick auf Freizeitangebote bzw. Servicecenter für das Arbeiten daheim vgl. MANNION (cities, 1992), S. 16f.; SCHWARTZ (office, 1994), S. 34; SHERROD (Spillover, 1992), S. 14; o.V. (Resident, 1991), S. 12.

Eine Darstellung der Problematik wohnbegleitender Dienstleistungen in den USA bliebe unvollständig, würde man unberücksichtigt lassen, daß sich hier spezielle Anbieter herausgebildet haben, die als *Nicht-Wohnungsunternehmen* eine umfassende Versorgung rund um das Wohnen insbesondere von Eigentümerhaushalten anstreben.[1] Das Paradebeispiel hierfür bildet die im folgenden vorgestellte *ServiceMaster Company*, ein börsennotierter integrierter Dienstleistungskonzern mit einem Gesamtumsatz (einschließlich Franchisepartner) von über 5,5 Mrd. US-$.[2]

Grundlegend ist zwischen den beiden Sparten *Management Services* und *Consumer Services* zu unterscheiden. Während der erste Bereich vor allem Facility-Management-Leistungen für Unternehmen und öffentliche Einrichtungen anbietet, deckt die Sparte Consumer Services über mehrere Tochtergesellschaften diverse sachbezogene Dienstleistungen insbesondere für private Haushalte ab. Hierzu zählen die Grünflächenpflege, die Termiten- bzw. Holzwurmbekämpfung (angesichts der überwiegend holzbasierten Einfamilienhäuser in den USA von hoher Bedeutung), ein Wertschätzungs- und Inspektionsdienst sowie ein Möbelpflegeservice. Des weiteren bieten die „Merry Maids" eine standardisierte professionelle Raumpflege an. Ein in Deutschland unbekanntes, gleichwohl auch für hiesige Eigenheimbewohner prinzipiell interessantes Produkt stellt die „Home Warranty" der Tochter „American Home Shield" dar. Hierbei handelt es sich um einen Versicherungsvertrag, der alle aus dem normalen Gebrauch und Verschleiß resultierenden Schäden an haustechnischen Systemen (Heizung, Klima, Wasser, Müllschlucker) und an den wichtigsten Elektrogeräten (Kühlschrank, Geschirrspüler, Waschmaschine, Trockner) einschließt. Gegen eine jährliche Gebühr von durchschnittlich 500 US-$ und einem einsatzspezifischen Entgelt (35 US-$) erfolgt eine Wartung und gegebenenfalls die Reparatur bzw. der Ersatz aller betroffenen Gegenstände.[3]

Nach Angaben von PAUL A. BERT, Executive Vice President von ServiceMaster Consumer Services, verfolgt der Konzern den Anspruch, qualitativ sehr hochwertige Leistungen zu erbringen, und liegt zumeist im oberen Preisbereich vergleichbarer Anbieter.[4] Primäre Zielgruppe stellen die Wohnungs- oder Hauseigentümer dar, nur 10% der Kunden sind Mieter. Innerhalb der Gruppe der *Eigentümer* werden insbesondere solche mit *mittlerem und hohen Einkommen* angesprochen. Der typische Kunde zeichnet sich zudem durch eine *gehobene Bildung* aus, der Anteil der College-Absolventen beträgt 65% gegenüber einem Landesdurchschnitt

---

[1] Das Engagement von seiten der Bauträger erscheint eher begrenzt. Für beispielhafte Ansätze vgl. REAGAN (Homeowner, 1993), S. 10; ALTMAN (Stuff, 1995), S. 127f.

[2] Vgl. SERVICEMASTER COMPANY (Investor, 1999).

[3] Zur Struktur von ServiceMaster vgl. SERVICEMASTER COMPANY (Welcome, 1999) und mit Blick auf die Entstehung und das Leistungspaket von American Home Shield SASSER/OLSON/WYCKOFF (Operations, 1978), S. 263ff.

[4] Die Angaben entstammen einem Interview mit Paul A. Bert, Executive Vice President, Marketing, ServiceMaster Consumer Services Company, Memphis, TN in einem Gespräch am 18.3.96.

von 18%. Dies erscheint als eine auffällige Parallele zu dem Befragungsergebnis bei den Kunden von Veba Immobilien, wonach der Bildungsgrad ein geeignetes Kriterium zu Differenzierung zwischen am Dienstleistungskonsum interessierten und weniger interessierten Eigentümern darstellt. ServiceMaster sieht die Ursache für den hohen Dienstleistungsbedarf der gebildeten, einkommensstarken Schichten ebenfalls in deren geringen disponiblen Zeitressourcen.

Geschäftsfelder, in denen für die Sparte Consumer Services langfristig *Expansionsmöglichkeiten* gesehen werden, sind die Bereiche Sicherheit, Lieferdienste, Handwerk, Telefondienste, Ver- und Entsorgung. Letztere Sektoren sind insbesondere vor dem Hintergrund der Deregulierung von Interesse: Bald würde jeder US-Bürger selbst bestimmen können, von welcher Telefongesellschaft Orts- und Ferngespräche bzw. von welchem Versorger Strom, Gas oder Wasser bezogen werden. In Kooperation mit den betreffenden Anbietern strebt ServiceMaster an, auf Basis bestehender Kundenbeziehungen ganze Wohnviertel für einen gemeinsamen Versorgungsvertrag zu gewinnen, der merkliche Rabatte von bis zu 25% für einzelne Leistungen enthielte. - Wie das Beispiel ServiceMaster insgesamt demonstriert, läßt sich eine Strategie als Komplettanbieter rund um das Wohnen auch im Eigentümer-Segment verwirklichen.

Faßt man die Analyse zu den wohnbegleitenden Dienstleistungen in den USA zusammen, so läßt sich in der Tat ein *breiteres Servicespektrum* als hierzulande konstatieren. Allerdings begehren und erhalten nicht alle Schichten gleichermaßen Sekundärleistungsangebote, sondern es zeigt sich eine *klare Abstufung zwischen den einzelnen Mietersegmenten.* Im Prinzip setzen fakultative Services erst auf der Ebene des „Middle Market" an, wo passive Freizeit- und Sicherheitsdienstleistungen dominieren. Aktive vom Vermieter organisierte Dienstleistungen wie z.B. Kinderbetreuung, Wohnungsreinigung oder die Übernahme von Sekretariatsfunktionen für Telearbeiter sind bislang primär im Lifestyle-Market anzutreffen. Moderne Informations- und Kommunikationstechnologien kommen ebenfalls zunächst im Top-Segment zum Einsatz. Auch im Hinblick auf Dienstleistungsangebote für Eigentümer zeigt sich, daß insbesondere die reicheren, höher gebildeten und beruflich stärker beanspruchten Gruppen die primären Konsumenten darstellen.

Der Blick auf die USA bestätigt insgesamt die aus der eigenen empirischen Erhebung abgeleitete Schlußfolgerung, daß eine *spezifische Ausrichtung an den Bedürfnissen der jeweils vorhandenen Klientel* erfolgen muß. Das aktuelle bzw. angedachte Sekundärleistungsspektrum von US-Wohnungsunternehmen mag als Anregung und Ideenbasis für eigene Konzepte der deutschen Wohnungswirtschaft dienen. Vor einer pauschalen Übertragung von Ideen ist indes zu warnen, da die sozioökonomischen und kulturellen Rahmenbedingungen für die Dienstleistungsnachfrage privater Haushalte in einigen wesentlichen Aspekten stark divergieren.

Aus sozioökonomischer Sicht ist zum ersten die in den USA vergleichsweise stark ausgeprägte Lohndifferenzierung zu berücksichtigen. „Die private Nachfrage nach Dienstleistungen ist größer, wenn relativ viele Leute mit hohem Einkommen sich in der Lage sehen, niedrig entlohnte Dienstleistende zu beschäftigen".[1] Zum zweiten führt die hierzulande relativ hohe Abgabenbelastung des Faktors Arbeit zu deutlich höheren Preisen insbesondere bei den personalintensiven aktiven Dienstleistungen. Zum dritten gilt Deutschland als ein „starker Brotverdienerstaat", in dem der Vater üblicherweise das Geld verdient und die Mutter ihre Erwerbstätigkeit - zumindest in den ersten Jahren - den Bedürfnissen der Kinder unterordnet.[2] Die verfügbaren Mittel und die Notwendigkeit zum Dienstleistungs-Outsourcing sind angesichts des Zuhausebleibens der Frau somit tendenziell geringer als in den USA, wo schon in den 80er Jahren lediglich 10% der Haushalte dem „Brotverdienermodell" entsprachen.[3]

Aus kultureller Sicht ist zum Beispiel von Bedeutung, daß bei den Nordamerikanern mentale Widerstände gegen das „Sich-Bedienen-Lassen" deutlich geringer ausfallen.[4] Zudem spielt für die starke Betonung von Freizeit- und sonstigen Einrichtungen in der Wohnungsnähe der Trend zum „Cocooning", dem Sich-Einspinnen in den eigenen Kokon der Wohnung bzw. des Wohnumfelds,[5] eine Rolle. Das Cocooning der US-Bürger mag vor allem begünstigt werden durch die hohe Kriminalität in den Abendstunden, welche gewöhnlich die Freizeit ausmachen. In Europa herrscht im allgemeinen eine andere Gesinnung: Die Menschen fürchten sich weniger vor dem Schritt nach draußen und betrachten es oft als ein besonderes Vergnügen, die Freizeit im öffentlichen Raum (z.B. Kinos, Gastwirtschaft) zu verbringen.[6]

4.3 Festlegung der Trägerschaft für die Dienstleistungsangebote

Eine zentrale strategische Frage im Rahmen der Umsetzung des Dienstleistungsprogramms besteht darin, wer die Trägerschaft für das Angebot übernehmen soll. Dienstleistungen anzubieten bedeutet nicht, diese selbst erstellen zu müssen. Vielmehr existiert eine Vielzahl an Möglichkeiten, Teile des Wertschöpfungsprozesses auszulagern und somit die eigene Leistungstiefe zu beeinflussen. Aus der Entscheidung über die Trägerschaft ergeben sich erhebliche Folgewirkungen für die Handlungsspielräume beim Marketing-Mix, für die Effizienz der Offerten und nicht zuletzt für den Nutzen des Kunden. Des weiteren kommt das strategische

---

[1] SCHARPF (Strukturen, 1986), S. 9.

[2] Vgl. MEYER (Selbstbedienungsökonomie, 1997), S. 199.

[3] Vgl. CHAPPELL DRENNON (Child, 1988), S. 1.

[4] Vgl. in diesem Sinne o.V. (dekadent, 1996), S. 96.

[5] Vgl. HOMBACH/STAENDER (Perspektiven, 1994), S. 556.

[6] Auf diesen Aspekt verwies Ingrid Nappi-Choulet, Professeur Adjoint, Groupe Essec, Cergy Pontoise Cedex, Frankreich, in einem Gespräch am 5.3.1996 an der University of Pennsylvania, Philadelphia, wo sie als Lehrbeauftragte tätig war.

Element darin zum Ausdruck, daß eine einmal getroffene Festlegung in der Regel kurzfristig nicht zu revidieren ist.

Einen Überblick über die grundlegenden Gestaltungsoptionen mit Blick auf die Trägerschaft vermittelt Abb. 50. In Anlehnung an ENGELHARDT/RECKENFELDERBÄUMER, welche die alternativen Erstellungsformen industrieller Dienstleistungen diskutiert haben,[1] kann von einer *Alleinangebots-Strategie* gesprochen werden, wenn das Wohnungsunternehmen als alleinverantwortlicher Anbieter gegenüber dem Kunden auftritt. In diesem Bereich existiert ein Spektrum zwischen „Buy" und „Make", d.h. die Trägerschaft der Leistungserstellung im engeren Sinne kann durchaus auf Dritte ausgelagert sein. Maßgeblicher Ansprechpartner für den Kunden ist jedoch immer das Wohnungsunternehmen, welches die Dienstleistungen im eigenen Namen und auf eigene Rechnung an den Kunden (weiter)verkauft.

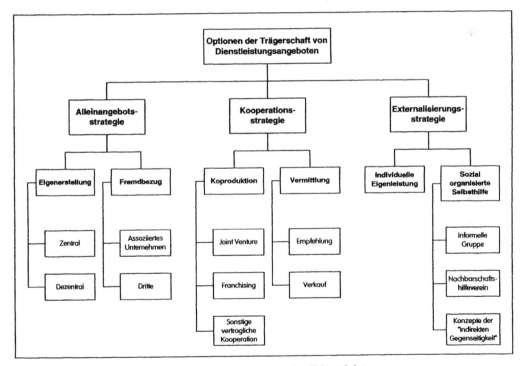

Abb. 50: Optionen der Trägerschaft wohnbegleitender Dienstleistungen

Quelle: Teilweise in Anlehnung an ENGELHARDT/RECKENFELDERBÄUMER (Trägerschaft, 1993), S. 269.

---

[1] Vgl. ENGELHARDT/RECKENFELDERBÄUMER (Trägerschaft, 1993), S. 268ff.

Eine Alternative hierzu stellt die *Kooperationsstrategie* dar, bei welcher die betreffende Leistung - für den Kunden offensichtlich - gemeinsam mit anderen Unternehmen oder sonstigen Trägern angeboten wird, wobei das Wohnungsunternehmen nicht oder nicht alleiniger Vertragspartner des Kunden ist. In diesem Rahmen kann sich die Rolle des Wohnungsunternehmens zum einen auf die Funktion der reinen Vermittlung beschränken, zum anderen kann es als Koproduzent weitergehend in die Leistungskonzeption bzw. -erstellung eingebunden sein.

Schließlich werden bei Verfolgung einer *Externalisierungsstrategie* einzelne Bewohner oder Bewohnergruppen dazu angeregt und angeleitet, bestimmte Dienste eigenverantwortlich zu übernehmen. Es findet also gleichsam ein Outsourcing auf den Kunden als externen Faktor statt. Im Gegensatz zu einem vollständigem Verzicht auf die Serviceleistung läßt sich hiermit der Boden für eine selbständige Problemlösung innerhalb der Kundschaft bereiten und so der Gefahr begegnen, daß Konkurrenten von einer eventuellen Leistungslücke profitieren können. „Externalisierung" ist ein in der Dienstleistungstheorie eingeführter Begriff für die Verlagerung von Teilen des Produktionsprozesses auf den externen Faktor.[1] Er soll hier daher hier Verwendung finden, obwohl man z.B. ebenfalls die Übertragung von Aufgaben auf Kooperationspartner als Vergabe an „Externe" interpretieren kann. Derartige ausgelagerte Prozesse lassen sich aber insofern als „intern" in Abgrenzung zur Kundensphäre betrachten, als sie der Konfiguration der Potentialdimension des Anbieters für das (Gesamt-)Leistungsbündel zuzuordnen sind.

Nach einer Darstellung möglicher Entscheidungskriterien für die Wahl der Trägerschaftsalternative werden im folgenden einzelne Strategien und ihre Ausprägungsformen anhand von Beispielen aus der Praxis beleuchtet, um hieraus Schlußfolgerungen für die jeweilige Vorteilhaftigkeit abzuleiten.

4.3.1 KRITERIEN FÜR DIE ENTSCHEIDUNG ÜBER DIE TRÄGERSCHAFT

Sowohl aus der theoretischen Diskussion zur Gestaltung der Leistungstiefe als auch aus der für diese Arbeit durchgeführten Expertenbefragung geht hervor, daß eine Vielzahl von Kriterien bei der Entscheidung darüber relevant sein kann, in welcher Organisationsform ein Sekundärleistungsangebot realisiert werden soll.[2]

Damit wohnbegleitende Dienstleistungen zu einem wirkungsvollen Differenzierungsinstrument avancieren, ist es erforderlich, einen möglichst hohen Nettonutzen für den Kunden zu erzielen, der sich als Differenz aus den empfundenen (Qualitäts-)Nutzen und Kosten der Sekundärleistung ergibt.[3] Aus dieser Betrachtung heraus lassen sich mit der Leistungsqualität

---

[1] Vgl. CORSTEN (Externalisierung, 1995), S. 194; CORSTEN (Dienstleistungsmanagement, 1997), S. 341.

[2] Zur allgemeinen theoretischen Diskussion mit Blick auf die Gestaltung der Leistungstiefe vgl. PICOT/HARDT (Entscheidungen, 1998), S. 627ff.; BAUR (Unternehmen, 1990), S. 13ff.; BEER (Outsourcing, 1998), S. 26ff.

[3] Vgl. Kap. 3.2.3.1.1.1.

und den Kosten zwei zentrale Aspekte ableiten, die bei der Wahl der Trägerschaft zu beachten sind.[1]

Eine hohe **Qualität** des Angebots setzt voraus, daß die ausführende Einheit über das nötige Wissen und Können, über die erforderliche *Kompetenz* verfügt. In der Kompetenz eines Unternehmens bezüglich eines Geschäftsbereichs kommt die Verzahnung von technologischen Fähigkeiten, personengebundenen Fertigkeiten, organisatorischen Routinen und sozialen Interaktionsmustern zum Ausdruck.[2] Eine intensive Diskussion hat in den 90er Jahren das Konzept der *Kernkompetenzen* erfahren,[3] welche als „einzigartige, nicht-imitierbare und nicht substituierbare unternehmensinterne Ressourcenbündel, die einen aus Kundensicht empfundenen Zusatznutzen stiften,"[4] definiert werden können. Stark simplifiziert läßt sich die Aussage des Ansatzes mit dem alten Sprichwort „Schuster, bleib bei deinen Leisten"[5] zusammenfassen.

Für das Sekundärleistungsangebot kann daraus gefolgert werden, daß sich die Wohnungsunternehmen bei der Eigenerstellung insbesondere auf ihnen geläufige Aktivitäten konzentrieren sollten, während in anderen Bereichen auf die Kompetenz Dritter zurückzugreifen wäre. Bei allen Formen der Realisierung ist jedoch zu beachten, daß eine vorhandene Kompetenz nicht tatsächlich zu einer angemessen Qualität für den Kunden führen muß, z.B. weil die Leistungsbereitschaft der Mitarbeiter Schwankungen unterliegt. Insofern sollte über die organisatorische Gestaltung nicht ohne Berücksichtigung der *Qualitätssicherungsproblematik* entschieden werden.[6]

Das Argument der **Kosten** spielt traditionell eine bedeutende Rolle in der Diskussion um die Leistungstiefengestaltung. Im Wettbewerbsvergleich niedrige Erstellungskosten schaffen einen erweiterten Handlungsspielraum für das Wohnungsunternehmen, bei entgeltlichen Angeboten den Kostenvorteil entweder an die Kunden weiterzugeben und somit deren Nettonutzen zu steigern oder höhere Gewinnanteile zu realisieren. Bei Leistungen, für die sich am Markt kein direktes Entgelt realisieren läßt, ist die Kostenhöhe oftmals maßgeblich dafür, ob überhaupt ein Angebot ins Auge gefaßt wird. Nicht nur die *Höhe*, sondern auch die *Transparenz*

---

[1] Aus Sicht von GRABY stellen Leistungserstellungs- und Transaktionskosten sowie Qualitätserfordernisse neben Bedarfskontinuität und strategischer Relevanz die entscheidenden Kriterien zur Gestaltung der Wertschöpfungstiefe von Sekundärleistungen dar. Vgl. GRABY (Dienstleistungen, 1993), S. 137ff.

[2] Vgl. BEER (Outsourcing, 1998), S. 77.

[3] Zur Abgrenzung und Bedeutung der Kernkompetenzen vgl. PRAHALAD/HAMEL (Competence, 1990), S. 83f.; AMPONSEM ET AL. (Kernkompetenzen, 1996), S. 220f.; KRUGER (Steigerung, 1997), S. 25ff. In jüngerer Zeit wird Kritik an dem Kernkompetenz-Ansatz hinsichtlich der Definitierbarkeit der Kernkompetenzen geäußert; auch deuten empirische Befunde darauf hin, daß die Konzentration auf Kernkompetenzen kein langfristiges Erfolgsrezept darstellt. Vgl. O.V. (Unternehmer, 1999), S. 31.

[4] MEYER/DULLINGER (Leistungsprogramm, 1998), S. 716.

[5] BENÖLKEN (Diversifikationsstrategien, 1997), S. 144.

[6] Vgl. VNW VERBAND NORDDEUTSCHER WOHNUNGSUNTERNEHMEN E.V. (Mieter-Service, 1997), S. 15.

der Kosten kann für das Wohnungsunternehmen ein Entscheidungsmerkmal bei der organisatorischen Gestaltung bilden. Denn eine Steuerung des Dienstleistungsangebots wird erleichtert, wenn dessen monetäre Auswirkungen klar zu erfassen sind. War es lange Zeit üblich, die Entscheidung über Eigen- oder Fremderstellung vor allem von einem Vergleich der eigenen Produktionskosten mit dem Preis des Lieferanten abhängig zu machen, so hat der Transaktionskostenansatz diesbezüglich zu einer erheblich erweiterten Perspektive geführt.[1]

Nach dem *Transaktionskostenansatz* in der Interpretation von PICOT entscheiden die vier Leistungseigenschaften Spezifität, strategische Bedeutung, Unsicherheit und Häufigkeit über das Ausmaß der Transaktionskosten, und in Abhängigkeit von diesen Ausprägungen lassen sich bestimmte Normstrategien hinsichtlich des „Make or Buy" ableiten.[2] Als wichtigste Eigenschaft wird die *Spezifität* betrachtet, also die Frage, in welchem Maße der Produzent zur Ausführung der Leistung spezifische Investitionen in das Human- oder Sachkapital tätigen muß.[3] Eine hohe *strategische Bedeutung* für die Differenzierung im Wettbewerb führt dazu, daß einerseits besondere Ansprüche an die Qualität der Leistung zu stellen sind, andererseits Überlegungen zum Schutz des strategisch bedeutsamen Know-hows zu erfolgen haben. Mit *Unsicherheit* wird der Aspekt umschrieben, daß bei weit in die Zukunft gerichteten und komplexen Leistungsbeziehungen die Spezifizierung und vertragliche Absicherung erhebliche Probleme bereitet. Schließlich berücksichtigt das Kriterium der *Häufigkeit*, daß für ein Angebot zu marktgerechten Preisen oftmals gewisse Mindeststückzahlen erforderlich sind.

Zunächst wird im folgenden betrachtet, unter welchen Bedingungen die Alternativen Eigenerstellung, Fremdbezug oder Kooperation jeweils vorteilhaft erscheinen. Eigenerstellung und Fremdbezug, die in dieser Arbeit als Ausprägungen der Alleinangebotsstrategie aufgefaßt werden, bilden gleichsam die Extrempole, wobei die Kooperation als dritte, hybride Form gedanklich eine Mittelposition einnimmt. In einem separaten Schritt wird unter Transaktionskostengesichtspunkten auf die Externalisierung eingegangen.

Unter Berücksichtigung von Tab. 17 lassen sich folgende Empfehlungen für eine transaktionskosteneffiziente Gestaltung der Leistungstiefe ableiten: Eine Eigenerstellung sollte das Wohnungsunternehmen tendenziell bei Sekundärleistungen anstreben, die von hoher Spezifität sind (z.B. wegen des Erfordernisses kunden- oder bestandsspezifischen Wissens), eine hohe strategische Bedeutung haben, häufig anfallen und mit hoher Unsicherheit verbunden sind. Ist die Häufigkeit von hoher, sind aber die übrigen Charakteristika von geringer Ausprägung, bietet sich idealerweise ein jeweils kurzfristiger Einkauf der Sekundärleistungen bei Dritten ohne längerfristige Bindung an. Andernfalls wird man auf Kooperationsformen zu-

---

[1] Zur Einführung vgl. Kap. 3.2.2.2.

[2] Vgl. PICOT (Leistungstiefe, 1991), S. 344ff.; PICOT/HARDT (Entscheidungen, 1998), S. 630ff.

[3] Vgl. grundlegend WILLIAMSON (Institutionen, 1990), 60-64.

rückgreifen, die je nach Ausprägung der Merkmale eher der Eigenerstellung oder dem Fremdbezug entsprechen.[1]

Als Trägerschaftsform ist vorzuziehen, ...			
falls	**Eigenerstellung**	**Kooperation**	**Fremdbezug**
Spezifität	hoch	mittel/hoch	gering
Strategische Bedeutung	hoch	mittel	gering
Unsicherheit	hoch	mittel	gering
Häufigkeit	hoch	gering/mittel	hoch

Tab. 17: **Vorteilhaftigkeit einzelner Trägerschaftsformen aus transaktionskostentheoretischer Sicht**

Quelle: in Anlehnung an KUTSCHKER (Eigentumsstrategie, 1992), S. 509ff.; PICOT (Leistungstiefe, 1991), S. 346.

Mit Blick auf eine mögliche Verlagerung von Leistungsprozessen auf den Kunden ist zu beachten, daß dem Kunden im Fall der Externalisierung die zur Problemlösung erforderliche
Technik bzw. das benötigte Wissen verfügbar zu machen sind.[2] Im Fall einer Erstellung durch
das Unternehmen selbst gilt es hingegen zu berücksichtigen, daß individuelle Dienstleistungen
oftmals die Einholung problemspezifischer Informationen beim Kunden erfordern. Ist der
Aufwand für den Informationstransfer vom Kunden zum Anbieter niedriger (höher) als der
Aufwand zur Vermittlung von Technik und Know-how an den Kunden, wäre die Erstellung
durch das Unternehmen aus Transaktionskostensicht günstiger (teurer). - Zusammenfassend
betrachtet liefert der Transaktionskostenansatz Tendenzaussagen für die Gestaltung der Trägerschaft, ohne daß auf dieser Basis genaue Empfehlungen für die jeweilige Realisierung
möglich wären.[3]

Mit der erzielbaren Leistungsqualität und den anfallenden Erstellungskosten sind bisher zwei
zentrale Kriterien diskutiert worden, die es bei der organisatorischen Festlegung zu berücksichtigen gilt. Allerdings lassen sich mit dem Zufriedenheitstransfer-Potential, dem Zeitbedarf
sowie der Überwindbarkeit von Marktzutrittsbarrieren drei weitere allgemeine Kriterien an-

---

[1] Vgl. PICOT/HARDT (Entscheidungen, 1998), S. 635ff.; FRIESE (Kooperation, 1998), S. 70ff.

[2] Vgl. PICOT/HARDT (Entscheidungen, 1998), S. 638.

[3] Vgl. BEER (Outsourcing, 1998), S. 64. Zur allgemeinen Kritik am Transaktionskostenansatz vgl. SCHNEIDER (Betriebswirtschaftslehre, 1995), S. 263-276; SYDOW (Netzwerke, 1992), S. 145ff.

führen, die im Rahmen des Entscheidungsprozesses von Bedeutung sind.[1] Darüber hinaus spielen insbesondere bei Vermietungsgenossenschaften steuerliche Implikationen eine Rolle.

Mit dem *Zufriedenheitstransfer-Potential* wird die Eignung einer organisatorischen Lösung beschrieben, die mit dem Sekundärleistungsangebot beabsichtigte Differenzierungs- bzw. Profilierungswirkung zu fördern. Ein vom Kunden wahrgenommener positiver Nettonutzen ist zwar eine notwendige, aber keine hinreichende Bedingung für eine erfolgreiche Profilierung. Denn wenn das Dienstleistungsangebot vom Kunden lediglich isoliert wahrgenommen und nicht dem Wohnungsunternehmen, sondern z.B. einem Kooperationspartner „angerechnet" wird, unterbleibt ein Zufriedenheitstransfer auf die Primärleistung. Infolgedessen läßt sich die angestrebte Unterstützungsfunktion mit Blick auf das Kerngeschäft nicht realisieren.[2] Daher gilt grundsätzlich, daß die „Zurechenbarkeit zur Hauptleistung, die Integration unter das Dach eines 'Systems' für den Kunden stets deutlich und erkennbar sein"[3] muß.

Mit dem *Zeitbedarf* für die Realisierung von Dienstleistungsangeboten wird explizit die Problematik angesprochen, daß die Umsetzungsgeschwindigkeit für die Erzielung von Wettbewerbsvorteilen entscheidend sein kann.[4] Wohnungsunternehmen, die als erste mit einem attraktiven, neuartigen Angebot vor Ort auftreten, dürfen mit einer besonderen Aufmerksamkeit ihrer Kunden bzw. der weiteren Öffentlichkeit rechnen und werden folglich vergleichsweise hohe Imagegewinne verbuchen.[5]

Von grundlegender Bedeutung ist darüber hinaus die Frage, ob bzw. inwiefern eine Trägerschaftsvariante zur *Überwindung von Markteintrittsbarrieren* beitragen kann. Neben einem fehlenden speziellen Know-how können unter anderem auch größenunabhängige Kostennachteile (z.B. schlechterer Zugang zu staatlichen Subventionen) oder ein erheblicher Mindestkapitalbedarf dazu führen, daß der Einstieg in einen neues Geschäftsfeld deutlich erschwert oder verhindert wird.[6] Aus dieser Perspektive betrachtet sind mit alternativen Organisationsformen unterschiedliche Marktchancen verbunden.

Steuerlichen Aspekten kommt insbesondere bei den Vermietungsgenossenschaften eine Entscheidungsrelevanz zu, da die 10%-Grenze der steuerpflichtigen Einnahmen an den Gesamteinnahmen für Nichtmitgliedergeschäfte nicht überschritten werden darf. Während Einnah-

---

[1] Einen sehr detaillierten Kriterienkatalog haben ENGELHARDT/RECKENFELDERBÄUMER (Trägerschaft, 1993), S. 271ff., vorgelegt.

[2] Vgl. MEFFERT/BURMANN (Bankbereich, 1996), S. 29.

[3] MEYER/BLÜMELHUBER (Kundenbindung, 1998), S. 208.

[4] Implizit wird „Schnelligkeit" bereits mit dem Bemühen um eine „gute" Trägerschaftslösung angesprochen, wenn man die Geschwindigkeit als ein Qualitätsmaßstab auffaßt.

[5] Vgl. FRIESE (Kooperation, 1998), S. 131ff., sowie zum Zeitwettbewerb allgemein NIESCHLAG/DICHTL/HÖRSCHGEN (Marketing, 1997), S. 143ff.; SIMON (Zeit, 1989), S. 79ff.

[6] Zur Bedeutung und den Formen von Markteintrittsbarrieren vgl. PORTER (Wettbewerbsstrategie, 1999), S. 29ff.; BAIN (Barriers, 1965), S. 1ff.

men aus dem Betrieb von Gemeinschaftsanlagen oder Folgeeinrichtungen (z.B. Gemein-schaftsräume, Mietergärten) unschädlich sind, wenn sie zu mehr als 50% von den Mitgliedern beansprucht werden, erfolgt bei regelmäßig entgeltlichen, individuellen Hilfsdiensten (z.B. Umzugsservice, Pflegedienste) als nicht begünstigte Geschäfte eine Anrechnung auf die 10%-Grenze. Gleiches gilt für Einnahmen aus der Vermittlung bzw. dem Inkasso für Dritte. Des weiteren müssen Genossenschaften generell berücksichtigen, daß unentgeltliche komplemen-täre Beratungsdienste (z.B. Wohnberatung für Senioren, Antragshilfe) sowohl Mitgliedern als auch - soweit vorhanden - Nichtmitgliedern unter den Mietern gleichermaßen offenstehen. Ansonsten besteht die Vermutung einer verdeckten Gewinnausschüttung.[1] - Nach der Dar-stellung der zentralen Entscheidungskriterien ist im folgenden zu untersuchen, wie die einzel-nen Angebotsformen im Hinblick hierauf zu bewerten sind bzw. in welchen Fällen sie in der Praxis präferiert werden. Als Grundlage der Ausführungen dient Abb. 50 auf S. 253.

4.3.2 Diskussion alternativer Realisierungsformen

4.3.2.1 Das Wohnungsunternehmen als einzige Schnittstelle zum Sekundär-leistungsabnehmer bei der Strategie des Alleinangebots

Bei der Strategie des Alleinangebots werden die Dienstleistungen im eigenen Namen und für eigene Rechnung des Wohnungsunternehmens abgesetzt. Gegenüber dem Kunden ist die Ver-antwortung somit in einer Hand konzentriert, was sich nicht nur in qualitativer Hinsicht als *Bequemlichkeitsvorteil* auffassen läßt, sondern prinzipiell mit einer hohen Wahrscheinlichkeit der *„Anerkennung" positiver Erfahrungen als Verdienst des Wohnungsunternehmens* einher geht. Vice versa können sich negative Erlebnisse beim Dienstleistungsbezug aber als äußerst imageschädigend erweisen. Aus der Kostenperspektive ist beispielsweise von Bedeutung, daß etwaige Entgelte in Verbindung mit der Mietzahlung eingezogen werden können; somit lassen sich die Inkassokosten senken.

4.3.2.1.1 Eigenerstellung

Die *Eigenerstellung* bildet eine erste Hauptvariante im Rahmen der Alleinangebotsstrategie. Sie verkörpert den höchstmöglichen Grad an vertikaler Integration und entspricht damit dem Leitbild der „Hierarchie" im Sinne des Transaktionskostenansatzes.[2] Innerhalb der Eigener-stellung, bei der die Ausführung der Dienstleistung stets durch Angestellte des Wohnungsun-ternehmens erfolgt, läßt sich weitergehend unterscheiden zwischen einer *zentralen* und *de-zentralen Erstellung*. Obwohl verschiedenartige Zwischenformen der innerbetrieblichen Or-ganisation und „Verortung" möglich sind, läßt sich die Betrachtung im Kern auf diese beiden

---

[1] Vgl. VNW Verband Norddeutscher Wohnungsunternehmen e.V. (Mieter-Service, 1997), S. 19ff.
[2] Vgl. Kap. 3.2.2.2.

Varianten verengen:[1] Sollen die Dienstleistungen zentral von einer spezialisierten Serviceeinheit oder dezentral von operativen Einheiten erbracht werden, die im Kerngeschäft an der „Kundenfront" tätig sind? Eine zentrale Erstellung bedeutet nicht, daß die entsprechenden Mitarbeiter ausschließlich in der Hauptverwaltung tätig wären, sondern nur, daß sie nicht mit der Wohnungsvermietung bzw. dem -verkauf befaßt sind.

Im Rahmen der Expertenbefragung konnten zwei Bereiche identifiziert werden, für welche die Wohnungsunternehmen im Fall der Eigenerstellung eine *Zentralisierung* generell präferieren. Zum einen ist eine Konzentration der Aufgaben bei *komplementären sachbezogenen Dienstleistungen* festzustellen, soweit es handwerkliche Aufgaben wie z.B. die Installation von Sicherheitsschlössern oder individuelle Renovierungshilfen betrifft. Dies ist dann der Fall, wenn ein Regie- bzw. Servicebetrieb für übliche Instandhaltungs- und Wartungsarbeiten existiert. Zum anderen ist bei Wohnungsgenossenschaften mit Spareinrichtung das *Spargeschäft* üblicherweise auf eine Abteilung bzw. Geschäftsstelle konzentriert.

Offensichtlich ist in den genannten Fällen ein spezifisches Wissen und Können sowie eine besondere materielle Ausstattung (z.B. Werkzeuge, Sicherheitsanlagen) erforderlich, welche in den zentralen Einheiten gebündelt werden. Durch die *Spezialisierung* auf besondere Serviceprobleme ist es den Mitarbeitern möglich, einen Erfahrungsschatz und Fertigkeiten aufzubauen, die eine hohe Leistungsqualität ermöglichen. Durch die Ausnutzung von Kostendegressionseffekten lassen sich *Economies of Scale* realisieren. Zudem können *Economies of Scope* etwa dann erzielt werden, wenn zuvor nicht voll ausgelastete Kapazitäten (z.B. Handwerker des Regiebetriebs) mit nur geringen Zusatzkosten für die Sekundärleistungserstellung einzusetzen sind. Grundsätzlich ermöglicht die Zentralisierung auch eine erhöhte Kostentransparenz, da die entsprechenden Abteilungen als Cost- oder Profit-Center geführt werden können.[2]

Als eine Domäne der *dezentralen Eigenerstellung* lassen sich hingegen die *komplementären personenbezogenen Dienstleistungen* im engeren Sinne betrachten. Beratungsaufgaben, die einen sehr starken Bezug zum Wohnen (Mietschulden-, Konflikt-, Wohnungstauschberatung) aufweisen, werden häufig von Kundenbetreuern vor Ort übernommen. Aus Kundensicht kann mit dieser Vorgehensweise ein Qualitätsvorteil insofern verbunden sein, als der Mieter auf einen *vertrauten Ansprechpartner* zurückgreift, der oftmals bereits über eine gewisse Kenntnis der persönlichen Bedürfnisse und Probleme des Kunden verfügt. Diese Angebotsform liegt auf einer Linie mit den in jüngerer Zeit zu beobachtenden Bestrebungen von Wohnungsunternehmen, die Verantwortlichkeit für einen Bewohner auf jeweils einen bestimmten Kundenbe-

---

[1] Vgl. ENGELHARDT/RECKENFELDERBÄUMER (Trägerschaft, 1993), S. 277.

[2] Zur Erfolgsermittlung bei Verlagerung der Serviceerstellung auf ein Profit Center vgl. MOLLBERG (Messung, 1983), S. 207ff.

treuer oder ein Betreuungsteam zu konzentrieren.[1] Aus Unternehmenssicht erscheint unter Kostengesichtspunkten vorteilhaft, daß ein Aufbau besonderer Kapazitäten bei der dezentralen Dienstleistungserstellung nicht erforderlich ist und prinzipielle Informationsvorsprünge der Mitarbeiter vor Ort bezüglich der Kundenbedürfnisse genutzt werden können.

Andererseits liegt auf der Hand, daß kaufmännisch geprägte Kundenbetreuer aufgrund ihrer Ausbildung nur bedingt in der Lage sind, ernsten sozialen Notfällen zu begegnen. Zudem droht in Beständen, in denen Randgruppen oder auch ältere Mieter verstärkt auftreten, eine zu starke Ablenkung von den eigentlichen Aufgaben.

Vor diesem Hintergrund ist zu erklären, daß einige Wohnungsunternehmen *zentrale Stabsstellen* für die soziale Beratung und Betreuung eingerichtet haben, in denen primär Kräfte tätig sind, die eine Ausbildung in einem sozialen Beruf vorweisen können (z.B. Sozialarbeiter, -pädagogen).[2] Solche Mitarbeiter verfügen üblicherweise über ein besonderes Know-how im Umgang mit und in der Hilfeleistung für Menschen in Problemsituationen, so daß bei mittel- bis sehr schweren Fällen eine prinzipiell höhere Ergebnisqualität zu erwarten ist.[3] Zwar erfolgt die Betreuung oft sehr individuell, andererseits lassen sich auch hier Routinen z.B. im Procedere mit Ämtern oder Sozialversicherungsträgern entwickeln, so daß die Spezialisierung eine höhere Wirtschaftlichkeit begründet. Generell ist zu berücksichtigen, daß zentrale Einheiten auf *Akzeptanzprobleme* im Betrieb stoßen können. Von einem Unternehmensvertreter wurde explizit beklagt, daß bei den Mitarbeitern aus der Wohnungsbewirtschaftung ein mangelndes Verständnis für die Tätigkeit der Sozialarbeiter herrscht.

---

[1] Vgl. hierzu die theoretischen Aufsätze und Praxisberichte in EICHENER/SCHAUERTE (Reorganisation, 1998).

[2] Das typische Aufgabengebiet eines Sozialarbeiters in einem Wohnungsunternehmen umfaßt die Beratung von Mietschuldnern, die Beratung von Personen mit „eingeschränkter Wohnfähigkeit" (aufgrund von Alter, Sucht, psychischer Erkrankung) bzw. die Vermittlung adäquater Hilfen für diese Gruppe, die Lösung von Streitigkeiten in Nachbarschaften sowie die Unterstützung und Beratung von Interessengruppen bzw. Initiativen bei Projekten in problembehafteten Wohnquartieren. Weitere Tätigkeitsfelder sind die Betreuung von Mietern bei umfassenden Modernisierungsmaßnahmen sowie die Organisation von Wohnungstauschaktionen. Hierüber berichteten G. Follmann, Soziale Betreuung, Wohnstätte Krefeld Wohnungs-AG, in einem Interview am 10.6.1997, sowie W. Ziegler, Prokurist, Thyssen Wohnstätten AG, in einem Gespräch am 1.8.1997. Die größte zentrale Abteilung für soziale Aufgaben innerhalb des Samples der untersuchten Unternehmen weist die SAGA auf. Die dortige Abteilung „Soziale Beratung und Planung" umfaßt 20 Mitarbeiter und organisiert das Quartiersmanagement, die Wohnberatung, Armutsbekämpfung und weitere soziale Aktivitäten. Darüber hinaus dient sie als „Keimzelle" für neue Dienstleistungsentwicklungen und beschäftigt sich mit der Akquisition von Fördergeldern. So berichtete T. Klindt, Prokurist, SAGA Siedlungs-Aktiengesellschaft Hamburg, in einem Interview am 10.11.1997.

[3] Wie wichtig es ist, einen geeigneten Zugang zum Kunden zu finden, zeigt das intensiv benutzte „Sorgentelefon" der BBG Berliner Baugenossenschaft eG. Dieses wird ergänzend zur üblichen Mietschuldenberatung als eine erste Ansprechstation geboten, welche dem Anrufer ein anonymes Gespräch über seine Nöte ermöglicht und somit zum Abbau von psychischen Hemmungen beiträgt. Dies erläuterte F.-R. Winkler, Vorsitzender des Vorstands, BBG Berliner Baugenossenschaft eG, in einem Gespräch am 10.12.1998.

Mehrere kleinere der befragten Wohnungsunternehmen berichteten von Überlegungen zur Einstellung eines Sozialarbeiters, von denen jedoch schließlich Abstand genommen wurde, weil eine *Mindestauslastung* nicht sichergestellt war. Das kleinste der in die Gesprächsreihe einbezogenen Wohnungsunternehmen, welches eine(n) Sozialarbeiter(in) zu seinen eigenen Angestellten zählte, verfügte über einen Bestand von knapp 4.400 Einheiten. Dies entspricht etwa dem Doppelten des durchschnittlichen Bestands der GdW-Unternehmen.[1] Hieran wird deutlich, daß der Eigenfertigung durch hoch spezialisierte Kräfte in Wohnungsunternehmen mit eher geringer bis mittlerer Kundenzahl enge Grenzen gesetzt sind.

Ein weiterer Bereich, in dem von einigen Unternehmen eine *dezentrale Eigenerstellung* praktiziert wird, sind Objektdienstleistungen wie Treppenhausreinigung oder der Winterdienst. Als ausführende Kräfte kommen in diesem Fall Hausmeister, Hauswarte oder ähnliche im Bestand aktive Funktionsträger in Frage. Aus qualitativer Sicht erscheint an dieser Lösung vorteilhaft, daß die Kunden auf einen einheitlichen Ansprechpartner für die operativen Aufgaben vor Ort zurückgreifen können, der über ein ausgeprägtes bestandsspezifisches Wissen verfügt. Häufig wohnen die Mitarbeiter in dem betreffenden Wohngebiet, so daß eine schnelle Erreichbarkeit gewährleistet ist. Beide Aspekte zusammen können etwa in technischen Notfällen (z.B. Wasserrohrbruch) für die Vermeidung größerer Schäden von hoher Bedeutung sein. Unter Kostengesichtspunkten ist dieses Vorgehen eher ambivalent zu beurteilen. Zwar könnte man von einer Art *„Economies of Location"* sprechen, darauf beruhend, daß praktisch keine Wegezeiten für die Dienstleistungsverrichtung anfallen. Andererseits muß die Effizienz des Humankapitaleinsatzes bezweifelt werden, wenn z.B. ein gelernter Elektriker Aufgaben wie die Reinigung von Abfallsammelplätzen übernimmt.

In seltenen Fällen werden auch soziale Dienstleistungen in dezentraler Eigenerstellung übernommen. So beschäftigt z.B. die Berliner Bau- und Wohnungsgenossenschaft von 1892 eG in zwei Seniorenwohnheimen Betreuerehepaare, die Gemeinschaftsveranstaltungen organisieren und Ansprechpartner für die alltäglichen Probleme darstellen. Ein ähnliches Beispiel nennt EICHENER, der diesbezüglich von *„semi-professionellen Kräfte[n]"*[2] spricht. Solche Hausmeister mit Betreuungsfunktionen ermöglichen - vergleichsweise kostengünstig - eine Vorstufe zum Service-Wohnen, andererseits ist zu berücksichtigen, daß die Leistungsqualität in hohem Maße von dem jeweiligen persönlichen Engagement abhängt. Beim Spar- und Bauverein Solingen eG sind in einer Anlage mit 130 Altenwohnungen zwei Altenbetreuerinnen als Halbtagskräfte tätig, die in der gleichen Siedlung wohnen, schnell und jederzeit per Notrufanlage erreichbar sind. Hierdurch wird bereits eine sehr hochwertige Betreuung im normalen Seniorenwohnungsbestand sichergestellt, andererseits führt das Fehlen von Serviceverträgen dazu, daß nur ein Teil der Personalkosten abgedeckt wird.

---

[1] Eigene Berechnung auf der Grundlage von Tab. 1, Kap. 2.2.1.
[2] EICHENER (Alltagshilfen, 1997), S. 23, Hervorhebung nicht im Original.

Abschließend sei mit Blick auf die Eigenerstellung darauf verwiesen, daß auch *Kombinationen aus dezentraler und zentraler Leistungserbringung* oder eine Zusammenarbeit verschiedener zentraler Abteilungen möglich sind. Ein Beispiel für einen solchen komplexen Leistungsprozeß läßt sich häufig bei der Wohnungsanpassungsberatung beobachten. Die technische Abteilung übernimmt regelmäßig die Planung und Überwachung etwaiger größerer Umbauten, aber nur selten die Beratung, die zumeist bei Mitarbeiter aus der zentralen sozialen Betreuung oder bei den Kundenbetreuern vor Ort verankert ist.

Eine systematische, professionelle und zugleich kostengünstige Lösung für die Wohnungsanpassungsproblematik hat die Wohnungsbau Stadt Moers GmbH gefunden. Dort ist ein pensionierter Architekt in geringfügiger Beschäftigung als „Seniorenwohnungsbeauftragter" tätig. Er durchkämmt den kompletten Bestand, angefangen bei den älteren Baujahren, und sucht in jedem Haus das Gespräch mit den älteren Bewohnern, was angesichts des eigenen Alters offensichtlich auch gut gelingt. Bei Bedarf veranlaßt der Seniorenwohnungsbeauftragte technische Anpassungen und übernimmt darüber hinaus eine allgemeine Beratung z.B. mit Blick auf die Pflegeversicherung. Hinsichtlich der Übertragbarkeit der Lösung ist allerdings zu berücksichtigen, daß es in der Regel nicht leicht fallen dürfte, einen Mitarbeiter mit derartigen Qualitäten zu finden, welcher zugleich mit einer solch niedrigen Entlohnung zufrieden ist.

4.3.2.1.2 Fremdbezug

Ein *Fremdbezug* im Rahmen der Alleinangebots-Strategie impliziert, daß rechtlich selbständige Unternehmen mit der Dienstleistungserstellung im engeren Sinne beauftragt werden. Nicht der Mieter, sondern das Wohnungsunternehmen bestimmt den Auftragnehmer, womit allerdings auch eine entsprechende Verantwortung verbunden ist. Das Wohnungsunternehmen fungiert als „Schnittstelle zwischen Kunde und Dienstleister".[1]

Der Fremdbezug ist die dominante Strategie im Bereich der Objektdienstleistungen, welche sich - wie die Reinigung von Haus und Umfeld, die Gartenpflege und der Winterdienst - über die Betriebskosten abrechnen lassen.[2] Vorteile ergeben sich insbesondere unter dem Aspekt der Erstellungskosten. Spezialisierte Anbieter können bei den genannten Verrichtungen, die einen geringen Individualisierungsgrad aufweisen, erhebliche Economies of Scale erzielen und somit oftmals zu einem Preis anbieten, welcher unter den diesbezüglichen Selbstkosten des Wohnungsunternehmens liegt. Ein Outsourcing erscheint auch von daher unbedenklich, als diesen Diensten keine strategische Bedeutung zukommt und keine langfristigen Bindungen eingegangen werden müssen. Denn entsprechende Anbieter sind regelmäßig in größerer Zahl

---

[1] PICOT/HARDT (Entscheidungen, 1998), S. 635.

[2] Vgl. BLÖCKER/PISTORIUS (Betriebskosten, 1999), S. 27-37; MURFELD (Betriebswirtschaftslehre, 1997), S. 273ff.

verfügbar; bei Unzufriedenheit kann mit vergleichsweise geringfügigen Wechselkosten auf einen alternativen Partner ausgewichen werden.

Innerhalb des Fremdbezugs läßt sich weitergehend danach differenzieren, ob ein *assoziiertes Unternehmen*, insbesondere *Tochtergesellschaften* bzw. Schwestergesellschaften in einem Konzernverbund, oder *Dritte* die Leistungserstellung übernehmen. Eine weitreichende Auslagerung von Sekundärleistungen auf eine Tochtergesellschaft hat zum Beispiel die GWG Gemeinnützige Wohnungsbaugenossenschaft „Stadt Cottbus" e.G. vorgenommen, welche mit rund 15.500 eigenen Einheiten die größte Wohnungsgenossenschaft Deutschlands darstellt. Die 100%ige Tochter Grünanlagen GmbH Cottbus übernimmt nicht nur fakultative Leistungen wie Reinigungs- und Umfeldpflegemaßnahmen, sondern auch obligatorische Elemente des Leistungsbündels Wohnen, welche sich unter dem Punkt „Hauswart" auf die Betriebskosten umlegen lassen (z.B. Entgegennahme von Mängelanzeigen, Kontroll- und Wartungsleistungen, Überwachung der Einhaltung von Hausordnung und behördlichen Vorschriften).

Zentrale Motive für die Auslagerung bestanden in einer *Reduktion der Kosten* sowie in der *Erhöhung der Kostentransparenz*. Die Kostensenkung beruht insbesondere darauf, daß die Mitarbeiter der Tochtergesellschaft nicht nach dem wohnungswirtschaftlichen, sondern nach dem aus Unternehmenssicht wesentlich günstigeren landwirtschaftlichen Tarifvertrag zu entlohnen sind. Miet- und steuerrechtliche Gründe sowie die Rechenschaftslegung gegenüber den Genossenschaftsmitgliedern waren maßgeblich für das Bemühen, eine klare Kostenzuordnung zu erzielen. Die Abgrenzung der Hauswartkosten ist - wie auch Gespräche mit Vertretern anderer Wohnungsunternehmen zeigten - oftmals ein neuralgischer Punkt. Denn im Rahmen der Hauswarttätigkeit kann leicht eine Vermischung mit Aufgaben der Verwaltung erfolgen (z.B. Verteilung von Mitteilungsblättern), wobei die darauf entfallenden Kostenanteile mietrechtlich aber nicht umgelegt werden dürfen.[1] Während es zuvor lediglich innerbetriebliche und grundsätzlich anfechtbare Belege über die Hauswartkosten gab, erhält die Genossenschaft heute Rechnungen von ihrer Tochter. Das Tätigkeitsspektrum entspricht exakt den gesetzlichen Vorgaben und ist in einem detaillierten Katalog festgehalten. Die Höhe und die Grundlagen der Kosten sind somit von allen Seiten nachvollziehbar.

Die grundsätzlichen Vorteile einer Auslagerung auf assoziierte Unternehmen gegenüber der Beauftragung von Dritten, welche in der Sicherung von *umfassenden Koordinations- und Kontrollmöglichkeiten* zu sehen sind,[2] spielten auch bei der Cottbuser Genossenschaft eine Rolle. Angebote von Fremdfirmen erschienen der Wohnungsgenossenschaft als unbefriedigend und ließen nicht auf eine dauerhafte, qualitativ hochwertige Leistungserstellung hoffen. Eine Effizienzkontrolle ist dadurch gegeben, daß sich die Tochtergesellschaft bei der periodi-

---

[1] Vgl. PISTORIUS (Betriebskostenabrechnung, 1997), S. 587f.; BLÖCKER/PISTORIUS (Betriebskosten, 1999), S. 42ff.

[2] Vgl. ENGELHARDT/RECKENFELDERBÄUMER (Trägerschaft, 1993), S. 270.

schen Neuvergabe der Aufträge gegenüber Wettbewerbern durchsetzen und zudem am freien Markt bewähren muß. Rund 1/3 des Umsatzes wird im Geschäft mit Dritten erzielt, was auf marktgerechte Konditionen schließen läßt. Auch verdeutlicht dieses Beispiel einen weiteren Vorteil der Auslagerung auf Töchter, nämlich die Möglichkeit, auf Wachstumsfeldern *neue Ertragsquellen sowie neue Kundengruppen erschließen* zu können, denen die eigentliche Sekundärleistung als unabhängige Primärleistung angeboten wird.

Ein besonderes Interesse an der Gründung von Tochtergesellschaften ist bei wachstumsorientierten Vermietungsgenossenschaften zu erkennen, die sich - im Widerspruch zu ihrem Namen - nicht nur auf das Vermietungsgeschäft beschränken. Üblich ist die Ausgliederung von nicht-begünstigten Aktivitäten, insbesondere das Bauträger- und Baubetreuungsgeschäft, auf eine GmbH.[1] Durch diese Konstruktion wird nicht der gesamte in dem Geschäftsbereich anfallende Gewinn, sondern nur der von der GmbH an die Muttergenossenschaft ausgeschüttete Betrag auf die 10%-Grenze angerechnet. Weil sich die Ausschüttungen leicht kontrollieren lassen, ist ein ungewolltes Überschreiten der kritischen Marke unwahrscheinlich.

Zwei außergewöhnliche Beispiele für Vermietungsgenossenschaften, bei denen wohnbegleitende Dienstleistungen auf eine eigene GmbH ausgelagert wurden, sind die GWG Wohnungsgenossenschaft Radevormwald eG und die Baugenossenschaft Dennerstraße-Selbsthilfe eG in Hamburg. Im ersten Fall wurde mit dem gemeinnützigen Seniorenzentrum Radevormwald GmbH eine Tochter für den Betrieb eines Altenwohn- und Pflegeheims gegründet, welches einschließlich der zugehörigen Sozialstation mit seinen Leistungen auf den Bestand der Genossenschaft ausstrahlt. Anders als in vielen anderen Fällen liegt das Management des Seniorenzentrums praktisch unmittelbar in der Hand des Wohnungsunternehmens. Angesichts der Verteilung der Mitarbeiter - im sozialen Bereich sind ca. 150 gegenüber 10 Mitarbeitern in der Verwaltung tätig - kann man bereits von einer Verlagerung des Geschäftsschwerpunkts sprechen. Letztlich begreift die Genossenschaft die gewählte Strategie allerdings lediglich als konsequente Umsetzung des Slogans „Wohnen - ein Leben lang bei der GWG".[2]

Im Fall der Hamburger Genossenschaft wurde neben den steuerpflichtigen Geschäften im Bau-, Entwicklungs-, Sanierungs- und Betreuungsgeschäft auch die unternehmerische Sozialarbeit unter dem Titel „Mitgliederservice" auf die Tochter verlagert. Diese Konstruktion erscheint insofern von besonderem Interesse, als sich dieser größtenteils einnahmenlose Bereich direkt gewinnreduzierend innerhalb der GmbH niederschlägt und somit im Vorfeld für eine Minderung der Ausschüttung sorgt, die mit Blick auf den Status als Vermietungsgenossenschaft nicht zu hoch ausfallen darf.

---

[1] Vgl. GREVE (Konzernstrukturen, 1998), S. 180.

[2] Hierüber informierten P. Schultz, Geschäftsführendes Vorstandsmitglied, sowie R. Ritz, Prokurist, GWG Wohnungsgenossenschaft Radevormwald eG, in einem Interview am 21.7.1997.

Der *Fremdbezug bei nicht assoziierten Dritten* ist im Fall der fakultativen Objektdienstleistungen häufig anzutreffen. Ein Beispiel für ein Wohnungsunternehmen, bei dem selbst obligatorische Sekundärleistungen - in einem ähnlichem Umfang wie bei der Cottbuser Genossenschaft - auf einen völlig unabhängigen Facility-Management-Dienstleister verlagert wurde, stellt die Wohnungsbau-Genossenschaft „Erfurt" e.G. dar. Hauptargument war auch hier die Kostenersparnis. Auf einen Schlag ließen sich 50 Stellen abbauen, wobei die freigesetzten Mitarbeiter von dem Fremdanbieter übernommen wurden. Die Rechnungen können auf die Betriebskosten umgelegt werden und bilden somit einen durchlaufenden Posten, während sich der Verwaltungskostenblock der Genossenschaft drastisch reduzierte.[1] An diesem Beispiel lassen sich allerdings auch die Probleme des Fremdbezugs bei komplexen Leistungsbündeln nachvollziehen. Rund zwei Jahre waren - trotz vertraglicher Absicherungen - erforderlich, um ein zufriedenstellendes Qualitätsniveau durchzusetzen. Zudem wird mit enormem Personalaufwand eine intensive Qualitätskontrolle seitens der Genossenschaft betrieben; einerseits, um den Druck auf das Fremdunternehmen zur Erbringung hochwertiger Leistungen aufrechtzuerhalten, andererseits aus Rechenschaftsgründen. Die *Transaktionskosten* im Sinne von Anpassungs- und Kontrollkosten sind also *erheblich*.

Betrachtet man zusammenfassend, welche Sekundärleistungen im Rahmen einer Alleinangebots-Strategie realisiert werden, sind dies vor allem Aktivitäten, die eine hohe Affinität zur Primärleistung aufweisen. Insbesondere handelt es sich um komplementäre personenbezogene Dienstleistungen, in deren Rahmen Mieter bezüglich Problemstellungen mit einem starken Bezug zum Wohnen beraten werden. Eine zentralisierte Eigenerstellung empfiehlt sich, wenn eine bereits vorhandene spezifische Kompetenz selten abgerufen wird. Hingegen bietet sich die Dezentralisierung bei solchen Leistungen an, die häufiger abgefragt werden, aber das Wissen und Können der in der Wohnungsbewirtschaftung tätigen Mitarbeiter nicht überfordern. Der Zeitbedarf für den Aufbau eigener Kapazitäten kann mitunter erheblich sein. Ein Outsourcing ist bei wenig individuellen, regelmäßigen Verrichtungen an Gebäude und im Umfeld ratsam, sofern das Partnerunternehmen aufgrund von Größenvorteilen oder abweichenden Personal- bzw. Tarifstrukturen eine kostengünstigere Erstellung vornehmen kann. Je umfangreicher und diffiziler sich der Leistungskatalog gestaltet, desto größer ist die Gefahr von Qualitätsproblemen, desto eher bietet sich eine Verlagerung auf assoziierte Unternehmen an, um die Transaktionskosten niedrig zu halten.

---

[1] Aus Sicht der Mitglieder führte dies zur Erhöhung der Gesamtmieten, was nicht ohne Widerspruch auf den Vertreterversammlungen blieb. Angesichts der defizitären Ergebnissituation der Genossenschaft wurde dieser Schritt indes als unumgänglich akzeptiert.

4.3.2.2 Das gemeinschaftliche Angebot mit Partnern als Merkmal der Kooperationsstrategie

Unter einer Kooperation versteht man allgemein „die auf freiwilliger Basis beruhende vertraglich geregelte Zusammenarbeit rechtlich und wirtschaftlich selbständiger Unternehmen zum Zwecke der Steigerung ihrer Leistungsfähigkeit".[1] Ein kooperatives Angebot wohnbegleitender Dienstleistungen liegt vor, wenn die Leistungserstellung gemeinsam erfolgt und sich die Schnittstelle zum Kunden nicht allein in der Hand des Wohnungsunternehmens befindet. Der Kooperationspartner tritt offen zutage und übernimmt eine eigene unmittelbare Verantwortung gegenüber dem Kunden, der die Entscheidung über die Akzeptanz des jeweiligen Dienstleisters selbst trifft.

Eine Kooperation kann sich aus vielfältigen Gründen als vorteilhaft erweisen. Gemeinsam mit dem Fremdbezug gilt, daß sie den Zugang zu Bereichen verschafft, in denen das Wohnungsunternehmen über keine oder unzulängliche Kompetenzen verfügt. Oftmals ist erst durch eine Zusammenarbeit ein Angebot in der gewünschten *Qualität* möglich. Bietet das Wohnungsunternehmen eine Serviceleistung an, die lediglich in peripherer Beziehung zum Wohnen steht, kann eine aus Kundensicht empfundene, ergänzende Kompetenz des Kooperationspartners die Akzeptanz der Leistung erhöhen. Im Gegensatz zum Fremdbezug liegt gerade in dem *Co-Branding*, der Betonung des gebündelten Sachverstands der beteiligten Anbieter, eine besondere Chance der Kooperation.[2] Die Bereitstellungskosten für das Wohnungsunternehmen können oftmals gerade bei nicht massenhaft anfallenden Leistungen reduziert werden, zudem spielen die schnelle Erschließbarkeit neuer Märkte sowie die Überwindung diesbezüglicher *Eintrittsbarrieren* eine wichtige Rolle. Prinzipiell kritische Punkte sind die Qualitätssicherung sowie die Sicherstellung des Zufriedenheitstransfers. In Abhängigkeit davon, wie weitgehend der Beitrag des Wohnungsunternehmens zur Leistungserstellung ist, läßt sich grundsätzlich unterscheiden zwischen Vermittlung und Koproduktion.[3]

4.3.2.2.1 Vermittlung

Bei der *Vermittlung* beschränkt sich die Tätigkeit des Wohnungsunternehmens auf akquisitorische Aufgaben. Die einfachste Form der Vermittlung besteht darin, eine *Empfehlung* für einen oder mehrere Kooperationspartner auszusprechen, welche eine geeignete Dienstleistung für den Kunden anbieten. Andererseits können die Mitarbeiter des Wohnungsunternehmens auch den *Verkauf* fremder Dienstleistungen übernehmen. Hierbei handelt es sich dann um den Handel von Anrechten auf zukünftige Verrichtungen oder Bereitstellungen, also von Lei-

---

[1]   OLESCH (Kooperation, 1995), Sp. 1273.

[2]   Vgl. MEFFERT/BURMANN (Bankbereich, 1996), S. 29.

[3]   Vgl. PALMER/COLE (Services, 1995), S. 204f.; MEFFERT/BRUHN (Dienstleistungsmarketing, 1997), S. 433.

stungsversprechen des eigentlichen Trägers.[1] Eine Beteiligung des Wohnungsunternehmens an der Dienstleistungsproduktion im engeren Sinne resultiert daraus nicht.[2]

Bei der Vermittlung kann das Wohnungsunternehmen zwar kein Erstellungs-, aber Vermittlungs-Know-how nachweisen.[3] Der Nutzen für den Kunden besteht insbesondere in einer Reduktion seiner Transaktionskosten in Form von *Informationskosten*. Bei einem vom Wohnungsunternehmen sorgfältig ausgesuchten Partner kann der Kunde darauf vertrauen, daß es sich um einen Anbieter handelt, der ein angemessenes Preis-Leistungs-Verhältnis bietet; das wahrgenommene Kaufrisiko wird reduziert. Andererseits ist zu beachten, daß eine schlechte Leistung des Kooperationspartners auch auf den Vermittler zurückwirkt.[4]

Bietet das Wohnungsunternehmen nicht nur eine Vermittlungsadresse pro Leistung, sondern kann es einen Überblick über die Preise verschiedener Anbieter verschaffen und unter Berücksichtigung des individuellen Kundenproblems die günstigste Alternative identifizieren, übernimmt es die Funktion einer *Preisagentur*.[5] Eine solch weitreichende Aktivität kann einen besonderen Vermittlungsnutzen begründen, verursacht aber bereits einen respektablen Aufwand. Gelingt es dem Wohnungsunternehmen, angesichts des geballten Nachfragepotentials seiner Kunden besondere *Preisermäßigungen* bei Dienstleistern und Einzelhändlern durchzusetzen, welche in den Kreis der vermittelten Partner aufgenommen werden, läßt sich der Vorteil für den Kunden noch steigern.

Eindeutiger Schwerpunkt der Vermittlungstätigkeit bei den im Rahmen der Expertenbefragung einbezogenen Wohnungsunternehmen bilden *Pflege- und Hilfsdienste* einschließlich Hausnotruf-Angebote für ältere Bewohner; auf 15 von 34 Unternehmen in der Stichprobe traf dies zu. Interessenten werden insbesondere an frei-gemeinnützige Träger der Wohlfahrtspflege und - seltener - an private Pflegedienstleister verwiesen. Manche Wohnungsunternehmen verfügen über „geborene Partner", etwa der Malteser Hilfsdienst oder die Caritas im Fall eines kirchlichen Wohnungsunternehmens, welche dann bevorzugt vermittelt werden.

Ein weiterer Geschäftsbereich, bei welchem die Vermittlung von hoher Bedeutung ist, sind Produkte von Versicherungen, Banken und Bausparkassen, wobei Hypothekendarlehen für Eigenheim- und Wohnungserwerber im Mittelpunkt stehen. Allerdings war eine *Finanzdienstleistungs-Vermittlung* lediglich bei fünf Unternehmen der Stichprobe anzutreffen. Darüber hinaus werden in einzelnen Fällen Umzugsunternehmen, Konzertkarten, Reinigungsfirmen (z.B. für Wohnungs- und Fensterreinigung), Einkaufsdienste (Weitergabe von Bestellun-

[1]   Zum Handel von Leistungsversprechen vgl. SCHEUCH (Entscheidungen, 1998), S. 944.

[2]   Vgl. die Überlegungen zum Vertrieb von Finanzdienstleistungen bei SÜCHTING/PAUL (Bankmanagement, 1998), S. 702f.; HANNEMANN (Vertrieb, 1992), S. 12-26.

[3]   Vgl. ENGELHARDT/RECKENFELDERBÄUMER (Trägerschaft, 1993), S. 270.

[4]   VNW VERBAND NORDDEUTSCHER WOHNUNGSUNTERNEHMEN E.V. (Mieter-Service, 1997), S. 15.

[5]   Vgl. LINGENFELDER/LAUER (Preisagentur, 1995), S. 801ff.

gen bzw. direkter Verweis an ausliefernde Einzelhändler) oder - bei kleineren Genossenschaften - bekannte private Reinigungskräfte vermittelt. Zwei Experten berichteten davon, einen Versuch zur Vermittlung von Reisedienstleistungen unternommen zu haben. In beiden Fällen wurde eine längere Busreise exklusiv für die eigenen Kunden zu einem besonders günstigem Preis angeboten, in beiden Fällen konnte die Fahrt mangels Interessenten aber nicht stattfinden. Offensichtlich können Reisedienstleistungen als ein Beispiel dafür dienen, daß sich ein Engagement in Bereichen ohne Affinität zum Wohnen selbst bei der Beschränkung auf eine Vermittlung nicht lohnen mag.[1]

Grundsätzlich sind unter den angesprochenen Vermittlungsobjekten Finanz- und Reisedienstleistungen jene, bei denen die Mitarbeiter eine Verkaufsfunktion übernehmen. Je nach Komplexität wird eine Aufspaltung zwischen dezentraler (z.B. standardisiertes Haftpflichtversicherungs-Angebot für Neumieter durch Kundenbetreuer) und zentraler Beratung (z.B. Unterbreitung einer Kapitallebensversicherungs-Offerte durch eine interne Agentur) vorgenommen.

4.3.2.2.2 Koproduktion

Ist das Wohnungsunternehmen über eine akquisitorische Tätigkeit hinaus mit dem Einsatz von personellen und/oder materiellen Leistungsfähigkeiten an einer unternehmensübergreifenden Dienstleistungserstellung beteiligt, liegt eine *Koproduktion* vor. Im Gegensatz zur Vermittlung besteht hier ein stärkeres Einflußpotential auf die konzeptionelle Gestaltung und praktische Umsetzung, womit allerdings auch eine höhere Verantwortung gegenüber dem Kunden einher geht. Grundlegend bietet sich eine Unterscheidung zwischen der Koproduktion über Joint Ventures, über ein Franchise-System und über sonstige vertragliche Kooperationen an.

Unter einem *Joint Venture* versteht man eine Kooperation, „bei der sich die Kooperationspartner in einem gemeinsamen Vorhaben Führung und Kontrolle sowie das finanzielle Risiko teilen und das sich in Form eines *gemeinschaftlich gegründeten Unternehmens* institutionalisiert."[2] Hier bieten sich innerhalb des Spektrums der kooperativen Angebotsformen die prinzipiell größten Zugriffs- und Kontrollmöglichkeiten. Ein Beispiel für ein Joint Venture im Bereich der Seniorenbetreuung stellt die Gemeinnützige Gesellschaft für Alten- und Behindertenbetreuung mbH (GGAB) dar, an welcher das Hamburger kommunale Wohnungsunternehmen GWG Gesellschaft für Bauen und Wohnen GmbH zu 50% beteiligt ist. Die andere Hälfte des Kapitals liegt in den Händen des Landesverbands des Deutschen Paritätischen Wohlfahrtsverbands. Die GGAB beschäftigt ca. 120 Mitarbeiter, fungiert als Betreiberin eines Altenwohn- und Pflegeheims und erbringt ambulante Dienste insbesondere im Umfeld dieser Anlage. Weitere Seniorenwohnanlagen in den Bestandsgebieten des Wohnungsunternehmens

---

[1] Reine Tourismusleistungen sind diesbezüglich zu unterscheiden z.B. von Ausflugsfahrten, die von Nachbarschaftsgruppen organisiert werden und in der Praxis durchaus auf Resonanz stoßen.

[2] FRIESE (Kooperation, 1998), S. 159f.

sind projektiert, wobei dort dann jeweils auch die Versorgung der Hilfs- und Pflegebedürftigen in den normalen Wohnungen erfolgen soll.

Wie die Wahl der Rechtsform einer gemeinnützigen, steuerbefreiten GmbH zu erkennen gibt, wird in diesem Zweig keine Gewinnerzielung beabsichtigt. Erklärtes Ziel ist vielmehr die Stützung des Kerngeschäfts durch das Angebot von kundenbindenden Maßnahmen für Senioren, denen als langjährigen Mietern ein hoher Kundenwert beigemessen wird. Man möchte diese Gruppe mit ihren Problemen weder sich selbst noch Dritten überlassen, sondern fühlt sich - wie betont wurde - in der Pflicht, mit eigenen Betreuungskonzepten zu helfen.

Zwar vermittelt das Wohnungsunternehmen auch Pflege- und hauswirtschaftliche Dienste insbesondere von Wohlfahrtsverbänden. Eine zunehmende Verlagerung des Angebots auf die gemeinsame Tochtergesellschaft wird jedoch aus zwei Gründen angestrebt: Zum einen soll der Kundennutzen im Bereich der Seniorenbetreuung sichergestellt bzw. gesteigert werden, denn nicht an jedem Standort wird die derzeit gebotene Qualität der Kooperationspartner als optimal betrachtet. Zum anderen sollen die initiierten Angebote als Dienstleistungen des Wohnungsunternehmens begriffen werden, da nur so eine Abhebung gegenüber der Konkurrenz zu erzielen sei.[1] Hier bietet das Joint Venture Vorteile, weil sich die Zugehörigkeit zur GWG durch eine deutliche Markierung hervorheben läßt. Zusammenfassend könnte man die zunehmende Integration auch als eine Folge der wachsenden strategischen Bedeutung sehen, die der Seniorenbetreuung beigemessen wird.

Die Herausstellung der eigenen Marke spielt auch bei den Überlegungen der Viterra Wohnpartner AG eine Rolle, ambulante Pflege- und Hilfsdienste im Rahmen eines *Franchise-Systems* anzubieten, wobei sich das Projekt erst in einem frühen Stadium befindet und eine Umsetzung noch völlig offen ist. Franchising bedeutet eine langfristige vertragliche Zusammenarbeit rechtlich selbständiger Unternehmen, bei denen der Franchisegeber ein zu vervielfältigendes Marketingkonzept als „System-Paket" entwirft, an dem sich die anderen Unternehmen als Franchisenehmer mit eigenem Kapital beteiligen.[2] Das Wohnungsunternehmen würde in diesem Fall ein standardisiertes Absatz- und Organisationsmodell für einen Pflegedienstleistungs-Betrieb entwickeln, seinen Namen und sein Kundenpotential verfügbar machen, verschiedene Unterstützungsmaßnahmen sowie Beschaffungsvorteile bieten und im Gegenzug dafür eine Eintrittsgebühr sowie eine Beteiligung am laufenden Umsatz des Franchisenehmers erhalten.

---

[1] Über die GGAB informierten L. Basse, Geschäftsführer, sowie J. Heise, Prokurist, GWG Gesellschaft für Bauen und Wohnen mbH, Hamburg, in einem Interview am 11.11.1997.

[2] Zur Einführung in das Franchising vgl. MATTMÜLLER/KILLINGER (Franchising, 1998), S. 580ff.; TIETZ (Franchising, 1991), S. 12ff.; PALMER/COLE (Services, 1995), S. 210ff.; HANNEMANN (Vertrieb, 1992), S. 87ff.

Die Überlegungen von Viterra sind primär vor dem Hintergrund zu sehen, daß eine Deckung der Kosten für die Koordination und Konzeption der Betreuung älterer Mieter erfolgen soll. Die Erzielung eigenständiger Gewinne wird in der Langfristperspektive aber zumindest nicht ausgeschlossen. Bei einer reinen Referenztätigkeit für die frei-gemeinnützigen Pflegedienste lassen sich keine Erlöse zur Kostendeckung erzielen. Denkbar wäre der Erhalt einer Vermittlungsprovision von privaten, selbst gewinnorientiert arbeitenden Pflegeanbieter. Diesbezüglich erweist es sich jedoch als Erschwernis, daß der Viterra-Bestand auf viele Standorte im Ruhrgebiet und darüber hinaus verteilt ist. Es müßten zahlreiche Einzelabkommen mit lokalen Anbietern geschlossen werden, um flächendeckend präsent zu sein. Zudem wären die Transaktionskosten bei der Identifizierung geeigneter Partner und der Überwachung ihrer Leistungsqualität erheblich. Als Alternative käme der Aufbau eines eigenen Pflegedienstes mit örtlichen Filialen in Betracht. Da aber für jede zu eröffnende Filiale inklusive Beratungsstelle mit Anfangsinvestitionen von ca. 300.000 DM zu rechnen ist, würde man angesichts der teilweise engen Pflegemärkte erhebliche Risiken eingehen.[1]

Franchising stellt insofern eine mögliche Lösung dar, als Franchisenehmer die Investitionen vor Ort eigenverantwortlich tätigen müssen. Aufgrund der Selbständigkeit sind Motivation und Leistungsbereitschaft in der Regel höher als bei Angestellten. Zudem kann von einer vergleichsweise großen Flexibilität und Schlagkraft der kleinen Einheiten ausgegangen werden. Lokal etablierte private Pflegedienste, denen zusätzliche Wachstumspotentiale geboten würden, ließen sich in das System einbeziehen. Eine straffe Führung aufgrund der Vorgaben des Franchisegebers und seiner Sanktionsmaßnahmen, Vertragsstrafen oder - im Extremfall - eine Entziehung des Franchisevertrags, sind prinzipiell möglich.

Die kritische Frage besteht darin, ob es tatsächlich gelingt, eine Multiplikation der Dienste bei konstantem Qualitätsniveau sicherzustellen. Pflegedienste sind personenbezogene, hoch integrative Dienstleistungen mit starkem Anteil an Vertrauenseigenschaften und weisen somit Merkmale auf, welche eine Multiplikation erheblich erschweren.[2] Ist die Qualitätssicherung nicht gewährleistet, droht nicht nur das System zu scheitern, es steht darüber hinaus die eigene Reputation des Wohnungsunternehmens auf dem Spiel.

Ein praktiziertes Franchising bei wohnbegleitenden Dienstleistungen läßt sich national noch nicht beobachten, wohl aber am Beispiel ServiceMaster nachvollziehen. Als entscheidenden Vorteil sieht die Unternehmensführung bei dieser Trägerschaft zum einen die Möglichkeit des schnellen Wachstums. Zum anderen wird die Nutzung eventuell schon vorhandener persönlicher Beziehungen zwischen dem Franchisenehmer und seinem Kundenpotential als Vorteil

---

[1] Diese Schätzgröße nannte I. Meyerwisch, Viterra Wohnpartner AG, seinerzeit Veba Immobilien Wohnpartner GmbH, Bereich Akquisition, in einem Gespräch am 13.11.1997.

[2] Vgl. MATTMÜLLER/KILLINGER (Franchising, 1998), S. 572; MEFFERT/BRUHN (Dienstleistungsmarketing, 1997), S. 432

erachtet, der insbesondere in ländlichen Gebieten von hoher Bedeutung für den Geschäftserfolg sei.[1]

Typischerweise erfolgt die Koproduktion deutscher Wohnungsunternehmen im Bereich wohnbegleitender Dienstleistungen in weniger hierarchischen Formen der *sonstigen vertraglichen Kooperation*. In der Regel besteht das Ziel darin, *bedarfsgerechte Infrastrukturen* für die Kunden zu schaffen, wobei die Kooperationspartner oftmals situativ nach den jeweiligen Gegebenheiten vor Ort ausgesucht werden. Der Produktionsbeitrag des Wohnungsunternehmens beschränkt sich zumeist auf eine *Bereitstellung von Räumlichkeiten*, die vom Personal des Kooperationspartners im Rahmen des Leistungsprozesses genutzt werden. Typische Beispiele sind Kindertagesstätten und Kindergärten, Senioren- und Jugendtreffs oder Pflegeberatungsstellen, welche an die Kommune, Pfarrgemeinden oder an frei-gemeinnützige Träger verpachtet werden. Auch existieren Kooperationen mit Vereinen oder arbeitsmarktpolitischen Beschäftigungsträgern - so bei der SAGA in Hamburg - , welche ausgehend von den zur Verfügung gestellten Räumlichkeiten einen Beitrag zur Dienstleistungsversorgung im Wohnquartier leisten. Häufig verzichten die kooperierenden Wohnungsunternehmen auf einen Teil des eigentlich zu erzielenden Nutzungsentgelts, was mit der Unterstützungsfunktion der betreffenden Angebote für das Kerngeschäft zu rechtfertigen ist.

Andere Formen der langfristigen Kooperation im Bereich der Altenbetreuung gehen über die Bereitstellung von Räumlichkeiten hinaus und umfassen etwa umfangreiche Kommunikationsmaßnahmen oder befristete Zuschußzahlungen für Träger, die Beratungsstellen oder Sozialstationen in den Quartieren eröffnen. Besondere Synergien verspricht die Zusammenarbeit mit Seniorenwohnzentren bzw. stationären Pflegeeinrichtungen, die sich im oder nahe am Bestand der Wohnungsunternehmen befinden, wie es in den bisherigen Ausführungen bereits angeklungen war. So hat zum Beispiel die Gemeinnützige Wohnungsgenossenschaft im Hönnetal eG, Menden/Sauerland, ein Seniorenzentrum mit 90 Wohnungen errichtet, welches vom Deutschen Roten Kreuz betrieben wird. Von der dort befindlichen Sozialstation aus werden Pflegefälle auch in den normalen Wohnsiedlungen betreut. Weil die Station rund um die Uhr besetzt ist, dient sie zudem als Notrufzentrale für alle Genossenschaftsmitglieder, die an einen Hausnotruf angeschlossen werden möchten. Des weiteren ist die Benutzung von Schwimmbad und Bücherei für sämtliche Genossenschaftsmitglieder unentgeltlich, und es werden Mahlzeiten und Freizeitveranstaltungen geboten. Somit resultiert eine erhebliche Steigerung der Servicequalität für sämtliche ältere Kunden des Wohnungsunternehmens im Bestand, wobei die Bewohner der Anlage davon profitieren, daß aufgrund deren offenen Charakters keine „Heimmentalität" aufkommen kann.

---

[1] Hierüber berichtete Paul A. Bert, Executive Vice President, Marketing, ServiceMaster Consumer Services Company, Memphis, TN in einem Gespräch am 18.3.96.

Kooperationen lassen sich über die genannten Bereiche hinaus im Fall von Serviceleistungen feststellen, welche auf einer komplexer Technologie beruhen. So arbeitet etwa die St. Joseph-Stiftung Bamberg, ein kirchliches Wohnungsunternehmen, bei dem kommunikationstechnischen Pilotprojekt KISS mit der Deutschen Telekom zusammen und hebt dies auch in der Werbung hervor. Einen Einstieg in den Multimedia-Bereich ohne Kooperationspartner wird von seiten des Unternehmens als unangemessen betrachtet, da der schnelle technologische Wandel und die finanziellen Erfordernisse zur Entwicklung neuer Konzepte die Möglichkeiten eines Wohnungsunternehmens übersteigen würden.[1]

Als Resümée bleibt festzuhalten, daß die Kooperationsstrategie insbesondere für Leistungen geeignet ist, welche nicht unmittelbar an der Wohnungsbewirtschaftung anknüpfen, sondern eher peripherer Natur sind. Sie erfordern in Wohnungsunternehmen oftmals nicht vorhandene Kompetenzen, die sich kurz- bis mittelfristig kaum aufbauen lassen. Die Umgehung von Marktzutrittsbarrieren (z.B. rechtliche Restriktionen bei Finanzdienstleistungen) sowie die Vermeidung eventuell erheblicher Leerkosten bei einer mangelnden Auslastung von Service-einrichtungen sind weitere relevante Argumente. Das Wohnungsunternehmen öffnet den Zugang zu seinen Kunden und erwirkt einen Vertrauensvorschuß für den Kooperationspartner, profitiert aber selbst davon, daß der Sachverstand des Spezialanbieters zu einer erhöhten Leistungsakzeptanz beim Kunden führt.

Vermittlungen sind mit begrenztem Aufwand durchzuführen, allerdings ist die Differenzierungswirkung gering. Bei einer Koproduktion sind die Chancen besser, daß das Angebot als „Verdienst" des Wohnungsunternehmens wahrgenommen wird, die Möglichkeiten zur Einflußnahme und zur Partizipation am Erfolg steigen. In Verträgen lassen sich die jeweiligen Bedingungen individuell festlegen. Joint Ventures und Franchise-Konzepte sind angesichts des erheblichen Kapitaleinsatzes bzw. Entwicklungsaufwands nur bei Sekundärleistungen zu empfehlen, denen - trotz ihrer peripheren Beziehung zum Wohnen - eine strategische Bedeutung beigemessen wird oder die ein respektables Potential für eine eigenständige Gewinnerzielung beinhalten.

4.3.2.3 *Übertragung der Leistungserstellung auf den Kunden im Rahmen der Externalisierungsstrategie*

Das Wesen der Externalisierungsstrategie besteht allgemein darin, die Erstellung von Dienstleistungen auf den *Kunden als externen Faktor* zu verlagern. Externalisierung bedeutet nicht, den Kunden sich selbst zu überlassen, sondern ihn anzuleiten und zur Selbsterstellung „aufzufordern".[2] Grundlegend ist danach zu unterscheiden, ob die betreffende Dienstleistung

---

[1] Dies erläuterte Dr. W. Pfeuffer, Sprecher des Vorstands, St. Joseph-Stiftung Bamberg, Kirchliches Wohnungs- und Siedlungsunternehmen, in einem Gespräch am 24.3.1998.

[2] Vgl. ENGELHARDT/RECKENFELDERBÄUMER (Trägerschaft, 1993), S. 291.

nur von einer einzelnen Person für sich selbst erbracht wird oder ob gegenseitige Leistungsbeziehungen innerhalb eines Sozialgebildes bestehen, die Leistungserstellung also durch eine Gruppe erfolgt. Im ersten Fall soll von „individueller Eigenleistung" gesprochen werden, im zweiten Fall handelt es sich um „sozial organisierte Selbsthilfe".[1]

Viele Wohnungsunternehmen verfolgen eine Externalisierungsstrategie im Sinne der *individuellen Eigenleistung* traditionell mit Blick auf Objektdienstleistungen. In diesen Fällen wird der Mieter qua Mietvertrag bzw. Hausordnung zur Übernahme etwa der Treppenhausreinigung oder des Winterdienstes verpflichtet. Eine weitergehende Verlagerung von Dienstleistungen auf Mieter kann zum Beispiel bei Modernisierungsmaßnahmen oder Reparaturarbeiten erfolgen. Der Bewohner übernimmt gewisse handwerkliche Aufgaben in Eigenarbeit, wodurch er sich im Gegenzug eine vergleichsweise niedrige Miete sichert.[2] Das Wohnungsunternehmen leistet ihm dabei Unterstützung etwa in Form von persönlicher Beratung, Schulungsmaßnahmen oder - wie es bei der Wohnungsgenossenschaft Rheinpreußensiedlung eG, Duisburg, praktiziert wird - in der Bereitstellung eines Werkzeugpools.

Der Nutzen des Kunden bei der Externalisierung als individuelle Eigenleistung besteht insbesondere in der Kostenersparnis, aber auch in anderen Vorteilen, die mit dem Do-it-yourself verbunden sein können (z.B. Selbstverwirklichung, Kompetenzgewinn oder eine subjektiv höhere Ergebnisqualität).[3] Mit Blick auf die in dieser Arbeit entwickelten Kundentypen erscheint eine weitgehende Externalisierungsstrategie im Fall der „Desinteressierten" angemessen, die Dienstleistungen als Luxus betrachten und das Geld lieber für andere Zwecke sparen. Fakultative Dienste, die - wie bei Viterra die Gartenpflege - bisher im Gesamtbestand üblich sind, sollten aus dieser Sicht eher zurückgefahren werden.

Bei der *sozial organisierten Selbsthilfe* besteht die Unterstützung von unternehmerischer Seite oftmals darin, daß Räumlichkeiten bereitgestellt werden, in denen sich *informelle Gruppen* für gewisse Aktivitäten treffen. So wurde etwa von der WOBAU Schleswig-Holstein Wohnungsbaugesellschaft mbH im Rahmen eines Projekts „Generationsübergreifendes Wohnen" ein Pavillon mit Gemeinschaftsräumen errichtet. Dort treffen sich die Mieter unter anderem, um gegenseitige Dienstleistungen wie Babysitting, Kinderbetreuung oder Schülerhilfe zu erbringen. Ähnliche Nachbarschaftsaktivitäten einschließlich Seniorennachmittagen und Kursen der Familienbildungsstätte finden auch in den selbstverwalteten Bewohnertreffs des Spar- und Bauvereins Solingen eG statt, welche aus umfunktionierten gewerblichen Einheiten hervorgegangen sind. Bei der SAGA Siedlungs-Aktiengesellschaft Hamburg werden unter anderem Kioske und Cafés in Eigenregie der Mieter betrieben. Schließlich sind Gemeinschaftsräume in vielen Altenwohnanlagen anzutreffen.

---

[1] Vgl. HENKEL (Selbsthilfe, 1997), S. 718.

[2] Vgl. HARMS (Wohnkosten, 1996), S. 428; HARMON/MCKENNA-HARMON (Retention, 1994), S. 159ff.

[3] Vgl. CORSTEN (Dienstleistungsmanagement, 1997), S. 343f., und Kap. 3.2.2.1.

Wie die Erfahrungen der Praxis zeigen, reicht es häufig nicht, Räume bereitzustellen, sondern es müssen von Zeit zu Zeit Impulse gegeben werden, wenn man gemeinschaftliche Mieterakivitäten aufrechterhalten will.[1] So bildet eine sozialarbeiterische Begleitung zumeist die nächste Stufe des Engagements zur Förderung der gegenseitigen Selbsthilfe im Kundenkreis. Um der Nachbarschaftshilfe eine solide organisatorische Basis zu schaffen, neue Finanzquellen zu erschließen, um die ehrenamtliche Tätigkeit von Kunden zu kanalisieren und eine ausufernde Beanspruchung der Mitarbeiter für soziale Aufgaben zu vermeiden, sind einzelne Wohnungsunternehmen einen Schritt weiter gegangen und haben *Nachbarschaftshilfevereine* gegründet. In der Stichprobe der Expertenbefragung traf dies auf sechs Genossenschaften zu, darüber hinaus arbeiteten zwei Aktiengesellschaften mit solchen Vereinen zusammen. Daß auf diesem Gebiet die Genossenschaften mit Abstand dominieren, ist angesichts ihrer traditionellen Verpflichtung gegenüber dem Selbsthilfe-Gedanken nicht verwunderlich.

Im Mittelpunkt des Aufgabenspektrum der Nachbarschaftshilfevereine steht häufig die Betreuung und Beratung älterer Mieter, obwohl z.T. auch Maßnahmen für Kinder und Jugendliche oder für andere bedürftige Gruppen entwickelt werden. Am deutlichsten kommt die Ausrichtung auf die ältere Klientel bei der Baugenossenschaft Dennerstraße-Selbsthilfe e.G. zum Ausdruck, die einen speziellen „Senioren-Selbsthilfe e.V." initiierte. Ein wichtiges Ziel der Vereinsgründung besteht generell in der Beschaffung zusätzlicher Gelder für soziale Projekte. Da die Vereine regelmäßig als gemeinnützig anerkannt sind, können sämtliche Vereinsbeiträge und Spenden steuerlich abgesetzt werden,[2] was z.B. das Einwerben von Spenden bei Geschäftspartnern des Wohnungsunternehmens erleichtert. Darüber besteht ein Vorteil darin, als Dienststelle für den Zivildienst anerkannt zu werden und somit Zivildienstleistende etwa im mobilen sozialen Dienst einsetzen zu können.[3] Auch die Genehmigung von ABM-Stellen scheint von den Vereinen leichter durchsetzbar zu sein als von den Wohnungsunternehmen selbst.

Die Hoffnung, durch die Einrichtung von Nachbarschaftshilfevereinen zur einer Entlastung der eigenen Mitarbeiter des Unternehmens zu gelangen, hat sich in der Praxis erst teilweise erfüllt. Zumindest in den ersten Jahren ist eine aktive Begleitung erforderlich, um das Vereinsleben in Gang zu bringen. Tatsächliche gegenseitige Hilfe setzt ein funktionierendes Beziehungsnetz voraus, welches erst im Zeitablauf entwickelt werden kann. Der Erfolg hängt oftmals von einzelnen Personen ab, die sich als „Macher" engagieren.[4] Ihnen muß Dank und

---

[1] Hiervon berichtete insbesondere U. Schütte, Stabsbereich Geschäftsführungsbüro/Öffentlichkeitsarbeit, Ruhr-Lippe Wohnungsgesellschaft mbH, Dortmund, in einem Interview am 21.7.1997.

[2] Vgl. BLÖCKER/GERKEN (Sozialmanagement, 1997), S. 581.

[3] Hierauf verwies T. Möller, Referent des Vorstands, Baugenossenschaft Freie Scholle eG Bielefeld, in einem Gespräch am 5.6.1997.

[4] Über diese Erfahrung berichteten A. Schmidt, Geschäftsführer, und J. Petersen, Mitgliederbetreuerin, BDS Baubetreuungs-Gesellschaft mbH, Tochterunternehmen der Baugenossenschaft Dennerstraße-Selbsthilfe eG, Hamburg, in einem Gespräch am 11.11.1997.

Anerkennung zum Ausdruck gebracht werden, um Selbstvertrauen und Motivation für das ehrenamtliche Engagement in der Nachbarschaftshilfe zu vermitteln.

Als förderlich kann es sich durchaus erweisen, kleine Anerkennungsbeiträge oder Aufwands-entschädigungen zu zahlen, wobei ein Betrag von 150 DM monatlich schon ausreichen mag.[1] Ein erfolgreiches Beispiel aus den USA stellt das „Neighborhood Advisors Project" dar, wel-ches in Durham, North Carolina, unter der Regie einer übergreifenden Koordinationsstelle für Seniorenfragen durchgeführt wurde.[2] Das Ziel des Projektes bestand darin, älteren Menschen den Zugang zu Hilfs- und Pflegeangeboten zu erleichtern und die diesbezügliche Akzeptanz zu steigern. Grundlegend hierfür war die Feststellung, daß es nicht an adäquaten Angeboten mangelt, sondern daß oftmals mentale Barrieren einer angemessenen Nutzung von Dienstlei-stungen im Wege steht. Daher wurden Freiwillige als Nachbarschaftsberater rekrutiert und im Rahmen eines 120-Stunden-Programms in Grundfragen der Altenhilfe (z.B. Sozialversiche-rungssystem, Medikation, Kommunikation) ausgebildet. Für 250 US-$ pro Monat agieren sie als „niedrigschwellige" Ansprechpartner für die Senioren in ihrem Wohngebiet, organisieren die Unterstützung, gegebenenfalls unter Hinzuziehung professioneller Kräfte und koordinie-ren informelle Helfer (z.B. Pfadfinder, kirchliche Gruppen) vor Ort.

Neben Nachbarschaftshilfevereinen stellen Kooperations- bzw. Tauschringe und Seniorenge-nossenschaften weitere Möglichkeiten dar, die Selbsthilfe zu institutionalisieren. Sie funktio-nieren nach dem *Prinzip der indirekten Gegenseitigkeit*. Dies bedeutet, „daß Dienstleistungen, die man für einen anderen oder für die Gemeinschaft erbringt, einen selber berechtigen, solche Leistungen von Dritten in Anspruch zu nehmen."[3] Dabei sind derartige Einrichtungen nicht nur durch den wirtschaftlichen Aspekt gekennzeichnet, sondern enthalten gerade auch eine starke soziale Komponente, wie HEINZE betont:

> „Sie [die Kooperationsringe, Anm. d. Verf.] dienen nicht ausschließlich dem öko-
> nomischen Austausch, die Dienstleistungsangebote könnten in der Regel sogar oft
> bequemer und billiger extern über den Markt bezogen werden. Im Vordergrund steht
> der Beitrag der Tauschnetzwerke zur Überwindung von Isolation, zur Stärkung von
> Kontakten im sozialen Nahbereich."[4]

Bei *Kooperationsringen* werden den Teilnehmern für ihre Leistungen gleichsam Gutscheine ausgestellt, welche sie bei anderen Ringangehörigen gegen deren Dienste einlösen können.[5]

---

[1] Vgl. EICHENER (Alltagshilfen, 1997), S. 23.

[2] Vgl. hier und im folgenden BOGDONOFF ET AL. (Living-at-home, 1991), S. 127ff.

[3] EICHENER (Alltagshilfen, 1997), S. 23.

[4] HEINZE (Tauschringe, 1998), S. 18.

[5] Für Beispiele einer praktischen Umsetzung vgl. HOFFMANN (Talentbörsen, 1998), S. 26ff.; LANDESAGENTUR FÜR STRUKTUR UND ARBEIT (LASA) BRANDENBURG GMBH (Perspektive, 1998), S. 30ff.

Die kritische Frage für eine Umsetzung in einem Wohnungsunternehmen besteht darin, ob die Kunden dieser Gutscheinwährung genügend Vertrauen entgegenbringen und eine hinreichende Kooperationsaktivität entfalten.[1] Wie die Diskussionen mit den Mietern von VI gezeigt haben, bestehen dort offensichtlich Vorbehalte gegen ein solches System.[2] Dies schließt einen Erfolg in der Praxis generell nicht aus, zeigt allerdings, daß je nach Zielgruppe eine umfassende Aufklärungsarbeit vorausgehen müßte. Zudem erscheint der Aufwand für eine reibungslose Koordination der Teilnehmerangebote und -nachfragen aus Sicht des Wohnungsunternehmens nicht unerheblich. Ob sich das Modell des Kooperationsrings für die wohnungswirtschaftliche Praxis eignet, wird erst beurteilt werden können, wenn diesbezüglich mehr Erfahrungen vorliegen.[3]

Die Idee der *Seniorengenossenschaft* ist ebenfalls jung und bisher wenig verbreitet, insofern wird man auch hier die zukünftige Entwicklung abwarten müssen.[4] Im Gegensatz zu Kooperationsringen besteht eine Beschränkung des Teilnehmerkreises, wobei die Selbsthilfe nach dem Motto „Junge Alte helfen alten Alten" funktionieren soll. Die Verrechnung der Leistungen (z.B. Mahlzeiten erstellen, Einkaufen, Reinigung) kann zum einen über Zeitgutschriften, zum anderen gegen Geld erfolgen, welches sich der Helfer auszahlen läßt oder in der Genossenschaft mit Blick auf eine eigene spätere Inanspruchnahme verzinslich anspart.[5]

Zusammenfassend lassen sich folgende Erkenntnisse zur Externalisierungsstrategie festhalten: Individuelle Eigenleistungen sind im wesentlichen dann angebracht, wenn es sich um einfache, auf einer relativ konstanten Bedarfsstruktur beruhenden Aufgaben handelt,[6] die Kunden über eine ausgeprägte Do-it-yourself-Mentalität verfügen und ein möglichst kostengünstiges Wohnungsangebot präferieren. Sozial organisierte Selbsthilfe ist - wie die Erfahrungen zeigen - selten ein Selbstläufer. Überschaubar bleibt der Aufwand für das Wohnungsunternehmen, wenn für Nachbarschaftsgruppen Gemeinschaftsräume zur Verfügung gestellt werden. Sie drohen indes ungenutzt zu bleiben, falls keine hinreichend motivierten Akteure in den Wohnquartieren vorhanden sind.

---

[1] Zum Problem geringer Teilnehmeraktivität bei Tauschringen vgl. SCHRÖBEL (Tauschring, 1998), S. 50.

[2] Vgl. Kap. 3.2.3.2.1.2.

[3] Eines der wenigen Beispiele mit Blick auf wohnungswirtschaftlich initiierte Kooperationsringe liefert die Glückauf Gemeinnützige Wohnungsbaugesellschaft mbH in Lünen. Im Rahmen eines Modellprojekts des Landes Nordrhein-Westfalen wurde in einem von Unternehmen betreuten Wohnquartier eine „Vermittlungsstelle für organisierte Nachbarschaftshilfe" eingerichtet. Die Leistungen, welche die Mitglieder untereinander erbringen, werden über individuelle Punktekonten abgerechnet. Für einen Überblick über die Vermittlungstätigkeit vgl. VERMITTLUNGSSTELLE FÜR ORGANISIERTE NACHBARSCHAFTSHILFE (Sozialbericht, 1999), S. 3ff.

[4] Im Rahmen eines am 17.6.1997 geführten Gespräches wurde diese Auffassung von W. Nußbaum geäußert, der als Prokurist bei der Gemeinnützigen Wohnungsgenossenschaft Ehrenfeld eG, Köln, beschäftigt ist. Diese Wohnungsgenossenschaft ist als Mitglied der „AKTIV Erste Kölner Seniorengenossenschaft" beigetreten.

[5] Vgl. MARTIN (Seniorengenossenschaften, 1997), S. 719f.

[6] Vgl. CORSTEN (Dienstleistungsmanagement, 1997), S. 344.

Nachbarschaftshilfevereine zur Aktivierung vorpflegerischer Unterstützungsleistungen bieten sich insbesondere für die auf dem Selbsthilfeprinzip beruhenden Genossenschaften an. Als vorteilhaft erweist sich ein relativ geschlossener Bestand, so daß auf einem unter den Mitgliedern existierenden Beziehungsgefüge aufgebaut werden kann. Langfristig lassen sich durchaus substantielle Verbesserungen hinsichtlich Qualität und Preisniveau der Dienstleistungsversorgung erzielen. Allerdings ist der Weg dorthin beschwerlich, die Kosten für das Unternehmen nicht unerheblich. Somit ist es vor allem eine Frage der Unternehmensphilosophie, ob man sich in diesem Bereich engagieren will. Die Erfahrungen mit Seniorengenossenschaften und Kooperationsringen sind in der wohnungswirtschaftlichen Praxis noch gering. Sofern man solche Systeme von seiten des Wohnungsunternehmens initiiert, ist aber auch hier mit einem nicht unerheblichen Koordinationsaufwand zu rechen.

Wie der Überblick über die verschiedenen Trägerschaftsformen verdeutlicht hat, handelt es sich bei der organisatorischen Gestaltung des Sekundärleistungsangebots um eine komplexe Aufgabenstellung, für die es wohl tendenzielle Empfehlungen geben kann, wobei jedoch stets die unternehmensspezifische Situation zu berücksichtigen ist. Eine von ENGELHARDT/ RECKENFELDERBÄUMER mit Blick auf industrielle Dienstleistungen geäußerte Feststellung erweist sich auch hier als zutreffend. Für den Sekundärleistungsanbieter „stellen die verschiedenen Alternativen der Service-Trägerschaft ein Klavier dar, auf dem er für jeden Service die passende Taste ... drücken muß, um die richtige Melodie zu spielen, die optimale Mischung des Service-Spektrums zu realisieren."[1]

4.4 Gestaltung des Sekundärleistungs-Mix

Sind die Ziele des Dienstleistungsangebots fixiert und die strategischen Grundentscheidungen hinsichtlich der zu bedienenden Marktsegmente, des jeweiligen Leistungsprogramms und der Trägerschaft getroffen, gilt es, mit Hilfe der vier absatzpolitischen Hauptinstrumente des Sekundärleistungs-Mix eine konkrete Ausgestaltung des Angebots vorzunehmen. Das Sekundärleistungs-Mix umfaßt wie das klassische Marketing-Mix die vier Aktionsparameter Leistungs-, Preis-, Kommunikations- und Distributionspolitik.[2] Im Vergleich zu den vorgelagerten Entscheidungen sind die hier getroffenen Beschlüsse kürzerfristig orientiert und leichter revidierbar, gleichwohl stellen die operativen Maßnahmen Stellschrauben dar, über welche die Nachfrage maßgeblich zu beeinflussen ist.

---

[1]   ENGELHARDT/RECKENFELDERBÄUMER (System, 1995), S. 180.

[2]   Vgl. mit Blick auf die Kundendienstpolitik MEFFERT (Kundendienst, 1982), 14ff.; SCHÖNROCK (Leistungs-Mix, 1982), S. 84ff.; ROSADA (Kundendienstpolitik, 1990), S. 42f.

Das Wohnungsunternehmen sollte daher eine sorgfältige Planung des Instrumentaleinsatzes für die Sekundärleistungsofferten nicht vernachlässigen, wobei die Gestaltungsmöglichkeiten in Abhängigkeit von der Trägerschaft höher (z.B. Eigenerstellung) oder niedriger (z.B. Vermittlung) ausgeprägt sein können. Angesichts der Preissensibilität der Sekundärleistungsnachfrage sowie der informatorischen und einstellungsbedingten Barrieren, die es als Marktwiderstände zu überwinden gilt, wird im Rahmen der nachfolgenden Diskussion des Instrumentariums der Preis- und Kommunikationspolitik ein besonderer Stellenwert eingeräumt. Da sich aus den kommunikationspolitischen Maßnahmen wichtige Konsequenzen für den Dienstleistungsvertrieb ergeben, wird die Distributionspolitik bewußt erst anschließend behandelt.[1]

4.4.1 DIE LEISTUNGSPOLITIK ALS PARAMETER FÜR DESIGN- UND MARKIERUNGS-BEZOGENE FRAGESTELLUNGEN

Unter der Leistungspolitik sollen hier sämtliche Entscheidungen verstanden werden, welche das Design der Serviceangebote und ihre Markierung betreffen. Das (Erstellungs-) Design einer Dienstleistung ist die Festlegung darüber, auf „welche Art und Weise, nach welchen Prinzipien, nach welcher Struktur und welchen Regeln"[2] das geplante Dienstleistungsangebot realisiert werden soll.[3] Im Sinne einer hohen Servicequalität kommt dem Design eine zentrale Bedeutung zu, weil hiermit die Weichen für eine kundenorientierte Gestaltung des „Gesamterlebnisses" Dienstleistung gestellt werden, das in die Bereiche Potential-, Prozeß- und Ergebnisdimension[4] zerfällt.

Im Vergleich zur Sachgüterproduktion ist zu berücksichtigen, daß sich der Erstellungsprozeß bei Dienstleistungen aufgrund der wechselnden Beschaffenheit des externen Faktors nur begrenzt kontrollieren läßt; ein Aspekt, der die Gewährleistung einer konstanten Qualität erschwert. Angesichts dessen und wegen des Fehlens eines greifbaren Produkts gestaltet sich die Markierung von Dienstleistungen grundsätzlich eher problematisch. Nachfolgend wird - im Anschluß an eine Diskussion des Designs wohnbegleitender Dienstleistungen - aufgezeigt, welche Möglichkeiten zur Markierung von Sekundärleistungsangeboten der Wohnungsunternehmen bestehen.

---

[1] In der Literatur existieren unterschiedliche Vorgehensweisen bezüglich der Reihenfolge, in der die absatzpolitischen Instrumente behandelt werden. Oftmals wird die Distributionspolitik als ein Bereich, der vergleichsweise unflexibel ist und einer eher längerfristigen Festlegung bedarf, der Kommunikationspolitik vorangestellt. Anders verfahren z.B. MEFFERT/BRUHN (Dienstleistungsmarketing, 1997).

[2] MEYER/BLÜMELHUBER (Design, 1998), S. 920.

[3] Zur Einführung in die Problematik des Designing von Dienstleistungen vgl. auch RAMASWAMY (Designing, 1999), S. 26ff.; STEIN/GOECKE (Design, 1999), S. 585ff.

[4] Vgl. SÜCHTING (Vertrieb, 1994), S. 450f.; MEYER/WESTERBARKEY (Kundenbeteiligung, 1995), S. 86ff.

4.4.1.1 Design von Dienstleistungen mittels der Blueprint-Technik

Um eine möglichst hohe Effektivität des Sekundärleistungsangebots zu erzielen, ist es von wesentlicher Bedeutung, den Erwartungen bzw. Anforderungen des Kunden an die Leistungsqualität gerecht zu werden. Zuverlässigkeit erwies sich bei der Befragung der VI-Kunden als die zusammengefaßt wichtigste generelle Anforderung an Dienstleistungsanbieter.[1] Dies unterstreicht die Notwendigkeit einer gründlichen Planung und Strukturierung der Dienstleistungserstellung, in deren Rahmen Maßgaben für das Verhalten der Mitarbeiter festgelegt, Abläufe geregelt und Prozeß- bzw. Ergebnisstandards definiert werden. Die Entwicklung von derartigen *Dienstleistungs-Designs* ist in der Wirtschaftspraxis gleichwohl wenig verbreitet: „Vielleicht liegt der Grund für viele Dienstleistungs- und Serviceprobleme gerade darin, daß Designaufgaben vernachlässigt, so nebenbei, quasi unbewußt erledigt und nicht die richtigen Personen zur Bewältigung dieser Aufgabe eingesetzt werden oder der konzeptionelle Wert des Designs nicht erkannt wird."[2]

Ein geeignetes Instrument, um das Design neuer Serviceleistungen zu entwickeln, stellt die *Blueprint-Technik* dar.[3] Das Ziel der Methode besteht darin, den gesamten Leistungserstellungsprozeß systematisch zu erfassen, die erforderlichen materiellen und personellen Einsatzfaktoren zu visualisieren und Ansatzpunkte für eine Ablaufoptimierung aufzuzeigen. Darüber hinaus werden die Kontaktpunkte sichtbar, wo die persönliche Interaktion zwischen Kunde und Anbieter ein zentrales Element der Leistungserstellung verkörpert.[4]

Ein Beispiel für eine „Dienstleistungs-Blaupause" enthält Abb. 51, die den möglichen Ablauf eines Umzugsservice in vereinfachter Form wiedergibt. Angenommen sei, daß das Wohnungsunternehmen einen Serviceprospekt publiziert hat, in dem eine „Hotline"-Nummer für verschiedenen Vermittlungsdienste aufgeführt ist. Die Ebene „Kunde" verdeutlicht die chrononologische Abfolge der Nachfragererlebnisse im Dienstleistungsprozeß. Dieser „*Kundenpfad*"[5] beginnt mit einer telefonischen Anfrage beim Wohnungsunternehmen. Der betreffende Mitarbeiter des Wohnungsunternehmens leitet die Anfrage an die Spedition weiter, von wo aus ein Termin für eine Ortsbesichtigung in der Kundenwohnung abgestimmt wird. In beiden Fällen befindet sich das Kontaktpersonal jenseits der medialen Interaktionslinie, die auch als

---

[1] Vgl. Kap. 3.3.2.2.1.3.

[2] MEYER/BLÜMELHUBER (Design, 1998), S. 912.

[3] Für eine umfassende Darstellung des Design-Vorgangs und der hierbei anzuwendenden Methoden vgl. MEYER/BLÜMELHUBER (Design, 1998), S. 916ff., sowie zum Service-Blueprinting ENGELHARDT/RECKENFELDERBÄUMER (System, 1995), S. 181.

[4] Vgl. SHOSTACK/KINGMAN-BRUNDAGE (Service, 1991), S. 252; MEFFERT/BRUHN (Dienstleistungsmarketing, 1997), S. 314; SCHMITZ (Qualitätsmanagement, 1996), S. 120.

[5] MEYER/ERTL (Marktforschung, 1998), S. 225, Hervorhebung nicht im Original.

„*Line of Visibility*" bezeichnet werden kann, weil die dahinter liegenden Vorgänge für den Kunden unsichtbar sind.[1]

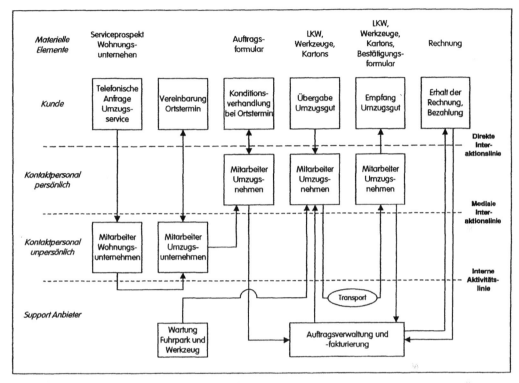

Abb. 51: Blueprint für einen Umzugsservice

Die *direkte Interaktionslinie* trennt den Kundenpfad von dem persönlich bzw. physisch mit dem Kunden in Kontakt tretenden Personal, so dem Verkaufspersonal, das beim Ortstermin die Konditionen mit dem Kunden aushandelt und den Vertragsabschluß herbeiführt, aber auch die Möbelpacker beim eigentlichen Umzug. Vorgänge hinter der *internen Aktivitätslinie* wie die Auftragsabwicklung, die Fuhrparkpflege oder auch die Transportfahrt selbst liegen für den Nachfrager in der Regel völlig im Verborgenen. Sie können daher ohne Berücksichtigung der Kundenwahrnehmung ausschließlich nach Effizienzgesichtspunkten gestaltet werden. Die oberste Ebene des Blueprints zeigt an, mit welchen materiellen Einsatzfaktoren der Kunde in der jeweiligen Stufe in Kontakt gelangt.

Die Erkenntnisse, die sich aus dem Blueprint entnehmen lassen, sind vielfältig. Zunächst ergeben sich Konsequenzen für die *Gestaltung des Leistungspotentials*. Die Teile der Bereitstellungsleistung, welche der optischen Erfassung des Kunden unterliegen, sollten generell ein

---

[1] Vgl. STAUSS (Beschwerdemanagement, 1998), S. 1259; STAUSS/SEIDEL (Zufriedenheitsermittlung, 1998), S. 212.

„ansehnliches" Bild vom Anbieter vermitteln (z.B. leserfreundlich gestaltete Schriftstücke, gepflegtes Outfit der Mitarbeiter, moderne LKWs). Das Personal im direkten Kundenkontakt - auch die Möbelpacker - sollten Freundlichkeit und ein Mindestmaß an kommunikativer Kompetenz mitbringen sowie aus logistischen Gründen räumlich in einer gewissen Nähe des Kunden stationiert sein. Das unpersönliche Kontaktpersonal muß im telefonischen Umgang Stärken zeigen, wobei dessen Standort (z.B. Call-Center in einem anderen Bundesland) und die Optik hier unerheblich sind. Im Supportbereich lassen sich schließlich auch Mitarbeiter einsetzen, die für den Einsatz beim Kunden gänzlich ungeeignet wären.

Des weiteren ergeben sich Anhaltspunkte für die *Aufteilung der Leistungserstellung* zwischen den Kooperationspartnern. So mag etwa ein Mitarbeiter des Wohnungsunternehmens den Ortstermin übernehmen, um das Potential für einen Zufriedenheitstransfer zu steigern, wenn zuvor standardisierte Konditionen mit dem Spediteur ausgehandelt wurden. Möglicherweise kann dem Kunden unter Zugrundelegung seiner Angaben bereits bei der ersten Anfrage ein konkretes Angebot durch den Ansprechpartner im Wohnungsunternehmen genannt werden, wodurch die Transaktionskosten auf beiden Seiten sinken.

Darüber hinaus ließe sich zur Steigerung der Kundenzufriedenheit bzw. zur Gewinnung von *Ansatzpunkten zur Qualitätsverbesserung* der Umzugsservice um einen Schritt erweitern, z.B. um eine telefonische Rückfrage durch das Wohnungsunternehmen, um die Beurteilung der Dienstleistung aus Kundensicht zu erfassen. Das Blueprint kann zusätzlich dazu genutzt werden, um feste Standards (z.B. Zeit zwischen Anfrage und Antwort) einzuarbeiten und wahrscheinliche Fehlerstellen zu markieren.[1] - Zusammengefaßt liefert die Blueprint-Technik nützliche Hinweise für ein möglichst kundengerechtes und effizientes Dienstleistungs-Design. Kritisch ist anzumerken, daß je nach Komplexität des Leistungsprozesses der Ablaufplan erheblich an Übersichtlichkeit verliert, wenn man sich nicht auf die Haupt- und unmittelbaren Unterstützungsfunktionen beschränken will.[2]

Im Bemühen um eine hohe Dienstleistungsqualität bildet ein sorgfältiges Dienstleistungs-Design zwar eine wichtige Basis, isoliert angewandt greift diese Maßnahme der Qualitätsplanung indessen zu kurz. Das Konzept des *Total Quality-Management*, welches in der Wohnungswirtschaft eine zunehmende Aufmerksamkeit erfährt,[3] zeigt auf, daß neben der *Qualitätsplanung* auch der *Qualitätssteuerung* und *kontrolle* eine Bedeutung zukommt.[4]

---

[1] Vgl. das Vorgehen bei SHOSTACK/KINGMAN-BRUNDAGE (Service, 1991), S. 245; SCHMITZ (Qualitätsmanagement, 1996), S. 121ff.

[2] Vgl. MEYER/BLÜMELHUBER (Design, 1998), S. 925ff.

[3] Zum Total Quality Management allgemein vgl. TÖPFER (Qualitätscontrolling, 1998), S. 424ff.; STAUSS (Marketing, 1994), S. 149ff.; LEHMANN (Service, 1992), S. 23ff., und zur Umsetzung in der Wohnungswirtschaft VNW VERBAND NORDDEUTSCHER WOHNUNGSUNTERNEHMEN E.V. (Qualitätsmanagement, 1998), S. 1f.; ERPENBACH/HAUSHERR (Status quo, 1996), S. 107ff.

[4] Vgl. hier und im folgenden SCHMITZ (Qualitätsmanagement, 1996), S. 64ff.

Im Rahmen der Qualitätssteuerung gilt es, die Qualitätsvorgaben zu erreichen oder zumindest die Abweichungen zwischen der beabsichtigten und realisierten Leistungsqualität zu minimieren. Entsprechende Maßnahmen setzen im Personalbereich (z.B. Einstellung qualifizierter Mitarbeiter, Schulungen für das Kundenkontaktpersonal), im technischen Bereich (z.B. leistungsfähiges EDV-System) sowie in der organisatorischen Sphäre an (z.B. Regelungen zur Abwesenheitsvertretung von Kundenbetreuern). Bei der Qualitätskontrolle werden schließlich die geplanten bzw. vom Kunden geäußerten Qualitätsanforderungen der wahrgenommenen Qualität gegenübergestellt. Neben Kundenbefragungen und Testkäufen erscheint insbesondere das im Rahmen der Kommunikationspolitik an späterer Stelle diskutierte Beschwerdemanagement[1] als ein geeignetes Instrument, um Mängel bei der Sekundärleistungsqualität zu erfassen. Für ein Total Quality-Management reicht es also nicht, die Leistungspolitik entsprechend auszurichten. Vielmehr sind sämtliche absatzpolitische Instrumentalbereiche außer der Preispolitik, welche die Gegenleistung regelt, in ein solches Konzept einzubeziehen.

4.4.1.2 *Optionen der Dienstleistungsmarkierung*

MUTZ betrachtet den *Markennamen* eines Wohnungsunternehmens als wichtiges Unterstützungsinstrument zur Kundengewinnung und -bindung und beschreibt das Wesen des Markenkapitals wie folgt: „If you stand for something positive and desirable, if you offer value for the rent charged, if a prospect thinks of your name when looking for an apartment home, if a prospect can immediately form a vision of quality living and enjoyable lifestyle when seeing or hearing your name, then you have build brand equity."[2] Wie im Dienstleistungssektor generell[3] dient auch in der Wohnungswirtschaft der Firmenname üblicherweise als Markenname. Er läßt sich zum einen als *Dachmarke* verwenden, indem der Firmenname jeweils den Hauptbestandteil der einzelnen Dienstleistungsmarke darstellt (z.B. Viterra Wohnpartner, Viterra Energy Services). Zum anderen kann der Firmenname mit einer separaten Dienstleistungsmarke zu einer *Tandemmarke* kombiniert werden (z.B. Viterra Wohnwert Konzept).[4]

Mit Blick auf wohnbegleitende Dienstleistungen ist die Markierung von doppelter Bedeutung. Aufgrund des Mangels an Suchqualitäten greifen Dienstleistungsnachfrager allgemein auf Surrogatinformationen zurück, unter denen der Dienstleistungsmarke eine zentrale Rolle zukommt.[5] Indem das Wohnungsunternehmen seinen - falls vorhanden - „guten Namen" zur Markierung der Sekundärleistungen verwendet, wird der Image- bzw. *Kompetenztransfer* un-

---

[1] Vgl. Kap. 4.4.3.4.

[2] MUTZ (brand, 1996), S. 28.

[3] Vgl. CORSTEN (Dienstleistungsunternehmungen, 1990), S. 186.

[4] Vgl. allgemein STAUSS (Dienstleistungsmarken, 1995), S. 2, sowie zur Entstehung des Markennamens „Viterra" o.V. (Marktführerschaft, 1999), S. 60.

[5] Vgl. TREIS/OPPERMANN (Dienstleistungsgestaltung, 1998), S. 789; STAUSS (Dienstleistungsmarken, 1995), S. 4.

terstützt, das wahrgenommene Kaufrisiko reduziert und somit insgesamt zur Akzeptanzförderung beigetragen.[1] Andererseits bildet die Markierung eine wichtige Grundlage für die beabsichtigte Rückwirkung auf das Primärleistungsgeschäft, dem *Zufriedenheitstransfer*. Insbesondere, wenn Teile der Leistungsproduktion ausgelagert werden, stellt die Markierung ein zentrales Element dar, um die Zurechenbarkeit zur Hauptleistung zu gewährleisten.[2]

Angesichts der Immaterialität der Dienstleistung muß die Markierung an den *Kontaktpunkten* erfolgen, wo Anbieter und Nachfrager unmittelbar zusammentreffen. Der Firmenschriftzug und/oder das Logo lassen sich entweder auf Kontaktobjekten oder auf Kontaktsubjekten anbringen.[3] Kontaktobjekte sind die materiellen Bestandteile des sichtbaren Leistungspotentials, so z.B. im Fall des dargestellten Umzugsservice die verschiedenen Schriftstücke, der LKW und die Kartons. Kontaktsubjekte wären hier die Mitarbeiter des Umzugsunternehmens, an deren Arbeitskleidung die Markierung erfolgen könnte. Inwieweit sich fremde, unabhängige Dritte einer Markierung des Wohnungsunternehmens vollständig unterwerfen, dürfte insbesondere vom Umfang der Vorteile abhängen, welche sie aus der Zusammenarbeit ziehen.[4] Wie bereits betont, kann es im Rahmen der Kooperationsstrategie sinnvoll sein, ein Co-Branding (z.B. Umzugsfirma X im Auftrag von Wohnungsunternehmen Y) zu praktizieren, um einerseits das allgemeine Vertrauenskapital des Wohnungsunternehmens und andererseits - wenn vorhanden - das fachspezifische Image des Kooperationspartners zu nutzen.

4.4.2 STEUERUNG DER ENTGELTFORDERUNG IM RAHMEN DER PREISPOLITIK

Unter der Preispolitik im Sekundärleistungs-Mix werden alle Maßnahmen subsumiert, die zur *Bestimmung und Durchsetzung der monetären Gegenleistung* der Käufer für die angebotenen wohnbegleitenden Dienstleistungen dienen.[5] Der geldliche Preis bildet aus Sicht des Konsumenten nur einen Teil seiner Kosten ab, und nicht-monetären Kosten kommt bei Dienstleistungen als Folge der Integrativität generell eine relativ hohe Bedeutung zu.[6] Allerdings kann davon ausgegangen werden, daß der in Geldeinheiten ausgedrückte Preis in der Wahrnehmung des Kunden ein besonderes Gewicht erhält, weil dieser im Gegensatz zu vielen nicht-monetären Kostenelementen für den Kunden unmittelbar einsichtig und quantifizierbar ist.[7]

---

[1] Vgl. Kap. 3.2.2.2.

[2] Vgl. in diesem Sinne MEYER/BLÜMELHUBER (Kundenbindung, 1998), S. 208.

[3] Vgl. MEFFERT/BRUHN (Dienstleistungsmarketing, 1997), S. 323f.

[4] Die „Hol' Harry AG", Neuss, plant eine Handwerkervermittlung in Großstädten, bei der die Vermittlungspartner zur Erzeugung eines gemeinsamen Qualitätsimage einheitliche Firmenwagen und Arbeitskleidung übernehmen müssen. Dafür werden ihnen eine zusätzliche Auslastung und ein Leistungspaket mit Werbung, Marketing, Büroorganisation bis hin zum Inkasso geboten. Vgl. O.V. (Handwerksleistungen, 1999), S. 23.

[5] Vgl. DILLER (Preispolitik, 1991), S. 20f.

[6] Vgl. MEYER/STREICH (Preispolitik, 1998), S. 850

[7] Vgl. NIESCHLAG/DICHTL/HÖRSCHGEN (Marketing, 1997), S. 332.

Den „richtigen" Preis zu finden, ist daher für den Absatzerfolg von großer Bedeutung. Andererseits stellt der vom Kunden gezahlte Preis im allgemeinen die zentrale Komponente für die Entgeltung der Wertschöpfungsaktivitäten des Unternehmens dar. Schon HAMMANN verwies darauf, daß alle Sekundärleistungen „tatsächlich direkt oder 'indirekt' entgolten werden müssen. Sie erscheinen zwar nicht immer offen berechnet, was jedoch nicht bedeutet, daß sie nicht doch im Verkaufspreis [der Primärleistung, Anmerkung des Verfassers] einkalkuliert sind".[1] Im folgenden wird zunächst auf die Problematik der Preisbestimmung eingegangen, um anschließend die alternativen Formen der Berechnung von wohnbegleitenden Dienstleistungen zu diskutieren.

4.4.2.1 Ansätze zur Bestimmung der Preishöhe

4.4.2.1.1 Grundlegende Möglichkeiten der Preisfindung

Traditionell lassen sich drei Ansätze zur Preisfindung unterscheiden, welche im Hinblick auf ihre Eignung für wohnbegleitende Dienstleistungen diskutiert werden sollen: die kostenorientierte, die nachfrageorientierte und konkurrenzorientierte Methode.[2] Dabei ist zu berücksichtigen, daß die Bestimmung der Preishöhe grundsätzlich nur dann ein Entscheidungsproblem für das Wohnungsunternehmen darstellt, wenn der Preis nicht staatlich administriert ist, wie es etwa auf Pflegeleistungen zutrifft.[3]

Im Fall der **kostenorientierten Vorgehensweise** ergibt sich der Preis als die Summe aus den Stückkosten pro Dienstleistungseinheit zuzüglich eines Gewinnaufschlags, wobei die Kostenermittlung theoretisch im Wege der Vollkosten- oder der Teilkostenrechnung möglich ist. Wesensmerkmal der *Vollkostenrechnung* ist es, daß grundsätzlich sämtliche Kosten auf die Kostenträger verteilt werden.[4] Ein erster Kritikpunkt an dieser Methode besteht darin, daß die Stückkosten und damit der Preis genaugenommen erst zu ermitteln sind, wenn die Absatzmenge bekannt ist. Je mehr Dienstleistungen verkauft werden, desto geringer lassen sich die anteiligen Gemeinkosten ansetzen, desto günstiger wird der Preis. Die Absatzmenge ist aber ex ante nicht bekannt und außerdem auch davon abhängig, wie hoch der Preis ist. Es ergibt sich also ein Zirkelschluß.[5] Die Folgerung, bei einem Nachfragerückgang die Preise wegen gestiegener Stückkosten anzuheben, könnte sich als fatal erweisen, weil so die Nachfrage eher noch weiter gedrosselt wird.

[1]   HAMMANN (Sekundärleistungspolitik, 1974), S. 139f.

[2]   Vgl. TUCKER (Pricing, 1966), S. 7f.; PAUL/RECKENFELDERBÄUMER (Kostenmanagement, 1995), S. 227.

[3]   Zur Problematik administrierter Preise aus Unternehmenssicht vgl. PEPELS (Preismanagement, 1998), S. 112ff.; SCHMALEN (Preispolitik, 1995), S. 171ff.

[4]   Vgl. MENRAD (Vollkostenrechnung, 1993), Sp. 2106ff.; WEBER (Rechnungswesen, 1997), S. 199ff.

[5]   Vgl. MEYER/STREICH (Preispolitik, 1998), S. 856.

Bei Dienstleistungen resultiert eine besondere Problematik der Vollkostenrechnung aus den oftmals *hohen Gemeinkostenanteilen*, wodurch die Gefahr von Fehlkalkulationen im Sinne nicht verursachungsgerechter Preisforderungen verschärft wird.[1] Bei einer Sozialberatung für Mieter beschränken sich die Einzelkosten zum Beispiel auf ausgefüllte Antragsformulare oder Telefonate. Die wesentlichen Kostenfaktoren wie Personal- und Gebäudekosten sind jedoch der einzelnen Beratungsleistung nicht direkt zurechenbar, sondern ihrer Natur nach fix bzw. sprungfix und fallen unabhängig von der einzelnen Inanspruchnahme an. Da sich insbesondere Beratungs- und Betreuungsaufgaben als hoch integrativ und sehr individuell darstellen, dementsprechend die Nutzungszeit relativ stark variiert, kann eine pauschale Zuschlüsselung den wahren Gegebenheiten kaum gerecht werden.

Eine relativ neue Variante der Vollkostenrechnung stellt die *Prozeßkostenrechnung* dar, deren Vorteile gegenüber traditionellen Formen insbesondere in einer differenzierten Gemeinkostenbehandlung und einer größeren Kostentransparenz zu sehen sind.[2] Die Gemeinkosten werden hierbei den Kostenträgern nicht über willkürliche Zuschlagssätze auf die Einzelkosten zugerechnet, sondern entsprechend „der tatsächlichen Inanspruchnahme der hinter den Gemeinkosten stehenden Tätigkeiten und Prozesse."[3] Ohne daß an dieser Stelle eine weiterführende Auseinandersetzung mit der Methodik der Prozeßkostenrechnung erfolgen soll,[4] sei darauf hingewiesen, daß die grundsätzlichen Einwände gegenüber der Vollkostenrechnung auch hier ihre Gültigkeit behalten.[5]

Im Fall der *Deckungsbeitragsrechnung* auf Basis relativer Einzelkosten als eine Form der Teilkostenrechnung werden nur die unmittelbar durch die Ausführung der einzelnen Leistung bedingten Kosten zugeordnet.[6] Der Deckungsbeitrag stellt die Differenz zwischen Preis und Einzelkosten dar, also ein Residuum. Gleichwohl wird man seine Höhe nicht dem Zufall überlassen können, da grundsätzlich und auf Dauer eine Entgeltung lediglich der Teilkosten den Unternehmensfortbestand gefährden würde. In der Preiskalkulation für eine Dienstleistung ist daher zusätzlich ein Soll-Deckungsbeitrag anzugeben, mit dem anteilige Gemeinkosten bzw. der erforderliche Gewinnbeitrag bestritten werden können.[7] Zwar nähert man sich hierdurch - inbesondere im Fall einer pauschalen Bestimmung - der Problematik der Vollkostenrechnung wieder an. „Gleichwohl stellt die Festsetzung von Soll-Deckungsbeiträgen ein vergleichsweise flexibleres Instrument dar, das eine stärker auf die Marktverhältnisse abge-

---

[1] Vgl. DEARDEN (Cost, 1978), S. 134.

[2] Vgl. SCHMITT (Transparenz, 1992), S. 45.

[3] PAUL/RECKENFELDERBÄUMER (Kostenmanagement, 1995), S. 240.

[4] Für eine prägnante Einführung in die Prozeßkostenrechnung vgl. SÜCHTING/PAUL (Bankmanagement, 1998), S. 440-446.

[5] Vgl. RECKENFELDERBÄUMER (Dienstleistungsbereich, 1995), S. 99ff.

[6] Vgl. HUMMEL/MÄNNEL (Kostenrechnung, 1995), S. 99f.

[7] Vgl. SÜCHTING/PAUL (Bankmanagement, 1998), S. 396f.

stellte Preisfindung ermöglicht und deshalb als preispolitische Entscheidungshilfe der Vollkostenrechnung überlegen ist."[1] Abb. 52 stellt beide Varianten der Kalkulation gegenüber, wobei die gestrichelte Umrandung für den Soll-Deckungsbeitrag demonstrieren soll, daß dieser bei einer einzelnen Leistung in der Höhe nicht der Summe aus Gemeinkosten- und Gewinnzuschlag der Vollkostenrechnung entsprechen muß.

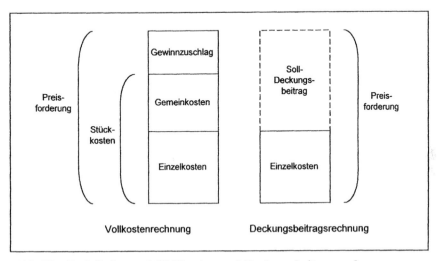

Abb. 52: Preisfindung mit Vollkosten- und Deckungsbeitragsrechnung

Während bei der „Kosten-Plus-Methode", welche wohl die am häufigsten angewandte Form der Preisfindung bei Dienstleistungen darstellt,[2] die interne Sicht dominiert, orientiert sich das Unternehmen bei der konkurrenzbezogenen und der nachfragerbezogenen Preisermittlung an Marktgegebenheiten. Die Gefahr, sich durch unangemessene, allein an eigenen Kostenstrukturen orientierten Preisforderungen aus dem Markt zu „katapultieren", ist hierbei weitaus geringer. Bei der *konkurrenzorientierten Preisfindung* bilden die Preise der Wettbewerber den Ausgangspunkt für die Bemessung der eigenen Leistungstarife. Überlegt das Wohnungsunternehmen etwa, den Mietern einen eigenen Fensterreinigungsdienst anzubieten, wäre es ratsam, zunächst einen Überblick über die am Markt vorhandene Offerten von Gebäudereinigern und sonstigen Anbietern zu verschaffen. Sofern die Annahme zutrifft, daß Preisdifferenzen nur zu rechtfertigen sind, wenn der Nachfrager auch entsprechende Qualitätsdifferenzen verspürt, hieße das zum Beispiel für einen qualitativ im Mittelfeld liegenden eigenen Reinigungsdienst, den Durchschnittspreis der Konkurrenten anzusetzen.[3]

---

[1] NIESCHLAG/DICHTL/HÖRSCHGEN (Marketing, 1997), S. 375f.

[2] Vgl. ZEITHAML/PARASURAMAN/BERRY (Problems, 1985), S. 38.

[3] Vgl. ARNOLD/HOFFMAN/MCCORMICK (Pricing, 1989), S. 26.

Dieses Vorgehen ist indes in mehrfacher Hinsicht problematisch. Nicht nur aus eigener Sicht, sondern auch dem Nachfrager fällt es schwer, die Dienstleistungen verschiedener Anbieter zu vergleichen.[1] So werden für das Fensterputzen unterschiedliche Preisbezugsbasen verwendet (z.B. Anzahl der Fenster, Fensterfläche, Anzahl der Wohnräume, Arbeitszeit), weshalb die Preistransparenz stark eingeschränkt ist. Zudem stellt hier die Qualität objektiv eine Erfahrungseigenschaft dar: Ohne Inanspruchnahme können nur Vermutungen über die Leistungsgüte getroffen werden. Angesichts dieser Situation mag (gerade) aber auch ein Spielraum im Sinne eines akquisitorischen Potentials des Wohnungsunternehmens bei seinen Kunden bestehen, den es ungenutzt lassen würde, setzt man den durchschnittlichen Konkurrenzpreis an.

Des weiteren ist zu berücksichtigen, daß Wettbewerber teils mit anderen Zielsetzungen und anderen Ressourcen agieren. Wenn Mitarbeiter eines frei-gemeinnützigen mobilen sozialen Hilfsdienstes tätig werden, um bei Menschen mit gesundheitlichen Einschränkungen die Fenster zu putzen, wird dies in der Regel zu einem Preis erfolgen, dem das Wohnungsunternehmen bei einem kommerziellen Angebot nicht folgen kann. Ebenso wäre es müßig, zu Schwarzmarktpreisen antreten zu wollen, obwohl diese für eine Auslotung der eigenen Marktchancen durchaus zu berücksichtigen sind.

Bei der *nachfragerorientierten Preisermittlung* dient hingegen die Preisbereitschaft der (potentiellen) Kunden als Anhaltspunkt für die Festlegung der Entgeltforderung. Ziel hierbei ist es, den Preis so zu fixieren, daß einerseits der Nachfrager ein positives Urteil hinsichtlich der Preisgünstigkeit trifft[2] und andererseits ein möglichst hoher Überschuß über die Kosten realisiert wird. Wie sich Ergebnisse der Marktforschung für die nachfragerorientierte Preisbestimmung bei wohnbegleitenden Dienstleistungen nutzen lassen, sei am Beispiel unserer Resultate mit Blick auf die Kundenkarte zum Rabattkauf demonstriert. Hierbei soll zunächst die *Preis-Absatz-Funktion* als geometrischer Ort aller Preis-Mengen-Kombinationen der Kundenkarte aus Sicht des Wohnungsunternehmens für den Zeitraum eines Jahres ermittelt werden. Auf dieser Grundlage ist der gewinnmaximale bzw. verlustminimale Preis zu bestimmen.[3] Zur Vereinfachung wird angenommen, daß die Gesamtkosten des Kartenangebots für das Wohnungsunternehmen unabhängig von der Anzahl der ausgegebenen Karten, also fix sind. Diese Annahme ermöglicht es, die Umsatzmaximierung als Approximation für die Gewinnmaximierung zu verwenden.[4]

---

[1] Vgl. BERRY/YADAV (Preise, 1997), S. 58; MEYER/STREICH (Preispolitik, 1998), S. 858.

[2] Vgl. MÜLLER/KLEIN (Preistheorie, 1993), S. 261-282.

[3] Zum Modellansatz der Preis-Absatz-Funktion vgl. BUSSE VON COLBE/HAMMANN/LAßMANN (Absatztheorie, 1992), S. 99ff.; DILLER (Preispolitik, 1991), S. 74ff.

[4] Vgl. FAßNACHT/HOMBURG (Preisdifferenzierung, 1998), S. 875. Zwar würden realiter variable Kosten z.B. für die Karten selbst anfallen. Allerdings dürften sie im Vergleich zu den Kosten, die insbesondere für die Konzeption des Angebots und für die dauerhafte Besetzung einer Servicezentrale anfallen, eher gering sein.

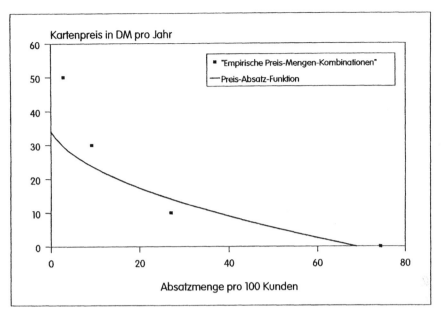

Abb. 53: Geschätzte Preis-Absatz-Funktion für die Kundenkarte zum Rabattkauf (Mieter)

In Abb. 53 sind als Punkte jene „Preis-Mengen-Kombinationen" abgebildet, welche sich aus den Befragungsergebnissen ableiten lassen. 74,3% der antwortenden Mieter gaben insgesamt an, eine Kundenkarte ganz sicher oder wahrscheinlich nutzen zu wollen. Dementsprechend ist bei einem Wert von x = 74 für die Menge (Sättigungsmenge) und p = 0 für den Preis eine Markierung eingetragen. Lediglich 27% zeigten sich bereit, einen Preis in der Kategorie von 0,01-19,99 DM oder höher zu zahlen. Ordnet man diesem Wert vereinfachend den Durchschnittspreis der Kategorie von 10 DM zu, wäre folglich bei einem Kartenpreis von 10 DM eine Absatzmenge von etwa 27 Karten zu erwarten. Einen Kartenpreis von 40 oder mehr DM - hierfür wurde als Klassenmittel 50 DM angenommen - käme nur noch für 2,8% der Mieter in Frage. Mit Hilfe dieser Werte läßt sich per Regression eine Nachfragefunktion schätzen, die verdeutlicht, welche Mengen sich bei welchen Preisen absetzen lassen. Hieraus kann eine Umkehrfunktion, die gesuchte Preis-Absatz-Funktion abgeleitet werden. Sie ordnet alternativen Preisen bestimmte vom Unternehmen erwartete Absatzmengen zu und ist in Abb. 53 als Kurve eingetragen.[1]

Unter Zugrundelegung der Preis-Absatz-Funktion kann nun im nächsten Schritt eine *Umsatzfunktion* (der Umsatz bildet das Produkt aus Preis und Menge) hergeleitet werden, welche die Abhängigkeit des Gesamterlöses von der Höhe der Absatzmenge verdeutlicht.[2] In Abb. 54 ist

---

[1] Die ermittelte Funktionsgleichung lautet: $p = -\sqrt{21{,}277x + 19{,}838} + 38{,}522$, mit p = Kartenpreis, x = Menge abgesetzter Karten.

[2] Vgl. DILLER (Preispolitik, 1991), S. 76f.

die Umsatzfunktion als Hyperbel eingezeichnet. Der maximale Umsatz von 386 DM wird erreicht, wenn das Wohnungsunternehmen auf 100 Mieter betrachtet 31 Kundenkarten absetzt. Gemäß der Preis-Absatz-Funktion tritt diese Absatzmenge ein, wenn der Preis auf rund 12,50 DM festgelegt wird. Bei einem Entgelt in Höhe von ca. 12,50 DM läßt sich unter den Modellbedingungen somit der maximale Gewinn realisieren (bzw. der minimale Verlust, wenn die Fixkosten den Umsatz übersteigen).[1]

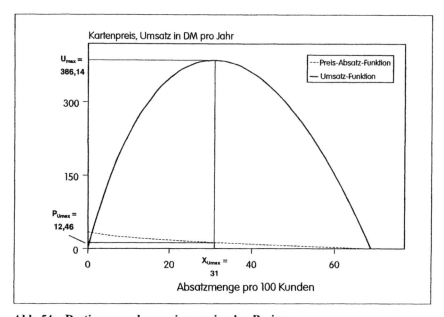

Abb. 54: Bestimmung des gewinnmaximalen Preises

Ein in jüngerer Zeit verstärkt diskutierter Ansatz der Preisfindung stellt das Target Pricing bzw. Target Costing dar.[2] Im Grunde handelt es sich hierbei um eine Sonderform der nachfrager- bzw. wettbewerbsorientierten Preisdetermination, in welchem Elemente der kostenorientierten Methode einfließen. Ausgangspunkt der Betrachtung bildet der vom Markt erlaubte Preis. „'Erlaubt' heißt dabei, daß im Zuge der Preissetzung zwei Schranken zu beachten sind: die Kundenwünsche, die selbstverständlich im Vordergrund stehen müssen, und die Preissetzung der Wettbewerber."[3]

---

[1] Grundsätzlich ist bei der Interpretation insoweit Vorsicht geboten, als der Nachfrager seine wahre Preisbereitschaft möglicherweise bewußt verheimlicht. Vgl. SIMON (Preispolitik, 1994), S. 724. Zu den Formen und Grenzen der empirischen Ermittlung von Preisabsatzfunktionen vgl. BREDE (Preis-Absatz-Funktionen, 1969), S. 809ff.; SIMON/KUCHER (Preisabsatzfunktionen, 1988), S. 171ff.

[2] Vgl. PAUL (Dienstleistungen, 1998), S. 11ff.; PEPELS (Preismanagement, 1998), S. 148f.; FRANZ (Target, 1993), S. 124ff.; LAKER (Produkt, 1993), S. 61ff.

[3] PAUL/RECKENFELDERBÄUMER (Kostenmanagement, 1995), S. 233.

Im Rahmen der in dieser Arbeit vorgestellten Kundenbefragung wurde z.B. für den kleinen Handwerksdienst (z.B. Auswechseln von Glühbirnen, Bohren von Wandlöchern) eine Preisbereitschaft von durchschnittlich 16,11 DM pro halber Stunde bei den „ernsthaft" interessierten Mietern ermittelt. Wenn vergleichbare Angebote am Markt bisher nicht erhältlich sind, entfällt die Wettbewerbsbeobachtung, und man kann diesen Preis als Zielpreis (Target price) ansetzen. Nach Abzug der Mehrwertsteuern von 2,22 DM sowie eines angenommenen Gewinnzuschlags von 1 DM verbleibt ein Betrag von 12,89 DM, den ein halbstündiger Einsatz kosten darf. Schon bei der Konzeption der Dienstleistung ist diese Zielkosten-Vorgabe zu berücksichtigen, und es sind systematisch Möglichkeiten zu durchforsten, um eine Überschreitung zu vermeiden (z.B. Einsatz ehrenamtlicher Kräfte, Frührentner in geringfügigen Beschäftigungsverhältnissen, Erledigung durch anderweitig nicht ausgelastete Mitarbeiter). Wenn sich der vorgegebene Kostenrahmen dennoch nicht einhalten läßt, sollte auf ein Angebot grundsätzlich verzichtet werden.

Offensichtlich existiert kein Patentrezept für die Preisfindung bei Dienstleistungen. Sowohl die rein kostenorientierte Preisermittlung, eine unreflektierte Orientierung an der Konkurrenz als auch eine einseitige Ausrichtung an den Nachfragerwünschen bergen Gefahren in sich oder lassen mögliche Optionen ungeachtet. „[V]ielmehr müssen sich preispolitische Entscheidungen auf Informationen der Nachfrage stützen, zugleich aber auch Kosten- und Konkurrenzdaten berücksichtigen."[1] Bei Sekundärleistungen gewinnt die Entscheidung über die Preishöhe aber zusätzlich an Komplexität dadurch, daß ihr Absatz überwiegend nicht isoliert erfolgt, sondern in einer Verbindung mit der Primärleistung gesehen werden muß. Von diesem Aspekt wurde bisher abstrahiert.

Wie SIMON mit Blick auf industrielle Dienstleistungen feststellt, kann die Amortisation der Angebotskosten nicht nur durch separate Dienstleistungspreise oder gebündelte Preise von Primär- und Sekundärleistungen erfolgen, sondern auch „in Form höherer Kundentreue, die aus hoher Kundenzufriedenheit mit den Dienstleistungen resultiert. Dieser Effekt ist in der Praxis sehr bedeutsam. Faktisch spart das Unternehmen hier zukünftige Marketingkosten."[2]

Nichts anderes gilt für wohnbegleitende Dienstleistungen. Als (Über-)Kompensation für oftmals nicht kostendeckende, geschweige denn einen Gewinn sichernde Preisforderungen bzw. Erlöse im Sekundärleistungsgeschäft werden Mehrerlöse und/oder Opportunitätserlöse bei der Vermietung bzw. dem Verkauf oder der Verwaltung von Wohnungen erwartet. *Mehrerlöse* können entweder daraus resultieren, daß pro Wohnung betrachtet ein höherer Preis erzielt wird, oder sie entstehen dadurch, daß bei konstanten Preisen eine größere Menge Absatz findet. Mit Blick auf die Vermietung bedeutet dies eine höhere Bestandsauslastung bzw. geringere Leerstände. Beide Aspekte spielen in der Argumentation der Wohnungsunternehmen eine

[1] MEYER/STREICH (Preispolitik, 1998), S. 862.
[2] SIMON (Preispolitik, 1994), S. 733.

Rolle. So verwies einer der Experten darauf, daß Zusatzangebote eine möglicherweise entscheidende Rolle hinsichtlich der Frage spielen, ob bei einer starken Anbieterkonkurrenz eine freiwerdende Wohnung überhaupt neu vermietet werden kann, und wenn ja, ob dies etwa zu 600 DM oder zu 650 DM gelingt.[1]

Opportunitätserlöse führen hingegen nicht zu einer Erhöhung der Entgelte, sondern zu nicht entstandenen (vermiedenen) Kosten, was sich aber gleichfalls positiv auf den Erfolg auswirkt. HUMMEL/MÄNNEL bezeichnen Opportunitätserlöse als die sich „aus dem 'Nicht-Nutzen-Müssen' vergleichsweise ungünstiger Alternative[n] .. ergebenden *Kostenersparnisse*".[2] Das „Nicht-Nutzen-Müssen" von Bankfinanzierungen, wenn die Wohnungsgenossenschaft eine eigene Spareinrichtung betreibt, das „Nicht-Nutzen-Müssen" der Justiz, wenn Mietschuldenprobleme durch eine soziale Beratung reguliert werden können, oder das „Verzichten-Können" auf Akquisitionsbemühungen um neue Mieter, wenn ältere Bewohner aufgrund einer umfassenden Seniorenbetreuung länger Kunde bleiben können; all dies sind Beispiele für die Erzielung von Opportunitätserlösen. Je höher die durch ein Sekundärleistungsangebot ausgelösten Mehr- und Opportunitätserlöse im primären Geschäft, desto geringer kann die Preisforderung an den Kunden ausfallen. Die kritische Frage aber besteht darin, wie sich die induzierten Erlöse[3] rechnerisch darstellen lassen. Im Rahmen der an späterer Stelle erfolgenden Ausführungen zur Wirtschaftlichkeitsanalyse wird daher auf diese Problematik gesondert eingegangen.[4]

Eine weitere Besonderheit für die Preisbestimmung bei wohnbegleitenden Dienstleistungen resultiert daraus, daß zur Finanzierung sozialer Maßnahmen teilweise *Zuschüsse* der öffentlichen Hand, von Sozialversicherungsträgern oder auch Gelder von privaten Spendern bzw. Stiftungen eingesetzt werden können. Hierbei kann im Prinzip zwischen projektbezogenen Zuschüssen, die der Errichtung oder Aufrechterhaltung bestimmter Vorhaben gemeinnütziger Prägung dienen und einer Kundenmehrheit nutzen, und personenbezogenen Zuschüssen, die speziell einzelnen Kunden zugute kommen, unterschieden werden.

Projektbezogene öffentliche Zuschüsse können zum einen durch Übernahme von Personalkosten erfolgen, wobei Arbeitsbeschaffungsmaßnahmen (ABM-Stellen) und dem Programm „Arbeit statt Sozialhilfe" im Sozialen Management der befragten Unternehmen das größte Gewicht zukommt.[5] Zum anderen werden beschäftigungsungebundene Mittel zur Anschubfinanzierung und - selten - zur Alimentierung des laufenden Betriebs gewährt. Besonders gut

---

[1] In diesem Sinne äußerte sich L. Basse, Geschäftsführer, GWG Gesellschaft für Bauen und Wohnen mbH, Hamburg, in einem Interview am 11.11.1997.

[2] HUMMEL/MÄNNEL (Kostenrechnung, 1995), S. 87.

[3] Vgl. MEINIG (Produktdifferenzierung, 1984), S. 141; MOLLBERG (Messung, 1983), S. 187.

[4] Vgl. Kap. 4.5.

[5] Für einen Überblick über arbeitsmarktpolitische Programme vgl. EGLE/KÜHL (Arbeitsmarktpolitik, 1997), S. 211.

erscheinen die Voraussetzungen für eine projektbezogene Förderung im Fall der gemeinnützigen Nachbarschaftshilfevereine. Insgesamt bei sechs der befragten Unternehmen fand eine öffentliche Förderung von Dienstleistungsvorhaben statt. Hier herrschte der Tenor, daß Zuschüsse von Kommune, Land, Bund und Europäischer Union zunehmend schwerer erhältlich seien, es aber immer noch genügend Fonds gäbe, aus denen mit viel Mühe und einem gewissen Maß an Professionalität Gelder eingefordert werden könnten.

Das *Sponsoring dritter Unternehmen* stellt eine weitere Möglichkeit zur Finanzierung sozialer Projekte dar. Neben „ungerichteten" Spendengeldern für Nachbarschaftshilfevereine besteht insbesondere bei stark öffentlichkeitswirksamen Vorhaben die Chance, gezielte Mittel bei fremden Unternehmen zu akquirieren, die hiermit Imagepflege betreiben wollen. So unterstützte zum Beispiel Citroën ein Streetball-Turnier, das von der SAGA AG in Hamburg für Jugendliche initiiert wurde.

Der wichtigste Posten bei den *personenbezogenen Zuschüssen* sind die Leistungen der Pflege- und Krankenversicherungen vor allem zur Finanzierung der regelmäßigen häuslichen Pflege. Aus wohnungswirtschaftlicher Sicht von besonderer Bedeutung ist der von der Pflegeversicherung gewährte Zuschuß von bis zu 5.000 DM für Maßnahmen zur Verbesserung des individuellen Wohnumfelds. Hiermit können Wohnungsanpassungsmaßnahmen finanziert werden, welche die ambulante Pflege erleichtern (wie etwa Türenverbreiterungen, Einbau einer Dusche).[1] Ein weiteres Beispiel für relevante personenbezogene Zuschüsse stellen Umzugsprämien für ältere Menschen im Rahmen von Wohnungstauschprogrammen dar. So leistet z.B. die Freie und Hansestadt Hamburg pro Umzug eine Zahlung von bis zu 9.000 DM pro Person.[2] Mehrere Experten wiesen darauf hin, daß Dienstleistungen, die von Dritten bezahlt werden, grundsätzlich auf die größte Akzeptanz beim Kunden stoßen. Dies erscheint zwar trivial, sollte aber bei den Überlegungen zur Auswahl von Leistungsideen explizit berücksichtigt werden. - Zusammenfassend ist festzustellen, daß die direkten Entgelte des Nachfragers an Bedeutung verlieren, je stärker ein Ausgleich durch Mehr- und Opportunitätserlöse im primären Geschäft sowie durch Zuschüsse stattfindet.

4.4.2.1.2 Einheitspreissetzung versus Preisdifferenzierung

Die bisherigen Überlegungen gingen implizit davon aus, daß für jede Dienstleistung *ein* bestimmter Preis festgelegt wird. Dies ist jedoch nicht zwangsläufig so, denn eine Preisdifferenzierung kann gegebenenfalls zu einem höheren Zielerreichungsgrad beitragen. Allgemein bedeutet Preisdifferenzierung, daß gleichartige Leistungen zu unterschiedlichen Entgelten ange-

---

[1] Vgl. WINKEL (Wohnberatung, 1996), S. 5f.
[2] Hierüber berichtete T. Klindt, Prokurist, SAGA Siedlungs-Aktiengesellschaft Hamburg, in einem Interview am 10.11.1997.

boten werden.[1] Welche Wirkungen mit der Preisdifferenzierung im einzelnen verbunden sind, hängt insbesondere von den Kriterien ab, nach denen eine Abstufung erfolgt.

Eine erste Variante, die sich in der Praxis der wohnbegleitenden Dienstleistungen beobachten läßt, ist die Differenzierung nach *abnehmerorientierten Kriterien*, d.h. die Preishöhe richtet sich nach der Art der Kundengruppe. Von grundlegender Bedeutung ist in diesem Rahmen zunächst die Aufspaltung in hilfsbedürftige und nicht-hilfsbedürftige Kunden. Zahlreiche Angebote, die von Wohnungsunternehmen in Kooperation mit Wohlfahrtsverbänden, Selbsthilfeeinrichtungen oder von gemeinnützigen Tochterunternehmen angeboten werden, sind nur für ältere oder kranke Personen erhältlich. Einzelne Unternehmen vermitteln zum Beispiel hauswirtschaftliche Leistungen sowohl an Hilfsbedürftige als auch an „Bequemlichkeitskonsumenten", dann aber zu unterschiedlichen Preisen und von alternativen Anbietern. So verfährt etwa die GWG Wohnungsgenossenschaft Radevormwald eG: Hilfsbedürftigen wird für die Wohnungsreinigung durch (zum großen Teil ehrenamtliche) Kräfte des Deutschen Roten Kreuzes pro Stunde ein Entgelt von 7 DM berechnet, andere Kunden zahlen 30-35 DM bei Ausführung durch einen erwerbswirtschaftlichen Kooperationspartner.

Primär soziale Erwägungen sind auch in der Vorgehensweise einzelner Unternehmen zu erkennen, eine Differenzierung nach der individuellen Kaufkraft vorzunehmen. Dies läßt sich zum Beispiel daran erkennen, daß die Kosten für notwendige altersgerechte Umbauten, welche nicht erstattungsfähig sind, mehr oder weniger von einigen Unternehmen selbst getragen werden, wenn der Betroffene finanziell überfordert ist.

Eine weitere Möglichkeit der abnehmerorientierten Preisdifferenzierung besteht darin, bei Leistungen, die auch Dritten zugänglich sind, den eigenen Kunden einen Preisnachlaß zu gewähren. So zahlen im Fall des „Seniorenladens" als ein Beratungs- und Betreuungsangebot des Bauverein zu Lünen Mitglieder der Genossenschaft einen um 33% ermäßigten Monatsbeitrag (20 DM statt 30 DM). Auf diesem Weg kann die ökonomische Vorteilhaftigkeit der Mitgliedschaft zum Ausdruck gebracht werden, was die Kundenzufriedenheit stärken sollte. Und möglicherweise lassen sich angesichts solcher offensichtlicher Vorteile - zumal, wenn es sich um höhere Beträge handeln sollte - neue Mitglieder für die Genossenschaft akquirieren. Als ein Instrument des Beziehungsmarketing kann die Preisabstufung nach dem Kriterium der Geschäftsbeziehungsdauer beobachtet werden. So gewährte die Hamburger GWG bei der Markteinführung eines Hausnotruf-Systems einen Treuebonus in Abhängigkeit von der bisherigen Wohndauer, wodurch langjährige Mieter nahezu entgeltfrei in den Genuß dieser Sekundärleistung kamen. Der Kunde wird für seine Loyalität belohnt, andererseits errichtet man zusätzliche ökonomische Wechselbarrieren.[2]

---

[1] Zum Begriff der Preisdifferenzierung vgl. FAßNACHT/HOMBURG (Preisdifferenzierung, 1998), S. 868; BUSSE VON COLBE/HAMMANN/LAßMANN (Absatztheorie, 1992), S. 229ff.; SCHMALEN (Preispolitik, 1995), S. 182.

[2] Für eine Preispolitik im Sinne der Kundenbindung vgl. SIMON/TACKE/WOSCIDLO (Kunden, 1998), S. 94ff.

Zur unmittelbaren Gewinnsteigerung kann eine abnehmerorientierte Preisdifferenzierung beitragen, wenn man die unterschiedlichen Preiselastizitäten von alternativen Marktsegmenten ausnutzt. In der Preiselastizität der Nachfrage kommt zum Ausdruck, wie stark die Nachfrager in Form einer Ausdehnung oder Einschränkung der Kaufmenge auf eine Preisänderung reagieren.[1] So divergiert etwa die Preiselastizität der Nachfrage nach einer Kundenkarte zwischen den befragten Mietern und Wohnungseigentümern, die Preis-Absatz-Funktionen nehmen eine unterschiedliche Gestalt an. Dies führt unter anderem dazu, daß der umsatz- bzw. gewinnmaximale Preis für die Kundenkarte mit ca. 15,20 DM bei den Eigentümern um 2,50 DM höher liegt. Unter der Voraussetzung einer klaren Separierbarkeit der Segmente läßt sich der Gewinn aus theoretischer Sicht optimieren, wenn für jedes Segment ein spezifischer Preis festgelegt wird und die Kosten, welche durch die Differenzierung selbst entstehen (z.B. erhöhte Verwaltungskosten), niedriger sind als die Höhe des Umsatzzuwachses.

Eine zweite Hauptform der Preisdifferenzierung stellt die *zeitliche Preisdifferenzierung* dar, bei der eine Abstufung der Entgelthöhe nach dem Zeitpunkt des Kaufs bzw. der Inanspruchnahme erfolgt. Im Dienstleistungssektor vermag eine temporäre Variation der Preise insbesondere zu einer gleichmäßigeren Kapazitätsauslastung und damit zur Vermeidung von Leerkosten beizutragen.[2] So könnten z.B. Mieten für Gemeinschaftsräume am Wochenende höher angesetzt werden als innerhalb der Woche, Nutzungsgebühren für Sporttreffs tagsüber niedriger als abends. Im Bereich der Verrichtungsleistungen wäre etwa zu überlegen, ob der Preis für eine Wohnungsreinigung an beliebten Terminen wie dem Freitagvormittag angehoben wird und im Gegenzug eine Reduktion zu weniger gefragten Zeitpunkten erfolgt.

Daneben kann eine zeitliche Preisdifferenzierung im Sinne einer „Penetrationsstrategie" sinnvoll sein. Die Penetrationspreisstrategie, welche von einem Niedrigpreis bei der Markteinführung ausgeht, beabsichtigt, möglichst schnell ein großes Kundenpotential zu erschließen, um zu einer baldigen Ausnutzung von Größenvorteilen zu gelangen und potentielle Konkurrenten abzuschotten.[3] Auch hier sei noch einmal auf das Beispiel des „Seniorenladens" verwiesen, der für „Schnellentschlossene" einen zusätzlichen Nachlaß für das erste Vierteljahr in Höhe von 10 DM pro Monat für die Betreuungspauschale einräumte. Bei Anwendung der Penetrationspreisstrategie sollten die Kunden aber grundsätzlich auf den späteren Normalpreis hingewiesen werden. Ansonsten droht nicht nur die Gefahr von Verstimmungen im Kundenkreis, sondern es ist ebenfalls möglich, daß der günstige Preis als Signal für eine minderwertige Qualität fehlinterpretiert wird.

---

[1] Vgl. PEPELS (Preismanagement, 1998), S. 73; SIMON (Preismanagement, 1992), S. 93.

[2] Vgl. CORSTEN/STUHLMANN (Kapazitätsmanagement, 1998), S. 498.

[3] Vgl. SIMON (Preismanagement, 1992), S. 294; SCHMALEN (Preispolitik, 1995), S. 129ff.

Eine dritte Grundform, die in der bisherigen Sekundärleistungspraxis von Bedeutung ist, stellt die *primärleistungsorientierte Preisdifferenzierung* dar, d.h. die Höhe der Entgeltforderung richtet sich nach Merkmalen der eigentlichen Wohnleistung. So werden zum Beispiel Objektdienstleistungen unter anderem nach der Wohnfläche umgelegt.[1] Zwar erscheint es nicht verursachungsgerecht, aber unter Tragfähigkeitsgesichtspunkten vertretbar, daß der Mieter eines 50 m²-Apartment nur halb so viel zum Beispiel für die Gartenpflege zahlt wie der Mieter einer 100 m²-Wohnung. Auch bei anderen Dienstleistungsarten fungieren Wohnungsmerkmale als Kriterium für die Preisgestaltung, z.B. die Wohnfläche als Bemessungsgrundlage für den Hausratversicherungs-Tarif (bei gegebenem Versicherungswert pro m²) oder die Anzahl der Wohnräume als Maßstab für Fensterreinigungsentgelte. Im wesentlichen zielt die primärleistungsorientierte Preisdifferenzierung darauf ab, einer gedachten oder tatsächlichen Abhängigkeit der Erstellungskosten von Eigenschaften der Primärleistung im Dienstleistungspreis Ausdruck zu verleihen. Empfindet der Nachfrager die vorgenommene Differenzierung als verursachungsgerecht, läßt sich die Akzeptanz der Sekundärleistungen tendenziell steigern.

Betrachtet man zusammenfassend die bisherige Praxis mit Blick auf die Preisdifferenzierung bei wohnbegleitenden Dienstleistungen, scheinen die Potentiale zur Gewinn- und Absatzsteigerung bzw. Kostensenkung, welche insbesondere in der abnehmerorientierten und zeitlichen Preisdifferenzierung liegen, noch nicht in einem angemessenem Umfang ausgeschöpft zu sein. Allerdings sind bei der individuellen Entscheidung des Wohnungsunternehmens im Spektrum Einheits- versus abgestufter Preis stets auch die Kosten der Preisdifferenzierung im Auge zu behalten. Interne Mehrkosten resultieren zum Beispiel aus komplexeren Abrechnungsprogrammen. Externe Mehrkosten, die „Kosten der Verärgerung von Kunden"[2], äußern sich in Form von Beschwerde- und Opportunitätskosten durch Abschreckung potentieller bzw. Abwanderung bisheriger Kunden. Ursächlich hierfür kann die wachsende Preisintransparenz oder auch das Gefühl sein, ungerechtfertigterweise für die gleiche Leistung mehr als andere Kunden bezahlen zu müssen.

4.4.2.2 Berechnungsformen für wohnbegleitende Dienstleistungen

Wenn der Prozeß der Preisfindung abgeschlossen ist, besteht das zweite zentrale Entscheidungsproblem im Rahmen der Preispolitik darin, in welcher Form der als angemessen betrachtete Preis dem Nachfrager in Rechnung gestellt werden kann. Gedanklich ist diesbezüglich zwischen zwei Ebenen zu differenzieren. Auf der ersten Ebene stellt sich die Frage, ob die Sekundärleistung zusammen mit oder getrennt von der Primärleistung berechnet wird. Sofern eine getrennte Berechnung erfolgt, steht auf der zweiten Ebene zur Disposition, ob innerhalb des Sekundärleistungsprogramms eine Preisbündelung vorgenommen werden soll.

---

[1] Vgl. MURFELD (Betriebswirtschaftslehre, 1997), S. 290ff.

[2] Vgl. FAßNACHT/HOMBURG (Preisdifferenzierung, 1998), S. 876.

Mit „Preisbündelung" wird allgemein das Angebot von zwei oder mehr Leistungen als Paket zu einem besonderen Gesamtpreis bezeichnet.[1]

4.4.2.2.1 Bündelung versus Entbündelung von Primär- und Sekundärleistung

Grundsätzlich sind hinsichtlich des ersten Entscheidungsproblems drei Lösungen zu unterscheiden:[2]

1) *Reine Bündelung*: Das Wohnungsangebot und die Dienstleistung(en) sind nur gemeinsam erhältlich. Der Dienstleistungspreis ist für den Kunden nicht ersichtlich, sondern stellt ein Bestandteil der Grundmiete dar.

2) *Bündelung mit separater Preisangabe*: Auch hier werden Primär- und Sekundärleistung(en) ausschließlich im Verbund angeboten, allerdings erfolgt ein getrennter Ausweis der Preise.

3) *Komponentenangebot*: Der Primärleistungskunde hat die freie Wahl, ob und welche Serviceleistung(en) er nutzt, die bei Inanspruchnahme einzeln abgerechnet werden.

Eine obligatorische Kopplung wohnbegleitender Dienste an die Vermietung oder den Wohnungsverkauf wie bei der ersten und zweiten Variante beinhaltet für das Unternehmen verschiedene prinzipielle Vorteile. Wenn eine Wohnung nur inklusive Sekundärleistung(en) mit entsprechendem Preisaufschlag zu beziehen ist, steht dem Wohnungsunternehmen eine *breite Erlösbasis zur Fixkostendeckung* für das Dienstleistungsangebot zur Verfügung, und es existiert die Möglichkeit, kollektive Güter (z.B. Sicherheit im Wohnquartier durch einen Wachdienst) angemessen zu verrechnen. Ähnlich wie von vielen Wohnungsunternehmen bei der Einführung des Kabelfernsehens praktiziert,[3] läßt sich auch die *Diffusion* anderer Dienstleistungen in der breiten Mieterschaft fördern, wenn bei der Neuvermietung stets nur ein Kombinationsangebot erfolgt. Die erzielten Economies of Scale können auf dem Wege einer Preisermäßigung an den Kunden weitergegeben werden. Eine Bündelung kann darüber hinaus zu einer Verstetigung des Dienstleistungsabsatzes führen, wodurch die *Kapazitätssteuerung* erleichtert und das operative *Risiko* gesenkt wird.

Zu einer *Gewinnsteigerung* vermag die Bündelung aus theoretischer Sicht vor allem aufgrund einer besseren Abschöpfung der individuellen Preisbereitschaft beizutragen. Üblicherweise unterscheiden sich Konsumenten darin, wieviel sie für eine Wohnung oder für eine Dienstlei-

---

[1] Vgl. EPPEN/HANSON/MARTIN (Bundling, 1991), S. 7; GUILTINAN (Services, 1987), S. 74; PEPELS (Preismanagement, 1998), S. 97.

[2] Vgl. allgemein SIMON/WUEBKER (Method, 1999), S. 10; SIMON (Preispolitik, 1994), S. 733ff.; ENGELHARDT/PAUL (Dienstleistungen, 1998), S. 1336.

[3] Zu den verschiedenen Einführungsstrategien beim Kabelfernsehen vgl. SCHNEIDERS (Diskussion, 1996), S. 78f.

stung zu zahlen bereit sind. Für den Anbieter wäre es ideal, wenn er von jedem Kunden den individuellen Reservationspreis verlangen würde, also genau jenen Betrag, bei welchem der Kunde gerade noch zu einem Kauf bereit ist.[1] In der Praxis ist eine solch extreme Preisdifferenzierung allerdings schon aufgrund der fehlenden Information über die einzelnen Reservationspreise sowie der entstehenden Marktbearbeitungskosten unmöglich.[2]

Werden nun Wohnung und Serviceleistung im Bündel angeboten, so könnte beispielsweise eine beim Kunden A vorhandene überschüssige Preisbereitschaft hinsichtlich des Wohnungsangebots auf die Sekundärleistung - z.B. ein Partyraum im Haus - übertragen werden, für den bei Einzelpreisstellung die Preisbereitschaft nicht gereicht hätte.[3] Bei einem Kunden B mag umgekehrt eine überschüssige Preisbereitschaft in bezug auf den Partyraum vorliegen, aber den Mietpreis für die Wohnung empfindet er möglicherweise als zu hoch. Dennoch nimmt er das Angebot wahr, weil ihm der Gesamtpreis inklusive der Zusatzleistung als angemessen erscheint. Somit zahlen beide den gleichen Preis, insgesamt können sich jedoch Mehreinnahmen und in Abhängigkeit von den jeweiligen Deckungsbeiträgen auch ein höherer Gewinn für das Wohnungsunternehmen ergeben.[4]

Schließlich ist eine Bündelung unter dem Aspekt der *Profilierung im Wettbewerb* von Interesse. Mit besonders bedürfnisgerechten Kombinationen kann man sich als leistungsfähiger Problemlöser präsentieren und erlangt, wenn im Leistungsbündel Elemente enthalten sind, welche nicht ohne weiteres von anderen Anbietern kopiert werden können, einen Wettbewerbsvorteil. Als Beispiel hierfür läßt sich der bereits diskutierte „Verwöhn-Service" der Bast Bau GmbH anführen, der mit einigen Grundleistungen schon in der Miete enthalten ist. In der Konsequenz dürfte der zufriedene Nutzer eines solchen Bündels eine größere „Unempfindlichkeit" gegenüber - z.B. bei Teilkomponenten attraktiveren - Konkurrenzangeboten aufweisen; der preispolitische Spielraum des Wohnungsunternehmens im Primärgeschäft steigt.

Allerdings besteht bei einer obligatorischen Verknüpfung von Wohnungsangebot und Dienstleistung prinzipiell die Gefahr einer *Ablehnung* durch weniger leistungs- als preisorientierte Nachfrager. Einzelne Beispiele der interviewten Experten zeigen, daß die „zweite Miete" in Form der Betriebskosten schon aktuell in Extremfällen bis zu 2/3 der Grundmiete beträgt. Eine weitere Erhöhung der Bruttomiete um 1 DM/m² kann bereits dazu führen, daß die „Schmerzgrenze" der (potentiellen) Mieter überschritten wird und eine Abwanderung zur Konkurrenz erfolgt.[5] Wie stark die Aversion gegen eine pauschale Preisbündelung ist, dürfte

---

[1] Vgl. FRIEGE (Leistungsverbunde, 1995), S. 91.

[2] Vgl. PRIEMER (Bundling, 1995), S. 61f.

[3] Vgl. SIMON (Preispolitik, 1994), S. 729f.

[4] Vgl. SIMON (Preismanagement, 1992), S. 446ff.; FUERDERER (Theory, 1999), S. 42ff.

[5] In diesem Sinne äußerten sich M. Fraaß, Vorstandsvorsitzender, und U. Walzog, Assistent des Vorsitzenden, Wohnungsbaugenossenschaft „Erfurt" e.G., in einem Gespräch am 12.12.1997.

neben der eigentlichen Preisempfindlichkeit auch davon abhängen, ob alle Betroffenen einen ähnlich hohen Nutzen aus der zwangsweise zu entgeltenden Serviceleistung ziehen können. Sofern das Gefühl aufkommt, für etwas zu bezahlen, was einem selbst nicht oder nicht in gleichem Umfang wie anderen zugute kommt, die in selbiger Höhe mit Kosten belastet werden, wird die Akzeptanz gering sein. Es muß also das *Verursachungsprinzip* im Auge behalten werden.[1] Des weiteren ist eine Bündelung überhaupt nur sinnvoll, wenn es sich um Dienstleistungen handelt, die wie die Primärleistung einen Zeitraumbezug haben bzw. regelmäßig anfallen.

Hinsichtlich der Bündelung stehen - wie eingangs erwähnt - mit der reinen Bündelung und jener mit separater Preisauszeichnung zwei grundsätzliche Optionen zur Verfügung. Bei der Bündelung mit separater Preisauszeichnung ist des weiteren zu unterscheiden, ob eine Verrechnung als Betriebskosten erfolgt oder ob ein zusätzliches Serviceentgelt erhoben wird. Welcher Weg bestritten werden kann, ist nicht zuletzt von der Mietgesetzgebung abhängig.[2]

Der Spielraum für eine *reine Bündelung* mit einer Integration des Dienstleistungspreises in die Grundmiete erscheint begrenzt. Im öffentlich geförderten Wohnungsbau scheidet diese Berechnungsform grundsätzlich aus, weil in die Kostenmiete nur festgelegte Bestandteile der Kapital- und Bewirtschaftungskosten exklusive Betriebskosten einkalkuliert werden dürfen. Eine Ausnahme stellt der Schönheitsreparatur-Service dar: Übernimmt der Vermieter die Verpflichtung, in bestimmten zeitlichen Abständen Schönheitsreparaturen für den Mieter durchzuführen, so kann hierfür ein Betrag von jährlich maximal DM 15,50 pro m² Wohnfläche als Instandhaltungskosten angesetzt und in die Kostenmiete integriert werden.[3]

Bei freifinanzierten Mietwohnungen darf zum einen die ortsübliche Vergleichsmiete um nicht mehr als 20% überstiegen werden, zum anderen sind die Kappungsgrenzen für Mieterhöhungen (20% bzw. 30% innerhalb von drei Jahren) zu beachten.[4] Ein durch den Dienstleistungspreis bedingter Aufschlag würde einen Teil dieser Gestaltungspotentiale aufzehren und die *Flexibilität der Mietpreisgestaltung* beschränken. Insofern ist die reine Bündelung grundsätzlich nicht zu empfehlen.[5]

---

[1] Vgl. FEHR (Sekundärleistungen, 1996), S. 35.

[2] Zu den rechtlichen Rahmenbedingungen und den einzelnen Betriebskostenarten vgl. BLÖCKER/PISTORIUS (Betriebskosten, 1999), S. 16ff.

[3] Siehe § 28, Abs. 4 der Verordnung über wohnungswirtschaftliche Berechnungen (Zweite Berechnungsverordnung - II. BV) in der Fassung der Bekanntmachung vom 12.10.1990. Im freifinanzierten Wohnungsbau könnte man ebenfalls einen Betrag für die Übernahme von Schönheitsreparaturen, die üblicherweise dem Mieter übertragen werden, in die Grundmiete einkalkulieren. Diesbezüglich bestehen aber - abgesehen vom Wucherverbot - keine Beschränkungen.

[4] Vgl. DAUWE (Mietpreisgesetzgebung, 1997), S. 587ff.

[5] Als eine Ausnahme kann die Berücksichtigung von Preisbestandteilen für soziale Dienstleistungen in der Nutzungsgebühr (Grundmiete) von Wohnungsgenossenschaften betrachtet werden, was aber nur bei einem breiten Konsens unter den Mitgliedern möglich erscheint. Beispielhaft sei das Modell der Wohnwertbezogenen Nutzungsgebühr der Baugenossenschaft Freie Scholle eG Bielefeld genannt. Es wurde 1998 von der

Aus Kundensicht liegt der Vorteil einer *Bündelung mit separater Preisauszeichnung* in der höheren Preistransparenz. Insofern könnte man auch von „informatorische[r] Entbündelung"[1] sprechen. Aus Vermietersicht werden die regulatorisch begrenzten Handlungsspielräume hinsichtlich der Grundmiete nicht noch weiter beschränkt. Für eine Abrechnung als *Betriebskosten* spricht zum einen der geringe Verwaltungsaufwand beim Inkasso, zum anderen kann der Bezug der Sekundärleistungen im Rahmen des Mietvertrags geregelt werden. Die obligatorische Durchsetzung der Dienstleistungsabnahme dürfte auf diesem Weg grundsätzlich leichter fallen, weniger Mißtrauen bzw. Widerspruch beim Mieter verursachen als der zwangsweise Abschluß eines eigenständigen Servicevertrags. Denn hierbei würde in der Wahrnehmung des Kunden die Zahlung einer „dritten Miete" deutlich zutage treten.

Die Berechnung als Betriebskosten stellt aber keineswegs eine Patentlösung dar. Zum ersten lassen sich nur die *gesetzlich zulässigen Serviceleistungen* auf den Mieter umlegen.[2] Dies betrifft vor allem die Reinigung von Haus und Umfeld, die Gartenpflege, den Winterdienst, Gemeinschaftseinrichtungen (hinsichtlich ihrer laufenden Betriebskosten) und bezüglich bestimmter Aufgabenbereiche auch den Hauswart.[3] Zum anderen spricht gegen diese Berechnungsvariante, daß nur ein *Ansatz zu Selbstkosten* möglich ist. Wenn eine Eigenerstellung von Dienstleistungen erfolgt, können somit keine Gewinnzuschläge einkalkuliert werden, und Entgelte für Drittunternehmen stellen gleichsam durchlaufende Posten dar.

Auswege aus diesem Dilemma stellen die Verlagerung auf eine *Tochtergesellschaft* oder die Vereinbarung einer *Provisionszahlung* mit dem jeweiligen Kooperationspartner dar. Letzteres wird von zwei der befragten Unternehmen hinsichtlich der Treppenhausreinigung praktiziert. Allerdings ist diese Vorgehensweise nicht ganz unproblematisch, könnte von Mieterseite doch der Vorwurf erhoben werden, daß die Provisionen implizit zu einer Anhebung der Betriebskosten führen, was auf dasselbe hinausläuft wie ein unmittelbarer Gewinnzuschlag. Diesbezüglich verwies einer der Experten auf die Gegenleistung, welches das Wohnungsunternehmen kontinuierlich in Form von Qualitätskontrollen und Beschwerdemanagement erbringt. Eine andere Argumentationslinie besteht darin, daß durch die Nachfragebündelung des Wohnungsunternehmens auch eingedenk möglicherweise für Provisionen beanspruchter Kalkulati-

---

Vertreterkonferenz beschlossen und ist im Zusammenhang mit der Entwicklung zu sehen, daß in den letzten Jahren für einen Großteil des Wohnungsbestandes die öffentliche Bindung ausgelaufen ist. Die Grundidee der Wohnwertbezogenen Nutzungsgebühr besteht darin, unternehmensweit nach einheitlichen Kriterien eine streng nach der jeweiligen Wohnqualität differenzierte Mietpreisgestaltung vorzunehmen, wobei der mittlere Wert des örtlichen Mietspiegels grundsätzlich die Obergrenze darstellt. Bei einer durchschnittlichen Nutzungsgebühr von 8,63 DM/m² sind 0,13 DM (1,5%) für Infrastruktur- und Sozialinvestitionen einkalkuliert, welche insbesondere den Nachbarschaftstreffs bzw. -zentren der Genossenschaft zugute kommen. Vgl. O.V. (Nutzungsgebühr, 1998), S. 3; O.V. (Umsetzung, 1997), S. 3.

[1] ENGELHARDT/PAUL (Dienstleistungen, 1998), S. 1336.

[2] Vgl. FRIEDRICH (Mietnebenkosten, 1997), S. 585f

[3] Vgl. MURFELD (Betriebswirtschaftslehre, 1997), S. 273ff.

onsbestandteile immer noch ein erheblich niedrigerer Preis möglich ist, als der Kunde am Markt allein realisieren könnte. Die meisten der befragten Wohnungsunternehmen versuchen gleichwohl, im Interesse des Kunden die Preisforderungen von Kooperationspartnern weitestgehend zu senken und verzichten auf diesbezügliche eigenständige Deckungsbeiträge. Zudem zeigt sich, daß die Abrechnung über Betriebskosten - wann immer möglich - in der wohnungswirtschaftlichen Praxis präferiert wird.

Vor dem Hintergrund obiger Überlegungen ist zu erklären, daß eine erzwungene Abnahme von Sekundärleistungen in der Praxis sehr selektiv zum Einsatz kommt. Auf den Gesamtbestand bezogen wählen einzelne Unternehmen diese Vorgehensweise nur im Bereich der Objektdienstleistungen oder - wie bereits dargestellt - der Kommunikationstechnik. Auch wenn die subjektive Wertempfindung für diese Angebote je nach Kunde differiert, kommen sie objektiv betrachtet allen Bewohnern eines Hauses relativ gleichmäßig zugute. Der verbindliche Abschluß eines weitergehenden Dienstleistungsvertrags im Zusammenhang mit der Wohnleistung ist bisher nur im Bereich des Seniorenwohnens anzutreffen. Wenn man in Zukunft auch für jüngere Kundengruppen segmentspezifisch ausgerichtete Wohnangebote mit unterschiedlicher Serviceintensität anbieten würde, könnte der verbindliche separate Dienstleistungsvertrag bei Segmenten wie den „Komfortorientierten" oder den „Gestreßten" durchaus eine sinnvolle Lösung darstellen.

4.4.2.2.2 Bündelung innerhalb des Sekundärleistungsprogramms

Eine weitere Frage im Zusammenhang mit der Berechnung von Sekundärleistungen besteht darin, ob und in welcher Form eine Kopplung von Diensten innerhalb des Sekundärleistungssortiments erfolgen sollte. Dabei sind grundsätzlich vier Basisstrategien denkbar, die zum Teil den bereits diskutierten Formen entsprechen und in Abb. 55 auf der folgenden Seite am Zwei-Leistungen-Fall verdeutlicht werden:[1]

1) *Reines Komponentenangebot*: A priori findet keine Zusammenfassung statt. Der Kunde hat die freie Wahlmöglichkeit, wieviele und welche Leistungen er nutzen möchte, wobei jede Komponente separat in Rechnung gestellt wird.

2) *Gemischtes Komponentenangebot*: Bei diesem Vorgehen werden sowohl Einzelleistungen als auch Bündel vermarktet, wobei mindestens eine Leistung nur im Zusammenhang mit anderen zu erwerben ist. Im dargestellten Beispiel ist also B nur mit A, A aber auch separat erhältlich.

3) *Reine Bündelung*: Alle betreffenden Dienste werden in einem Paket zusammengefaßt. Der Kunde hat nur die Wahl zwischen Komplettangebot und Verzicht.

---

[1] Vgl. PRIEMER (Bundling, 1995), S. 29ff., und ähnlich ADAMS/YELLEN (Commodity, 1976), S. 478.

4) *Gemischte Bündelung*: Alle Leistungen sind getrennt erhältlich, parallel dazu werden jedoch auch ein einzelnes oder (bei mehr als zwei Komponenten) mehrere Pakete zu einem günstigeren Preis angeboten.

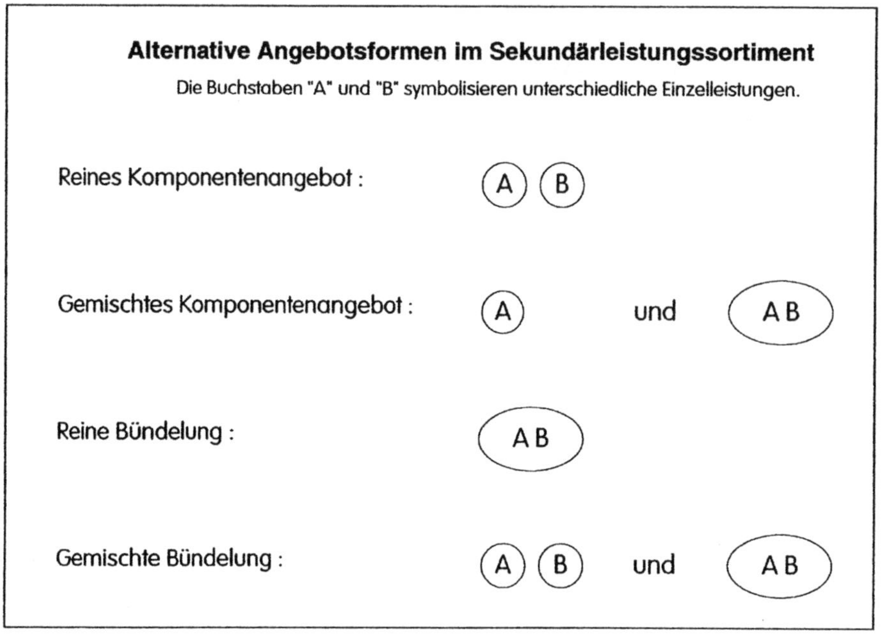

Alternative Angebotsformen im Sekundärleistungssortiment
Die Buchstaben "A" und "B" symbolisieren unterschiedliche Einzelleistungen.

Reines Komponentenangebot : (A) (B)

Gemischtes Komponentenangebot : (A) und (A B)

Reine Bündelung : (A B)

Gemischte Bündelung : (A) (B) und (A B)

Abb. 55: Alternative Angebotsformen im Sekundärleistungssortiment

Das *reine Komponentenangebot* zeichnet sich durch große Flexibilität und „Fairness" unter dem Gesichtspunkt der Kostenverursachung aus, gezahlt wird nur für die tatsächlich in Anspruch genommenen Leistungen. Somit ist die Einzelpreisstellung eine sinnvolle Maßnahme für Dienste, bei denen der Bedarf sehr individuell ausgeprägt ist (z.B. Essen auf Rädern, Kinderbetreuung) und eine Bündelung bei vielen Kunden dazu führen würde, daß nur ein Element von hohem Nutzen wäre.[1] Allerdings führt der Verzicht auf jegliche Bündelung grundsätzlich zu einer Verteuerung des Angebotes, weil jede Leistung für sich genommen bereits einen akzeptablen Deckungsbeitrag liefern sollte.[2] Aus Sicht des Wohnungsunternehmens sind die Leistungsabnahme und damit auch Erlöse schlecht abschätzbar, und es erscheint fraglich, ob die zentralen Bereitstellungskosten tatsächlich gedeckt werden können.

---

[1] Vgl. MEFFERT/BRUHN (Dienstleistungsmarketing, 1997), S. 421.

[2] Im Bewußtsein von Ausstrahlungseffekten einzelner Sortimentsteile auf andere Leistungen könnte auch so kalkuliert werden, daß über das Sortiment insgesamt betrachtet ein ausreichender Deckungsbeitrag erzielt wird. Wenn solche Effekte im vorhinein jedoch nicht bekannt sind, besteht die Gefahr, daß gerade die vergleichsweise knapp kalkulierten Leistungen übermäßig stark in Anspruch genommen werden.

Dem *gemischten Komponentenangebot* kommt in der unternehmerischen Praxis generell eine hohe Bedeutung zu.[1] Als eine besondere Form kann das sogenannte *Add-On-Bundling* begriffen werden, bei man die Wahl zwischen der Nutzung einer isolierten Grundkomponente oder von Grundkomponente plus Zusatzkomponente(n) hat.[2] Das Add-On-Bundling ist prinzipiell empfehlenswert, wenn eine Art Rangfolge beim Sekundärleistungsbezug zu erkennen ist: Die Nutzung der vorrangigen Leistung erscheint auch einzeln möglich, während die Inanspruchnahme der nachgeordneten Komponente ohne jene der vorrangigen wenig Sinn ergibt. Oder es kann sich eine Rangfolge dergestalt ergeben, daß die Grundkomponente für viele Kunden attraktiv ist, die Zusatzkomponente aber auf einen sehr individuellen Bedarf beruht. Dabei kann das Angebot so konstruiert sein, daß die Grundkomponente bereits ein reines Bündel darstellt, wie es beim Service-Wohnen üblich ist. Ein gewisses Basisangebot, das in der Regel Gebäudereinigung, Hausmeister- und Notrufservice, Beratungsleistungen und kleinere Haushaltshilfen umfaßt, muß jeder Bewohner über eine Betreuungspauschale entgelten; Mehrleistungen werden separat berechnet.[3] Ein Beispiel für die Übertragung dieser Idee auf Serviceleistungen für die Mieter im Bestand stellt das Projekt des „Seniorenladens" der genossenschaftlichen Unternehmensgruppe des Bauverein zu Lünen dar.

Beim „Seniorenladen" handelt es sich um eine umfunktionierte gewerbliche Einheit, welche unentgeltlich an die örtliche Außenstelle des Diakonischen Werks als Kooperationspartner vermietet wird. Der „Seniorenladen" bildet eine Anlaufstelle für die Beratung und Betreuung älterer, behinderter und kranker Menschen in einem Wohnviertel, das eine vergleichsweise hohe Konzentration älterer Genossenschaftsmitglieder aufweist. Neben Mitarbeitern des Wohlfahrtsverbands sind dort auch ehrenamtliche Kräfte tätig. Der Dienstleistungsbezug beruht in diesem Fall nicht auf einer Vereinsmitgliedschaft, sondern auf einem Dienstvertrag zwischen dem Kunden und der Diakonie. Gegen die Betreuungspauschale werden drei Grundleistungen pro Monat geboten. Dazu gehören zwei „Individualkontakte" (z.B. Beratungsgespräch in Behördenangelegenheiten, Begleitung beim Einkauf, Personentransport zum Mittagstisch) sowie mindestens ein Begegnungsangebot im Seniorenladen (z.B. Frühstückstreff, kleine Feste, Ausflüge). Jede weitere Leistung, d.h. eine zusätzliche Leistung aus dem Grundangebot oder die Vermittlung einer Leistung aus dem Wahlangebot (wie etwa ambulante Pflege, Hausnotruf, Wäschedienst) kostet einmalig 10 DM.

---

[1] Vgl. PRIEMER (Bundling, 1995), S. 1995.

[2] Vgl. SIMON/WUEBKER (Method, 1999), S. 11; GUILTINAN (Services, 1987), S. 84.

[3] Vgl. O.V. (Preisunterschiede, 1999), S. 67.

Ein zentraler Vorteil des Modells besteht darin, daß durch die Betreuungspauschale eine respektable Grundnachfrage und Erlösbasis gewährleistet werden. Gleichzeitig beugt man einer Anspruchsinflation vor, da für die Wahlleistungen ein zusätzliches, wenn auch nicht immer kostendeckendes Entgelt zu entrichten ist. Eine prinzipielle Gefahr bei Wahlmöglichkeiten innerhalb des Grundangebots besteht darin, daß innerhalb der Grundleistungen insbesondere jene beansprucht werden, die mit einem hohem Erstellungsaufwand verbunden sind, der Kunde gleichsam zum „Rosinenpicker" avanciert.

Auf Kundenseite besteht der Nachteil einer regelmäßigen Zahlungspflicht, allerdings erscheint die Höhe der Betreuungspauschale überschaubar. Auch werden hiermit schon Angebote jenseits der Beratung abgedeckt, die aufgrund der individuellen Wahlmöglichkeit einen hohen Nutzen erwarten lassen. Ob angesichts der im Vergleich zu Beispielen aus dem Bereich der Service-Wohnanlagen niedrigen Betreuungspauschalen mittelfristig die geplante vollständige Kostendeckung des „Seniorenladens" erreicht werden kann, muß sich erst noch erweisen.

Bei der *reinen Bündelung* sind alle angebotenen Dienstleistungen stets nur gemeinsam zu einem Kombinationspreis erhältlich. Sie ist im Sekundärleistungsbereich ähnlich problematisch zu sehen wie auf der übergelagerten Betrachtungsebene der obligatorische Verbund von Primär- und Serviceleistungen. Grundsätzlich besteht wegen der absoluten Höhe des Entgeltbetrags und der Intransparenz der Einzelpreise die Gefahr, daß das Bündel abgelehnt wird, obwohl separate Bestandteile gern genutzt würden. Ein Erfolg ist bei einer reinen Bündelung daher nur in zwei Fällen zu erwarten. Der erste Fall wäre gegeben, wenn das Wohnungsunternehmen eine Art Monopol bezüglich der Dienstleistungen hätte, so daß der Kunde nicht auf die Einzelleistungen anderer Anbieter ausweichen könnte, und zugleich die Nutzung zumindest einer Bündelkomponente für den Kunden von eminenter Bedeutung ist. Sollte ein erzwungener Verbundkauf vom Erwerber - gegebenenfalls auch erst im nachhinein - als unfair empfunden werden, kann dies allerdings zu Imageschäden für das Wohnungsunternehmen führen.[1]

Der zweite Fall, in dem eine reine Bündelung erfolgversprechend und auch kundenorientiert sein mag, liegt vor, wenn ein Nachfrageverbund[2] gegeben ist und kundenseitig die Wertempfindung für alle integrierten Leistungen vergleichsweise hoch ausfällt. Denn dann kommt auch dem Bündel insgesamt ein hoher Nutzen zu.[3] Zudem sollte die diesbezügliche Nachfrage relativ homogen sein.[4]

---

[1] Aus diesem Grund kamen die Teilnehmer eines gemeinschaftlichen Arbeitskreises des Instituts für Kredit- und Finanzwirtschaft (IKF) sowie des InWIS zu einer ablehnenden Haltung gegenüber einem festen Servicepaket. Vgl. FEHR (Sekundärleistungen, 1996), S. 35.

[2] Vgl. ENGELHARDT (Erscheinungsformen, 1976), S. 81ff.

[3] Vgl. MEFFERT/BRUHN (Dienstleistungsmarketing, 1997), S. 422.

[4] Vgl. PAUN (Products, 1993), S. 30.

Wie die Ergebnisse unserer Kundenbefragung erkennen ließen, besteht zum Beispiel ein besonders enger Nachfrageverbund zwischen der Reinigung der Außenanlagen und dem Winterdienst.[1] Dies läßt sich insofern erklären, als Menschen, denen die Säuberung von Gehwegen oder Grünflächen („bei Wind und Wetter") unangenehm ist oder aus körperlichen Gründen schwer fällt, aus den gleichen Gründen auch den Winterdienst als eine lästige Pflicht betrachten. Aus Unternehmenssicht erscheint dieser Nachfrageverbund besonders von Interesse, weil Personal, welches im Sommer die Grünanlagen pflegt, im Winter unterbeschäftigt ist und zur Schneeräumung eingesetzt werden kann. So verfährt etwa die Wohnbau Lemgo eG und erzielt damit eine gleichmäßigere Auslastung des Regiebetriebs. Aufgrund der auch angebotsseitigen Komplementarität der Leistungen sind Kostenvorteile zu erwarten, welche durch einen gegenüber der Summe der Einzelpreise reduzierten Bündelpreis mehr oder weniger an den Kunden weitergegeben werden können. In Abhängigkeit davon nehmen der Nettonutzen des Kunden und/oder die Deckungsbeiträge für das Wohnungsunternehmen zu.[2]

Eine reine Preisbündelung von wohnbegleitenden Dienstleistungen ist in der Praxis aber eher selten anzutreffen. Eines der wenigen Beispiele stellt der besonders für Berliner Wohnungsunternehmen typische Hauswart mit seinem umfassenden Funktionenspektrum dar. Er nimmt regelmäßig Pflege-, Reinigungs- und Reparaturaufgaben in und an den Wohnhäusern wahr, führt auch mitunter kleinere Dienste und Erledigungen insbesondere für unterstützungsbedürftige Mieter durch. Sofern seine Tätigkeiten nicht der Verwaltung zuzurechnen sind (z.B. Verteilen von Mitteilungsblättern oder Zahlscheinen), werden die entsprechenden Kosten zu einem Gesamtpreis im Rahmen der Betriebskosten umgelegt. Die Problematik der reinen Bündelung bekommen die Wohnungsunternehmen aber auch hier zu spüren. Weil die Hauswartkosten mit durchschnittlich ca. 50 DM pro Monat einen bedeutenden Ausgabefaktor für die Mieter bilden und sich die einzelnen Reinigungs- und Pflegeaufgaben bei Fremdvergabe in der Regel günstiger darstellen ließen, ergeben sich immer wieder Rechtfertigungsdiskussionen. Dies gilt insbesondere, wenn einzelne Hauswarte nachlässig arbeiten oder nur das Nötigste erledigen.[3]

---

[1] Vgl. Kap. 3.3.2.3.4.

[2] Für eine modellhafte Berechnung der Erfolgswirkungen verschiedener Bündelungsformen vgl. SIMON/ WUEBKER (Method, 1999), S. 13ff.; SIMON (Preismanagement, 1992), S. 446ff.

[3] Die Erkenntnisse über die Hauswartproblematik entstammen den am 10.12.1997 geführten Interviews mit F.-R. Winkler, Vorsitzender des Vorstands, BBG Berliner Baugenossenschaft eG, sowie H.-J. Hermann, Vorstandsmitglied, Berliner Bau- und Wohnungsgenossenschaft von 1892 e.G. Trotz der oft strittigen Beurteilung sind offensichtlich nur wenige Mieter bereit, tatsächlich auf einen Hauswart zu verzichten. So ergab die Befragung bei der BBG Berliner Baugenossenschaft eG, die über 6.300 Wohnungen verfügt, daß lediglich in 10 Häusern eine Mehrheit für die Abschaffung des Hauswarts bzw. dort beschäftigter professioneller Reinigungsdienste votierte. Dies spricht dafür, daß das Leistungsbündel „Hauswart" auch einen spezifischen Bündelnutzen beinhaltet.

Schließlich bedeutet die Grundform der *gemischten Bündelung*, daß alle Leistungen sowohl einzeln und als auch mit Preisvorteil in einer mehr oder minder umfassenden Kombination erhältlich sind. Aus Kundensicht ist die im Vergleich zur reinen Bündelung höhere Flexibilität und Transparenz bei der gemischten Bündelung erfreulich, der Handlungsspielraum ist maximal. In bezug auf wohnbegleitende Dienstleistungen wird diese Methode bisher allerdings kaum genutzt. Hierfür mögen insbesondere zwei Gründe von Bedeutung sein. Einerseits läßt sich eine solche Vorgehensweise, die dem „Super-Spar-Menü"-Konzept von McDonald's entspricht,[1] von der Philosophie her schwer mit dem Angebot sozial orientierter Leistungen vereinbaren. Andererseits könnte die gemischte Preisbündelung bei eigenerstellten, über die Betriebskosten abzurechnenden Leistungen, den Eindruck erwecken, daß nicht zum Selbstkostenpreis abgerechnet wird, weil das Bündel günstiger ist als die Summe der Einzelpreise. Man müßte also die Kosteneinsparung durch Bündelverkauf genau nachweisen können, was - wenn überhaupt - nur bei einem sehr leistungsfähigem System der internen Kostenrechnung möglich erscheint.

Zusammenfassend lassen sich folgende Erkenntnisse zur Bündelung wohnbegleitender Dienstleistungen festhalten:

⇒ In der Praxis stellt das reine Komponentenangebot die häufigste Angebotsform dar. Es scheint insbesondere dann sinnvoll, wenn die Bedarfe nach den entsprechenden Leistungen bei den einzelnen Kunden sehr heterogen sind.

⇒ Das gemischte Komponentenangebot im Sinne eines Add-on-Bundling mit einem pauschal zu vergütendem Grundpaket sowie zusätzlichen Wahlleistungen mag nicht nur im Seniorenmarkt, sondern generell bei Segmentkonzepten mit hoher Dienstleistungsintensität eine sinnvolle Alternative sein. Grundsätzlich sind die Pauschalen jedoch gering zu bemessen, um hohe Einstiegshürden zu vermeiden.[2]

⇒ Sofern sich zumindest bei einzelnen Marktsegmenten Nachfrageverbunde abzeichnen, ist ein Ansatzpunkt für eine reine bzw. gemischte Bündelung gegeben. Bei der reinen Bündelung sollten sämtliche Bündelelemente für den Käufer von hohem Nutzen sein.

---

[1] Vgl. FAßNACHT/HOMBURG (Preisdifferenzierung, 1998), S. 872f.

[2] Die Wahrscheinlichkeit, zur Abdeckung von zeitweise höheren Dienstleistungsinanspruchnahmen (z.B. Kurzzeitpflege bei Urlaub der familiären Hauptpflegeperson) eine Art Versicherungsprämie in die Betreuungspauschale einkalkulieren zu können, erscheint somit eher gering. Zum Sicherheitsaspekt des Grundangebots beim Service-Wohnen vgl. EICHENER (Entwicklung, 1996), S. 37.

4.4.3 Übermittlung sekundärleistungsspezifischer Informationen an den Markt und die weitere Umwelt als Gegenstand der Kommunikationspolitik

Um die Ziele der Sekundärleistungspolitik verwirklichen zu können, reicht es nicht aus, gute Dienstleistungsangebote zu entwickeln und mit attraktiven Preisen zu versehen. Die erhoffte Nachfrage wird sich nur selten von selbst einstellen. Vielmehr gilt es, die möglichen und tatsächlichen Abnehmer aktiv über die alternativen Sekundärleistungen aufzuklären und sie mit deren Vorzügen vertraut zu machen. Hierin besteht die primäre Aufgabe der Kommunikationspolitik, verstanden als die Gesamtheit aller Entscheidungen, welche die „bewußte Gestaltung der marktgerichteten Information"[1] über das Angebot wohnbegleitender Dienstleistungen betreffen.

Hinsichtlich der Zielsetzung von Kommunikationsmaßnahmen lassen sich drei Ebenen unterscheiden. Auf der verstandesmäßigen (kognitiven) Ebene geht es insbesondere darum, eine Wahrnehmung der Dienstleistungsangebote beim Kunden zu erreichen und seinen Wissensbedarf bezüglich der Leistungsmerkmale zu befriedigen. Auf der Gefühlsebene (affektive Ebene) sollen Bedürfnisse angesprochen, das Interesse an dem Angebot geweckt, emotionale Hemmungen abgebaut und eine positive Leistungsbeurteilung erzielt werden. Schließlich beabsichtigen die Kommunikationsaktivitäten mit Blick auf die Verhaltensebene (konative Ebene), daß der Kunde zur (wiederholten) Kaufhandlung schreitet und Weiterempfehlungen von sich gibt.[2]

Im folgenden soll zunächst die Erstellung eines umfassenden Kommunikationskonzepts für wohnbegleitende Angebote diskutiert werden. An einem konkreten Beispiel wird aufgezeigt, wie sich durch den abgestimmten Einsatz verschiedener kommunikationspolitischer Instrumente ein insgesamt hoher Wirkungsgrad erzielen läßt. In einem zweiten Schritt erfolgt dann eine Überprüfung, inwieweit die einzelnen möglichen Kommunikationsmaßnahmen für die Informationsübermittlung bezüglich des Dienstleistungsangebots geeignet sind. Schließlich werden mit Kundenclubsystemen und dem Beschwerdemanagement zwei übergreifende Ansätze betrachtet, die einen kommunikationspolitischen Schwerpunkt aufweisen und zur Optimierung des Sekundärleistungsmarketing beitragen können. So lassen sich durch Kundenclubsysteme die Zielgenauigkeit der Kundenansprache und die Kontaktfrequenz erhöhen. Hingegen bietet ein systematisches Beschwerdemanagement die Möglichkeit, einen kritischen Dialog mit dem Kunden zu stimulieren, zu kanalisieren und im Sinne der Qualitätskontrolle zu nutzen.

---

[1] Nieschlag/Dichtl/Höschgen (Marketing, 1997), S. 1052.

[2] Vgl. Meffert/Bruhn (Dienstleistungsmarketing, 1997), S. 350ff.

4.4.3.1 Differenzierte Kundenansprache im Rahmen eines abgestuften Kommunikationskonzepts

In Abhängigkeit davon, welche Phase ein Primärleistungskunde im Kaufprozeß bezüglich einer Sekundärleistung erreicht hat,[1] lassen sich idealtypisch fünf Zielgruppen für die Kommunikationspolitik unterscheiden, bei denen jeweils spezifische Botschaften im Vordergrund stehen:[2]

⇒ Zielgruppe 1: Kunden, die bisher noch nicht von dem betreffenden Dienstleistungsangebot des Wohnungsunternehmens gehört haben. Der Bedarf ist nicht evident oder wird von anderen Anbietern befriedigt.

⇒ Zielgruppe 2: Kunden, welche das Angebotsobjekt zwar kennen, aber bisher kein Interesse daran haben. Auch ihr Bedarf ist noch nicht aktualisiert, oder sie beziehen die Leistung woanders.

⇒ Zielgruppe 3: Kunden, die über Basisinformationen verfügen und interessiert sind, sich aber erst noch eine konkrete Meinung bzw. Einstellung zu der Leistung bilden müssen.

⇒ Zielgruppe 4: Kunden, welche eine Einstellung entwickelt haben, aber noch vor dem entscheidenden Schritt einer leistungsbezogenen Handlung stehen.

⇒ Zielgruppe 5: Kunden, welche die Leistung bereits mindestens einmal in Anspruch genommen haben.

Den einzelnen Zielgruppen lassen sich modellhaft einerseits besondere Kommunikationsziele zuordnen, andererseits sind je nach Stadium spezifische Maßnahmen angebracht, um die Wohnkunden auf eine höhere Stufe zu „befördern" und sie somit auch als Abnehmer für das Sekundärleistungsgeschäft gewinnen bzw. binden zu können.[3] Abb. 56 verdeutlicht die kommunikationspolitische Flankierung der Kundengewinnung bzw. -bindung für wohnbegleitende Dienstleistungen an einem konkreten Beispiel. Hierfür wurde das abgestufte Konzept der Kundenansprache aufgegriffen, das bei der Schwelmer & Sozialen Wohnungsgenossenschaft eG mit Blick auf die „Altenbetreuung" praktiziert wird.[4]

---

[1] Vgl. die Prozeßmodelle des Kaufverhaltens in Kap. 3.2.1.1.1.

[2] Vgl. die ähnliche Abgrenzung bei FIALA (Kundengewinnung, 1998), S. 1129ff.

[3] Generell kann für das Dienstleistungsmarketing konstatiert werden, daß bei den ersten Zielgruppen primär die Massenkommunikation in Frage kommt, während mit zunehmendem Leistungswissen und -interesse das Direktmarketing und schließlich der persönliche Verkauf an Bedeutung gewinnen. Vgl. FIALA (Kundengewinnung, 1998), S. 1144.

[4] Zwar mag es begrifflich sonderbar anmuten, in bezug auf ein sozial orientiertes, überwiegend entgeltfreies Angebot von „Kundengewinnung" oder „Verkauf" zu sprechen. Einerseits wird diese Terminologie hier aber verwendet, um den grundsätzlichen Charakter des Konzepts zu unterstreichen. Andererseits sind auch soziale Dienste keine „Selbstläufer"; vielmehr stellen die entsprechenden - auch frei-gemeinnützigen - Anbieter zu-

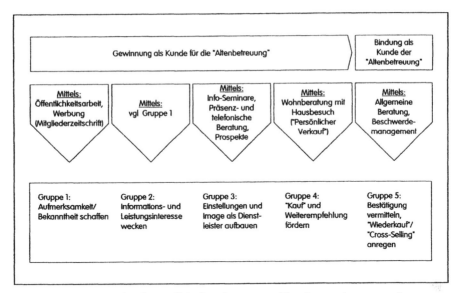

Abb. 56: **Kommunikationspolitischer Ansatz zur Kundengewinnung und -bindung am Beispiel des Programms „Altenbetreuung"**

Quelle: Grundstruktur in Anlehnung an FIALA (Kundengewinnung, 1998), S. 1137, 1149.

Zentraler Gestalter des Programms „Altenbetreuung" stellt die FAN Freie Alten- und Nachbarschaftshilfe e.V. dar, eine überkonfessionelle Einrichtung, welche auch Mitglied im paritätischen Wohlfahrtsverband ist. Zwischen Genossenschaft und FAN besteht ein Werkvertrag, in dem ein Arbeitsumfang von 8 Stunden pro Woche für die Wohnberatung von Genossenschaftsmitgliedern festgeschrieben ist. Sämtliche Informations- und Beratungsleistungen sind für den Nutzer entgeltfrei, lediglich bei Wohnungsanpassungsmaßnahmen ist gegebenenfalls ein finanzieller Eigenbeitrag zu leisten.[1]

Bei den Zielgruppen 1 und 2 gilt es zunächst, allgemein über die Altenbetreuung zu informieren und Interesse zu wecken. Hierzu dienen regelmäßige Berichte in der ¼-jährlich erscheinenden Mitgliederzeitung sowie Artikel in der Lokalpresse. Einen weiteren Eckpfeiler der Kommunikationspolitik stellen die dezentral in den einzelnen Wohnquartieren veranstalteten Informationsseminare dar, in deren Rahmen bei Kaffee und Kuchen Fragen rund um die Thematik der Hilfs- und Pflegedienste diskutiert werden. Die Seminare richten sich an Zielgruppe 3, bei der neben der Wissensvermittlung zunehmend emotionale Aspekte in den Vordergrund rücken. Zu Beginn jeder Veranstaltung erscheint ein Vorstandsmitglied der Genossenschaft persönlich, um die Begrüßung auszurichten, Hemmungen abzubauen und zur Vertrauensbil-

---

nehmend Überlegungen bezüglich einer professionellen Vermarktung an. Zur Situation auf dem Pflegemarkt vgl. RUDOLPH (Altenpflege, 1999), S. 14.

[1]   Über das Programm Altenbetreuung informierten ausführlich G. Westermann, Geschäftsführender Vorstand, Schwelmer & Soziale Wohnungsgenossenschaft eG, in einem Interview am 8.8.1997 sowie U. Bebko, Wohnberaterin, FAN Freie Alten- und Nachbarschaftshilfe Ennepetal, am 9.10.1997.

dung für das Angebot der FAN beizutragen. Offensichtlich kommt das Seminarangebot den Bedürfnissen eines weiten Teils der Senioren entgegen, die oftmals nur eingeschränkt mobil sind und ungern allein kommen, sondern sich in Begleitung von Nachbarn geborgener fühlen.

Während zu den Veranstaltungen vor allem die 65-75jährigen erscheinen, nutzen Ältere primär die telefonische Kontaktschiene. Darüber hinaus werden regelmäßig Sprechzeiten vor Ort durchgeführt, wobei diese Beratungen lediglich einführenden Charakter haben. Denn das entscheidende Element der Wohnberatung sind die Hausbesuche, bei denen eine umfassende Bestandsaufnahme der persönlichen Situation und ein „Wohnungs-Check" erfolgt. Aus kommunikationspolitischer Sicht handelt es sich hierbei um das Instrument des „persönlichen Verkaufs", das auf die Zielgruppe 4 gerichtet ist. An diesem Beispiel kommt auch die Ambivalenz der persönlichen Kommunikation zum Ausdruck, welche für viele Dienstleistungen typisch ist. Zum einen dient die Beratung dem Leistungsabsatz (hier z.B. Verdeutlichung der Notwendigkeit von Wohnungsanpassungsmaßnahmen), zum anderen läßt sie sich selbst als zentraler Bestandteil der Leistungserstellung interpretieren.[1]

Ziel des persönlichen Verkaufs in der Kommunikation bei Zielgruppe 4 kann generell nicht nur die Herbeiführung eines „Kaufabschlusses", sondern auch die Initiierung von Weiterempfehlungen sein. Da sich persönlich bekannte Referenzpersonen durch eine besondere Glaubwürdigkeit auszeichnen, kommt der Mund-zu-Mund-Propaganda angesichts der fehlenden Sucheigenschaften bei Dienstleistungen eine herausragende Rolle zu.[2] Dies spiegelt sich auch in den Erfahrungen der Altenbetreuung bei der betrachteten Wohnungsgenossenschaft wider. Eine gute Beratung spricht sich im Haus, in der Netzwerkfamilie und in der Siedlung herum. Hiervon gehen dann weitere Nachfragen aus, und es wird ein latentes Klientenpotential geschaffen, welches im Bedarfsfall auf das von der Genossenschaft veranlaßte Angebot zurückgreift. Die Altenbetreuung durch die FAN gelangt somit in das „Evoked Set" der Senioren, die im allgemeinen nach dem Motto „Mir geht es ja noch gut" wenig vorausschauend handeln, aber im Ernstfall - z.B. bei einem Schlaganfall - schneller Hilfe bedürfen.

Die Kommunikationspolitik bei Zielgruppe 5, also jenen Personen, die zumindest einmal eine wohnbegleitende Dienstleistung in Anspruch genommen haben, ist generell darauf angelegt, deren Transformation zu Stammkunden im Sekundärleistungsgeschäft zu erreichen. Hierzu sind einerseits Nachkaufdissonanzen zu vermeiden, d.h. der Kunde sollte z.B. mit Hilfe eines persönlichen Schreibens in seiner Entscheidung bestätigt werden. Des weiteren sind eventuelle Beschwerden entgegenzunehmen und ernsthaft zu beantworten. Und schließlich läßt sich gegebenenfalls durch ein Cross-Selling die Bindung des Wohnkunden als Dienstleistungskonsument intensivieren.

---

[1] Vgl. MEYER (Kommunikationspolitik, 1998), S. 1075.

[2] Zur Bedeutung der Mund-zu-Mund-Propaganda vgl. MURRAY (Information, 1991), S. 21f.; WARREN/ ABERCROMBIE/WERL (Adoption, 1989), S. 23; JOHNSON BROWN/REINGEN (Referral, 1987), S. 350ff.

Diese Überlegungen lassen sich gut auf die Inanspruchnahme zum Beispiel von kommerziellen hauswirtschaftlichen Diensten wie der Fenster- oder Wohnungsreinigung übertragen, bei denen eine einmalige Nutzung keineswegs eine dauerhafte Inanspruchnahme impliziert. Soziale Angebote zielen indessen eher darauf ab, den Kunden zur Selbsthilfe anzuregen und ihn gerade nicht zum „Dauerpatienten" werden zu lassen. Allerdings lassen sich auch diesbezüglich gewisse Elemente der allgemeinen Kommunikationsempfehlungen für die Zielgruppe 5 anwenden. So übernimmt die Wohnberaterin im betrachteten Beispiel eine Art Beschwerdemanagement nicht nur hinsichtlich durchgeführter Wohnungsanpassungsmaßnahmen, sondern vermittelt auch bei Problemen mit anderen Institutionen (z.B. mit der Krankenkasse, mit Ärzten und - im Einzelfall - mit der Wohnungsverwaltung). Des weiteren erfolgt bei Bedarf ein Cross-Selling durch Vermittlung an andere Abteilungen der FAN (Mobiler Sozialer Dienst, Häusliche Kranken- und Altenpflege, Essen auf Rädern, Gerontopsychiatrische Beratung).

Die rege Beteiligung der älteren Genossenschaftsmitglieder an den Informationsseminaren sowie die hohe Auslastung der Individualberatung lassen erkennen, daß es sich bei dem dargestellten Ansatz um ein erfolgreiches Mix kommunikationspolitischer Maßnahmen handelt. Auch wenn „nur" soziale Dienstleistungen im Mittelpunkt der Absatzbemühungen stehen, sollten Wohnungsunternehmen ein geschlossenes Kommunikationskonzept entwickeln, um eine größtmögliche Wirkung bei den Kunden und bei der sonstigen Öffentlichkeit zu erzielen. Die Einteilung der Zielgruppen und die jeweils geltenden Kommunikationsschwerpunkte sind unabhängig von der Leistungsart als Orientierungsmuster zu benutzen. Zwar wird es durchaus vorkommen, daß je nach Leistung und Kunde schon einzelne Kommunikationsinstrumente zum Erfolg führen und insofern nicht jede Teilstufe durchschritten werden muß, um den Primärleistungskunden als Sekundärleistungsabnehmer zu gewinnen.[1] Andererseits ist das abgebildete Vorgehen für den Dienstleistungssektor nicht untypisch, und gerade bei komplexen Angeboten wird das Wohnungsunternehmen in der Regel insbesondere dann erfolgreich sein, wenn die Ansprache entsprechend differenziert erfolgt.

4.4.3.2 Instrumente der Kommunikationspolitik

Wie bei der Darstellung des abgestuften Kommunikationskonzepts deutlich wurde, existieren unterschiedliche Kanäle, auf denen das Wohnungsunternehmen sekundärleistungsbezogene Botschaften übermitteln kann. Im folgenden soll ein Überblick über die relevanten Kommunikationsalternativen vermittelt und deren prinzipielle Eignung für die Vermarktung wohnbegleitender Dienstleistungen diskutiert werden. Grundsätzlich lassen sich mit der Werbung, dem persönlichen Verkauf, der Verkaufsförderung und der Öffentlichkeitsarbeit vier Hauptin-

---

[1] Vgl. FIALA (Kundengewinnung, 1998), S. 1137.

strumente unterscheiden, denen jeweils besondere Einzelmaßnahmen zugeordnet werden können (vgl. Abb. 57).[1]

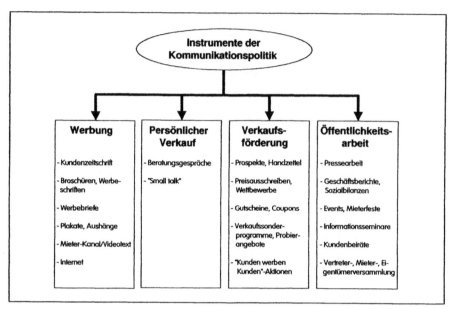

Abb. 57: **Instrumente der Kommunikationspolitik im Sekundärleistungsmarketing**

4.4.3.2.1 Werbung

Unter Werbung versteht man allgemein „die beabsichtigte Beeinflussung von marktrelevanten
Einstellungen ohne Zwang unter Einsatz von Werbemitteln und bezahlten Medien."[2] Die
Rolle der Werbung kann darin bestehen, ein Bewußtsein für das Dienstleistungsangebot beim
Wohnkunden zu erzeugen, sein leistungsspezifisches Wissen zu erhöhen, seine Kaufbereitschaft zu fördern und/oder die eigene Serviceleistung gegenüber konkurrierenden Offerten zu
profilieren.[3] Bei neuartigen Angeboten ist der Informationsaspekt in den Vordergrund zu
stellen; der Kunde muß zunächst grundlegende Kenntnisse darüber erhalten, worin die Leistung im einzelnen besteht, welche Vorteile ihre Nutzung verspricht, zu welchen Konditionen
und auf welchem Weg sie bezogen werden kann. Die Darstellung der Nutzenkomponenten
muß dabei an den wichtigsten Kaufmotiven der jeweils umworbenen Zielgruppe anknüpfen.[4]

---

[1]   Zu alternativen Systematisierungsmöglichkeiten der Kommunikationsinstrumente vgl. COWELL (Services,
1987), S. 162; BRUHN (Kommunikationspolitik, 1997), S. 167ff.; KOTLER/BLIEMEL (Marketing-Management,
1999), S. 927.

[2]   SCHWEIGER/SCHRATTENECKER (Werbung, 1995), S. 9.

[3]   Vgl. PAYNE (services, 1993), S. 153.

[4]   Vgl. KOCH (Power, 1995), S. 41.

Angesichts der aus Integrativität und Immaterialität folgenden Komplexität und Abstraktheit von Dienstleistungen muß in der Werbung besonderer Wert auf ihre „Greifbarmachung" gelegt werden. Anschauliche Bilder und eine plastische Sprache spielen hierbei eine zentrale Rolle. Empfohlen wird eine „Dramatisierung", die sich auf das Leistungspotential (z.B. die Mitarbeiter einer Hausnotruf-Zentrale, der zum Einsatz kommende „Funkfinger"), auf die Leistungen und deren Ablauf (z.B. Verständigung eines Arztes nach Alarmauslösung), den Nutzen (z.B. sicheres Leben in den eigenen vier Wänden) und mögliche Risiken (z.B. Hilflosigkeit im Ernstfall ohne Notrufgerät) beziehen kann.[1] Neben der Leistungswerbung kommen grundsätzlich auch eine Programmwerbung, die Teile bzw. die Gesamtheit des Dienstleistungsprogramms vorstellt, sowie eine Firmenwerbung in Betracht, die das Wohnungsunternehmen als umfassenden Dienstleister darstellt.

Das wichtigste Werbemittel der Wohnungsunternehmen im Sekundärleistungsmarketing bildet die *Kundenzeitschrift*, wobei der Umfang, die Aufmachung und auch die Erscheinungsweise erheblich variieren. Tendenziell läßt sich feststellen, daß die optische Qualität und die Häufigkeit der Zeitschriftenausgaben mit der Größe des Wohnungsunternehmens steigt. Kleine Unternehmen greifen zum Teil auf von einem wohnungswirtschaftlichen Verlag bereitgestellte Mantelvorlagen zurück, in die jeweils nur zwei eigene Seiten pro Ausgabe eingefügt werden müssen. Zwar können hierdurch die Kosten erheblich reduziert werden, andererseits ist der Inhalt überwiegend allgemeiner Natur, wodurch die erzielte Aufmerksamkeit geringer ausfallen dürfte.

Für eine Werbung per Kundenzeitschrift spricht zum einen, daß hierin auch ausführliche sekundärleistungsbezogene Informationen ohne erhebliche Mehrkosten integriert werden können, sofern das Wohnungsunternehmen dieses Medium der Kundenkommunikation bereits einsetzt. Zum anderen läßt sich eine breite Ansprache über den gesamten Kreis der Primärleistungskunden hinweg erzielen. Eine klassische Anzeigenwerbung etwa in Tageszeitungen ist generell wenig sinnvoll, weil hierdurch in der Regel eine Vielzahl von Nicht-Wohnkunden adressiert würden und somit hohe Streuverluste die Folge wären. Gleichwohl sind Hinweise auf das Serviceangebot im Rahmen üblicher Wohnungsvermietungs- und Verkaufsannoncen anzuraten, falls eine Zielsetzung des Dienstleistungsangebots in der Unterstützung der Neukundenakquisition gesehen wird.

Plakate, die in Schaukästen oder an anderen zentralen Stellen in den Wohnquartieren angebracht werden, kommen als ein weiteres Werbemittel insbesondere in Verbindung mit Eröffnungs- oder sonstigen Veranstaltungen zum Einsatz. Aushänge an Pinnwänden in Hauseingangsbereichen können auch einen längeren Zeitraum überdauern und vermitteln einen Überblick etwa über wichtige Ansprechpartner für Dienstleistungsinteressenten.

---

[1] Vgl. MEYER (Kommunikationspolitik, 1998), S. 1081; GEORGE/BERRY (Advertising, 1992), S. 383f.

Sofern eine Kundenzeitschrift bisher nicht aufgelegt wurde, stellen *Werbebriefe*, die sich direkt an die Primärleistungskunden richten (Direct Mail) und für Dienstleistungsofferten werben, eine vergleichsweise kostengünstige Alternative dar.[1] Die Erwartungen an Werbebriefe dürfen nicht zu hoch angesetzt werden, Antwortquoten von ca. 8% gelten schon als „stolzes Ergebnis".[2] Erfahrungswerte einzelner Wohnungsunternehmen bei Briefwerbeaktionen zur Einführung neuer Dienstleistungen mit Rückläufen von 1% und weniger stellen dieses Instrument allerdings in Frage.[3]

Einerseits kann es gerade bei älteren Mietern der Fall sein, daß sie das Mailing als einen von vielen Briefen, den sie von dem Wohnungsunternehmen erhalten, einfach abheften. Andererseits mag sich die schlechte Kommunizier- und Darstellbarkeit von Dienstleistungen[4] bei diesem Instrument besonders stark auswirken. Je komplexer und ungewöhnlicher die angebotene Leistung, desto weniger wird es gelingen, die Bedenken des Nachfragers bezüglich der Qualität und Angemessenheit der versprochenen Leistung in schriftlicher, anonymer Form auszuräumen. Ein Mailing mit telefonischem Nachfassen wäre insofern ein Fortschritt. Davon abgesehen kann es sich zur Stimulierung von Kundenreaktionen als hilfreich erweisen, eine Antwortkarte beizufügen, mittels derer etwa die Bewohner eines Blocks um ihr Votum zur Einführung einer professionellen Treppenhausreinigung gebeten werden können.

Von grundsätzlicher Bedeutung für den Erfolg von Briefwerbeaktionen und anderen Formen der direkten Kundenansprache (z.B. Telefonmarketing) ist die Fähigkeit, aus dem vorhandenen Kundenpotential jene Personen herauszusuchen, die aufgrund bestimmter Merkmale (z.B. hohes Alter, Behinderung) eine hohe Nutzungswahrscheinlichkeit mit Blick auf die umworbene Sekundärleistung (z.B. Wohnberatung) aufweisen. In diesem Zusammenhang kann Database Marketing eine wertvolle Hilfe sein. Unter Database Marketing läßt sich ein Ansatz der Marktforschung verstehen, in dessen Mittelpunkt die systematische Sammlung, Analyse und elektronische Speicherung differenzierter Kundeninformationen steht.[5] Die Datenbank soll es gestatten, den Kunden im Hinblick auf seine „Investitionswürdigkeit" zu beurteilen, den Mar-

---

[1] So läßt die ALLBAU Allgemeiner Bauverein Essen AG ihren Mietern einmal jährlich eine Servicebroschüre mit Informationen über die allgemeine Kundenbetreuung und Zusatzangebote (Wohnungstausch, Seniorenberatung) zukommen; die Gemeinnützige Wohnungsgenossenschaft Ehrenfeld eG, Köln, versendet Rundschreiben mit Sekundärleistungsinformation zum Beispiel im Anschluß an die jährliche Vertreterversammlung.

[2] FRITZHANNS (Direkmarketing, 1999), S. 66.

[3] Über derartige Erfahrungen berichteten A. Schmidt, Geschäftsführer, und J. Petersen, Mitgliederbetreuerin, BDS Baubetreuungs-Gesellschaft mbH, Tochterunternehmen der Baugenossenschaft Dennerstraße-Selbsthilfe eG, Hamburg, in einem Gespräch am 11.11.1997, sowie G. Follmann, Soziale Betreuung, Wohnstätte Krefeld Wohnungs-AG, in einem Interview am 10.6.1997. Vgl. auch PFITZENREUTHER (Dienstleistungen, 1996), S. 46.

[4] Vgl. FIALA (Kundengewinnung, 1998), S. 1135.

[5] Vgl. FEHR/KERNER/KRUSE (Database-Marketing, 1998), S. 340, und allgemein zum Database Marketing WILDE/HIPPNER (Dienstleistungsunternehmen, 1998), S. 319ff.; SEITZ/STICKEL (Database, 1997), S. 94ff.; WONNEMANN (Database, 1997), S. 592ff.

keting-Mix an seinen individuellen Bedürfnissen auszurichten und die Kommunikation mit ihm so zu steuern, daß die Kundenbindung gesteigert und das Erfolgspotential der Geschäftsbeziehung optimal ausgenutzt werden kann. In einem diametralen Gegensatz zum traditionellen Massenmarketing, mit dem *ein* Bedürfnis möglichst *vieler* Kunden befriedigt werden soll, beruht Database Marketing auf dem Gedanken, möglichst *viele* Bedürfnisse *eines* Kunden zu befriedigen, und zwar über einen langen Zeitraum. Die Differenziertheit in der Marktbearbeitung geht somit auch über jene des Zielgruppen-Marketing hinaus, der Einzelkunde ist das Segment („1:1-Marketing").[1]

Database Marketing stellt hohe technische Anforderungen, und nur wenige Wohnungsunternehmen verfügen bisher über elektronisch gespeicherte Individualdaten, welche über die Adresse, die sonstigen Wohnungsmerkmale und das Mietvertragsdatum hinausgingen. Aber die Chancen für die Sammlung absatzrelevanter Kundendaten stehen nicht schlecht. Schon bei Abschluß des Miet- oder Kaufvertrags fallen eine Vielzahl von Informationen über den Kunden an, und im Rahmen etwa von Wohnungsbegehungen bei Mietern oder auch in Gesprächen am Rande von Eigentümerversammlungen lassen sich weitere Erkenntnisse gewinnen, die für eine zielgerichtete Ansprache mit Dienstleistungsangeboten nützlich sein können (z.B. Familienzyklus, Hobbies, Hilfsbedürftigkeit, soziales Netz). Das Wissen um die Kundenbedürfnisse bildet ein wichtiges „Asset", und Wohnungsunternehmen haben diesbezüglich größere Potentiale als viele andere Branchen. Wenn aus strategischer Sicht eine Entwicklung zum „total home needs provider" angestrebt wird, stellt Database Marketing eine mögliche Unterstützung dar, die kundenbezogene Informationen auch unabhängig von einzelnen Kundenbetreuern verfügbar macht und speichert.

Wohnungsunternehmen, die im *Internet* präsent sind,[2] bietet sich dieses Medium ebenfalls als Werbeplattform für Sekundärleistungen an, wobei hiermit grundsätzlich sowohl aktuelle als auch potentielle Kunden angesprochen werden können. Es gilt jedoch zu berücksichtigen, daß die „Web-Gemeinde" derzeit noch relativ klein ist und zudem noch keine ausgeglichene demographische Struktur aufweist. Unter den von uns befragten VEBA-Mietern belief sich der durchschnittliche Anteil der Internet-Nutzer auf 5,3%, bei den Eigentümern auf 16,1%. Auf seiten der Mieter gab es nicht einen Haushaltsvorstand im Alter ab 60 Jahren, der einen Zugang besaß. Unter den Eigentümern war bereits in der Gruppe der ab 50jährigen kein Vertreter mit Internet-Anschluß vorhanden. Der höchste Internet-Penetrationsgrad zeigte sich bei den Mietern in dem Segment der 30-39jährigen (18,3%); unter den jüngeren sowie unter den Haushalten von 40-59 Jahren lag die Quote zwischen 5,3% und 7%. Eine andere Differenzie-

---

[1] Vgl. ROGERS/PEPPERS (Strategien, 1996), 32f.; BLATTBERG/DEIGHTON (Dimension, 1993), S. 103.

[2] Vgl. für einen Überblick der im Internet vertretenen GdW-Unternehmen O.V. (Internetadressen, 1999), S. 86ff.

rung der Mieterhaushalte[1] unter 60 Jahren offenbart einen ausgeprägten Zusammenhang zwischen Internet-Nutzung und sozialer Schicht. Nur jeder fünfzigste der Angehörigen der Unterschicht, aber bereits drei von zehn Haushalte der Ober- und oberen Mittelschicht verfügen über die Möglichkeit zu „surfen" (vgl. Abb. 58).

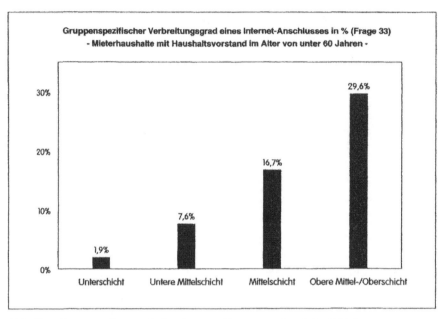

Abb. 58:   Zusammenhang zwischen Internet-Nutzung und sozialer Schicht

Für das Sekundärleistungsmarketing ergeben sich folgende Konsequenzen: Die Zielgruppen für Altenbetreuungsmaßnahmen und sozial orientierte Beratungsangebote lassen sich über Internet-Werbung nicht erreichen. Erfolgversprechend erscheint dieses Medium aber gerade mit Blick auf die vergleichsweise stark an Serviceleistungen interessierten, bequemlichkeits- und zeitersparnisorientierten Kunden. Denn diese Gruppe rekrutiert sich - so ein Ergebnis unserer Typenbildung - primär aus gehobenen Bevölkerungsschichten und jungen bis mittleren Altersklassen.[2]

Ein weiteres relativ junges Werbemedium aus Sicht der Wohnungswirtschaft, mit welchem sich hingegen nach derzeitigem Stand grundsätzlich höhere Kundenzahlen erreichen lassen, stellt das *Fernsehen* dar. Die aktuellen Projekte weisen dabei in zwei Richtungen: zum einen die Einspeisung eines vom Wohnungsunternehmen gestaltetem Info-Kanals über das (eigene) Breitbandkabelnetz, zum anderen unternehmensspezifische Sendungen im Regionalfernsehen.

---

[1]   Eine weitergehende, aussagekräftige Differenzierung bei den Eigentümern war angesichts der weitaus kleineren Stichprobe nicht möglich.

[2]   Vgl. Kap. 3.3.2.5.

Ein Beispiel für ersteres Vorgehen ist das Pilotprojekt „KISS" (Kunden-Informations- und Service-System) der St. Joseph-Stiftung in Bamberg.[1] Hierbei erscheint auf einem Fernsehkanal ein sich wiederholender Präsentationsfilm, bei dem Verweise auf Videotext-Seiten eingeblendet werden. Auf diesen Seiten lassen sich Informationen über aktuelle Angebote des Unternehmens, aber auch über andere potentiell für die Mieter interessante Bereiche (z.B. Kinoprogramm, Gottesdienstordnung) abrufen.[2] Gegenüber einer papiergebundenen weist diese „elektronische Mieterzeitung" den Vorteil der größeren Aktualität auf, andererseits verursacht die regelmäßige Programmpflege einen erheblichen Personalaufwand. Videotext-Seiten mit teils sekundärleistungsspezifischen Informationen bietet auch die GWG Gemeinnützige Wohnungsgenossenschaft „Stadt Cottbus", darüber hinaus ist dieses Unternehmen einmal wöchentlich mit einer halbstündigen Sendung im Regionalfernsehen „Lausitz-TV" vertreten, um den Mitgliedern neueste Nachrichten aus der Genossenschaft zu übermitteln.

Wie der Überblick zeigt, nehmen mit der technischen Entwicklung die Freiräume für eine Sekundärleistungswerbung in jüngerer Zeit erheblich zu. Ein grundsätzlicher Nachteil der Werbung, die Einseitigkeit der Kommunikation, läßt sich mit den neuen elektronischen Möglichkeiten tendenziell aufbrechen; man denke an E-Mail-Antworten auf Internet-Präsentationen oder an die in der Entwicklung befindlichen TV-Dienste, bei denen über Rückkanal mit dem Sender kommuniziert wird („Interaktives Fernsehen").[3] Noch bleibt es aber überwiegend bei der reinen Übermittlung. Des weiteren ist bei sämtlichen Werbemaßnahmen zu berücksichtigen, daß nur ein mehr oder minder großer Teil der Adressaten die schriftlichen oder elektronischen Botschaften tatsächlich aufnimmt. Hohe Streuverluste sind bei Werbemaßnahmen die Regel. Allerdings ist bei Werbetexten in zielgruppenspezifischen Kundenzeitschriften[4] sowie bei Briefwerbeaktionen unter Einsatz anspruchsvoller Selektionsmethoden mit einer eher zufriedenstellenden Reaktion zu rechnen. Als kontraproduktiv könnte es sich erweisen, wenn etwa ein überregional tätiges Wohnungsunternehmen ein im Bestand einmaliges, lokales Musterprojekt in seiner Kundenzeitschrift bekannt macht und damit Begehrlichkeiten weckt, die es anderorts nicht erfüllen kann.

---

[1] Vgl. PFEUFFER (Mieter, 1999), S. 37.

[2] Zu den allgemeinen Nutzungsmöglichkeiten eines Hauskanals vgl. DIKOMEIT (Hauskanal, 1999), S. 55.

[3] Vgl. VNW VERBAND NORDDEUTSCHER WOHNUNGSUNTERNEHMEN E.V. (Multimedia-Broschüre, 1997), S. 15, 69.

[4] Ein Beispiel für eine zielgruppenspezifische Kundenzeitschrift stellt der „Senioren-Report" des Senioren-Selbsthilfe e.V. der Baugenossenschaft Dennerstraße-Selbsthilfe e.G., Hamburg, dar.

4.4.3.2.2 Persönlicher Verkauf

Dem persönlichen Verkauf kommt angesichts der bei vielen Dienstleistungen festzustellenden Vermischung von Kommunikation und Leistungserstellung eine besondere Bedeutung zu.[1] Er umfaßt alle Aktivitäten, bei denen eine unmittelbare, individuelle und persönliche Kundenansprache erfolgt. Der Kontakt von Mensch zu Mensch macht den persönlichen Verkauf zur lebendigsten Form der Kommunikation. Die *Interaktion* erlaubt eine unmittelbare Berücksichtigung von Kundenwünschen und -fragen, verpflichtet den Kunden andererseits aber auch mehr als alternative Maßnahmen. Im direkten Gespräch bieten sich Anknüpfungspunkte zum Aufbau persönlicher Beziehungen zwischen dem Nachfrager und dem Personal des Anbieters, woraus besondere Bindungskräfte resultieren können. Ein weiterer Vorteil besteht darin, daß die unmittelbare Gelegenheit zur Wahrnehmung sich abzeichnender Cross-Selling-Chancen besteht. Die persönliche Kommunikation gilt im Vergleich zur Massenkommunikation als glaubwürdiger und vermag die „Sperre" der selektiven Informationsaufnahme eher zu durchbrechen.[2]

Generell zeigen Dienstleistungsnachfrager eine höhere Präferenz für die persönliche Kommunikation durch Mitarbeiter des Unternehmens als für dessen unpersönliche Mitteilungen.[3] In den zentralen Phasen des Kaufprozesses, wo es um die Präferenzbildung, die Einstellungsänderung sowie um die Auslösung einer Kaufhandlung geht, stellt der persönliche Verkauf das wirkungsvollste Instrument dar, wobei die (gedankliche) Überzeugungskraft und Problemlösungsfähigkeit des Verkäufers eine zentrale Rolle spielt. Die vielfältigen, bei der Nachfrage nach wohnbegleitenden Diensten virulenten Hemmfaktoren - etwa die Konflikte mit traditionellen Wertvorstellungen wie Selbständigkeit und Familiensinn - unterstreichen die Notwendigkeit einer intensiven Kommunikation.

„Verkauf" ist hierbei in einem weiten Sinne zu verstehen, denn „Verkäufer *sind alle Angestellten im Kundenkontakt*."[4] Vom Hausmeister, über Reinigungskräfte, Mitarbeiter der Telefonzentrale, Kundenbetreuer, spezifische Mitarbeiter im Sekundärleistungsgeschäft bis hin zum Top-Management gilt, daß sie das Unternehmen repräsentieren und durch eine freundliche sowie verbindliche Kommunikation zu einem positiven Gesamtbild beitragen sollten, welches zumindest indirekt auch den Dienstleistungsabsatz unterstützt. Verkaufsgespräche sind in diesem Sinne nicht nur terminierte oder spontane Beratungen, sondern auch der „Small talk",[5] welcher sich an vielen Stellen im Wohnquartier oder in der Verwaltung ergeben kann. Die Bemühungen des „Verkaufspersonals" im engeren Sinne, welche unmittelbar die Inan-

---

[1]   Vgl. MEFFERT/BRUHN (Dienstleistungsmarketing, 1997), S. 373.

[2]   Vgl. KAAS (Kommunikation, 1994), S. 868.

[3]   Vgl. MURRAY (Information, 1991), S. 18.

[4]   SÜCHTING/PAUL (Bankmanagement, 1998), S. 717.

[5]   Vgl. MARKS (Selling, 1988), S. 247ff.

spruchnahme einer Leistung, den „Kaufabschluß" herbeiführen (z.B. eine Seniorenberaterin), können ernsthaft konterkariert werden, wenn sich ausführende Kräfte (z.B. Pflegedienstmitarbeiter) als wenig kontaktfähig und einfühlsam erweisen.

Im Einklang mit anderen Dienstleistungsbranchen[1] dürfte auch für die Wohnungswirtschaft zutreffen, daß es einerseits bei manchen Mitarbeitern an einer angemessenen Ausbildung für den Kundenkontakt mangelt und andererseits Widerstände gegenüber einer Kunden- bzw. Marktorientierung bestehen. Eine „Verteilungsmentalität" der Mitarbeiter, welche in den Nachfrageüberhängen begründet liegt, die in der Vergangenheit den Wohnungsmarkt prägten, eignet sich heute weder für einen erfolgreichen Primär- noch Sekundärleistungsabsatz. Im Rahmen des *internen Marketing*, welches an die Mitarbeiter gerichtet ist und der internen Absicherung der nach außen gerichteten Marketingstrategie dienen soll,[2] bieten sich vor allem zwei Ansatzpunkte zur Behandlung dieser Problematik an. Zum ersten sollte die Kundenorientierung in dem Unternehmensleitbild bzw. der Unternehmensphilosophie als „Grundgesetz einer Unternehmung"[3] verankert werden. Die hieraus deduzierten, konkreten Leitsätze müssen von den Vorgesetzten und Führungskräfte vorgelebt werden, um bei den Mitarbeitern auf Respekt zu stoßen und verinnerlicht zu werden. Zum zweiten sind gezielte Personalentwicklungsmaßnahmen durchzuführen, um das Auftreten gegenüber den Kunden zu schulen und die Umsetzung einer kundenorientierten Einstellung an alltäglichen Beispielen zu verdeutlichen.[4]

4.4.3.2.3 Verkaufsförderung

Maßnahmen der Verkaufsförderung (Promotion) sind in der Regel zeitlich befristet und dienen dazu, bei den Kunden *kurzfristig zusätzliche Kaufanreize* zu bewirken.[5] Sie tragen wenig zur grundsätzlichen Präferenzbildung bezüglich einer Leistung bei, sondern sollen den geneigten Kunden dazu auffordern, „die Kaufentscheidung jetzt und hier zu treffen."[6] Üblich sind Verkaufsförderungsmaßnahmen insbesondere im Spargeschäft der Wohnungsgenossenschaften. So führt zum Beispiel der Spar- und Bauverein Hannover eG jedes Jahr Anfang Mai eine Aktionswoche mit Sparprodukten zu Sonderkonditionen durch und stellt am „Point of Sale" in der Geschäftsstelle umfangreiches Prospektmaterial zur Verfügung.

---

[1] Vgl. PAYNE (services, 1993), S. 156.

[2] Zum internen Marketing vgl. BRUHN (Personalmanagement, 1998), S. 710ff.; MEYER (Kommunikationspolitik, 1998), S. 1087; GRÖNROOS (Service, 1990), S. 221ff.; BERRY (Employee, 1992), S. 310; GREENE/ WALLS/SCHREST (Marketing, 1994), S. 5ff.

[3] SUCHTING/PAUL (Bankmanagement, 1998), S. 722.

[4] Vgl. BÄNSCH (Kunde, 1995), S. 80.

[5] Vgl. BRUHN (Kommunikationspolitik, 1997), S. 388ff.

[6] KOTLER/BLIEMEL (Marketing-Management, 1999), S. 940.

Prospekte, Handzettel und Preislisten kommen oftmals auch im Rahmen der Information über das Leistungsspektrum von Kooperationspartnern zum Einsatz. Weitere Instrumente der Verkaufsförderung sind Preisausschreiben und Wettbewerbe (z.B. Rätsel in Kundenzeitschrift mit Leistungsname als Lösungswort) oder Coupons bzw. Gutscheine (z.B. Geschenkgutschein für eine Übernachtung in der Gästewohnung in der Kundenzeitschrift). Zur Aktivierung der Mund-zu-Mund-Propaganda lassen sich „Kunden werben Kunden"-Aktionen nicht nur für den Wohnungsverkauf oder die -vermietung,[1] sondern auch in bezug auf Sekundärleistungen anwenden. Als Anreiz für den Werber können Sachgeschenke, Mietgutschriften oder Ermäßigungen bei der geworbenen Dienstleistung zum Einsatz kommen.

Darüber hinaus läßt sich durch „Probierangebote", welche den Bezug neuer Dienstleistungen auf begrenzter Basis gestatten, die Adoptionsrate, d.h. die relative Ausbreitungsgeschwindigkeit prinzipiell steigern.[2] So mag etwa das eingeräumte Recht, vor einer längerfristigen Bindung ein Fitneßstudio im Wohnquartier zunächst für nur einen Monat testen zu können, seine Annahme beschleunigen.

4.4.3.2.4 Öffentlichkeitsarbeit

Unter Öffentlichkeitsarbeit (**Public Relations**) sind jene Maßnahmen zu subsumieren, die „als bewußtes und legitimes Bemühen um Verständnis sowie um Aufbau und Pflege von Vertrauen in der Öffentlichkeit"[3] aufgefaßt werden können. Im Mittelpunkt stehen der Aufbau und Erhalt eines positiven Image für das Wohnungsunternehmen sowie die Erzeugung eines Vertrauensverhältnisses bei den (potentiellen) Sekundärleistungsnachfragern und der sonstigen Öffentlichkeit, womit die Grundlagen für einen erfolgreichen Dienstleistungsabsatz gelegt werden. PR-Aktivitäten eignen sich aber auch zur konkreten Flankierung der Markteinführung von wohnbegleitenden Angeboten.[4]

Von hoher Bedeutung ist zunächst die *Pressearbeit*, also die Veranstaltung von Pressekonferenzen sowie die Beziehungspflege zu Journalisten insbesondere der regionalen und lokalen Tageszeitungen sowie von Wochenblättern bzw. Stadtteilzeitungen. Gute Kontakte erlauben nicht nur eine angemessene Plazierung von Berichten etwa über die Neueröffnung einer Serviceeinrichtung, sondern verhindern auch, daß negative Meldungen über das Wohnungsunternehmen ohne genauere Prüfung oder Rücksprache verbreitet werden.[5] Der Vorteil von positi-

---

[1] Vgl. MEISSNER (Marketing, 1987), S. 116.

[2] Zur Bedeutung der Teilbarkeit für die Adoptionsrate vgl. ROGERS (Diffusion, 1995), S. 243f.

[3] SCHWEIGER/SCHRATTENECKER (Werbung, 1995), S. 10. Für alternative Definitionen vgl. BEGER/GÄRTNER/ MATHES (Unternehmenskommunikation, 1989).

[4] Vgl. allgemein PAYNE (services, 1993), S. 159.

[5] Davon berichteten M. Fraaß, Vorstandsvorsitzender, und U. Walzog, Assistent des Vorsitzenden, Wohnungsbaugenossenschaft „Erfurt" e.G., in einem Gespräch am 12.12.1997.

ven Botschaften, die in Nachrichtenform oder als Presseberichte erscheinen, besteht darin, daß ihnen generell eine höhere Glaubwürdigkeit und Authentizität beigemessen wird als etwa klassischen Werbeanzeigen.[1] Die Chance für eine vorteilhafte Berücksichtigung von dienstleistungsbezogenen Aktivitäten in der Presse ist hoch, wenn es sich um soziale oder sonstige Sponsoring-Projekte handelt.[2]

Neben der Pressearbeit kann auch eine Pflege der Kontakte zu relevanten Verbänden oder Vereinen, z.B. in der Altenarbeit, zu einem positiven Bild in der Öffentlichkeit beitragen. Ein weiteres Medium für Public Relations im Sinne des Dienstleistungsabsatzes sind *Geschäftsberichte*. Einige Wohnungsunternehmen erwähnen hierin zumindest ihre wohnbegleitenden Aktivitäten, im Rahmen umfangreicherer Geschäftsberichte können Darstellungen zu ausgewählten Projekten aber auch als eine zentrale „Story" fungieren. Im Hinblick auf die zahlreichen „altruistisch" angelegten Leistungen der Wohnungswirtschaft erscheinen Sozialberichte und Sozialbilanzen als Kommunikationsform von besonderem Interesse.

Neben den bisher aufgeführten PR-Maßnahmen, die letztlich als schriftliche Botschaft zum aktuellen bzw. potentiellen Sekundärleistungskunden oder an die sonstige Öffentlichkeit gelangen, spielen im Rahmen der Öffentlichkeitsarbeit darüber hinaus *Veranstaltungen* eine wichtige Rolle, in welche die Adressaten persönlich einbezogen werden.

Unter dem Begriff der *„Events"* lassen sich außergewöhnliche Ereignisse subsumieren, die in einem zeitlich und räumlich begrenzten Umfang inszeniert werden.[3] Als eine erlebnisorientierte Form der Kommunikation beinhalten Events die Chance, mittels Präsentation emotionaler und physischer Reize einen starken Aktivierungsprozeß auszulösen.[4] In diesem Sinne können Mieter- oder Straßenfeste, aber auch Veranstaltungen, die an bestimmte Dienstleistungseinrichtungen gekoppelt sind (z.B. die Jubiläumsfeier einer Kindertagesstätte, „Tag der offenen Tür" zur Eröffnung eines Nachbarschaftszentrums) eingesetzt werden, um das Wohnungsunternehmen und sein Serviceangebot zu präsentieren. Auftritte der örtlichen politischen und sonstigen Prominenz empfehlen sich zur Hervorhebung der öffentlichen Unterstützung etwa bei sozialen Projekten sowie zur Erregung zusätzlicher Aufmerksamkeit.

---

[1] Vgl. RUGGE (Meßlatte, 1996), S. 772; COWELL (Services, 1987), S. 177.

[2] So hat etwa der Hohenlimburger Bauverein eG anläßlich eines Firmenjubiläums den „Hohenlimburger Bürgersaal" errichtet, welcher als Geschenk an die örtliche Bevölkerung betrachtet wird, da sich durch die Mieteinnahmen lediglich die Betriebskosten decken lassen. Der Imagegewinn durch den Bürgersaal, der auch als Sekundärleistung für die Mitglieder zu interpretieren ist (z.B. Nutzung für private Feiern, Seniorenkaffeetrinken, Weihnachtsfeier), wird jedoch als erheblich angesehen, da bei jeder dort stattfindenden Veranstaltung der Unternehmensname in einem positiven Licht Erwähnung findet.

[3] Vgl. BRUHN (Kommunikationspolitik, 1997), S. 776ff.; BÖHME-KÖST (Event, 1992), S. 340ff.

[4] Vgl. INDEN (Event, 1993), S. 28.

Informationsseminare über aktuelle Themen (z.B. Pflegeversicherung), aber auch Auftritte von Unternehmensrepräsentanten auf *Sitzungen* von Mieter- oder Eigentümerbeiräten und auf *Versammlungen* von Mietern, von Vertretern einer Genossenschaft oder von Eigentümergemeinschaften sind weitere mögliche Elemente der Öffentlichkeitsarbeit. Bei solchen Gelegenheiten können durch Reden und Vorträge das Wohnungsunternehmen und seine Dienstleistungsangebote näher bekannt gemacht werden, zugleich bietet sich hier die Möglichkeit zur Diskussion. Auch wenn sich Präsentationen jeweils an einen größeren Adressatenkreis richten und insofern nicht die Dialogintensität des persönlichen Verkaufs entfalten, können Auftritte von Unternehmensvertretern in persona hinsichtlich der Glaubwürdigkeit, der Eindringlichkeit und der Verdeutlichung von Qualifikation dennoch eine größere Wirkung erzielen als unpersönliche Werbung oder Mailings.[1] Dabei beschränkt sich die Ausstrahlungskraft in der Regel nicht auf die anwesenden Kunden, vielmehr ist von Multiplikatoreffekten durch Mund-zu-Mund-Propaganda auszugehen, insbesondere, wenn es gelingt, Meinungsführer im Publikum zu versammeln.

Unter *Meinungsführer* versteht man Personen, die im Rahmen der persönlichen Kommunikation innerhalb einer Gruppe einen vergleichsweise starken Einfluß ausüben und somit in der Lage sind, auf die Meinung anderer einzuwirken bzw. diese zu ändern.[2] Meinungsführer kommen in allen sozialen Schichten vor und befinden sich meist in Lebensumständen, die jenen der Beeinflußten gleichen. Meinungsführerschaft ist zum einen ein gradueller Begriff, d.h. es gibt unterschiedliche Abstufungen des Einflusses auf eine Gruppe, zum anderen ist sie themenbezogen zu interpretieren. Wer hinsichtlich einer bestimmten Leistung als Meinungsführer gilt, wird vermutlich auch bezüglich solcher, die in einem engen Zusammenhang hierzu stehen (z.B. Wohnungsrenovierung und Baumarktartikel), als Bezugsperson akzeptiert. Andererseits werden nur wenige Personen auf vielfältigen Gebieten ein dauerhaftes Involvement und sachliche Kompetenz vorweisen können, die neben Geselligkeit und kommunikativen Fähigkeiten Voraussetzungen für eine umfassende Meinungsführerschaft wären.[3] Das Vertrauen gegenüber Meinungsführern beruht auch auf der allgemeinen Annahme, daß diese aus ihren Empfehlungen keinen eigenen Vorteil ziehen.[4]

---

[1] Vgl. die Ausführungen zur Kommunikationspolitik von Unternehmensberatern bei KAAS/SCHADE (Unternehmensberater, 1995), S. 1076f.

[2] Vgl. MEFFERT (Marketingforschung, 1992), S. 95.

[3] Zur Charakterisierung von Meinungsführern vgl. KROEBER-RIEL/WEINBERG (Konsumentenverhalten, 1996), S. 507; ENGEL/BLACKWELL/MINIARD (Behavior, 1995), S. 725ff., und zu ihrer Einbeziehung in die Kommunikationspolitik SCHIFFMAN/KANUK (Behavior, 1994), S. 516-520; ONKVISIT/SHAW (Strategy, 1994), S. 426-433.

[4] Vgl. PEPELS (Käuferverhalten, 1995), S. 38.

Aus Sicht der Wohnungsunternehmen sind Meinungsführer von besonderem Interesse, um Zielgruppen zu erreichen, die sich angesichts einer gewissen geistigen Bequemlichkeit oder einer Skepsis gegenüber dem Unbekannten weder durch Werbung noch durch ihnen fremde „Verkäufer" ansprechen lassen.[1] Meinungsführer können solchen Personen durch Ratschläge und vorgelebten Konsum eine positive Dienstleistungswahrnehmung vermitteln oder zumindest Aufmerksamkeit für das Angebot erregen. Eine besondere Bedeutung kommt den Meinungsführern angesichts des erhöhten Nachfragerrisikos bei der Markteinführung von wohnbegleitenden Angeboten zu.

Welche Personen als Meinungsführer in einem Wohnquartier in Frage kommen, hängt insbesondere von der Unternehmensform und der Gestaltung der Mietermitwirkung ab. Bei einzelnen Genossenschaften sind zum Teil sehr differenzierte Selbstverwaltungskonzepte vorzufinden.[2] Nicht nur die Vertreter, auch andere Funktionsinhaber wie „Haussprecher" oder „Vertrauensleute", in deren demokratischer Wahl die Anerkennung durch eine mehr oder weniger große Mitgliedergruppe zum Ausdruck kommt, erscheinen prinzipiell als Multiplikatoren für Dienstleistungsangebote geeignet. In industrieverbundenen Wohnungsunternehmen könnte beispielsweise Betriebsratsmitgliedern unter den Mietern eine ähnliche Position zukommen. Sofern im konkreten Fall eine Mietermitwirkung im Wohnungsunternehmen organisiert ist, stellen Mieterbeiräte angesichts ihrer grundlegenden Aufgabe der „Erörterung und Meinungsbildung zu allen wohnungs- und wohnumfeldbezogenen Fragen"[3] ebenfalls potentielle Meinungsführer dar.[4]

Gleichwohl kann nicht pauschal von den Angehörigen dieser Gruppen als Meinungsführer gesprochen werden, weil es sehr auf den individuellen Charakter ankommt. Von Interesse sind unter diesem Aspekt auch Personen ohne offizielle Funktion, die sich aber stark in den Nachbarschaften engagieren, in Freizeitgruppen oder Vereinen aktiv sind und viele Bekannte im Quartier haben.[5]

---

[1] Vgl. BÄNSCH (Käuferverhalten, 1996), S. 104.

[2] Unter den in der Expertenbefragung einbezogenen Genossenschaften trifft dies insbesondere auf die Baugenossenschaft Freie Scholle eG Bielefeld sowie auf den Spar- und Bauverein Solingen eG zu.

[3] o.V. (Mieterbeiräte, 1997), S. 575.

[4] Zur Mietermitwirkung allgemein vgl. GROßHANS (Mietermitwirkung, 1997), S. 577f.; NORDALM (Mieterselbstverwaltung, 1997), S. 578f.

[5] In diesem Sinne äußerten sich H. Kowalski, Geschäftsführendes Vorstandsmitglied, Altonaer Spar- und Bauverein eG, Hamburg, in einem Interview am 10.11.1997 sowie F.-R. Winkler, Vorsitzender des Vorstands, BBG Berliner Baugenossenschaft eG, in einem Gespräch am 10.12.1997.

4.4.3.3 Intensivierung und Verfeinerung der Kundenansprache durch den Einsatz von Clubsystemen

Clubsysteme stellen in der Regel ein integriertes Bündel an Maßnahmen aus dem leistungs-, preis-, distributions- und kommunikationspolitischen Bereich dar, wobei je nach Konzeption die Gewichtung der Aspekte variieren kann. Eine eindeutige Zuordnung von Kundenclubs zu einem der vier absatzpolitischen Instrumentalbereiche fällt insofern schwer. Allerdings erscheint die Argumentation von TOMCZAK/DITTRICH und DILLER/MÜLLNER plausibel, daß Kundenclubs vor allem eine kommunikationspolitische Funktion erfüllen.[1] Denn oftmals sind mit diesem Instrument gerade eine Intensivierung der Kontaktpflege bzw. die Erhöhung der Zielgenauigkeit der Ansprache verbunden. Dieser Auffassung folgend sollen Clubsysteme daher auch hier im Zusammenhang mit der Kommunikationspolitik behandelt werden.

Das Ziel der Errichtung eines Kundenclubs besteht primär darin, „durch eine stärkere Identifikation des Kunden mit dem Leistungsangebot eines Unternehmens einen psychologischen Mehrwert zu vermitteln und von den positiven Wirkungen der Kundenbindung zu profitieren."[2] Neben einer verstärkten Referenzaktivität für den Dienstleister erhofft man sich einen Zuwachs an kundenspezifischer Informationen, welche in Verbindung mit dem Database Marketing genutzt werden könnten, um eine bedürfnisgerechtere Kundenansprache und ein verstärktes Cross-Selling zu bewirken. Somit besteht auch ein klarer Bezug zur Marktforschung. Kundenkarten, die es mit Hilfe einer elektronischen Erfassung erlauben, die Inanspruchnahme von Leistungen nachzuvollziehen und die persönlichen Präferenzen näher zu erforschen, kommt im Rahmen von Kundenclub-Konzepten eine zentrale Bedeutung zu.[3]

Bisher sind es vor allem Finanzdienstleister, Unternehmen der Tourismusbranche (z.B. TUI) und Sendeanstalten (z.B. Pro7), die Kundenclubs ins Leben gerufen haben. Ein Beispiel, das auch in den Wohnsektor hineinreicht, ist der Club „DomiZiel" der LBS Norddeutsche Landesbausparkasse, welcher sich „als Initiative für praktikable Wohn- und Freizeitmodelle [versteht], die im Alter Komfort und Sicherheit bieten".[4] Der Clubgedanke, also die Zugehörigkeit zu einer bestimmten Gruppe, die von außen abgrenzt ist und gewisse Vorteile bietet, läßt sich aber auch auf die Kunden eines Wohnungsunternehmens übertragen.[5] So stellen die

---

[1] Vgl. TOMCZAK/DITTRICH (Kundenclubs, 1998), S. 173; DILLER/MÜLLNER (Kundenbindungsmanagement, 1998), S. 1227. Des weiteren siehe SPECHT (Service-Konzepte, 1998), S. 1382.

[2] DILLER/MÜLLNER (Kundenbindungsmanagement, 1998), S. 1227.

[3] Vgl. DILLER/MÜLLNER (Kundenbindungsmanagement, 1998), S. 1227; TOMCZAK/DITTRICH (Kundenclubs, 1998), S. 179ff.

[4] MÖBUS (Kundenclubs, 1999), S. 24. Zu den Leistungen des Clubs zählt eine Kundenzeitschrift mit Hinweisen für Aus- und Umbaumaßnahmen, Tips zu Ausland- und Seniorenimmobilien sowie touristische Angebote (Reisen zu angebotenen Auslandsimmobilien) und Freizeitangebote.

[5] In diesem Sinne äußerte sich Dr. V. Riebel, Geschäftsführer, THS Treuhandstelle für Bergmannswohnstätten im rheinisch-westfälischen Steinkohlenbezirk GmbH, Essen, in einem Interview am 4.2.1998.

bereits in der Praxis anzutreffenden Nachbarschaftshilfevereine eine Art Kundenclub dar, deren gemeinnützige Ausrichtung jedoch von jener der kommerziell organisierten Kundenclubs im beschriebenen Sinne abweicht. Mit einem Club letzterer Art, der gegen eine Jahresgebühr den vergünstigten Bezug von Dienstleistungsangeboten (z.B. Tourismus, Finanzdienstleistungen, Telefonie, Videoleihe) gestattet, eventuell eine Kundenkarte und ein Club-Magazin vorsieht, könnte es einem Wohnungsunternehmen gelingen, das Kern-Nachfragepotential für Dienstleistungen jenseits des sozialen Managements zu bündeln.

Einen alternativen Ansatz verfolgt die St. Joseph-Stiftung mit ihrer „ServiceCard", die allen Mietern entgeltfrei zur Verfügung steht, so daß keine Separation innerhalb der Kundschaft erfolgt.[1] Maßgeblicher Kooperationspartner für die technische Abwicklung ist das Unternehmen Europlus, das bundesweit über rund 30.000 Vertragspartner in Einzelhandel, Handwerk und diversen Dienstleistungsbranchen verfügt, von denen ausgesuchte mit der ServiceCard für die Mieter erschlossen werden. Je nach Leistung (z.B. PKW-Kauf, Mietwagen, Baumarktartikel, Möbel) erhält man Rabatte in unterschiedlicher Höhe, die entweder zu einem sofortigen Preisnachlaß oder zu einer Gutschrift führen, wobei sämtliche Gutschriften eines Jahres im Rahmen der nächsten Betriebskostenabrechnung erstattet bzw. verrechnet werden. Ein zusätzlicher Nutzen besteht in der Preisagentur-Funktion, welche im Rahmen der Handwerker- oder auch der Versicherungsvermittlung übernommen werden. Diesbezügliche Ansprechpartner für die Kunden sind Call-Center-Mitarbeiter von Europlus.

Beide Konzepte, sowohl der Kundenclub für ein besonderes Segment als auch die Auffassung der Kundengesamtheit als Club, können sinnvoll sein. Im ersten Fall mag der Eindruck vermittelt werden, ein „besonderer" Kunde zu sein, was die Identifikation möglicherweise stärker fördert. Auch lassen sich durch die segmentspezifische Ausrichtung tendenziell bedürfnisgerechtere Problemlösungen realisieren. Im anderen Fall entsteht hingegen eine breit angelegte Differenzierungswirkung gegenüber Wettbewerbern, und - was unter sozialen Gesichtspunkten bedeutsam erscheint - gerade auch die einkommensschwachen Kunden, die von einem getrennten Club mit Kartengebühr möglicherweise abgeschreckt würden, können von Einkaufsvorteilen profitieren. Grundsätzlich ist zu berücksichtigen, daß der Aufwand für die Einrichtung und den Betrieb eines Kundenclubs als Kundenbindungsinstrument sich nur dann als lohnend erweisen dürfte, wenn es gelingt, dem Kunden sowohl mit Blick auf die Grund- als auch auf die Clubleistungen Zufriedenheit zu vermitteln. In diesem Sinne kann ein systematisches Beschwerdemanagement wertvolle Dienste leisten.

---

[1] Über das Konzept der „ServiceCard" informierte Dr. W. Pfeuffer, Sprecher des Vorstands, St. Joseph-Stiftung Bamberg, Kirchliches Wohnungs- und Siedlungsunternehmen, in einem Gespräch am 24.3.1998. Vgl. hierzu auch PFEUFFER (Mieter, 1999), S. 37f.

4.4.3.4 Beschwerdemanagement als konzeptioneller Rahmen für einen kritischen Dialog mit dem Kunden

„Beschwerden sind Artikulationen von Unzufriedenheit der Kunden, die mit dem Ziel vorgebracht werden, auf ein kritikwürdiges Verhalten des Anbieters aufmerksam zu machen, eine Wiedergutmachung für erlittene Beeinträchtigungen zu erreichen und/oder eine Änderung des kritisierten Verhaltens zu bewirken."[1] Unter *Beschwerdemanagement* versteht man den aktiven Umgang mit Beschwerden für eine zielgerichtete Gestaltung der Marktbeziehungen.[2] Als übergreifender Ansatz kann sich das Beschwerdemanagement unterschiedlicher Kommunikationsinstrumente bedienen (z.B. Mailing für den Hinweis auf eine zentrale Beschwerdestelle, Beschwerdeannahme über persönlichen Kontakt) und steht darüber hinaus in einem gewissen Bezug zur Leistungspolitik, da die hier gewonnenen Informationen zur Optimierung des Dienstleistungsdesigns zu nutzen sind.[3]

Beschwerden treten auf, wenn die erfahrene Dienstleistungsqualität hinter den Ansprüchen bzw. Erwartungen zurückbleibt (negative Diskonfirmation[4]). Allerdings stellt die Beschwerde gegenüber dem Anbieter nur eine denkbare Reaktion unzufriedener Kunden dar. Alternativ kann sich der Kunde völlig passiv verhalten, er mag sein Mißfallen im Bekanntenkreis kundtun, möglicherweise wandert er kommentarlos ab, oder - im schlimmsten Fall - wendet er sich an dritte Institutionen (z.B. Presse, Mieterverein, Gericht).[5]

Empirische Studien deuten darauf hin, daß Beschwerden eher die Ausnahme und die *Beschwerdeführer* gleichsam die „*Spitze des Eisbergs*"[6] darstellen. Im Durchschnitt beschweren sich rund 30% der Kunden mit kritikwürdigen Anlässen, lediglich 4% der Beschwerden erreichen die Unternehmenszentrale.[7] Andererseits wird jede negative Erfahrung rund zehnmal weitererzählt,[8] so daß hinter vier Beschwerden, die das Management erreichen, etwa 1.000 aus Anbietersicht negative Meinungsäußerungen stehen. Angesichts der hohen Wechselbarrieren dürften sich Wohnungsmieter tendenziell häufiger beschweren als Kunden anderer Branchen, die leichter abwandern können.[9] Werden Beschwerden nicht ernst genommen und ist man

---

[1] SÜCHTING (Beschwerdemanagement, 1996), S. 309.

[2] Vgl. HANSEN/JESCHKE/SCHOEBER (Beschwerdemanagement, 1995), S. 77.

[3] MEFFERT/BRUHN (Dienstleistungsmarketing, 1997), S. 330ff., ordnen die „Beschwerdepolitik" sogar dem Bereich der Leistungspolitik unter. Allerdings wird dieser Vorgehensweise hier nicht gefolgt, da aus unserer Sicht der Schwerpunkt des Beschwerdemanagements auf dem Dialog mit dem Kunden liegt.

[4] Vgl. STAUSS/SEIDEL (Beschwerdemanagement, 1996), S. 37ff.

[5] Vgl. HARMON/MCKENNA-HARMON (Retention, 1994), S. 80.

[6] BONN (Beschwerdemanagement, 1994), S. 21.

[7] Vgl. LUNDEEN/HARMON/MCKENNA-HARMON (Tenant, 1995), S. 87f. Zur Bedeutung der passiven Kunden vgl. WEGENER (Mieter, 1999), S. 78.

[8] Vgl. DREWES (Beschwerdemanagement, 1994), S. 43.

[9] Vgl. allgemein ECKEL (Beziehungsmarketing, 1997), S. 76.

trotz Unzufriedenheit zum Verbleib gezwungen, droht der Wandel zum „Terroristen": Kunden, die bei jeder Gelegenheit die schlechte Leistungsqualität erwähnen und somit Hunderte von (potentiellen) Nachfragern beeinträchtigen können.[1]

Vor diesem Hintergrund sollten Beschwerden nicht als Störfaktor, sondern als Chance begriffen werden, die Kosten der negativen Mundpropaganda und anderer Reaktionsformen zu vermeiden, die freiwillige Kundenbindung und das Unternehmensimage über eine Herstellung von Beschwerdezufriedenheit zu steigern, das Ideenpotential für Leistungsverbesserungen zu nutzen und Fehlerkosten (z.B. Falsch- und Doppelarbeit) zu senken.[2] Die Loyalität von Konsumenten, die sich beschweren und zufriedengestellt werden, kann sogar höher sein als die von Kunden ohne jeglichen Problemfall.[3] Im Rahmen der Einführung wohnbegleitender Dienstleistungen erscheint ein Beschwerdemanagement von besonderem Interesse, da gerade in der Anfangsphase eine hohe Fehlerquote wahrscheinlich ist und über eine zentrale Erfassung von Unzufriedenheitsäußerungen auch die Qualität von Kooperationspartnern zu kontrollieren ist.

Das Beschwerdemanagement umfaßt mit der Stimulierung, Annahme, Bearbeitung/Reaktion und Auswertung vier Gestaltungsbereiche.[4] Im Rahmen der *Beschwerdestimulierung* geht es darum, dem Kunden möglichst „niedrigschwellige" Beschwerdewege zu ermöglichen. Oftmals wird der ausführende Mitarbeiter die erste Ansprechstation sein. Für den Fall, daß eine Beschwerde beim betreffenden Mitarbeiter nicht fruchtet, sollte dem Kunden die Möglichkeit gegeben werden, darüber hinaus eine zentrale Beschwerdestelle telefonisch (z.B. über eine 0130-Nummer) oder schriftlich zu kontaktieren. Schriftliche Beschwerden lassen sich systematisch über die aus Hotels bekannten Meinungskarten erfassen.[5]

Bei der *Beschwerdeannahme* sollte das Problem schnell, umfassend und strukturiert erfaßt werden. Häufig läßt sich hier bereits ein großer Teil des „Frusts" abbauen, weshalb dem Kundenkontaktpersonal mittels Schulungen angemessene Verhaltensweisen in Beschwerdesituationen zu vermitteln sind. Zu einer angemessenen *Beschwerdebearbeitung und -reaktion* zählt es, intern klare Verantwortlichkeiten, Bearbeitungsabläufe und -fristen festzulegen sowie extern eine möglichst unverzügliche und angemessene Lösung des Problems bzw. eine Wiedergutmachung zu bewirken. Empfangsbestätigungen bei schriftlichen Eingängen oder Zwischenbescheide bei längeren Abwicklungen vermitteln einen positiven Eindruck. Schließlich sollte eine systematische, qualitative und quantitative *Beschwerdeauswertung* erfolgen, um

---

[1] Vgl. HESKETT ET AL. (Chain, 1994), S. 166.

[2] Vgl. SÜCHTING (Beschwerdemanagement, 1996), S. 309; STAUSS (Beschwerdemanagement, 1998), S. 1257; GRUBER/KERN (Beschwerden, 1998), S. 16ff.

[3] Vgl. STAUSS (Kundenbindung, 1998), S. 219f.

[4] Vgl. hier und im folgenden MEFFERT/BRUHN (Dienstleistungsmarketing, 1997), S. 331f.; STAUSS (Beschwerdemanagement, 1998), S. 1257ff., 1265ff.

[5] Vgl. GRUBER/KERN (Beschwerden, 1998), S. 18.

Problemschwerpunkte zu identifizieren und die resultierenden Anregungen für Entscheidungen im strategischen und operativen Bereich der Sekundärleistungspolitik zu nutzen. - Grundsätzlich ist es sinnvoll, ein gemeinsames zentrales Beschwerdemanagement für das Primär- und Dienstleistungsgeschäft zu betreiben. So wird auch in diesem Bereich der „Alles-aus-einer-Hand"-Charakter dokumentiert und der Aufbau unnötiger Doppelkapazitäten vermieden.

4.4.4 ENTSCHEIDUNGEN ÜBER DEN DIENSTLEISTUNGSVERTRIEB IM RAHMEN DER DISTRIBUTIONSPOLITIK

Unter der Distributionspolitik werden sämtliche Entscheidungen verstanden, welche die raum-zeitliche Verfügbarmachung der Dienstleistung für den Nachfrager betreffen.[1] Um die Dienstleistung an den Endabnehmer zu transferieren, sind einerseits akquisitorische, andererseits logistische Aufgaben zu erfüllen. *Akquisitorische Maßnahmen* finden z.B. in Form von telefonischen Verkaufsgesprächen, Terminvereinbarungen und Vertragsabschlüssen primär vor der Inanspruchnahme statt, können aber auch während der Nutzung erfolgen (z.B. Ausweitung einer Reparaturmaßnahme auf vorher nicht entdeckte Mängel) oder - im Sinne einer Kundenpflege - nachgelagert sein. *Logistische Aktivitäten* beziehen sich hingegen auf den Leistungserstellungsprozeß im engeren Sinne und hier vor allem auf die Problematik, wie das Leistungspotential und der externe Faktor zusammengeführt werden können.[2]

Die distributionspolitischen Maßnahmen im Rahmen der Sekundärleistungspolitik stehen in einem engen Zusammenhang zur Problematik der Trägerschaft und zur Kommunikationspolitik. So ist die Frage, ob die Akquisition im direkten Vertrieb oder indirekten Vertrieb, d.h. über Absatzmittler, erfolgen soll, in hohem Maße mit der Angebotsstrategie verknüpft. Im Fall des Alleinangebots kann nur das Wohnungsunternehmen den Vertrieb übernehmen, um die Synergien zu nutzen, die sich aus der Nähe zum Kerngeschäft ergeben. Bei der Vermittlung tritt das Wohnungsunternehmen selbst als Absatzmittler für andere auf, während beim Franchising die Franchisenehmer Absatzmittler für das Wohnungsunternehmen sind. Im Fall des Joint Venture und sonstiger Kooperationsformen wird das Wohnungsunternehmen zumindest einen anfänglichen Kontakt herstellen, denn in dem Zugang zum Kunden liegt ja gerade das Merkmal, welches die Kooperation für andere attraktiv werden läßt. Auch im Rahmen der Kommunikationspolitik werden Vorentscheidungen für den Vertrieb getroffen. Entschließt man sich etwa, Leistungen nur im persönlichen Verkauf zu kommunizieren, scheidet ein Vertrieb mittels Technik aus. Das Entscheidungsfeld der Distributionspolitik im Rahmen der Sekundärleistungspolitik ist somit vergleichsweise eng.

---

[1] Vgl. NIESCHLAG/DICHTL/HÖSCHGEN (Marketing, 1997), S. 426.

[2] Vgl. SCHEUCH (Entscheidungen, 1998), S. 942-946; SCHEUCH (Dienstleistungsmarketing, 1982), S. 166ff.

Mit Blick auf die Akquisition ist zu berücksichtigen, daß zwar nicht Dienstleistungen selbst, wohl aber Leistungsversprechen bzw. Anrechte oder „Chancen" auf Dienstleistungen gehandelt werden können.[1] Damit lassen sich der Verkauf und die Leistungserstellung zeitlich und räumlich trennen. Einen Überblick über die grundsätzlichen Vertriebsformen, welche sowohl in bezug auf die eigentliche Leistung als auch auf Leistungsversprechen Anwendung finden können, vermittelt Tab. 18. Hierbei ist zu unterscheiden zwischen dem stationärem, dem mobilen und dem Vertrieb mittels Technik.[2]

Vertriebsobjekt / Vertriebsform	Eigentliche Leistung	Leistungsversprechen
Stationärer Vertrieb	z.B. Kindertagesstätte	z.B. Reisevermittlung in der Geschäftsstelle des Wohnungsunternehmens
Mobiler Vertrieb	z.B. Ambulante Pflege	z.B. „aufsuchende Hilfe"
Vertrieb mittels Technik	z.B. Haus-Tele-Dienst zur Seniorenbetreuung	z.B. Telefonische Handwerker-vermittlung

Tab. 18: Beispiele für Vertriebsformen bei wohnbegleitenden Dienstleistungen

Beim *stationären Vertrieb* erfolgt die Leistungserstellung und/oder der Verkauf von Leistungsversprechen in räumlich festgelegten Einrichtungen des Wohnungsunternehmens oder der Kooperationspartner. Da in diesem Fall der Kunde zum Dienstleister gelangen muß, kommt dem Standort eine hohe Bedeutung für die Dienstleistungsakzeptanz zu.[3] Einrichtungen in der Nähe zum Wohnort bedeuten Bequemlichkeit und Zeitersparnis für den Nachfrager, andererseits entstehen mit jedem neuen Standort fixe Bereitstellungskosten für den Anbieter, die erst ab einer gewissen Mindestauslastung aufgefangen werden können. In dünn besiedelten Gebieten, wie sie etwa ländliche Wohnungsgenossenschaften vorfinden, scheiden daher viele potentielle Serviceeinrichtungen von vornherein aus,[4] während im Gegenzug z.B. Apartment-Hochhäuser ein breites stationäres Angebot in größtmöglicher Nähe bieten können.

Ob der Kunde im einzelnen bereit ist, eine in Konkurrenz zu anderen Anbietern stehende Dienstleistungsfazilität (z.B. Partykeller, Mieterrestaurant) des Wohnungsunternehmens zu nutzen, stellt sich - rein rational betrachtet - als eine Frage der *Einkaufswirtschaftlichkeit* dar.

---

[1] Vgl. BLÜMELHUBER/KANTSPERGER (Vertriebsdesign, 1998), S. 960.

[2] Vgl. SÜCHTING (Vertrieb, 1994), S. 455.

[3] Vgl. TURLEY/FUGATE (Facilities, 1992), S. 41.

[4] Vgl. allgemein SASSER/OLSON/WYCKOFF (Operations, 1978), S. 18.

Wie SÜCHTING am Beispiel von Bankleistungen aufgezeigt hat, ist die Einkaufswirtschaftlichkeit eine Frage der gebotenen Preis- und Qualitätsvorteile einerseits sowie der Transaktionskosten andererseits.[1] Bietet das Wohnungsunternehmen etwa einen Fitneßraum im Wohnviertel an, wird dieser angesichts der geringen Anfahrtswege aus Transaktionskostensicht für viele Kunden einen Vorteil aufweisen. Wenn das Wohnungsunternehmen im Sinne der Unterstützungsfunktion auf einen direkt kostendeckenden Preis verzichtet, ergibt sich auch aus dieser Perspektive ein Prä. Dennoch mag der Mieter das weiter entfernte Studio eines professionellen Anbieters bevorzugen, da man ihm dort zum Beispiel hinsichtlich der Gerätschaften, der fachlichen Betreuung und der sozialen Kontakte mehr Qualität offeriert. Bevor in Dienstleistungseinrichtungen investiert wird, sollte das Wohnungsunternehmen daher grundsätzlich eine Analyse konkurrierender Dienstleister im weiteren Einzugsgebiet vornehmen.

Aus den Überlegungen zur Einkaufswirtschaftlichkeit läßt sich auch ableiten, daß bei *kontakthäufigen* Leistungen, welche regelmäßig in Anspruch genommen werden (z.B. Kindertagesstätte), die Standortnähe eine höhere Bedeutung aufweist als bei *kontaktseltenen* Leistungen (z.B. Mietschuldenberatung). Des weiteren erscheint plausibel, daß ein Kunde mit Blick auf das Potential an Qualitätsunterschieden bei Diensten mit hoher „*empfundene[r] Problemhaftigkeit*"[2] (z.B. Wohneigentumsberatung) vergleichsweise längere Wege in Kauf nehmen wird als bei eher unproblematischen Routineleistungen (z.B. Videoleihe).[3] Generell läßt sich die Attraktivität bei weiter entfernten Serviceeinrichtungen durch unterstützende Transportdienste steigern, die den externen Faktor zum Ziel bringen (z.B. Shuttle-Dienst zur Kindertagesstätte).

Wie in den Expertengesprächen zu erfahren war, zeichnet sich sowohl mit Blick auf die Struktur der Wohnungsverwaltung als auch hinsichtlich der Bereitstellung von Sekundärleistungen eine *Tendenz zur Dezentralisierung* ab. Durch eine stärkere Verlagerung in die Wohngebiete, dort, wo die Bedarfe auftreten, will man Kundennähe demonstrieren und die Versorgungsqualität erhöhen. Über ein ausgeprägtes Netz an Dienstleistungsstützpunkten verfügt zum Beispiel die Baugenossenschaft Freie Scholle eG in Bielefeld. An verschiedenen Standorten über das Stadtgebiet verteilt finden sich zwei Nachbarschaftstreffs (u.a. mit Beratungsbüro, Gemeinschaftsraum, Veranstaltungs- und Betreuungsangeboten), zwei Nachbarschaftszentren (mit zusätzlichen Funktionen wie z.B. Stadtteilkantine, Arztpraxen), zwei Altenberatungsstellen, ein Gemeinschaftshaus und eine Anlage des Betreuten Wohnens mit Kurzzeitpflegeeinrichtung. Zum Vertriebssystem gehören darüber hinaus zwei mobile Einheiten. Hiervon könnte man die „aufsuchende Hilfe" durch Sozialarbeiter, die alte Menschen in ihren Wohnungen besuchen und individuelle Pakete mit den Hilfsangeboten schnüren,[4]

---

[1] Vgl. SÜCHTING (Vertrieb, 1994), S. 452ff.; SUCHTING (Theorie, 1998), S. 21f.

[2] BÄNSCH (Käuferverhalten, 1996), S. 82.

[3] Vgl. SÜCHTING/PAUL (Bankmanagement, 1998), S. 693f.

[4] Für ein ähnliches Konzept vgl. PFITZENREUTHER (Dienstleistungen, 1996), S. 45f.

dem Vertrieb von Leistungsversprechen zuordnen, während der mobile soziale Dienst die eigentlichen Pflege- und hauswirtschaftlichen Leistungen übernimmt.

Das Kennzeichen des *mobilen Vertriebs* besteht in der beim Kunden vorgenommenen Leistungserstellung bzw. in dem dort vollzogenen Verkauf. Hierbei läßt sich danach differenzieren, ob der Gang zum Kunden zwangsläufig erfolgt oder ob der Anbieter diesbezüglich einen Spielraum hat.[1] In die erste Gruppe fallen die meisten der diskutierten sachbezogenen Dienstleistungen (z.B. Renovierungsservice, Wohnungsreinigung), darüber hinaus Verrichtungen an Personen, die nicht in der Lage sind, ihr Haus zu verlassen, und schließlich Beratungsangebote, welche ohne Berücksichtigung der Wohnsituation keinen Sinn ergäben (z.B. Wohnungsanpassungsberatung, Konfliktberatung in Hausgemeinschaft). Beispiele für die zweite Gruppe sind etwa der Versicherungsverkauf durch Mitarbeiter im Außendienst oder aber die soziale Beratung älterer Menschen, die prinzipiell auch eine Seniorenberatungsstelle aufsuchen könnten, angesichts einstellungsbedingter Hemmungen hiervor jedoch eher zurückschrecken.

Die Inanspruchnahme einer mobilen Beratung ist generell mit einer relativ hohen Bequemlichkeit und für manche Menschen mit weniger emotionalen Hürden als der Besuch einer stationären Serviceeinrichtung verbunden. Der mobile Vertrieb kann - wie das Beispiel Versicherungen zeigt - gerade bei solchen Dienstleistungen erfolgreich eingesetzt werden, die als *low interest products* einer besonderen *Push-Strategie* bedürfen.[2] Als low interest products lassen sich Sachgüter oder Dienstleistungen bezeichnen, die vor, während und nach dem Kauf in der Regel wenig Interesse bzw. ein geringes Involvement auslösen.[3] Mit Blick auf wohnbegleitende Dienstleistungen könnten hierunter z.B. auch ein Hausnotruf- oder der Winterdienst gefaßt werden, die ihren eigentlichen Nutzen nur in eher seltenen Situationen entfalten. Allerdings ist sorgfältig abzuwägen, welche Leistungen von einem Außendienst angeboten werden sollen, da aufgrund der Wegezeiten zwangsläufig wertvolle Mitarbeiterzeit verlorengeht.

Beim mobilen Vertrieb sind der Standort des Dienstleisters und die Gestaltung der Serviceeinrichtung von weitaus geringerer Bedeutung als beim stationären, da der Kunde nicht zum Anbieter kommt. Es sollte aber darauf geachtet werden, daß sich die Nachfrager im Einzugsgebiet mit Fahrzeugen gut erreichen lassen. Im Fall des *Vertriebs mittels Technik* spielt der Standort eine noch geringere Rolle, da keinerlei physischer Kontakt herzustellen ist. Nicht die Nähe zum externen Faktor, sondern vielmehr die Verfügbarkeit der erforderlichen internen Faktoren ist für die Bestimmung des Dienstsitzes ausschlaggebend. Call-Center richten sich bei der Standortwahl etwa nach dem Vorhandensein eines qualifizierten und möglichst ak-

---

[1]   Vgl. PAYNE (services, 1993), S. 144f.

[2]   Das Gegenteil hierzu bildet eine Pull-Strategie, wie sie sich etwa bei Banken im üblichen Zweigstellenvertrieb erkennen läßt. Vgl. SÜCHTING (Überlegungen, 1987), S. 11.

[3]   Vgl. BÄNSCH (Einführung, 1998), S. 304f.; NIESCHLAG/DICHTL/HÖRSCHGEN (Marketing, 1997), S. 155.

zentfrei sprechenden Mitarbeiterpotentials; sie können dann von einem Ort aus einen Kunden-stamm im gesamten deutschen Sprachraum bedienen.[1]

Ein zentraler Vorteil des *technischen Vertriebs per Telefon* liegt in seiner hohen Effektivität. „Ein Mitarbeiter im Telefonverkauf kann bis zu 50 Kundengespräche am Tag führen, während viele Verkäufer im Außendienst nur auf 4 bis 10 Gespräche am Tag kommen.“[2] Darüber hin-aus ist eine schnelle und flächendeckende Erreichbarkeit gegeben. Nicht zuletzt kann mit Hil-fe zentraler Telefoneinheiten die zeitliche Verfügbarkeit von Leistungen oftmals erheblich gesteigert werden. Die hohe Professionalität spezialisierter Call-Center im Telefonmarketing hat dazu geführt, daß auch erste Wohnungsunternehmen für die Beantwortung einfacher Re-gelanfragen sowie für die Aufnahme und Weiterleitung von Mieteranliegen Call-Center-Dienste in Anspruch nehmen.[3] Grundsätzlich ist zu berücksichtigen, daß über ein Call-Center nur relativ standardisierte Vorgänge abgewickelt werden können, weshalb sich das Vertriebs-spektrum vor allem auf Leistungsversprechen bezieht.

Weitere Möglichkeiten des Vertriebs mittels Technik erschließen sich in zunehmenden Maße aufgrund des Fortschritts in der Informations- und Kommunikationstechnologie. Bei Ansätzen wie dem „Haus-Tele-Dienst" bei der Naussauischen Heimstätte oder dem Projekt „Virtuelles Altenheim" werden seniorenbezogene Beratungs- und Betreuungsleistungen, für die ein opti-scher Kontakt ausreicht, per Bildschirm und Kabeltechnologie vertrieben.[4] Ein anderes Bei-spiel für eine Leistungserstellung per technischem Vertrieb wäre das Internet-Homebanking. Das Internet bietet aber insbesondere für die Annahme bzw. Vermittlung von Dienstleistungs-aufträgen eine mögliche Basis, so etwa bei Einkaufsdiensten, wo die Leistungserstellung nicht ohne physischen Kontakt erfolgen kann.

Hiermit sei die Betrachtung des Marketing-Mix für wohnbegleitende Dienstleistungen abge-schlossen. Sind im Rahmen der Vorbereitung einer Markteinführung die Fragen der strategi-schen und operativen Angebotsgestaltung geklärt, kann auf dieser Basis eine genauere Analy-se der Wirtschaftlichkeit einzelner Leistungsofferten vorgenommen werden.

---

[1] Die Viterra Wohnpartner AG bietet seit November 1998 eine deutschlandweit einheitliche Rufnummer für Wohnungsanfragen zum Nulltarif an. Montags bis freitags von 8-19 Uhr erfolgt jeweils eine automatische Weiterleitung an die für die Stadt des Anrufers zuständige regionale Niederlassung. Darüber hinaus ist an Samstagen von 10-16 Uhr ein zentrales Call Center angeschlossen. Vgl. O.V. (Rufen, 1998), S. 6-7.

[2] KOTLER/BLIEMEL (Marketing-Management, 1999), S. 1077.

[3] Vgl. SAGERT (Call Center, 1999), S. 62ff.

[4] Vgl. ERKERT/DE GRAAT/ROBINSON (Haus-Tele-Dienst, 1992); O.V. (Senioren, 1998), S. B10.

4.5 Analyse der Wirtschaftlichkeit des Sekundärleistungsangebots

Wohnbegleitende Dienstleistungen sind aus Unternehmenssicht dann als effizient oder wirtschaftlich zu bezeichnen, wenn sie „die gestellten Anforderungen, ausgedrückt durch die Relation zwischen Service-Kosten und -Erlösen, zu erfüllen vermögen."[1] Die Höhe des angestrebten Gewinns bzw. der Rentabilität des Sekundärleistungsgeschäfts leitet sich aus den Forderungen der Kapitalgeber ab. Bei Angeboten im Sinne der sozialen Funktion wird zwar ein positiver Saldo aus Erlösen und Kosten nicht verlangt, in der Regel aber zumindest eine Kostendeckung erwartet.

Vor den negativen Folgen eines unkontrollierten Engagements im Sekundärleistungsbereich warnen ENGELHARDT/PAUL: „Schließlich kann ein Angebot differenzierender Dienstleistungen, das der Verbesserung der Rendite des Anbieters dienen soll, auch zum Bumerang werden. Das ist dann der Fall, wenn der Erfolgsbeitrag nicht realistisch abgeschätzt und die mitunter hohen und schwer zu beherrschenden Kosten nicht beachtet werden."[2] Vor diesem Hintergrund sind bereits in der Konzeptionsphase die Erfolgswirkungen des Dienstleistungsangebots so genau wie möglich zu quantifizieren. Die in die Grobauswahl einbezogenen Leistungsvorschläge müssen unter Berücksichtigung der geplanten strategischen und operativen Gestaltung einer abschließenden Feinauswahl[3] unterzogen werden, in deren Rahmen die voraussichtliche Wirtschaftlichkeit eine zentrale Rolle spielt. Wie aber bereits mehrfach angeklungen ist, erscheint die Abschätzung der Erfolgswirkungen nicht unproblematisch. Im folgenden soll zunächst dargestellt werden, welche Auffassungen die befragten Experten zum Thema „Wirtschaftlichkeit des Dienstleistungsangebots" vertreten, um einen Einblick in die diesbezügliche Sichtweise der Branche zu vermitteln. In einem zweiten Schritt soll der Frage nachgegangen werden, inwieweit eine Transparenz der Kosten-/Erlös-Situation überhaupt zu erzielen ist.

4.5.1 ZUR EFFIZIENZ WOHNBEGLEITENDER DIENSTLEISTUNGEN AUS SICHT DER PRAXIS

Wie die Gespräche mit den Experten zeigen, sind unter Berücksichtigung allein der direkten Erfolgswirkungen bisher nur wenige Dienstleistungsangebote als effizient zu bezeichnen. Lediglich drei der 34 in die Untersuchung einbezogenen Unternehmen konnten Beispiele für Leistungen nennen, die isoliert betrachtet einen Gewinn abwerfen. Dabei handelte es sich in allen Fällen um Objektdienstleistungen, welche über die Betriebskosten abgerechnet werden

---

[1] ENGELHARDT/RECKENFELDERBÄUMER (System, 1995), S. 177.

[2] Vgl. ENGELHARDT/PAUL (Dienstleistungen, 1998), S. 1340.

[3] Vgl. LAAKMANN (Profilierungsinstrument, 1995), S. 179ff.

und angesichts erzielter Vermittlungsprovisionen oder von Kalkulationsspielräumen aufgrund besonderer gesellschaftsrechtlicher Konstruktionen[1] eine Gewinnmarge erlauben.

Für alle anderen realisierten Leistungen galt, daß die anfallenden Kosten durch die unmittelbaren Mehrerlöse gerade gedeckt werden oder daß die Dienstleistungen - ohne Berücksichtigung sonstiger Wirkungen - ein Defizitgeschäft darstellen. Ausnahmslos wiesen die Vertreter der Wohnungsunternehmen aber auf verschiedenartige positive Verbundeffekte hin. Der allgemeine Tenor war, daß mittels indirekt realisierter Mehrerlöse und/oder Kosteneinsparungen (Opportunitätserlöse) insgesamt eine Effizienz des Sekundärleistungsgeschäfts herbeigeführt würde. Bereits an dieser Stelle ist aber auf die Problematik hinzuweisen, daß indirekte Effekte (z.B. Imagesteigerung) möglicherweise immer dann als „Alibi-Argument" bemüht werden, wenn anderweitig eine negative Erfolgswirkung feststellbar ist.

Welche Bedeutung einzelnen Verbundeffekten für die Wirtschaftlichkeit von Dienstleistungen aus Sicht der wohnungswirtschaftlichen Praxis zukommt, läßt sich anhand der Häufigkeit ablesen, mit der die einzelnen Aspekte im Rahmen der 34 Expertengespräche (vgl. S. 404ff.) explizit genannt wurden. Hierbei ergab sich die in Abb. 59 verdeutlichte Reihenfolge.

Als insgesamt wichtigster Verbundeffekt ist der Nennungshäufigkeit zufolge die *Senkung der Mieterfluktuation* zu betrachten. Mehr als zwei Drittel der interviewten Fachleute sahen eine diesbezügliche Kompensationsmöglichkeit für die Kosten des Sekundärleistungsangebots als gegeben. Zum einen würden verschiedenartige Dienstleistungen global zu einer Erhöhung der Kundenzufriedenheit und infolgedessen zu einer Stärkung der Kundenbindung beitragen, zum anderen könnte mit Hilfs- und Pflegediensten konkret zu einem längeren Verbleib der älteren Kunden beigetragen werden.[2]

---

[1] Hierbei handelte es sich um eine Vermietungsgenossenschaft, bei der die Bewirtschaftung auf eine 100%ige Tochtergesellschaft ausgelagert wurde. Die Tochter kann durchaus eine Gewinnmarge in den Preis z.B. für die Treppenhausreinigung einkalkulieren, welcher der Genossenschaft in Rechnung gestellt wird. Für die Genossenschaft selbst stellen die Kosten der Dienstleistung durchlaufende Posten dar, die über die Betriebskosten auf die Mieter umgelegt werden.

[2] Grundsätzlich ist zu berücksichtigen, daß sich ein Teil der Mieterfluktuation (z.B. wegen Tod; beruflich bedingter Umzug in eine andere, vom Wohnungsunternehmen nicht bediente Stadt) aus Unternehmenssicht nicht beeinflussen läßt. Andererseits kann bei Umzügen, die etwa aufgrund einer familiären Vergrößerung unvermeidbar erscheinen, durchaus die externe Fluktuation, also der „Verlust" an einen anderen Vermieter begrenzt werden, wenn adäquate Angebote zur Verfügung stehen. Insofern läßt es zum einen als Ziel betrachten, die Fluktuationsquote insgesamt zu reduzieren, und zum anderen, bei gegebener Gesamtfluktuation den Anteil der internen Fluktuation zu erhöhen.

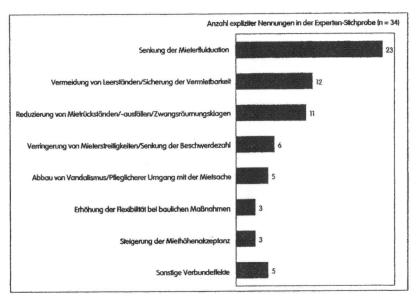

Abb. 59: Bedeutung alternativer Verbundeffekte für die Wirtschaftlichkeit des Sekundärleistungsangebots

Im Gegensatz zur Leerstandsproblematik, die für die einbezogenen Unternehmen - abgesehen von den beiden ostdeutschen Wohnungsgenossenschaften - zum Befragungszeitpunkt noch keine akute Belastung darstellte, erreichte die Fluktuationsquote mit bis zu 14% p.a. bei einzelnen Unternehmen bereits ein beträchtliches Ausmaß. Eine weitere Zunahme der Häufigkeit an Mieterwechseln wurde als wahrscheinlich angesehen. Dabei ist zu berücksichtigen, daß mit wachsender Fluktuation auch die Gefahr von Leerständen zunimmt. Ab einer zweistelligen Fluktuationsquote kommt es neben Leerständen, die modernisierungsverursacht oder friktionell bedingt sind, d.h. durch den Übergang von einem Mieter zum nächsten entstehen, zunehmend zu den eigentlich bedenklichen strukturellen Leerständen. Die Fluktuation wird insofern auch als *„kleine Schwester des Leerstands"*[1] bezeichnet.

Versucht man, den wirtschaftlichen Nutzen durch eine Fluktuationsminderung zu quantifizieren, bildet die Frage den Ausgangspunkt, mit welchen Kosten ein einzelner Mieterwechsel im Durchschnitt zu Buche schlägt.[2] Wie die Expertengespräche zeigen, existieren diesbezüglich sehr unterschiedliche Auffassungen. Die Angaben zu den Gesamtkosten pro Wechsel schwankten zwischen 500 DM und 11.000 DM, wobei der mittlere Wert 5.000 DM (Median) betrug. Erklären läßt sich diese Differenz zum einen durch tatsächliche Abweichungen in den Kostenstrukturen bei den einzelnen Unternehmen, zum anderen durch die unterschiedlich weite Abgrenzung der Fluktuationskosten.

---

[1] So äußerte sich M. Pistorius, Referent für Wohnungswirtschaft und Wohnungspolitik, VNW Verband norddeutscher Wohnungsunternehmen e.V., Hamburg, in einem Gespräch am 11.11.1997.

[2] Vgl. auch HARMON/MCKENNA-HARMON (Retention, 1994), S. 63ff.; WELTON (Turnover, 1993), S. 17f.

Als Einzelkosten in bezug auf einen Mieterwechsel kommen grundsätzlich folgende Positionen in Frage: Mietausfall durch Leerstand (Opportunitätskosten), Verwaltungseinzelkosten (z.B. für Zeitungsannoncen, Formulare, Porto, Telefon) sowie Instandhaltungs-/Instandsetzungseinzelkosten (Wiederherstellung eines attraktiven Grundzustands z.B. mit Blick auf Anstriche, Tapeten, Bodenbeläge).[1] Demgegenüber fallen als Gemeinkosten insbesondere die Kosten für das kaufmännische und technische Personal an, welches an der Abwicklung der Kündigung, der Wohnungsabnahme, der Veranlassung eventueller baulicher Maßnahmen bis hin zu der Akquisition neuer Mieter einschließlich Besichtigungen, Vertragsangelegenheiten und Wohnungsübergabe beteiligt ist. Darüber hinaus wäre an die Inanspruchnahme der EDV, des Fuhrparks sowie an sonstige arbeitsplatzbezogene Gemeinkosten zu denken (Vollkostenprinzip).

Werden die Fluktuationskosten mit 500 DM angegeben, so erscheint dies nur dann realistisch, wenn entweder ausschließlich Einzelkosten berücksichtigt werden oder wenn sich aufgrund eines extremen Nachfrageüberhangs freiwerdende Wohnungen gleichsam von selbst vermarkten. Die heutige Realität sieht bei den vielen Wohnungsunternehmen indes anders aus. Friktionen zwischen zwei Mietverträgen sind auf bestimmten Märkten die Regel. Reichte vor einigen Jahren noch der Blick in die Interessentenkartei, um einen adäquaten Mieter zu finden, sind heute oftmals umfassende Akquisitionsbemühungen erforderlich. Bei der WOBAU Schleswig-Holstein Wohnungsbaugesellschaft mbH hat man festgestellt, daß aktuell im Durchschnitt acht Interessentenkontakte für eine erfolgreiche Wiedervermietung nötig sind, während Anfang der 90er Jahre schon durchschnittlich einer genügte.[2]

Hinzu kommt, daß seinerzeit oftmals ein Aufschlag bei der Grundmiete des neuen Mieters im freien Wohnungsbau realisiert werden konnte, während man heute zum Teil zufrieden ist, die bisherige Miete halten zu können. Zudem stellen die Kunden bei der heutigen Marktsituation hohe Ansprüche an den Unterhaltungszustand zu beziehender Wohnungen. Die durchschnittlichen Instandhaltungs- bzw. Instandsetzungskosten pro Wechsel wurden von den Experten auf 1.000-6.000 DM beziffert. Generell sind also nicht nur die Fluktuationsquoten, sondern - angesichts steigender Akquisitionserfordernisse und Renovierungskosten pro Fall - auch die Kosten bezogen auf einen Mieterwechsel gestiegen. Diese *prozyklische Entwicklung* steigert die Bedeutung der Kundenbindung um so mehr.

---

[1] Ob man in diese Rechnung auch Modernisierungskosten aufnehmen sollte, erscheint fraglich. Zwar ist es gerade beim Auszug älterer Menschen nicht selten der Fall, daß deren Wohnung für die Wiedervermietbarkeit einer umfassenden Modernisierung bedarf, die etwa auch das Bad oder die Fenster einschließt. Andererseits erfolgt hierdurch eine substantielle Verbesserung des Baukörpers, die früher oder später wohl ohnehin hätte erfolgen müssen. Insofern sollte man allenfalls die Kosten einer Vorverlagerung gegenüber einer geplanten Modernisierung als umzugsverursacht betrachten.

[2] Hiervon berichtete C. Neujahr, Prokurist, WOBAU Schleswig-Holstein Wohnungsbaugesellschaft mbH, Kiel, in einem Interview am 12.11.1997.

Insgesamt 12 Experten betonten, daß eine Kompensation der Sekundärleistungskosten durch die *Vermeidung von Leerständen* oder - wie es auch bezeichnet wurde - die *Sicherung der Vermietbarkeit* erfolge. Wohnbegleitende Offerten würden die Qualität der Gesamtleistung steigern und in diesem Sinne dazu beitragen, den Absatz zu gewährleisten bzw. leerstandsbedingte Erlösschmälerungen zu minimieren. Während etwa temporale Mietnachlässe für neu einziehende Kunden mit Blick auf die Vermietungssituation nur kurzfristig greifen würden, ließen sich über Verbesserungen auf der Leistungsseite auch nachhaltige Wirkungen erzielen.[1]

Fortwährende Steigerungen der Wohnungs- und Gebäudequalität durch Modernisierungen könnten dazu führen, daß irgendwann die Bezahlbarkeit der Wohnungsangebote bei der vorhandenen Klientel nicht mehr gegeben sei. Dienstleistungen stellten demgegenüber ein flexibles Instrument dar, um auch Wohnungsbestände niedrigeren Standards Attribute zu verleihen, die sie für bestimmte Gruppen attraktiv machen. Mit Blick auf die Wirtschaftlichkeit komme es maßgeblich auf den Fokus an: *Kurzfristig betrachtet gewinnsenkende Maßnahmen könnten sich langfristig gesehen als ökonomisch vorteilhaft erweisen.*[2] Denn hätten Mieter erst einmal ein Wohngebiet verlassen, weil es verkommen ist oder weil es an der erforderlichen Dienstleistungsinfrastruktur mangelt, sei es äußert schwer, sie wieder zurückzugewinnen.[3]

An dritter Stelle rangiert unter den relevanten Verbundeffekten die *Verminderung von Mietrückständen bzw. -ausfällen und Zwangsräumungsklagen*, und zwar speziell durch das Angebot einer Mietschulden- oder einer erweiterten sozialen Beratung. Elf der befragten Unternehmensvertreter stellten diesen Aspekt heraus. Wie betont wurde, können persönliche Gespräche und die Verfügbarmachung von Unterstützungsleistungen insbesondere des Sozialamts im Fall einer mangelnden Zahlungsfähigkeit bzw. -bereitschaft oftmals Abhilfe schaffen und größere Erlösschmälerungen oder Gerichtskosten vermeiden. Zu berücksichtigen sei, daß manchmal Mietrückstände gar nicht in der finanziellen Situation des Mieters begründet liegen. Wenn zum Beispiel bei einem Seniorenpaar ein Partner stirbt, der bisher die Geldangelegenheiten geregelt hat, sei der andere manchmal überfordert, das Überweisungsformular auszufüllen. Während in solchen Fällen früher eine Mahnung versandt worden wäre, könne man heute durch eine gezielte Beratung derartige Probleme vergleichsweise einfach lösen.[4]

---

[1] Diese Auffassung vertraten A. Timmerkamp, Handlungsbevollmächtigter, und S. Buss, Mitarbeiterin im Bereich Wohnungswirtschaftliche Betreuung und Beratung, SWB Dienstleistungs-, Bauträger-, und Finanz-Servicegesellschaft mbH, Mülheim/Ruhr, in einem Gespräch am 19.6.1997.

[2] Vgl. hierzu auch die Überlegungen zur langfristigen versus kurzfristigen Gewinnmaximierung bei SÜCHTING/PAUL (Bankmanagement, 1998), S. 200.

[3] So äußerte sich T. Klindt, Prokurist, SAGA Siedlungs-Aktiengesellschaft Hamburg, in einem Interview am 10.11.1997.

[4] Von dieser Vorgehensweise berichtete H.-J. Hermann, Vorstandsmitglied, Berliner Bau- und Wohnungsgenossenschaft von 1892 e.G., in einem Interview am 10.12.1997.

Besonders kostenintensiv gestalten sich Kündigungen, wenn sie bis zur Zwangsräumung betrieben werden müssen. Wie die Sozialarbeiterin bei einem städtischen Wohnungsunternehmen betonte, könne ein Räumungsfall insgesamt bis zu 20.000 DM kosten. Dabei sei zu beachten, daß nur ein geringer Teil der eingereichten Räumungsklagen letztlich zum „Erfolg" führt. Als einen Halbjahreswert nannte sie die Zahl von 50 Klagen, von denen 13 zu beantragten Zwangsräumungen führten. Letztlich wurden aber nur sechs ausgeführt, weil die Stadt per Ordnungsverfügung eine Wohnungsbeschlagnahme vornimmt, wenn keine andere Wohnmöglichkeit vorhanden ist und Obdachlosigkeit droht. Jede vermiedene Klage böte daher ein erhebliches Einsparungspotential.

Ein weiterer Ansatz, auf indirektem Weg zu einer Deckung der Kosten von Dienstleistungsangeboten zu gelangen, stellt nach Ansicht von sechs der befragten Experten die *Verringerung von Mieterstreitigkeiten* dar, die sich für die Verwaltung in einer *Senkung der Beschwerdezahl* und -intensität niederschlagen würde. In diesem Sinne wurde zum einen die Bedeutung von Sozialarbeit sowie von Maßnahmen zur Aktivierung der Nachbarschaften (z.B. Mieterseminare, Treffs, Feste) hervorgehoben, die das gegenseitige Kennenlernen erleichtern und die Toleranz fördern. Zum anderen könnten auch Objektdienstleistungen das Konfliktpotential in Hausgemeinschaften entschärfen und somit die Kundenbetreuer von oftmals zeitraubenden Schlichtungsmaßnahmen befreien. Gemeinschaftsfördernde Angebote (im Sinne einer Stärkung der gegenseitigen Kontrolle), Aktivitäten für Jugendliche und nicht zuletzt Sicherheitsdienstleistungen würden des weiteren dazu führen, daß der *Vandalismus nachläßt* und pfleglicher mit der Mietsache umgegangen wird. Einen derartigen Verbundeffekt in Form einer Senkung der Instandhaltungskosten erwähnten explizit fünf Experten.

Schließlich äußerten jeweils drei Interviewpartner die Erwartung, daß mit Blick auf die Kosten für wohnbegleitende Dienste eine *Steigerung der Miethöhenakzeptanz* als kompensatorischer Faktor berücksichtigt werden müsse, und mit gleicher Häufigkeit wurde die *Erhöhung der Flexibilität bei baulichen Maßnahmen* genannt. So sei es möglich, mit einem professionellen, auch die sozialen Belange berücksichtigenden Umzugsmanagement Mieter, die sich sonst verweigerten, zu einem temporären oder dauerhaften Wohnungswechsel zu bewegen, um somit rationell Modernisierungsmaßnahmen an mehreren Wohnungen gleichzeitig ausführen zu können.

Insgesamt fünf Personen verwiesen auf *sonstige Einsparungspotentiale*, wobei im einzelnen folgende Ansatzpunkte aufgeführt wurden:

⇒ Reduktion der Instandhaltungskosten durch die Vermittlung von Haftpflichtversicherungen (z.B. Begleichung von Wasserschäden bei ansonsten nicht zu einer Erstattung fähigen Mietern);

⇒ Verminderung der Instandhaltungskosten durch eine ökologische Wohnberatung (z.B. Vermeidung von Schimmelpilzschäden);

⇒ Senkung der Kapitalkosten durch das Angebot eigener Spareinlagen;[1]

⇒ Allgemeine Verschlankung von Unternehmensprozessen (z.B. durch Kommunikation über E-Mail und Internet bei Angebot einer entsprechenden Zugangstechnik für den Mieter).

In der Summe ergibt sich eine Vielzahl von Beispielen, bei denen eine indirekte Erlössteigerung oder Kostensenkung im primären Geschäft plausibel erscheint. Allerdings führt bereits die Implementierung von Dienstleistungsangeboten in der Regel zu mehr oder minder hohen, objektiv meßbaren Kosten, während die Verbundeffekte nicht nur ex ante ungewiß, sondern häufig auch ex post schwer nachzuweisen sind. So entsteht etwa durch die Einstellung eines Sozialarbeiters ein Fixkostenblock, der die durchschnittlichen Verwaltungskosten je Wohnung pro Jahr - eine wichtige Kennzahl im Wirtschaftlichkeitsvergleich von Wohnungsunternehmen -[2] zunächst in die Höhe treibt. Die Unternehmensleitung muß eine solche Maßnahme gegenüber Aufsichtsräten oder Vertretern rechtfertigen können, bewegt sich hinsichtlich der Nutzenwirkungen jedoch auf einer eher spekulativen Argumentationsbasis.

4.5.2 ANSATZPUNKTE FÜR EINE WIRTSCHAFTLICHKEITSANALYSE UNTER BERÜCKSICHTIGUNG INDIREKTER ERFOLGSWIRKUNGEN

Wie das Grundschema für die *Wirtschaftlichkeitsrechnung* einer neuen Serviceleistung aussehen könnte, verdeutlicht Tab. 19 auf der folgenden Seite. Die Zahlen stehen für ein beliebiges Beispiel, wobei es hier nicht auf ihre Höhe ankommt, sondern auf den prinzipiellen Aufbau des Schemas. Zunächst sind - sofern überhaupt vorhanden - für jedes Jahr die unmittelbar aus dem Verkauf der betreffenden Dienstleistungsart resultierenden Umsatzerlöse zu schätzen und den Einzelkosten gegenüberzustellen. Im Zeitpunkt bzw. Jahr Null erfolgt noch kein Absatz, es fallen aber bereits Einzelkosten für die Errichtung des Leistungspotentials (z.B. Umbau eines alten Ladenlokals zu einem Nachbarschaftstreff, Einrichtung eines Arbeitsplatzes für einen exklusiv für diese Dienstleistung eingesetzten Mitarbeiter) an.

Die Differenz aus Umsatzerlösen und Einzelkosten führt zum Deckungsbeitrag 1, der in einem nächsten Schritt um den zugeschlüsselten Gemeinkostenanteil zu reduzieren ist. Somit erhält man den Deckungsbeitrag 2. In Zeile 6 sind die geschätzten induzierten Erlöse aufzunehmen, also die im primären Geschäft entstehenden Mehrerlöse oder Opportunitätserlöse in

---

[1] Beim Spar- und Bauverein Hannover eG, der Genossenschaft mit Deutschlands größter Spareinrichtung, können über 40% des Kapitalbedarfs aus der eigenen Spareinrichtung gedeckt werden. Der gezahlte Durchschnittszins ist selbst eingedenk eines Verwaltungskostenaufschlags (0,4%) noch wesentlich günstiger als die Konditionen etwa von Hypothekardarlehen. Dies erläuterte J. Wicke, Vorstand des Hauses, in einem Gespräch am 29.7.1997.

[2] Zum wohnungswirtschaftlichen Berichtswesen vgl. allgemein RIEBEL (Struktur, 1993), S. 73ff.

Form von Kosteneinsparungen,[1] die hier mit Null angesetzt wurden, so daß die Deckungsbeiträge 2 und 3 in diesem Beispiel identisch sind.

In DM	Jahr 0	Jahr 1	Jahr 2	Jahr 3	Jahr 4	Jahr 5
1. Umsatzerlöse	0	6.000	10.000	15.000	20.000	25.000
2. Einzelkosten	-20.000	-5.500	-3.000	-4.000	-5.500	-6.500
3. Deckungsbeitrag 1	-20.000	500	7.000	11.000	14.500	18.500
4. Gemeinkostenanteil	-5.000	-2.000	-2.000	-2.000	-2.500	-3.000
5. Deckungsbeitrag 2	-25.000	-1.500	5.000	9.000	12.000	15.500
6. Induzierte Erlöse	0	0	0	0	0	0
7. Deckungsbeitrag 3	-25.000	-1.500	5.000	9.000	12.000	15.500
8. Diskontierter Deckungs-beitrag 3 (I = 8%)	-25.000	-1.389	4.287	7.144	8.820	10.549
9. Kumulierter diskontierter Deckungsbeitrag 3	-25.000	-26.389	-22.102	-14.958	-6.138	4.411

Tab. 19: **Wirtschaftlichkeitsrechnung für die Neueinführung eines Dienstleistungsangebots**
Quelle: in Anlehnung an KOTLER/BLIEMEL (Marketing-Management, 1999), S. 539.

Analog zu dem bei dynamischen Investitionskalkülen üblichen Vorgehen ist der jeweilige Deckungsbeitrag 3 als Gesamtsaldo nun auf den Betrachtungszeitpunkt abzuzinsen.[2] Als Kalkulationszinsfuß wurde beispielhaft ein Wert von i = 8% angesetzt, der als eine Vergleichs- bzw. erwartete Rendite interpretiert werden kann. Addiert man die diskontierten Deckungsbeiträge für jedes Jahr, wie sie in Zeile 8 enthalten sind, der Reihe nach auf, erhält man den kumulierten diskontierten Deckungsbeitrag 3. Zwei zentrale Informationen lassen sich aus Zeile 9 entnehmen. Zum einen beträgt der geschätzte maximale Verlust 26.389 DM, sollte ein Abbruch des Dienstleistungsprojekts erfolgen. Zum zweiten ist ersichtlich, daß sich die Investition in die Markteinführung der Sekundärleistung unter Berücksichtigung des Zinseszinselements nach fünf Jahren *amortisiert* hat. Denn im fünften Jahr wird erstmals ein positiver Wert für den kumulierten diskontierten Deckungsbeitrag erreicht.[3]

---

[1] Für Zeile 6 verwenden KOTLER/BLIEMEL den Namen „Sonstige Zurechnungen", wobei sie darauf verweisen, daß grundsätzlich nicht nur positive „Mitnahme-Effekte" bei anderen Produkt- bzw. Dienstleistungsarten, sondern auch negative „Kannibalisierungs-Effekte" entstehen können. Vgl. KOTLER/BLIEMEL (Marketing-Management, 1999), S. 539.

[2] Für eine Einführung in die dynamische Investitionsrechnung vgl. KRUSCHWITZ (Investitionsrechnung, 1998), S. 40ff.; ADAM (Investitionscontrolling, 1997), S. 101ff.

[3] Zur Ermittlung und Beurteilung der dynamischen Amortisationsdauer als Vorteilhaftigkeitskriterium in der Investitionsrechnung vgl. SÜCHTING (Finanzmanagement, 1995), S. 322ff.

Während sich die Wirtschaftlichkeitsrechnung in der Theorie relativ einfach darstellen läßt, ist sie in der Praxis mit erheblichen Problemen verbunden. Die Schätzung von Umsatzerlösen und Einzelkosten sowie von Gemeinkostenanteilen, deren Höhe entscheidend von der gewählten Schlüsselungsmethode beeinflußt wird, stellt eine anspruchsvolle Aufgabe dar.[1] Die diesbezüglichen Schätzprobleme sind aber keine Besonderheit wohnbegleitender Dienstleistungen, sondern ergeben sich - mit unterschiedlicher Intensität - in den meisten Unternehmensbereichen. Der eigentlich kritische Punkt besteht in der Frage, ob bzw. mit welchen Werten Zeile 6 für die *induzierten Erlöse* ausgefüllt werden kann. Erst aufgrund hier vorgenommener Einträge dürfte bei vielen der diskutierten Angebote ein positiver Deckungsbeitrag 3 zu erreichen sein.

Allerdings lassen sich auch mit Blick auf dieses Problem Analogien zu anderen betriebswirtschaftlichen Fragestellungen herstellen, bei denen die mangelnde Quantifizierbarkeit von Nutzenwirkungen von Bedeutung ist, so das Controlling der betrieblichen Aus- und Weiterbildungsmaßnahmen und insbesondere die *Werbeerfolgskontrolle*.[2] Die Werbung dient dem Ziel, den Umsatz zu steigern und somit zur Erfüllung von Gewinn- und anderen Hauptzielen des Unternehmens beizutragen. Umsatz und Werbekosten lassen sich objektiv messen. Allerdings ist ungewiß, ob und in welcher Höhe eine eingetretene Umsatzentwicklung auf eine bestimmte Werbemaßnahme zurückzuführen ist. Die feststellbare Beziehung zwischen der Höhe der Werbeausgaben und dem Ausmaß von Käufen ist oftmals gering, und BRUHN konstatiert zur Werbung, daß es „keinen zweiten Unternehmensbereich [gibt], in dem bei vergleichbarer Investitionshöhe so große Ungewißheit über deren Erfolg besteht."[3]

Wie LACHMANN verdeutlicht, existieren vielfältige *Einflußgrößen exogener Art* (z.B. Konjunkturentwicklung, Verhalten der Wettbewerber) und *unternehmensendogener Art* (z.B. Produktqualität, Vertriebssystem), die den Einfluß der Werbung überlagern und den Umsatz zum Teil nachhaltiger erklären. Andererseits kommt es in der Regel zu einer in ihrer genauen Struktur unbekannten *Zeitverzögerung* zwischen Werbemaßnahmen und Käufen, so daß eine periodenbezogene Gegenüberstellung nicht sachgerecht erscheint.[4]

Analog ließe sich etwa für das Angebot eines Seniorentreffs als wohnbegleitende Dienstleistung feststellen, daß der Nachweis einer kausalen Beziehung zwischen der Sekundärleistung und dem Wohnungsabsatz angesichts zahlreicher kovariierender Faktoren (z.B. allgemeine Wohnungsmarktsituation, Mieten- und Modernisierungspolitik des Wohnungsunternehmens)

---

[1] Ein möglicher Ansatz, um etwa die in verschiedenen Unternehmensbereichen anfallenden Einzel- und Gemeinkosten der Fluktuation systematisch zu erfassen und eindeutig offenzulegen, stellt die Prozeßkostenrechnung dar, wenn z.B. der Mieterwechsel als Prozeß betrachtet wird.

[2] Vgl. MOLLBERG (Messung, 1983), S. 2.

[3] BRUHN (Kommunikationspolitik, 1997), S. 359.

[4] Vgl. LACHMANN (Erfolgskontrolle, 1998), S. 194f.

nicht zu erbringen ist und ebenso die Langfristwirkung kaum beurteilt werden kann. Dies entspricht auch der Argumentationslinie von MOLLBERG, der zum Abschluß seiner ausführlichen,
branchenübergreifenden Diskussion zur Erfolgsmessung von Serviceleistungen zu dem Urteil
gelangt: „Eine generelle Aussage, ob sich Kundenservice für das Unternehmen im Sinne einer
zweckmäßigen Investition lohnt, ist mit Hilfe einer Erfolgsrechnung nicht zu treffen".[1] Allerdings zeigt die Werbeforschung, daß mit dem *Lernen per Experiment* und der Messung der
Wirkung auf außerökonomische Reaktionsgrößen zwei Ansätze bestehen, die einen gewissen
Ausweg aus dem Dilemma der mangelnden Quantifizierbarkeit von induzierten Erlösen erlauben.[2]

Experimente dienen allgemein der Prüfung von Kausalhypothesen und verlangen insbesondere, daß (möglichst) alle sonstigen Einflußfaktoren konstant gehalten werden.[3] In der Praxis
lassen sich *Feldexperimente* dergestalt verwirklichen, daß ein bestimmtes Dienstleistungsangebot z.B. zunächst in nur einer Wohnsiedlung eingeführt wird, um die Entwicklung von in-
teressierenden Variablen gegenüber einem möglichst ähnlich strukturierten Referenzquartier
ohne Sekundärleistungsangebot vergleichen zu können. So wurde etwa beim Spar- und Bauverein Solingen eG festgestellt, daß in Siedlungen, in denen sich - unterstützt durch die Einrichtung von Bewohnertreffs und die Organisation von Gemeinschaftsveranstaltungen -
„aktive Nachbarschaften" gebildet haben, die Fluktuationsquote tendenziell niedriger liegt als
in den Quartieren ohne aktive Nachbarschaften. Die St. Joseph Stiftung, Bamberg, konnte
durch den kombinierten Einsatz von Dienstleistungsangeboten (z.B. sozialarbeiterische Betreuung, Mieterfeste, Übertragung von Kommunikationsaufgaben auf neu installierte
„Haussprecher") und baulichen bzw. Umfeldmaßnahmen (z.B. intensivierte Instandhaltung,
Einrichtung von Mietergärten) in einem problematischen Wohnviertel die Fluktuationsquote
entgegen dem Trend bei vergleichbaren Siedlungen von zuvor 18% auf 3% reduzieren.[4]

Ein Beispiel für ein Feldexperiment, bei dem eine Ausschaltung von kovariierenden Faktoren
besonders gut gelang, stellt das Concierge-Projekt der SAGA Siedlungs-Aktiengesellschaft
dar. In einer als sozialer Brennpunkt zu bezeichnenden Großwohnsiedlung in Hamburg wurden vier gleichartige Hochhäuser im Eingangsbereich saniert und davon zwei mit einer Pfört-
nerloge für einen Concierge ausgestattet. Dieser dient als allgemeiner Ansprechpartner, nimmt
Pakete entgegen, überwacht den Hauseingang und führt Reinigungsaufgaben durch. Durch

---

[1] MOLLBERG (Messung, 1983), S.230.

[2] Vgl. LACHMANN (Erfolgskontrolle, 1998), S. 196f., und mit Blick auf Teilaspekte MÄßEN (Werbemittelgestaltung, 1998), S. 7; JOHANNSEN (Werbeerfolgskontrolle, 1969), S. 10ff.

[3] Zur Durchführung von Experimenten und Tests vgl. HAMMANN/ERICHSON (Marktforschung, 1994), S. 154;
SCHWEIGER/SCHRATTENECKER (Werbung, 1995), S. 255f.; BRUHN (Kommunikationspolitik, 1997), S. 362-
365.

[4] Vgl. PFEUFFER (Mieter, 1999), S. 36, und für weitere, ähnliche Beispiele EICHENER (Revitalisierung, 2000),
S. 21.

den Vergleich der Entwicklungen zwischen den Häusern mit und ohne Pförtner konnte nachgewiesen werden, daß der Concierge-Einsatz die Vandalismusschäden innerhalb von zwei Jahren um rund zwei Drittel zu reduzieren vermag.[1]

Derartige Experimente als Ansätze für eine Quantifizierung der Nutzenwirkungen von Dienstleistungen bilden bisher allerdings eher die Ausnahme. Öfter wird eine Art „*Gegenrechnung*" praktiziert, die zwar nicht dem Anspruch eines Experiments genügt, aber dennoch einen gewissen Informationswert hinsichtlich der Wirtschaftlichkeit beinhaltet. So wurde bei der WOBAU Schleswig-Holstein berechnet, daß die zusätzlichen Kosten der Einstellung einer Sozialarbeiterin durch die Opportunitätserlöse (aufgrund einer besseren Rückführung säumiger Mieten und der Vermeidung von Klagen) gedeckt würden.

Neben dem Lernen per Experiment stellt die Messung von Wirkungen auf außerökonomische Zwischengrößen einen zweiten zentralen Ansatz dar, der im Rahmen der Werbeerfolgskontrolle angewandt wird und sich vom Grundgedanken her ebenfalls auf die Problematik wohnbegleitender Dienstleistungen übertragen läßt. Genaugenommen handelt es sich jedoch um eine Abkehr von der Wirtschaftlichkeitsbetrachtung, da nicht der monetäre Input dem monetären Output, sondern *psychographischen Größen* gegenübergestellt wird.[2] Dies hieße etwa, daß man sich darauf beschränkt zu messen, ob die Kundenzufriedenheit oder das Image des Wohnungsunternehmens bei potentiellen und aktuellen Kunden durch die Variation der Aufwendungen im Sekundärleistungsbereich beeinflußt wird. Die Grundlage hierfür bildet eine kontinuierliche, z.B. jährliche Messung der Zielgrößen per Kundenbefragung; als statistisches Instrument zur Verdeutlichung der Beziehungen zwischen den Variablen bieten sich z.B. die Regressionsanalyse an.[3]

Zusammenfassend sind folgende Erkenntnisse zur Wirtschaftlichkeitsanalyse festzuhalten: Sofern es sich unter Berücksichtigung von Größe und Struktur des Wohnungsbestands realisieren läßt, sollten Wohnungsunternehmen vor einer umfassenden Einführung von komplexen Dienstleistungsangeboten zunächst in Teilbeständen Erfahrungen mit den Erfolgswirkungen sammeln. Je besser die Vergleichbarkeit zwischen dem *Testmarkt* und einem gewählten Referenzbestand, desto genauer können die induzierten Mehr- und Opportunitätserlöse im primären Geschäft erfaßt werden.

---

[1] Zu dem Concierge-Projekt bzw. dem betroffenen Viertel vgl. HAAS (Kirchdorf-Süd, 1998), S. 15; SAGA SIEDLUNGS-AKTIENGESELLSCHAFT HAMBURG (Umbau, o.J.), S. 2ff. Für vergleichbare Ansätze in Emden und Bremen vgl. DÜRKOPP (Dienstleistungen, 1995), S. 658; O.V. (Concierge-Projekt, 1998), S. 28f.

[2] Vgl. ESCH (Kontrolle, 1999), S. 28, der von der Messung qualitativer Größen spricht.

[3] Vgl. LACHMANN (Erfolgskontrolle, 1998), S. 196f.; HAMMANN/ERICHSON (Marktforschung, 1994), S. 163.

Ungeachtet der Probleme bei der Ermittlung der Erlöswirkungen ist doch zumindest auf eine kontinuierliche, *möglichst genaue Kostenerfassung* Wert zu legen, um einen unkontrollierten „Service-Wildwuchs" zu vermeiden. Hierbei sei angemerkt, daß die wenigsten der in die Befragung einbezogenen Experten in der Lage waren, die Kosten des Sekundärleistungsengagements zu quantifizieren. Hinsichtlich der Kostentransparenz erweist sich die Bildung von *Profit- bzw. Cost-Centern* oder die *Ausgliederung von Dienstleistungsaktivitäten in Tochtergesellschaften* prinzipiell als vorteilhaft. Schließlich ist festzuhalten, daß die Messung der Verbundeffekte nie in vollem Umfang gelingen kann, so daß dem diesbezüglichen *unternehmerischen Feingespür* stets eine hohe Bedeutung im Rahmen der Beurteilung der Vorteilhaftigkeit von Serviceangeboten zukommen wird.

5 FAZIT UND AUSBLICK

Das Angebot wohnbegleitender Dienstleistungen hat sich in den 90er Jahren zu einer zentralen geschäftspolitischen Fragestellung der unternehmerischen Wohnungswirtschaft entwickelt. Die Erschließung von Dienstleistungsaktivitäten jenseits von Vermietung und Verkauf bedeutet allerdings oftmals einen Schritt in unbekanntes Terrain, und die Unwägbarkeiten mit Blick auf Effektivität und Effizienz des Sekundärleistungsangebots sind vor allem angesichts der bislang wenig untersuchten Nachfragerpräferenzen erheblich. Vor diesem Hintergrund bestand das Ziel der vorliegenden Arbeit darin, die Struktur und die Determinanten der Nachfrage zu analysieren sowie betriebswirtschaftlich fundierte Gestaltungsempfehlungen für die Realisierung von Serviceleistungen zu geben.

Nach erfolgter Einführung wurde im Rahmen der Basisüberlegungen zum Dienstleistungsangebot im zweiten Kapitel herausgearbeitet, daß „Wohnen" als ein komplexes Leistungsbündel aufzufassen ist. Im Mittelpunkt des Bündels steht der Wohnraum als physischer Kern, welcher stets um „weiche" Dienstleistungselemente angereichert wird. Insofern stellen Sekundärleistungsofferten, die fakultativ und in dem Bestreben angeboten werden, Kunden einen Zusatznutzen zu verschaffen, eher einen graduellen als einen abrupten Schritt für die Geschäftsdefinition von Wohnungsunternehmen dar. Des weiteren wurde auf die Heterogenität der wohnungswirtschaftlichen Akteure und ihrer Zielsetzungen eingegangen, vor deren Hintergrund zu verstehen ist, daß mit der Sekundärleistungspolitik nicht nur Funktionen wie die Unterstützung des Kerngeschäfts oder eine unmittelbare Gewinnerzielung verfolgt werden, sondern daß auch rein sozial motivierte Angebote vorkommen.

Das für die Arbeit zentrale dritte Kapitel befaßte sich im ersten Teil mit einer interdisziplinär geprägten theoretischen Analyse der Nachfrage nach wohnbegleitenden Dienstleistungen, wobei zur Unterstützung der Hypothesenbildung die Ergebnisse einer empirischen, qualitativ orientierten Vorstudie einbezogen wurden. Die Anwendung von Erkenntnissen der Neuen Haushaltsökonomik und der Transaktionskostentheorie lieferte eine Reihe nützlicher Ansatzpunkte hinsichtlich der Fragestellung, welche Leistungscharakteristika für die relative Attraktivität alternativer Dienstleistungsarten aus Sicht der privaten Haushalte ausschlaggebend sind, wenn man zunächst von unterschiedlichen Nachfragermerkmalen abstrahiert. Als Kriterien, welche allgemein für eine „Make or Buy"-Entscheidung privater Konsumenten in Frage kommen, wurden die Substituierbarkeit, Haushaltsgebundenheit, Häufigkeit, Regelmäßigkeit, Spezifizierbarkeit und die emotionale Qualität der jeweiligen Aufgabe herausgearbeitet. Mit Blick auf den Fremdbezug speziell beim Wohnungsunternehmen ließ sich auf der Basis von Überlegungen zum Imagetransfer ableiten, daß die wahrgenommene Affinität der Dienstleistung zum primären Geschäft von Bedeutung sein könnte.

Im Anschluß daran wurde auf der Basis verhaltenswissenschaftlicher Theorien des Konsumentenverhaltens der Frage nachgegangen, welche individuellen Variablen des Bewohners seine Dienstleistungsnachfrage beeinflussen könnten. Hierzu erfolgte eine umfassende Systematisierung der potentiellen Einflußfaktoren, wobei eine grundlegende Differenzierung zwischen den personenendogenen, psychischen und physischen Charakteristika einerseits und den personenexogenen, der Rahmensituation des Nachfragers zuzuordnenden Merkmalen andererseits vorgenommen wurde.

Die im zweiten Teil des dritten Kapitels vorgestellte empirische Hauptstudie erlaubte es, ein repräsentatives Bild nicht nur der Dienstleistungsnachfrage von Mietern eines Wohnungsunternehmens nachzuzeichnen, sondern auch von Wohnungseigentümern, die als Käufer und darüber hinaus als Nutzer von Verwaltungsleistungen in einer Kundenbeziehung zu einem Wohnungsunternehmen stehen. Ebenso wie die Gruppendiskussionen der Vorstudie wurde die als standardisierte Befragung konzipierte Hauptstudie bei Veba Immobilien (heute „Viterra") durchgeführt, einem der größten deutschen Wohnungsunternehmen.

Insgesamt zeigt sich, daß passive Dienstleistungen, bei denen die Bereitstellung von räumlichen, technischen oder abstrakten Nutzungspotentialen (z.B. Räume für Freizeitaktivitäten und nachbarschaftliche Kinderbetreuung, Kommunikations- und Sicherheitstechnik, vergünstigte Einkaufsmöglichkeiten) im Vordergrund steht, auf ein tendenziell höheres Interesse stoßen und insofern besser zur Differenzierung geeignet sind als aktive Dienstleistungen, bei denen die Verrichtung von Tätigkeiten dominiert. Dies läßt sich im wesentlichen auf die prinzipiell leichtere Substituierbarkeit von aktiven Diensten durch Eigenerstellung zurückführen.

Hinsichtlich der aktiven Serviceleistungen ist weitergehend zu differenzieren zwischen personenbezogenen Diensten, die sich an Menschen als externe Faktoren richten, und sachbezogenen Dienstleistungen. Letztere werden aus Kundensicht offensichtlich eher von einem Wohnungsunternehmen erwartet als personenbezogene Dienste. Innerhalb der sachbezogenen Dienste rangieren in der Kundenpräferenz insbesondere Objektdienstleistungen vorne, die beim Wohnungsanbieter transaktionskostengünstig in Anspruch genommen werden können, sowie Angebote mit mittlerem Komplexitätsgrad und hoher Affinität zum Wohnen. Tendenziell laufen diese Leistungen auf eine Art erweitertes Facility Management durch das Wohnungsunternehmen hinaus. Wenn und soweit Beratungsleistungen als personenbezogene Dienste offeriert werden, spielt für die Akzeptanz auch hier die Nähe zur Primärleistung und die damit verbundene Kompetenzvermutung für das Wohnungsunternehmen eine Rolle. Aus dieser Perspektive ist das hervorgehobene Interesse an den Beratungsthemen Erwerb von Wohneigentum sowie Wohnen im Alter (einschließlich Pflegeproblematik) zu erklären.

Mit Blick auf die individuellen Merkmale konnte festgestellt werden, daß sich die Intensität der Dienstleistungsnachfrage eines Kunden insgesamt vor allem über die Ausprägungen bestimmter psychischer Variablen erklären läßt. Nachfrager, für welche die ordentliche Ausführung von Aufgaben der Hausgemeinschaft oder die Entlastung von unangenehmen Arbeiten als Motive beim Dienstleistungskauf dominieren, sind tendenziell deutlich ausgabefreudiger als andere. Andererseits erweisen sich einige eher konservative Einstellungen als die größten Barrieren für den Servicekonsum, so etwa die Auffassung, durch Inanspruchnahme fremder Dienste an Selbständigkeit zu verlieren. Weit verbreitet und von hoher Relevanz für die Nachfrageintensität ist ebenfalls das Unbehagen, fremdem Personal Zutritt in die Privatsphäre der Wohnung zu gewähren. Darüber hinaus besteht ein Zusammenhang zwischen der Sekundärleistungsnachfrage und den geschäftsbeziehungsspezifischen Erfahrungen: Kunden, die das Wohnungsunternehmen als zuverlässigen Partner einschätzen und mit der bisher gebotenen Servicequalität zufrieden sind, zeigen eine überdurchschnittliche Bereitschaft zur Inanspruchnahme entgeltlicher Dienste. Schließlich erweist sich unter den personenexogenen Merkmalen die soziale Schicht als der stärkste Prädikator hinsichtlich der globalen Ausgabebereitschaft für wohnbegleitende Dienste. Auf das Niveau der individuellen leistungsspezifischen Nachfrage wirken sich unter anderem die Haushaltsform und das Lebensalter aus, wobei eine Betrachtung der Lebensphasen unter Berücksichtigung beider Komponenten eine bessere Differenzierung erlaubt.

Ungeachtet des zum Teil hohen geäußerten Bedarfs an einzelnen Serviceleistungen ist die Zahlungsbereitschaft im Durchschnitt eher gering. Sowohl bei den Mietern als auch bei den Wohnungseigentümern konnten jeweils drei Kundentypen identifiziert werden. Das Gros der Mieter ist den „Desinteressierten" zuzuordnen, die keine regelmäßige Zahlungsbereitschaft zeigen. Die „Bodenständigen", auf welche rund ein Drittel der Mieter und drei Viertel der Eigentümer entfallen, legen einen hohen Wert auf das Preis-Leistungs-Verhältnis, zeigen ein besonderes Interesse an vermittelten Rabattkaufmöglichkeiten und eine moderate Ausgabebereitschaft von rund 35 DM monatlich. Auch die „Komfortorientierten" ließen sich in beiden Gruppen - mit einem Anteil von 10-15% - nachweisen, wobei ihr Dienstleistungsbudget über 100 DM pro Monat beträgt. Mit einem Betrag von 200 DM lagen die „Gestreßten", die ausschließlich unter den Eigentümern zu finden waren, als Nischensegment am oberen Ende der Skala.

Auf der Grundlage der bei der Nachfrageanalyse gewonnenen Erkenntnisse und unter Einbeziehung der Resultate von Experteninterviews mit der wohnungswirtschaftlichen Praxis wurde im vierten Kapitel die Realisierung von Dienstleistungsangeboten als Gegenstand der Sekundärleistungspolitik diskutiert. Hierbei richtete sich der Blick zunächst auf die möglichen Marktbearbeitungsstrategien wie konzentriertes und selektiv-differenziertes Marketing. Wie aufgezeigt wurde, erscheint es sinnvoll, das Leistungsbündel Wohnen insgesamt stärker segmentspezifisch zu positionieren.

Als nächster Schritt waren im Rahmen einer praktischen Umsetzung Leistungsideen für die angestrebten Zielgruppen zu generieren und einer ersten Bewertung zu unterziehen. Beispielhaft für eine Ideengewinnung durch internationale Wettbewerbsbeobachtung wurde die Sekundärleistungspolitik US-amerikanischer Wohnungsunternehmen beleuchtet. Von zentraler Bedeutung für die Gestaltung des Dienstleistungsangebots ist die Entscheidung über die Trägerschaft. Bei der Alleinangebotsstrategie tritt das Wohnungsunternehmen als einziger Ansprechpartner hinsichtlich der Sekundärleistungen auf, während bei der Kooperationsstrategie die Leistungserstellung gemeinsam erfolgt. Schließlich stellt die Verlagerung von Aktivitäten auf individuelle oder Gruppen von Kunden, die Externalisierungsstrategie, eine weitere Option dar. Wie gezeigt werden konnte, handelt es sich angesichts einer Vielzahl zu berücksichtigender Kriterien wie Erstellungskosten, Zufriedenheitstransfer-Potential oder Qualitätskontrolle um ein komplexes Entscheidungsproblem. Hierbei wird das Wohnungsunternehmen in der Regel nicht zu einer singulären Lösung greifen, sondern abhängig von den jeweiligen Leistungsbesonderheiten das Spektrum an Trägerschaftsmöglichkeiten ausnutzen.

Auf der operativen Ebene sind die eher kürzerfristig angelegten Abstimmungen im Rahmen der Definition des Sekundärleistungs-Mix zu treffen. Bei der Leistungspolitik kommt es auf ein sorgfältiges Design des Leistungsprozesses und auf eine ansprechende und konsequente Markierung an. Im Zuge der Diskussion preispolitischer Alternativen wurde verdeutlicht, daß bei der Bestimmung der Preishöhe sowohl die Nachfragerseite, die Konkurrenzumgebung, die internen Kosten als auch die Verbundeffekte von Bedeutung sind. Verschiedene Formen der Preisbündelung und Preisdifferenzierung können dazu beitragen, den Absatzerfolg zu erhöhen. Hinsichtlich der Kommunikationspolitik wurde herausgearbeitet, daß ein abgestufter Einsatz der möglichen Instrumente je nach Fortschritt des Kunden im Sekundärleistungs-Kaufprozeß erfolgen sollte. Generell sind der persönliche Verkauf und die Öffentlichkeitsarbeit für eine Übermittlung dienstleistungsspezifischer Informationen besonders geeignet. Ein systematisches Beschwerdemanagement, aber auch Clubsysteme lassen sich im Sinne der Bindung von Kunden im Sekundärleistungsgeschäft nutzen. Schließlich wurden mit dem stationären, dem mobilen und dem technischen Vertrieb die relevanten distributionspolitischen Alternativen aufgezeigt, wobei auch mit Blick auf das Vertriebssystem der Schlüssel zum Erfolg oftmals in einer kundengerechten Kombination der Instrumente liegen dürfte.

Bezüglich der Wirtschaftlichkeitsanalyse war zu konstatieren, daß bisher nur wenige Sekundärleistungsangebote in der Praxis isoliert betrachtet zu einer Gewinnsteigerung führen, sondern daß eine Effizienz regelmäßig erst unter Berücksichtigung von Mehr- und Opportunitätserlösen im primären Geschäft anzunehmen ist. Mit dem Lernen per Experiment und der Messung außerökonomischer Wirkungen wurden zwei Ansätze aufgezeigt, die einen begrenzten Ausweg aus dem Dilemma der mangelnden Quantifizierbarkeit von indirekten Erlöswirkungen bieten.

Für die nähere Zukunft ist nicht zu erwarten, daß sich in den Kundenschichten ehemals gemeinnütziger sowie ostdeutscher Wohnungsunternehmen ein Mentalitätswechsel vollzieht, der zu einer deutlich höheren Dienstleistungsnachfrage als heute führen würde. Eine Differenzierungsstrategie mittels Sekundärleistungen kann daher nicht pauschal empfohlen werden. Vielmehr besteht die Herausforderung darin, die Serviceansprüche der beim Unternehmen vorhandenen bzw. von ihm anvisierten Kundensegmente auszuloten und ein individuell abgestimmtes Serviceprogramm zu entwickeln, um somit das dem Dienstleistungsangebot innewohnende, indirekte Erfolgspotential optimal auszuschöpfen. Angesichts der nur beschränkt meßbaren Verbundeffekte wird dem unternehmerischen Feingespür stets eine hohe Bedeutung für eine effiziente Gestaltung der Sekundärleistungspolitik zukommen.

350

LITERATURVERZEICHNIS

Achleitner, P. [Modell, 1997]: USA - Ein Modell für uns?, in: Mangold (Zukunft, 1997), S. 76-87.

Adam, D. [Investitionscontrolling, 1997]: Investitionscontrolling, 2. Aufl., München/Wien 1997.

Adam, D. et al. (Hrsg.) [Integration, 1989]: Integration und Flexibilität - Eine Herausforderung für die allgemeine Betriebswirtschaftslehre, Wiesbaden 1989.

Adam, J.H. [Dictionary, 1989]: Longman Dictionary of Business English, Beirut/Harlow 1989.

Adam, R. [Konsequenzen, 1993]: Wer kauft was wann warum nicht - Konsequenzen für das Marketing, Wiesbaden 1993.

Adams, W.J./Yellen, J.L. [Commodity, 1976]: Commodity bundling and the burden of monopoly, in: Quarterly Journal of Economics, Vol. 90, No. 3, S. 475-498.

Afheldt, H. (Hrsg.) [Erfolge, 1988]: Erfolge mit Dienstleistungen - Initiativen für neue Märkte, Stuttgart 1988.

Afheldt, H. [Wohlstand, 1988]: Wohlstand mit Dienstleistungen? Zur Vision einer nachindustriellen Gesellschaft, in: Afheldt (Erfolge, 1988), S. 9-30.

Ahluwalia, G./Crowe, D./Corletta, R.J. [Renters, 1992]: What Renters Want, edited by the National Association of Home Builders, Washington, DC 1992.

Albach, H. [Vertrauen, 1980]: Vertrauen in der ökonomischen Theorie, in: Zeitschrift für die gesamte Staatswissenschaft, 136. Jg., Nr. 1, S. 2-11.

Albach, H. (Hrsg.) [Marketing, 1997]: Marketing, Zeitschrift für Betriebswirtschaft, Ergänzungsheft 1/97, Wiesbaden 1997.

Altman, L. [Stuff, 1995]: Kid Stuff, in: Builder, Vol. 18, March 1995, S. 127-128.

Amponsem, H. et al. [Kernkompetenzen, 1996]: Konzernorganisation nach Kernkompetenzen, in: Zeitschrift Führung + Organisation, 65. Jg., Nr. 4, S. 219-225.

Anger, H. [Einstellungen, 1970]: Entstehung und Wandel sozialer Einstellungen, in: Haseloff (Struktur, 1979), S. 126-138.

Arbeitskreis "Finanzierung" der Schmalenbach-Gesellschaft Deutsche Gesellschaft für Betriebswirtschaft e.V. [Unternehmenssteuerung, 1996]: Wertorientierte Unternehmenssteuerung mit differenzierten Kapitalkosten, in: zfbf Schmalenbachs Zeitschrift für betriebswirtschaftliche Forschung, 48. Jg., Nr. 6, S. 543-578.

Arnold, D.R./Hoffmann, K.D./McCormick, J. [Pricing, 1989]: Service Pricing: A Differentiation Premium Approach, in: Journal of Services Marketing, Vol. 3, No. 3, S. 25-33.

Arnold, E. [Kreditwesengesetz, 1997]: Kreditwesengesetz und Wohnungsgenossenschaften mit Spareinrichtung, in: Mändle/Galonska (Immobilien, 1997), S. 512-513.

Arnold, E. [Spareinrichtung, 1997]: Spareinrichtung in Wohnungsgenossenschaften, in: Mändle/Galonska (Immobilien, 1997), S. 750-751.

Arnold, V. [Verbundproduktion, 1985]: Vorteile der Verbundproduktion, in: Wirtschafts-wissenschaftliches Studium, 14. Jg., Nr. 6, S. 269-273.

Arthur Andersen Real Estate Services Group [Future, 1991]: Managing the Future: Real Estate in the 1990s, A Study for the Institute of Real Estate Management Foundation, Chicago 1991.

Assael, H. [marketing, 1995]: Consumer behavior and marketing action, 5th ed., Cincinatti, Ohio 1995.

Association for Consumer Research (ed.) [Advances, 1979]: Advances in Consumer Research, Vol. 6, Ann Arbor, Mich. 1979.

Bacher, J. [Clusteranalyse, 1996]: Clusteranalyse - Anwendungsorientierte Einführung, 2. Aufl., München/Wien 1996.

Bachmann, R. [Alleinleben, 1994]: Alleinleben als Lebenskunst. Empirische Ergebnisse zum Selbstverständnis von Singles im "Familienlebensalter", in: Gräbe (Einpersonenhaushalt, 1994), S. 77-102.

Backhaus, K./Diller, H. (Hrsg.) [Dokumentation, 1994]: Arbeitsgruppe "Beziehungsmanagement" der wissenschaftlichen Kommission für Marketing im Verband der Hochschullehrer für BWL - Dokumentation des 1. Workshops, Frankfurt am Main 1994.

Backhaus, K. et al. [Analysemethoden, 1996]: Multivariate Analysemethoden - Eine anwendungsorientierte Einführung, 8. Aufl., Berlin et al. 1996.

Bänsch, A. [Kunde, 1995]: König Kunde - nur im Märchen?, in: Absatzwirtschaft, 38. Jg., Sondernr. Oktober 1995, S. 72-81.

Bänsch, A. [Käuferverhalten, 1996]: Käuferverhalten, 7. Aufl., München/Wien 1996.

Bänsch, A. [Einführung, 1998]: Einführung in die Marketing-Lehre, 4. Aufl., München 1998.

Bahrdt, H.P. [Soziologie, 1997]: Schlüsselbegriffe der Soziologie - Eine Einführung mit Lehrbeispielen, 7. Aufl., München 1997.

Bain, J. [Barriers, 1965]: Barriers to New Competition - Their Characters and Consequences in Manufacturing Industries, Cambridge 1965.

Baker, P.M./Prince, M.J. [Preferences, 1990]: Supportive Housing Preferences Among the Elderly, in: Pastalan (Optimizing Housing, 1990), S. 5-23.

Balderjahn, I. [Bedarf, 1995]: Bedürfnis, Bedarf, Nutzen, in: Tietz/Köhler/Zentes (Marketing, 1995), Sp. 179-190.

Balderjahn, I. [Einstellungen, 1995]: Einstellungen und Einstellungsmessung, in: Tietz/Köhler/Zentes (Marketing, 1995), Sp. 542-554.

Bamberger, I./Wrona, T. [Ressourcenansatz, 1996]: Der Ressourcenansatz und seine Bedeutung für die Strategische Unternehmensführung, in: zfbf Schmalenbachs Zeitschrift für betriebswirtschaftliche Forschung, 48. Jg., Vol. 48, S. 130-153.

Basile, F. [Residents, 1989]: Establishing Good "Customer" Service with Residents, in: Journal of Property Management, Vol. 54, No. 4, S. 64-65.

Bast-Bau GmbH [Verwöhnservice, 1998]: Ihr Verwöhnservice, Online im Internet: AVL: URL: http://www.bast-bau.de/DEUTSCH/verwoehn.htm (3.7.98).

Bateson, J.E.G. (ed.) [Managing, 1992]: Managing services marketing - text and readings, 2nd ed., Fort Worth et al. 1992.

Bauer, C. [Marketing, 1984]: Marketing in der Wohnungswirtschaft: Gemeinnützigkeit als Produkt-Alleinstellung?, in: Gemeinnütziges Wohnungswesen, 37. Jg., Nr. 2, S. 58, 62.

Bauer, E. [Markt-Segmentierung, 1976]: Markt-Segmentierung als Marketing-Strategie, Berlin 1976.

Bauer, H.H./Diller, H. (Hrsg.) [Wege, 1995]: Wege des Marketing - Festschrift zum 60. Geburtstag von Erwin Dichtl, Berlin 1995.

Bauer, R.A. [Risikoverhalten, 1976]: Konsumentscheidungen als Risikoverhalten, in: Specht/ Wiswede (Marketing-Soziologie, 1976), S. 207-217.

Baumgartner, A. [Dienen, 1998]: Dienen und Dienstleistung: Theologische und sozial-ethische Perspektiven, in: Meyer (Marketing Bd. 1, 1998), S. 23-32.

Baur, C. [Unternehmen, 1990]: Make-or-Buy-Entscheidungen in einem Unternehmen der Automobilindustrie - Empirische Analyse und Gestaltung der Fertigungstiefe aus trans-aktionskostenanalytischer Sicht, München 1990.

Bausparkasse Schwäbisch Hall AG (Hrsg.) [Wohneigentumsbildung, 1998]: Wohn-eigentumsbildung in Deutschland - Zur Eingrenzung der Schwellenhaushalte, Schwäbisch-Hall 1998.

Bebié, A. [Käuferverhalten, 1978]: Käuferverhalten und Marketing-Entscheidung - Konsum-güter-Marketing aus Sicht der Behavioral Science, Wiesbaden 1978.

Beck, U. [Risikogesellschaft, 1986]: Risikogesellschaft - Auf dem Weg in eine andere Moder-ne, Frankfurt am Main 1986.

Becker, G.S. [Time, 1965]: A Theory of the Allocation of Time, in: The Economic Journal, Vol. 75, September 1965, S. 493-517.

Becker, G.S. [Familie, 1996]: Familie, Gesellschaft und Politik - die ökonomische Perspek-tive, Tübingen 1996.

Becker, J. [Konzeption, 1998]: Marketing-Konzeption, 6. Aufl., München 1998.

Becker, L./Lukas, A. (Hrsg.) [Effizienz, 1994]: Effizienz im Marketing, Wiesbaden 1994.

Becker, T.J. [ratings, 1994]: Renters' ratings: What today's tenants want in an apartment, in: Chicago Tribune, 25.03.94, S. 37, 47.

Beckwith, N.E./Lehmann, D.R. [Importance, 1975]: The Importance of Halo Effects in Multi-Attribute Attitude Models, in: Journal of Marketing Research, 12. Jg., August 1975, S. 265-275.

Beer, M. [Outsourcing, 1998]: Outsourcing unternehmensinterner Dienstleistungen: Optimie-rung des Outsourcing-Entscheidungsprozesses, Wiesbaden 1998.

Beger, R./Gärtner, H.-D./Mathes, R. [Unternehmenskommunikation, 1989]: Unternehmens-kommunikation: Grundlagen - Strategien - Instrumente, Wiesbaden 1989.

Behning, U. (Hrsg.) [Widersprüche, 1997]: Das Private ist ökonomisch - Widersprüche der Ökonomisierung privater Familien- und Haushalts-Dienstleistungen, Berlin 1997.

Behrens, G. [Konsumentenverhalten, 1991]: Konsumentenverhalten - Entwicklung, Abhän-gigkeiten, Möglichkeiten, 2. Aufl., Heidelberg 1991.

Ben-Porath, Y. [Families, 1980]: The F-Connection: Families, Friends, and Firms and the Organization of Exchange, in: Population and Development Review, Vol. 6, No. 1, S. 1-30.

Benjamin, A.E. [Services, 1992]: An Overview of In-Home Health and Supportive Services for Older Persons, in: Ory/Duncker (In-Home Care, 1992), S. 9-45.

Benkenstein, M./Güthoff, J. [Typologisierung, 1996]: Typologisierung von Dienstleistungen, in: Zeitschrift für Betriebswirtschaft, 66. Jg., Nr. 12, S. 1493-1510.

Benölken, H. [Diversifikationsstrategien, 1997]: Diversifikationsstrategien der Assekuranz, in: Versicherungswirtschaft, 52. Jg., Nr. 3, S. 144-149.

Berekoven, L. [Begriff, 1966]: Der Begriff "Dienstleistung" und seine Bedeutung für eine Analyse der Dienstleistungsbetriebe, in: Jahrbuch der Absatz- und Verbrauchsforschung, 12. Jg., Nr. 4, S. 314-326.

Berekoven, L. [Dienstleistungsbetrieb, 1974]: Der Dienstleistungsbetrieb - Wesen, Struktur, Bedeutung, Wiesbaden 1974.

Berekoven, L. [Dienstleistungsmarkt, 1983]: Der Dienstleistungsmarkt in der Bundesrepublik Deutschland - Theoretische Fundierung und empirische Analyse, Bd. 1, Göttingen 1983.

Berekoven, L./Eckert, W./Ellenrieder, P. [Marktforschung, 1999]: Marktforschung - Methodische Grundlagen und praktische Anwendung, 8. Aufl., Wiesbaden 1999.

Berelson, B./Steiner, G.A. [Behavior, 1964]: Human Behavior - An Inventory of Scientific Findings, New York/Burlingame 1964.

Berendt, U. [Dienstleistungen, 1997]: Wohnzufriedenheit und Akzeptanz wohnungsnaher Dienstleistungen am Beispiel einer Wohnungsgenossenschaft, InWIS-Bericht Nr. 20, Bochum 1997.

Berendt, U. [Wohneigentumsbildung, 1998]: Wohneigentumsbildung in Deutschland - Theorie, Empirie und wohnungspolitische Alternativen, Bochum, Univ., Diss. 1998.

Berry, L.L. [Employee, 1992]: The Employee as Customer, in: Bateson (Managing, 1992), S. 309-316.

Berry, L.L./Yadav, M.S. [Preise, 1997]: Oft falsch berechnet und verwirrend - die Preise für Dienstleistungen, in: Harvard Business Manager, 19. Jg., Nr. 1, S. 57-67.

Bertram, H. [Differenzierung, 1994]: Soziostrukturelle und regionale Differenzierung von Einpersonenhaushalten, in: Gräbe (Einpersonenhaushalt, 1994), S. 55-75.

Betsch, O./Hooven, E. van/Krupp, G. (Hrsg.) [Privatkundengeschäft, 1998]: Handbuch Privatkundengeschäft, Frankfurt am Main 1998.

Beul, M.M. [Lofts, 1997]: Lofts: Fabriketagen werden zu riesigen Appartements, in: Handelsblatt, Nr. 240 vom 12./13.12.97, S. 43.

Blattberg, R.C./Deighton, J. [Dimension, 1993]: Die neue Dimension: Immer enger, mein Kunde, mit Dir, in: Harvard Business Manager, 15. Jg., Nr. 1, S. 96-107.

Bleymüller, J./Gehlert, G./Gülicher, H. [Statistik, 1998]: Statistik für Wirtschaftswissenschaftler, 11. Aufl., München 1998.

Bliemel, F.W./Eggert, A. [Kundenbindung, 1998]: Kundenbindung - die neue Sollstrategie?, in: Marketing - Zeitschrift für Forschung und Praxis, 20. Jg., Nr. 1, S. 37-46.

Blöcker, C.P./Pistorius, M. [Betriebskosten, 1999]: Die Betriebskosten in der Wohnungswirtschaft - Erfassung, Abrechnung und Abgrenzung in Theorie und Praxis, 2. Aufl., Hamburg 1999.

Blöcker, U. [Förderverein, 1998]: Das Beispiel Hamburg - Der Förderverein belebt die Nachbarschaft, in: vdw Verband der Wohnungswirtschaft in Niedersachsen und Bremen e.V. (Management, 1998), S. 16-19.

Blöcker, U./Gerken, F. [Sozialmanagement, 1997]: Sozialmanagement: Vertrautes Wohnen, in: Die Wohnungswirtschaft, 50. Jg., Nr. 9, S. 580-581.

Blosser-Reisen, L. (Hrsg.) [Haushaltsführung, 1980]: Grundlagen der Haushaltsführung - Eine Einführung in die Wirtschaftslehre des Haushalts, 3. Aufl., Baltmannsweiler 1980.

Blumberg, F. [Landesentwicklungsgesellschaften, 1997]: Landesentwicklungsgesellschaften, in: Mändle/Galonska (Immobilien, 1997), S. 521-523.

Bögenhold, D. [Dienstleistungsjahrhundert, 1996]: Das Dienstleistungsjahrhundert - Kontinuitäten und Diskontinuitäten in Wirtschaft und Gesellschaft, Stuttgart 1996.

Böhler, H. [Marktsegmentierung, 1977]: Methoden und Modelle der Marktsegmentierung, Stuttgart 1977.

Böhme-Köst, P. [Event, 1992]: Ein Event ist ein Event ist ein Event..., in: Marketing-Journal, 25. Jg., Nr. 2, S. 340-342.

Boer, A. de/Roose, T. [Housing, 1997]: Housing & Care Services for Older People: European Policy Trend Report 1997, edited by HOPE - Housing for older people in Europe, A European Network of Housing Associations, Kidlington 1997.

Bösenberg, D. [Produktanforderungen, 1987]: Unternehmen und Wertewandel: Die Auswirkungen auf die Produktanforderungen, in: Rosenstiel/Einsiedler/Streich (Herausforderung, 1987), S. 63-72.

Bogdonoff, M.D. et al. [Living-at-home, 1991]: The Living-at-home Program: Innovations in Service Access and Case Management, New York 1991.

Bohler, K.F./Glatzer, W. [Renaissance, 1998]: Renaissance des privaten Haushalts und seiner Leistungspotentiale für gesellschaftliche Wohlfahrt in neueren sozialwissenschaftlichen Theorien, in: Richarz (Postmoderne, 1998), S. 109-120.

Bohley, P. [Statistik, 1996]: Statistik - Einführendes Lehrbuch für Wirtschafts- und Sozialwissenschaftler, 6. Aufl., München/Wien 1996.

Bombach, G./Gahlen, B./Ott, A.E. (Hrsg.) [Theorie, 1978]: Neuere Entwicklungen in der Theorie des Konsumentenverhaltens, Tübingen 1978.

Bongartz, U. [Ressourcen, 1996]: Strategische Ressourcen und erhaltbare Wettbewerbsvorteile: Die ressourcenorientierte Sicht am Beispiel der Treasury, in: Albach (Marketing, 1997), S. 21-43.

Bonn, J. [Beschwerdemanagement, 1994]: Beschwerdemanagement in Kreditinstituten: Reicht der Ombudsmann?, in: Süchting (Semesterbericht Nr. 40, 1994), S. 18-27.

Bonus, H. [Wirtschaft, 1998]: Familien- und Haushaltsentscheidungen in einer postindustriellen Wirtschaft, in: Richarz (Postmoderne, 1998), S. 95-108.

Bonus, H./Maselli, A. [Transaktionskostenökonomik, 1997]: Transaktionskostenökonomik, in: Gabler-Wirtschafts-Lexikon (Lexikon, 1997), S. 3804-3807.

Borchers, A. [Sandwich-Generation, 1997]: Die Sandwich-Generation - Ihre zeitlichen und finanziellen Belastungen, Frankfurt am Main/New York 1997.

Botschen, G./Mühlbacher, H. [Zielgruppenprogramm, 1998]: Zielgruppenprogramm - Zielgruppenorientierung durch Nutzensegmentierung, in: Meyer (Marketing Bd. 1, 1998), S. 681-692.

Brachinger, H.W./Ost, F. [Faktorenanalyse, 1996]: Modelle mit latenten Variablen: Faktorenanalyse, Latent-Structure-Analyse und LISREL-Analyse, in: Fahrmeir/Hamerle/Tutz (Verfahren, 1996), S. 637-766.

Brecht, J. [Betriebsleistungen, 1950]: Die Betriebsleistungen der Wohnungsunternehmen, in: Brecht/Klabunde (Wohnungswirtschaft, 1950), S. 67-181.

Brecht, J./Klabunde, E. (Hrsg.) [Wohnungswirtschaft, 1950]: Wohnungswirtschaft in unserer Zeit, Hamburg 1950.

Brede, H. [Preis-Absatz-Funktionen, 1969]: Lassen sich Preis-Absatz-Funktionen für neuartige Erzeugnisse durch Befragungen ableiten?, in: zfbf Schmalenbachs Zeitschrift für betriebswirtschaftliche Forschung, 21. Jg., S. 809-827.

Bredenkamp, J./Wippich, W. [Gedächtnispsychologie, 1977]: Lern- und Gedächtnispsychologie, Bd. 1, Stuttgart et al. 1977.

Brettreich-Teichmann, W. et al. [Wachstumsbereiche, 1998]: Wachstumsbereiche in der Dienstleistungswirtschaft, in: Bullinger (Zukunftsreport, 1998), S. 35-63.

Bretz, M./Niemeyer, F. [Haushalte, 1992]: Private Haushalte gestern und heute, in: Wirtschaft und Statistik, o.Jg., Nr. 2/1992, S. 73-81.

Breuer, N. [Einstellungstypen, 1986]: Einstellungstypen als Instrument für Produktmarketing-Entscheidungen - ein Marktsegmentierungs-Modell, 2. Aufl., Köln 1986.

Brosius, G./Brosius, F. [SPSS, 1998]: SPSS. Base System und Professional Statistics, 2. Nachdruck, Bonn et al. 1998.

Brünner, B.O. [Senioren, 1998]: Marketing für Senioren, in: Marketing-Journal, 31. Jg., Nr. 1, S. 32-35.

Bruhn, M. [Dienstleistungsqualität, 1997]: Messung und Sicherstellung der Dienstleistungsqualität im Kreditgewerbe - Ansatzpunkte eines umfassenden Qualitätsmanagements im Finanzdienstleistungssektor (Teil I), in: Kredit und Kapital, 30. Jg., Nr. 3, S. 412-444.

Bruhn, M. [Kommunikationspolitik, 1997]: Kommunikationspolitik - Grundlagen der Unternehmenskommunikation, München 1997.

Bruhn, M. [Personalmanagement, 1998]: Internes Marketing als neue Schwerpunktsetzung für das Personalmanagement in Dienstleistungsunternehmen, in: Bruhn/Meffert (Dienstleistungsmanagement, 1998), S. 707-732.

Bruhn, M./Bunge, B. [Neuorientierung, 1994]: Beziehungsmarketing - Neuorientierung für Marketingwissenschaft und -praxis, in: Bruhn/Meffert/Wehrle (Herausforderungen, 1994), S. 41-84.

Bruhn, M./Homburg, C. (Hrsg.) [Kundenbindungsmanagement, 1998]: Handbuch Kundenbindungsmanagement. Grundlagen - Konzepte - Erfahrungen, Wiesbaden 1998.

Bruhn, M./Meffert, H. (Hrsg.) [Dienstleistungsmanagement, 1998]: Handbuch Dienstleistungsmanagement - Von der strategischen Konzeption zur praktischen Umsetzung, Wiesbaden 1998.

Bruhn, M./Meffert, H./Wehrle, F. (Hrsg.) [Herausforderungen, 1994]: Marktorientierte Unternehmensführung im Umbruch - Effizienz und Flexibilität als Herausforderungen des Marketing, Stuttgart 1994.

Bruhn, M./Stauss, B. (Hrsg.) [Dienstleistungsqualität, 1995]: Dienstleistungsqualität: Konzepte - Methoden - Erfahrungen, 2. Aufl., Wiesbaden 1995.

Bruhn, M./Tilmes, J. [Marketing, 1994]: Social Marketing - Einsatz des Marketing für nicht-kommerzielle Organisationen, 2. Aufl., Stuttgart/Berlin/Köln 1994.

Brunner, M. (Hrsg.) [Immobilieninvestment, 1997]: Immobilieninvestment - Produkte, Märkte, Strategien, 2. Aufl., Wiesbaden 1997.

Bryant, W.K. [household, 1990]: The economic organization of the household, Cambridge et al. 1990.

Buchner, R. [Ansatz, 1994]: Zum Shareholder Value-Ansatz, in: Wirtschaftswissenschaftliches Studium, 23. Jg., Nr. 10, S. 513-516.

Bucksteeg, M. [Umzugswünsche, 1995]: Umzugswünsche und Umzugsmöglichkeiten älterer Menschen, in: Dialog, hrsg. von der Schader-Stiftung, o.Jg., Sondernummer Oktober 1995, S. 2-13.

Bucksteeg, M./Eichener, V. [Wohnungsmanagement, 1995]: Wohnungsmanagement 2000 - Neue Anforderungen an Management und Führungsqualifikationen angesichts neuer Geschäftsfelder und Dienstleistungsfunktionen in der Wohnungswirtschaft, InWIS-Bericht Nr. 2/95, Bochum 1995.

Bücker, R. [Statistik, 1997]: Statistik für Wirtschaftswissenschaftler, 3. Aufl., München/Wien 1997.

Bühl, A./Zöfel, P. [SPSS, 1994]: SPSS für Windows Version 6 - Praxisorientierte Einführung in die moderne Datenanalyse, Bonn et al. 1994.

Bühler, W. [Qualitätsdifferenzierung, 1999]: Qualitätsdifferenzierung durch Value-added-Services, in: Die Bank, o.Jg., Nr. 1/1999, S. 25-31.

Bühner, R. [Strategen, 1996]: Strategen zwischen Rendite und Risiko, in: Absatzwirtschaft, 39. Jg., Nr. 1, S. 36-40.

Büllingen, F. [Entwicklung, 1996]: Die Entwicklung des Seniorenmarktes und seine Bedeutung für den Telekommunikationssektor, WIK Wissenschaftliches Institut für Kommunikationsdienste, Diskussionsbeitrag Nr. 167, Bad Honnef 1996.

Büllingen, F. [Megatrends, 1998]: Megatrends in der Telekommunikation: Was bringt uns das Internet?, in: Newsletter - WIK Wissenschaftliches Institut für Kommunikationsdienste, o.Jg., Nr. 30, S. 5-8.

Bürgerliches Gesetzbuch (BGB) vom 18.8.1996 in der Fassung vom 14.3.1990, zuletzt geändert am 25.8.1998, BGBl. III 400-2.

Bullinger, H.-J. (Hrsg.) [Dienstleistung, 1995]: Dienstleistung der Zukunft - Märkte, Unternehmen, Infrastrukturen im Wandel, Wiesbaden 1995.

Bullinger, H.-J. (Hrsg.) [Zukunftsreport, 1998]: Dienstleistung 2000plus - Zukunftsreport Dienstleistungen in Deutschland, Stuttgart 1998.

Bullinger, H.-J. (Hrsg.) [Innovation, 1999]: Dienstleistungen - Innovation für Wachstum und Beschäftigung: Herausforderungen des internationalen Wettbewerbs, Wiesbaden 1999.

Bundesministerium für Familie, Senioren, Frauen und Jugend (Hrsg.) [Altenbericht, 1998]: Zweiter Altenbericht - Wohnen im Alter, Bonn 1998.

Bundesvereinigung der Landesentwicklungsgesellschaften und Heimstätten e.V. [Mitglieder, 1999]: Die Mitglieder der BVLEG, Online im Internet: AVL: URL: http://www. bvleg.de/mitglieder/haupt.html (30.4.99).

Burda, W.A. [Marketing, 1977]: Marketing in der Wohnungswirtschaft, in: Ernst/Thoss (Wohnungswirtschaft, 1977), S. 57-70.

Burkert, A. [Richtung, 1998]: Nur in eine Richtung, in: Wirtschaftswoche, o.Jg., Nr. 16/1998, S. 106-107.

Burnett, J.J. [Behavior, 1990]: Assessing the Patronage Behavior of Retired Male: A Comparison with Chronological Age, in: International Review of Retail, Distribution and Consumer Research, Vol. 1, No. 1, S. 585-606.

Busse von Colbe, W./Hammann, P./Laßmann, G. [Absatztheorie, 1992]: Betriebswirtschaftstheorie, Bd. 2 - Absatztheorie, 4. Aufl., Berlin et al. 1992.

Cadotte, E.R./Woodruff, R.B./Jenkins, R.L. [Expectations, 1987]: Expectations and Norms in Models of Consumer Satisfaction, in: Journal of Marketing Research, Vol. 24, August 1987, S. 305-314.

Cahn, E.S. [Credits, 1990]: Service Credits: Eine neue Währung für den Wohlfahrtsstaat, in: Offe/Heinze (Formen, 1990), S. 125-146.

Cain, H. [USA, 1997]: USA - Das Mutterland der Dienstleistung, in: Mangold (Zukunft, 1997), S. 62-73.

Carp, H.-J. [Transformationsprozeß, 1974]: Der Transformationsprozeß in Dienstleistungsunternehmungen - Eine Untersuchung der Leistungserstellung im außerindustriellen Bereich, dargestellt am Beispiel der Verkehrsunternehmung, Berlin, Univ., Diss. 1974.

Chandler, A.D. [Scale, 1990]: Scale and Scope - The Dynamics of Industrial Capitalism, Cambridge, Mass./London 1990.

Chappell Drennon, K. [Child, 1988]: Child Care in Business Parks: A Guide for Developers, Publiction Series: Monograph No. 106, National Association of Industrial and Office Parks, Arlington 1988.

Chatterjee, S./Price, B. [Regressionsanalyse, 1995]: Praxis der Regressionsanalyse, 2. Aufl., München/Wien 1995.

Chmielewicz, K. [Forschungskonzeptionen, 1994]: Forschungskonzeptionen der Wirtschaftswissenschaft, 3. Aufl., Stuttgart 1994.

Chmielewicz, K./Schweitzer, M. (Hrsg.) [Handwörterbuch, 1993]: Handwörterbuch des Rechnungswesens, 3. Aufl., Stuttgart 1993.

Churchill, G.A./Surprenant, C. [Satisfaction, 1982]: An Investigation Into the Determinants of Customer Satisfaction, in: Journal of Marketing Research, Vol. 19, November 1982, S. 491-504.

Ciborra, C.U. [Approach, 1987]: Reframing the Role of Computers in Organizations - The Transaction Costs Appoach, in: Office Technology and People, Vol. 3, S. 17-38.

Coase, R.H. [Nature, 1937]: The Nature of the Firm, in: Economica, Vol. 4, No. 16, S. 386-405.

Coates & Jarratt, Inc. [Future, 1995]: The Future of the Apartment Industry - A Report to the National Multi Housing Council and National Apartment Association, Washington, DC 1995.

Cohn, F. [amenities, 1994]: Set the pace in the amenities game, in: Real Estate Today, Vol. 27, No. 7, S. 48-50.

Coleman, R.P. [Significance, 1983]: The Continuing Significance of Social Class to Marketing, in: Journal of Consumer Research, Vol. 10, No. 3, S. 265-280.

Congram, C.A./Friedman, M.L. (eds.) [handbook, 1991]: The AMA handbook of marketing for the service industries, New York 1991.

Cooper, P.D. [satisfaction, 1987]: The elderly market and life satisfaction: an opportunity for renewed marketing, in: Samli (Interface, 1987), S. 277-285.

Copeland, T./Koller, T./Murrin, J. [Unternehmenswert, 1998]: Unternehmenswert - Methoden und Strategien für eine wertorientierte Unternehmensführung, 2. Aufl., Frankfurt/New York 1998.

Corsten, H. [Dienstleistungsbesonderheiten, 1986]: Zur Diskussion der Dienstleistungsbesonderheiten und ihre ökonomischen Auswirkungen, in: Jahrbuch der Absatz- und Verbrauchsforschung, 32. Jg., Nr. 1, S. 16-41.

Corsten, H. [Dienstleistungsmarketing, 1989]: Dienstleistungsmarketing - Elemente und Strategien, in: Jahrbuch der Absatz- und Verbrauchsforschung, 35. Jg., Nr. 1, S. 23-40.

Corsten, H. [Dienstleistungsunternehmungen, 1990]: Betriebswirtschaftslehre der Dienstleistungsunternehmungen - Einführung, 2. Aufl., München/Wien 1990.

Corsten, H. (Hrsg.) [Dienstleistungsmanagement, 1994]: Integratives Dienstleistungsmanagement - Grundlagen, Beschaffung, Produktion, Marketing, Qualität - ein Reader, Wiesbaden 1994.

Corsten, H. [Externalisierung, 1995]: Externalisierung und Internalisierung als strategische Optionen von Dienstleistungsunternehmungen, in: Bruhn/Stauss (Dienstleistungsqualität, 1995), S. 189-206.

Corsten, H. [Dienstleistungsmanagement, 1997]: Dienstleistungsmanagement, 3. Aufl. von „Betriebswirtschaftslehre der Dienstleistungsunternehmungen", München/Wien 1997.

Corsten, H. [Rationalisierungsmanagement, 1998]: Ansatzpunkte für ein Rationalisierungsmanagement von Dienstleistungs-Anbietern, in: Meyer (Marketing Bd. 1, 1998), S. 607-624.

Corsten, H./Stuhlmann, S. [Kapazitätsmanagement, 1998]: Kapazitätsmanagement von Dienstleistungsanbietern, in: Meyer (Marketing Bd. 1, 1998), S. 483-506.

Cowell, D.W. [Services, 1987]: The Marketing of Services, 3rd Reprint, London et al. 1987.

Cumming, E./Henry, W.E. [Old, 1979]: Growing Old, Reprint, New York 1979.

Cymrot, A./Goldwasser, A. [Investing, 1988]: Street Smart Real Estate Investing, Homewood, Ill. 1988.

Dallmer, H. (Hrsg.) [Direct-Marketing, 1997]: Handbuch Direct-Marketing, 7. Aufl., Wiesbaden 1997.

Darby, M.R./Karni, E. [competition, 1973]: Free competition and the optimal amount of fraud, in: Journal of Law and Economics, Vol. 16, No. 1, S. 67-88.

Dauwe, E. [Mietpreisgesetzgebung, 1997]: Mietpreisgesetzgebung, Überblick, in: Mändle/ Galonska (Immobilien, 1997), S. 587-589.

Dearden, J. [Cost, 1978]: Cost accounting comes to service industries, in: Harvard Business Review, Vol. 56, No. 5, S. 132-140.

Deisenberg, A.M. [Erben, 1996]: Die Generation der Erben, in: Marketing-Journal, 29. Jg., Nr. 5, S. 320-323.

Deppe, M. [Servicepolitik, 1992]: Vom traditionellen Kundendienst zur Servicepolitik als Marketinginstrument, in: Jahrbuch der Absatz- und Verbrauchsforschung, 38. Jg., Nr. 3, S. 293-311.

Deutscher Bundestag [Wandel, 1994]: Zwischenbericht der ENQUETE-KOMISSION Demographischer Wandel - Herausforderungen unserer älter werdenden Gesellschaft an den einzelnen und die Politik, 12. Wahlperiode, Drucksache 12/7876, Bonn 1994.

Dick, A.S./Basu, K. [Loyalty, 1994]: Customer Loyalty: Toward an Integrated Conceptual Framework, in: Journal of the Academy of Marketing Science, Vol. 22, No. 2, S. 99-113.

Dieterich, M. [Gewohnheit, 1986]: Konsument und Gewohnheit - Eine theoretische und empirische Analyse zum habituellen Kaufverhalten, Heidelberg/Wien 1986.

Diewald, N. [Beziehungen, 1991]: Soziale Beziehungen: Verlust oder Liberalisierung? - Soziale Unterstützung in informellen Netzwerken, Berlin 1991.

Dikomeit, M. [Hauskanal, 1999]: Der Hauskanal: Was ist das eigentlich?, in: Die Wohnungswirtschaft, 52. Jg., Nr. 7, S. 55.

Diller, H. [Preispolitik, 1991]: Preispolitik, 2. Aufl., Stuttgart 1991.

Diller, H. (Hrsg.) [Marketing, 1994]: Vahlens Großes Marketing Lexikon, München 1994.

Diller, H. [Beziehungs-Marketing, 1995]: Beziehungs-Marketing, in: Wirtschaftswissenschaftliches Studium, 24. Jg., Nr. 9, S. 442-447.

Diller, H. [Kundenbindung, 1996]: Kundenbindung als Marketingziel, in: Marketing - Zeitschrift für Forschung und Praxis, 18. Jg., Nr. 2, S. 81-94.

Diller, H./Kusterer, M. [Grundlagen, 1988]: Beziehungsmanagement - Theoretische Grundlagen und explorative Befunde, in: Marketing - Zeitschrift für Forschung und Praxis, 10. Jg., Nr. 3, S. 211-220.

Diller, H./Müllner, M. [Kundenbindungsmanagement, 1998]: Kundenbindungsmanagement, in: Meyer (Marketing Bd. 2, 1998), S. 1220-1240.

Dillman, D.A. [Surveys, 1978]: Mail and Telephone Surveys - The Total Design Method, New York et al. 1978.

Dorbritz, J./Hullen, G./Schiener, R. [Prognose, 1997]: Prognose der Haushalts- und Familienstrukturen bis zum Jahr 2030, unveröffentlichter Projektbericht des Bundesinstituts für Bevölkerungsforschung, Wiesbaden 1997.

Dornach, F. [Kundenorientierung, 1998]: Rigorose Kundenorientierung als kontinuierlicher Prozeß, in: Meyer (Marketing Bd. 1, 1998), S. 455-465.

Dreher, M./Dreher, E. [Gruppendiskussion, 1994]: Gruppendiskussion, in: Huber/Mandl (Daten, 1994), S. 141-164.

Drew, J.H./Bolton, R.N. [Value, 1988]: Service Value and Its Measurement: Local Telephone Service, in: Surprenant (success, 1988), S. 49-54.

Drewes, W./Klee, J. [Beschwerdemanagement, 1994]: Aktives Beschwerdemanagement in Kreditinstituten, in: Sparkasse, 111. Jg., Nr. 1, S. 42-46.

Dröge, R. [Werthaltungen, 1997]: Werthaltungen und ökologierelevantes Kaufverhalten, Wiesbaden 1997.

Droste, W./Lörper, J. [Entwicklungstendenzen, 1997]: Entwicklungstendenzen in Personen-versicherungsmärkten alternder Gesellschaften, in: Versicherungswirtschaft, 52. Jg., Nr. 2, S. 97-103.

Dürkopp, K. [Dienstleistungen, 1995]: Mehr Markt mit neuen Dienstleistungen, in: Die Wohnungswirtschaft, 48. Jg., Nr. 9, S. 658-661.

Eckel, H. [Beziehungsmarketing, 1997]: Beziehungsmarketing in Dienstleistungsunternehmen, Göttingen 1997.

Eekhoff, J. [Bodenmarkt, 1987]: Wohnungs- und Bodenmarkt, Tübingen 1987.

Eekhoff, J./Thiemer, B. [Wohnungsmarkt, 1997]: Wohnungsmarkt, theoretische Grundlagen, in: Mändle/Galonska (Immobilien, 1997), S. 991-993.

Egle, F./Kühl, J. [Arbeitsmarktpolitik, 1997]: Arbeitsmarktpolitik, in: Gabler-Wirtschafts-Lexikon (Lexikon, 1997), S. 206-223.

Eichener, V. [Arbeitnehmerfamilien, 1985]: Ausländische Arbeitnehmerfamilien als benach-teiligte Gruppe auf dem Wohnungsmarkt, in: Novy (Theorie, 1985), S. 152-204.

Eichener, V. [Mieterbefragungen, 1995]: Mieterzufriedenheit: Einstellungen und Meinungen zur individuellen Wohnsituation - Mieterbefragungen als Instrument der Marktforschung, in: Verband rheinischer und westfälischer Wohnungsunternehmen e.V. (Marktforschung, 1995), S. 10-28.

Eichener, V. [Diskussion, 1996]: Diskussion (zum Vortrag "Die Entwicklung wohnbeglei-tender Dienstleistungsangebote in der Wohnungs- und Immobilienwirtschaft"), in: vdw Verband der Wohnungswirtschaft in Niedersachsen und Bremen e.V. (Dienstleistungs-angebote, 1996), S. 39-42.

Eichener, V. [Entwicklung, 1996]: Die Entwicklung wohnbegleitender Dienstleistungs-angebote in der Wohnungs- und Immobilienwirtschaft, in: vdw Verband der Wohnungs-wirtschaft in Niedersachsen und Bremen e.V. (Dienstleistungsangebote, 1996), S. 22-39.

Eichener, V. [Alltagshilfen, 1997]: Wohnquartiernahe Alltagshilfen aus wohnungs-wirtschaftlicher Sicht, in: Wüstenrot Stiftung (Alltagshilfen, 1997), S. 15-24.

Eichener, V. [Dienstleistungen, 1997]: Wohnbegleitende Dienstleistungen, in: Mändle/ Galonska (Immobilien, 1997), S. 922-923.

Eichener, V. [Zukunft, 1997]: Zukunft!, in: Die Wohnungswirtschaft, 50. Jg., Nr. 3, S. 140-150.

Eichener, V. [Revitalisierung, 2000]: Revitalisierung von Problemgebieten, in: Das Taschen-buch für den Wohnungswirt 2000, S. 17-22.

Eichener, V./Heinze, R.G./Bucksteg, M. [Anforderungen, 1994]: Neue Anforderungen an die Wohnungswirtschaft vor dem Hintergrund gesellschaftlicher Entwicklungen, InWIS-Bericht Nr. 3/94, Bochum 1994.

Eichener, V./Schauerte, M. [Wohnzufriedenheit, 1994]: Die Wohnzufriedenheit der Mieter der VEBA Wohnen AG: Kurzfassung der Ergebnisse, InWIS-Bericht Nr. 1/94, Bochum 1994.

Eichener, V./Schauerte, M. (Hrsg.) [Reorganisation, 1998]: Reorganisation in Wohnungs-unternehmen - Ein Praxisbericht zu arbeitsorganisatorischen Veränderungen in der Wohnungswirtschaft, InWIS-Bericht Nr. 24, Bochum 1998.

Eichener, V./Schneiders, K. [Seniorenimmobilien, 1998]: Der Markt für Seniorenimmobilien - Entwicklungen, Einflußfaktoren, Trends: Eine Studie im Auftrag der Westfälischen Hypothekenbank, InWIS-Bericht Nr. 25, Bochum 1998.

Elliott, W.H./Schless, D.S. [Reality, 1992]: Reality of the seniors housing market, in: Real Estate Finance Journal, Vol. 8, No. 2, S. 20-24.

Emmerich, H. van [Wohnungsmarketing, 1984]: Wohnungsmarketing durch Markt-anpassung: Auch für Gemeinnützige gehört "Trommeln zum Handwerk", in: Gemein-nütziges Wohnungswesen, 37. Jg., Nr. 5, S. 232-240.

Emnid-Institut GmbH & Co. [Tabellenband, o.J.]: Gründungsoffensive NRW, Bevölkerungs-befragung, Tabellenband, Kurzauszählung, Bielefeld o.J.

Engel, J.F./Blackwell, R.D./Miniard, P.W. [Behavior, 1995]: Consumer Behavior, 8th ed., Fort Worth et al. 1995.

Engel, K. [Management, 1997]: Soziales Management - Status quo der Mitgliedsunternehmen des Verbandes rheinischer und westfälischer Wohnungsunternehmen e.V., unveröffent-lichte Diplomarbeit an der FWI Führungsakademie der Wohnungs- und Immobilien-wirtschaft e.V., Bochum 1997.

Engelhardt, W.H./Schwab, W. [Beschaffung, 1982]: Die Beschaffung von investiven Dienstleistungen, in: Die Betriebswirtschaftslehre, 42. Jg., Nr. 4, S. 503-512.

Engelhardt, W.H. [Erscheinungsformen, 1976]: Erscheinungsformen und absatzpolitische Probleme von Angebots- und Nachfrageverbunden, in: zfbf Schmalenbachs Zeitschrift für betriebswirtschaftliche Forschung, 28. Jg., Nr. 2, S. 77-90.

Engelhardt, W.H. [Herausforderung, 1989]: Dienstleistungsorientiertes Marketing - Antwort auf die Herausforderung durch neue Technologien, in: Adam et al. (Integration, 1989), S. 269-288.

Engelhardt, W.H. (Hrsg.) [Leistungstheorie, 1995]: Potentiale - Prozesse - Leistungsbündel: Diskussionsbeiträge zur Leistungstheorie, Schriften zum Marketing Nr. 32, Ruhr-Univer-sität Bochum, Bochum 1995.

Engelhardt, W.H. [Marketing, 1997]: Markcting - dcr permanente Versuch, Denken zu verän-dern, in: Absatzwirtschaft, 40. Jg., Nr. 4, S. 76-82.

Engelhardt, W.H./Freiling, J. [Integrativität, 1995]: Integrativität als Brücke zwischen Einzeltransaktion und Geschäftsbeziehung, in: Marketing - Zeitschrift für Forschung und Praxis, 17. Jg., Nr. 1, S. 37-43.

Engelhardt, W.H./Kleinaltenkamp, M./Reckenfelderbäumer, M. [Absatzobjekt, 1992]: Dienstleistungen als Absatzobjekt, Arbeitsbericht Nr. 52 des Instituts für Unternehmens-führung und Unternehmensforschung, Bochum 1992.

Engelhardt, W.H./Kleinaltenkamp, M./Reckenfelderbäumer, M. [Leistungsbündel, 1993]: Leistungsbündel als Absatzobjekte: Ein Ansatz zur Überwindung der Dichotomie von Sach- und Dienstleistungen, in: zfbf Schmalenbachs Zeitschrift für betriebswirtschaftliche Forschung, 45. Jg., Nr. 5, S. 395-426.

Engelhardt, W.H./Paul, M. [Dienstleistungen, 1998]: Dienstleistungen als Teil der Leistungs-bündel von Investitionsgüter-Herstellern, in: Meyer (Marketing Bd. 2, 1998), S. 1323-1341.

Engelhardt, W.H./Reckenfelderbäumer, M. [Trägerschaft, 1993]: Trägerschaft und organisatorische Gestaltung industrieller Dienstleistungen, in: Simon (Dienstleistungen, 1993), S. 263-293.

Engelhardt, W.H./Reckenfelderbäumer, M. [System, 1995]: Service optimieren im System, in: Absatzwirtschaft, 38. Jg., Sondernr. Oktober 1995, S. 176-182.

Engelhardt, W.W. [Gemeinwohlkonzeptionen, 1997]: Gemeinwohlkonzeptionen und Wohnungswirtschaft, in: Mändle/Galonska (Immobilien, 1997), S. 348-349.

Engelhardt, W.W./Thiemeyer, T. (Hrsg.) [Gesellschaft, 1987]: Gesellschaft, Wirtschaft, Wohnungswirtschaft: Festschrift für Helmut Jenkis, Berlin 1987.

Engels, M. [Verfügungsrechte, 1997]: Verwässerung der Verfügungsrechte in Genossenschaften, in: zfbf Schmalenbachs Zeitschrift für betriebswirtschaftliche Forschung, 49. Jg., Nr. 7/8, S. 674-684.

Eppen, G.D./Hanson, W.A./Martin, R.K. [Bundling, 1991]: Bundling - New Products, New Markets, Low Risk, in: Sloan Management Review, Vol. 32, No. 4, S. 7-14.

Ernenputsch, M. [Beschaffungsprozeß, 1986]: Theoretische und empirische Untersuchungen zum Beschaffungsprozeß von konsumtiven Dienstleistungen, Bochum 1986.

Ernst, W./Thoss, R. (Hrsg.) [Wohnungswirtschaft, 1977]: Aufgaben und Möglichkeiten der unternehmerischen Wohnungswirtschaft, Münster 1977.

Erpenbach, J./Hausherr, E.G. [Status quo, 1996]: Wohnbegleitende Dienstleistungen - Status quo und Perspektiven der Mitgliedsunternehmen des Verbandes der Wohnungswirtschaft in Niedersachsen und Bremen e.V., in: vdw Verband der Wohnungswirtschaft in Niedersachsen und Bremen e.V. (Dienstleistungsangebote, 1996), S. 92-109.

Esch, F.-R. [Kontrolle, 1999]: Kontrolle von Werbewirkungen, in: Bank-Information und Genossenschaftsforum, 26. Jg., Nr. 7, S. 25-32.

Eschenbach, S. [Kundentreue, 1997]: Zufriedenheit versus Vertrauen - Zwei Gründe für Kundentreue, in: Österreichisches Bank-Archiv, 45. Jg., Nr. 8, S. 594-596.

Europäische Kommission [Weißbuch, 1994]: Wachstum, Wettbewerbsfähigkeit, Beschäftigung - Herausforderungen der Gegenwart und Wege ins 21. Jahrhundert. Weißbuch, Luxemburg 1994.

Evers, A. [Geldleistungen, 1997]: Geldleistungen und Dienstleistungen. Warum Privathaushalte das Pflegegeld den Leistungen der Pflegeanbieter vorziehen, in: Meier (Oikos, 1997), S. 142-162.

Fahrmeir, L./Hamerle, A./Tutz, G. (Hrsg.) [Verfahren, 1996]: Multivariate statistische Verfahren, 2. Aufl., Berlin/New York 1996.

Fahrmeir, L./Kaufmann, H./Kredler, C. [Regressionsanalyse, 1996]: Regressionsanalyse, in: Fahrmeir/Hamerle/Tutz (Verfahren, 1996), S. 93-168.

Falk, B. [Bedeutung, 1980]: Zur Bedeutung des Dienstleistungsmarketing, in: Falk (Dienstleistungsmarketing, 1980), S. 9-28.

Falk, B. (Hrsg.) [Dienstleistungsmarketing, 1980]: Dienstleistungsmarketing, Landsberg am Lech 1980.

Faltz, E. [Vertrauensbildung, 1990]: Kommunikation zur Vertrauensbildung der Kunden 1990, S. 13-42.

Farny, D./Lütke-Bornefeld, P./Zellenberg, G. (Hrsg.) [Lebenssituationen, 1996]: Lebenssituationen älterer Menschen - Beschreibung und Prognose aus interdisziplinärer Sicht, Berlin 1996.

Faßnacht, M./Homburg, C. [Preisdifferenzierung, 1998]: Preisdifferenzierung und Yield-Management bei Dienstleistungs-Anbietern, in: Meyer (Marketing Bd. 1, 1998), S. 866-879.

Fassott, G. [Dienstleistungspolitik, 1995]: Dienstleistungspolitik industrieller Unternehmen - Sekundärdienstleistungen als Marketinginstrument bei Gebrauchsgütern, Wiesbaden 1995.

Fehr, P. [Sekundärleistungen, 1996]: Wohnorientierte Sekundärleistungen in der Immobilienwirtschaft, in: Süchting/Paul (Semesterbericht Nr. 44, 1996), S. 19-36.

Fehr, P. [Bündelung, 1997]: Die Bündelung wohnbegleitender Dienstleistungen auf Basis einer empirischen Nachfrageverbund-Analyse, unveröffentlichter Arbeitsbericht, Ruhr-Universität Bochum, Bochum 1997.

Fehr, P./Kerner, S./Kruse, O. [Database-Marketing, 1998]: Database-Marketing - Bankloyalität auf Knopfdruck?, in: Zeitschrift für das gesamte Kreditwesen, 51. Jg., Nr. 7, S. 337-344.

Fehr, P. et al. [Geschäftsfelder, 1998]: Wirtschaftlichkeit und neue Geschäftsfelder in der Wohnungswirtschaft in Sachsen-Anhalt. InWIS-Dokumentation der Ergebnisse einer Befragung, durchgeführt i.A. des Ministeriums für Wohnungswesen, Städtebau und Verkehr des Landes Sachsen-Anhalt, Teil I, Bochum 1998.

Fellerer, E. [Milliardenmarkt, 1998]: Senioren, ein Milliardenmarkt, in: Versicherungswirtschaft, 53. Jg., Nr. 5, S. 301-304.

Fels, G. [Wirtschaftsstandort, 1997]: Chancen für den Wirtschaftsstandort Deutschland, in: Mangold (Zukunft, 1997), S. 47-54.

Festinger, L. [Dissonanz, 1978]: Theorie der kognitiven Dissonanz, Bern 1978.

Fiala, B. [Kundengewinnung, 1998]: Prozeßorientierte Kundengewinnung bei Dienstleistungs-Anbietern, in: Meyer (Marketing Bd. 2, 1998), S. 1125-1151.

Flender, A. [Wohnungsunternehmen, 1963]: Die gemeinnützigen Wohnungsunternehmen in der sozialen Marktwirtschaft, in: Schneider (Standortbestimmung, 1963), S. 9-27.

Fooken, I. [Dynamik, 1998]: (In-)diskrete Geheimnisse? Zur Dynamik des Geldes in familiären Beziehungen, in: Gräbe (Finanzmanagement, 1998), S. 143-163.

Forschungsgruppe Konsum und Verhalten (Hrsg.) [Konsumentenforschung, 1994]: Konsumentenforschung - gewidmet Werner Kroeber-Riel zum 60. Geburtstag, München 1994.

Fourastié, J. [Hoffnung, 1954]: Die große Hoffnung des zwanzigsten Jahrhunderts, Köln-Deutz 1954.

Fraktion Bündnis 90/DIE GRÜNEN im Landtag NRW (Hrsg.) [Dienstleistungspools, 1997]: Machbar, Frau Nachbar - Dienstleistungspools, Düsseldorf 1997.

Franz, K.-P. [Target, 1993]: Target Costing - Konzept und kritische Bereiche, in: Controlling, 5. Jg., Nr. 3, S. 124-130.

Frees, E.W. [regression models, 1996]: Data analysis using regression models - the business perspective, Englewood Cliffs, NJ 1996.

Freiling, J./Paul, M. [Immaterialität, 1995]: Die Immaterialität - ein eigenständiges Typologisierungskriterium neben der Integrativität, in: Engelhardt (Leistungstheorie, 1995), S. 27-49.

Freter, H. [Marktsegmentierung, 1983]: Marktsegmentierung, Stuttgart et al. 1983.

Frey, D. [Einstellungsforschung, 1979]: Einstellungsforschung: Neuere Ergebnisse der Forschung über Einstellungsänderungen, in: Marketing - Zeitschrift für Forschung und Praxis, 1. Jg., Nr. 1, S. 31-45.

Frick, R. [Kundennutzen, 1989]: Den Kundennutzen entdecken lernen!, in: io Management Zeitschrift, 58. Jg., Nr. 1, S. 46-47.

Friedman, M.L./Smith, L.J. [Processes, 1993]: Consumer Evaluation Processes in a Service Setting, in: Journal of Services Marketing, Vol. 7, No. 2, S. 47-61.

Friedrich, J. [Mietnebenkosten, 1997]: Mietnebenkosten, in: Mändle/Galonska (Immobilien, 1997), S. 585-586.

Friedrichs, J. (Hrsg.) [Individualisierungs-These, 1998]: Die Individualisierungs-These, Opladen 1998.

Friege, C. [Entscheidungsgrundlage, 1995]: Economies of Scope als Entscheidungsgrundlage für Angebot und Zusammenstellung von Leistungsverbunden, in: Die Betriebswirtschaftslehre, 55. Jg., Nr. 6, S. 743-760.

Friege, C. [Leistungsverbunde, 1995]: Preispolitik für Leistungsverbunde im Business-to-Business-Marketing, Wiesbaden 1995.

Friese, M. [Kooperation, 1998]: Kooperation als Wettbewerbsstrategie für Dienstleistungsunternehmen, Wiesbaden 1998.

Fritzhanns, B. [Direktmarketing, 1999]: Schreib mal wieder! - Direktmarketing als Strategie des aktiven Verkaufens, in: Bank-Information und Genossenschaftsforum, 26. Jg., Nr. 4, S. 66-69.

Fromme, K. [Bürgerladen, 1995]: Das Pilotprojekt "Bürgerladen" in Hagen - Ein Erfahrungsbericht aus der Praxis, in: Naschold/Pröhl (Produktivität, 1995), S. 79-85.

Fuerderer, R. [Theory, 1999]: Optimal Price Bundling - Theory and Methods, in: Fuerderer/Herrmann/Wuebker (Bundling, 1999), S. 31-59.

Fuerderer, R./Herrmann, A./Wuebker, G. (eds.) [Bundling, 1999]: Optimal Bundling - Marketing Strategies for Improving Economic Performance, Berlin/Heidelberg/New York 1999.

Gabler-Wirtschafts-Lexikon [Lexikon, 1997], Taschenbuchausgabe, 14. Aufl., Wiesbaden 1997.

Gabott, M./Hogg, G. (Hrsg.) [Services, 1998]: Consumers and Services, Chicester et al. 1998.

Galler, H.P. [Opportunitätskosten, 1991]: Opportunitätskosten der Entscheidung für Familie und Haushalt, in: Gräbe (Wirtschaftsfaktor, 1991), S. 118-152.

Galler, H.P./Ott, N. [Haushaltsforschung, 1993]: Empirische Haushaltsforschung - Erhebungskonzepte und Analyseansätze angesichts neuer Lebensformen, Frankfurt am Main/New York 1993.

Galler, H.P./Ott, N. [Institution, 1993]: Der private Haushalt als ökonomische Institution - Neuere Entwicklungen in der mikroökonomischen Haushaltstheorie, in: Gräbe (Diskurs, 1993), S. 109-139.

Galonska, J. [Aufgaben, 1995]: Neue Aufgaben für die Wohnungswirtschaft - Chancen und Risiken, Manuskript zum Vortrag an der Ruhr-Universität Bochum am 30. Mai 1995.

Galonska, J./Kühne-Büning, L. [Wohnungsunternehmen, 1994]: Ehemals gemeinnützige Wohnungsunternehmen, in: Kühne-Büning/Heuer (Grundlagen, 1994), S. 85-90.

Ganesan, S. [Determinants, 1994]: Determinants of Long-Term Orientation in Buyer-Seller Relationships, in: Journal of Marketing, Vol. 58., No. 2, S. 1-19.

Garhammer, M. [Dienstleistungsproduktion, 1988]: Die unbezahlte häusliche Dienstleistungsproduktion - ein Beitrag zur Diskussion über Dienstleistungsbesonderheiten, in: Jahrbuch der Absatz- und Verbrauchsforschung, 34. Jg., Nr. 1, S. 61-94.

Garz, H./Günther, S./Moriabadi, C. [Portfolio-Management, 1998]: Portfolio-Management - Theorie und Anwendung, 2. Aufl., Frankfurt am Main 1998.

Gatignon, H./Robertson, T.S. [diffusion, 1991]: A propositional inventory for new diffusion research, in: Kassarjan/Robertson (Perspectives, 1991), S. 461-486.

GdW Bundesverband deutscher Wohnungsunternehmen e.V. (Hrsg.) [Bündnis, 1996]: Bündnis für Wohnen, Arbeit und sozialen Frieden in Deutschland, 2. Aufl., Köln 1996.

GdW Gesamtverband der Wohnungswirtschaft e.V. (Hrsg.) [Wohneigentum, 1992]: Wohneigentum in Deutschland, Köln 1992.

GdW Gesamtverband der Wohnungswirtschaft e.V. (Hrsg.) [Genossenschaften, 1995]: Gebrauchsanweisung: Wohnen bei Genossenschaften, Köln 1995.

Geissler, B. [Schicht, 1994]: Klasse, Schicht oder Lebenslage? Was leisten diese Begriffe bei der Analyse der 'neuen' sozialen Ungleichheiten?, in: Leviathan - Zeitschrift für Sozialwissenschaft, 22. Jg., Nr. 4, S. 541-559.

Geißler, C. [Investitionen, 1994]: Investitionen in private Netzwerke - Individuelle und gesellschaftliche Perspektiven, in: Gräbe (Einpersonenhaushalt, 1994), S. 183-197.

Geißler, C. [Netzwerke, 1997]: Netzwerke als soziale Infrastruktur - Generationen und Haushalte im Leistungsverbund, in: Meier (Oikos, 1997), S. 163-183.

Geißler, R. [Einführung, 1994]: Einführung, in: Geißler (Lebenschancen, 1994), S. 1-5.

Geißler, R. (Hrsg.) [Lebenschancen, 1994]: Soziale Schichtung und Lebenschancen in Deutschland, 2. Aufl., Stuttgart 1994.

Geißler, R. [Schichtstruktur, 1994]: Die pluralisierte Schichtstruktur der modernen Gesellschaft: zur aktuellen Bedeutung des Schichtbegriffs, in: Geißler (Lebenschancen, 1994), S. 6-36.

Gemeinnützigkeitsverordnung (Gem-VO) vom 1.12.1930, RGBl. I, S. 593.

George, W.R./Berry, L.L. [Advertising, 1992]: Guidelines for the Advertising of Services, in: Bateson (Managing, 1992), S. 381-385.

Gerke, W./Steiner, M. (Hrsg.) [Handwörterbuch, 1995]: Handwörterbuch des Bank- und Finanzwesens, 2. Aufl., Stuttgart 1995.

Gerlach, E. [Start, 1997]: Erfolgreicher Start eines Großprojektes, in: Handelsblatt, Nr. 104 vom 4.06.97, S. 54.

Gershuny, J. [Gesellschaft, 1981]: Die Ökonomie in der nachindustriellen Gesellschaft - Produktion und Verbrauch von Dienstleistungen, Frankfurt/New York 1981.

Gerstung, F. [Servicepolitik, 1978]: Die Servicepolitik als Instrument des Handelsmarketing, Göttingen 1978.

Gesetz betreffend die Erwerbs- und Wirtschaftsgenossenschaften (Genossenschaftsgesetz - GenG) in der Fassung der Bekanntmachung vom 19.8.1994, zuletzt geändert am 22.6.98, BGBl. III, S. 4125-1.

Gesetz über das Kreditwesen (KWG) vom 10. Juli 1961 in der Neufassung der Bekanntmachung vom 9. September 1998, BGBl. I S. 2776.

Gesetz über die Gemeinnützigkeit im Wohnungswesen (Wohnungsgemeinnützigkeitsgesetz - WGG) vom 29.2.1940, RGBl. I, S. 438.

Gewerbesteuergesetz (GewStG) in der Fassung der Bekanntmachung vom 21.3.1991, zuletzt geändert am 9.9.1998, BGBl. III, FNA 611-5.

Glass, D.W./König, R. (Hrsg.) [Mobilität, 1974]: Soziale Schichtung und soziale Mobilität, Kölner Zeitschrift für Soziologie und Sozialpsychologie, Sonderheft Nr. 5, 5. Aufl., Köln 1974.

Glatzer, W. [Technisierung, 1993]: Die Technisierung der privaten Haushalte - ein fortschreitender sozialer Prozeß, in: Gräbe (Diskurs, 1993), S. 281-301.

Glatzer, W. et al. [Haushaltstechnisierung, 1991]: Haushaltstechnisierung und gesellschaftliche Arbeitsteilung, Frankfurt am Main 1991.

Gomez, P. [Shareholder, 1995]: Shareholder Value, in: Gerke/Steiner (Handwörterbuch, 1995), Sp. 1720-1728.

Goodman, J. [Demography, 1999]: The Changing Demography of Multifamily Rental Housing, in: Housing Policy Debate, Vol. 10, No. 1, S. 31-57.

Gräbe, S. (Hrsg.) [Wirtschaftsfaktor, 1991]: Der private Haushalt als Wirtschaftsfaktor, Frankfurt am Main/New York 1991.

Gräbe, S. (Hrsg.) [Diskurs, 1993]: Der private Haushalt im wissenschaftlichen Diskurs, Frankfurt am Main/New York 1993.

Gräbe, S. (Hrsg.) [Einpersonenhaushalt, 1994]: Lebensform Einpersonenhaushalt - Herausforderung an Wirtschaft, Gesellschaft und Politik, Frankfurt am Main/New York 1994.

Gräbe, S. [Lebensform, 1994]: Lebensform Einpersonenhaushalt - Einführung in die Thematik, in: Gräbe (Einpersonenhaushalt, 1994), S. 8-19.

Gräbe, S. (Hrsg.) [Privathaushalte, 1997]: Privathaushalte im Umbau des Sozialstaats, Frankfurt am Main/New York 1997.

Gräbe, S. (Hrsg.) [Finanzmanagement, 1998]: Vom Umgang mit Geld - Finanzmanagement in Haushalten und Familien, Frankfurt am Main/New York 1998.

Granzow, A./Schneider, E. [Bosse, 1999]: Kein Pardon für die Bosse an der Ruhr, in: Handelsblatt, Nr. 1 vom 4.01.99, S. 16.

Graßy, O. [Dienstleistungen, 1993]: Industrielle Dienstleistungen - Diversifikationspotentiale für Industrieunternehmen, München 1993.

Green, P.E./Tull, D.S. [Marketingforschung, 1982]: Methoden und Techniken der Marketingforschung, Stuttgart 1982.

Greenbaum, T.L. [Research, 1998]: The Handbook for Focus Group Research, 2nd ed., Thousand Oaks, CA/London/New Delhi 1998.

Greene, W./Walls, G.D./Schrest, L.J. [Marketing, 1994]: Internal Marketing - The Key to External Marketing Success, in: Journal of Services Marketing, Vol. 8, No. 4, S. 5-13.

Greve, R. [Konzernstrukturen, 1998]: Wohnungsgenossenschaften und ihre Konzernstrukturen - Eine Analyse aus institutionenökonomischer Sicht, Münster 1998.

Griesinger, M. [Wohnungsunternehmen, 1997]: Industrieverbundene Wohnungsunternehmen, in: Mändle/Galonska (Immobilien, 1997), S. 462-463.

Gröne, A. [Marktsegmentierung, 1976]: Marktsegmentierung im Investitionsgütermarketing - Analyse und Beurteilung von Erklärungsvariablen des Industriellen Einkaufverhaltens, Münster, Univ., Diss. 1976.

Grönroos, C. [Service, 1990]: Service Management and Marketing - Managing the Moments of Truth in Service Competition, Lexington, Mass./Toronto 1990.

Gronau, R. [Leisure, 1977]: Leisure, Home Production, and Work - the Theory of the Allocation of Time Revisited, in: Journal of Political Economy, Vol. 85, No. 6, S. 1099-1122.

Große-Wilde, H.W. [Herausforderung, 1988]: Die Herausforderung des Marktes - Strategien für eine Zukunftsentwicklung der Wohnungswirtschaft, in: Heuer/Nachtkamp (Wandel, 1988), S. 124-149.

Große-Wilde, H.W. [Binnenmarkt, 1990]: Strategien der Wohnungswirtschaft für den vollendeten Europäischen Binnenmarkt ab 1993 aus der Sicht eines großen Wohnungsunternehmens, in: Thoss (Perspektiven, 1990), S. 43-49.

Große-Wilde, H.W. (Hrsg.) [Wohnungsunternehmen, 1990]: Wohnungsunternehmen vor neuen Märkten? - Möglichkeiten und Realitäten der EG- und DDR-Märkte 1990, S. 99-110.

Großhans, H. [Wohnen, 1994]: Integriertes Wohnen im Alter: Sozialpolitische Herausforderung - unternehmerische Aufgabe, InWIS-Bericht Nr. 6/94, Bochum 1994.

Großhans, H. [Mietermitwirkung, 1997]: Mietermitwirkung, organisationsstrukturelle Regelungen, in: Mändle/Galonska (Immobilien, 1997), S. 577-578.

Groth, J. [factors, 1995]: Important factors in the sale and pricing of services, in: Management Decision, Vol. 33, Nr. 7, S. 29-34.

Gruber, D./Kern, C. [Beschwerden, 1998]: Beschwerden: mehr als ein "Störfaktor", in: Bank und Markt, 27. Jg., Nr. 2, S. 16-21.

Grühsem, S./Moritz, W. [Rentner, 1998]: Rüstige Rentner entdecken den Spaß am Roadster, in: Handelsblatt, Nr. 86 vom 6.05.98, S. 6.

Guiltinan, J.P. [services, 1987]: The price bundling of services: a normative framework, in: Journal of Marketing, Vol. 51, No. 2, S. 74-85.

Gukenbiehl, H.L. [Bezugsgruppen, 1999]: Bezugsgruppen, in: Schäfers (Gruppensoziologie, 1999), S. 113-134.

Gushurst, K.-P. [Serviceleistungen, 1997]: Serviceleistungen haben an Bedeutung gewonnen, in: Handelsblatt, Nr. 60 vom 26.03.97, S. 35.

Gutenberg, E. [Betriebswirtschaftslehre, 1979]: Grundlagen der Betriebswirtschaftslehre, Bd. 2 - Der Absatz, 16. Aufl., Berlin/Heidelberg/New York 1979.

Haarland, H.P./Niessen, H.-J./Schröder, A. [Erwerbsarbeit, 1990]: Erwerbsarbeit und Unterhaltswirtschaft - Strukturelle Änderungen der Erwerbsarbeit und ihre Wechselwirkungen zu unterhaltswirtschaftlichen Aktivitäten, Berlin et al. 1990.

Haas, G. [Kirchdorf-Süd, 1998]: Der gute Geist von Kirchdorf-Süd, in: Politische Zeitung, o.Jg., Nr. 93, März 1998, S. 15.

Habermann, G. [Familie, 1999]: Die Entmündigung der Familie, in: Frankfurter Allgemeine Zeitung, Nr. 61 vom 13.03.99, S. 15.

Habermehl, W. [Sozialforschung, 1992]: Angewandte Sozialforschung, München/Wien 1992.

Haedrich, G./Jeschke, B.G. [Management, 1994]: Zum Management des Unternehmens-images, in: Die Betriebswirtschaftslehre, 54. Jg., Nr. 2, S. 211-220.

Hämmerlein, H. [Wohnungswirtschaft, 1988]: Die unternehmerische Wohnungswirtschaft, Baden-Baden 1988.

Häpke, U. [Aspekte, 1994]: Gesellschaftspolitische Aspekte des Wohnens, in: Kühne-Büning/ Heuer (Grundlagen, 1994), S. 177-198.

Hätty, H. [Markentransfer, 1989]: Der Markentransfer, Heidelberg 1989.

Hafermalz, O. [Befragung, 1976]: Schriftliche Befragung - Möglichkeiten und Grenzen, Wiesbaden 1976.

Haines, E. [Stellenwert, 1997]: Der gesellschaftliche Stellenwert der unentgeltlichen Arbeit und ihre Bedeutung für die Alltagskultur, in: Meier (Oikos, 1997), S. 337-350.

Hall, R. [resources, 1992]: The strategic analysis of intangible resources, in: Strategic Management Journal, Vol. 13, No. 1, S. 135-144.

Hall, R. [capabilities, 1993]: A framework linking intangible resources and capabilities to sustainable competitive advantage, in: Strategic Management Journal, Vol. 14, No. 6, S. 607-618.

Hammann, P. [Sekundärleistungspolitik, 1974]: Sekundärleistungspolitik als absatzpoli-tisches Instrument, in: Hammann/Kroeber-Riel/Meyer (Marketingtheorie, 1974), S. 135-154.

Hammann, P./Erichson, B. [Marktforschung, 1994]: Marktforschung, 3. Aufl., Stuttgart 1994.

Hammann, P./Kroeber-Riel, W./Meyer, C.W. (Hrsg.) [Marketingtheorie, 1974]: Neuere Ansätze der Marketingtheorie: Festschrift zum 80. Geburtstag von Otto R. Schnutenhaus, Berlin 1974.

Hannemann, S. [Vertrieb, 1993]: Vertrieb von Finanzdienstleistungen - Einsatz von Maklern, Handelsvertretern und Franchise-Systemen, Wiesbaden 1993.

Hansen, U./Jeschke, K./Schöber, P. [Beschwerdemanagement, 1995]: Beschwerdemanage-ment - Die Karriere einer kundenorientierten Unternehmensstrategie im Konsumgüter-sektor, in: Marketing - Zeitschrift für Forschung und Praxis, 17. Jg., Nr. 2, S. 77-88.

Harmon, L.C./McKenna-Harmon, K.M. [Retention, 1994]: The Resident Retention Revolu-tion, Chicago 1994.

Harms, B. [Wohnkosten, 1996]: Wohnkosten senken, in: Die Wohnungswirtschaft, 49. Jg., Nr. 6, S. 426-429.

Hartmann, K.D. [Werthaltungen, 1984]: Werthaltungen als Handlungsregulative - Ergebnisse einer Pretests, in: Klages/Kmieciak (Wertwandel, 1984), S. 210-217.

Hartmann, U. [Shareholder-value, 1994]: Shareholder-value als unternehmerische Aufgabe, in: Börsen-Zeitung, Nr. 38 vom 24.02.94, S. 19.

Haseloff, O.W. (Hrsg.) [Struktur, 1979]: Struktur und Dynamik des menschlichen Verhaltens - Zum Stand der modernen Psychologie, Stuttgart et al. 1979.

Havette, D./Okba, M. [Proximité, 1997]: Les Services de Proximité - Die französische Politik im Bereich der haushaltsnahen Dienstleistungen, in: Zukunft im Zentrum Service-Gesellschaft für Beschäftigungs- und Qualifizierungsberatung (Hausarbeit, 1997), S. 10-12.

Hawkins, D.I./Best, R.J./Coney, K.A. [implications, 1995]: Consumer behavior - implications for marketing strategy, 6th ed., Chicago et. al. 1995.

Heidemann, H. [Konsumentenverhalten, 1969]: Die Bedeutung des Firmen- und Produkt-Image für das Konsumentenverhalten, Bochum, Univ., Diss. 1969.

Heine, H. [InfoCity, 1997]: Wenn das Wohnzimmer zum Informationszentrum wird: Info-City, Vortragsmanuskript, Kongreß der Wohnungswirtschaft "Wohnwert: Multimedia", (14.10.97), Berlin 1997.

Heinemann, K. (Hrsg.) [Soziologie, 1987]: Soziologie wirtschaftlichen Handelns, Sonderheft Nr. 28 der Kölner Zeitschrift für Soziologie und Sozialpsychologie, Köln 1987.

Heinen, E. [Entscheidungen, 1976]: Grundlagen betriebswirtschaftlicher Entscheidungen - Das Zielsystem der Unternehmung, 3. Aufl., Wiesbaden 1976.

Heinze, R.G. [Dienstleistungsangebote, 1996]: Sozialer Wandel und neue Dienstleistungsangebote in der Wohnungswirtschaft, in: vdw Verband der Wohnungswirtschaft in Niedersachsen und Bremen e.V. (Dienstleistungsangebote, 1996), S. 9-21.

Heinze, R.G. [Tauschringe, 1998]: Tauschringe und freiwilliges soziales Engagement - Potentiale und Förderungsmöglichkeiten in der Bundesrepublik, in: Landesagentur für Struktur und Arbeit (LASA) Brandenburg GmbH (Perspektive, 1998), S. 17-25.

Heinze, R.G./Berendt, U. [Wohnungsgenossenschaften, 1997]: Wohnungsgenossenschaften, soziologische Merkmale, in: Mändle/Galonska (Immobilien, 1997), S. 978-979.

Heinze, R.G./Bucksteeg, M. [Modernisierung, 1995]: Modernisierung der lokalen Sozialpolitik - Potentiale freiwilligen sozialen Engagements im "Wohlfahrtsmix", in: Jahrbuch Arbeit und Technik, o.Jg., 1995, S. 208-218.

Heinze, R.G./Bucksteeg, M. [Wohnungswirtschaft, 1997]: Sozialer Wandel und Wohnungswirtschaft, in: Mändle/Galonska (Immobilien, 1997), S. 739-740.

Heinze, R.G./Eichener, V. [Geschäftsfeld, 1995]: Wohnbegleitende Dienstleistungen als neues Geschäftsfeld für die Wohnungs- und Immobilienwirtschaft, in: vdw Verband der Wohnungswirtschaft in Niedersachsen und Bremen e.V. (Bericht, 1995), S. 30-37.

Heinze, R.G./Offe, C. [Requalifizierung, 1987]: Requalifizierung von Zeit, in: Hesse/Zöpel (Neuorganisation, 1987), S. 150-161.

Heinze, R.G. et al. [Alter, 1997]: Neue Wohnung auch im Alter - Folgerungen aus dem demographischen Wandel für Wohnungspolitik und Wohnungswirtschaft, Darmstadt 1997.

Hellerforth, M. [Distributionspolitik, 1998]: Distributionspolitik - Besonderheiten bei gegebenem Standort, in: Die Wohnungswirtschaft, 51. Jg., Nr. 12, S. 40-41.

Hellerforth, M. [Marketing, 1998]: Warum Marketing? Situation auf den Immobilienmärkten, in: Die Wohnungswirtschaft, 51. Jg., Nr. 8, S. 50-54.

Hellerforth, M. [Kommunikationspolitik, 1999]: Kommunikationspolitik - Besonderheiten bei gegebenem Standort, in: Die Wohnungswirtschaft, 52. Jg., Nr. 1, S. 54-56.

Hellerforth, M. [Servicepolitik, 1999]: Servicepolitik, in: Die Wohnungswirtschaft, 52. Jg., Nr. 3, S. 50-51.

Helmstaedter, C. [Barrieren, 1997]: Wohnen ohne Barrieren, in: Die Wohnungswirtschaft, 50. Jg., Nr. 11, S. 731-734.

Henkel, H. [Schiedsstelle, 1999]: Schiedsstelle der Veba nimmt die Arbeit auf, in: Westdeutsche Allgemeine Zeitung, Nr. 19 vom 19.01.99, o.S.

Henkel, H.A. [Selbsthilfe, 1997]: Selbsthilfe und soziale Randgruppen, in: Mändle/Galonska (Immobilien, 1997), S. 718-719.

Hentschel, B. [Beziehungsmarketing, 1991]: Beziehungmarketing, in: Das Wirtschaftsstudium, 20. Jg., Nr. 1, S. 25-28.

Herkner, W. [Psychologie, 1992]: Psychologie, 2. Aufl., Wien/New York 1992.

Hermanns, A./Meyer, A. (Hrsg.) [Theorie, 1984]: Zukunftsorientiertes Marketing für Theorie und Praxis, Festschrift zum 60. Geburtstag von Paul W. Meyer, Berlin 1984.

Herrmann, A./Vetter, I. [Präferenzen, 1999]: Finanzdienstleistungen - die Präferenzen der Kunden, in: Die Bank, o.Jg., Nr. 5/1999, S. 336-340.

Herzog-Appel, U./Kösters, W./Velden, S. van der [Haushaltsproduktion, 1993]: Haushaltsproduktion und Volkswirtschaftliches Rechnungswesen, in: Gräbe (Diskurs, 1993), S. 173-191.

Heskett, J.L. et al. [Chain, 1994]: Putting the Service-Profit Chain to Work, in: Harvard Business Review, Vol. 72, No. 2, S. 164-174.

Hesse, J.J./Zöpel, C. (Hrsg.) [Neuorganisation, 1987]: Neuorganisation der Zeit, Baden-Baden 1987.

Hesse, K. [Privathaushalte, 1991]: Alte vs. neue Ökonomik der Privathaushalte, in: Petzina (Geschichte, 1991), S. 9-27.

Hesse, K. (Hrsg.) [Strukturen, 1994]: Strukturen privater Haushalte und Familien, Frankfurt am Main 1994.

Hesse, K. [Dienstleistungen, 1997]: Dienstleistungen und Güternachfrage Privater Haushalte, in: Meier (Oikos, 1997), S. 26-43.

Heuer, J.H.B. [Chancen, 1977]: Chancen, Risiken und Grenzen unternehmerischer Wohnungswirtschaft aus Sicht einer Unternehmensleitung, in: Ernst/Thoss (Wohnungswirtschaft, 1977), S. 31-43.

Heuer, J.H.B./Nachtkamp, H.H. (Hrsg.) [Wandel, 1988]: Wohnen im Wandel, Schriften für Sozialökologie, Bd. 40, Bochum/Mannheim 1988.

Heuer, J.H.B./Nachtkamp, H.H. (Hrsg.) [Wohnungspolitik, 1990]: Wohnungspolitik zwischen Wohnungsbedarf und Wohnungsnachfrage, Schriften für Sozialökologie, Bd. 43, Bochum/ Mannheim 1990.

Heuer, J.H.B./Nachtkamp, H.H. (Hrsg.) [Aufgaben, 1991]: Wohnungswirtschaft vor neuen Aufgaben, Schriften für Sozialökologie, Bd. 44, Bochum/Mannheim 1991.

Heuer, J.H.B./Nachtkamp, H.H. (Hrsg.) [Gegenwartsfragen, 1993]: Von der Wohnungs- zur Immobilienwirtschaft - Grundsatz- und Gegenwartsfragen, Schriften für Sozialökologie, Bd. 46, Bochum/Mannheim 1993.

Heuer, J.H.B./Nordalm, V. [Wohnungsmärkte, 1996]: Die Wohnungsmärkte im gesamtwirtschaftlichen Gefüge, in: Jenkis (Kompendium, 1996), S. 23-41.

Heuer, J.H.B. et al. [Wohnungswirtschaft, 1979]: Lehrbuch der Wohnungswirtschaft, 1. Aufl., Frankfurt am Main 1979.

Hildebrandt, L. [Analysen, 1983]: Konfirmatorische Analysen von Modellen des Konsumentenverhaltens, Berlin 1983.

Hilke, W. [Grundprobleme, 1989]: Grundprobleme und Entwicklungstendenzen des Dienstleistungs-Marketing, in: Hilke (Dienstleistungs-Marketing, 1989), S. 5-44.

Hill, W. [Theorien, 1972]: Theorien des Konsumentenverhaltens, eine Übersicht, in: Die Unternehmung, 26. Jg., Nr. 2, S. 61-79.

Hillmann, K.H. [Bestimmungsgründe, 1971]: Soziale Bestimmungsgründe des Konsumentenverhaltens, Stuttgart 1971.

Hisrich, R.D./Peters, M.P. [Segmentation, 1974]: Selecting the Superior Segmentation Correlate, in: Journal of Marketing, Vol. 38, No. 3, S. 60-63.

Höbel, R./Schneiders, K. [Seniorenimmobilien, 1997]: Zur Entwicklung der Nachfrage nach Seniorenimmobilien, in: Der Langfristige Kredit, 48. Jg., Nr. 19, S. 638-641.

Höhn, C. et al. [Alten, 1997]: Die Alten der Zukunft - Bevölkerungsstatitische Datenanalyse, hrsg. vom Bundesministerium für Familien, Senioren, Frauen und Jugend, 2. Aufl., Stuttgart/Berlin/ Köln 1997.

Höpflinger, F. [Abhängigkeit, 1993]: Haushaltsformen bei Betagten - zwischen Selbständigkeit und Abhängigkeit, in: Gräbe (Diskurs, 1993), S. 255-280.

Hoepfner, F.G. [Beeinflussung, 1975]: Beeinflussung des Verbraucherverhaltens - Psychologische Grundlagen des Marketing, München 1975.

Hörning, K.H. [Schichtdifferenzierung, 1976]: Sozialökonomische Schichtdifferenzierung und Konsumstandards, in: Specht/Wiswede (Marketing-Soziologie, 1976), S. 111-131.

Hoffmann, G. [Talentbörsen, 1998]: Tausche Marmelade gegen Steuererklärung - Ganz ohne Geld - die Praxis der Tauschringe und Talentbörsen, München/Zürich 1998.

Hoffmeyer-Zlotnik, J.H.P. (Hrsg.) [Arbeitsmigrantenforschung, 1986]: Qualitative Methoden der Datenerhebung in der Arbeitsmigrantenforschung, Mannheim 1986.

Hogan, J.J. [Overview, 1994]: An Overview of the Senior Housing Market, in: The Appraisal Journal, Vol. 62, No. 1, S. 47-51.

Holbrook, M.B. [Value, 1994]: The Nature of Customer Value: An Axiology of Services in the Consumption Experience, in: Rust/Oliver (Service, 1994), S. 21-71.

Homans, G.C. [Gruppe, 1972]: Theorie der sozialen Gruppe, 7. Aufl., Opladen 1978.

Hombach, B./Staender, L. [Perspektiven, 1994]: Perspektiven der Wohnungswirtschaft, in: Die Wohnungswirtschaft, 47. Jg., Nr. 10, S. 547-566.

Homburg, C./Bruhn, M. [Kundenbindungsmanagement, 1998]: Kundenbindungsmanagement - Eine Einführung in die theoretischen und praktischen Problemstellungen, in: Bruhn/Homburg (Kundenbindungsmanagement, 1998), S. 3-35.

Homburg, C./Faßnacht, M. [Wettbewerbsstrategien, 1998]: Wettbewerbsstrategien von Dienstleistungs-Anbietern, in: Meyer (Marketing Bd. 1, 1998), S. 527-541.

Homburg, C./Faßnacht, M./Werner, H. [Operationalisierung, 1998]: Operationalisierung von Kundenzufriedenheit und Kundenbindung, in: Bruhn/Homburg (Kundenbindungs-management, 1998), S. 389-410.

Homburg, C./Garbe, B. [Dienstleistungen, 1996]: Industrielle Dienstleistungen - Bestands-aufnahme und Entwicklungsrichtungen, in: Zeitschrift für Betriebswirtschaft, 66. Jg., Nr. 3, S. 253-282.

Homburg, C./Giering, A./Hentschel, F. [Kundenbindung, 1998]: Der Zusammenhang zwischen Kundenzufriedenheit und Kundenbindung, in: Bruhn/Homburg (Kundenbin-dungsmanagement, 1998), S. 81-112.

Homburg, C./Rudolph, B. [Perspektiven, 1998]: Theoretische Perspektiven zur Kunden-zufriedenheit, in: Simon/Homburg (Kundenzufriedenheit, 1998), S. 33-55.

Homburg, C./Werner, H. [Meßsystem, 1996]: Ein Meßsystem für Kundenzufriedenheit, in: Absatzwirtschaft, 39. Jg., Nr. 11, S. 92-100.

Homma, N. [Produkterwartungen, 1990]: Neue Werte und neue Bedürfnisse = Veränderte Produkterwartungen?, in: Rapin (Haushalt, 1990), S. 29-40.

Honsel, J. [Kaufverhalten, 1984]: Das Kaufverhalten im Antiquitätenmarkt, Frankfurt am Main/ Bern/New York 1984.

Hoppenstedt, W. [Dienstleistungen, 1996]: Soziale Dienstleistungen, in: vdw Verband der Wohnungswirtschaft in Niedersachsen und Bremen e.V. (Dienstleistungsangebote, 1996), S. 58-64.

Hoppenstedt, W. [Verpflichtung, 1998]: Soziales Management - eine Verpflichtung ohne Alternative, in: vdw Verband der Wohnungswirtschaft in Niedersachsen und Bremen e.V. (Management, 1998), S. 8-12.

Howard, J.A. [Consumer, 1977]: Consumer Behavior - Application of Theory, New York et al. 1977.

Howard, J.A./Sheth, J.N. [Theory, 1969]: The Theory of Buyer Behavior, New York et al. 1969.

Howell, J.T. [Seniors, 1995]: American Seniors Housing Association 25 - An Informational Supplement, in: National Real Estate Investor, Vol. 37, No. 10, S. A 3-17.

Huber, G.L./Mandl, H. (Hrsg.) [Daten, 1982]: Verbale Daten - Eine Einführung in Grundlagen und Methoden der Erhebung und Auswertung, 2. Aufl., Weinheim 1994.

Huber, R.J. [Nachfrage, 1992]: Die Nachfrage nach Dienstleistungen, Hamburg 1992.

Hübl, L./Möller, K.P. [Deutschland, 1997]: Auf dem Wohnungsmarkt in Deutschland sind die fetten Jahre vorüber, in: Frankfurter Allgemeine Zeitung, Nr. 122 vom 30.05.97, S. 48.

Hüttner, M. [Marketing-Entscheidungen, 1979]: Informationen für Marketing-Entschei-dungen - ein Lehr- und Arbeitsbuch der Marktforschung, München 1979.

Huinink, J./Wagner, M. [Pluralisierung, 1998]: Individualisierung und Pluralisierung von Lebensformen, in: Friedrichs (Individualisierungs-These, 1998), S. 85-106.

Hummel, S./Männel, W. [Kostenrechnung, 1995]: Kostenrechnung 1 - Grundlagen, Aufbau und Anwendung, 4. Aufl. von 1990, Nachdruck 1995.

Iacobucci, D./Grayson, K./Ostrom, A. [Satisfaction, 1994]: Customer Satisfaction Fables, in: Sloan Management Review, Vol. 35, No. 4, S. 93-96.

Inden, T. [Event, 1993]: Alles Event?! - Erfolg durch Erlebnismarketing, Landsberg am Lech 1993.

Inglehart, R. [Umbruch, 1989]: Kultureller Umbruch - Wertwandel in der westlichen Welt, Frankfurt am Main/New York 1989.

Institut der deutschen Wirtschaft [Zahlen, 1999]: Zahlen zur wirtschaftlichen Entwicklung der Bundesrepublik Deutschland, Ausgabe 1999, Köln 1999.

Institut für Demoskopie Allensbach (Hrsg.) [Marktstrukturen, 1997]: AWA '97 - Allensbacher Marktanalyse - Werbeträgeranalyse, Berichtsbd. I, Marktstrukturen, Allensbach 1997.

Institut für Demoskopie Allensbach (Hrsg.) [Zusatzinformationen, 1997]: AWA '97 - Allensbacher Marktanalyse Werbeträgeranalyse, Berichtsbd. IV, Zusatzinformationen - Medien - Dokumentation, Allensbach 1997.

Institut für Freizeitwirtschaft [Heimwerker, 1997]: Heimwerker - Freude an der eigenen Leistung, in: Marketing-Journal, 30. Jg., Nr. 6, S. 396-398.

Institute of Real Estate Management (ed.) [Retention, 1993]: Journal of Property Management, Reprint, Tenant Retention: Residential, Chicago 1993.

International Bankers Forum e.V. (Hrsg.) [Banken, 1996]: Die Banken auf dem Weg ins 21. Jahrhundert - Strategien und Konzepte, Wiesbaden 1996.

Jäger, W. [Anpassungsprozeß, 1991]: Die Wohnungsbaugenossenschaften im Anpassungsprozeß, in: Heuer/Nachtkamp (Aufgaben, 1991), S. 76-97.

Jagodzinski, W./Klein, M. [Individualisierungskonzepte, 1998]: Individualisierungskonzepte aus individualistischer Perspektive. Ein erster Versuch, in das Dickicht der Individualisierungskonzepte einzudringen, in: Friedrichs (Individualisierungs-These, 1998), S. 13-31.

Janssen, J./Laatz, W. [Datenanalyse, 1997]: Statistische Datenanalyse mit SPSS für Windows - eine anwendungsorientierte Einführung in das Basissystem und das Modul Exakte Tests, 2. Aufl., Berlin et al. 1997.

Jasny, R. [Zielgruppen, 1997]: Die Zielgruppen im Seniorenmarkt, in: Absatzwirtschaft, 40. Jg., Nr. 8, S. 112-115.

Jenke, A. [Theorie, 1985]: Theorie und Realität auf dem Wohnungsmarkt, in: Novy (Theorie, 1985), S. 9-46.

Jenkis, H.W. [Steuerbefreiung, 1987]: Die Steuerbefreiung der gemeinnützigen Wohnungsunternehmen im Widerstreit der Interessen, Bonn 1987.

Jenkis, H.W. [Wohnungsbaugenossenschaften, 1993]: Sind die Wohnungsbaugenossenschaften "besondere" Wohnungsanbieter?, in: Der Langfristige Kredit, 44. Jg., Nr. 14, S. 452-456.

Jenkis, H.W. (Hrsg.) [Kompendium, 1994]: Kompendium der Wohnungswirtschaft, 2. Aufl., München/Wien 1996.

Jenkis, H.W. [Ursprung, 1994]: Die gemeinnützige Wohnungswirtschaft - Ursprung, Entwicklung, Aufhebung -, in: Jenkis (Kompendium, 1994), S. 309-329.

Jenkis, H.W. (Hrsg.) [Kompendium, 1996]: Kompendium der Wohnungswirtschaft, 3. Aufl., München/Wien 1996.

Jenkis, H.W. [Sozialgut, 1996]: Die Wohnung: Ein Wirtschafts- oder Sozialgut, in: Jenkis (Kompendium, 1996), S. 213-252.

Johannsen, U. [Werbeerfolgskontrolle, 1969]: Die Werbeerfolgskontrolle - Probleme, Modelle, Methoden -, Hamburg 1969.

Johnson Brown, J./Reingen, P.H. [Referral, 1987]: Social Ties and Word-of-Mouth Referral Behavior, in: Journal of Consumer Research, Vol. 14, December 1987, S. 350-362.

Jokl, S./Zehnder, A.J. [Wohneigentumsbildung, 1996]: Wohneigentumsbildung - Wünsche, Forderungen, Grenzen, in: Jenkis (Kompendium, 1996), S. 392-418.

Kaas, K.P. [Diffusion, 1973]: Diffusion und Marketing - Das Konsumentenverhalten bei der Einführung neuer Produkte, Stuttgart 1973.

Kaas, K.P. [Ansätze, 1994]: Ansätze einer institutionenökonomischen Theorie des Konsumentenverhaltens, in: Forschungsgruppe Konsum und Verhalten (Konsumentenforschung, 1994), S. 245-260.

Kaas, K.P. [Kommunikation, 1994]: Persönliche Kommunikation, interpersonelle Kommunikation, direkte Kommunikation, in: Diller (Marketing, 1994), S. 868.

Kaas, K.P. (Hrsg.) [Institutionenökonomik, 1995]: Kontrakte, Geschäftsbeziehungen, Netzwerke: Marketing und neue Institutionenökonomik, Düsseldorf/Frankfurt am Main 1995.

Kaas, K.P. [Marketing, 1995]: Marketing zwischen Markt und Hierarchie, in: Kaas (Institutionenökonomik, 1995), S. 19-42.

Kaas, K.P./Busch, A. [Vertrauenseigenschaften, 1996]: Inspektions-, Erfahrungs- und Vertrauenseigenschaften von Produkten, in: Marketing - Zeitschrift für Forschung und Praxis, 18. Jg., Nr. 4, S. 243-252.

Kaas, K.P./Schade, C. [Unternehmensberater, 1995]: Unternehmensberater im Wettbewerb - Eine empirische Untersuchung aus der Perspektive der Neuen Institutionenlehre, in: Zeitschrift für Betriebswirtschaft, 65. Jg., Nr. 10, S. 1067-1089.

Kamanitz Holland, B. [Management, 1995]: Successful Residential Management - The Professionals's Guide, Chicago 1995.

Kaplan, L.B./Szybillo, G.J./Jacoby, J. [Components, 1974]: Components of perceived risk in product purchase: a cross validation, in: Journal of Applied Psychology, Vol. 59, No. 3, S. 287-291.

Karg, G. [Wirtschaftlichkeit, 1997]: Wirtschaftlichkeit des Angebots hauswirtschaftlicher Dienstleistungen von privaten Haushalten, in: Meier (Oikos, 1997), S. 44-65.

Kassarjan, H.H./Robertson, T.S. (eds.) [Perspectives, 1991]: Perspectives in consumer behavior, 4th ed., Englewood Cliffs, NJ 1991.

Kaufmann, H./Pape, H. [Clusteranalyse, 1996]: Clusteranalyse, in: Fahrmeir/Hamerle/Tutz (Verfahren, 1996), S. 437-536.

Kebeck, G. [Wahrnehmung, 1994]: Wahrnehmung - Theorien, Methoden und Forschungsergebnisse der Wahrnehmungspsychologie, Weinheim/München 1994.

Kepper, G. [Marktforschung, 1996]: Qualitative Marktforschung: Methoden, Einsatzmöglichkeiten und Beurteilungskriterien, 2. Aufl., Wiesbaden 1996.

Kierner, D. [Zertifikat, 1996]: "Von einem Unternehmen, das auszog, ein QM-Zertifikat zu erhalten", in: Die Wohnungswirtschaft, 49. Jg., Nr. 9, S. 618-620.

Kivelip, F. [Versorgung, 1990]: Wohnungsnotstände - Versorgung durch den Markt?, in: Heuer/Nachtkamp (Wohnungspolitik, 1990), S. 60-71.

Kivelip, F. [Wohnungsunternehmen, 1994]: Freie Wohnungsunternehmen, in: Kühne-Büning/ Heuer (Grundlagen, 1994), S. 90-94.

Klages, H. [Indikatoren, 1987]: Indikatoren des Wertewandels, in: Rosenstiel/Einsiedler/ Streich (Herausforderung, 1987), S. 1-16.

Klages, H./Kmieciak, P. (Hrsg.) [Wertwandel, 1984]: Wertwandel und gesellschaftlicher Wandel, 3. Aufl., Frankfurt/New York 1984.

Klebert, K./Schrader, E./Straub, W.G. [KurzModeration, 1987]: KurzModeration - Anwendung der ModerationsMethode in Betrieb, Schule und Hochschule, Kirche und Politik, Sozialbereich und Familie bei Besprechungen und Präsentationen, 2. Aufl., Hamburg 1987.

Kleffmann, K. [Dienstleistungsagenturen, 1998]: Tauschringe als soziale lokale Dienstleistungsagenturen?, in: Landesagentur für Struktur und Arbeit (LASA) Brandenburg GmbH (Perspektive, 1998), S. 30-36.

Kleinaltenkamp, M. [Beschaffung, 1993]: Investitionsgüter-Marketing als Beschaffung externer Faktoren, in: Thelen/Mairamhof (Bestandsaufnahme, 1993), S. 101-126.

Kleinaltenkamp, M. [Begründung, 1994]: Institutionenökonomische Begründung der Geschäftsbeziehung, in: Backhaus/Diller (Dokumentation, 1994), S. 8-39.

Kleinaltenkamp, M. (Hrsg.) [Dienstleistungsmarketing, 1995]: Dienstleistungsmarketing - Konzeptionen und Anwendungen, Wiesbaden 1995.

Kloberg, H. [Grundzüge, 1952]: Betriebswirtschaftliche Grundzüge der Wohnungswirtschaft, Göttingen 1952.

Kmieciak, P. [Wertstrukturen, 1976]: Wertstrukturen und Wertewandel - Grundlegungen einer interdisziplinären Wertforschung mit einer Sekundäranalyse von Umfragedaten, Göttingen 1976.

Knickenberg, H.F. [Binnenmarkt, 1990]: Strategien für den vollendeten europäischen Binnenmarkt ab 1993 aus der Sicht eines kommunalen Wohnungsunternehmens, in: Thoss (Perspektiven, 1990), S. 51-63.

Knoblich, H. [Methode, 1972]: Die typologische Methode in der Betriebswirtschaftslehre, in: Wirtschaftswissenschaftliches Studium, 1. Jg., Nr. 4, S. 141-147.

Koch, R.A. [Power, 1995]: The Power of Perceived Value, in: Units, Vol. 19, No. 2, S. 39-41.

Kockläuner, G. [Regressionsanalyse, 1988]: Angewandte Regressionsanalyse mit SPSS, Braunschweig/Wiesbaden 1988.

Koelemeijer, K./Vriens, M. [Consumer, 1998]: The Professional Services Consumer, in: Gabott/Hogg (Services, 1998), S. 163-184.

Körperschaftssteuergesetz (KStG) in der Fassung der Bekanntmachung vom 22.2.1996, zuletzt geändert am 9.9.98, BGBl III/FNA 611-44.

Kolf, F. [Urlaub, 1998]: Senioren legen im Urlaub besonderen Wert auf Komfort und Sicherheit, in: Handelsblatt, Nr. 48 vom 10.03.98, S. 8.

Koolwijk, J./Wieken-Mayser, M. (Hrsg.) [Sozialforschung, 1974]: Techniken der empirischen Sozialforschung, Bd. 5, Erhebungsmethoden: Die Befragung, München/Wien 1974.

Kopp, M. [Absatzforschung, 1972]: Hypothesenformulierung in der Absatzforschung, Berlin 1972.

Kornemann, R. [Fehlsubventionierungen, 1973]: Fehlsubventionierungen im öffentlich geförderten sozialen Wohnungsbau - Bilanz einer systemwidrigen Marktintervention, Bonn 1973.

Kornemann, R. [Mietwohnungsbau, 1986]: Mietwohnungsbau 1986: Trotz günstiger Rahmenbedingungen wachsende Risiken, in: Der Langfristige Kredit, 37. Jg., Nr. 13, S. 421-423.

Kotler, P./Bliemel, F. [Marketing-Management, 1999]: Marketing-Management - Analyse, Planung, Umsetzung und Steuerung, 9. Aufl., Stuttgart 1999.

Kotler, P./Roberto, E.L. [Strategies, 1989]: Social Marketing - Strategies for Changing Public Behavior, New York/London 1989.

Kowalski, H. [Zukunft, 2000]: Die Genossenschaft im Jahr 2010 - ein Modell mit Zukunft, in: Das Taschenbuch für den Wohnungswirt 2000, S. 1-7.

Krämer, H.L. [Schichtung, 1983]: Soziale Schichtung - Einführung in die moderne Theoriediskussion, Frankfurt am Main/Berlin/München 1983.

Kral, F. [Wohnen, 1997]: Wohnen über den Wolken, in: Handelsblatt, Nr. 110 vom 12.06.97, S. 40.

Kreileder, M. [Zielgruppenforschung, 1997]: Zielgruppenforschung in einem sich wandelnden Bankenmarkt, in: Bank und Markt, 26. Jg., Nr. 2, S. 28-31.

Kricsfalussy, A. [Geschäftsbeziehung, 1996]: Vom kurzfristigen Verkaufen zur langfristigen Geschäftsbeziehung, in: Marketing-Journal, 29. Jg., Nr. 4, S. 242-248.

Krings-Heckemeier, M.-T. [Aufgabe, 1998]: Soziales Management - Zentrale Aufgabe der Wohnungswirtschaft, in: vdw Verband der Wohnungswirtschaft in Niedersachsen und Bremen e.V. (Management, 1998), S. 4-7.

Krings-Heckemeier, M.-T./Pfeiffer, U. [Senioren, 1997]: Wohnimmobilien für Senioren, in: Brunner (Immobilieninvestment, 1997), S. 139-156.

Krings-Heckemeier, M.-T. et al. [Service, 1997]: Wohnen mit Service - Schöner und besser leben mit individuellem Service, hrsg. von der Bundesgeschäftsstelle LBS, Bonn 1997.

Kroeber-Riel, W./Weinberg, P. [Konsumentenverhalten, 1996]: Konsumentenverhalten, 6. Aufl., München 1996.

Kromrey, H. [Gruppendiskussionen, 1986]: Gruppendiskussionen - Erfahrungen mit einer weniger häufigen Methode empirischer Sozialwissenschaft, in: Hoffmeyer-Zlotnik (Arbeitsmigrantenforschung, 1986), S. 109-143.

Kromrey, H. [Sozialforschung, 1998]: Empirische Sozialforschung - Modelle und Methoden der Datenerhebung und Datenauswertung, 8. Aufl., Opladen 1998.

Krueckeberg, D.A. [Rent, 1999]: The Grapes of Rent: A History of Renting in a Country of Owners, in: Housing Policy Debate, Vol. 10, No. 1, S. 9-30.

Krüger, W. [Steigerung, 1997]: Kernkompetenz-Management - Steigerung von Flexibilität und Schlagkraft im Wettbewerb, Wiesbaden 1997.

Krüsselberg, H.-G. [Ökonomik, 1987]: Ökonomik der Familie, in: Heinemann (Soziologie, 1987), S. 169-192.

Krüsselberg, H.-G. [Familienhaushalt, 1993]: Verkannte Revolutionen? Der Familienhaushalt im Licht sozialökonomischer Forschung, in: Gräbe (Diskurs, 1993), S. 79-108.

Krummheuer, E. [Wohlbefinden, 1998]: Zweiturlaub dient Wohlbefinden, in: Handelsblatt, Nr. 37 vom 23.02.98, S. 8.

Kruschwitz, L. [Investitionsrechnung, 1998]: Investitionsrechnung, 7. Aufl., München/Wien 1998.

Kühne, H. [Aufgaben, 1994]: Aufgaben und Leistungsbereiche der Wohnungsunternehmen, in: Kühne-Büning/Heuer (Grundlagen, 1994), S. 468-481.

Kühne-Büning, L. [Besonderheiten, 1994]: Besonderheiten des Wirtschaftsgutes Wohnung und seiner Nutzungsleistungen, in: Kühne-Büning/Heuer (Grundlagen, 1994), S. 6-17.

Kühne-Büning, L. [Gliederung, 1994]: Strukturelle Gliederung des Wohnungsbestandes: Marktsegmentierung, in: Kühne-Büning/Heuer (Grundlagen, 1994), S. 72-84.

Kühne-Büning, L./Heuer, J.H.B. (Hrsg.) [Grundlagen, 1994]: Grundlagen der Wohnungs- und Immobilienwirtschaft, 3. Aufl., Frankfurt am Main/Hamburg 1994.

Kuhlmann, E. [Risiko, 1978]: Effizienz und Risiko der Konsumentenentscheidung, Stuttgart 1978.

Kuhlmann, E. [Besonderheiten, 1998]: Besonderheiten des Nachfragerverhaltens bei Dienstleistungen, in: Bruhn/Meffert (Dienstleistungsmanagement, 1998), S. 167-194.

Kuhn, S.E. [kick back, 1995]: Where to move when you're ready to kick back, in: Fortune (American Edition), Vol. 132, No. 2, S. 86-90.

Kuhn, W. [Marktsegmentierung, 1984]: Marktsegmentierung zum Zwecke segmentspezifischer Werbepolitik, Würzburg, Univ., Diss. 1984.

Kuhn, W. [Konditionierung, 1998]: Erfolgversprechende Ansätze bei der Konditionierung von Beratungsleistungen, in: Betsch/Hooven/Krupp (Privatkundengeschäft, 1998), S. 469-479.

Kuhnert, J. [Sanierung, 1998]: Ziel: Integrierte Sanierung, in: vdw Verband der Wohnungswirtschaft in Niedersachsen und Bremen e.V. (Management, 1998), S. 46-49.

Kumar, B.N./Haussmann, H. (Hrsg.) [Unternehmenstätigkeit, 1992]: Handbuch der internationalen Unternehmenstätigkeit, München 1992.

Kuß, A. [Käuferverhalten, 1991]: Käuferverhalten, Stuttgart 1991.

Kutschker, M. [Eigentumsstrategie, 1992]: Die Wahl der Eigentumsstrategie der Auslandsniederlassung in kleinen bis mittleren Unternehmen, in: Kumar/Haussmann (Unternehmenstätigkeit, 1992), S. 497-530.

Laakmann, K. [Angebotsprofilierung, 1995]: Marketing von Value-Added Services - ein Beitrag zur Angebotsprofilierung im Wettbewerb, Arbeitspapier Nr. 91 der Wissenschaftlichen Gesellschaft für Marketing und Unternehmensführung e.V., Münster 1995.

Laakmann, K. [Profilierungsinstrument, 1995]: Value-Added Services als Profilierungsinstrument im Wettbewerb - Analyse, Generierung und Bewertung, Wiesbaden 1995.

Laakmann, W. [Vertriebsförderung, 1993]: Vertriebsförderung durch Value added Services, in: Bank und Markt, 22. Jg., Nr. 7, S. 12-16.

Läbe, S./Stolpmann, F.N. [Kundenbindung, 1994]: Service - Wege zu neuen Geschäftspotentialen und höherer Kundenbindung, in: Becker/Lukas (Effizienz, 1994), S. 95-116.

Lachmann, U. [Werbung, 1998]: Erfolgskontrolle der Werbung, in: Reinecke/Tomczak/Dittrich (Marketingcontrolling, 1998), S. 190-198.

378

Laker, M. [Produkt, 1993]: Was darf ein Produkt kosten?, in: Gablers Magazin, 7. Jg., Nr. 3, S. 61-63.

Landesagentur für Struktur und Arbeit (LASA) Brandenburg GmbH (Hrsg.) [Perspektive, 1998]: Tausch- und Barterringe - eine neue Perspektive für die Arbeitsförderung?, LASA-Dokumentation Nr. 6, Potsdam 1998.

Lange, I. [Demand, 1969]: Predicted Demand for Amenities in Apartment Units: A Cross-Sectional Analytic Study, Fullerton, CA 1969.

Langendoen, G. [Amenities, 1994]: Enhancing Your Marketing with High-Tech Amenities, in: Journal of Property Management, Vol. 59, No. 1, S. 32.

LaTour, S.A./Peat, N.C. [Satisfaction, 1979]: Conceptual and Methodological Issues in Consumer Satisfaction Research, in: Association for Consumer Research (Advances, 1979), S. 431-437.

Lavine, B. [Management, 1993]: "State-of-the-Art" Apartment-Management, in: Journal of Property Management, Vol. 58, No. 6, S. 16-18.

LeBlanc, G./Nguyen, N. [image, 1996]: Cues used by customers evaluating corporate image in service firms, in: International Journal of Service Industry Management, Vol. 7, No. 2, S. 44-56.

Legewie, H./Ehlers, W. [Psychologie, 1994]: Knaurs moderne Psychologie, München 1994.

Lehmann, A. [Service, 1992]: Top Service - Top Quality, in: Thexis, 9. Jg., Nr. 1, S. 20-25.

Lehmann, A. [Selbst-Service, 1995]: Service oder Selbst-Service?, in: Bullinger (Dienstleistung, 1995), S. 441-450.

Lehmann, C. [Dienstleistungsservice, 1997]: Der Dienstleistungsservice C. Lehmann, in: Zukunft im Zentrum Service-Gesellschaft für Beschäftigungs- und Qualifizierungsberatung (Hausarbeit, 1997), S. 62-65.

Lehmer, G. [Theorie, 1993]: Theorie des wirtschaftlichen Handelns der privaten Haushalte - Haushaltsproduktion und Informationstechniken im Wechselspiel, Bergisch Gladbach/Köln 1993.

Lehmkuhl, R. [Sozialauftrag, 1990]: Hat die ehemals gemeinnützige Wohnungswirtschaft noch einen Sozialauftrag?, in: Heuer/Nachtkamp (Wohnungspolitik, 1990), S. 31-49.

Lehr, U. [Psychologie, 1996]: Psychologie des Alterns, 8. Aufl., Wiesbaden 1996.

Lersch, P. [Spezifizierung, 1976]: Das Problem der Spezifizierung und Gliederung, in: Thomae (Motivation, 1979), S. 169-174.

Leven, W. [Konstrukt, 1979]: Das Konstrukt "Soziale Schicht" zur Erklärung der Betriebstypenpräferenz von Konsumenten, in: Zeitschrift für Betriebswirtschaft, 49. Jg., Nr. 1, S. 18-38.

Liebe, R. [Wohnung, 1997]: Wohnung, in: Mändle/Galonska (Immobilien, 1997), S. 943-944.

Lienemann, C./Reis, T. [Ansatz, 1996]: Der ressourcenorientierte Ansatz - Struktur und Implikationen für das Dienstleistungsmarketing, in: Wirtschaftswissenschaftliches Studium, 25. Jg., Nr. 5, S. 257-260.

Lienert, G. [Methoden, 1978]: Verteilungsfreie Methoden in der Biostatistik, Bd. II, 2. Aufl., Meisenheim 1978.

Lingenfelder, M./Lauer, A. [Preisagenturen, 1995]: Preisagenturen, in: Die Betriebswirtschaftslehre, 55. Jg., Nr. 6, S. 801-803.

Litke, R. [Apartments, 1995]: Smart Apartments, in: Journal of Property Management, Vol. 60, No. 2, S. 16-20.

Littig, B. [Nutzen, 1997]: "Nutzen statt besitzen", in: Behning (Widersprüche, 1997), S. 171-186.

Litzenroth, H.A. [Verbraucher, 1997]: Dem Verbraucher auf der Spur, in: Marketing-Journal, 30. Jg., Nr. 4, S. 242-244.

Löwenbein, O. [Einkaufsmuster, 1994]: Einkaufsmuster von Einpersonenhaushalten, in: Gräbe (Einpersonenhaushalt, 1994), S. 117-132.

Lohmann, F. [Loyalität, 1997]: Loyalität von Bankkunden - Bestimmungsgrößen und Gestaltungsmöglichkeiten, Wiesbaden 1997.

Loudon, D.L./Della Bitta, A.J. [concepts, 1993]: Consumer behavior - concepts and applications, 4th ed., New York et al. 1993.

Lovelock, C.H. (ed.) [Services, 1991]: Services Marketing, 2nd ed., Englewood Cliffs, NJ 1991.

Lovelock, C.H. [Product plus, 1994]: Product plus: how product + service = competitive advantage, New York et al. 1994.

Lowinski, L. [Grundlagen, 1964]: Grundlagen, Zielsetzungen und Methoden der Wohnungspolitik in der sozialen Marktwirtschaft, Köln 1964.

Luckenbach, H. [Konsumtheorie, 1978]: Neuere Ansätze in der mikroökonomischen Konsumtheorie, in: Bombach/Gahlen/Ott (Theorie, 1978), S. 211-243.

Luckenbach, H. [Zeitallokation, 1978]: Grundlagen der Theorie der Zeitallokation, in: Das Wirtschaftsstudium, 7. Jg., Nr. 1, S. 21-27.

Lüders, M. [Schichten, 1997]: Von Klassen und Schichten zu Lebensstilen und Milieus, in: Zeitschrift für Pädagogik, 43. Jg., Nr. 2, S. 301-320.

Lütge, F. [Wohnungswirtschaft, 1949]: Wohnungswirtschaft, 2. Aufl., Stuttgart 1949.

Lundeen, H.K./Harmon, L.C./McKenna-Harmon, K.M. [Tenant, 1995]: The Tenant Retention Revolution, Chicago 1995.

Machauer, A./Morgner, S. [Segmentierung, 1999]: Neue Wege der Segmentierung von Bankkunden, in: Zeitschrift für Bankrecht und Bankwirtschaft, 11. Jg., Nr. 1, S. 9-19.

Mackscheidt, K. (Hrsg.) [Entwicklungen, 1994]: Entwicklungen in der Wohnungspolitik, Festgabe für Hans Hämmerlein zum 70. Geburtstag, hrsg. im Auftrag des Bundesverbandes Freier Wohnungsunternehmen e.V., Baden-Baden 1994.

Mändle, E. [Grundziele, 1992]: Grundziele von Wohnungsunternehmen: Der Rahmen der strategischen Unternehmensführung, in: Die Wohnungswirtschaft, 45. Jg., Nr. 3, S. 126-128, 132.

Mändle, E. [Wohnungsgenossenschaften, 1997]: Wohnungsgenossenschaften, Begriff und Arten, in: Mändle/Galonska (Immobilien, 1997), S. 976-978.

Mändle, E. [Wohnungsunternehmen, 1997]: Öffentliche Wohnungsunternehmen, in: Mändle/Galonska (Immobilien, 1997), S. 626-627.

Mändle, E./Galonska, J. (Hrsg.) [Immobilien, 1997]: Wohnungs- und Immobilien-Lexikon, Hamburg 1997.

Mäßen, A. [Werbemittelgestaltung, 1998]: Werbemittelgestaltung im vorökonomischen Werbewirkungsprozeß - Metaanalytische Befunde, Wiesbaden 1998.

Mag, W. [Entscheidungstheorie, 1990]: Grundzüge der Entscheidungstheorie, München 1990.

Malcomess, A. [Aufgaben, 1994]: Alte und neue Aufgaben und Ziele für Wohnungs-genossenschaften, Vortragsmanuskript, Forum Wohnungsgenossenschaften, 12.10.1994, Reit im Winkl 1994.

Maleri, R. [Dienstleistungsproduktion, 1973]: Grundzüge der Dienstleistungsproduktion, 1. Aufl., Berlin/Heidelberg/New York 1973.

Maleri, R. [Dienstleistungsproduktion, 1997]: Grundzüge der Dienstleistungsproduktion, 4. Aufl., Berlin et al. 1997.

Mangold, K. (Hrsg.) [Zukunft, 1997]: Die Zukunft der Dienstleistung - Fakten, Erfahrungen, Visionen, Frankfurt am Main 1997.

Mannion, A. [cities, 1992]: All the comforts: Rental 'cities' deliver everything from fax machines to pizzas, in: Chicago Tribune, 14.02.92, S. 16, 25.

Marks, R.B. [Selling, 1988]: Personal Selling - An Interactive Approach, 3rd ed., Boston et al. 1988.

Martin, M. [Zielgruppenbearbeitung, 1993]: Mikrogeographische Marktsegmentierung: Ein Ansatz zur Segmentidentifikation und zur integrierten Zielgruppenbearbeitung, in: Marketing - Zeitschrift für Forschung und Praxis, 15. Jg., Nr. 3, S. 164-180.

Maslow, A. [Motivation, 1954]: Motivation and Personality, New York/Evanston/London 1954.

Mattmüller, R./Killinger, S. [Franchising, 1998]: Filialisierung und Franchising von Dienstleistungsbetrieben - zur Multiplikationseignung unterschiedlicher Dienstleistungs- und Absatzsysteme, in: Meyer (Marketing Bd. 1, 1998), S. 563-588.

Mazanec, J. [Strukturmodelle, 1978]: Strukturmodelle des Konsumverhaltens - Empirische Zugänglichkeit und praktischer Einsatz zur Vorbereitung absatzwirtschaftlicher Positio-nierungs- und Segmentierungsentscheidungen, Wien 1978.

Mazumdar, T. [Orientation, 1993]: A Value-based Orientation to New Product Planning, in: Journal of Consumer Marketing, Vol. 10, No. 1, S. 28-41.

McKenna-Harmon, K./Harmon, L.C. [Apartment, 1993]: Contemporary Apartment Marke-ting: Strategies and Applications, Chicago 1993.

Meffert, H. [Kundendienst, 1982]: Der Kundendienst als Marketinginstrument - Einführung in die Problemkreise des Kundendienst-Managements, in: Meffert (Entwicklungsstand, 1982), S. 1-30.

Meffert, H. (Hrsg.) [Entwicklungsstand, 1982]: Kundendienst-Management: Entwicklungs-stand und Entwicklungsprobleme der Kundendienstpolitik, Frankfurt am Main/Bern 1982.

Meffert, H. [Dienstleistungsunternehmen, 1994]: Marktorientierte Führung von Dienstlei-stungsunternehmen - neuere Entwicklungen in Theorie und Praxis, in: Die Betriebswirt-schaftslehre, 54. Jg., Nr. 4, S. 519-541.

Meffert, H. [Entgegnung, 1995]: Entgegnung zum Beitrag von W.H. Engelhardt/M. Kleinaltenkamp und M. Reckenfelderbäumer "Leistungstypologien als Basis des Marketing", in: Die Betriebswirtschaftslehre, 55. Jg., Nr. 5, S. 678-682.

Meffert, H./Bruhn, M. [Dienstleistungsmarketing, 1997]: Dienstleistungsmarketing, 2. Aufl., Wiesbaden 1997.

Meffert, H./Burmann, C. [Bankbereich, 1996]: Value-added-Services im Bankbereich, in: Bank und Markt, 25. Jg., Nr. 4, S. 26-29.

Meffert, H./Heinemann, G. [Operationalisierung, 1990]: Operationalisierung des Imagetransfers, in: Marketing - Zeitschrift für Forschung und Praxis, 12. Jg., Nr. 1, S. 5-10.

Mehrmann, E. [Metaplan-Technik, 1994]: Moderierte Gruppenarbeit mit Metaplan-Technik, Düsseldorf/Wien 1994.

Meier, U. (Hrsg.) [Oikos, 1997]: Vom Oikos zum modernen Dienstleistungshaushalt - Strukturwandel privater Haushaltsführung, Festschrift für Rosemarie von Schweitzer, Frankfurt am Main/New York 1997.

Meinig, W. [Produktdifferenzierung, 1984]: Produktdifferenzierung durch Dienstleistung: Eine Herausforderung an das Marketing, in: Marktforschung, 28. Jg., Nr. 4, S. 133-142.

Meissner, H.G. [Marketingkonzepte, 1984]: Marketingkonzepte für Gemeinnützige: Probleme und ihre Lösungsansätze, in: Gemeinnütziges Wohnungswesen, 37. Jg., Nr. 2, S. 59f., 62.

Meissner, H.G. [Marketing, 1987]: Marketing für gemeinnützige Wohnungsunternehmen, Stuttgart 1987.

Menge, M. [Marketing, 1996]: Marketing in der Wohnungswirtschaft, in: Die Wohnungswirtschaft, 49. Jg., Nr. 1, S. 30-34.

Menrad, S. [Vollkostenrechnung, 1993]: Vollkostenrechnung, in: Chmielewicz/Schweitzer (Handwörterbuch, 1993), Sp. 2106-2116.

Merkle, L./Zimmermann, K.F. [Kinderbetreuung, 1993]: Kinderbetreuung aus familienökonomischer Sicht, in: Gräbe (Diskurs, 1993), S. 349-370.

Meyer, A. [Produktdifferenzierung, 1985]: Produktdifferenzierung durch Dienstleistungen, in: Marketing - Zeitschrift für Forschung und Praxis, 7. Jg., Nr. 2, S. 99-107.

Meyer, A. [Automatisierung, 1987]: Die Automatisierung und Veredelung von Dienstleistungen - Auswege aus der dienstleistungsinhärenten Produktivitätsschwäche, in: Jahrbuch der Absatz- und Verbrauchsforschung, 33. Jg., Nr. 1, S. 25-46.

Meyer, A. [Lokalisierung, 1989]: Mikrogeographische Marktsegmentierung - Grundlagen, Anwendungen und kritische Beurteilung von Verfahren zur Lokalisierung und gezielten Ansprache von Zielgruppen, in: Jahrbuch der Absatz- und Verbrauchsforschung, 38. Jg., Nr. 4, S. 342-365.

Meyer, A. [Dienstleistungs-Marketing, 1991]: Dienstleistungs-Marketing, in: Die Betriebswirtschaftslehre, 51. Jg., Nr. 2, S. 195-209.

Meyer, A. [Dienstleistungsmarketing, 1994]: Dienstleistungsmarketing - Erkenntnisse und praktische Beispiele, 6. Aufl., München 1994.

Meyer, A. [Grundlagen, 1998]: Dienstleistungs-Marketing: Grundlagen und Gliederung des Handbuchs, in: Meyer (Marketing Bd. 1, 1998), S. 3-22.

Meyer, A. [Kommunikationspolitik, 1998]: Kommunikationspolitik von Dienstleistungs-anbietern: Bedeutung und Gestaltungsbereiche, in: Meyer (Marketing Bd. 2, 1998), S. 1065-1093.

Meyer, A. (Hrsg.) [Marketing Bd. 1, 1998]: Handbuch Dienstleistungs-Marketing, Bd. 1, Stuttgart 1998.

Meyer, A. (Hrsg.) [Marketing Bd. 2, 1998]: Handbuch Dienstleistungs-Marketing, Bd. 2, Stuttgart 1998.

Meyer, A./Blümelhuber, C. [Dienstleister, 1998]: "No Frills" - oder wenn auch für Dienst-leister gilt: "Less is more", in: Meyer (Marketing Bd. 1, 1998), S. 736-750.

Meyer, A./Blümelhuber, C. [Dienstleistungs-Design, 1998]: Dienstleistungs-Design, in: Meyer (Marketing Bd. 1, 1998), S. 911-940.

Meyer, A./Blümelhuber, C. [Kundenbindung, 1998]: Kundenbindung durch Services, in: Bruhn/Homburg (Kundenbindungsmanagement, 1998), S. 189-212.

Meyer, A./Dornach, F. [Kundenbarometer, 1998]: Das Deutsche Kundenbarometer - Qualität und Zufriedenheit, in: Simon/Homburg (Kundenzufriedenheit, 1998), S. 179-200.

Meyer, A./Dullinger, F. [Leistungsprogramm, 1998]: Leistungsprogramm von Dienstlei-stungs-Anbietern, in: Meyer (Marketing Bd. 1, 1998), S. 711-735.

Meyer, A./Ertl, R. [Marktforschung, 1998]: Marktforschung von Dienstleistungsanbietern, in: Meyer (Marketing Bd. 1, 1998), S. 203-246.

Meyer, A./Mattmüller, R. [Qualität, 1987]: Qualität von Dienstleistungen, in: Marketing - Zeitschrift für Forschung und Praxis, 9. Jg., Nr. 3, S. 187-195.

Meyer, A./Oevermann, D. [Kundenbindung, 1995]: Kundenbindung, in: Tietz/Köhler/Zentes (Marketing, 1995), Sp. 1340-1351.

Meyer, A./Streich, K. [Preispolitik, 1998]: Preispolitik für Dienstleistungen, in: Meyer (Marketing Bd. 1, 1998), S. 846-865.

Meyer, A./Westerbarkey, P. [Kundenbeteiligung, 1995]: Bedeutung der Kundenbeteiligung für die Qualitätspolitik von Dienstleistungsunternehmen, in: Bruhn/Stauss (Dienstlei-stungsqualität, 1995), S. 81-103.

Meyer, B. [Dienstleistungen, 1996]: Neue Dienstleistungen in der Wohnungs- und Immo-bilienwirtschaft, in: vdw Verband der Wohnungswirtschaft in Niedersachsen und Bremen e.V. (Dienstleistungsangebote, 1996), S. 5-8.

Meyer, B. [Zukunft, 1996]: Die Zukunft, in: Die Wohnungswirtschaft, 49. Jg., Nr. 9, S. 589-590.

Meyer, B. [Management, 1998]: Soziales Management ist unabdingbar, in: vdw Verband der Wohnungswirtschaft in Niedersachsen und Bremen e.V. (Management, 1998), S. 2-3.

Meyer, S. et al. [Anforderungen, 1999]: Anforderungen der Privathaushalte an Dienst-leistungen, in: Bullinger (Innovation, 1999), S. 224-242.

Meyer, T. [Hausarbeit, 1997]: Hausarbeit als Erwerbsarbeit? Möglichkeiten und Grenzen der Umwandlung von Hausarbeit in bezahlte Dienstleistungen, in: Zukunft im Zentrum Service-Gesellschaft für Beschäftigungs- und Qualifizierungsberatung (Hausarbeit, 1997), S. 15-22.

Meyer, T. [Selbstbedienungsökonomie, 1997]: Wider "Selbstbedienungsökonomie" und "Brotverdienermodell"?, in: Behning (Widersprüche, 1997), S. 189-205.

Meyer, W. [Eigentumsrechte, 1987]: Eigentumsrechte und Güternutzung, in: Heinemann (Soziologie, 1987), S. 97-118.

Michaux, R.L./Kempner, J.L. [Insight, 1995]: New Report Offers Insight to Industry´s Future, in: National Real Estate Investor, Vol. 37, No. 5, S. 26-28.

Ministerium für Wirtschaft und Mittelstand, Technologie und Verkehr des Landes NRW [Dienstleistungen, 1997]: Dienstleistungen für private Haushalte in Nordrhein-Westfalen - Ergebnisse einer Bürgerbefragung, Düsseldorf 1997.

Mitropoulos, S./Siegel, C.-C. [Perspektiven, 1999]: Die Perspektiven des Wohnungsmarktes, in: Der Langfristige Kredit, 50. Jg., Nr. 2, S. 47-50.

Mittermüller, C. [Übertragung, 1995]: Möglichkeiten und Grenzen der Übertragung von neueren Ansätzen des Dienstleistungsmarketing auf Bankleistungen, unveröffentlichte Diplomarbeit, Lehrstuhl Prof. Dr. Süchting, Ruhr-Universität Bochum 1995.

Möbus, M. [Kundenclubs, 1999]: Kundenclubs - ein Mittel zur Steigerung der Kundenbindung?, in: Der Langfristige Kredit, 50. Jg., Nr. 8, S. 280-283.

Mollberg, H. [Messung, 1983]: Problematik einer Messung des Kundenserviceerfolges, Göttingen, Univ., Diss. 1983.

Moritz, K.-H. [Theorie, 1993]: Mikroökonomische Theorie des Haushalts, München/Wien 1993.

Mowen, J.C./Minor, M. [behavior, 1998]: Consumer behavior, 5th ed., Upper Saddle River, NJ et al. 1998.

Müller, H. [Marktsegmentierung, 1994]: Marktsegmentierung im Privatkundengeschäft von Versicherungsunternehmen, Karlsruhe 1994.

Müller, H./Sohn, P. [Unternehmensziele, 1997]: Unternehmensziele in der Wohnungs- und Immobilienwirtschaft, in: Mändle/Galonska (Immobilien, 1997), S. 848-849.

Müller, H.-P./Weihrich, M. [Lebensstil, 1991]: Lebensweise und Lebensstil - Zur Soziologie moderner Lebensführung, in: Vetter (Muster, 1991), S. 89-129.

Müller, S. [Marketing, 1995]: Marketing auf - verhaltenswissenschaftlichen - Abwegen?, in: Bauer/Diller (Wege, 1995), S. 191-217.

Müller, S. [Selbsttäuschung, 1995]: Kundenbefragung: ein Mittel zur Selbsttäuschung?, in: Bank und Markt, 24. Jg., Nr. 12, S. 16-20.

Müller, W./Klein, S. [Preistheorie, 1993]: Grundzüge einer verhaltensorientierten Preistheorie im integrativen Dienstleistungsmarketing - Teil 1: Preisgünstigkeitsurteile, in: Jahrbuch der Absatz- und Verbrauchsforschung, 39. Jg., Nr. 3, S. 261-282.

Müller-Hagedorn, L. [Konsumentenverhalten, 1986]: Das Konsumentenverhalten - Grundlagen für die Marktforschung, Wiesbaden 1986.

Müller-Hagedorn, L. [Weg, 1989]: Konsument 2000 - Auf dem Weg zum homo oeconomicus?, in: Schwarz/Sturm/Klose (Perspektiven, 1989), S. 213-226.

Murfeld, E. (Hrsg.) [Betriebswirtschaftslehre, 1997]: Spezielle Betriebswirtschaftslehre der Grundstücks- und Wohnungswirtschaft, 2. Aufl., Hamburg 1997.

Murray, K.B. [Information, 1991]: A Test of Services Marketing Theory: Consumer Information Acquisition Activities, in: Journal of Marketing, Vol. 55, No. 1, S. 10-25.

Mutz, G.T. [brand, 1996]: Operate like a retailer, think like a brand, in: National Real Estate Investor, Vol. 38, No. 1, S. 28-29.

Naegele, G. [Ungleichheit, 1978]: Soziale Ungleichheit im Alter - Sozialpolitische und sozialgerontologische Aspekte der Einkommenserzielung und -verwendung älterer Menschen, Köln 1978.

Naschold, F./Pröhl, M. (Hrsg.) [Produktivität, 1995]: Produktivität öffentlicher Dienstleistungen, Bd. 2, Dokumentation zum Symposium, Gütersloh 1995.

National Multi Housing Council [Apartment, 1996]: Apartment Living in America, Washington, DC 1996.

Nelson, P. [Information, 1970]: Information and Consumer Behavior, in: Journal of Political Economy, Vol. 78, No. 2, S. 311-329.

Neubauer, W. [Idealtypus, 1993]: Idealtypus und Adäquation des privaten Haushalts in der deutschen amtlichen Statistik, in: Gräbe (Diskurs, 1993), S. 193-226.

Nickols, S./Fox, K.D. [Strategies, 1983]: Buying Time and Saving Time: Strategies for Managing Household Production, in: Journal of Consumer Research, 10. Jg., September 1983, S. 197-208.

Nicosia, F.M. [Consumer, 1966]: Consumer Decision Processes - Marketing and Advertising Implications, Englewood Cliffs, NJ 1966.

Nieschlag, R./Dichtl, E./Hörschgen, H. [Marketing, 1997]: Marketing, 18. Aufl., Berlin 1997.

Nießen, M. [Gruppendiskussion, 1977]: Gruppendiskussion. Interpretative Methodologie - Methodenbegründung - Anwendung, München 1977.

Nitschke, B. [Beziehungsmanagement, 1991]: Bankloyalität und Beziehungsmanagement - ein Vergleich, Diplomarbeit, hrsg. von J. Süchting, Bochum 1991.

Nolte, C. [Senioren, 1996]: Senioren - der neue Markt mit Zukunft?, in: Bank-Information und Genossenschaftsforum, 23. Jg., Nr. 2, S. 2-3.

Nordalm, V. [Gewerbe, 1996]: Dienstleistungen für Gewerbe und Kommunen, in: vdw Verband der Wohnungswirtschaft in Niedersachsen und Bremen e.V. (Dienstleistungs-angebote, 1996), S. 81-88.

Nordalm, V. [Mieterselbstverwaltung, 1997]: Mietermitwirkung und Mieterselbstverwaltung, in: Mändle/Galonska (Immobilien, 1997), S. 578-579.

Novy, K. (Hrsg.) [Theorie, 1985]: Wohnungswirtschaft jenseits reiner ökonomischer Theorie, Bochum 1985.

Nowak, D./Plöger, W. [Lebensweltforschung, 1997]: Lebensweltforschung: ein Ansatz auch für Banken?, in: Bank und Markt, 26. Jg., Nr. 2, S. 32-35.

o.V. [Resident, 1991]: A Preferred Resident Club, in: Journal of Property Management, Vol. 56, No. 3, S. 12.

o.V. [Amenity, 1995]: Amenity Watch: What's in, what's out in new construction, in: Apart-ment Management Newsletter, Vol. 19, No. 5, S. 7-8.

o.V. [Automation, 1995]: SmartHouse Project Sets Stage For Future Home Automation, in: Housing Market ReportNo. 5/1995, S. 4-5.

o.V. [Future, 1995]: "Future Seniors", in: Marketing-Journal, 28. Jg., Nr. 4, S. 230-235.

o.V. [Kurs-Pfleger, 1995]: Der Kurs-Pfleger, in: Manager-Magazin, 25. Jg., Nr. 5, S. 222-231.

o.V. [Ausland, 1996]: Das Lächeln im Ausland, in: iwd Informationsdienst des Instituts der deutschen Wirtschaft, 22. Jg., Nr. 50, S. 8.

o.V. [Herausforderungen, 1996]: Neue Herausforderungen - 50 Jahre Arbeitsgemeinschaft Schleswig-Holsteinischer Wohnungsunternehmen, in: Deutsche Sparkassenzeitung, Nr. 84 vom 29.10.96, S. 5.

o.V. [Senioren-Kaufkraft, 1996]: Senioren-Kaufkraft: Meistens gut gepolstert, in: iwd Informationsdienst des Instituts der deutschen Wirtschaft, 22. Jg., Nr. 3, S. 8.

o.V. [Alter, 1997]: Keine Angst vor dem Alter, in: Handelsblatt, Nr. 148/1997 vom 5.08.97, S. 17.

o.V. [Mieterbeiräte, 1997]: Mieterbeiräte, in: Mändle/Galonska (Immobilien, 1997), S. 574-575.

o.V. [Schalteröffnungszeiten, 1997]: Verlängerte Schalteröffnungszeiten: Dabeisein ist vorerst alles, in: Bank und Markt, 26. Jg., Nr. 1, S. 5-11.

o.V. [Servicewüste, 1997]: Feldzug gegen die Servicewüste, Sonderbeilage "Technologie - Kommunikation - Dienstleistungen", in: Deutsche Sparkassenzeitung, Nr. 95 vom 9.12.97, S. XII.

o.V. [Stellung, 1997]: Wohnungsunternehmen, Stellung in der Gesamtwirtschaft, in: Mändle/ Galonska (Immobilien, 1997), S. 1010.

o.V. [Umsetzung, 1997]: Zweiter Schritt zur Umsetzung der Wohnwertbezogenen Nutzungsgebühr, in: Hauszeitung - Mitteilungsblatt für die Bewohner der Freien Scholle, o.Jg., Nr. 38, Dezember 1997, S. 2-5.

o.V. [Untreue, 1997]: Skandal wegen Untreue, in: HandelsblattNr. 120, S. 17.

o.V. [Wohnungsunternehmen, 1997]: "Bau- und Wohnungsunternehmen müssen sich umorientieren", in: Die Wohnungswirtschaft, 50. Jg., Nr. 7, S. 402-404.

o.V. [Concierge-Projekt, 1998]: Concierge-Projekt der Deutschen BauBeCon in Emden, in: vdw Verband der Wohnungswirtschaft in Niedersachsen und Bremen e.V. (Management, 1998), S. 28-29.

o.V. [Dienst, 1998]: Der soziale Dienst bei der GSG Oldenburg, in: vdw Verband der Wohnungswirtschaft in Niedersachsen und Bremen e.V. (Management, 1998), S. 34-35.

o.V. [Mieter, 1998]: Veba soll Mieter jahrelang betrogen haben, in: Westdeutsche Allgemeine Zeitung, Nr. 276 vom 23.11.98, o.S.

o.V. [Nutzungsgebühr, 1998]: Wohnwertbezogene Nutzungsgebühr kommt, in: Hauszeitung - Mitteilungsblatt für die Bewohner der Freien Scholle, o.Jg., Nr. 39, Juni 1998, S. 3.

o.V. [Rufen, 1998]: Rufen Sie uns an!, in: Veba Immobilien-Magazin, o.Jg., November 1998, S. 6-7.

o.V. [Veba-Tochter, 1998]: Die neue Veba-Tochter stellt sich vor, in: Immobilien Zeitung, Nr. 12 vom 5.06.98, S. 3.

o.V. [Wohnstandort, 1998]: Wohnstandort City beliebter, in: Immobilien Zeitung, Nr. 22 vom 22.10.98, S. 3.

o.V. [Wohnungen, 1998]: Nachgefragt werden kleine Wohnungen, in: Frankfurter Allgemeine Zeitung, Nr. 139 vom 19.06.98, Beilage „Immobilienstandort Neue Bundesländer und Berlin", S. V3.

o.V. [Betriebskosten, 1999]: Betriebskosten: Streit mit den Mietern geschlichtet, in: kurier - Zeitschrift für Mitarbeiter der Raab Karcher AG - Veba Immobilien Management, o.Jg., Nr. 4, April 1999, S. 18.

o.V. [Entscheidung, 1999]: "Die Entscheidung fällt im Bestand", in: Immobilien Zeitung, Nr. 5 vom 25.02.99, S. 3.

o.V. [Handwerksleistungen, 1999]: Hol' Harry vermittelt Handwerksleistungen aus einer Hand, in: Frankfurter Allgemeine Zeitung, Nr. 131 vom 10.06.99, S. 23.

o.V. [Haushalt, 1999]: Nur verheiratete Männer bemühen sich im Haushalt, in: Frankfurter Allgemeine Zeitung, Nr. 50 vom 1.03.99, S. 15.

o.V. [Immobilienkonzern, 1999]: Der größte deutsche Immobilienkonzern heißt künftig Viterra, in: Frankfurter Allgemeine Zeitung, Nr. 99 vom 29.04.99, S. 17.

o.V. [Internetadressen, 1999]: Internetadressen der Wohnungswirtschaft, in: Die Wohnungs- wirtschaft, 52. Jg., Nr. 6, S. 86-88.

o.V. [Marktführerschaft, 1999]: Wachsen und Werte schaffen durch Marktführerschaft in Kerngeschäften, in: Die Wohnungswirtschaft, 52. Jg., Nr. 6, S. 60.

o.V. [Preisunterschiede, 1999]: Bei gleicher Leistung hohe Preisunterschiede ermittelt, in: Frankfurter Allgemeine Zeitung, Nr. 88 vom 16.04.99, S. 67.

o.V. [Telekom, 1999]: "Auf jeden Fall werden wir immer billiger als die Telekom sein", in: Immobilien Zeitung, Nr. 6 vom 11.03.99, S. 15.

o.V. [Unternehmer, 1999]: Viele Unternehmer denken noch provinziell, in: Frankfurter Allgemeine Zeitung, Nr. 101 vom 3.05.99, S. 31.

o.V. [Verfall, 1999]: Herzog warnt vor sozialem Verfall der Großsiedlungen, in: Frankfurter Allgemeine Zeitung, Nr. 105 vom 7.05.99, S. 1.

o.V. [Zukunft, 1999]: "Gemeinsam in eine gute Zukunft", in: kurier - Zeitschrift für Mit- arbeiter der Raab Karcher AG - Veba Immobilien Management, o.Jg., Nr. 4, April 1999, S. 4-8.

Ochipinti Zaner, L. [Trends, 1995]: What´s New in Multifamily Housing Trends, in: Urban Land, Vol. 54, No. 11, S. 27-31.

Österreichische Akademie der Wissenschaften (Hrsg.) [Sitzungsberichte, 1974]: Sitzungs- berichte, 294. Bd., Wien 1974.

Oettle, K. [Wohnung, 1987]: Die Wohnung als wirtschaftliches Gut, in: , S. 235-259.

Oettle, K. [Wohnungswirtschaft, 1996]: Die Wohnungswirtschaft - in den deutschen Wirt- schafts- und Sozialwissenschaften vernachlässigt, in: Jenkis (Kompendium, 1996), S. 3-22.

Offe, C./Heinze, R.G. [Eigenarbeit, 1990]: Organisierte Eigenarbeit - Das Modell Koopera- tionsring, Frankfurt am Main/New York 1990.

Offe, C./Heinze, R.G. (Hrsg.) [Formen, 1990]: Formen der Eigenarbeit, Opladen 1990.

Olesch, G. [Kooperation, 1995]: Kooperation, in: Tietz/Köhler/Zentes (Marketing, 1995), Sp. 1273-1284.

Oliver, R.L./DeSarbo, W. [Determinants, 1988]: Response Determinants in Satisfaction Judgments, in: Journal of Consumer Research, Vol. 14, No. 4, S. 495-505.

Olk, T./Heinze, R.G./Wohlfahrt, N. [Produktion, 1991]: Zur Produktion sozialer Dienste in privaten Haushalten, in: Gräbe (Wirtschaftsfaktor, 1991), S. 153-172.

Onkvisit, S./Shaw, J.J. [Strategy, 1994]: Consumer Behavior - Strategy and Analysis, New York et al. 1994.

Opaschowski, H.W. [Deutschen, 1997]: Was den Deutschen wichtig wird, in: Marketing-Journal, 30. Jg., Nr. 5, S. 40-42.

Opaschowski, H.W. [Alten, 1998]: Was ist neu an den „Neuen Alten"?, in: Marketing-Journal, 31. Jg., Nr. 3, S. 164-166.

Ophem, J. van [Risiken, 1998]: Neue Risiken und Chancen verschiedener Haushaltsformen in Westeuropa, in: Richarz (Postmoderne, 1998), S. 121-147.

Ory, M.G./Duncker, A.P. (eds.) [In-Home Care, 1992]: In-Home Care Older People: Health and Supportive Services, Newbury Park/London/New Delhi 1992.

Ott, N. [Beruf, 1997]: Beruf, Kinder, Familie - ein Spannungsfeld aus ökonomische Sicht, in: Behning (Widersprüche, 1997), S. 41-66.

Ott, N. [Eigenproduktion, 1997]: Eigenproduktion versus Dienstleistung im Haushalt - Zum ökonomischen Wert der Hausarbeit, in: Zukunft im Zentrum Service-Gesellschaft für Beschäftigungs- und Qualifizierungsberatung (Hausarbeit, 1997), S. 27-37.

Ott, V./Sperrhacke, V. [Betreuungsansätze, 1995]: Betreuungsansätze im Seniorenmarkt, in: Sparkasse, 112. Jg., Nr. 2, S. 67-71.

Ouchi, W.G. [Clans, 1980]: Markets, Bureaucracies, and Clans, in: Administrative Science Quarterly, Vol. 25, No. 1, S. 129-141.

Palmer, A./Cole, C. [Services, 1995]: Services Marketing: Principles ans Practice, Englewood Cliffs, NJ 1995.

Pastalan, L.A. (ed.) [Optimizing Housing, 1990]: Optimizing Housing for the Elderly: Homes not Houses, New York/London 1990.

Paul, M. [Dienstleistungen, 1998]: Preis- und Kostenmanagement von Dienstleistungen im Business-to-Business-Bereich, Wiesbaden 1998.

Paul, M./Paul, S. [Illoyalität, 1997]: Kunden-Illoyalität als strategische Chance im Privatkundengeschäft, in: Österreichisches Bank-Archiv, 45. Jg., Nr. 11, S. 875-890.

Paul, M./Reckenfelderbäumer, M. [Kostenmanagement, 1995]: Preispolitik und Kosten-management - neue Perspektiven unter Berücksichtigung von Immaterialität und Integra-tivität, in: Kleinaltenkamp (Dienstleistungsmarketing, 1995), S. 225-260.

Paul, S. [Bankenintermediation, 1994]: Bankenintermediation und Verbriefung - Neue Chan-cen und Risiken für Kreditinstitute durch Asset Backed Securities?, Wiesbaden 1994.

Paun, D. [Products, 1993]: When to Bundle or Unbundle Products, in: Industrial Marketing Management, Vol. 22, No. 1, S. 29-34.

Payne, A. [services, 1993]: The essence of services marketing, Englewood Cliffs, NJ 1993.

Pedersen, A. [Hause, 1998]: Wie zu Hause, in: Wirtschaftswoche, o.Jg., Nr. 17/1998, S. 200-201.

Pelzl, W. [Strategien, 1990]: Strategien für Wohnungsgenossenschaften in der Dynamik des Marktes, in: Zeitschrift für das gesamte Genossenschaftswesen?, 40. Jg., S. 41-55.

Pepels, W. [Käuferverhalten, 1995]: Käuferverhalten und Marktforschung - eine praxisorientierte Einführung, Stuttgart 1995.

Pepels, W. [Preismanagement, 1998]: Einführung in das Preismanagement, München/Wien 1998.

Peppers, D./Rogers, M. [Strategien, 1996]: Strategien für ein individuelles Kundenmarketing - Die 1:1-Zukunft, München 1996.

Peter, J.P./Olson, J.C. [Marketing, 1996]: Consumer Behavior and Marketing Strategy, 4th ed., Chicago et al. 1996.

Peter, S.I. [Kundenbindung, 1997]: Kundenbindung als Marketingziel: Identifikation und Analyse zentraler Determinanten, Wiesbaden 1997.

Petersson, K. [Nebenwährung, 1990]: Nebenwährung als Sozialvertrag: Kanadische Erfahrungen mit dem "Local Employment and Trading System" (LETS), in: Offe/Heinze (Formen, 1990), S. 147-158.

Petri, C./Franck, J. [Unfreiheit, 1995]: "Marketing der Unfreiheit", in: Absatzwirtschaft, 38. Jg., Sondernr. Oktober 1995, S. 42-52.

Petzina, D. (Hrsg.) [Geschichte, 1991]: Zur Geschichte der Ökonomik der Privathaushalte, Berlin 1991.

Pfeuffer, W. [Mieter, 1999]: Der Mieter wird König, in: Die Wohnungswirtschaft, 52. Jg., Nr. 7, S. 36-38.

Pfitzenreuther, K. [Dienstleistungen, 1996]: Soziale und Kulturelle Dienstleistungen, in: vdw Verband der Wohnungswirtschaft in Niedersachsen und Bremen e.V. (Dienstleistungsangebote, 1996), S. 43-55.

Picot, A. [Leistungstiefe, 1991]: Ein neuer Ansatz zur Gestaltung der Leistungstiefe, in: zfbf Schmalenbachs Zeitschrift für betriebswirtschaftliche Forschung, 43. Jg., Nr. 4, S. 336-357.

Picot, A. [Internet, 1999]: Das Internet schafft neue Spielregeln für den Wettbewerb, in: Frankfurter Allgemeine Zeitung, Nr. 44 vom 22.02.1999, S. 28.

Picot, A./Dietl, H. [Transaktionskostentheorie, 1990]: Transaktionskostentheorie, in: Wirtschaftswissenschaftliches Studium, 19. Jg., Nr. 4, S. 178-183.

Picot, A./Hardt, P. [Entscheidungen, 1998]: Make-or-Buy-Entscheidungen, in: Meyer (Marketing Bd. 1, 1998), S. 625-646.

Pieper, R./Rosenkranz, D./Buba, H.P. [Wohnzufriedenheit, 1996]: Produkt Wohnzufriedenheit - Eine Studie zur Wohnzufriedenheit von Mietern der St. Joseph-Stiftung Bamberg, in: Zeitschrift der Wohnungswirtschaft in Bayern, 86. Jg., Nr. 4, S. 170-176.

Piorkowsky, M.-B. [Bevölkerung, 1994]: Bevölkerung und Private Haushalte, in: Hesse (Strukturen, 1994), S. 9-43.

Pistorius, M. [Betriebskostenabrechnung, 1997]: Die Betriebskostenabrechnung, in: Die Wohnungswirtschaft, 50. Jg., Nr. 9, S. 586-588.

Plinke, W. [Ausprägungen, 1992]: Ausprägungen der Marktorientierung im Investitionsgüter-Marketing, in: zfbf Schmalenbachs Zeitschrift für betriebswirtschaftliche Forschung, 44. Jg., Nr. 9, S. 830-846.

389

Plinke, W./Söllner, A. [Abhängigkeitsbeziehungen, 1998]: Kundenbindung und Abhängigkeitsbeziehungen, in: Bruhn/Homburg (Kundenbindungsmanagement, 1998), S. 55-79.

Pöhlmann, K./Hofer, J. [Pflegebedarf, 1997]: Ältere Menschen mit Hilfe- und Pflegebedarf: Instrumentelle Unterstützung durch Hauptpflegepersonen und professionelle Hilfsdienste, in: Zeitschrift für Gerontologie und Geriatrie, 30. Jg., Nr. 5, S. 381-388.

Pohl, F. [Marktsegmentierung, 1977]: Marktsegmentierung mit multivariaten Verfahren, Münster, Univ., Diss. 1977.

Pohl, H. [Vorträge, 1995]: Einführung in die Vorträge, in: Verband rheinischer und westfälischer Wohnungsunternehmen e.V. (Marktforschung, 1995), S. 3-8.

Polan, R. [Meßkonzept, 1995]: Ein Meßkonzept für die Bankloyalität: Investitionen in Bank/Kunde-Beziehungen unter Risikoaspekten, Wiesbaden 1995.

Pollak, R.A. [Households, 1985]: A Transaction Cost Approach to Families and Households, in: Journal of Economic Literature, 23. Jg., S. 581-608.

Porter, D.R. [Developing, 1995]: Developing Housing for Seniors, in: Urban Land, Vol. 54, No. 2, S. 17-22.

Porter, M.E. [Wettbewerbsstrategie, 1999]: Wettbewerbsstrategie - Methoden zur Analyse von Branchen und Konkurrenten, 10. Aufl., Frankfurt am Main/New York 1999.

Prahalad, C.K./Hamel, G. [Competence, 1990]: The Core Competence of the Corporation, in: Harvard Business Review, Vol. 68, No. 3, S. 79-91.

Priemer, V.M. [Bundling, 1995]: "Bundling": Begriff, Formen und Zielsetzungen einer Strategie in Theorie und Praxis, Forschungsbericht Nr. 3, Institut für BWL, Lehrstuhl für Marketing, Wien 1995.

Quantitative Micro Software [EViews, 1997]: EViews User's Guide, Irvine, CA 1997.

Raab Karcher AG - Veba Immobilien Management [Geschäftsbericht, 1999]: Geschäftsbericht 1998, Essen 1999.

Raffeé, H./Fritz, W./Wiedmann, P. [Marketing, 1994]: Marketing für öffentliche Betriebe, Stuttgart/Berlin/Köln 1994.

Ramaswamy, R. [Designing, 1999]: Keeping Customers for Life - Designing Services that Delight Customers, in: Bullinger (Innovation, 1999), S. 26-40.

Rapin, H. (Hrsg.) [Haushalt, 1990]: Der private Haushalt im Spiegel sozialempirischer Erhebungen, Frankfurt am Main/New York 1990.

Rappaport, A. [Value, 1998]: Creating Shareholder Value, 2nd ed., New York et al. 1998.

Rategan, C. [Amenities, 1991]: Getting the Most from Your Amenities, in: Journal of Property Management, Vol. 56, No. 2, S. 22-26.

Rawert, M. [Dienstleistungen, 1997]: Haushaltsnahe Dienstleistungen - eine europäische Initiative, in: Zukunft im Zentrum Service-Gesellschaft für Beschäftigungs- und Qualifizierungsberatung (Hausarbeit, 1997), S. 5-7.

Reagan, J.H. [Homeowner, 1993]: Homeowner Services: A Cutting-Edge Amenity, in: Urban Land, Vol. 52, No. 8, S. 10.

Reckenfelderbäumer, M. [Dienstleistungsbereich, 1995]: Marketing-Accounting im Dienstleistungsbereich, Wiesbaden 1995.

Reckenfelderbäumer, M. [Leistungsmerkmale, 1995]: Immaterialität und Integrativität als Leistungsmerkmale - kritische Analyse und weiterführende Überlegungen, in: Engelhardt (Leistungstheorie, 1995), S. 1-25.

Reckenfelderbäumer, M. [Sichtweise, 1995]: Potential - Prozeß - Ergebnis: eine neue Sichtweise der "Leistungsdimensionen", in: Engelhardt (Leistungstheorie, 1995), S. 51-69.

Reichheld, F.F./Sasser, W.E. Jr. [Defections, 1990]: Zero Defections: Quality Comes to Services, in: Harvard Business Review, Vol. 68, No. 5, S. 105-111.

Reinecke, S./Tomczak, T./Dittrich, S. (Hrsg.) [Marketingcontrolling, 1998]: Marketingcontrolling, St. Gallen 1998.

Remmerbach, K.-U. [Marketing, 1990]: Value Added Marketing: Mit Dienstleistungen zu mehr Wert, in: Marktforschung & Management, 34. Jg., Nr. 2, S. 56-60.

Richarz, I. [Lebensbedingungen, 1997]: Die Wissenschaft von Oikos, Haus und Haushalt im Kontext sich verändernder Lebensbedingungen, in: Meier (Oikos, 1997), S. 101-131.

Richarz, I. (Hrsg.) [Postmoderne, 1998]: Der Haushalt - Neubewertung in der Postmoderne, Göttingen 1998.

Richter, P.H. [Industrie, 1991]: Die Industrie als Investor in der Wohnungswirtschaft, in: Heuer/Nachtkamp (Aufgaben, 1991), S. 98-115.

Riebel, V. [Struktur, 1993]: Die Struktur der Wohnungsunternehmen - Anpassungsprobleme für erfolgreiche Unternehmensaktvitäten, in: Heuer/Nachtkamp (Gegenwartsfragen, 1993), S. 65-95.

Riebel, V. [Management, 1995]: Soziales Management als Aufgabe für die Wohnungswirtschaft, in: Der Langfristige Kredit, 46. Jg., Nr. 20, S. 683-687.

Rogers, E.M. [Diffusion, 1995]: Diffusion of innovations, 4th ed., New York et al. 1995.

Rohrbach, P. [Einkaufen, 1997]: Interaktives Teleshopping - elektronisches Einkaufen auf dem Informationhighway, Wiesbaden 1997.

Rokeach, M. [Values, 1973]: The Nature of Human Values, New York 1973.

Rosada, M. [Kundendienststrategien, 1990]: Kundendienststrategien im Automobilsektor: Theoretische Fundierung und Umsetzung eines Konzeptes zur differenzierten Vermarktung von Sekundärdienstleistungen, Berlin 1990.

Rosenstiel, L. von/Einsiedler, H.E./Streich, R.K. (Hrsg.) [Herausforderung, 1987]: Wertewandel als Herausforderung für die Unternehmenspolitik, Stuttgart 1987.

Rosenstiel, L. von/Ewald, G. [Marktpsychologie, 1979]: Marktpsychologie, Bd. I: Konsumverhalten und Kaufentscheidung, Stuttgart et al. 1979.

Rosenstiel, L. von/Neumann, P. [Grundlagen, 1998]: Psychologische Grundlagen des Dienstleistungsmarketing, in: Meyer (Marketing Bd. 1, 1998), S. 33-46.

Rotter, J.B. [trust, 1967]: A new scale for the measurement of interpersonal trust, in: Journal of Personality, Vol. 35, No. 4, S. 651-665.

Rück, H.R.G. [Definitionsansatz, 1995]: Dienstleistungen - ein Definitionsansatz auf der Grundlage des "Make or buy"-Prinzips, in: Kleinaltenkamp (Dienstleistungsmarketing, 1995), S. 1-31.

Rügge, I. [Meßlatte, 1996]: Meßlatte, in: Die Wohnungswirtschaft, 49. Jg., Nr. 11, S. 770-776.

Rudolph, J. [Altenpflege, 1999]: "Altenpflege muß an den Markt gehen", in: Frankfurter Allgemeine Zeitung, Nr. 71 vom 25.03.99, S. 14.

Rushton, A.M./Carson, D.J. [Intangibles, 1985]: The Marketing of Services: Managing the Intangibles, in: European Journal of Marketing, Vol. 19, Nr. 3, S. 19-40.

Rust, R.T./Oliver, R.L. (eds.) [Service, 1994]: Service quality: new directions in theory and practice, Thousand Oaks, CA/London/New Delhi 1994.

SAGA Siedlungs-Aktiengesellschaft Hamburg [Umbau, o.J]: Dokumentation 2: Kirchdorf-Süd - Umbau der Häuser Erlerring 8 und 9, Hamburg o.J.

Sagert, C. [Call Center, 1999]: Das Call Center für die Wohnungswirtschaft, in: Die Wohnungswirtschaft, 52. Jg., Nr. 6, S. 62-64.

Samli, A.C. (ed.) [Interface, 1987]: Marketing and the Quality-of-Life Interface, New York/ Westport, CT/London 1987.

Sandler, G.G.R. [Synergie, 1991]: Synergie: Konzept, Messung und Realisation - Verdeutlicht am Beispiel der horizontalen Diversifikation durch Akquisition, Bamberg 1991.

Sasser, W.E./Olsen, R.P./Wyckoff, D.D. [Operations, 1978]: Management of Service Operations: Text, Cases and Readings, Boston et al. 1978.

Satzger, G. [Komplexität, 1997]: Zur Komplexität von Leistungen als Basis von Marketing-Entscheidungen, in: Zeitschrift für Betriebswirtschaft, 67. Jg., Nr. 7, S. 781-784.

Schädlich, M./Kunze, H.J./Bock, W. [Betreuungsleistungen, 1997]: Eigenständiges Wohnen im Alter - Dienst- und Betreuungsleistungen für ältere Menschen, Abschlußbericht, ISW Halle-Leipzip, Halle an der Saale 1997.

Schäfers, B. [Sozialstruktur, 1981]: Sozialstruktur und Wandel der Bundesrepublik Deutschland - ein Studienbuch zu ihrer Soziologie und Sozialgeschichte, 3. Aufl., Stuttgart 1981.

Schäfers, B. (Hrsg.) [Gruppensoziologie, 1999]: Einführung in die Gruppensoziologie - Geschichte, Theorien, Analysen, 3. Aufl., Wiesbaden 1999.

Schäfers, B. [Sozialgebilde, 1999]: Entwicklung der Gruppensoziologie und Eigenständigkeit der Gruppe als Sozialgebilde, in: Schäfers (Gruppensoziologie, 1999), S. 19-36.

Schaninger, C.M. [Class, 1981]: Social Class Versus Income Revisited: An Empirical Investigation, in: Journal of Marketing Research, Vol. 28, May 1981, S. 192-208.

Scharfenorth, K. [Dienstleistungsgesellschaft, 1996]: Die Dienstleistungsgesellschaft: Beschäftigungsoase oder Sackgasse?, Vortragsmanuskript vom 28.11.96, Tagung "Arbeitsmarkt für Frauen in der Stadt Oldenburg", Online im Internet: AVL: URL: http://iat-info.iatge.de/ds/sonstig/diegese1.html (22.1.99).

Scharlau, H. [Unternehmensgliederung, 1996]: Betriebswirtschaftliche und steuerliche Überlegungen und Perspektiven zur Unternehmensgliederung in Wohnungsgenossenschaften, Arbeitspapiere des Instituts für Genossenschaftswesen der Universität Münster, Nr. 13, Münster 1996.

Scharpf, F.W. [Strukturen, 1986]: Strukturen der postindustriellen Gesellschaft, in: Soziale Welt, 37. Jg., Nr. 1, S. 3-24.

Schauenburg, R. [Wohnungsunternehmen, 1963]: Die Wohnungswirtschaft im Aspekt der freien Wohnungsunternehmen, in: Schneider (Standortbestimmung, 1963), S. 38-62.

Schauerte, M. et al. [Erkenntnisse, 1996]: Wertvolle Erkenntnisse - Mehr Mieternähe durch Wohnzufriedenheitsstudie, in: Die Wohnungswirtschaft, 49. Jg., Nr. 3, S. 208-212.

Scheuch, E.K./Daheim, H. [Schichtung, 1974]: Sozialprestige und soziale Schichtung, in: Glass/König (Mobilität, 1974), S. 65-103.

Scheuch, F. [Dienstleistungsmarketing, 1982]: Dienstleistungsmarketing, München 1982.

Scheuch, F. [Marketing, 1996]: Marketing, 5. Aufl., München 1996.

Scheuch, F. [Entscheidungen, 1998]: Distributionspolitische Entscheidungen für Dienstleistungen, in: Meyer (Marketing Bd. 1, 1998), S. 941-954.

Scheuch, F./Haseneuer, R. [Leistung, 1969]: Leistung - Dienstleistung - Dienstleistungsbetrieb, in: Jahrbuch der Absatz- und Verbrauchsforschung, 15. Jg., Nr. 2, S. 125-134.

Schierenbeck, H. [Betriebswirtschaftslehre, 1998]: Grundzüge der Betriebswirtschaftslehre, 13. Aufl., München/Wien 1998.

Schiffman, L.G./Kanuk, L.L. [Behavior, 1994]: Consumer Behavior, 5th ed., Englewood Cliffs, NJ 1994.

Schlich, H. [Wohnung, 1994]: Wohnung - ein knappes Konsumgut in der Wohlstandsgesellschaft, in: Mackscheidt (Entwicklungen, 1994), S. 197-206.

Schlittgen, R. [Statistik, 1998]: Einführung in die Statistik - Analyse und Modellierung von Daten, 8. Aufl., München/Wien 1998.

Schmähl, W. [Pflegebedürftigkeit, 1998]: Pflegebedürftigkeit in Deutschland: Zahl der Pflegefälle und familiale Versorgungspotentiale - Ausgangslage und Perspektiven für die Zukunft, in: Zeitschrift für die gesamte Versicherungswissenschaft, 87. Jg., Nr. 1, S. 1-26.

Schmalen, H. [Preispolitik, 1995]: Preispolitik, 2. Aufl., Stuttgart/Jena 1995.

Schmidt, K. [Betrieb, 1958]: Der wohnungswirtschaftliche Betrieb, Berlin 1958.

Schmidt, K. [Services, 1997]: "Value-added Services", in: Marketing-Journal, 30. Jg., Nr. 1, S. 54-57.

Schmitt, A. [Transparenz, 1992]: Transparenz mit Prozesskostenrechnung, in: io Management Zeitschrift, 61. Jg., Nr. 7/8, S. 44-48.

Schmitt, W. [Förderauftrag, 1996]: Der baugenossenschaftliche Förderauftrag, in: Die Wohnungswirtschaft, 49. Jg., Nr. 5, S. 330-334.

Schmitz, G. [Qualitätsmanagement, 1996]: Qualitätsmanagement im Privatkundengeschäft von Banken, Wiesbaden 1996.

Schmitz-Scherzer, R. et al. [Ressourcen, 1994]: Ressourcen älterer und alter Menschen, hrsg. vom Bundesministerium für Familie, Senioren, Frauen und Jugend, Stuttgart/Berlin/Köln 1994.

Schnapp, M. [Besteuerung, 1994]: Besteuerung der Immobilie und der Immobilienwirtschaft, in: Kühne-Büning/Heuer (Grundlagen, 1994), S. 623-743.

Schneekloth, U. et al. [Pflegebedürftige, 1996]: Hilfe- und Pflegebedürftige in privaten Haushalten, hrsg. vom Bundesministerium für Familie, Senioren, Frauen und Jugend, Stuttgart/Berlin/Köln 1996.

Schneider, D. [Betriebswirtschaftslehre, 1995]: Betriebswirtschaftslehre, Bd. 1 - Grundlagen, 2. Aufl., München/Wien 1995.

Schneider, E. [Wohnungsunternehmen, 1997]: Wohnungsunternehmen, kirchliche, in: Mändle/Galonska (Immobilien, 1997), S. 1007-1008.

Schneider, H.-D. [Kleingruppenforschung, 1985]: Kleingruppenforschung, 2. Aufl., Stuttgart 1985.

Schneider, H.K. (Hrsg.) [Standortbestimmung, 1963]: Zur Standortbestimmung der Wohnungswirtschaft, Köln 1963.

Schneider, M. [Innovation, 1999]: Innovation von Dienstleistungen - Organisation von Innovationsprozessen in Universalbanken, Wiesbaden 1999.

Schneider, N.F./Rosenkranz, D./Limmer, R. [Lebensformen, 1998]: Nichtkonventionelle Lebensformen. Entstehung - Entwicklung - Konsequenzen, Opladen 1998.

Schneiders, K. [Diskussion, 1996]: Diskussion (zum Vortrag "Technische Dienstleistungen"), in: vdw Verband der Wohnungswirtschaft in Niedersachsen und Bremen e.V. (Dienstleistungsangebote, 1996), S. 78-80.

Schneiders, K. [Resumé, 1996]: Resumé, in: vdw Verband der Wohnungswirtschaft in Niedersachsen und Bremen e.V. (Dienstleistungsangebote, 1996), S. 110-113.

Schnell, R. [Datenanalyse, 1994]: Graphisch gestützte Datenanalyse, München/Wien 1994.

Schnell, R./Hill, P.B./Esser, R. [Sozialforschung, 1999]: Methoden der empirischen Sozialforschung, 6. Aufl., München/Wien 1999.

Schnittka, M./Stauder, T. [Ablauf, 1995]: Leistungsdimensionen und zeitlicher Ablauf der Leistungserstellung: Entwicklung eines Leistungsmodells, in: Engelhardt (Leistungstheorie, 1995), S. 71-83.

Schnitzler, L. [Kunde, 1996]: Kunde als König, in: Wirtschaftswoche, o.Jg., Nr. 43/1996, S. 86-94.

Schönberger, K. et al. [Alter, 1997]: Besser Wohnen und Leben im Alter - 10 Wohnformen im Vergleich, München 1997.

Schöne, B. [Shareholder, 1999]: Shareholder value - oder was?, in: Die Wohnungswirtschaft, 52. Jg., Nr. 6, S. 1-2.

Schönrock, A. [Leistungsmix, 1982]: Die Gestaltung des Leistungsmix im marktorientierten Kundendienst, in: Meffert (Entwicklungsstand, 1982), S. 81-112.

Schröbel, J. [Tauschring, 1998]: Das Gemeinschaftsbüro Innovation Barter im Hochschwarzwald - ein privater Tauschring, ein gewerblicher Tauschring und 'Vermittlungen aller Art', in: Landesagentur für Struktur und Arbeit (LASA) Brandenburg GmbH (Perspektive, 1998), S. 47-51.

Schubert, H.J. [Hilfenetze, 1990]: Wohnsituation und Hilfenetze im Alter, in: Zeitschrift für Gerontologie und Geriatrie, 23. Jg., Nr. 1, S. 12-22.

Schürmann, P. [Werte, 1988]: Werte und Konsumverhalten - eine empirische Untersuchung zum Einfluß von Werthaltungen auf das Konsumverhalten, München 1988.

Schulz, R. [Kaufentscheidungsprozesse, 1972]: Kaufentscheidungsprozesse des Konsumenten, Wiesbaden 1972.

Schulz-Borck, H./Cecora, J. [Tätigkeit, 1985]: Zur informellen Tätigkeit von Mitgliedern privater Haushalte, in: Hauswirtschaft und Wissenschaft, 33. Jg., Nr. 3, S. 133-139.

Schumacher, H. [dekadent, 1996]: Echt dekadent, in: Wirtschaftswoche, o.Jg., Nr. 48/1996, S. 96.

394

Schute, G. [Vertrauen, 1998]: Veba bittet ihre 130000 Mieter um Vertrauen, in: Westdeutsche Allgemeine Zeitung, Nr. 298 vom 18.12.98, o.S.

Schwaiger, M. [Stichprobenverfahren, 1995]: Finanzielle Konsequenzen des Einsatzes neuerer Stichprobenverfahren, in: Marketing - Zeitschrift für Forschung und Praxis, 17. Jg., Nr. 4, S. 259-263.

Schwartz, K. [office, 1994]: Systems support: Managing a home office - for 500 apartments, in: Chicago Tribune, 21.01.94, S. 34.

Schwarz, C./Sturm, F./Klose, W. (Hrsg.) [Perspektiven, 1989]: Marketing 2000 - Perspektiven zwischen Theorie und Praxis, 2. Aufl., Wiesbaden 1989.

Schwarz, N. [Haushaltsproduktion, 1997]: Der Wert der Haushaltsproduktion, in: Zukunft im Zentrum Service-Gesellschaft für Beschäftigungs- und Qualifizierungsberatung (Hausarbeit, 1997), S. 23-26.

Schweiger, G. [Imagetransfer, 1982]: Imagetransfer, in: Marketing-Journal, 15. Jg., Nr. 4, S. 321-322.

Schweiger, G./Schrattenecker, G. [Werbung, 1995]: Werbung - Eine Einführung, 4. Aufl., Stuttgart/Jena 1995.

Seebald, B. [Wohnungsverteiler, 1998]: Vom Wohnungsverteiler zum Dienstleister, in: Die Wohnungswirtschaft, 51. Jg., Nr. 2, S. 22-23.

Seeger, H.R.T. [Wahlzyklus, 1995]: Wohnungswirtschaft im Wahlzyklus der Politik, Sinzheim 1995.

Seel, B. [Ökonomik, 1991]: Ökonomik des privaten Haushalts, Stuttgart 1991.

Seel, B. [Haushaltsarbeit, 1994]: Haushaltsarbeit aus haushaltsökonomischer Sicht, in: Hesse (Strukturen, 1994), S. 141-173.

Seitz, J./Stickel, E. [Database, 1997]: Database Marketing in der Kreditwirtschaft, in: Die Bank, o.Jg., Nr. 2/1997, S. 94-100.

Selle, K. [Orientierung, 1994]: Orientierung durch Rückbesinnung: Ausblicke auf die Wohnungsgemeinnützigkeit, in: Allbau Allgemeiner Bauverein Essen AG (Wohnen, 1994), S. 121-175.

ServiceMaster Company [Investor, 1999]: Investor Information, Online im Internet: AVL: URL: http://www.svm.com/finance/Business_summary.htm (3.6.99).

ServiceMaster Company [Welcome, 1999]: Welcome to ServiceMaster, Online im Internet: AVL: URL: http://www.svm.com/svm.htm (3.6.99).

Shapiro, C. [Premiums, 1983]: Premiums for high quality products as returns to reputations, in: Quarterly Journal of Economics, Vol. 98, No. 4, S. 659-679.

Shashaty, A. [Marketing, 1991]: Marketing Housing to an Aging Population, Washington, DC 1991.

Sherrod, P. [Spillover, 1992]: Spillover: Party room evolving from amenity to necessity, in: Chicago Tribune, 21.08.92, S. 14, 22, 33.

Sheth, J.N./Parvatiyar, A. [Consequences, 1995]: Relationship Marketing in Consumer Markets: Antecedents and Consequences, in: Journal of the Academy of Marketing Science, Vol. 23, No. 4, S. 255-271.

Shostack, G.L. [marketing, 1977]: Breaking free from product marketing, in: Journal of Marketing, Vol. 41, No. 2, S. 73-80.

Shostack, G.L./Kingman-Brundage, J. [Service, 1991]: How to Design a Service, in: Congram/Friedman (handbook, 1991), S. 243-261.

Sievert, O./Naust, H./Häring, N. [Reformbedarf, 1990]: Reformbedarf für die Wohnungsgemeinnützigkeit: Veröffentlichung des Gutachtens "Wohnungsgemeinnützigkeit, Kostenmiete und steuerliche Bedingungen im Wohnungsbau", Stuttgart/Berlin/Köln 1990.

Silberer, G. [Werteforschung, 1991]: Werteforschung und Werteorientierung im Unternehmen, Stuttgart 1991.

Simon, H. [Zeit, 1989]: Die Zeit als strategischer Erfolgsfaktor, in: Zeitschrift für Betriebswirtschaft, 59. Jg., Nr. 1, S. 70-93.

Simon, H. [Preismanagement, 1992]: Preismanagement: Analyse - Strategie - Umsetzung, 2. Aufl., Wiesbaden 1992.

Simon, H. (Hrsg.) [Dienstleistungen, 1993]: Industrielle Dienstleistungen, Stuttgart 1993.

Simon, H. [Wettbewerbsstrategie, 1993]: Industrielle Dienstleistung und Wettbewerbsstrategie, in: Simon (Dienstleistungen, 1993).

Simon, H. [Preispolitik, 1994]: Preispolitik für industrielle Dienstleistungen, in: Die Betriebswirtschaftslehre, 54. Jg., Nr. 6, S. 719-737.

Simon, H./Homburg, C. (Hrsg.) [Kundenzufriedenheit, 1998]: Kundenzufriedenheit: Konzepte - Methoden - Erfahrungen, 3. Aufl., Wiesbaden 1998.

Simon, H./Kucher, E. [Preisabsatzfunktionen, 1988]: Die Bestimmung empirischer Preisabsatzfunktionen, in: Zeitschrift für Betriebswirtschaft, 58. Jg., Nr. 1, S. 171-183.

Simon, H./Sebastian, K.-H. [Service, 1995]: Was guten Service ausmacht, in: Gablers Magazin, 9. Jg., Nr. 1, S. 16-19.

Simon, H./Tacke, G./Woscidlo, B. [Kunden, 1998]: Mit einfallsreicher Preispolitik die Kunden binden, in: Harvard Business Manager, 20. Jg., Nr. 2, S. 94-103.

Simon, H./Wuebker, G. [Method, 1999]: Bundling - A Powerful Method to Better Exploit Profit Potential, in: Fuerderer/Herrmann/Wuebker (Bundling, 1999), S. 7-28.

Skinner, B.F. [Wissenschaft, 1973]: Wissenschaft und menschliches Verhalten, München 1973.

Smith, A. [Wohlstand, 1988]: Der Wohlstand der Nationen - Eine Untersuchung seiner Natur und seiner Ursachen, vollständige Ausgabe nach der 5. Auflage (letzter Hand) des Originals, London 1789, 4. Aufl., München 1988.

Smith, C./Johnson, M./Hill, G. [Amenities, 1991]: An Analysis of Demand for Service Amenities, in: Journal of Property Management, Vol. 56, No. 3, S. 10-14.

Smith, C.A./Kroll, M.J. [Analysis, 1987]: An Analysis of Tenant Demand for Amenities, in: Journal of Property Management, Vol. 52, No. 6, S. 14-17.

Sommer, G. [Dienstleistungen, 1997]: Haushaltsnahe Dienstleistungen - gesicherte Fakten gesucht, in: Zukunft im Zentrum Service-Gesellschaft für Beschäftigungs- und Qualifizierungsberatung (Hausarbeit, 1997), S. 9-10.

Specht, G./Wiswede, G. (Hrsg.) [Marketing-Soziologie, 1976]: Marketing-Soziologie - soziale Interaktionen als Determinanten des Marktverhaltens, Berlin 1976.

Specht, U. [Service-Konzepte, 1998]: Marken durch Service-Konzepte stärken: Das Beispiel Women's Net der Schwarzkopf & Henkel Cosmetics, in: Meyer (Marketing Bd. 2, 1998), S. 1373-1383.

Spellerberg, A. [Lebensstil, 1997]: Lebensstil, soziale Schicht und Lebensqualität in West- und Ostdeutschland, in: Aus Politik und Zeitgeschichte, 47. Jg., Nr. 13, S. 25-37.

Spiegel, E. [Wohnen, 1996]: Wohnen und Wohnung als soziologische Kategorie, in: Jenkis (Kompendium, 1996), S. 42-61.

Spiegel-Verlag (Hrsg.) [Soll und Haben, 1996]: Spiegel-Dokumentation: Soll und Haben 4, Hamburg 1996.

Spremann, K. [Reputation, 1988]: Reputation, Garantie, Information, in: Zeitschrift für Betriebswirtschaft, 58. Jg., Nr. 5/6, S. 613-629.

Staehle, W.H. [Management, 1999]: Management - eine verhaltenswissenschaftliche Perspektive, 8. Aufl., München 1999.

Stancke, V. [Denkansätze, 1986]: Denkansätze: Marketing für die Wohnungswirtschaft, in: Gemeinnütziges Wohnungswesen, 39. Jg., Nr. 5, S. 242-243.

Statistisches Amt der Stadt Nürnberg [Einpersonenhaushalte, 1998]: Immer mehr Einpersonenhaushalte, Statistik aktuell - Monatsbericht Mai 1998, Online im Internet: AVL: URL: http://www.nuernberg.de/ver/sta/mb/mb0598.htm (14.4.99).

Statistisches Bundesamt [Menschen, 1992]: Im Blickpunkt: Ältere Menschen, Stuttgart 1992.

Statistisches Bundesamt [Deutschland, 1995]: Entwicklung der Bevölkerung in Deutschland von 1995 bis 2040, Basis 1.1.1994, Modell I A, unveröffentlichte tabellarische Auswertung nach Altersklassen vom 13.3.95, Wiesbaden 1995.

Statistisches Bundesamt [Eigentum, 1995]: 1%-Wohnungs- und Gebäudestichprobe 1993, Eigentum an Gebäuden mit Wohnraum und ständig bewohnten Unterkünften mit sich darin befindenden Wohneinheiten/Wohnungen; unveröffentlichte Arbeitstabelle, Wiesbaden 1995.

Statistisches Bundesamt [Familien, 1995]: Im Blickpunkt: Familien heute, Stuttgart 1995.

Statistisches Bundesamt [Arbeiten, 1998]: Im Blickpunkt: Leben und Arbeiten in Deutschland, Stuttgart 1998.

Statistisches Bundesamt [Bevölkerung, 1998]: Im Blickpunkt: Die Bevölkerung der Europäischen Union heute und morgen - mit besonderer Berücksichtigung der Entwicklung in Deutschland, Stuttgart 1998.

Statistisches Bundesamt [Einkommen, 1998]: Verfügbares Einkommen, Zahl der Haushalte und Haushaltsmitglieder nach Haushaltsgruppen - Ergebnisse der Volkswirtschaftlichen Gesamtrechnungen für die Jahre 1991 bis 1996, Arbeitsunterlage, Wiesbaden 1998.

Statistisches Bundesamt [Familien, 1998]: Ergebnisse des Mikrozensus 1998, Familien im April 1998, Tabelle Nr. 2902, Wiesbaden 1998.

Statistisches Bundesamt [Frauen, 1998]: Im Blickpunkt: Frauen in Deutschland, Stuttgart 1998.

Statistisches Bundesamt [Jahrbuch, 1998]: Statistisches Jahrbuch 1998, Stuttgart 1998.

Statistisches Bundesamt [Wohnsituation, 1998]: Statement von Präsident Johann Hahlen zum Pressegespräch "Wohnsituation und Ausstattung privater Haushalte in Deutschland",

4.11.1998, Online im Internet: AVL: URL: http://www.statistik-bund.de/presse/deutsch/pm/evs-sta98.htm (7.4.99).

Statistisches Bundesamt [Bevölkerung, 1999]: Bevölkerung - Haushalte und Bevölkerungsbewegung, Online im Internet: AVL: URL: http://www.statistik-bund.de/basis/d/bevoe/bevoe03. htm (25.5.99).

Statistisches Bundesamt [Eigentümer-Wohnungen, 1999]: 1998 gab es in Deutschland 20,5 Mill. Miet- und 14,0 Mio. Eigentümer-Wohnungen, Mitteilung für die Presse, 30.4.1999, Online im Internet: AVL: URL: http://www.statistik-bund.de/presse/deutsch/pm/p9158026.htm (4.5.99).

Statistisches Bundesamt [Wohneinheiten, 1999]: Mikrozensus-Zusatzerhebung 1998, Wohneinheiten in Gebäuden mit Wohnraum und bewohnten Unterkünften, Belegung und Fläche; unveröffentlichte Arbeitstabelle, Wiesbaden 1999.

Statistisches Bundesamt [Zweipersonenhaushalte, 1999]: 1998 gab es rund 1,5 Mill. Zweipersonenhaushalte mehr als 1991, Mitteilung für die Presse, 23.2.1999, Online im Internet: AVL: URL: http://www.statistik-bund.de/presse/deutsch/pm/p9054026.htm (7.4.99).

Staudt, E./Kriegesmann, B./Thomzik, M. [Facility-Management, 1999]: Facility-Management: Der Kampf um die Marktanteile beginnt, Frankfurt am Main 1999.

Staudt, E. et al. [Wachstum, 1996]: Wachstum durch Dienstleistungen? - Entwicklungsreserven und Innovationsdefizite, Nr. 163 der Berichte aus der angewandten Innovationsforschung, hrsg. von E. Staudt, Bochum 1996.

Stauss, B. [Dimension, 1994]: Dienstleister und die vierte Dimension, in: Corsten (Dienstleistungsmanagement, 1994), S. 447-463.

Stauss, B. [Marketing, 1994]: Total Quality Management und Marketing, in: Marketing - Zeitschrift für Forschung und Praxis, 16. Jg., Nr. 3, S. 149-159.

Stauss, B. [Dienstleistungsmarken, 1995]: Dienstleistungsmarken, in: Markenartikel, 57. Jg., Nr. 1, S. 2-7.

Stauss, B. [Beschwerdemanagement, 1998]: Beschwerdemanagement, in: Meyer (Marketing Bd. 2, 1998), S. 1255-1271.

Stauss, B. [Kundenbindung, 1998]: Kundenbindung durch Beschwerdemanagement, in: Bruhn/Homburg (Kundenbindungsmanagement, 1998), S. 213-235.

Stauss, B. [Kundenzufriedenheit, 1999]: Kundenzufriedenheit, in: Marketing - Zeitschrift für Forschung und Praxis, 21. Jg., Nr. 1, S. 5-24.

Stauss, B./Hentschel, B. [Dienstleistungsqualität, 1991]: Dienstleistungsqualität, in: Wirtschaftswissenschaftliches Studium, 20. Jg., Nr. 5, S. 238-244.

Stauss, B./Seidel, W. [Beschwerdemanagement, 1996]: Beschwerdemanagement - Fehler vermeiden, Leistung verbessern, Kunden binden, München/Wien 1996.

Stauss, B./Seidel, W. [Zufriedenheitsermittlung, 1998]: Prozessuale Zufriedenheitsermittlung und Zufriedenheitsdynamik bei Dienstleistungen, in: Simon/Homburg (Kundenzufriedenheit, 1998), S. 201-224.

Stegmüller, B./Hempel, P. [Segmentpopulationen, 1996]: Empirischer Vergleich unterschiedlicher Marktsegmentierungsansätze über die Segmentpopulationen, in: Marketing - Zeitschrift für Forschung und Praxis, 18. Jg., Nr. 1, S. 25-31.

Stein, S. [Beziehungsmanagement, 1997]: Beziehungsmanagement im Personalwesen von Banken - studierende ehemalige Auszubildende als Zielgruppe, Wiesbaden 1997.

Stein, S./Goecke, R. [Design, 1999]: Service Engineering und Service Design, in: Bullinger (Innovation, 1999), S. 583-591.

Steinert, J. [Marktwirtschaft, 1987]: Die gemeinnützige Wohnungswirtschaft in der sozialen Marktwirtschaft, in: Engelhardt/Thiemeyer (Gesellschaft, 1987), S. 269-278.

Steinert, J. [Herausforderung, 1992]: Herausforderung für uns alle - Wohnungsunternehmen im Wandel, in: Die Wohnungswirtschaft, 45. Jg., Nr. 6, S. 273-280.

Stell, R./Donoho, C.L. [perspective, 1996]: Classifying services from a consumer perspective, in: Journal of Services Marketing, Vol. 10, No. 6, S. 33-44.

Stimpel, R. [Hausgeld, 1998]: Hausgeld verzockt, in: Wirtschaftswoche, o.Jg., Nr. 23/1998, S. 207-208.

Süchting, J. [Bankloyalität, 1972]: Die Bankloyalität als Grundlage zum Verständnis der Absatzbeziehungen von Kreditinstituten, in: Kredit und Kapital, 5. Jg., Nr. 3, S. 269-300.

Süchting, J. [Überlegungen, 1987]: Überlegungen zur Attraktivität eines Allfinanzangebots, in: Bank und Markt, 16. Jg., Nr. 12, S. 7-13.

Süchting, J. [Attraktivität, 1988]: Noch mehr zur Attraktivität eines Allfinanzangebots, in: Bank und Markt, 17. Jg., Nr. 11, S. 23-25.

Süchting, J. (Hrsg.) [Semesterbericht Nr. 40, 1994]: Semesterbericht Nr. 40 des Instituts für Kredit- und Finanzwirtschaft an der Ruhr-Universität Bochum, Sommersemester 1994, Bochum 1994.

Süchting, J. [Vertrieb, 1994]: Vertrieb von Finanzdienstleistungen auf dem Markt für Privatkunden, in: Die Bank, o.Jg., Nr. 8/1994, S. 449-457.

Süchting, J. [Finanzmanagement, 1995]: Finanzmanagement - Theorie und Politik der Unternehmensfinanzierung, 6. Aufl., Wiesbaden 1995.

Süchting, J. [Beschwerdemanagement, 1996]: Strategische Positionierung privater Banken: Beschwerdemanagement als Qualitätskontrolle, in: Zeitschrift für das gesamte Kreditwesen, 49. Jg., Nr. 7, S. 309-312.

Süchting, J. [Marketingansatz, 1996]: Strategische Positionierung von privaten Banken: Relationship-Banking als Marketingansatz, in: Zeitschrift für das gesamte Kreditwesen, 49. Jg., Nr. 6, S. 263-267.

Süchting, J. [Unternehmenssteuerung, 1996]: Unternehmenssteuerung in Aktienbanken nach dem Shareholder-Value-Konzept, in: International Bankers Forum e.V. (Banken, 1996), S. 407-418.

Süchting, J. [Theorie, 1998]: Die Theorie der Bankloyalität - (immer noch) eine Basis zum Verständnis der Absatzbeziehungen von Kreditinstituten?, in: Süchting/Heitmüller (Bankmarketing, 1998), S. 1-23.

Süchting, J./Boening, D. [Bankleistungen, 1971]: Der personale Produktions- und Verkaufsprozeß von Bankleistungen, in: Bank-Betrieb, 11. Jg., Nr. 10, S. 364-370.

Süchting, J./Heitmüller, H.M. (Hrsg.) [Bankmarketing, 1998]: Handbuch des Bankmarketing, 3. Aufl., Wiesbaden 1998.

Süchting, J./Paul, S. (Hrsg.) [Semesterbericht Nr. 44, 1996]: Semesterbericht Nr. 44 des Instituts für Kredit- und Finanzwirtschaft an der Ruhr-Universität Bochum, Sommersemester 1996, Bochum 1996.

Süchting, J./Paul, S. [Bankmanagement, 1998]: Bankmanagement, 4. Aufl., Stuttgart 1998.

Summers, G.F. (ed.) [Attitude, 1977]: Attitude Measurement, 2nd print, London 1977.

Surprenant, C. (ed.) [success, 1988]: Add value to your service: the key to success, Papers presented at the 6th Annual Services Marketing Conference, Chicago 1988.

Sydow, J. [Netzwerke, 1993]: Strategische Netzwerke - Evolution und Organisation, 1. Nachdruck, Wiesbaden 1993.

Szallies, R./Wiswede, G. (Hrsg.) [Wertewandel, 1990]: Wertewandel und Konsum - Fakten, Perspektiven und Szenarien für Markt und Marketing, Landsberg am Lech 1990.

Tews, H.P. [Soziologie, 1979]: Soziologie des Alterns, 3. Aufl., Heidelberg 1979.

Tews, H.P./Naegele, G. [Verbraucher, 1990]: Alter und Konsum: Ältere Menschen als Verbraucher, in: Jahrbuch der Absatz- und Verbrauchsforschung, 36. Jg., Nr. 3, S. 260-276.

Thelen, E.M./Mairamhof, G.B. (Hrsg.) [Bestandsaufnahme, 1993]: Dienstleistungsmarketing: eine Bestandsaufnahme; Tagungsband zum 2. Workshop für Dienstleistungsmarketing, Frankfurt am Main et al. 1993.

Thies, G. [Wohnungsgemeinnützigkeit, 1986]: Wohnungsgemeinnützigkeit - Rechtsprobleme der Anerkennung, Vermögensbindung und Entziehung, München 1986.

Thomae, H. (Hrsg.) [Motivation, 1979]: Die Motivation des menschlichen Handelns, 9. Aufl., Köln 1979.

Thomae, H. [Kompetenz, 1987]: Kompetenz älterer Menschen und ihre Bedeutung für die Familie, in: Thomae/Kruse/Wilbers (Alter, 1987), S. 1-115.

Thomae, H./Kruse, A./Wilbers, J. (Hrsg.) [Alter, 1987]: Kompetenz und soziale Beziehungen im Alter - Materialien zum Vierten Familienbericht, Bd. 2, Weinheim/ München 1987.

Thoss, R. (Hrsg.) [Perspektiven, 1990]: Wohnungswirtschaft ohne Grenzen - Neue Perspektiven für NRW und seine Regionen?, Münster 1990.

Tietz, B. [Franchising, 1991]: Handbuch Franchising - Zukunftsstrategien für die Marktbearbeitung, 2. Aufl., Landsberg am Lech 1991.

Tietz, B./Köhler, R./Zentes, J. (Hrsg.) [Marketing, 1995]: Handwörterbuch des Marketing, 2. Aufl., Stuttgart 1995.

Tindler-Nowak, G. [Grösse, 1993]: Die unbekannte Grösse, in: Immobilien Manager, o.Jg., Nr. 3/1993, S. 6-22.

Töpfer, A. [Qualitätscontrolling, 1998]: Qualitätscontrolling und -management von Dienstleistungs-Anbietern, in: Meyer (Marketing Bd. 1, 1998), S. 419-443.

Töpfer, A./Mehdorn, H. [Differenzierung, 1996]: Vom Produkt über Service zur Dienstleistung: Ansatzpunkte zur Differenzierung gegenüber dem Wettbewerb, in: Töpfer/ Mehdorn (Servicestrategie, 1996), S. 1-13.

Töpfer, A./Mehdorn, H. (Hrsg.) [Servicestrategie, 1996]: Industrielle Dienstleistungen: Servicestrategie oder Outsourcing?, Berlin 1996.

Tomczak, T./Dittrich, S. [Kundenclubs, 1998]: Kundenclubs als Kundenbindungsinstrument, in: Bruhn/Homburg (Kundenbindungsmanagement, 1998), S. 171-187.

Topritzhofer, E. [Modelle, 1974]: Absatzwirtschaftliche Modelle des Kaufentscheidungs-prozesses unter besonderer Berücksichtigung des Markenwahlaspektes, in: Österreichische Akademie der Wissenschaften (Sitzungsberichte, 1974), S. 3-250.

Treis, B./Oppermann, R. [Dienstleistungsgestaltung, 1998]: Bereiche und Mittel der Dienst-leistungsgestaltung, in: Meyer (Marketing Bd. 1, 1998), S. 784-806.

Triandis, C. [Einstellungen, 1975]: Einstellungen und Einstellungsänderungen, Weinheim/ Basel 1975.

Trommsdorff, V. [Konsumentenverhalten, 1998]: Konsumentenverhalten, 3. Aufl., Stuttgart/ Berlin/Köln 1998.

Trumler, W. [Erfolgsfaktoren, 1996]: Erfolgsfaktoren des Innovationsmanagements von Bankprodukten, in: Österreichisches Bank-Archiv, 44. Jg., Nr. 4, S. 253-263.

Tucker, S.A. [Pricing, 1966]: Pricing for Higher Profit - Criteria, Methods, Applications, New York et al. 1966.

Turley, L.W./Fugate, D.L. [Facilities, 1992]: The Multidimensional Nature of Service Facilities: Viewpoints and Recommendations, in: Journal of Services Marketing, Vol. 6, No. 3, S. 37-45.

Ulbrich, R. [Schwellenhaushalte, 1998]: Zur Eingrenzung der "Schwellenhaushalte": demo-graphisch-ökonomische Struktur und wohnungspolitische Bedeutung, in: Bausparkasse Schwäbisch Hall AG (Wohneigentumsbildung, 1998), S. 29-62.

Unger, F. [Marktforschung, 1997]: Marktforschung - Grundlagen, Methoden und praktische Anwendungen, 2. Aufl., Heidelberg 1997.

Vandermerwe, S. [Services, 1994]: From Tin Soldiers to Russian Dolls: Creating Added Value Through Services, Oxford et al. 1994.

Vanheiden, A. [Vergleich, 1997]: Vergleich der Altenquotienten in Bevölkerungsprognosen für Deutschland, in: Versicherungswirtschaft, 52. Jg., Nr. 14, S. 978-981.

vdw Verband der Wohnungswirtschaft in Niedersachsen und Bremen e.V. (Hrsg.) [Bericht, 1995]: Bericht 1994/1995, Hannover 1995.

vdw Verband der Wohnungswirtschaft in Niedersachsen und Bremen e.V. (Hrsg.) [Dienstleistungsangebote, 1996]: Neue Dienstleistungsangebote in der Wohnungswirt-schaft - Sozialer Wandel und Entwicklungstendenzen, Hannover 1996.

vdw Verband der Wohnungswirtschaft in Niedersachsen und Bremen e.V. (Hrsg.) [Mana-gement, 1998]: Soziales Management, Hannover 1998.

Verband rheinischer und westfälischer Wohnungsunternehmen e.V. (Hrsg.) [Marktfor-schung, 1995]: Marktforschung zur Wohnzufriedenheit - Neue Geschäftsfelder für die Wohnungswirtschaft. Vorträge zum Marketing-Forum 1994, Hamburg 1995.

Vermittlungsstelle für organisierte Nachbarschaftshilfe [Sozialbericht, 1999]: Sozialbericht der organisierten Nachbarschaftshilfe für das Jahr 1999 - Glückauf Nachbarschaftshilfe e.V., Lünen 1999.

Verordnung über wohnungswirtschaftliche Berechnungen (Zweite Berechnungsverordnung - II. BV) in der Fassung der Bekanntmachung vom 12.10.1990 (BGBl. S. 2178).

Verordnung zur Durchführung des Gemeinnützigkeitsgesetzes (WGGDV) in der Fassung vom 24.11.1969, BGBl. I, S. 2142.

Vetter, H.-R. [Lebensführung, 1991]: Lebensführung - Allerweltsbegriff mit Tiefgang. Eine Einführung, in: Vetter (Muster, 1991), S. 9-88.

Vetter, H.R. (Hrsg.) [Muster, 1991]: Muster moderner Lebensführung - Ansätze und Perspektiven, München 1991.

VNW Verband norddeutscher Wohnungsunternehmen e.V. (Hrsg.) [Mieter-Service, 1997]: Mieter-Service Service-Wohnen - Das Wohnungsunternehmen als moderner Dienstleister, Hamburg 1997.

VNW Verband norddeutscher Wohnungsunternehmen e.V. [Multimedia, 1997]: Multimedia, Hamburg 1997.

VNW Verband norddeutscher Wohnungsunternehmen e.V. (Hrsg.) [Qualitätsmanagement, 1998]: Qualitätsmanagement, Hamburg 1998.

Voit, H. [Privathaushalte, 1996]: Entwicklung der Privathaushalte bis 2015, in: Wirtschaft und Statistik, o.Jg., Nr. 2/1996, S. 90-96.

Vormbrock, W. [Quartier, 1988]: Wohnen im Quartier - Quartierswirtschaft im Lichte ökonomischer Zwänge und sozialer Forderungen, Hamburg 1988.

Wangenheim, H.W. von [Heimstättenwesen, 1997]: Heimstättenwesen, in: Mändle/Galonska (Immobilien, 1997), S. 428-430.

Warren, W.E./Abercrombie, C.L./Berl, R.L. [Adoption, 1989]: Adoption of a service innovation: a case study with managerial implications, in: Journal of Services Marketing, Vol. 3, No. 1, S. 21-33.

Weber, J. [Rechnungswesen, 1997]: Einführung in das Rechnungswesen, Bd. 2 - Kostenrechnung, 5. Aufl., Stuttgart 1997.

Wege, J. [Wohnungsunternehmen, 1997]: Kommunale Wohnungsunternehmen, in: Die Wohnungswirtschaft, 50. Jg., Nr. 9, S. 537-540.

Wegener, S. [Mieter, 1999]: So erreichen Sie den "stillen Mieter", in: Die Wohnungswirtschaft, 52. Jg., Nr. 6, S. 78.

Wegner, M. [Verbraucherdienstleistungen, 1987]: Verbraucherdienstleistungen in Europa: Nur bescheidene Ausweitung, in: Ifo-Schnelldienst, 40. Jg., Nr. 14 15, S. 16-19.

Wehrli, H.P. [Beziehungsmarketing, 1994]: Beziehungsmarketing - Ein Konzept, in: Der Markt, 33. Jg., Nr. 131, S. 191-199.

Weiber, R./Adler, J. [Positionierung, 1995]: Positionierung von Kaufprozessen im informationsökonomischen Dreieck: Operationalisierung und verhaltenswissenschaftliche Prüfung, in: zfbf Schmalenbachs Zeitschrift für betriebswirtschaftliche Forschung, 47. Jg., Nr. 2, S. 99-123.

Weiber, R./Adler, J. [Typologisierung, 1995]: Informationsökonomisch begründete Typologisierung von Kaufprozessen, in: zfbf Schmalenbachs Zeitschrift für betriebswirtschaftliche Forschung, 47. Jg., Nr. 1, S. 43-65.

Weinberg, P. [Kaufentscheidungen, 1979]: Habitualisierte Kaufentscheidungen von Konsumenten, in: Die Betriebswirtschaftslehre, 39. Jg., Nr. 4, S. 563-571.

Weinberg, P. [Aspekte, 1998]: Verhaltenswissenschaftliche Aspekte der Kundenbindung, in: Bruhn/Homburg (Kundenbindungsmanagement, 1998), S. 39-53.

402

Weinkopf, C. [Dienstleistungen, 1997]: Beschäftigungsförderung im Bereich haushalts-bezogener Dienstleistungen, in: Behning (Widersprüche, 1997), S. 133-151.

Weißenberger, B.E. [Vertrauensstrategien, 1998]: Zur Bedeutung von Vertrauensstrategien für den Aufbau und Erhalt von Kundenbindung im Konsumgüterbereich, in: zfbf Schma-lenbachs Zeitschrift für betriebswirtschaftliche Forschung, 50. Jg., Nr. 7/8, S. 615-640.

Welton, P.J. [Turnover, 1993]: Turnover - The Hidden Cost, in: Institute of Real Estate Management (Retention, 1993), S. 17-18.

Wenzler, A. [Wohnungsunternehmen, 1997]: Wohnungsunternehmen, kommunale, in: Mändle/Galonska (Immobilien, 1997), S. 1008-1010.

Werner, H. [Verfahren, 1998]: Merkmalsorientierte Verfahren zur Messung der Kunden-zufriedenheit, in: Simon/Homburg (Kundenzufriedenheit, 1998), S. 145-164.

White, H. [Heteroskedastiscity, 1980]: A Heteroskedasticity-Consistent Covariance Matrix and a Direct Test for Heteroskedastiscity, in: Econometrica, Vol. 48, No. 4, S. 817-838.

White, J. [Apartment, 1992]: Apartment Living 2000, in: Journal of Property Management, Vol. 57, No. 4, S. 14-18.

Wieken, K. [Befragung, 1974]: Die schriftliche Befragung, in: Koolwijk/Wieken-Mayser (Sozialforschung, 1974), S. 146-161.

Wilbers, J. [Pflegeversicherung, 1996]: Die Pflegeversicherung aus der Sicht der Anbieter von Pflegeleistungen, in: Farny/Lütke-Bornefeld/Zellenberg (Lebenssituationen, 1996), S. 371-379.

Wilde, K.D./Hippner, H. [Dienstleistungsunternehmen, 1998]: Database Marketing in Dienstleistungsunternehmen, in: Meyer (Marketing Bd. 1, 1998), S. 319-347.

Wildhagen, A. [Behäbigkeit, 1998]: Ende der Behäbigkeit, in: Wirtschaftswoche, o.Jg., Nr. 27/ 1998, S. 44-46.

Wilkes, R.E. [Stages, 1995]: Household Life-Cycle Stages, Transitions, and Product Expenditures, in: Journal of Consumer Research, Vol. 22, No. 1, S. 27-42.

Wilkie, W.L. [Behavior, 1994]: Consumer Behavior, 3rd ed., New York et al. 1994.

Willeke, A. [Risikoanalyse, 1998]: Risikoanalyse in der Energiewirtschaft, in: zfbf Schmalenbachs Zeitschrift für betriebswirtschaftliche Forschung, 50. Jg., Nr. 12, S. 1146-1164.

Williamson, O.E. [Markets, 1975]: Markets and Hierarchies - Analysis and Antitrust Impli-cations, New York 1975.

Williamson, O.E. [Institutionen, 1990]: Die ökonomischen Institutionen des Kapitalismus - Unternehmen, Märkte, Kooperationen, Tübingen 1990.

Williamson, O.E. [Transaktionskostenökonomik, 1996]: Transaktionskostenökonomik, 2. Aufl., Hamburg 1996.

Winkel, R. [Wohnberatung, 1996]: Wohnberatung in Anbindung an die Sozialstation der Freien Alten- und Nachbarschaftshilfe Ennepetal, Bonn 1996.

Wiswede, G. [Soziologie, 1972]: Soziologie des Verbraucherverhaltens, Stuttgart 1972.

Wiswede, G. [Motivation, 1973]: Motivation und Verbraucherverhalten, 2. Aufl., München/ Basel 1973.

Wiswede, G. [Konsument, 1990]: Der "neue Konsument" im Lichte des Wertewandels, in: Szallies/Wiswede (Wertewandel, 1990), S. 11-40.

Wiswede, G. [Wirtschaftspsychologie, 1991]: Einführung in die Wirtschaftspsychologie, München/Basel 1991.

Wiswede, G. [Lean-Consumption, 1997]: Lean-Consumption - Anpassung an neue Realitäten, in: Gräbe (Privathaushalte, 1997), S. 71-87.

Wittling, W. [Wahrnehmung, 1976]: Einführung in die Psychologie der Wahrnehmung, Hamburg 1976.

Wodok, A. [Gewinne, 1998]: Vermutungen und Fakten über die Gewinne der Unternehmen, hrsg. vom Institut der deutschen Wirtschaft, 2. Aufl., Köln 1998.

Wolf, H. [Ruhrgebiet, 1998]: Veba-Mieter im Ruhrgebiet machen mobil, in: Westdeutsche Allgemeine Zeitung, Nr. 285 vom 3.12.98, o.S.

Wolf, H./Bommersheim, M. [Stichprobe, 1998]: Stichprobe: 50 von 50 Rechnungen falsch, in: Westdeutsche Allgemeine Zeitung, Nr. 277 vom 24.11.98, o.S.

Woll, A. [Volkswirtschaftslehre, 1996]: Allgemeine Volkswirtschaftslehre, 12. Aufl., München 1996.

Woll-Schumacher, I. [Alter, 1994]: Soziale Schichtung im Alter, in: Geißler (Lebenschancen, 1994), S. 220-256.

Wonnemann, T. [Database, 1997]: Der Einsatz von Database Marketing zur Kundenfindung und Kundenbindung, in: Dallmer (Direct-Marketing, 1997), S. 591-601.

Wünsche, G./Swoboda, U. [Zielgruppen, 1994]: Die Bedeutung von Zielgruppen für die fokussierte Universalbank, in: Die Bank, o.Jg., Nr. 5/1994, S. 275-279.

Wüstenrot Stiftung (Hrsg.) [Alltagshilfen, 1997]: Wohnquartiernahe Alltagshilfen - Ergebnisse eines bundesweiten Wettbewerbs, Stuttgart 1997.

Wurtzebach, C.H./Miles, M.E./Cannon, S.E. [Real Estate, 1995]: Modern Real Estate, 5th ed., New York et al. 1995.

Zeithaml, V.A. [Perceptions, 1988]: Consumer Perceptions of Price, Quality, and Value: A Means-End Model and Synthesis of Evidence, in: Journal of Marketing, Vol. 52, No. 3, S. 2-22.

Zeithaml, V.A. [Evaluation, 1991]: How Consumer Evaluation Processes Differ between Goods and Services, in: Lovelock (Services, 1991), S. 39-47.

Zeithaml, V.A./Parasuraman, A./Berry, L.L. [Problems, 1985]: Problems and Strategies in Services Marketing, in: Journal of Marketing, Vol. 49, No. 2, S. 33-46.

Ziercke, M. [Mietwohnungen, 1987]: Marketing für Mietwohnungen: Eine unternehmerische Daueraufgabe in Wohnungsunternehmen, in: Freie Wohnungswirtschaft, 41. Jg., Nr. 8+9, S. 144-146.

Zukunft im Zentrum Service-Gesellschaft für Beschäftigungs- und Qualifizierungsberatung (Hrsg.) [Hausarbeit, 1997]: Hausarbeit als Erwerbsarbeit - Eine Berliner Fachtagung zur Europawoche 1997; Berichte, Materialien, Dokumente, Berlin 1997.

Verzeichnis sonstiger Quellen (Interviews)

I. Sample der Expertenbefragung bei Mitgliedsunternehmen des GdW Bundesverband deutscher Wohnungsunternehmen e.V.

Unternehmen/Gesprächspartner:

1) *ALLBAU Allgemeiner Bauverein AG*, Essen: Hiltrud Siepmann, Seniorenbeauftragte (18.6.1997)

2) *Altonaer Spar- und Bauverein eG*, Hamburg: Holger Kowalski, Geschäftsführendes Vorstandsmitglied (10.11.1997)

3) *Baugenossenschaft Dennerstraße-Selbsthilfe eG*, Hamburg: A. Schmidt, Geschäftsführer; Janet Petersen, Sozialarbeiterin (Mitgliederservice im Humansektor), beide beschäftigt bei der BDS Baubetreuungs-Gesellschaft mbH, Tochterunternehmen der Genossenschaft (11.11.1997)

4) *Baugenossenschaft Freie Scholle eG Bielefeld*, Bielefeld: Thomas Möller, Referent des Vorstands (5.6.1997)

5) *Bauverein zu Lünen eG*, Lünen: Hubert Scharlau, Vorstand; Christian Schäfer, Mitarbeiter in der Wohnungsvermietung (10.6.1997)

6) *BBG Berliner Baugenossenschaft eG*, Berlin: Fred-Raimund Winkler, Vorsitzender des Vorstands (10.12.1997)

7) *Berliner Bau- und Wohnungsgenossenschaft von 1892 eG*, Berlin: Hans-Jürgen Hermann, Vorstandsmitglied (10.12.1997)

8) *Gemeinnützige Bau- und Siedlungsgenossenschaft Herborn eG*, Herborn: Armin Malcomess, Geschäftsführender Vorstand (4.8.1997)

9) *Gemeinnützige Wohnungsbaugenossenschaft „Stadt Cottbus" e.G.*, Cottbus: Rudolf Hagemeister, Vorstandsvorsitzender (12.12.1997)

10) *Gemeinnützige Wohnungsgenossenschaft eG*, Bonn: Gertrud Hermes, Handlungsbevollmächtigte (11.6.1997)

11) *Gemeinnützige Wohnungsgenossenschaft Ehrenfeld eG*, Köln: Werner Nußbaum, Prokurist (17.6.1997)

12) *Gemeinnützige Wohnungsgenossenschaft im Hönnetal eG*, Menden (Sauerland): Hubert Flöper, Handlungsbevollmächtigter (4.9.1997)

13) *GWG Gesellschaft für Wohnen und Bauen mbH*, Hamburg: Lutz Basse, Sprecher der Geschäftsführung; Jürgen Heise, Prokurist (11.11.1997)

14) *GWG Wohnungsgenossenschaft Radevormwald eG*, Radevormwald: Peter Schultz, Geschäftsführendes Vorstandsmitglied; Ralf Ritz, Prokurist (21.7.1997)

15) *Hohenlimburger Bauverein eG*, Hagen: FRIEDHELM KRUG, Vorsitzender des Vorstands (17.6.1997)

16) *Lübecker gemeinnütziger Bauverein eG*, Lübeck: JOHANNES THOMSEN, Vorstand; STEFAN RÖMER, Marketing (12.11.1997)

17) *Mülheimer Wohnungsbau (Gemeinnützige Wohnungsgenossenschaft) eG*, Mülheim/Ruhr: HANS JÜRGEN WILLMANN, Vorstand (4.6.1997)

18) *Ruhr-Lippe Wohnungsgesellschaft mbH*, Dortmund: UTA SCHÜTTE, Sozialarbeiterin, Stabsbereich Geschäftsführungsbüro/Öffentlichkeitsarbeit (21.7.1997)

19) *SAGA Siedlungs-Aktiengesellschaft Hamburg*, Hamburg: THOMAS KLINDT, Prokurist (10.11.1997)

20) *Schwelmer & Soziale Wohnungsgenossenschaft eG*, Schwelm: GERD WESTERMANN, Geschäftsführender Vorstand (8.8.1997)

21) *Spar- und Bauverein eG*, Hannover: JÖRG WICKE, Vorstand (29.7.1997)

22) *Spar- und Bauverein Solingen eG*, Solingen: ULRICH BIMBERG, Prokurist; FRANK STEINKÜHLER, Sozialarbeiter (9.9.1997)

23) *St. Joseph-Stiftung Bamberg Kirchliches Wohnungsunternehmen*, Bamberg: DR. WOLFGANG PFEUFFER, Sprecher des Vorstands (24.3.1998)

24) *SWB Service-, Wohnungsvermietungs- und Baugesellschaft mbH*, Mülheim/Ruhr: ANDREAS TIMMERKAMP, Handlungsbevollmächtigter; SABINE BUSS, Wohnungswirtschaftliche Betreuung und Beratung (19.6.1997)

25) *THS TreuHandStelle GmbH*, Essen: DR. VOLKER RIEBEL, Geschäftsführer (4.2.1998)

26) *Thyssen Immobilien GmbH*, Oberhausen: WALTER ZIEGLER, Prokurist (1.8.1997)

27) *Veba Immobilien AG,* Bochum: VOLKER NORDALM, Mitglied des Vorstands (29.7.1997; heute: Viterra AG, Generalbevollmächtigter); IRIS MEYERWISCH, Veba Immobilien Wohnpartner GmbH, Bereich Akquisition (13.11.1997; heute: Viterra Wohnpartner AG), GEBHARD SCHULTEN, Veba Immobilien Wohnpartner GmbH, Abteilung Koordination und Consulting (19.5.1999; heute: Viterra Wohnen AG); RALF U. JOST, Veba Immobilien Wohnpartner GmbH, Bereich Verwaltung von Wohneigentum (27.5.1998; heute: Viterra Wohnpartner AG)

28) *WOBAU Schleswig-Holstein Wohnungsbaugesellschaft mbH*, Kiel: CHRISTIAN NEUJAHR, Prokurist (12.11.1997)

29) *Wohnbau Lemgo eG*, Lemgo: THORSTEN KLEINEBEKEL, Vorstandsassistent (19.8.1997)

30) *Wohnstätte Krefeld Wohnungs-AG*, Krefeld: GERTRUD FOLLMANN, Dipl.-Sozialpädagogin (10.6.1997)

31) *Wohnungsbau Stadt Moers GmbH*, Moers: HEINZ-ADOLF JANßEN, Geschäftsführer; GILLBERT FRANK, Gruppenleiter Vermietung (12.8.1997)

32) *Wohnungsbaugenossenschaft „Erfurt" e.G.*, Erfurt: MANFRED FRAAB, Vorstandsvorsitzender; UWE WALZOG, Assistent des Vorsitzenden (12.12.1997)

33) *Wohnungsgenossenschaft Lüdenscheid eG*, Lüdenscheid: BERND KAISER, Geschäftsführender Vorstand (9.6.1997)

34) *Wohnungsgenossenschaft Rheinpreußensiedlung eG*, Duisburg: BRIGITTE FATH, Geschäftsführerin (19.6.1997)

Struktur des Samples:

22   Wohnungsgenossenschaften

8   Kommunale und andere Wohnungsunternehmen in öffentlicher Hand

2   Industrieverbundene Wohnungsunternehmen

1   Kirchliches Wohnungsunternehmen

1   Sonstiges Wohnungsunternehmen

II. Gespräche mit sonstigen Experten aus der Wohnungs- und Dienstleistungswirtschaft auf nationaler Ebene

Institutionen/Gesprächspartner:

1) *agil - Dienstleistungsagentur der GEWERKSTATT gGmbH*, Bochum: BIRTE DRÄGER, Dipl.-Ökotrophologin (4.8.1998)

2) *Bast-Bau GmbH*, Erkrath: HANS-JOSEF REINERT, Prokurist; GISELA TINDLER-NOWAK, Externe Beraterin für Unternehmenskommunikation (30.7.1998)

3) *FAN Freie Alten- und Nachbarschaftshilfe* -Wohnberatung - Sozialstation, Ennepetal: URSULA BEBKO, Dipl.-Sozialgerontologin (9.10.1997)

4) *GdW Bundesverband deutscher Wohnungsunternehmen e.V.*, Köln: PROF. DR. HARTMUT GROßHANS, Referent für Wohnungs- und Städtebau, Forschung und Entwicklung (24.3.1995)

5) *GdW Bundesverband deutscher Wohnungsunternehmen e.V.*, Köln: THOMAS SCHAEFERS, Leiter des Referates Genossenschaftswesen (18.6.1997)

6) *LEG Landesentwicklungsgesellschaft NRW GmbH*, Düsseldorf: JÜRGEN SCHNITZMEIER, Geschäftsbereichsleiter Unternehmensentwicklung und -kommunikation (7.12.1998)

7) *VNW Verband norddeutscher Wohnungsunternehmen*, Hamburg: MICHAEL PISTORIUS, Referent für Wohnungswirtschaft und Wohnungspolitik (10.11.1997)

III. Gespräche mit Experten aus Wissenschaft, Wohnungs- und Dienstleistungswirtschaft in den USA

Institutionen/Gesprächpartner:

1) *Groupe Essec*, private Wirtschaftshochschule, Cergy Pontoise Cedex, Frankreich, Gespräch in Philadelphia, Pennsylvania mit INGRID NAPPI-CHOULET, Professeur Adjoint (5.3.1996)

2) *IREM Institute of Real Estate Management*, Chicago, Illinois: DALE GOLDEN, Research Manager (28.2.1996)

3) *J.L. Kellogg Graduate School of Management*, Northwestern University, Evanston, Illinois: PROF. DR. EDWIN S. MILLS (26.2.1996)

4) *ServiceMaster Consumer Services Company*, Memphis, Tennessee: PAUL A. BERT, Executive Vice President, Marketing (18.3.1996)

5) *Wharton School of the University of Pennsylvania*, Philadelphia: DR. PETER LINNEMANN, Chairman of Real Estate Department (4.3.1996)

ANHANG

SONDERANHANG

Der Sonderanhang kann auf Wunsch unter folgender Adresse angefordert werden: Institut für Kredit- und Finanzwirtschaft, Ruhr-Universität Bochum, Geb. GC 4/29, 44780 Bochum (Tel. 02 34/32-2 33 20, Fax 02 34/32-1 46 99).

Anlage 1: Begleitschreiben zur standardisierten Befragung (Mieter/Eigentümer)

Infopost

«Anrede»
«Vorname» «Nachname»
«Straße»

«PLZ» «Ort»

Ihre Meinung zählt!

Bochum, im August 1998

Sehr geehrte Frau «Nachname»,

wir möchten unseren Service verbessern und attraktive Dienstleistungen rund um's Wohnen anbieten. Dabei sollen die Bedürfnisse unserer Kunden im Mittelpunkt stehen. Nur wenn wir **Ihre Wünsche und Ihre Kritik** erfahren, können wir unseren Service zukünftig optimal gestalten. Daher bitten wir Sie, an dieser freiwilligen Mieterbefragung teilzunehmen, die wir in Zusammenarbeit mit der Ruhr-Universität Bochum durchführen.

Bitte füllen Sie den beiliegenden Fragebogen vollständig aus. Falls Ihnen einmal etwas unklar ist, lassen Sie die Antwort bitte offen oder rufen Sie uns an. Für Rückfragen stehen Ihnen als Ansprechpartner gern zur Verfügung:

- in der Universität: Herr Peter Fehr   Tel 0234/700-4508   10 - 18 Uhr (Mo - Fr)
- in unserem Haus: Frau Nicole Winkelhagen   Tel. 0234/314-2087   8 - 16 Uhr (Mo - Do)
            Herr Gebhard Schulten   Tel. 0234/314-2084   8 - 16 Uhr (Mo - Do)

Aufgrund der großen Anzahl unserer Mieterinnen und Mieter können wir leider nicht alle Kunden befragen. Wundern Sie sich daher nicht, wenn Ihr Nachbar keinen Fragebogen bekommen hat. **Jeder Teilnehmer ist indessen wichtig**, damit wir ein zutreffendes Bild von der gesamten Meinungsvielfalt erhalten

Selbstverständlich werden alle Angaben **anonym** und nach den Grundsätzen des Datenschutzes ausgewertet. Es sind keine Rückschlüsse zwischen Ihren Antworten und Ihrer Person möglich. Die Auswertung der Befragung erfolgt **von unabhängiger Seite** an der Ruhr-Universität, und die Ergebnisse möchten wir Ihnen in unserem „VEBA IMMOBILIEN - Magazin" vorstellen. Mit Ihrer Teilnahme unterstützen Sie auch ein Bochumer Forschungsprojekt.

Als kleines **Dankeschön** für Ihre Mühe haben wir Ihnen ein **Los der „Aktion Sorgenkind Lotterie"** für die Ziehung am 24.09.1998 beigelegt, das auf Ihren Namen ausgestellt und bereits eingezahlt ist. Es verpflichtet Sie zu nichts, bringt aber hoffentlich viel Glück.

Gestalten Sie unseren Service aktiv mit, indem Sie den **Fragebogen ausfüllen und bitte möglichst schnell im beigefügten portofreien Umschlag zurücksenden.** Im voraus bedanken wir uns schon einmal recht herzlich.

Mit freundlichen Grüßen

Infopost

«Anrede»
«Vorname» «Nachname»
«Straße»

«PLZ» «Ort»

Ihre Meinung zählt!

Bochum, im August 1998

Sehr geehrter Herr «Nachname»,

wir möchten unseren Service verbessern und attraktive Dienstleistungen rund um's Wohnen anbieten Dabei sollen die Bedürfnisse unserer Kunden im Mittelpunkt stehen. Nur wenn wir **Ihre Wünsche und Ihre Kritik** erfahren, können wir unseren Service zukünftig optimal gestalten.

Daher bitten wir Sie, an dieser Befragung für Wohnungseigentümer teilzunehmen, die wir in Zusammenarbeit mit der Ruhr-Universität Bochum durchführen. **Jeder Teilnehmer ist wichtig**, damit wir ein zutreffendes Bild von der gesamten Meinungsvielfalt bei unseren Kunden erhalten.

Bitte füllen Sie den beiliegenden Fragebogen vollständig aus. Falls Ihnen einmal etwas unklar ist, lassen Sie die Antwort bitte offen oder rufen Sie uns an. Für Rückfragen stehen Ihnen als Ansprechpartner gern zur Verfügung:

- in der Universität: Herr Peter Fehr Tel. 0234/700-4508 10 - 18 Uhr (Mo - Fr)
- in unserem Haus: Frau Nicole Winkelhagen Tel 0234/314-2087 8 - 16 Uhr (Mo - Do)
  Herr Gebhard Schulten Tel 0234/314-2084 8 - 16 Uhr (Mo - Do)

Selbstverständlich werden alle Angaben **anonym** und nach den Grundsätzen des Datenschutzes ausgewertet Es sind keine Rückschlüsse zwischen Ihren Antworten und Ihrer Person möglich. Die Auswertung der Befragung erfolgt **von unabhängiger Seite** an der Ruhr-Universität, und die Ergebnisse möchten wir Ihnen in unserem VEBA IMMOBILIEN-Magazin vorstellen. Mit Ihrer Teilnahme unterstützen Sie auch ein Bochumer Forschungsprojekt.

Als kleines **Dankeschön** für Ihre Mühe haben wir Ihnen ein **Los der „Aktion Sorgenkind Lotterie"** für die Ziehung am 24.09.1998 beigelegt, das auf Ihren Namen ausgestellt und bereits eingezahlt ist Es verpflichtet Sie zu nichts, bringt aber hoffentlich viel Glück.

Gestalten Sie unseren Service aktiv mit, indem Sie den **Fragebogen ausfüllen und bitte möglichst schnell im beigefügten portofreien Umschlag zurücksenden**. Im voraus bedanken wir uns schon einmal recht herzlich

Mit freundlichen Grüßen

Anlage 2: Fragebogen (Mieter)

Mieterbefragung von VEBA IMMOBILIEN zum Thema „Wohnen mit Service"
- eine Studie in Zusammenarbeit mit der Ruhr-Universität Bochum -

Alle Angaben werden vollkommen vertraulich behandelt. Bitte füllen Sie den Fragebogen vollständig aus. Bei den meisten Fragen können Sie einfach durch Ankreuzen Ihre Antwort markieren. Wenn mehrere Antwortkästchen in einer Zeile stehen, machen Sie bitte nur ein Kreuz pro Zeile.

Teil I: Wohnen bei VEBA IMMOBILIEN

1.   Wie zufrieden sind Sie mit...?

	vollkommen zufrieden	weitgehend zufrieden	noch zufrieden	eher unzufrieden	weitgehend unzufrieden	vollkommen unzufrieden
• Ihrer derzeitigen Wohnsituation	☐	☐	☐	☐	☐	☐

2.   Beurteilen Sie bitte den persönlichen und schriftlichen Umgang von VEBA IMMOBILIEN mit seinen Kunden. Wie zufrieden sind Sie mit...?

	vollkommen zufrieden	weitgehend zufrieden	noch zufrieden	eher unzufrieden	weitgehend unzufrieden	vollkommen unzufrieden
• der Freundlichkeit der Mitarbeiter	☐	☐	☐	☐	☐	☐
• dem Verständnis der Mitarbeiter für Probleme des Kunden	☐	☐	☐	☐	☐	☐
• der Bearbeitungsdauer von Beschwerden	☐	☐	☐	☐	☐	☐
• der Einheitlichkeit der Behandlung aller Kunden	☐	☐	☐	☐	☐	☐
• der Verständlichkeit der Heiz-/Betriebskostenabrechnung	☐	☐	☐	☐	☐	☐
• der Klarheit sonstiger Schreiben (z.B. bei Mietänderung)	☐	☐	☐	☐	☐	☐

3.   Bewerten Sie jetzt bitte den Reparatur- und Instandhaltungsservice sowie die Gartenpflege. Wie zufrieden sind Sie mit...?

	vollkommen zufrieden	weitgehend zufrieden	noch zufrieden	eher unzufrieden	weitgehend unzufrieden	vollkommen unzufrieden
• der Reparaturannahme durch die Notrufzentrale	☐	☐	☐	☐	☐	☐
• der Schnelligkeit der Reparaturdurchführung	☐	☐	☐	☐	☐	☐
• der Abstimmung von Reparaturterminen	☐	☐	☐	☐	☐	☐
• der Qualität von Instandhaltung und Wartung	☐	☐	☐	☐	☐	☐
• der Qualität der Gartenpflege	☐	☐	☐	☐	☐	☐
• der Kontrolle der Partnerfirmen durch VEBA IMMOBILIEN	☐	☐	☐	☐	☐	☐

4.   Denken Sie nun bitte an die Erreichbarkeit der VEBA IMMOBILIEN-Mitarbeiter und der Kundendienststelle. Wie zufrieden sind Sie mit...?

	vollkommen zufrieden	weitgehend zufrieden	noch zufrieden	eher unzufrieden	weitgehend unzufrieden	vollkommen unzufrieden
• der telefonischen Erreichbarkeit der Mitarbeiter	☐	☐	☐	☐	☐	☐
• der Gewißheit, den richtigen Ansprechpartner anzutreffen	☐	☐	☐	☐	☐	☐
• der Nähe der Kundendienststelle zum Wohnort	☐	☐	☐	☐	☐	☐
• der Wartezeit in der Sprechstunde	☐	☐	☐	☐	☐	☐
• den Öffnungszeiten der Sprechstunde	☐	☐	☐	☐	☐	☐

5.   Wie beurteilen Sie alles in allem nach dem Schulnotensystem (1 = sehr gut bis 6 = ungenügend)...?

	sehr gut	gut	befriedigend	ausreichend	mangelhaft	ungenügend
• den Service von VEBA IMMOBILIEN für seine Mieter	☐	☐	☐	☐	☐	☐

6. Können Sie den folgenden Aussagen über VEBA IMMOBILIEN zustimmen?

	stimme voll zu	stimme im großen und ganzen zu	stimme noch zu	lehne eher ab	lehne im großen und ganzen ab	lehne voll ab
• VEBA IMMOBILIEN genießt ein hohes Ansehen in der Öffentlichkeit.......	☐	☐	☐	☐	☐	☐
• Ich vertraue dem Unternehmen VEBA IMMOBILIEN....................	☐	☐	☐	☐	☐	☐
• VEBA IMMOBILIEN ist ein sympathischer Vermieter................	☐	☐	☐	☐	☐	☐
• Falls ich einmal umziehe, nehme ich gern wieder eine VEBA-Wohnung	☐	☐	☐	☐	☐	☐

7. Beabsichtigen Sie, in nächster Zeit umzuziehen?

- nein.. ☐
- ja, ich möchte innerhalb der nächsten 12 Monate umziehen.................. ☐
- ja, aber ich weiß den genauen Zeitpunkt noch nicht..................... ☐

Falls ja, erfolgt der Umzug aus Alters- oder gesundheitlichen Gründen?
- nein.. ☐
- ja.. ☐

Teil II: Aktuelle Nutzung von Dienstleistungen

8. Nun möchten wir wissen, ob Sie für bestimmte Tätigkeiten professionelle Dienstleistungen oder Hilfe von Privatpersonen außerhalb Ihres Haushalts in Anspruch nehmen. Ist dies der Fall, kreuzen Sie bitte zusätzlich an, ob Sie hierfür ein Entgelt bezahlen. Wie oft nutzen Sie einen Dienst oder eine Hilfe für...?

	Häufigkeit der Nutzung				
	regel- mäßig	manchmal bei Bedarf	bisher nie	ohne Entgelt	mit Entgelt
• die Reinigung von Treppenhaus/Dachboden/Keller..................	☐	☐	☐	☐	☐
• den Winterdienst (z.B. Schnee fegen, Streugut verteilen).............	☐	☐	☐	☐	☐
• die Reinigung der Außenanlagen (z.B. Laub fegen)................	☐	☐	☐	☐	☐
• die Kinderbetreuung.....................................	☐	☐	☐	☐	☐
• die Alten-/Krankenpflege..................................	☐	☐	☐	☐	☐
• die allgemeine Reinigung der Wohnung......................	☐	☐	☐	☐	☐
• das Putzen der Fenster in der Wohnung.....................	☐	☐	☐	☐	☐
• das Waschen/Bügeln.....................................	☐	☐	☐	☐	☐
• das Einkaufen..	☐	☐	☐	☐	☐
• den Umzug in eine neue Wohnung........................	☐	☐	☐	☐	☐
• Schönheitsreparaturen (Anstreichen/Tapezieren)...............	☐	☐	☐	☐	☐
• kleine Handwerksarbeiten (z.B. Löcher bohren, Glühbirne wechseln).....	☐	☐	☐	☐	☐

Falls Sie mindestens für eine Tätigkeit eine Hilfe oder einen Dienst nutzen:
Wessen Hilfe oder Dienst nehmen Sie in Anspruch? Mehrere Antworten sind möglich.

- Verwandte, die nicht in meinem Haushalt leben.................. ☐
- Freunde oder Bekannte................................ ☐
- Nachbarn... ☐
- Sonstige Personen.................................... ☐
- Gewerbliche Firmen................................... ☐
- Städtische Einrichtungen............................... ☐
- Wohlfahrtsverbände (z.B. AWO, Rotes Kreuz)................ ☐
- Kirchen/Vereine...................................... ☐

---

9. Nutzen Sie aktuell schon als einen Service von VEBA IMMOBILIEN...?

	nein	ja
• die Treppenhausreinigung.........................	☐	☐
• die Reinigung der Außenanlagen..................	☐	☐
• den Winterdienst......................................	☐	☐

Teil III: Neue Angebote für Jung und Alt

Jetzt geht es darum, welche möglichen Serviceleistungen für Sie wichtig sind. Bitte kreuzen Sie bei den folgenden Fragen zunächst an, ob Sie die einzelne Leistung als Angebot von VEBA IMMOBILIEN nutzen würden. Wenn ja, markieren Sie bitte zusätzlich, wieviel DM Sie höchstens für die Nutzung zahlen würden.

---

10. Würden Sie die folgenden Haushaltsdienste und technischen Serviceleistungen nutzen?

	Würde ich				Preis höchstens etwa			
	ganz sicher nutzen	wahr-scheinlich nutzen	wohl nicht nutzen	auf keinen Fall nutzen				
					Für 1 Arbeitsstunde			
					0 - 19,99 DM	20 - 29,99 DM	30 - 39,99 DM	40 oder mehr DM
• Wohnungsreinigungs-Dienst (z.B. Putzen, Saugen)	☐	☐	☐	☐	☐	☐	☐	☐
					Für 1 Komplettreinigung aller Fenster			
					0 - 29,99 DM	30 - 39,99 DM	40 - 49,99 DM	50 oder mehr DM
• Fensterputz-Dienst in der Wohnung	☐	☐	☐	☐	☐	☐	☐	☐
					Für 5 Kilo Wäsche (trocken)			
					0 - 19,99 DM	20 - 29,99 DM	30 - 39,99 DM	40 oder mehr DM
• Wäscheservice (Abholen, Waschen, Bügeln, Bringen)	☐	☐	☐	☐	☐	☐	☐	☐
					Für 1 Anlieferung			
					0 - 4,99 DM	5 - 9,99 DM	10 - 14,99 DM	15 oder mehr DM
• Einkaufsdienst (Lieferung von Lebensmitteln nach Bestellung)	☐	☐	☐	☐	☐	☐	☐	☐
					Für 1 x Tapezieren/Anstreichen komplett als monatliche Ansparrate über 5 Jahre			
					0 - 29,99 DM	30 - 59,99 DM	60 - 89,99 DM	90 oder mehr DM
• Schönheitsreparatur-Service (Tapezieren/Anstreichen alle 5 Jahre)	☐	☐	☐	☐	☐	☐	☐	☐
					Für ½ Arbeitsstunde			
					0 - 9,99 DM	10 - 19,99 DM	20 - 29,99 DM	30 oder mehr DM
• Kleiner Handwerksdienst (z.B. Wandlöcher bohren, Glühbirne wechseln)	☐	☐	☐	☐	☐	☐	☐	☐
					Für 1 Umzug komplett			
					0 - 1.499 DM	1.500 - 2.499 DM	2.500 - 3.499 DM	3.500 oder mehr DM
• Umzugsservice (z.B. Möbeltransport, Ab- und Aufbau, Ummeldung bei Behörden)	☐	☐	☐	☐	☐	☐	☐	☐
					Für 1 Monat Nutzung			
					0 - 29,99 DM	30 - 44,99 DM	45 - 59,99 DM	60 oder mehr DM
• Schneller Zugang zum Internet über Kabelanschluß (bei Wegfall aller sonstigen Gebühren)	☐	☐	☐	☐	☐	☐	☐	☐
					Für 1 Monat Nutzung			
					0 - 59,99 DM	60 - 89,99 DM	90 - 119,99 DM	120 oder mehr DM
• Alarmeinrichtung in der Wohnung zum Schutz vor Einbrüchen und unbemerkter Rauchentwicklung	☐	☐	☐	☐	☐	☐	☐	☐

---

11. Wären die folgenden Gemeinschaftseinrichtungen in der Nachbarschaft für Sie interessant?

	Würde ich				Preis höchstens etwa			
	ganz sicher nutzen	wahr-scheinlich nutzen	wohl nicht nutzen	auf keinen Fall nutzen	Für die Mitbenutzung pro Monat			
					0 - 19,99 DM	20 - 39,99 DM	40 - 59,99 DM	60 oder mehr DM
• Räumlichkeit für eine Elterngruppe zur gemeinschaftlichen Betreuung von Kleinkindern	☐	☐	☐	☐	☐	☐	☐	☐
					Für die Mitbenutzung pro Monat			
					0 - 19,99 DM	20 - 39,99 DM	40 - 59,99 DM	60 oder mehr DM
• Sportkeller (z.B. für Fitneßtraining, Tischtennis)	☐	☐	☐	☐	☐	☐	☐	☐
					Für die alleinige Nutzung pro Abend			
					0 - 39,99 DM	40 - 59,99 DM	60 - 79,99 DM	80 oder mehr DM
• Mehrzweckraum (z.B. für Feiern, Kurse)	☐	☐	☐	☐	☐	☐	☐	☐

---

12. Wenn Sie die folgenden Dienste rund um das Haus bisher nicht bei VEBA IMMOBILIEN nutzen: Würden Sie den Dienst in Zukunft als VEBA IMMOBILIEN-Angebot in Anspruch nehmen?

	Würde ich				Preis pro Monat höchstens etwa			
	ganz sicher nutzen	wahr-scheinlich nutzen	wohl nicht nutzen	auf keinen Fall nutzen	0 - 19,99 DM	20 - 29,99 DM	30 - 39,99 DM	40 oder mehr DM
• Treppenhausreinigung (mit Dachboden/Keller)	☐	☐	☐	☐	☐	☐	☐	☐
					0 - 4,99 DM	5 - 9,99 DM	10 - 14,99 DM	15 oder mehr DM
• Reinigung der Außenanlagen (z.B. Laub fegen)	☐	☐	☐	☐	☐	☐	☐	☐
					0 - 3,99 DM	4 - 7,99 DM	8 - 11,99 DM	12 oder mehr DM
• Winterdienst (Schnee fegen, Streugut verteilen)	☐	☐	☐	☐	☐	☐	☐	☐
					0 - 29,99 DM	30 - 44,99 DM	45 - 59,99 DM	60 oder mehr DM
• Komplettservice mit Reinigung von Treppenhaus, Außenanlagen und Winterdienst	☐	☐	☐	☐	☐	☐	☐	☐

---

13. Wenn VEBA IMMOBILIEN eine Kundenkarte anbietet, die Ihnen mehrere Prozent Rabatt beim Kauf von Waren (z.B. im Baumarkt, Möbelgeschäft) und Dienstleistungen (z.B. Autoreparatur, Urlaubsreise) ermöglicht: Würden Sie...?

	Würde ich				Preis pro Jahr höchstens etwa			
	ganz sicher nutzen	wahr-scheinlich nutzen	wohl nicht nutzen	auf keinen Fall nutzen	Nur, wenn kostenlos	0,01 - 19,99 DM	20 - 39,99 DM	40 oder mehr DM
• eine solche Kundenkarte nutzen	☐	☐	☐	☐	☐	☐	☐	☐

---

14. Wieviel DM würden Sie regelmäßig jeden Monat höchstens für die gewünschten Dienstleistungen insgesamt ausgeben?

- Ich würde kein Geld dafür ausgeben.. ☐
- Ich würde hierfür insgesamt höchstens ausgeben: (BITTE BETRAG ERGÄNZEN)...................... _____ DM

15. Würden Sie innerhalb des nächsten Jahres eine kostenlose Beratung zu folgenden Themen nutzen?

	ganz sicher nutzen	Würde ich wahr- scheinlich nutzen	wohl nicht nutzen	auf keinen Fall nutzen
• Behördenangelegenheiten rund um's Wohnen (z.B. Wohngeldantrag)	☐	☐	☐	☐
• Konfliktbewältigung innerhalb der Nachbarschaft	☐	☐	☐	☐
• Versicherungsfragen (z.B. Haftpflichtversicherung)	☐	☐	☐	☐
• Abbau und Vermeidung von Mietrückständen	☐	☐	☐	☐
• Wohneigentum und dessen Finanzierung	☐	☐	☐	☐
• Alters- bzw. behindertengerechte Anpassung einer Wohnung	☐	☐	☐	☐
• Besondere Wohnformen für Senioren	☐	☐	☐	☐
• Hilfsdienste bei Krankheit/Alter und deren Finanzierung (z.B. Pflegeversicherung)	☐	☐	☐	☐

16. Von wie vielen der hier genannten Dienstleistungen haben Sie vorher schon einmal gehört?

- von allen .... ☐
- von den meisten .... ☐
- von wenigen .... ☐
- von keiner .... ☐

Teil IV: Ansprüche bei der Nutzung von Dienstleistungen

17. Denken Sie jetzt bitte einmal daran, aus welchen Gründen Sie Dienstleistungen in Anspruch nehmen. Nutzen Sie Dienstleistungen, um...?

	trifft voll zu	trifft im großen und ganzen zu	trifft weniger zu	trifft gar nicht zu
• mehr Zeit für andere Dinge zu haben	☐	☐	☐	☐
• Fachleute mit Aufgaben zu betrauen, die einem selbst Probleme bereiten	☐	☐	☐	☐
• sich von Arbeiten zu entlasten, die keine Freude machen	☐	☐	☐	☐
• körperliche Anstrengungen zu vermeiden	☐	☐	☐	☐
• sicher zu sein, daß gemeinschaftliche Aufgaben (z.B. Treppenhausreinigung) ordentlich erledigt werden	☐	☐	☐	☐

18. Wie wichtig sind Ihnen im allgemeinen die folgenden Anforderungen, wenn Sie einen geeigneten Anbieter für eine Dienstleistung suchen?

	sehr wichtig	wichtig	weniger wichtig	völlig unwichtig
• Flexibles Eingehen auf Kundenwünsche	☐	☐	☐	☐
• Ein Ansprechpartner für verschiedene Dienste (Angebot aus einer Hand)	☐	☐	☐	☐
• Bequeme Abrechnung und Bezahlung	☐	☐	☐	☐
• Zuverlässigkeit des Anbieters	☐	☐	☐	☐
• Sozialversicherungspflichtige Beschäftigung der ausführenden Personen	☐	☐	☐	☐
• Fachwissen des Anbieters	☐	☐	☐	☐
• Preis-Leistungs-Verhältnis	☐	☐	☐	☐
• Seriösität des Anbieters	☐	☐	☐	☐
• Haftung des Anbieters für die Folgen einer Fehlleistung	☐	☐	☐	☐
• Möglichkeit zur Reklamation	☐	☐	☐	☐

19. Glauben Sie, daß VEBA IMMOBILIEN in Verbindung mit seinen Partnerfirmen diese Anforderungen besser oder schlechter erfüllen würde als andere Unternehmen oder Personen, die Dienstleistungen ausführen?

	deutlich besser	etwas besser	etwa gleich gut	etwas schlechter	deutlich schlechter
• Flexibles Eingehen auf Kundenwünsche.	☐	☐	☐	☐	☐
• Ein Ansprechpartner für verschiedene Dienste (Angebot aus einer Hand)	☐	☐	☐	☐	☐
• Bequeme Abrechnung und Bezahlung.	☐	☐	☐	☐	☐
• Zuverlässigkeit des Anbieters.	☐	☐	☐	☐	☐
• Sozialversicherungspflichtige Beschäftigung der ausführenden Personen.	☐	☐	☐	☐	☐
• Fachwissen des Anbieters.	☐	☐	☐	☐	☐
• Preis-Leistungs-Verhältnis.	☐	☐	☐	☐	☐
• Seriösität des Anbieters.	☐	☐	☐	☐	☐
• Haftung des Anbieters für die Folgen einer Fehlleistung.	☐	☐	☐	☐	☐
• Möglichkeit zur Reklamation.	☐	☐	☐	☐	☐

20. Wie hoch ist Ihrer Meinung nach das Fachwissen von VEBA IMMOBILIEN bei den folgenden Leistungen?

	hohes Fachwissen	mittleres Fachwissen	niedriges Fachwissen	kein Fachwissen
• Soziale Dienstleistungen (z.B. Altenpflege, Kinderbetreuung).	☐	☐	☐	☐
• Dienste rund um's Haus (z.B. Treppenhausreinigung, Winterdienst).	☐	☐	☐	☐
• Reparatur- und Renovierungsdienste.	☐	☐	☐	☐
• Dienste für den Haushalt (z.B. Wohnungsreinigung, Einkaufsdienst).	☐	☐	☐	☐
• Umzugsdienste.	☐	☐	☐	☐
• Sicherheitsdienstleistungen (z.B Alarmanlagen, Notrufzentralen).	☐	☐	☐	☐
• Kommunikationsdienstleistungen (z.B. Kabelfernsehen, Telefondienste).	☐	☐	☐	☐
• Freizeitservice (z.B. Betrieb von Partyräumen, Reiseveranstaltung).	☐	☐	☐	☐
• Finanzdienstleistungen (z.B. Versicherungen, Bausparen).	☐	☐	☐	☐
• Beratung in Wohnfragen (z.B. altersgerechtes Wohnen, Behördenangelegenheiten).	☐	☐	☐	☐
• Beratung beim Erwerb von Eigentumswohnungen oder Einfamilienhäusern.	☐	☐	☐	☐

21. Stimmen Sie den folgenden Aussagen über die Nutzung von Dienstleistungen zu?

	stimme voll zu	stimme im großen und ganzen zu	stimme noch zu	lehne eher ab	lehne im großen und ganzen ab	lehne voll ab
• Ich gebe lieber Geld für nützliche Dienstleistungen aus, als es zu sparen	☐	☐	☐	☐	☐	☐
• Je mehr Dienste ich nutze, desto mehr verliere ich an Selbständigkeit	☐	☐	☐	☐	☐	☐
• Dienstleistungen sind nur für Menschen da, die Hilfe brauchen.	☐	☐	☐	☐	☐	☐
• Familienmitglieder würde ich nur ungern durch Fremde betreuen lassen	☐	☐	☐	☐	☐	☐
• Ich bin mir bei Dienstleistungen oft unsicher, ob ich für mein Geld auch eine angemessene Qualität bekomme.	☐	☐	☐	☐	☐	☐
• Bevor ich mich für den Kauf einer Dienstleistung entscheide, denke ich lange darüber nach.	☐	☐	☐	☐	☐	☐
• Es macht mir nichts aus, wenn Fremde in meine Wohnung kommen, um dort Dienste zu verrichten.	☐	☐	☐	☐	☐	☐
• Ich könnte regelmäßig zu mehreren Tageszeiten Dienste in meiner Wohnung ausführen lassen.	☐	☐	☐	☐	☐	☐
• Die meisten Dienstleistungen sind nicht nötig, weil man das ebenso gut selbst machen kann.	☐	☐	☐	☐	☐	☐

Teil V: Freizeitgestaltung

22.	Können Sie den folgenden Aussagen zum Thema „Freizeit" zustimmen?						
		stimme voll zu	stimme im großen und ganzen zu	stimme noch zu	lehne eher ab	lehne im großen und ganzen ab	lehne voll ab
	• Mir bleibt viel zu wenig Zeit, über die ich völlig frei verfügen kann.........	☐	☐	☐	☐	☐	☐
	• Ich treffe mich in meiner Freizeit häufig mit Freunden und Bekannten....	☐	☐	☐	☐	☐	☐
	• Zu meinen Nachbarn besteht ein guter Kontakt................................	☐	☐	☐	☐	☐	☐

Teil VI: Wohnen im Alter

23. Welche Wohnform wünschen Sie sich für Ihr Seniorenalter? Mehrere Antworten sind möglich.

- normale Wohnung.. ☐
- normale Wohnung mit breitem Serviceangebot.. ☐
- altersgerechte Wohnung in normalem Mehrfamilienhaus.............................. ☐
- altersgerechte Wohnung in normalem Mehrfamilienhaus mit breitem Serviceangebot........... ☐
- Haus oder Wohnung der Kinder.. ☐
- eigene Wohnung in Seniorenwohnanlage mit breitem Serviceangebot.............. ☐
- Altersheim.. ☐
- Seniorenresidenz.. ☐
- sonstige Wohnformen... ☐

---

24. Ist jemand in Ihrem Haushalt aus Alters- oder gesundheitlichen Gründen dauerhaft hilfe- oder pflegebedürftig?

- nein.. ☐
- ja... ☐

Falls ja, bei welchen alltäglichen Dingen wird Hilfe benötigt? Mehrere Antworten sind möglich.

- Besuche machen (z.B. Arzt, Bekannte)................. ☐
- Treppe steigen... ☐
- Wohnung in Ordnung halten............................. ☐

- Zubereitung von Mahlzeiten............................. ☐
- Körperpflege (z.B. Baden, Waschen).................. ☐
- An- und Ausziehen.. ☐

Zum Abschluß ergänzen Sie nun bitte die statistischen Angaben hier und auf der nächsten Seite. Diese Daten sind wichtig, um zum Beispiel später sagen zu können, daß jüngere Mieter eine andere Meinung haben als ältere. Wir versichern Ihnen, daß niemand einen Rückschluß von Ihren Antworten auf Ihre Person ziehen kann.

Teil VII: Statistische Angaben

25. Wie viele Personen leben insgesamt in Ihrem Haushalt?

- Anzahl der Personen insgesamt.... _____

26. Wie viele davon sind minderjährige Kinder?

- Anzahl minderjähriger Kinder........ _____

27. Wie viele Personen aus Ihrem Haushalt sind zur Zeit erwerbstätig?

- Anzahl erwerbstätiger Personen.... _____

28. Welcher DM-Betrag an Einkünften steht Ihrem Haushalt insgesamt nach Abzug von Steuern und Sozialabgaben pro Monat zur Verfügung?

- Unter 1000 DM.. ☐
- 1.000 bis 1.999 DM.. ☐
- 2.000 bis 2.999 DM.. ☐
- 3.000 bis 3.999 DM.. ☐
- 4.000 bis 4.999 DM.. ☐
- 5.000 bis 5.999 DM.. ☐
- 6000 oder mehr DM.. ☐

418

29. Wie groß ist Ihre Wohnung?

- Wohnfläche in qm.......................... _____
- Anzahl der Wohnräume.................. _____

30. Wie viele Mietparteien hat Ihr Haus?

- bis zu 4 Parteien............................. ☐
- 5 bis 8 Parteien............................... ☐
- 9 bis 12 Parteien............................. ☐
- 13 oder mehr Parteien..................... ☐

31. Wie lange sind Sie insgesamt schon Mieter bei VEBA IMMOBILIEN?

- weniger als 1 Jahr........................... ☐
- 1 bis 2 Jahre.................................... ☐
- 3 bis 4 Jahre.................................... ☐
- 5 bis 9 Jahre.................................... ☐
- 10 Jahre bis 19 Jahre....................... ☐
- 20 Jahre oder länger........................ ☐

32. Wie oft sprechen Sie pro Jahr etwa mit Ihrem(r) Kundenbetreuer(in) bei VEBA IMMOBILIEN?

- keinmal... ☐
- einmal... ☐
- zweimal... ☐
- dreimal oder öfter............................ ☐

33. Haben Sie einen Computer (PC)?

- nein.. ☐
- ja.. ☐

Wenn ja, ist auch ein Internetanschluß vorhanden?

- nein.. ☐
- ja.. ☐

34. Welche Postleitzahl hat Ihr Stadtteil?

- Postleitzahl...................................... _____

Bitte richten Sie die folgenden Angaben nach der Person mit den höchsten Einkünften in Ihrem Haushalt.

35. Alter?

- Alter in Jahren.................................. _____

36. Abschluß?

- Haupt-/Volksschulabschluß.............................. ☐
- Real-/Handelsschulabschluß............................ ☐
- Abitur/Fachabitur.. ☐
- Hochschul-/Fachhochschulabschluß................. ☐
- Sonstiges... ☐

37. Beschäftigung?

- Schüler(in)/Auszubildende(r) .... ☐
- Student(in) .... ☐
- Arbeiter(in) .... ☐
- Facharbeiter(in)/Vorarbeiter(in)/Meister(in)....... ☐
- Angestellte(r) oder Beamtin/Beamter................ ☐
- Leitende(r) Angestellte(r) oder Beamtin/Beamter ... ☐
- Selbständige(r)/Freiberufler(in) .... ☐
- Rentner(in)/Pensionär(in) .... ☐
- Hausfrau/Hausmann....................................... ☐
- Sonstiges... ☐

38. Geschlecht?

- weiblich.. ☐
- männlich... ☐

39. Gibt es Dinge, die Ihnen bei VEBA IMMOBILIEN nicht gefallen oder die Sie gut finden, aber die im Fragebogen noch nicht erwähnt wurden? Sie können uns dies in den folgenden Zeilen mitteilen.

_____
_____
_____
_____
_____

Vielen Dank für's Mitmachen!

Anlage 3: Fragebogen (Eigentümer - Auszug)

Kundenbefragung von VEBA IMMOBILIEN zum Thema „Wohnen mit Service"
- eine Studie in Zusammenarbeit mit der Ruhr-Universität Bochum -

Alle Angaben werden vollkommen vertraulich behandelt. Bitte füllen Sie den Fragebogen vollständig aus. Bei den meisten Fragen können Sie einfach durch Ankreuzen Ihre Antwort markieren. Wenn mehrere Antwortkästchen in einer Zeile stehen, machen Sie bitte nur ein Kreuz pro Zeile.

Teil I: VEBA IMMOBILIEN als Bauträger und Hausverwalter

1. Wie zufrieden sind Sie mit...?

	vollkommen zufrieden	weitgehend zufrieden	noch zufrieden	eher unzufrieden	weitgehend unzufrieden	vollkommen unzufrieden
• Ihrer derzeitigen Wohnsituation	☐	☐	☐	☐	☐	☐

2. Bewerten Sie bitte den Service von VEBA IMMOBILIEN als Bauträger.
   Wie zufrieden sind Sie mit...?

	vollkommen zufrieden	weitgehend zufrieden	noch zufrieden	eher unzufrieden	weitgehend unzufrieden	vollkommen unzufrieden
• der Einhaltung von Terminvorgaben	☐	☐	☐	☐	☐	☐
• der Qualität der Beratung vor dem Kauf	☐	☐	☐	☐	☐	☐
• der Freundlichkeit der Mitarbeiter	☐	☐	☐	☐	☐	☐
• der Flexibilität bei der Erfüllung von Kundenwünschen	☐	☐	☐	☐	☐	☐
• der Reaktion bei Beschwerden	☐	☐	☐	☐	☐	☐
• der Betreuung nach dem Kauf	☐	☐	☐	☐	☐	☐

3. Wie beurteilen Sie alles in allem nach dem Schulnotensystem (1 = sehr gut bis 6 = ungenügend)...?

	sehr gut	gut	befriedigend	ausreichend	mangelhaft	ungenügend
• den Service von VEBA IMMOBILIEN als Bauträger	☐	☐	☐	☐	☐	☐

4. Denken Sie jetzt bitte an den Service von VEBA IMMOBILIEN als Hausverwalter.
   Wie zufrieden sind Sie mit...?

	vollkommen zufrieden	weitgehend zufrieden	noch zufrieden	eher unzufrieden	weitgehend unzufrieden	vollkommen unzufrieden
• der Erreichbarkeit des/der Ansprechpartner(s)	☐	☐	☐	☐	☐	☐
• dem Verständnis der Mitarbeiter für Probleme des Kunden	☐	☐	☐	☐	☐	☐
• der Freundlichkeit der Mitarbeiter	☐	☐	☐	☐	☐	☐
• der Kooperation mit dem Beirat	☐	☐	☐	☐	☐	☐
• der Organisation der Eigentümerversammlungen	☐	☐	☐	☐	☐	☐
• der Überwachung von Instandhaltung und Wartung	☐	☐	☐	☐	☐	☐
• der Vermittlung von Partnerfirmen	☐	☐	☐	☐	☐	☐
• der Kontrolle der Partnerfirmen	☐	☐	☐	☐	☐	☐
• der Pünktlichkeit bei Terminangelegenheiten	☐	☐	☐	☐	☐	☐
• der Durchschaubarkeit der Hausgeldabrechnung	☐	☐	☐	☐	☐	☐
• der Transparenz hinsichtlich der Verwalteraktivitäten (z.B. Angebote einholen)	☐	☐	☐	☐	☐	☐

5. Wie beurteilen Sie insgesamt nach dem Schulnotensystem (1 = sehr gut bis 6 = ungenügend)...?

	sehr gut	gut	befriedigend	ausreichend	mangelhaft	ungenügend
• den Service von VEBA IMMOBILIEN als Hausverwalter	☐	☐	☐	☐	☐	☐

6. **Können Sie den folgenden Aussagen über VEBA IMMOBILIEN zustimmen?**

	stimme voll zu	stimme im großen und ganzen zu	stimme noch zu	lehne eher ab	lehne im großen und ganzen ab	lehne voll ab
• VEBA IMMOBILIEN genießt ein hohes Ansehen in der Öffentlichkeit........	☐	☐	☐	☐	☐	☐
• Ich vertraue dem Unternehmen VEBA IMMOBILIEN..............	☐	☐	☐	☐	☐	☐
• VEBA IMMOBILIEN ist ein sympathischer Geschäftspartner..................	☐	☐	☐	☐	☐	☐
• Falls ich einmal umziehe, würde ich gern wieder eine Wohnung nehmen, die von VEBA IMMOBILIEN verwaltet wird.................	☐	☐	☐	☐	☐	☐
• Beim Kauf einer neuen Wohnung oder eines neuen Hauses würde ich Wert darauf legen, daß VEBA IMMOBILIEN der Bauträger ist.................	☐	☐	☐	☐	☐	☐

7. **Beabsichtigen Sie, in nächster Zeit umzuziehen?**

- nein.. ☐
- ja, ich möchte innerhalb der nächsten 12 Monate umziehen.................. ☐
- ja, aber ich weiß den genauen Zeitpunkt noch nicht.................... ☐

Falls ja, erfolgt der Umzug aus Alters- oder gesundheitlichen Gründen?
- nein.. ☐
- ja.. ☐

Teil II: Aktuelle Nutzung von Dienstleistungen

8. *Nun möchten wir wissen, ob Sie für bestimmte Tätigkeiten professionelle Dienstleistungen oder Hilfe von Privatpersonen außerhalb Ihres Haushalts in Anspruch nehmen. Ist dies der Fall, kreuzen Sie bitte zusätzlich an, ob Sie hierfür ein Entgelt bezahlen.*
Wie oft nutzen Sie einen Dienst oder eine Hilfe für...?

	Häufigkeit der Nutzung					
	regelmäßig	manchmal bei Bedarf	bisher nie		ohne Entgelt	mit Entgelt
• die Reinigung von Treppenhaus/Dachboden/Keller................................	☐	☐	☐		☐	☐
• den Winterdienst (z.B. Schnee fegen, Streugut verteilen).................	☐	☐	☐		☐	☐
• die Reinigung der Außenanlagen (z.B. Laub fegen)................	☐	☐	☐		☐	☐
• die Kinderbetreuung................................	☐	☐	☐		☐	☐
• die Alten-/Krankenpflege................................	☐	☐	☐		☐	☐
• die allgemeine Reinigung der Wohnung................	☐	☐	☐		☐	☐
• das Putzen der Fenster in der Wohnung................	☐	☐	☐		☐	☐
• das Waschen/Bügeln................................	☐	☐	☐		☐	☐
• das Einkaufen................................	☐	☐	☐		☐	☐
• den Umzug in eine neue Wohnung................	☐	☐	☐		☐	☐
• Schönheitsreparaturen (Anstreichen/Tapezieren)................	☐	☐	☐		☐	☐
• kleine Handwerksarbeiten (z.B. Löcher bohren, Glühbirne wechseln).....	☐	☐	☐		☐	☐

Falls Sie mindestens für eine Tätigkeit eine Hilfe oder einen Dienst nutzen:
Wessen Hilfe oder Dienst nehmen Sie in Anspruch? Mehrere Antworten sind möglich.

- Verwandte, die nicht in meinem Haushalt leben............................ ☐
- Freunde oder Bekannte................................ ☐
- Nachbarn................................ ☐
- Sonstige Personen................................ ☐
- Gewerbliche Firmen................................ ☐
- Städtische Einrichtungen................................ ☐
- Wohlfahrtsverbände (z.B. AWO, Rotes Kreuz)................................ ☐
- Kirchen/Vereine................................ ☐

29. Wie groß ist Ihre Wohnung?

- Wohnfläche in qm............................ _____
- Anzahl der Wohnräume................ _____

30. Wie viele Parteien hat Ihre Eigentümer-gemeinschaft?

- bis zu 4 Parteien............................. ☐
- 5 bis 8 Parteien.............................. ☐
- 9 bis 12 Parteien............................ ☐
- 13 oder mehr Parteien.................... ☐

31. Wie lange sind Sie insgesamt schon Kunde bei VEBA IMMOBILIEN?

- weniger als 1 Jahr........................... ☐
- 1 bis 2 Jahre.................................... ☐
- 3 bis 4 Jahre.................................... ☐
- 5 bis 9 Jahre.................................... ☐
- 10 Jahre bis 19 Jahre....................... ☐
- 20 Jahre oder länger....................... ☐

32. Wie oft sprechen Sie pro Jahr etwa mit Ihrem(r) Verwalter(in) bei VEBA IMMOBILIEN?

- keinmal.. ☐
- einmal.. ☐
- zweimal.. ☐
- dreimal oder öfter............................ ☐

33. Haben Sie einen Computer (PC)?

- nein .... ☐
- ja.. ☐

Wenn ja, ist auch ein Internetanschluß vorhanden?

- nein .... ☐
- ja.. ☐

34. Welche Postleitzahl hat Ihr Stadtteil?

- Postleitzahl....................................... _____

Bitte richten Sie die folgenden Angaben nach der Person mit den höchsten Einkünften in Ihrem Haushalt.

35. Alter?

- Alter in Jahren................................. _____

36. Abschluß?

- Haupt-/Volksschulabschluß............................... ☐
- Real-/Handelsschulabschluß............................. ☐
- Abitur/Fachabitur.. ☐
- Hochschul-/Fachhochschulabschluß.................. ☐
- Sonstiges... ☐

37. Beschäftigung?

- Schüler(in)/Auszubildende(r) .... ☐
- Student(in) .... ☐
- Arbeiter(in) .... ☐
- Facharbeiter(in)/Vorarbeiter(in)/Meister(in)....... ☐
- Angestellte(r) oder Beamtin/Beamter................ ☐
- Leitende(r) Angestellte(r) oder Beamtin/Beamter....... ☐
- Selbständige(r)/Freiberufler(in) .... ☐
- Rentner(in)/Pensionär(in) .... ☐
- Hausfrau/Hausmann.. ☐
- Sonstiges... ☐

38. Geschlecht?

- weiblich.. ☐
- männlich... ☐

39. Gibt es Dinge, die Ihnen bei VEBA IMMOBILIEN nicht gefallen oder die Sie gut finden, aber die im Fragebogen noch nicht erwähnt wurden? Sie können uns dies in den folgenden Zeilen mitteilen.

_____

_____

_____

_____

Vielen Dank für's Mitmachen!

Anlage 4:   **Erinnerungsschreiben**

Bochum, im September 1998

Sehr geehrte Damen und Herren,

wir möchten uns recht herzlich für Ihre Teilnahme an unserer Befragung **„Wohnen mit Service"** bedanken. Sie haben uns wichtige Hinweise dafür gegeben, wie wir unseren Service optimal gestalten können.

Vielleicht sind Sie bisher noch nicht dazu gekommen, uns zu antworten. In diesem Fall bitten wir Sie, den Fragebogen auszufüllen und spätestens bis **Montag, den 21. September**, abzuschicken. Dann können wir Ihre Antworten noch berücksichtigen.

Falls Ihnen der Fragebogen abhanden gekommen ist, fordern Sie doch bitte bei Herrn Peter Fehr, Ruhr-Universität Bochum (Tel. 0234/700-4508), ein neues Exemplar an. Der Fragebogen wird Ihnen dann sofort zugeschickt.

Mit freundlichen Grüßen

V. Nordalm
VEBA IMMOBILIEN AG

Anlage 5: Rücklaufschema

		MIETER							Total Mieter	EIGENTÜMER							Total Eigentümer	Total Wohnkunden
		Herten	Gladbeck-Nord	Gladbeck-Mitte/Süd	Bochum-Nord/West	Bochum-Mitte/Ost	Bochum-Süd	ohne Angabe		Herten	Gladbeck-Nord	Gladbeck-Mitte/Süd	Bochum-Nord/West	Bochum-Mitte/Ost	Bochum-Süd	ohne Angabe		
Grund-gesamtheit	Anzahl	4.604	2.870	5.064	4.869	3.261	5.843	-	26.511	16	19	4	7	24	34	-	104	26.615
	Zeilen %	17,4%	10,8%	19,1%	18,4%	12,3%	22,0%	-	100,0%	15,4%	18,3%	3,8%	6,7%	23,1%	32,7%	-	100,0%	
Stichprobe	Anzahl	238	151	267	255	171	307	-	1.389	16	19	4	7	24	34	-	104	1.493
	Zeilen %	17,1%	10,9%	19,2%	18,4%	12,3%	22,1%	-	100,0%	15,4%	18,3%	3,8%	6,7%	23,1%	32,7%	-	100,0%	
Auswertbarer Rücklauf	Anzahl	85	54	78	100	66	130	14	527	11	5	3	4	12	18	7	60	587
	Zeilen %	16,1%	10,2%	14,8%	19,0%	12,5%	24,7%	2,7%	100,0%	18,3%	8,3%	5,0%	6,7%	20,0%	30,0%	11,7%	100,0%	
	in % der versandten Bögen	35,7%	35,8%	29,2%	39,2%	38,6%	42,3%	-	37,9%	68,8%	26,3%	75,0%	57,1%	50,0%	52,9%	-	57,7%	39,3%

Anlage 6: **Index zur Messung der sozialen Schichtung**

Merkmal	Punktwert
1. Beruf des Haushaltsvorstands	
Arbeiter(in)	7
Fach-/Vorarbeiter(in)/Meister(in)	11
Angestellte(r)/Beamtin/Beamter	13
Leitende(r) Angestellte(r) oder Beamtin/Beamter	25
Selbständige(r)/Freiberufler(in)	25
Hausfrau/-mann	4
Sonstige	0
2. Haushaltsnettoeinkommen	
unter 1.000 DM	1
1.000 - 1.999 DM	4
2.000 - 2.999 DM	8
3.000 - 3.999 DM	12
4.000 - 4.999 DM	16
5.000 - 5.999 DM	20
über 6.000 DM	23
3. Bildungsgrad des Haushaltsvorstands	
Volks-/Hauptschule	3
Real-/Handelsschule	7
Abitur/Fachabitur	12
Hochschule/Fachhochschule	20
Sonstiges	1
Soziale Schichtung der Probanden	**Punktwert**
Unterschicht	0-17
Untere Mittelschicht	18-26
Mittlere Mittelschicht	27-39
Obere Mittelschicht	40-55
Oberschicht	ab 56

Quelle: Vereinfachtes Schema in Anlehnung an BERENDT (Dienstleistungen, 1996), S. 29 und SCHEUCH/DAHEIM (Schichtung, 1974), S. 102f.

Anlage 7: Regressionsmodell zur Servicezufriedenheit (Mieter)

Regression

Aufgenommene/Entfernte Variablen [b]

Modell	Aufgenommene Variablen	Entfernte Variablen	Methode
1	FAC5FREM, FAC4SCHR, FAC3RAHM, FAC1BETR, FAC2TECH [a]	,	Eingeben

a. Alle gewünschten Variablen wurden aufgenommen.

b. Abhängige Variable: V05 (Servicezufriedenheit)

Modellzusammenfassung [b]

Modell	R	R-Quadrat	Korrigiertes R-Quadrat	Standardfehler des Schätzers	Durbin-Watson-Statistik
1	,817[a]	,667	,663	,66	1,965

a. Einflußvariablen : (Konstante), FAC5FREM, FAC4SCHR, FAC3RAHM, FAC1BETR, FAC2TECH

b. Abhängige Variable: V05 (Servicezufriedenheit)

ANOVA [b]

Modell		Quadratsumme	df	Mittel der Quadrate	F	Signifikanz
1	Regression	437,492	5	87,498	201,637	,000[a]
	Residuen	218,706	504	,434		
	Gesamt	656,198	509			

a. Einflußvariablen : (Konstante), FAC5FREM, FAC4SCHR, FAC3RAHM, FAC1BETR, FAC2TECH

b. Abhängige Variable: V05 (Servicezufriedenheit)

Koeffizienten [a]

Modell		Nicht standardisierte Koeffizienten		Standardisierte Koeffizienten	T	Signifikanz
		B	Standardfehler	Beta		
1	(Konstante)	2,742	,029		93,982	,000
	FAC1BETR	,576	,030	,502	19,523	,000
	FAC2TECH	,413	,029	,364	14,152	,000
	FAC3RAHM	,372	,029	,331	12,869	,000
	FAC4SCHR	,306	,029	,270	10,487	,000
	FAC5FREM	,381	,029	,336	13,055	,000

a. Abhängige Variable: V05 (Servicezufriedenheit)

Es ergaben sich keine Hinweise auf eine Verletzung der Prämissen des linearen Regressionsmodells. Einzelne Ausreißer (ungewöhnlich stark von den übrigen Residuen abgesonderte Werte) wurden aus der Analyse ausgeschlossen. Vgl. SCHLITTGEN (Statistik, 1998), S. 440; CHATTERJEE/PRICE (Regressionsanalyse, 1995), S. 29.

Anlage 8: **Regressionsmodell zur Höhe des monatlichen Dienstlei-**
stungsbudgets (integriertes Sample)

Dependent Variable: LNDM
Method: Least Squares
Date: 01/22/99   Time: 10:33
Sample(adjusted): 1 112
Included observations: 112 after adjusting endpoints
White Heteroskedasticity-Consistent Standard Errors & Covariance

Variable	Coefficient	Std. Error	t-Statistic	Prob.
C	3.685726	0.705985	5.220687	0.0000
UNTSCHI	-1.532191	0.426082	-3.595999	0.0005
BISHNUTZ	1 666512	0.318298	5.235693	0.0000
ORDMOTIV	-0.855851	0.128127	-6.679691	0.0000
BEWBER	-0.436526	0.139923	-3.119745	0.0023
VERLSELB	0.270602	0.088144	3.069996	0.0027

R-squared	0.554573	Mean dependent var	2.434767
Adjusted R-squared	0.533562	S.D. dependent var	2.125598
S.E. of regression	1.451703	Akaike info criterion	3.635435
Sum squared resid	223.3889	Schwarz criterion	3.781069
Log likelihood	-197.5844	F-statistic	26.39478
Durbin-Watson stat	1.764268	Prob(F-statistic)	0.000000

Die Schätzung erfolgte unter Berücksichtigung von Heteroskedastizität. Es ergaben sich insgesamt keine Beeinträchtigungen hinsichtlich der Prämissen des linearen Regressionsmodells. Vgl. QUANTITATIVE MICRO SOFTWARE (EViews, 1997), S. 279; WHITE (Heteroskedasticity, 1980), S. 817ff. Einzelne Ausreißer (ungewöhnlich stark von den übrigen Residuen abgesonderte Werte) wurden aus der Analyse ausgeschlossen. Vgl. SCHLITTGEN (Statistik, 1998), S. 440; CHATTERJEE/PRICE (Regressionsanalyse, 1995), S. 29. Die Schätzung der standardisierten Regressionskoeffizienten erfolgte mit dem Programm SPSS.

Anlage 9: **Kontigenzanalyse zur Höhe des monatlichen Dienstleistungsbudgets (Mieter/Eigentümer)**

Chi-Quadrat-Tests zur Abhängigkeit der (gruppierten) Höhe des Dienstleistungsbudgets (Mieter)

Dichotomisierte Variablen	Chi-Quadrat Wert	Freiheitsgrade	Signifikanz	Spearman's Korrelationsk.	Signifikanz
Motiv "Entlastung von Arbeiten, die keine Freude machen"	34,656	3,000	0,000	0,295	0,000
Akzeptanz Fremder in der Wohnung	17,256	3,000	0,001	0,200	0,000
Relative Einschätzung von VI als Dienstleister hinsichtlich bequemer Abrechnung und Bezahlung	14,633	3,000	0,002	0,180	0,000
Pro-Kopf-Einkommen ab 2000 DM	13,023	3,000	0,005	0,168	0,000

Chi-Quadrat-Tests zur gegenseitigen Abhängigkeit obiger Einflußvariablen (Mieter)

Zum Motiv "Entlastung von Arbeiten, die keine Freude machen"	Chi-Quadrat* Wert	Freiheitsgrade	Signifikanz	Spearman's Korrelationsk.	Signifikanz
Akzeptanz Fremder in der Wohnung	0,174	1,000	0,676	0,029	0,578
Pro-Kopf-Einkommen ab 2.000 DM	1,638	1,000	0,201	0,074	0,150
Relative Einschätzung von VI als Dienstleister hinsichtlich bequemer Abrechnung und Bezahlung	0,270	1,000	0,603	0,035	0,513

Zur Akzeptanz Fremder in der Wohnung	Chi-Quadrat* Wert	Freiheitsgrade	Signifikanz	Spearman's Korrelationsk.	Signifikanz
Pro-Kopf-Einkommen ab 2.000 DM	1,657	1,000	0,198	0,070	0,149
Relative Einschätzung von VI als Dienstleister hinsichtlich bequemer Abrechnung und Bezahlung	3,683	1,000	0,055	0,103	0,400

Zum Pro-Kopf-Einkommen ab 2.000 DM	Chi-Quadrat* Wert	Freiheitsgrade	Signifikanz	Spearman's Korrelationsk.	Signifikanz
Relative Einschätzung von VI als Dienstleister hinsichtlich bequemer Abrechnung und Bezahlung	0,416	1,000	0,519	-0,040	0,424

* Anwendung der für 2*2-Tabellen empfohlenen Yates-Korrektur. Vgl. JANSSEN/LAATZ (SPSS, 1997), S. 221ff.

Chi-Quadrat-Tests zur Abhängigkeit der (gruppierten) Höhe des Dienstleistungsbudgets (Eigentümer)

Dichotomisierte Variablen	Chi-Quadrat Wert	Freiheitsgrade	Signifikanz	Spearman's Korrelationsk.	Signifikanz
Bisherige Nutzung von Diensten/ Hilfen (ja/nein)	6,995	2,000	0,030	0,365	0,008
Abitur (ja/nein)	10,531	2,000	0,005	0,363	0,010
Relative Einschätzung von VI als Dienstleister hinsichtlich Zuverlässigkeit	6,497	2,000	0,039	0,351	0,015
Motiv "Ordentliche Erledigung von Gemeinschaftsaufgaben"	9,140	2,000	0,010	0,306	0,027

Chi-Quadrat-Tests zur gegenseitigen Abhängigkeit obiger Einflußvariablen (Eigentümer)

Zum Motiv "Ordentliche Erledigung von Gemeinschaftsaufgaben"	Chi-Quadrat* Wert	Freiheitsgrade	Signifikanz	Spearman's Korrelationsk.	Signifikanz
Bisherige Nutzung von Diensten/ Hilfen (ja/nein)	1,513	1,000	0,122	0,208	0,127
Abitur (ja/nein)	0,000	1,000	1,000	0,023	0,866
Relative Einschätzung von VI als Dienstleister hinsichtlich Zuverlässigkeit	1,067	1,000	0,302	0,179	0,192

Zur Bisherigen Nutzung von Diensten/ Hilfen (ja/nein)	Chi-Quadrat* Wert	Freiheitsgrade	Signifikanz	Spearman's Korrelationsk.	Signifikanz
Abitur (ja/nein)	0,312	1,000	0,576	0,112	0,403
Relative Einschätzung von VI als Dienstleister hinsichtlich Zuverlässigkeit	1,513	1,000	0,219	0,208	0,127

Zum Abitur (ja/nein)	Chi-Quadrat* Wert	Freiheitsgrade	Signifikanz	Spearman's Korrelationsk.	Signifikanz
Relative Einschätzung von VI als Dienstleister hinsichtlich Zuverlässigkeit	0,492	1,000	0,483	0,134	0,334

* Anwendung der für 2*2-Tabellen empfohlenen Yates-Korrektur. Vgl. JANSSEN/LAATZ (SPSS, 1997), S. 221ff.

Anlage 10: Tests zur Beziehung zwischen monatlichem Dienstleistungsbudget und soziodemographischen Variablen (Mieter)

Chi-Quadrat-Test zur Abhängigkeit des Vorhandenseins einer regelmäßigen Zahlungsbereitschaft für Dienstleistungen von ausgewählten soziodemographischen Variablen				
Variablen	Chi-Quadrat Wert	Freiheitsgrade	Signifikanz	Ablehnung der Null-hypothese: Unabhängigkeit
Soziale Schicht	11,687	3	0,009	ja
Einkommen	7,363	5	0,195	nein
Pro-Kopf-Einkommen	12,981	4	0,011	ja
Alter	10,689	6	0,098	nein
Bildungsgrad	10,053	4	0,040	ja
Beschäftigung	21,087	6	0,002	ja
Haushaltstyp	7,019	4	0,135	nein
Lebenszyklus	19,737	8	0,011	ja

Kruskal-Wallis-Test zu Mittelwertunterschieden (Rangplätze) des monatlichen Dienstleistungsbudgets in Abhängigkeit von ausgewählten soziodemographischen Variablen				
Variablen	Chi-Quadrat Wert	Freiheitsgrade	Signifikanz	Ablehnung der Null-Hypothese: Gleichheit der mittleren Rangzahlen
Soziale Schicht	10,996	3	0,012	ja
Einkommen	8,062	5	0,153	nein
Pro-Kopf-Einkommen	15,417	4	0,004	ja
Alter	8,202	6	0,224	nein
Bildungsgrad	8,193	4	0,085	nein
Beschäftigung	18,167	6	0,006	ja
Haushaltstyp	7,271	4	0,122	nein
Lebenszyklus	19,811	8	0,011	ja

Anlage 11: Kennzeichnung der Kundencluster anhand der aktiven Variablen

Merkmalsausprägungen der aktiven Variablen bei den verschiedenen Clustern

Variable	Beschreibung	MIETER Gesamtheit der einbezogenen Mieter (n = 327)	Cluster 1	Cluster 2	Cluster 3	EIGENTÜMER Gesamtheit der einbezogenen Eigentümer (n = 41)	Cluster 1	Cluster 2	Cluster 3
Motiv "Bequemlichkeit"**	%-Anteil der Antworten "trifft voll/im großen und ganzen zu"	26,6%	15,3%	40,0%	42,5%	53,6%	45,2%	83,3%	75,0%
	Mittelwert (1 = "trifft voll zu" bis 4 "trifft gar nicht zu")	3,04	3,36	2,66	2,58	2,41	2,65	1,67	1,75
Motiv "Ordentlichkeit"**	%-Anteil der Antworten "trifft voll/im großen und ganzen zu"	40,5%	28,4%	52,4%	63,4%	68,3%	64,5%	83,3%	75,0%
	Mittelwert (1 = "trifft voll zu" bis 4 "trifft gar nicht zu")	2,77	3,13	2,36	2,25	2,02	2,16	1,67	1,5
"Dienstleistungen sind unnötig"-Einstellung*	%-Anteil der Antworten "stimme voll/im großen und ganzen zu"	54,5%	61,3%	47,6%	41,0%	39,1%	51,6%	0,0%	0,0%
	Mittelwert (1 = "stimme voll zu" bis 6 "lehne voll ab")	2,63	2,53	2,67	2,98	2,8	2,48	3,83	3,75
Monatliches Budget für wohnbegleitende Dienste	Mittelwert in DM	26,96	0	36,97	121,5	60,49	33,39	103,33	206,25
Soziale Schicht*	%-Anteil der jeweiligen Schicht								
	Unterschicht (1)	15,5%	18,0%	13,3%	9,8%	0,0%	0,0%	0,0%	0,0%
	Untere Mittelschicht (2)	57,4%	61,2%	52,4%	53,7%	24,4%	32,3%	0,0%	0,0%
	Mittlere Mittelschicht (3)	17,9%	14,8%	19,0%	29,3%	29,3%	38,7%	0,0%	0,0%
	Obere Mittelschicht (4)	8,5%	5,5%	14,3%	7,3%	26,8%	22,6%	33,3%	50,0%
	Oberschicht (5)	0,6%	0,5%	1,0%	0,0%	19,5%	6,5%	66,7%	50,0%
	Mittelwert (zwischen 1 und 5)	2,21	2,09	2,37	2,34	3,41	3,03	4,67	4,5
Lebenszyklus	%-Anteil des jeweiligen Stadiums								
	Junge Singles (bis 34 Jahre)	4,9%	2,2%	6,7%	12,5%	0,0%	0,0%	0,0%	0,0%
	Singles im mittleren Alter (35-54 Jahre)	5,8%	3,8%	9,5%	5,0%	0,0%	0,0%	0,0%	0,0%
	Alleinstehende Senioren (ab 55 Jahre)	13,4%	12,6%	15,2%	12,5%	0,2%	0,3%	0,0%	0,0%
	Junges Paar (bis 34 Jahre)	4,0%	5,5%	2,9%	0,0%	0,3%	0,4%	0,0%	0,0%
	Kinderloses Paar (35-54 Jahre)	7,6%	7,1%	8,6%	7,5%	0,3%	0,2%	0,3%	0,5%
	Senioren-Paar (ab 55 Jahre)	27,4%	32,8%	20,0%	22,5%	0,2%	0,1%	0,7%	0,5%
	Junge Familie (bis 34 Jahre)	7,6%	9,3%	6,7%	2,5%	0,0%	0,0%	0,0%	0,0%
	Ältere Familie (35-54 Jahre)	14,0%	11,5%	18,1%	15,0%	3,4%	3,0%	4,7%	4,5%
	Sonstige	15,2%	15,3%	12,4%	22,5%	0,0%	0,0%	0,0%	0,0%
Anteil des Clusters an der jeweiligen Teilstichprobe (Mieter / Eigentümer)		100,0%	55,0%	32,7%	12,2%	100,0%	75,6%	14,6%	9,8%

*: Ausschlaggebend für die Clusterbildung waren die Mittelwerte, die Angabe der %-Anteile dient lediglich der Information.

Zuletzt sind in der Schriftenreihe des
Instituts für Kredit- und Finanzwirtschaft
folgende Bände erschienen:

Band 9
Dirk Stahlschmidt
Schutzbestimmungen in Kreditverträgen

Band 10
Gerd Wünsche
**Grundlagen der Bankenwerbung
aus verhaltenswissenschaftlicher Sicht**

Band 11
Bruno Dieckhöner
**Rentabilitätsrisiken aus dem Hypothekargeschäft von
Kreditinstituten in Zeiten der Geldentwertung**

Band 12
Friedrich M. Keine
Die Risikoposition eines Kreditinstitutes

Band 13
Michael Bangert
Zinsrisiko-Management in Banken

Band 14
Stephan Paul
**Lenkungssysteme in Filialbanken: Steuerung durch
Komponenten oder Verrechnungszinsen?**

Band 15
Rainer Link
Aktienmarketing in deutschen Publikumsgesellschaften

Band 16
Lars Rüsberg
Banken-Rating

Printed in Germany
by Amazon Distribution
GmbH, Leipzig